珍藏本
纪念版

汉译世界学术名著丛书

作为意志和表象的世界

〔德〕叔本华 著

石冲白 译

杨一之 校

2017年·北京

Arthur Schopenhauer

DIE WELT ALS WILLE UND VORSTELLUNG

根据 E. Griebach 编莱比锡 1859 年版

Arthur Schopenhauers sāmtliche Werke 第一卷译出

汉译世界学术名著丛书
（120 年纪念版·珍藏本）
出 版 说 明

2017 年 2 月 11 日，商务印书馆迎来 120 岁的生日。120 年前，商务印书馆前贤怀揣文化救国的理想，抱持“昌明教育，开启民智”的使命，立足本土，放眼寰宇，以出版为津梁，沟通中西，为中国、为世界提供最富智慧的思想文化成果。无论世事白云苍狗，潮流左右激荡，甚至战火硝烟弥漫，始终践行学术报国之志，无改初心。

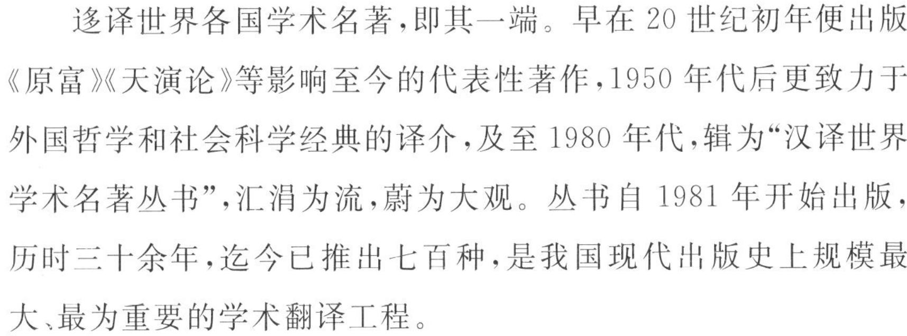

迻译世界各国学术名著，即其一端。早在 20 世纪初年便出版《原富》《天演论》等影响至今的代表性著作，1950 年代后更致力于外国哲学和社会科学经典的译介，及至 1980 年代，辑为“汉译世界学术名著丛书”，汇涓为流，蔚为大观。丛书自 1981 年开始出版，历时三十余年，迄今已推出七百种，是我国现代出版史上规模最大、最为重要的学术翻译工程。

丛书所选之书，立场观点不囿于一派，学科领域不限于一门，皆为文明开启以来，各时代、各国家、各民族的思想与文化精粹，代表着人类已经到达过的精神境界。丛书系统译介世界学术经典，

目　　录

第一版序

我原预定在这里提示一下应该怎样读这本书，才能在可能的情况之下加以理解。要由这本书来传达的只是一个单一的思想，可是，尽管我费尽心力，除了用这全本的书以外，还是不能发现什么捷径来传达这一思想。我认为这一思想就是人们在哲学的名义之下长期以来所寻求的东西。正是因为寻求了好久而找不到，所以有历史素养的人们，虽有普林尼早就给他们讲过"直至成为事实之前，多少事不都是人们认为不可能的吗？"（《自然史》，7.1.）仍然以为这是干脆不能发现的东西了，犹如不能发现点石成金，医治百病的仙丹一样。

上述这一待传达的思想，按人们所从考察它的各个不同的方面，就分别出现为人们曾称之为形而上学、伦理学、美学的那些东西。诚然，如果这思想就是我所认为的那东西，如上面所交代的，那么，它也就必然是这一切。

一个思想的系统总得有一个结构上的关联，也就是这样一种关联：其中总有一部分〔在下面〕[*]托住另一部分，但后者并不反过来又托住前者；而是基层托住上层，却不为上层所托起；上层的顶峰则只被托住，却不托起什么。与此相反，一个单一的思想，不管

* 六角括号内的话系译者所加，下同。——编者注

它的内容是如何广泛，都必须保有最完整的统一性。即令是为了传达的方便，让它分成若干部分，这些部分间的关联仍必须是有机的，亦即这样一种关联：其中每一部分都同样涵蕴着全体，正如全体涵蕴着各个部分一样；没有哪一部分是首，也没有哪一部分是尾。整个思想通过各个部分而显明，而不预先理解全部，也不能彻底了解任何最细微的部分。可是，尽管一本书就内容说和有机体
10 是那么相像，但在形式上一本书总得以第一行开始，以最后一行结尾；在这方面就很不和有机体相像了。结果是形式和内容在这儿就处于矛盾的地位了。

在这种情况之下，要深入本书所表达的思想，那就自然而然，除了将这本书阅读两遍之外，别无良策可以奉告；并且还必须以很大的耐性来读第一遍。这种耐性也只能从一种自愿培养起来的信心中获得：要相信卷首以卷尾为前提，几乎同卷尾以卷首为前提是一样的；相信书中每一较前面的部分以较后面的部分为前提，几乎和后者以前者为前提是一样的。我之所以要说“几乎是”，因为事情并非完全如此。并且，只要有可能便把比较最不需要由后面来说明的部分放置在前那样的事，以及凡是对于容易理解和明晰有点儿帮助的东西，都已忠实地、谨严地做到了。是的，在这方面要不是读者在阅读中不只是想到每处当前所说，而且同时还想到由此可能产生的推论这也是很自然的，从而除了本书和这时代的意见，估计还有和读者的意见，实际上相反的那些矛盾之外，还可能加上那么多预料得到，想象得到的其他矛盾，假如读者不是这样，那么就会在一定程度上甚至达到如下的情况，即原来只是误会也必然要表现为激烈的反对了。于是人们更不认识这是误会了，因

为艰苦得来的论述之清晰，措辞的明确，虽已使当前所谈的东西所有的直接含义无可怀疑，然而总不能同时说出这当前所谈的和其余一切一切的关系。因此，在读第一遍时，如已说过的，是需要耐性的。这是从一种信心中汲取的耐性，即深信在读第二遍时，对于许多东西，甚至对于所有一切的东西，都会用一种完全不同于前此的眼光来了解。此外，对于一个很艰深的题材要求其可以充分理解乃至不甚费力便可以理解，这种认真的努力使间或在书中这儿那儿发现重复，是具有理由的。整个有机的而不是链条式的结构也使间或要两次涉及同一个段落有其必要。也正是这一结构和所有一切部分间的紧密关联不容许我采取我平日极为重视的划分章 11
节的办法，因而不得不将就把全书分为四篇，有如一个思想的四种观点一般。在每一篇中，都应留意不要因必须处理的细节而忽视这些细节所属的主要思想以及论述的全部程序。这便说出了对于不太乐意（对哲学家不乐意，因为读者自己便是一位哲学家）的读者要提出的第一项不可缺少的要求。这对下面的几项要求也同样是不可少的。

第二个要求是在阅读本书之前，请先读本书的序论。这篇序论并不在本书的篇幅中，而是在五年前以《充分根据律的四重根——一篇哲学论文》为题就已出版了的一本书。不先熟悉这个序论，不先有一段预习功夫，要正确理解本书是根本不可能的。本书也处处以那篇论文的内容为前提，犹如该论文就在本书的篇幅中似的。并且还可以说，那篇论文如果不是先于本书几年前就已出版了的话，大概也不会以序论的形式置于本书卷首，而将直接并合于本书第一篇之内。现在，凡在那儿已说过的，在本书第一篇内

就都省略了；单是这一缺陷就显示了这第一篇的不够圆满，而不得
不经常以援引那篇论文来填补这一缺陷。不过，对于重抄自己写
过的东西，或是把说得已够明白的东西，重复辛苦地又用别的字眼
儿来表达一番，那是我极为厌恶的。因此，尽管我现在很有可能以
更好的形式赋予那篇论文的内容，譬如说清除掉我当时由于太局
限于康德哲学而有的一些概念，如“范畴”、“外在感”、“内在感”等；
我还是宁愿采取这随时随地填补缺陷的办法。同时，我在那时也
绝未深入地在那些概念上纠缠，所以那篇论文中的这些概念也只
12 是作为副产品而出现的，和主题思想完全不相干。因此，只要理解
了本书，在读者思想中就会自动的纠正那篇论文中所有这些处所。
但是，只有在人们由于那篇论文而充分认识了根据律之后：认识它
是什么，意味着什么，对什么有效，对什么无效，认识到根据律并不
在一切事物之先，全世界也不是先要遵从并符合根据律，作为由根
据律推论来的必然结果才有的；倒不如说这定律只不过是一个形
式；假如主体正是进行认识的个体，那么，常以主体为条件的客体，
不论哪种客体，到处都将在这种形式中被认识：只有认识了这些之
后，才有可能深入这里第一次试用的方法，完全不同于过去一切哲
学思维的方法。

但是，上述那种厌恶心情使我既不愿逐字抄写，也不愿用别的更差劲的字眼儿（较好的我已尽先用过了）第二次去说同一的东西；这就使本书第一篇还留下第二个缺陷。因为在我那篇《视觉与色彩》的论文第一章所说过的，本可一字不改的移入本书第一篇，然而我都把它省略了。所以，先读一读我这本早期的小册子，在这里也是一个先决条件。

最后，谈到对读者提出的第三个要求：这甚至是不言而喻就可以假定下来的；因为这不是别的，而是要读者熟悉两千年来出现于哲学上最重要的和我们又如此相近的一个现象：我是指康德的主要著作。这些著作真正是对〔人的〕精神说话的，它们在精神上所产生的效果，虽在别的地方也有人这样说过，我认为在事实上很可比作给盲人割治翳障的外科手术。如果我们再继续用比喻，那么，我的目的就是要把一副黑色眼镜送到那些割治手术获得成功的病人手里。但是，他们能使用这副眼镜，毕竟要以那手术本身为必要的条件。因此，尽管我在很大限度内是从伟大的康德的成就出发的，但也正是由于认真研读他的著作使我发现了其中一些重大的错误。为了使他那学说中真纯的、卓越的部分经过清洗而便于作
为论证的前提，便于应用起见，我不得不分别指出这些错误，说明 13
它们的不当。但是，为了不使批评康德的这些驳议经常间断或干扰我自己的论述，我只得把这些驳议放在本书卷末特加的附录中。如上所说，本书既以熟悉康德哲学为前提，那么，熟悉这附录部分也就同样是前提了。从而，在这一点上说，未读本书正文之前，先读附录倒是适当的了；尤其是附录的内容恰同本书第一篇有着紧密的关联，所以更以先读为好。另一方面，由于这事情的本性使然，附录又会不时引证书内正文，这也是不可避免的。由此而产生的后果不是别的，而是附录也恰同本书的正文部分一样，必须阅读两遍。

所以**康德**的哲学对于我这里要讲述的简直是唯一要假定为必须彻底加以理解的哲学。除此而外，如果读者还在神明的**柏拉图**学院中留连过，那么，他就有了更好的准备，更有接受能力来倾听

我的了。再说，如果读者甚至还分享了《吠陀》①给人们带来的恩惠，而由于《邬波尼煞昙》Upanishad 给我们敞开了获致这种恩惠的入口，我认为这是当前这个年轻的世纪对以前各世纪所以占有优势的最重要的一点，因为我揣测梵文典籍影响的深刻将不亚于十五世纪希腊文艺的复兴；所以我说读者如已接受了远古印度智慧的洗礼，并已消化了这种智慧；那么，他也就有了最最好的准备来倾听我要对他讲述的东西了。对于他，我所要说的就不会是像对于另外一些人一样，会有什么陌生的甚至敌视的意味；因为我可以肯定，如果听起来不是太骄傲的话，组成《邬波尼煞昙》的每一个别的，摘出的词句，都可以作为从我所要传达的思想中所引申出来的结论看；可是绝不能反过来说，在那儿已经可以找到我这里的思想。

14 不过，大多数读者已经要不耐烦而发作了，那竭力忍耐抑制已久的责难也要冲口而出了：我怎么敢于在向公众提供一本书时提出这许多要求和条件呢？其中前面的两个要求又是那么僭妄，那么跋扈？何况又恰逢这样一个时代，各种独创的思想如此普遍地丰富，单在德国每年就出版三千多种内容丰富，见解独到，并且全是少不得的著作；还有无数期刊甚至日报所发表的东西，都通过印刷机而成为公共财富呢？在这个时代，深刻的哲学家，单在德国，现存的就比过去几个世纪加起来的还多呢？因此，气愤的读者要问：如果要经过如许周折来阅读一本书，怎么能有个完呢？

---

① 《吠陀》是印度最古的梵文文献。《邬波尼煞昙》，亦称《奥义书》，是古印度宗教哲学典籍。（以下凡用阿拉伯数码注者，皆为译者所加，不另注明。）

对于这样的责难，我不能提出任何一点答辩。我只希望这些读者为了我已及时警告了他们不要在这本书上浪费一个小时，能够对我多少有点儿谢意。因为不满足我所提出的要求，即令读完这本书也不能有什么收获，所以根本就可丢开不读。此外，我还可以下大注来打赌，这本书也不会适合他们的胃口；却更可说它总是“少数人的事”，从而只有宁静地、谦逊地等待这些少数人了；只有他们不平凡的思维方式或能消受这本书。因为，这个时代的知识既已接近这样“辉煌”的一点，以至将难解的和错误的完全看作一回事；那么，在这个时代有教养的人们中，又有哪一位能够忍受几乎在本书每一页都要碰到一些思想，恰好和他们一劳永逸地肯定为真的、已成定论的东西相反呢？还有，当某些人在本书中一点也找不到他们以为正是要在这儿寻求的那些东西时，他们将是如何不快地失望啊！这是因为他们的思辨方式和一位健在的伟大哲 15
人*同出一辙；后者诚然写了些感人的著作，只是有着一个小小的弱点：他把十五岁前所学的和认定的东西，都当作人类精神先天的根本思想。〔既然如此〕，谁还愿意忍受上述一切呢？所以我的劝告还是只有将这本书丢开。

但是，我怕自己还不能就此脱掉干系。这篇序言固然是在劝阻读者，但是这本书却是已经看到这序言的读者用现金买来的，他可能要问如何才能弥补这损失呢？现在，我最后脱干系的办法只有提醒这位读者，即令他不读这本书，他总还知道一些别的办法来利用它，此书并不下于许多其他的书，可以填补他的图书室里空着

* 雅各璧(F. H. Jacobi)。(以下凡用*注，皆为原作者注，不另注明。)

的角落，书既装订整洁，放在那儿总还相当漂亮。要不然，他还有博学的女朋友，也可把此书送到她的梳妆台或茶桌上去。再不然，最后他还可以写一篇书评；这当然是一切办法中最好的一个，也是我特别要奉劝的。

在我容许自己开了上面玩笑之后，而在这意义本来含糊的人生里，几乎不能把〔生活的〕任何一页看得太认真而不为玩笑留下一些余地，我现在以沉重严肃的心情献出这本书，相信它迟早会达到那些人手里，亦即本书专是对他们说话的那些人。此外就只有安心任命，相信那种命运，在任何认识中，尤其是在最重大的认识中一向降临于真理的命运，也会充分地降临于它。这命运规定真理得有一个短暂的胜利节日，而在此前此后两段漫长的时期内，却要被诅咒为不可理解的或被蔑视为琐屑不足道的。前一命运惯于连带地打击真理的创始人。但人生是短促的，而真理的影响是深远的，它的生命是悠久的。让我们谈真理吧。

1818 年 8 月于德雷斯顿

第 二 版 序 16

不是为了同时代的人们，不是为了同祖国的人们，而是为了人类，我才献出今日终于完成的这本书。我在这样的信心中交出它，相信它不会对于人类没有价值；即令这种价值，如同任何一种美好的事物常有的命运一样，要迟迟才被发觉。因为，只是为了人类，而不可能是为了这转瞬即逝的当代，这个唯个人眼前妄念是务的世代，我这脑袋在几乎是违反自己意愿的情况下，通过漫长的一生，才不断以此工作为己任。在这期间，即令未获人们的同情，也并不能使我对于这一工作的价值失去信心。这是因为我不断看到那些虚伪的、恶劣的东西，还有荒唐的，以及无意义的东西*反而普遍地被赞赏，被崇拜；也虑及假如能识别真纯的、正确的东西的人们不是那么稀少，以至人们徒劳地遍访一二十年〔而不一见〕，那么，能生产这些真纯的、正确的东西的人们就不能是那么少数几个人，以致他们的作品嗣后得成为世事沧桑的例外；也顾虑到由于此变不常，使寄托于后世而使人振奋的期望，会归于泡影，而这却是每一个树立了远大目标的人为了鼓舞自己所必需的。——所以，谁要是认真对待，认真从事一件不产生物质利益的事情，就不可打算当代人的赞助。不过在大多数场合，他会看到这种事情的假象

* 指黑格尔哲学。

将在此期间在世界上取得它的地位而盛极一时，而这也是人世间的常规。人们必须是为事情本身而干它，否则它便不能成功；这是因为无论在什么地方，任何意图对于正确见解说来，总是危险。因此，每一件有价值的事物，如学术史上一贯证明了的那样，都要费很长久的时间才能获得它的地位和权威；尤其是有教育意义而不是娱乐性质的那类事物，更是如此。在这期间，假东西就大放光芒
17 了。因为要把一件事情和它的假象统一起来，纵非不可能，也是很困难的。这正是这个贫困、匮乏的世界的灾难，一切都必须为这些贫困、匮乏作打算而为之奴役。因此，这世界并不是这样生就的，说什么任何一种高尚的、卓绝的努力，如指向光明和真理的努力，可以在这世上无阻碍地兴盛起来，可以只为本身的目的而存在。并且，即令有那么回事，这样的努力真能显出自己的分量了，从而也把有关这种努力的观念带到人间来了，可是那些物质利益，那些个人目的立即就会把这种努力控制起来，以便使它成为这些利益和目的的工具或面具。准此，在康德重振哲学的威望之后，哲学必须又立即成为某些目的的工具；在上，是国家目的的工具；在下，是个人目的的工具。纵使严格地说来，作为工具的并不是哲学，然而也是和哲学同行的替身在冒充哲学。这也并不应使我们感到诧异，因为人间有难于相信的多数，由于他们的本性，除了物质目的外，就根本不能有其他目的；甚至不能理解其他的目的。如此看来，这追求真理的努力就太曲高和寡了，以致不能期待一切人，很多人，甚至少数人诚恳的来参加。尽管人们又一次，如在目前的德国看到哲学方面显著的活跃情况，看到普遍地在干着、写着、谈着哲学上的事物，人们却可满有信心地假定这些活动的真正“第一动

机”，那掩藏着的动机，尽管人们道貌岸然，庄严保证，却只是现实的而非理想的目的，也即是个人的、官方的、教会的、国家的目的；一句话，他们心目中所有的只是物质利益。从而，使得这些冒牌世界睿哲们的笔尖这样紧张活动的也只是党派目的。同时，指导这些骚动分子的星辰并不是正确的见解，而是某些私图；至于真理，那就肯定是他们最后才考虑到的东西了。真理是没有党派的，它却能够宁静地，不被注意地通过这些哲学上的叫嚷争吵而退回自己的路，如同通过那些最黑暗的，拘限于教会僵硬信条的世纪的冬
夜一样。那时，真理只能作为秘密学说传布于少数信徒之间，甚至 18
于只能寄托在羊皮纸上。是的，我要说没有一个时代对于哲学还能比这样可耻地误用它，一面拿它当政治工具，一面拿它作营利手段的时代更为不利的了。或者还有人相信，在这种忙忙碌碌骚动的场合，真理也并未被忽视，也可在夹边一见天日呢？不，真理不是娼妇，别人不喜爱她，她却要搂住人家的脖子；真理倒是这样矜持的一位美人，就是别人把一切都献给她，也还拿不稳就能获得她的青睐呢！

政府既拿哲学当作达到国家目的的手段，那么，在另一面，学者们就视哲学讲座为一种职业，和任何能养活人身的职业一般无二了。他们竞奔那些讲座，保证自己有善良的意愿，也就是保证其意图是为那些目的服务。他们也果然遵守诺言。所以，给他们指示方向的北斗星，不是真理，不是明澈，不是柏拉图，不是亚里士多德；而是雇佣他们来服务的那些目的。这些目的立即成为他们分别真伪，有无价值，应否注意〔什么〕两两之间的准绳。于是，凡是不符合那些目的的，哪怕是他们专业里最重要、最杰出的东西；就

或是受到谴责，或是谴责有所不便，就采取一致加以无视的办法来窒息它。人们只要看看他们反对泛神论那种异口同声的热烈劲儿，能有一个白痴相信这股劲儿是从信服真理而来的吗？然则，这被贬为糊口职业的哲学又焉得不压根儿蜕化为诡辩学呢？正因为这是势所必至的，而“端谁的碗，唱谁的歌”又自来便是有支配力的规律，所以古代就把靠哲学挣钱作为诡辩家的标志了。现在，还有这样的事也凑到这一起来，即是说在这世界的任何地方，除了庸才之外，再没有可以期待，可以要求，可以用金钱收买的东西了；所以人们在这儿也宁可对庸才偏爱一些。因此，我们就在德国所有的
19 大学里，都看到这些亲爱的庸才殚精竭虑地，靠着自己的聪明，并且是按规定的尺码和目标在建立着一种根本还不存在的哲学；——这场表演，如果要加以嘲笑，那就近乎残忍了。

长期以来，哲学就是在这种情况下一贯被当作手段，一面为公家的目的服务，一面为私人的目的服务。而我呢，三十余年来，紧跟着自己的思路走，不为所乱。这正是，也仅是因为我之必须这样做而不能另有所作为，是由于一种本能的冲动使然。不过，也还有一种信心支持着这一冲动，我相信一个人既想出了真实的东西，照亮了隐蔽的东西，那么，这些东西总有一天会被另外一个思维着的精神所掌握，会要和这精神攀谈，使他愉快，安慰他。我们就是对这样的人说话，如同类似我们的人们曾对我们说过话而成为我们在这生命的荒野上的安慰一样。在这样的时候，人们从事于他们的事情是为了事情本身的，也是为了他们本人的。然而在哲学的深思中，却有这样一种奇特的情况：凡是往后对别人有所裨益的，偏是那些各人为自己精思，为自己探讨的东西，而不是那些原来是

为别人已经规定了的东西。前者首先是在其一贯诚恳这个特征上
看得出来的；因为人们总不会故意欺骗自己，也不会把空壳核桃送
给自己。所以，一切诡辩和一切废话就都剔除了，结果是写下去的
每一段落都能补偿阅读它之劳。如此说来，我的著作就显明地在
脸上刺着“诚恳坦白”的金印；单凭这一点，我的著作和康德以后三
个著名诡辩家①的作品已迥然有别了。人们无论在什么时候，总
会发现我站在**反省思维**的立场上，即理性的思索和诚实的报道这
一立场上，而绝不是站在**灵感**的立场上。灵感又称为“理性的直
观”或“绝对思维”，而它的真名实姓则是瞎吹牛和江湖法术。我一
面以上述那种精神工作，同时不断看到虚伪的东西，恶劣的东西有
着普遍的权威；是的，瞎吹牛*和江湖法术**还享有最高的崇敬；而
我则早就对当代人的赞许敬谢不敏了。当今这个世代既已二十年 20
来把黑格尔这个精神上的珈利本②当作最伟大的哲学家叫嚷着，
如此大声地嚷，以至整个欧洲都发出了回声；这样一个世代要使一
个曾经目睹这一切的人还渴望他们的赞许，那是不可能的。这个
世代再没有荣誉的桂冠可以送人了，它的赞美是猥滥的，它的责备
也没有什么意义。我这里所说的是一本正经，我若有些想获得当
代人的喝彩，我就得删去上二十处和他们意见全相反的地方，以及
部分地他们认为刺眼的地方。但是，为了这种喝彩，只要是牺牲了
一个音节，我也认为是罪过。完全严肃地说，只有真理是我的北斗

① 指费希特、谢林、黑格尔三人。

* 费希特和谢林。

** 黑格尔。

② Caliban 是莎士比亚戏剧《暴风雨》中的丑鬼。

星。向着北斗星，开始我只能希求自己的赞许，而完全不理会这个从一切高尚的精神努力的观点看来都是深自沉沦的时代，不理会那连个别例外也随同腐化了的民族文学；而在这种文学里把高雅的辞令和卑鄙的心术结合起来的艺术倒是登峰造极了。我固然永远丢不掉我的缺点、弱点，那是和我的天性必然联系在一起的，如同每人的缺点、弱点都是和每人的天性必然相连的一样；但我将不用卑鄙的逢迎迁就来增加这些缺点、弱点。

就这第二版说，首先使我感到愉快的是在二十五年后，我并没发现有什么要收回的东西；因此，我的基本信念，至少对我自己来说，是保持住了。既然如此，对只包括第一版全文的第一卷里的修改，自然绝不会触及本质的东西，而只是部分的涉及一些附带的东西，而这些改动的绝大部分是由这儿那儿添加的，极简短的、说明性质的附释所组成的。只在批判康德哲学的部分有些重要的修改和详尽的增补，这是因为这里的增改不能用一个单另的补充篇来
21 处理，如同阐述我自己学说的那四篇，每篇都在第二卷里各有相应的补充篇章一样。而对于那四篇，我所以采用另加补充篇的增改办法，那是因为在该四篇写成后，已过了二十五年，在我的表现方式上和语调风格上都产生了显著的变化，已不便再把第二卷的内容和第一卷掺和成一整个，正是“合之两伤”〔离之两美〕。因此，我把这两部分各别提出；而旧作中好些地方，即令我现在可以用完全不同的方式来表达，也没加更动；我要避免老年人的吹毛求疵损坏我较年轻时代的作品。这些地方如有应加改正之处，借助于第二卷，通过读者的思想，自然会更正的。这上下两卷书，名副其实地有着一种互为补充的关系；这是基于从智力方面说，人生不同的年

龄阶段原是互为补充的。所以,人们将发现上下卷的关系不仅是这一卷所有的,是那一卷所无,而是每一卷的优点恰在于"此所存"为"彼所去"。如果我这著作的前半部有什么超过后半部的地方,那只是青春的火焰和初获信念时的热诚所能提供的东西罢了;而后者却以思想之高度的成熟和彻底胜过前者。这些又只是一个漫长的生命过程及其辛勤共同的果实所能有的。这又因为在我有力量初次掌握我这体系的根本思想时,在我立即探索这一思想的四个分支,又回到它的统一性而将整个思想作出明白表述时,我还不能够将这体系的一切部分充分地、透彻地、详尽地加以发挥,这是只有通过多年的沉思才能办到的。为了在无数事例上加以证实和解说,为了以极不同的论据来加强体系,为了先从一切方面加以阐明,然后大胆地把不同的观点加以对比,为了筛分驳杂的材料而有条不紊的依次表达出来,就要求这种长年的沉思。如果我这部书
是一气呵成的,不是现在这样分成两半截而在阅读时又得放在一 22
起使用,那对于读者是要适意些。但是也得请读者考虑一下,假如要那样做,就会是要求我在一个年龄阶段做完那只能在两个年龄阶段中完成的事情,也即是说,我必须在一个年龄阶段具有大自然把它分属于两个完全不同年龄阶段的性能。准此,我这部著作分成互为补充的两半截而提出的必要性,就可以比拟于另一种必要性:即是人们在制造一种无色的光学镜头时,不可能用一整块的玻璃制成,而是采取这样一种办法制成的,就是把一块用铅玻璃制的凸面透镜和一块用石灰碱玻璃制的凹面透镜两两配合;只有这两种透镜合起来的作用才能达到预定的要求。另一方面,关于同时使用上下两卷的不便,读者可于读物的交替和疲劳的恢复中得到

一些补偿。这种补偿是同一头脑，在同一精神中，却在极不同的年代处理同一题材所带来的。并且，对于那些尚不熟悉我这种哲学的读者，则先读完第一卷，暂不涉及补充部分，留待读第二遍时再去参阅肯定要适宜些；否则读者将很难于从其关联去掌握整个体系，因为只有第一卷是在这种关联中阐明这体系的，而第二卷则是为那些主要论点各别地寻求详尽的论据并加以充分的发挥。即令是没有决心把第一卷读上两遍的读者，也最好是先看完第一卷，然后单另看第二卷；〔读第二卷时〕并且要依着各章的顺序读，因为章与章之间都有一种相互的联系，联系虽然松懈一些，但中间的空隙，只要读者掌握好了第一卷，回想一下就可完全填补起来。此外，读者在第二卷中还可到处看到引证第一卷内与之相应的地方；为此目的，我把第一版第一卷中仅是用破折号标志的各段，在第二版中一律加上了分段的数字。

23 在第一版序言里，我已声明过我的哲学是从康德哲学出发的，从而彻底了解后者是前者的前提。在这里我再重申一次。因为康德的哲学，只要是掌握了它，就会在每个人头脑中产生一种根本的变化，一种如此重大的变化，真可当作一种精神的再生看待。只有康德哲学才能够真正排除掉头脑中那天生的、从智力的原始规定而来的实在主义；这是贝克莱和马勒布朗希①力所不及的，因为他们太局限于一般，康德却进入了特殊；并且康德进入特殊的方式是前无古人，后无来者的。这个方式对于人心具有一种特别的，可说是当下直接的作用；在这一作用下，人们就经受了一种彻底的幻

① Malebranche(1638—1715)，法国唯心论哲学家，是偶因论和万有神论的代表。

灭，此后得以从另一眼光来看一切事物了。只有这样，读者对于我要提出的一些更积极的说明才有接受的可能。与此相反，谁要是没有掌握康德哲学，那么，不管他在别的方面读了些什么，他总是好像在天真状态中似的，即总是拘囿于那自然而然的、幼稚的实在论中。我们所有的人都出生在这种实在论中，它能教我们搞好一切可能的事情，就只不能搞好哲学。因此，这样一个人和掌握康德哲学的人，两者间的关系，就等于未成年人和成年人的关系一样。这一真理，在今天听起来是乖僻难解的，但在《纯粹理性批判》出版后的头三十年中却并不是这样。这是由于在那些年代之后，又有一个世代成长起来了，而这个世代并不理解康德；因为要理解康德，单靠一些走马观花式，粗心的阅读或听自第二手的报告是不够的。而这又是由于这个世代缺乏良好指导的结果，他们把时间浪费在庸俗的，也就是才力不称的人们，甚或是乱吹的诡辩家们的哲学问题上面了。这些诡辩家呢，又是别人不负责地向他们推荐的。因此，在这样教养出来的世代，他们自己的哲学试作中，总是从装模作样和浮夸铺张的外壳之中流露出基本概念的混乱以及难以言说的生硬和粗鲁。如果有人还以为他可以从别人关于康德哲学的 24
论述来了解康德哲学，那么，他就陷于一种不可挽救的错误。不如说，对于这类论述，尤其是最近期间的，我必须严重的提出警告。最近这几年来，我在黑格尔派谈康德哲学的文章中，竟遇到一些真是难于相信的神话。如何教那些从才茁芽的青年时代起就被黑格尔的胡扯扭伤了，损坏了的头脑，还能够追随康德那种意味深长的探讨呢？他们早就习惯于把空洞的废话当作哲学思想，把最可怜的诡辩当作机智，把愚昧的妄谈当作辩证法；而由于吸收了这样疯

狂的词汇组合——要从这些词组想出点什么东西来，人的精神只有徒劳地折磨自己，疲困自己——，他们头脑的组织已经破坏了。对于他们，理性的批判没有用处，哲学没有用处，倒是应该给他们一种精神药剂，而首先作为一种清导剂，就应给以一小课健全的人类理智，然后人们可以再看，对于他们是否可以谈谈哲学了。所以康德的学说，除了在他自己的著作里，到任何地方去寻找都是白费劲；而康德的著作自始至终都是有教育意义的，即令是他错了的地方，失败了的地方，也是如此。凡对于真正的哲学家说来有效的，由于康德的独创性，对于他则是充类至极的有效；就是说人们只能在他们本人的著作中，而不能从别人的报道中认识他们。这是因为这些卓越人物的思想不能忍受庸俗头脑又加以筛滤。这些思想出生在〔巨人〕高阔、饱满的天庭后面，那下面放着光芒耀人的眼睛；可是一经误移入〔庸才们〕狭窄的、压紧了的、厚厚的脑盖骨内的斗室之中，矮檐之下，从那儿投射出迟钝的，意在个人目的的鼠目寸光，这些思想就丧失了一切力量和生命，和它们的本来面目也不相像了。是的，人们可以说，这种头脑的作用和哈哈镜的作用一样，在那里面一切都变了形，走了样；一切所具有的匀称的美都失去了，现出来的只是一副鬼脸。只有从那些哲学思想的首创人那
25 里，人们才能接受哲学思想。因此，谁要是向往哲学，就得亲自到原著那肃穆的圣地去找永垂不朽的大师。每一个这样真正的哲学家，他的主要篇章对他的学说所提供的洞见常什百倍于庸俗头脑在转述这些学说时所作拖沓藐视的报告；何况这些庸才们多半还是深深局限于当时的时髦哲学或个人情意之中。可是使人惊异的是读者群众竟如此固执地宁愿找那些第二手的转述。从这方面看

来，好像真有什么选择的亲和性在起作用似的；由于这种作用，庸俗的性格便物以类聚了，从而，即令是伟大哲人所说的东西，他们也宁愿从自己的同类人物那儿去听取。这也许是和相互教学法同一原理，根据这种教学法，孩子们只有从自己的同伴那儿才学习得最好。

现在再同哲学教授们说句话。我的哲学刚一出世，哲学教授们就以他们的机智和准确微妙的手腕，识出了我这哲学和他们的企图毫无共同之处，甚至是对于他们有危险性的东西；通俗说来，就是同他们的那些货色格格不入。他们这种机智和手腕，以及他们那种稳健而尖刻的策略，借此他们随即发现了他们面前唯一正确的办法；那种完全的协调一致，他们以此来运用他们发现了的办法；最后还有他们用以坚持这办法始终不懈的坚忍性，这些都是我向来不得不“佩服”的。而这个办法，由于极其容易执行，原是很可采取的。显然，这办法就是完全“无视”并从而分泌之，“分泌”本是歌德不怀好意的一种措辞，原指“侵吞重要的和有意义的东西”。这种静默手段的影响，由于他们为了同伙们新生的精神产儿互相祝贺的疯狂叫嚣更加强了。他们以叫嚣强逼公众去欣赏他们在祝贺时用以互相招呼的那副像煞有介事的尊容。谁会看不出这种做 26
法的目的呢？本来嘛，能有什么可以非议先顾生活，后谈哲学这一基本原理呢？那些先生们要生活，并且是靠**哲学**来生活。他们和他们的妻孥都指靠哲学，虽早有彼得拉克①说过：“哲学啊，你是贫

① Petrarca(1304—1374)，意大利诗人和人文主义者，开文艺复兴之先河。

困地，光着身子地走进来的”，他们还是冒险这样做。可是我的哲学根本不是为此而制定的，人们不能拿它作糊口之用。我的哲学完全缺乏那些基本的，对于高薪给的讲坛哲学不可少的道具，首先就完全缺乏一种思辨的神学。而恰好是这种神学（和那惹麻烦的康德及其理性批判相反），应该是，必须是哲学的主要课题；似乎哲学也就持有一个任务，要不停地讲它绝对不能知道的东西。然而我的哲学竟全不承认哲学教授们那么聪明地想出来的，他们少不了的那一神话，关于一个直接而绝对地认识着，直观着或领会着的理性的神话。好像是人们只需一开始就用这神话拴住读者，往后就能以世界上最便当的方式，如同驾着驷马似的，闯入一切经验的可能性彼岸的领域，被康德完全地、永久地给我们的认识拦断了去路的领域；而人们在那儿所发现的恰好是直接启示了的，条理得停停当当的，现代的，犹太化的，乐观的基督教根本教义。我的哲学既缺乏这种基本道具，它是没有顾虑，不提供生活条件，深入沉思的哲学。它的北斗星仅仅只是真理，赤裸裸的、无偿的、孤独无偶的、每每被迫害的真理。它不左顾，也不右盼，而是对准这座星辰直驶过去的。那么，天晓得，那“哺育的母亲”，也即是那善良的，可资为生的大学讲坛哲学，这种身背着百般意图，千种顾虑的包袱，小心翼翼地蹒跚而来，心目中无时不存着对天主的惶恐，无时不考虑着政府的意向、国教的规程、出版人的愿望、学生的捧场、同事们良好的友谊、当时政治的倾向、公众一时的风尚等等的讲坛哲学和我的哲学又有什么相干呢？再说，我对真理这种恬静认真的探
27 讨，和那讲台上，课凳上叫嚣着的，一贯以个人目的为最内在动机的，头巾气的吵嘴，又有什么共同之处呢？显然，这两种哲学是

根本各异其趣的。所以，就我而言，没有妥协，没有同行之谊；大抵除了那些什么也不追求，唯真理是务的人以外，没有一个人，也没有一个流行的哲学派别会在我这儿找到符合他们的打算的东西；因为所有这些派别都在追求他们的私图，而我则只有些见解可以贡献，可是这些见解又不适合他们的意图，而这又正是因为正确的见解本不是按意图的模型塑成的。准此，我的哲学如果也要适合讲台的话，那就得另有一个完全不同的时代事先成长培育起来才行。——如果这样一种哲学，人们不能借以餬口的哲学也居然赢得了空气和阳光，甚至还赢得人们普遍的尊重，那倒是一件大好事咧！然而这种情况是必须防止的，大家要团结起来如同一个人一样来加以防止。可是，争论辩驳又不是容易的玩意儿；并且单为了下面这个原因，进行辩论已是一个不对劲的办法，那就是说公开辩论就会把公众的注意力吸引到这件事情上来，而研读我的著作又将使公众对哲学教授的课业失去胃口；因为谁尝过了严肃事物的滋味，他就觉得儿戏之谈，尤其是使人厌倦的一种不合胃口了。因此，他们一致采取的沉默法是唯一正确的办法，我也只能奉劝他们坚持这一办法，并且继续执行这一办法；一天行得通，就执行一天，直到有一天，人们把这种"无视"当作"无知"①的意味看，那时也还来得及趁风转舵。在此以前，却并没有剥夺任何人间或为自己的用途而拔下一根鹅毛管的权利，因为在自己家里，思想的澎湃一般是不会怎么闷煞人的。于是，那种"无视"和沉默法还能执行一个时期，至少在我还能活着这段时间内是可以的，而这就已经赢利不

① "无视"和"无知"同一词根，这种用法颇有俏皮意味。

少了。如果在这沉默中，即令人们或在这儿或在那儿听出一些轻率不自量的声音，也就立即被教授们的大放厥词所汩没了。他们懂得怎样装模作样，用各种不同的花样来取悦于公众。不过，我要
28 奉劝在这种做法的协调一致上，还须严格注意；尤其要守护好那些青年人们，因为他们有时竟轻率的可怕咧。不过即使这样做了，我还是不能保证这一可赞美的办法就可以永久地执行有效，所以也不能对最后的结局负责。这即是说，如何引导那大体上善良的、随顺的公众，确是一个很特殊的事业。尽管我们在一切时代，都看到一些戈奇亚斯①，一些希比阿斯②高高在上，看到那荒唐的东西一般总是如日中天，而个别人的声音要想透出愚弄和被愚弄者双方的合唱似乎已不可能；不过，尽管这样，真纯的作品在任何时候都保有一种完全特有的、宁静的、稳健的、强有力的影响，如同由于奇迹一般，人们看到这种影响最后从喧嚣骚动的人群中往上直升，好像气球从地面上厚重的烟雾气围上升到更洁净的高空一样；而一旦上升到那儿，它就停留在那儿，没有人再能把它拽下来了。

1844 年 2 月于美因河畔法兰克福

①② 皆古雅典诡辩家，这里用多数形式，是指这一类人而言。

第 三 版 序

29

如果不是那些自己拿不出一件好东西，同时又阴谋不让别人的东西露出头来的人们，那么，真正的和纯粹的东西就更容易在世界上赢得地位了。这种情况，即令尚未完全窒息，也已阻碍了，耽误了好些有益于人世的东西。这情况对我本人的后果是：当这本书第一版问世时，我才三十岁；而我看到这第三版时，却不能早于七十二岁。对于这一事实，我总算在**彼得拉克**的名句中找到了安慰；那句话是："谁要是走了一整天，傍晚走到了，就该满足了。"(《智者的真理》第 140 页。)我最后毕竟也走到了。在我一生的残年既看到了自己的影响开始发动，同时又怀着我这影响将合乎"流传久远和发迹迟晚成正比"这一古老规律的希望，我已心满意足了。

读者将看到第二版所有的一切，都无遗漏地收在第三版内。第三版还包括了更多的东西，因为新加了些补充；如果同第二版一样排印，就会多出 136 面。

在本书第二版问世七年之后，我还发行了两卷《附加和补充》[①]。包括在这一书名中的东西，是由一些补充篇章组成的，补

---

① 原文"Parega und Paralipomena"是德语化的希腊文，但并不普遍，仅叔本华用之。这里按希腊文原义译出。叔本华所以出此，显然是为了有别于本书第二卷的补充部分。

充我那哲学已有了的系统的叙述。这些东西如果收在这第三版的各卷内,那倒是很适当的;不过在那时,我只得将就利用当时可能的条件把它安顿好;〔须知〕那时我是否能看到这第三版,还很成问题呢。这一点是人们在上述《附加》第二卷中可以看到的,并且在各章的标题上也容易辨识出来。

1859 年 9 月于美因河畔法兰克福

第　一　篇

世界作为表象初论

服从充分根据律的表象
经验和科学的客体

跳出童年时代吧，朋友，觉醒呵！

——J. J. 卢梭

§　1 33

“世界是我的表象”：这是一个真理，是对于任何一个生活着和认识着的生物都有效的真理；不过只有人能够将它纳入反省的、抽象的意识罢了。并且，要是人真的这样做了，那么，在他那儿就出现了哲学的思考。于是，他就会清楚而确切地明白，他不认识什么太阳，什么地球，而永远只是眼睛，是眼睛看见太阳；永远只是手，是手感触着地球；就会明白围绕着他的这世界只是作为表象而存在着的；也就是说这世界的存在完全只是就它对一个其他事物的，一个进行“表象者”的关系来说的。这个进行“表象者”就是人自己。如果有一真理可以先验地说将出来，那就是这一真理了；因为这真理就是一切可能的、可想得到的经验所同具的那一形式的陈述。它比一切，比时间、空间、因果性等更为普遍，因为所有这些都要以这一真理为前提。我们既已把这些形式[1]都认作根据律的一些特殊构成形态[2]，如果其中每一形式只是对一特殊类型的表象有效，那么，与此相反，客体和主体的分立则是所有那些类型的共同形式。客体主体分立是这样一个形式：任何一个表象，不论是哪一种，抽象的或直观的，纯粹的或经验的，都只有在这一共同形式下，根本才有可能，才可想象。因此，再没有一个比这更确切，更不依赖其他真理，更不需要一个证明的真理了；即是说：对于“认识”而存在着的一切，也就是全世界，都只是同主体相关联着的客体，直观者的直观；一句话，都只是表象。当然，这里所说的对于现在，也对于任何过去，任何将来，对于最远的和近的都有效；因为这里所说的对于时间和空间本身就有效；而又只有在时间、空间中，所有这些〔过去、现在、未来、远和近〕才能区别出来。一切一切，凡已属于和能属于这世界的一切，都无可避免地带有以主体为条件〔的性质〕，并且也仅仅只是为主体而存在。世界即是表象。

34 这个真理绝不新颖。它已包含在笛卡儿所从出发的怀疑论观点中。不过贝克莱是断然把它说出来的第一人；尽管他那哲学的其余部分站不住脚，在这一点上，他却为哲学作出了不朽的贡献。康德首先一个缺点就是对这一命题的忽略，这在本书附录中将有详尽的交代。与此相反，吠檀多哲学[3]被认为是毗耶舍的作品，这里所谈的基本原理在那里就已作为根本命题出现了；因此印度智

---

[1][2] 时间、空间和因果性等是直观和思维的形式（这是从康德来的），但叔本华用形式一词极广泛，主客分立也是一形式。表象的每一形式在根据律中都有一构成形态（Gestaltung）或一形态（Gestalt）与之相应。

[3] 吠檀多哲学，印度的一个唯心主义哲学派别。

者们很早就认识这一真理了。威廉·琼斯①在他最近《论亚洲哲学》(《亚洲研究》,第四卷第164页)一文中为此作了证,他说:“吠檀多学派的基本教义不在于否认物质的存在,不在否认它的坚实性、不可入性、广延的形状(否认这些,将意味着疯狂),而是在于纠正世俗对于物质的观念,在于主张物质没有独立于心的知觉以外的本质,主张存在和可知觉性是可以互相换用的术语。”这些话已充分地表出了经验的实在性和先验的观念性两者的共存。

在这第一篇里,我们只从上述的这一方面,即仅仅是作为表象的一面来考察这世界。至于这一考察,虽无损于其为真理,究竟是片面的,从而也是由于某种任意的抽象作用引出来的,它宣告了每一个人内心的矛盾,他带着这一矛盾去假定这世界只是他的表象,另一方面他又再也不能摆脱这一假定。不过这一考察的片面性就会从下一篇得到补充,由另一真理得到补充。这一真理,可不如我们这里所从出发的那一个,是那么直接明确的,而是只有通过更深
入的探讨,更艰难的抽象和“别异综同”的功夫才能达到的。它必 35
然是很严肃的,对于每一个人纵不是可怕的,也必然是要加以郑重考虑的。这另一真理就是每人,他自己也能说并且必须说的:“世界是我的意志。”

在作这个补充之前,也就是在这第一篇里,我们必须坚定不移地考察世界的这一面,即我们所从出发的一面,“可知性”的一面;因此,也必须毫无抵触心情地将当前现成的客体,甚至自己的身体(我们就要进一步谈到这点)都仅仅作为表象看,并且也仅仅称之

① 威廉·琼斯(1746—1794年),英国东方语文学家,西欧研究梵文的鼻祖。

为表象。我们希望往后每一个人都会确切明白我们在这样做的时候,只仅仅是撇开了**意志**;而意志就是单独构成世界另外那一面的东西;因为这世界的一面自始至终是**表象**,正如另一面自始至终是**意志**。至于说有一种实在,并不是这两者中的任何一个方面,而是一个自在的客体(康德的“自在之物”可惜也不知不觉的蜕化为这样的客体),那是梦呓中的怪物;而承认这种怪物就会是哲学里引人误入迷途的鬼火。

§ 2

那认识一切而不为任何事物所认识的,就是**主体**。因此,主体就是这世界的支柱,是一切现象,一切客体一贯的,经常作为前提的条件;原来凡是存在着的,就只是对于主体的存在。每人都可发现自己就是这么一个主体,不过只限于它在认识着的时候,而不在它是被认识的客体时。而且人的身体既已是客体,从这观点出发,我们也得称之为表象。身体虽是直接客体*,它总是诸多客体中的一客体,并且服从客体的那些规律。同所有直观的客体一样,身体也在一切认识所共有的那些形式中,在时间和空间中;而杂多性就是通过这些形式而来的。但是主体,作为认识着而永不被认识
36 的东西,可就不在这些形式中;反而是这些形式总要以它为前提。所以,对于它,既说不上杂多性,也说不上杂多性的反面:统一性。我们永不能认识它,而它总是那认识着的东西,只要哪儿有“被认识”这回事。

---

* 《根据律的四重根——一篇哲学论文》第二版,§ 22。

所以，作为表象的世界，也就是这儿我们仅在这一方面考察的世界，它有着本质的、必然的、不可分的两个半面。一个半面是**客体**，它的形式是空间和时间，杂多性就是通过这些而来的。另一个半面是主体，这却不在空间和时间中，因为主体在任何一个进行表象的生物中都是完整的、未分裂的。所以这些生物中每一单另的一个和客体一道，正和现有的亿万个生物和客体一道一样，都同样完备地构成这作为表象的世界；消失了这单另的一个生物，作为表象的世界也就没有了。因此，这两个半面是不可分的；甚至对于思想，也是如此，因为任何一个半面都只能是由于另一个半面和对于另一个半面而有意义和存在：存则共存，亡则俱亡。双方又互为限界，客体的起处便是主体的止处。这界限是双方共同的，还在下列事实中表示出来，那就是一切客体所具有本质的，从而也是普遍的那些形式，亦即时间、空间和因果性，毋庸认识客体本身，单从主体出发也是可以发现的，可以完全认识的；用康德的话说，便是这些形式是先验地在我们意识之中的。康德发现了这一点，是他主要的，也是很大的功绩。我现在进一步主张，根据律就是我们先天意识着的，客体所具一切形式的共同表述；因此，我们纯粹先天知道的一切并不是别的，而正是这一定律的内容。由此产生的结果是：我们所有一切先天明确的“认识”实际上都已在这一定律中说尽了。我在《根据律》那篇论文中已详尽地指出，任何一个可能的客体都服从这一定律，也就是都处在同其他客体的必然关系中，一面是被规定的，一面又是起规定作用的。这种互为规定的范围是如此广泛，以至一切客体全部存在，只要是客体，就都是表象而不是别的，就整个儿都要还原到它们相互之间的必然关系，就只在这种

关系中存在，因而完全是相对的。关于这些，随即再详论。我还曾
37 指出，客体既各按其可能性而分为不同的类别，那由根据律普遍表示出的必然关系也相应地出现为不同的形态，从而又反过来保证了那些类别的正确划分。我在这里一贯假定，凡是我在那篇论文中所已说过的都是读者所已熟悉的，并且还在记忆中；因为，如果还有在那儿没有说过的，就会在这里给以必要的地位。

§ 3

在我们所有一切表象中的主要区别即直观表象和抽象表象的区别。后者只构成表象的一个类，即概念。而概念在地球上只为人类所专有。这使人异于动物的能力，达到概念的能力，自来就被称为理性*。我们以后再单另考察这种抽象的表象，暂时我们只专谈直观的表象。直观表象包括整个可见的世界或全部经验，旁及经验所以可能的诸条件。前已说过，这是康德一个很重要的发现，他正是说经验的这些条件，这些形式，也就是在世界的知觉中最普遍的东西，世间一切现象在同一方式上共有着的东西，时间和空间，在单独而离开它们的内容时，不仅可以抽象地被思维，而且也可直接加以直观。并且这种直观不是从什么经验的重复假借来的幻象，而是如此地无须依傍经验，以至应该反过来设想经验倒是依傍这直观的；因为空间和时间的那些属性，如直观先验地所认识的，作为一切可能的经验的规律都是有效的；无论在哪儿，经验都

* 只有康德把理性这概念弄混乱了，关于这一点请参照本书附录部分和我所著《伦理学根本问题》中《道德的基础》一篇，§6，第一版第148—154页，第二版第146—154页。

必须按照这些规律而收效。为此，我在讨论根据律的那篇论文中曾将时间和空间，只要它们是纯粹而无内容地被直观的，便把它们 38
看作是表象的一个特殊的，独自存在的类。这由康德所发现的，属于直观的那些普遍形式的本性固然如此重要，即是说这些形式单另独立于经验之外，可以直观地，按其全部规律性而加以认识，数学及其精确性即基于这种规律性；但是，直观的普遍形式还另有一个同样值得注意的特性，那就是根据律，在将经验规定为因果和动机律，将思维规定为判断根据律的同时，在这儿却又以一种十分特殊的形态出现；这一形态我曾名之为**存在根据**。这一形态在时间上就是各个瞬间的先后继起；在空间上就是互为规定至于无穷的空间部分。

谁要是从那篇序论[1]清晰地明白了根据律在形态上有着差别的同时，在内容上又有完整的同一性，他也就会信服为了理解这定律最内在的本质，认识它那最简单的一个构成形态是如何的重要，而这就是我们已将它认作**时间**的那一构成形态。如同在时间上，每一瞬只是在它吞灭了前一瞬，它的“父亲”之后，随即同样迅速地又被吞灭而有其存在一样；如同过去和将来（不计它们内容上的后果）只是像任何一个梦那么虚无一样；现在也只是过去未来间一条无广延无实质的界线一样；我们也将在根据律所有其他形态中再看到同样的虚无性；并且察知和时间一样，空间也是如此；和空间一样，那既在空间又在时间中的一切也是如此。所以，从原因和动

① 指《充分根据律的四重根——一篇哲学论文》，后文中提到的“那篇序论”都是指这篇论文，译者不再加注。

机所发生的一切，都只有一个相对的实际存在，只是由于，只是对
于一个别的什么，和它自身同样也只是如此存在着的一个什么，而
有其存在。这一见解中的本质的东西是古老的：赫拉克立特就在
这种见解中埋怨一切事物的流动变化性；柏拉图将这见解的对象
贬为经常在变易中而永不存在的东西；斯宾诺莎称之为那唯一存
39 在着不变的实体的偶性；康德则将这样被认识的〔一切〕作为现象，
与“自在之物”对立起来。最后，印度上古的智者说：“这是**摩耶**①，
是欺骗〔之神〕的纱幔，蒙蔽着凡人的眼睛而使他们看见这样一个
世界，既不能说它存在，也不能说它不存在；因为它像梦一样，像沙
粒上闪烁着的阳光一样，行人从远处看来还以为是水，像随便抛在
地上的绳子一样，人们却将它看作一条蛇。”（这样的比喻，在《吠
陀》和《布兰纳》经文中重复着无数次。）这里所意味着的，所要说
的，都不是别的而正是我们现在在考察着的：在根据律的支配之下
作为表象的世界。

§ 4

谁要是认识了根据律的这一构成形态，即在纯粹时间中作为这一定律出现，而为一切计数和计算之所本的这一形态，他也就正是由此而认识了时间的全部本质。时间并不还是别的什么，而只是根据律的这一构成形态，也再无其他的属性。先后“继起”是根据律在时间上的形态，“继起”就是时间的全部本质。其次，谁要是

① 梵文原文是 Maja，意为“欺假”、“骗局”，转义为外表世界的创造者，“摩耶之幕”已成国际词汇，即遮蔽真实世界的帷幕。

认识了根据律如何在纯粹直观的空间中起着支配的作用，他也就正是由此而穷尽了空间的全部本质；因为空间自始至终就不是别的，而只是其部分互为规定的可能性，也就是**位置**。关于这方面的详细考察和由此而产生的结果，沉淀为抽象的概念而更便于应用，那就是全部几何学的内容。——同样，谁要是认识了根据律的又一构成形态，认识它支配着上述形式的（时间和空间的）内容，支配着这些形式的"可知觉性"，即支配着物质，也就是认识了因果律；他并由此也认识了物质所以为物质的全部本质了。因为物质，自始至终除因果性外，就再不是别的；这是每人只要思考一下便可直接理解的。物质的存在就是它的作用，说物质还有其他的存在，那是要这么想象也不可能的。只是因为有作用，物质才充塞空间、时间。物质对直接客体（这客体自身也是物质）的作用是"直观"的条 40
件，在直观中唯有这一作用存在；每一其他物质客体对另一物质客体发生作用的后果，只是由于后者对直接客体先后起着不同的作用才被认识的，也只在此中才有其存在。所以，原因和效果就是物质的全部本质；其存在即其作用（详见《充足根据律》那篇论文§21第77页）。因而可知在德语中将一切物质事物的总括叫做**现实性**Wirklichkeit，是极为中肯的；这个词儿比实在性Realität一词的表现力要强得多[①]。物质起作用，而被作用的还是物质。它的全部存在和本质都只在有规律的变化中，而变化又是物质的这一部分在别的一部分中引出来的，因此，它的全部存在和本质也完全是

① 叔本华作此说，是因Wirklichkeit一词词根是动词，即作用，影响，效果等义；而Realität一词词根出自拉丁文res，是事物的意思，不含有"作用"的意味。

相对的，按一个只在物质界限内有效的关系而为相对的，所以〔在这一点上〕恰和时间相同，恰和空间相同。

但是，时间和空间假若各自独立来看，即令没有物质，也还可直观地加以表象；物质则不能没有时间和空间。物质是和其形状不可分的，凡形状就得以**空间**为前提。物质的全部存在又在其作用中，而作用又总是指一个变化，即是一个**时间**的规定。不过，时间和空间不仅是分别地各为物质的前提，而是两者的统一才构成它的本质；正因为这本质，已如上述，乃存于作用中、因果性中。如果一切可想到的、无数的现象和情况，果真能够在无限的空间中毋庸互相拥挤而并列，或是在无尽的时间中不至紊乱而先后继起；那么，在这些现象和情况的相互之间就无需乎一种必然关系了；按这关系而规定这些现象和情况的规则更不必要了，甚至无法应用了。结果是尽管有空间中一切的并列，时间中一切的变更，只要是这两

41 个形式各自独立，而不在相互关联中有其实质和过程，那就仍然没有什么因果性；而因果性又是构成物质真正本质的东西；所以，没有因果性也就没有物质了。——可是因果律所以获得其意义和必然性，仅仅是由于变化的本质不只是在于情况的变更本身，而更是在于空间中**同一地点上**，**现在**是一情况而随后**又是**一情况；在于**同一个**特定的时间上，**这儿**是一情况而**那儿**又是一情况；只有时间和空间这样的相互制约，才使一个规则，变化依之而进行的这规则有意义，同时也有必然性。从而，因果律所规定的不是仅在时间中的情况相继起，而是这继起是就一特定的空间说的；不是情况的存在单在一特定的地点，而是在某一特定的时间，在这个地点。变化也即是按因果律而发生的变更，每次总是**同时**而又统一地关涉到空

间的一定部位和时间的一定部分。于是，因果性将空间和时间统一起来了。而且我们既已发现物质的全部本质是在其作用中，也就是在因果性中，那么，在物质中，空间和时间也必然是统一的，即是说不管时间和空间各自的属性是如何互相凿枘，物质必须将双方的属性一肩挑起；在双方各自独立时不可能统一的在物质中都必须统一起来，即是将时间方面无实质的飘忽性和空间方面僵硬不变化的恒存统一起来；至于无尽的可分性则是物质从时空双方获得的。准此，我们看到由于物质才首先引出**同时存在**，它既不能在没有并列的孤立的时间中，也不能在不知有以前、以后和现在的孤立空间中。可是，众多情况的**同时存在**才真正构成现实的本质，因为由于同时存在，**持续**始有可能。而持续又在于它只是在某种变更上，与持续着的东西同时俱在之物的变更上看出来的；不过这同时俱在之物在此时也只是由于变更中有持续着的东西才获得**变化**的特征，亦即在**实体**，也就叫做物质[*]恒存的同时，性质和形式却要转变的特征。如果只单是在空间中，这世界就会是僵硬的、静 42
止的，就没有先后继起，没有变化，没有作用；而没有作用，那就连同物质的表象也取消了。如果只单是在时间中，那么，一切又是太缥缈易于消逝的了，就会没有恒存，没有并列，因而也没有同时，从而没有持续，所以也是没有物质。由于时间和空间的统一才生出物质，这即是同时存在的可能性，由此才又有持续的可能性；再由于这后一可能性，然后在情况变化的[**]同时，才有实体恒存的可能

* 物质和实体是一个东西，于附录中已详论。

** 这也指出康德用以说明物质的根据："物质是在空间中运动的东西"：因为运动只在时间空间的统一中存在。

性。物质既在时间和空间的统一性中有其本质，它也就始终打上了双方的烙印。物质得以从空间追溯其来源，部分地是由于其形状，那是和它不可分的；但特别是（因为变更是只属于时间的，而单是只在时间自身中就没有什么是常住的）由于其恒存（实体）；而“恒存”的先验的明确性是完全要从空间的先验的明确性引出的*。物质在时间方面的来源是在物性上（偶然属性）展示出来的；没有物性，它绝不能显现；而物性简直永远是因果性，永远是对其他物质的作用，所以也就是变化（一个时间概念）。但是这作用的规律性总是同时关涉到空间和时间，并且只是由此而具有意义。关于**此时此地**必然要发生怎样一个情况的规定，乃是因果性的立法所能及的唯一管辖范围。基于物质的基本规定是从我们认识上先验意识着的那些形式引申出来的，我们又先天赋予物质某些属性：那就是空间充塞，亦即不可透入性，亦即作用性；再就是广延，
43 无尽的可分性、恒存性，亦即不灭性；最后还有运动性。与此不同的是重力，尽管它是普遍无例外的，还是要算作后天的认识；尽管**康德**在《自然科学的形而上学初阶》第 71 页（罗森克朗兹版，第 372 页）上提出重力时，却把它当作是可以先天认识的。

如同客体根本只是作为主体的表象而对主体存在一样，表象的每一特殊的类也就只为主体中相应的一特殊规定而存在；每一这样的规定，人们就叫做一种认识能力。康德把作为空洞形式的时间和空间自身在主体方面的对应物叫做纯粹感性；这个说法本不大恰当，因为一提到感性就已先假定了物质；不过康德既已开了

* 不是从时间的认识引出的，如康德所想的那样，详见附录。

先例，也可以保留。物质或因果性，两者只是一事，而它在主体方面的对应物，就是**悟性**。悟性也就只是这对应物，再不是别的什么。认识因果性是它唯一的功用，唯一的能力；而这是一个巨大的、广泛包摄的能力；既可有多方面的应用，而它所表现的一切作用又有着不可否认的同一性。反过来说，一切因果性，即一切物质，从而整个现实都只是对于悟性，由于悟性而存在，也只在悟性中存在。悟性表现的第一个最简单的，自来即有的作用便是对现实世界的直观。这就始终是从效果中认原因，所以一切直观都是理智的。不过如果没有直接认识到的某一效果而以之为出发点，那也就绝到不了这种直观。然而这样的效果就是在动物身体上的效果，在这限度内，动物性的身体便是主体的**直接客体**，对于其他一切客体的直观都得通过这一媒介。每一动物性的身体所经受的变化都是直接认识的，也即是感觉到的；并且在这效果一经联系到其原因时，就产生了对于这原因，对于一个**客体**的直观。这一联系不是在抽象概念中的推论结果，不经由反省的思维，不是任意的；而是直接的、必然的、妥当的。它是**纯粹悟性**的认识方式；没有悟性就绝到不了直观，就只会剩下对直接客体变化一种迟钝的、植物性的意识；而这些变化，如果不是作为痛苦或愉快而对意志有些意 44
义的话，那就只能是完全无意义地在互相交替着而已。但是，如同太阳升起而有这个可见的世界一样，悟性，由于它唯一的单纯的职能，在**一反掌之间**就把那迟钝的，无所云谓的感觉转变为直观了。眼、耳、手所感觉的还不是直观，那只是些感觉张本。要在悟性从效果过渡到原因时，才有这世界，作为在空间中展开的直观，在形态上变更着的，在物质上经历一切时间而恒存的世界，因为悟性将

空间和时间统一于**物质**这个表象中，而这就是因果性的作用。这作为表象的世界，正如它只是由于悟性而存在一样，它也只对悟性而存在。我在《视觉和色彩》那篇论文的第一章里已经分析过悟性如何从感官所提供的张本造成直观，孩子们如何通过不同官能对同一客体所获印象的比较而学会直观，如何只有这样才揭穿了这许多感官现象〔之谜〕：譬如用两只眼睛观看而事物却只是单一的一个，但在斜视一物时又现出重叠的双影；又如眼睛同时〔而不是先后〕看到前后距离不同的各对象；还有由于感觉器官上突然的变化所引起的一切假象等等。关于这一重要的题材，我在《根据律》那篇论文的第二版§21里已有过更详细、更彻底的论述。凡是在那儿说过的，原应该在这里占有它必要的篇幅，应该在这里重说一遍；不过我对于抄写自己的东西几乎同抄写别人的是同样的厌恶；同时，我现在也不能比在那儿作出更好的说明；因此，与其在这儿再重复，我宁可只指出到那儿去参考，并且假定那儿说过的也是众所周知的。

〔所有这些现象，如〕经过手术治愈的先天盲人和幼儿们的视觉学习；两眼感觉所得的只现为单一的视像；感觉器官受到震动而
45 失去正常情况时所产生的双重视象或双重触觉；对象的正竖形象却在视网膜上现为倒影；色彩之移植原只是一种内在功能，是眼球活动的两极分化作用，却到了外在的对象上；最后还有立体镜；——这一切都牢固而不可反驳地证明了一切**直观**不仅是感性的而且是理智的，也就是**悟性从后果中认取原因的纯粹认识**，从而也是以因果律为前提的。一切直观以及一切经验，自其初步的和全部的可能性说，都要依赖因果律的认识；而不是反过来，说什么

因果律的认识要依赖经验。后面这一说法即休谟的怀疑论，在这里才第一次将它驳斥了。原来因果性的认识不依赖一切经验，亦即这认识的先验性，只能从一切经验要依赖因果性的认识而得到说明；而要做到这一点，又只有以这里提出的和方才指出要参照的那几段所采用的方式来证明因果性的认识根本就已包含在直观中，而一切经验又都在直观的领域中；也就是从经验这方面来说，因果性的认识完全是先验的，是经验假定它为条件而不是它以经验为前提。〔只有这样来证明才是正确的，〕但是，这可不能从康德所尝试过，而为我在《根据律》那篇论文§23中所批判过的方式得到证明。

§　5

人们还得防止一个重大的误会，不要因为直观是经由因果性的认识而成立的，就以为客体和主体之间也存在着原因和效果的关系。其实，更正确的是：这一关系总是只存在于直接的和间接的客体之间，即总是只存在于客体相互之间。正是由于上述那错误的前提①，才有关于外在世界的实在性的愚蠢争论。在争论中，独断论和怀疑论相互对峙；前者一会儿以实在论，一会儿又以唯心论出现。实在论立客体为原因而又置该原因的效果于主体中。费希
特的唯心论则〔反过来〕以客体作为主体的后果，可是，在主体客体 46
之间根本就没有什么依傍着根据律的关系，而这一点又总嫌不够深入人心；因此，上述两种主张中彼此都不可能得到证明，而怀疑

① 指主体客体间的因果关系。

论却得以对双方发动有利的攻势。犹如因果律在它作为直观和经验的条件时，就已走在直观和经验之前，因而它就不可能是从这些学来的（如休谟所见）；客体和主体作为“认识”的首要条件时，也一样已经走在一切认识之前，因之也根本走在根据律之前；因为根据律只是一切客体的形式，只是客体所以显现的一贯方式；可是一提到客体就已先假定了主体，所以这两者之间不可能有根据与后果的关系。我的《根据律》那篇论文正是要完成这一任务，要说明该定律的内容只是一切客体的本质的形式，也即是客体之所以为客体的普遍方式，是一种附加于客体之所以为客体的东西。作为这样的客体，无论什么时候它总要以主体为前提，以主体为其必然的对应物；因此，这对应物就总在根据律的有效范围之外。关于外在世界的实在性〔所以有〕争论，正是基于错误地将根据律的有效性扩充到主体上；从这一误会出发，这个争论也绝不能理解它自己了①。一方面是实在论者的独断说，在将表象作为客体的效果看时，要把这是二而一的表象和客体拆开而假定一个和这表象完全不同的原因，假定一种自在的客体，不依赖于主体：那是一种完全不可想象的东西；因为〔客体〕在作为客体时，就已经是以主体为前提了，因而总是主体的表象。另一方面，怀疑论在同一错误的前提下反对独断论说：人们在表象中永远只看到效果，绝不认识原因，也就是绝不认识**存在**，总是只认识客体的**作用**；而客体和它的作用也许根本没有什么相似之处，甚至于根本是将客体完全认错了，因为因果律是要从经验中撷取来的，而经验的真实性又要基于因果

① 原文如此。这种拟人化的用法极为普遍，只要意义不太暧昧，均从直译。

律。在这儿就应教导争论的双方,第一,客体和表象是一个东西;其次是可以直观的客体的**存在**就是它的**作用**,事物的现实性就正 47
在其作用中;而在主体的表象之外要求客体的实际存在,要求真实事物有一个存在,不同于其作用,那是全无意义的,并且也是矛盾的。因此,只要直观的客体是客体,也即是表象,那么,认识了一直观客体的作用方式也就是毫无余蕴地认识了这客体;因为除此而外,在客体上就再没有什么是为这认识而留存着的东西了。就这一点说,这在空间和时间中的直观世界,既纯以因果性表出它自己,也就完全是实在的,它也就是它显现为什么的东西,并且它也是整个儿地、无保留地作为表象,按因果律而联系着,而显现它自己的。这就是它的经验的实在性。可是另一方面,一切因果性又只在悟性中,只对悟性而存在;所以那整个现实的世界,亦即发生作用的世界,总是以悟性为条件的;如果没有悟性,这样的世界也就什么也不是了。但还不仅是为了这一缘故,而是因为想象一个没有主体的客体根本就不能不是矛盾,我们才不能不干脆否认独断论所宣称的那种实在性,独立于主体之外的实在性。整个客体的世界是表象,无可移易的是表象,所以它自始至终永远以主体为条件;这就是说它有先验的观念性。但是它并不因此就是对我们说谎,也不是假象。它是什么,就呈现为什么,亦即呈现为表象;并且是一系列的表象,根据律就是其间一条共同的韧带。这样的世界对于一个健全的悟性,即令是在这世界最内在的意义上说,也是可理解的,它对悟性说着一种完全清晰的语言。只有那由于理性的误钻牛角尖以致怪僻成性的心灵,才会想到要为它的实在性争论。并且这争论总是由于误用根据律而起的,〔须知〕这定律固然将一切表象，不管是哪一种表象，互相联系起来，却并不将表象和主体联系起来，也不是同那既非客体又非主体而只是客体的根据那种东西联系起来。后者原是一个不成话的概念，因为只有客体才能是根据，并且又总是〔另一〕客体的根据。如果人们更仔细一
48 些追究这外在世界实在性问题的来源，就会发现，除了根据律误用于不在其效力范围的事物之外，还要加上这定律各形态间一种特有的混淆情况；即是说这定律原只在概念上或抽象的表象上而有的那一形态被移用于直观表象上，实在的客体上了；是向客体要求一个认识根据，而事实上是客体除了变易根据之外，不能有其他的任何根据。根据律原来是以这样一种方式支配着抽象的表象，支配着联结成判断的概念的，就是说每一判断所以有其价值，有其妥当性，有其全部存在，亦即这里所谓**真理**，仅仅只能是由于判断同其自身以外的什么，同它的认识根据这一关系而来的，所以总得还原到这认识根据。与此相反，根据律在支配着实在的客体或直观表象时，就不是作为**认识**根据律而是作为**变易**根据律，作为因果律而有效的：每一客体，由于它是**变成的**，也即是作为由原因所产生的效果，就已对这定律尽了它的义务了〔满足了这定律的要求〕。所以，在这儿要求一个认识根据，那是既无效又无意义的；这要求只能对完全另一种类的客体提出。所以，只要是就直观表现说话，它在观察者的心里既不激起思虑，也不激起疑义；这儿既无所谓谬误，也说不上真理，正误两者都是圈定在抽象的范围内，反省思维的范围内的事。在这儿，这世界对感官和悟性是坦然自呈的；它是什么，就以素朴的真相而显现它自己为直观表象；而直观表象又是规律地在因果性这韧带上开展着的。

到这儿为止，我们所考察过的外在世界的实在性问题，总是由于理性的迷误，一直到误解理性自己的一种迷误所产生的；就这一点说，这问题就只能由阐明其内容来回答。这一问题，在探讨了根据律的全部本质，客体和主体间的关系，以及感性直观本有的性质之后，就必然的自动取消了；因为那时这问题就已不再具任何意义
了。但是，这一问题还另有一个来源，同前此所提出的纯思辨性的 49
来源完全不同。这另一来源虽也还是在思辨的观点中提出的，却是一个经验的来源。在这种解释上，和在前面那种解释上比起来，这问题就有更易于理解的意义了。这意义是：我们都做梦，难道我们整个人生不也是一个梦吗？——或更确切些说：在梦和真实之间，在幻象和实在客体之间是否有一可靠的区分标准？说人所梦见的，比真实的直观较少生动性和明晰性这种提法，根本就不值得考虑；因为还没有人将这两者并列地比较过。可以比较的只有梦的**记忆**和当前的现实。康德是这样解决问题的："表象相互之间按因果律而有的关系，将人生从梦境区别开来。"可是，在梦中的一切各别事项也同样地在根据律的各形态中相互联系着，只有在人生和梦之间，或个别的梦相互之间，这联系才中断。从而，康德的答案就只能是这样说：那**大**梦（人生）中有着一贯的，遵守根据律的联系，而在诸**短**梦间却不如此；虽在每一个别的梦中也有着同样的联系，可是在长梦与短梦之间，那个桥梁就断了，而人们即以此区别这两种梦。不过，按这样一个标准来考察什么是梦见的，什么是真实经历的，那还是很困难，并且每每不可能。因为我们不可能在每一经历的事件和当前这一瞬之间，逐节来追求其因果联系，但我们又并不因此就宣称这些事情是梦见的。因此，在现实生活中，就不

用这种考察办法来区别梦和现实。用以区别梦和现实的唯一可靠
50 标准事实上不是别的，而是醒〔时〕那纯经验的标准。由于这一标准，然后梦中的经历和醒时生活中的经历两者之间，因果联系的中断才鲜明，才可感觉。在霍布斯所著《利维坦》第二章里，该作者所写的一个脚注对于我们这儿所谈的倒是一个极好的例证。他的意思是说，当我们无意中和衣而睡时，很容易在醒后把梦境当作现实；尤其是加上在入睡时有一项意图或谋划占据了我们全部的心意，而使我们在梦中继续做着醒时打算要做的；在这种情况下，觉醒和入睡都一样未被注意，梦和现实交流，和现实沆瀣不分了。这样，就只剩下应用康德的标准这一个办法了。可是，如果事后干脆发现不了梦和现实之间有无因果关系（这种情况是常有的），那么，一个经历究竟是梦见的还是实际发生了的〔这一问题〕就只能永远悬而不决了。——在这里，人生与梦紧密的亲属关系问题就很微妙了；其实，在许多伟大人物既已承认了这种关系，并且也这样宣称过之后，我们就坦然承认这种关系，也不必惭愧了。在《吠陀》和《普兰纳》经文中，除了用梦来比喻人们对真实世界（他们把这世界叫做“摩耶之幕”）的全部认识外，就不知道还有什么更好的比喻了，也没有一个比喻还比这一个用得更频繁。柏拉图也常说人们只在梦中生活，唯有哲人挣扎着要觉醒过来。宾达尔[①]说：“人生是一个影子〔所做〕的梦”（《碧迪安颂诗》第五首第135行）；而索福克利斯[②]说：

① Pindar（公元前522—前443），古希腊抒情诗人。

② Sophokles（公元前496—前406），古希腊悲剧作家。

“我看到我们活着的人们，
都不过是，
幻形和飘忽的阴影。”

索福克利斯之外还有最可尊敬的莎士比亚，他说：

“我们是这样的材料，
犹如构成梦的材料一样；
而我们渺小的一生，
睡一大觉就圆满了。”

最后还有迦尔德隆[①]竟这样深深地为这种见解所倾倒，以至于他 51
曾企图在一个堪称形而上学的剧本《人生一梦》中把这看法表达出来。

引述了这许多诗人的名句之后，请容许我也用一个比喻谈谈我自己的见解。〔我认为〕人生和梦都是同一本书的页子，依次联贯阅读就叫做现实生活。如果在每次阅读钟点（白天）终了，而休息的时间已到来时，我们也常不经意地随便这儿翻一页，那儿翻一页，没有秩序，也不联贯；〔在这样翻阅时〕常有已读过的，也常有没读过的，不过总是那同一本书。这样单另读过的一页，固然脱离了依次阅读的联贯，究竟并不因此就比依次阅读差多少。人们思考一下〔就知道〕全篇秩序井然的整个读物也不过同样是临时拈来的急就章，以书始，以书终；因此一本书也就可看作仅仅是较大的一单页罢了。

虽然个别的梦得由下列这事实而有别于现实生活，也就是说

---

① Calderon（1600—1681），西班牙戏剧作家，军人，神父。

梦不掺入那无时不贯穿着生活的经验联系，而醒时状态就是这区别的标志；然而作为现实生活的形式而已属于现实生活的〔东西〕正是经验的这种联系；与此旗鼓相当，梦中同样也有一种联系可以推求。因此，如果人们采取一个超然于双方之外的立足点来判断，那么在双方的本质中就没有什么确定的区别了，人们将被迫同意诗人们的那种说法：人生是一大梦。

现在我们再从外在世界实在性问题的这一根源，独当一面的、来自经验的根源，回到它那思辨的根源；那么，我们已发现这一根源第一是在于误用根据律，即用之于主体客体之间；其次，又在于
52 混淆了这定律的一些形态，将认识根据律移用于〔只有〕变易根据律〔才〕有效的领域。虽然如此，要是这一问题全无一点儿真实内容，在问题的核心没有某种正确的思想和意义作为真正的根源，这问题就难于这样长期地纠缠着哲学家们了。准此，人们就只有假定，当这一正确的思想一开始进入反省思维而寻求一个表示的时候，就已走入本末倒置的，自己也不理解的一些形式和问题中去了。事实也是如此，至少，我的意见认为是如此。并且，人们对于这问题的最内在的意义既不知如何求得一个简洁的表示，我就把它确定为这样一个问题：这个直观的世界，除了它是我的表象外，还是什么呢？这世界，我仅仅是一次而且是当作表象意识着的世界，是不是和我的身体一样，我对于它有着一面是**表象**，一面又是**意志**的双重意识呢？关于这个问题更清楚的说明和肯定，将是本书第二篇的内容，而由此推演出的结论则将占有本书其余的篇幅。

§　6

现在在第一篇内，我们还只是把一切作为表象，作为对于主体的客体来考察。并且，和其他一切真实客体一样，我们也只从认识的可能性这一面来看自己的身体，它是每人对世界进行直观的出发点。从这方面看，自己的身体对于我们也仅是一个表象。固然，每人的意识都要反对这种说法；在将其他一切客体说成仅是表象时，人们已经有反感，如果说〔他们〕自己的身体也仅是一个表象，那就更要反对了。人们所以要反对，是由于"自在之物"，当它显现为自己的身体时，是每人直接了知的；而当它客体化于直观的其他对象中时，却是间接了知的。不过，我们这探讨的过程使得对于本质上共同存在着的东西，作出这样的抽象，这样的片面看法，这样强制的拆散，确有必要。因此，人们就只好以一种期望暂时抑制这里所说的反感而安定下来，也就是期望下续的考察就会补足这目前的片面性而使我们完整地认识到世界的本质。

就这里说，身体对于我们是直接的客体，也就是这样一种表 53
象：由于这表象自身连同它直接认识到的变化是走在因果律的运用之前的，从而得以对因果律的运用提供最初的张本，它就成为主体在认识时的出发点了。如前所说，物质的全部本质是在它的作用中。作用的效果及原因又只是对悟性而言的，悟性也就是原因，效果在主体方面的"对应物"，而并不是别的什么。但是，悟性如果没有另外一种它所从出发的东西，就绝不能应用。这样一种东西就是单纯的官能感觉，就是对于身体变化直接的意识；身体也是借此成为直接客体的。准此，我们发现认识直观世界的可能性是在

乎两个条件:第一个条件,如果我们从客体方面来表述,就是物体互相作用的可能,互相引出变化的可能;要是没有这种一切物体共同的属性,即令以动物身体的感性为中介,还是不可能有直观。如果我们从主体方面来表述这第一条件,那么,我们说:使直观成为可能的首先就是悟性,因为因果律、效果和原因的可能性都只是从悟性产生的,也只对悟性有效;所以直观世界也只是由于悟性,对于悟性而存在的。可是第二个条件就是动物性身体的感性,也就是某些物体直接成为主体的客体那一属性。那些单纯的变化,那些由感觉器官通过特别适应于感官的外来影响所感受的变化,就这些影响既不激起痛苦,又不激起快感,对于意志没有任何直接的意义而仍被感知,也就是只对认识而存在说,固然已经要称为表象,并且我也是就这种意义说身体是直接认识的,是直接客体;然而,客体这一概念在这里还不是按其本来意义来体会的,因为由于身体的这种直接认识既走在悟性的应用之前,又是单纯的官能感
54 觉,所以身体本身还不得算作真正的客体,而只有对它起作用的物体才是真正的客体。这里的理由是:对于真正的客体的任何认识,亦即对于空间中可以直观的表象的任何认识,都只是由于,对于悟性而有的,从而就不能走在悟性的应用之前,而只能在其后。所以,身体作为真正的客体,作为空间中可以直观的表象,如同一切其他客体一样,就只能是间接认识的,是在身体的一部分作用于另一部分时认识的,如在眼睛看见身体,手触着身体时,应用因果律于此等作用而后认识的。从而,我们身体的形态,不是由普通的肉体感觉就可了知的,却只能通过认识,只能在表象中,也就是在头脑中,自己的身体才显现为〔在空间〕展开的,肢体分明的,有机的

〔体〕。一个先天盲人就只能逐渐逐渐地、通过触觉所提供的张本，才能获得这样的表象。盲人而没有两手将永不能知道自己的体形，最多只能从作用于他的其他物体逐渐逐渐地推断和构成自己的体形。因此，在我们称身体为直接客体时，就应该在这种限制下来体会。

在别的方面，则仍依前所说，一切动物性的身体都是直接客体，也即是主体，认识一切而正因此绝不被认识的主体，在直观这世界时的出发点。这**认识**作用和以认识为条件，随动机而起的活动，便是**动物性的真正特征**，犹如因刺激而起的运动是植物的特征一样。但是无机物则除了那种由最狭义的“原因”所引起的运动外，没有别的运动。所有这些，我已在论根据律那篇论文中（第二版，§20），在《伦理学》第一讲第三章以及在《视觉和色彩》§1中详细地阐述过了，请读者参照这些地方吧。

由上述各点得来的结果是一切动物，即令是最不完善的一种，都有悟性，因为它们全都认识客体，而这一认识就是规定它们的行动的动机。悟性，在一切动物和一切人类，是同一个悟性，有着到处一样的简单形式：因果性的认识，由效果过渡到原因，由原因过渡到效果〔的认识〕；此外再没有什么了。但是在敏锐的程度上，在知识范围的广狭上，悟性是大有区别的，是多种多样，等级繁多的； 55
从最低级只认识到直接客体和间接客体间的因果关系起，也就是刚从身体感受的作用过渡到这作用的原因，而以这原因作为空间中的客体加以直观；直到最高级认识到同是间接客体相互间的因果关联，以至于理解大自然中各种最复杂的因果锁链。然而即令是后面这种高级的认识也还是属于悟性的，不是属于理性的。属

于理性的抽象概念只能为接收、固定、联系那直接所理解的东西服务，绝不直接产生“理解”自身。每一种自然力，每一条自然律，以及二者所从出现的每一情况，都必须先由悟性直接认识，直观的加以掌握，然后才能抽象地（in abstract）①，为了理性而进入反省思维的意识。胡克发现的引力法则，以及许多重要现象的还原到这一法则，然后是牛顿用算式证明了这些法则，这些都是通过悟性而有的直观的、直接的认识。可与此等量齐观的，还有拉瓦西耶发现氧及其在自然中的重要作用；还有歌德发现物理性色彩的产生方式等。所有这些发现全都不是别的，而只是正确地、直接地从效果还原到原因；随之而来的便是对自然力的，在一切同类的原因中显出的自然力同一性的认识。所有这些见解不过是悟性的同一功能在程度上不同的表现。由于这一功能，一个动物也把作用于它身体的原因当作在空间中的客体加以直观。因此，所有那些重大发现，正和直观一样，和悟性每一次的表现一样，都是直接的了知，并且作为直接了知也就是一刹那间的工作，是一个 apperc u②，是突然的领悟；而不是抽象中漫长的推论锁链的产物。与此相反，推论锁链的功用则在于使直接的、悟性的认识由于沉淀于抽象概念中
56 而给理性固定下来，即是说使悟性的认识获得〔概念上的〕明晰，也即是说使自己能够对别人指出并说明这一认识的意义。——在掌握间接认识到的客体间的因果关系时，悟性的那种敏锐不仅在自然科学上（自然科学中的一切发现都要依仗它），而且在实际生活

① 本书“在抽象中”、“抽象地”两副词一概是以拉丁文 in abstract 表示的，不过也可译作“在共相中”。后仿此，不另注明。

② 有如顿悟的当下了知，相当于德语 Einfall。

上也有它的功用。在实际生活上,这种敏锐就叫做**精明**。严格地说,精明是专指为意志服务的悟性而言;但在自然科学范围内,就不如称之为“锐利的辨别力”、“透入的观察力”和“敏慧”。虽然,这些概念的界限总是不能严格划分的,因为它们始终都是悟性的同一功能。这是每一动物对空间中的客体进行直观时,就已起作用的悟性。它的功能,常以最大限的敏锐,有时在自然现象中从已知的效果正确地探索到未知的原因,从而为理性提供材料,以思维比自然规律更为普遍的规则;有时又应用已知的原因以达到预定的效果而发明复杂灵巧的机器;有时又用之于动机,则或是看破和挫败细致的阴谋诡计,或是按各人适合的情况,为人们布置相应的动机,使人们跟随我的意愿,按我的目的而行动,好像〔我〕是用杠杆和轮盘转动机器一样。缺乏悟性,在本义上就叫做**痴呆**,也就是**应用因果律时的迟钝**,是在直接掌握原因效果连锁,动机行为连锁时的无能。一个痴呆的人不了解自然现象间的联系,不论这些现象是自然出现的,或是按人的意愿运行,用在机器上的;因此,他喜欢相信魔术和奇迹。一个痴呆的人看不出貌似互不相关而实际上是串通行动的人们,所以他很容易陷入别人布置的疑阵和阴谋。他看不出别人向他所进的劝告,所扬言的看法等隐藏着不可告人的动机。他总是仅仅缺乏一样东西:运用因果律时的精明、迅速和敏捷,也即是缺乏理解力。——在我生平所遇到的,有关痴呆的事例中,有一个最显著的,也是对我们这儿考察的问题最有启发意义的 57
一个例子:疯人院里有一个十一岁左右的白痴男孩,他有正常的理性,因为他能说话,也能听懂话;但在悟性上却还不如某些动物。我常到疯人院去,并且总是〔从鼻梁上〕摘下以一条辫带套在脖子

上的眼镜，垂于胸前；那孩子每次都要注视这副眼镜，因为镜片里反映着房间的窗户和窗外的树梢。对于这一现象，他每次都感到特别惊奇和高兴，他以诧异的神情注视着，毫不厌倦。这是因为他不理解镜片反映作用那种完全直接的因果性。

悟性的敏锐程度，在人与人之间已很有区别；在不同物种的动物之间，区别就更大了。一切动物，即令是最接近植物的那一些种类，都有如许的理智，足够从直接客体上所产生的效果过渡到以间接客体为原因，所以足够达到直观，足够了知一个客体。而了知一个客体就使动物成为动物，有可能按动机而行动，由此便有可能去寻找食物或至少是攫取食物；而不是像植物那样只随刺激而有所作为。植物只能等待这些刺激的直接影响，否则只有枯萎；它不能去追求或捕捉刺激。在最高等动物中，如犬，如象，如猴，它们特有的机智常使我们称奇叫好；而狐的聪明，则已有皮丰[①]大笔描写过了。在这些最聪明的动物身上，我们几乎可以准确地测出悟性在没有理性从旁相助，即是没有概念中的抽象认识时能有多大作为。这种情况在我们人类是辨认不出来的，因为在人类总是悟性和理性在相互支援。因此，我们常发现动物在悟性上的表现，有时超过，有时又不及我们之所期待。譬如，一方面有象的机智使我们惊奇：有一只象，它在欧洲旅行中已走过了很多的板桥。有一次，尽管它看见大队人马络绎过桥，一如往日，可是它拒绝走上这桥，因
58 为它觉得这桥的构造太单薄，承不起它的重量。另一方面有聪明的人猿又使我们感到诧异。它们常就现成的篝火取暖，但不懂得

① Büffon(1707—1788)，法国动物学家。

添柴以保住火种不灭。这证明添柴留火的行动已经需要思考，没有抽象概念是搞不来的。对于原因和效果的认识，作为悟性的普遍形式，甚至也是动物先验地所具有的，〔这事实〕固已完全确定，即由于这一认识之在动物，和在我们〔人〕一样，是对于外在世界一切直观认识的先行条件〔这事实而完全确定〕；可是人们也许还想要一个特殊的例证。〔如果这样，〕人们就可观察一下这个例子：纵然是一只很幼小的狗，尽管它很想从桌上跳下，但是它不敢这样做。这是因为它〔能〕预见到自己体重的效果，而并不须在别的地方从经验认识到这一特殊情况。在我们辨识动物的悟性时，应注意不要把本能的表现认作悟性的表现。本能和悟性、理性都是完全不同的属性，但又和悟性、理性两者合起来的行动有着很相像的作用。不过，这儿不是讨论这些的地方，在第二篇考察大自然的谐律或目的性时，会有谈到它的地位；而补充篇第二十七章就是讨论这问题的专章。

缺乏**悟性**叫做**痴呆**；而在实践上缺乏**理性**的运用，往后我们就把它叫做**愚蠢**；缺乏**判断力**叫做**头脑简单**。最后，局部的或整个的缺乏**记忆**则叫做**疯癫**。不过，这里的每一项都要分别在适当的地方再谈。为**理性**所正确认识的是**真理**，也即是一个具有充分根据的抽象判断(关于根据律的论文 § 29 及下续各节)；由**悟性**正确认识的是**实在**，也即是从直接客体所感受的效果正确地过渡到它的原因。**谬误**作为**理性**的蒙蔽，与**真理**相对；**假象**作为悟性的蒙蔽，与**实在**相对。关于这一切的详细论述都可参考我那篇关于视觉和色彩的论文第一章。**假象**是在这样的场合出现的，就是在同一效果可由两种完全不同的原因引出时，其中一个所引起的作用是常 59

见的，另一个所起的作用是不常见的。效果既然一般无二，悟性又不获识别哪一原因是起作用的张本，就总是假定那习惯上常见的当作原因，而悟性的作用并不是反省思维的，不是概念推论的，而是直接的，当下即是的；于是这一虚假的原因就作为直观的客体而呈现于我们之前了；这就正是假象。在感觉器官陷于不正常的位置时，如何在这种情况下产生双重视觉，双重触觉〔的问题〕，我已在上面引证的篇章里说明过了；并且由此得到一个不能推翻的证明，证明直观只是由于悟性，对于悟性而存在的。此外，这种悟性的蒙蔽或假象的例子，还有浸在水中笔直的棍儿所现出的曲折形象；有球面镜中的人影在圆凸面上显出时，好像要在镜面后面一些，在圆凹面上显出时又好像要在镜面前好远似的。属于这儿的例子，还有地平线上的月球好像比在天顶上的要大一些似的。〔其实〕这不是一个光学上的问题，因为测微仪已证明眼睛看天顶上的月球时，比在地平线上看的时候，视角要稍微大一些。这仍是悟性的作用，悟性以为地平线上的月球以及一切星辰的光度所以较弱，原因在于距离较远，把这些星、月同地面上的事物一样看待，按空气透视律来估计，因此就把地平线上的月看成比天顶上的月要大些；同时也把地平线上的天顶看成较为开展些，看成平铺一些。按空气透视律而有的同一错误估计，使我们觉得很高的山，只在干净透明的空气中才看得见的那些山峰，比实际上的距离要近些，同时也觉得它矮些而歪曲了实际的高度；譬如从萨朗希地方看蒙勃朗山峰就是这样。——所有这些使人发生幻觉的假象都在当下的直观中呈现于我们之前，不能用理性的任何推理来消灭它。理性的推理只能防止谬误，而谬误就是没有充分根据的判断。理性的推论是以一个与谬误相反的正确推论来防止谬误的，譬如说抽象地认识到星月的光度所以在地平线上较弱的原因不是更远的距离，而是由于地平线上较浑浊的气围。可是上述各种假象，偏要和每 60
一抽象的认识为难，偏是依然如故，无可改易。这是因为理性是唯一附加于人类，为人类所专有的认识能力；而悟性和理性之间却有着完全不同而严格的区别。就悟性本身说，即令是在人类，它也还不是理性的。理性总是只能**知道**，而在理性的影响之外，直观总是专属于悟性的。

§　7

就我们前此的全部考察说，还有下列事项应该说明一下。我们在这考察中，既未从客体，也未从主体出发，而是从**表象**出发的。表象已包含这主客两方面并且是以它们为前提的，因为主体客体的分立原是表象首要的、本质的形式。所以，作为这种形式的主客分立是我们首先考察过的，然后（尽管有关这问题的主要事项，在这里还是援引那篇序论作说明的）是次一级的其他从属形式，如时间、空间、因果性等。这些从属形式是专属于**客体**的，但这些形式对于客体**之为客体**是本质的，而客体对于主体**之为主体**又是本质的；因此又可从主体方面发现这些形式，即是说可以先验地认识它们。就这方面说，这些形式可以看作主体客体共同的界限。不过所有这些形式都要还原到一个共同名称，还原到根据律；而这是在序论里已详细指出了的。

上述这一做法，是我们这种考察方式和一切已往哲学之间的根本区别。因为所有那些哲学，不从客体出发，便从主体出发，二

者必居其一；从而总是要从客体引出主体，或从主体引出客体，并且总是按根据律来引申的。我们相反，是把客体主体之间的关系从根据律的支配范围中抽了出来的，认根据律只对客体有效。人们也许有这种看法，说产生于我们现代而已为众所周知的同一哲学就不包括在上述两种对立〔的哲学〕之中；因为它既不以客体，又不以主体作为真正的原始出发点，而是以一个第三者，一个由“理性直观”可认识的“绝对”为出发点的。“绝对”既不是客体，又不是
61 主体，而是两者的二合一。我虽是由于完全缺乏任何“理性直观”，而不敢对这可尊敬的“二合一”或“绝对”赞一词，可是我仍须以“理性直观”者们自己对任何人、对我们这些不敬的异教徒也摊开着的记录为根据，而指出这种哲学并不能自外于上列两种互相对峙的错误。因为这种哲学，虽说有什么不可思维而却是可以“理性直观”的同一性，或是由于自己浸沉于其中便可经验到的主客体同一性；却并不能避免那两相对峙的错误，只不过是把两者的错误混合起来了。这种哲学自身又分为两个学科，一是先验唯心论，也就是费希特的“自我”学说，按根据律自主体中产出或抽绎出客体的学说。二是自然哲学①，认为主体是逐渐从客体中变化出来的；而这里所使用的方法就叫做“构造”。关于“构造”，我所知道的虽很少，却还足以明白“构造”即是按根据律在某些形态中向前进动的过程。对于“构造”所包含的深湛智慧，我则敬谢不敏；因为我既完全缺乏那种“理性直观”，那么，以此为前提的各书篇，对于我就只能是一部密封的天书了。这一比喻竟真实到这种程度，说起来也奇

① 指谢林的哲学。

怪，即是在听到那些“智慧深湛”的学说时，我总是好像除了听到可怕的并且是最无聊的瞎吹牛之外，再也没听到什么了。

从客体出发的那些哲学体系，固然总有整个的直观世界及其秩序以为主题，但他们所从出发的客体究竟不就是直观世界或其基本元素——物质。更可以说，那些体系可按序论中所提的四类可能的客体而划分类别。据此，就可以说：从第一类客体或从现实世界出发的是泰勒斯和伊翁尼学派，是德谟克利特，厄壁鸠鲁，约旦·普禄诺以及法国的唯物论者。从第二类或抽象概念出发的是 62
斯宾诺莎（即是从纯抽象的，仅于其定义中存在的概念——实体出发）和更早的厄利亚学派。从第三类，也就是从时间，随即也是从数出发的是毕达戈拉斯派和《易经》中的中国哲学。最后，从第四类，从认识发动的意志活动出发的是经院学派，他们倡导说，一个在世外而具有人格的东西能以自己的意志活动从无中创造世界。

从客体出发的体系中，以作为地道的唯物论而出现的一种最能前后一贯，也最能说得过去。唯物论肯定物质，与物质一起的时间和空间，都是无条件而如此存在着的；这就跳过了〔这些东西〕同主体的关系，而事实上所有这些东西都是只存在于这关系中的。然后，唯物论抓住因果律作为前进的线索，把因果律当作事物的现成秩序，当作永恒真理。这就跳过了悟性，而因果性本是只在悟性中，只对悟性而存在的。于是，唯物论就想找到物质最初的、最简单的状态，又从而演绎出其他一切状态；从单纯的机械性上升到化学作用，到磁性的两极化作用，到植物性，到动物性等等。假定这些都做到了，可是还有这条链带最后的一环——动物的感性，认识作用；于是这认识作用也只好作为物质状态的一种规定，作为由因

果性产生的物质状态而出现。如果我们一直到这儿，都以直观的表象来追随唯物论的观点，那么，在和唯物论一同达到它的顶点时，就会觉察到奥林普斯诸天神突然发出的，收敛不住的笑声。因为我们如同从梦中觉醒一样，在刹那之间，心里明亮了：原来唯物论这个几经艰难所获得的最后结果，这认识作用，在它最初的出发点，在纯物质时，就已被假定为不可少的条件了；并且当我们自以为是在同唯物论一道思维着物质时，事实上这所思维的并不是别的，反而是表象着这物质的主体；是看见物质的眼睛，是触着物质的手，是认识物质的悟性。这一大大的丐词(petitio principii)意外地暴露了它自己，因为最后这一环忽然又现为最初那一环所系的支点，〔从机械性到认识作用〕这条长链也忽然现为一个圆圈了。
63 于是，唯物论者就好比闵希豪森男爵[①]一样，骑着马在水里游泳，用腿夹着马，而自己却揪住搭在额前的辫子想连人带马扯出水来。由此看来，唯物论基本的荒唐之处就在于从**客体事物**出发，在于以一种**客体事物**为说明的最后根据。而这客体事物可以是只被**思维**而在抽象中的物质，也可以是已进入认识的形式而为经验所给予的物质或**元素**，如化学的基本元素以及初级的化合物等。如此之类的东西，唯物论都看作是自在地、绝对地存在着的，以便从此产生有机的自然，最后还产生那有认识作用的主体；并以此来充分说明自然和主体。事实上是一切客体事物，既已作客体论，就已是由于认识着的主体通过其“认识”的诸形式从多方加以规定了的，是

① Von Münchhausen(1720—1797)，被称为“扯谎的男爵”，著有冒险故事集，主角皆用第一人称，以夸张至荒唐程度著称于世。

早已假定这些形式为前提了的。因此，如果人们撇开主体，一切客体事物便完全消失。所以唯物论的企图是从间接给予的来说明直接给予的。凡是客体的、广延的、起作用的事物，唯物论即认为是它作说明的基础；以为是如此巩固的基础，一切说明只要还原到它（尤其是在以作用与反作用为说明的最后出路时），便万事已足，无待他求了。其实，所有这些事物，我说，都仅是最间接的，最受条件制约的给予，从而只是相对地出现的事物；因为这一切都是通过了人脑的机括和制作的，也即是进入了这机括、制作的时间、空间、因果性等形式的；这一切也唯有有赖于这些形式始得呈现为在空间中广延的，在时间中起作用的事物。现在唯物论竟要从这样一种给予来说明直接的给予，说明表象（其实，那一切也都在表象中），最后还要说明意志。事实上应该反过来说，所有那些在原因后又有原因的线索上，按规律呈现的一切基本动力都只能从意志得到说明。对于认识也是物质的模式化的说法，也另有一相反的说法，常有同等的权利与之分庭抗礼，即是说一切物质，作为主体的表象，倒是主体的认识之模式化。但是一切自然科学的目标和理想， 64
在根本上仍完全是彻底的唯物论。唯物论显然不可能，这是在我们往后的考察里自会得到的结论；在这里还有一个真理也证实〔我们〕这一见解。原来一切狭义的科学，也就是我所理解的，以根据律为线索的有系统的知识，永远达不到一个最后的目标，也不能提出完全圆满的说明；因为这种知识永达不到世界最内在的本质，永不能超出表象之外；而是根本除了教导人们认识一些表象间的相互关系以外，再没有什么了。

每一种科学都是从两个主要的张本出发的。其中一个总是在某一形态中的根据律，这就是科学的论证工具，另外一个即这门科学特有的对象，也就是这门科学的主题。例如几何学就是以空间为主题，以空间中的存在根据为工具的。逻辑以狭义的概念联系为主题，以认识根据为工具；历史以人类过去大规模的、广泛的事迹为主题，以动机律为工具；自然科学则以物质为主题，以因果律为工具；因此，自然科学的指标和目的就是以因果性为线索，使物质的一切可能状态互相还原，最后且还原到一个状态；又使互相引申，最后且从一个状态引出其他一切状态。于是，在自然科学中有两种状态作为两极而对峙，即离主体的直接客体最远的和最近的两种物质状态相对峙，也即是最无生机的，最原始的物质或第一基本元素和人的有机体相对峙。作为化学的自然科学是寻求前者，作为生理学，则是寻求后者。直到现在为止，这两极都没有达到过；只在中间地区有些收获罢了。就未来的展望说，也颇难有什么希望。化学家们在物质的定性分析方面不像定量分析方面可以分
65 至无穷的前提下，总是想把化学的基本元素（现在还在六十种上下）的总数缩小；假设已缩到只有两种的话，他们还想把两种还原为一种。这是因为均质律导向一种假定，即是说物质有一种最初的化学状态先于一切其他状态；后者不是物质所以为物质的本质，而只是偶然的形式、属性等；前者则专属于“物质所以为物质”的本质。在另一方面，这种最初状态既没有第二种状态在那儿对它发生作用，怎么能发生一种化学变化，却正是不可理解的。这样，这里在化学上也出现了厄壁鸠鲁在力学上所遇到的狼狈情况。这种情况，是厄壁鸠鲁在要说明一个原子开始是如何脱离它原来的运动方向时所遇到的。是的，这一自发地发展起来的矛盾，既不可避

免，又不能解决，本是完全可以作为化学上的**二律背反**提出来的。在自然科学所寻求的两极端之一〔的化学〕中，既已发现这种矛盾，那么，在另一极端，我们也会看到相应的对比。要达到自然科学的另一极端，同样是很少希望的；因为人们只有看得更清楚，凡属化学的绝不能还原为力学的，有机的也不能还原为化学的或电气的。那些在今天又重新走上这条古老的错误道路的人们，很快就要和他们的前辈一样，含羞地、悄悄地溜回来。关于这些，在下一篇再评论。这儿顺便提到的还只是自然科学在自己的领域内所遭遇的〔情况〕。自然科学作为哲学看，在这些困难之外，它又还是唯物论；而唯物论，如我们已经看到的，在它初生时就已在它自己的心脏中孕育着死亡了。这是因为唯物论跳过了主体和认识形式，而在它所从出发的原始物质中，和它所欲达到的有机体中一样，主体和认识形式都已是预定的前提了。须知“没有一个客体无主体”就是使一切唯物论永不可能的一条定律。太阳和行星没有眼睛看见他们，没有悟性认识他们，虽然还可用字句加以言说，但是这些字句对于表象来说，只是〔不曾见过的〕“铁树”①。另一面，因果律和根据此律而对大自然所作的观察和探讨又必然地导引我们到一个可靠的假定，即是说在时间中，物质的每一较高组织状态总是跟着 66
一个较原始的状态而来的，动物就先于人类，鱼类先于陆栖动物，植物又先于鱼类与陆栖动物，无机物则先于一切有机物。从而那原始的混沌一团必须经过好长一系列的变化，才到得有最初的一

① 原文 sideroxylon 俗称铁树，木质极硬，产于热带。但叔本华是借希腊原文用以指不可能的事物。请比较本书 § 53 第三段“木的铁！”

只眼睛张开的时候。然而，这整个世界的实际存在都有赖于这第一只张开的眼睛，即使这只是属于一个昆虫的眼睛；因为有赖于眼睛即有赖于认识所必需的媒介，而世界是只对认识、只在认识中存在的。没有认识，世界就根本不能想象；而这又因为世界干脆就是表象；以表象论，它需要“认识”的主体作为它实际存在的支柱。是的，就是那漫长的时间系列本身，为无数变化所填充，物质通过这系列而从一个形式上升到又一形式，直到第一个有认识作用的动物出现于世；这整个时间本身也只在一个意识的同一性中才可思维，它是这意识的表象的秩序，是意识的认识形式；如果在意识的同一性以外，它就彻底丧失了一切意义，也就什么都不是了。于是，一方面我们看到整个世界必然地有赖于最初那个认识着的生物，不管这生物是如何的不完全；另一方面又看到这第一个认识着的生物必然完全地有赖于它身前的一长串因果锁链，而这动物只是参加在其中的一小环。这两种相互矛盾的意见，每一种都是我们事实上以同样的必然性得来的，人们诚然可称之为我们认识能力中的**二律背反**，并把它和自然科学那第一极端[①]中发现的二律背反作为对照确定起来。同时，在本书附录的康德哲学批判中，将证明康德的四种二律背反只是毫无根据的无的放矢。至于这里最后必然出现的这矛盾倒还可找到它的解决方案，即是用康德的话说，时间、空间和因果性并不属于自在之物，而只属于其现象，是现
67 象的形式。用我的话来说，则是客观的世界，即作为表象的世界，不是世界唯一的一面，而仅是这世界外表的一面；它还有着完全不

---

① 指化学。

同的一面，那是它最内在的本质，它的内核，那是“自在之物”。这本质，我们将在下一篇中考察，并按它最直接的一种客体化而称之为意志。作为表象的世界是我们这里唯一要考察的，它是随最早一只眼睛的张开而开始存在的；没有认识的这一媒介，它是不能存在的，所以也不先于最初一只眼的张开而存在。并且没有这只眼睛，也就是在认识以外，那也就没有先于〔“后于”〕，没有时间了。可是时间并不因此就有一个起始，一切起始倒都是在时间中的。又因为时间是认识的可能性一最普遍的形式，一切现象都经由因果连带而嵌合于其中，所以它（时间）是和最初第一认识同时而有的，并同时具有向先向后这两方面全部的无限性。填充这第一现在的那个现象，也必同时被认为是在原因系列上，上连于并依附于向过去无限延伸的现象系列。而这过去本身的由于第一现在而被规定，正同后者之被规定于前者是一样的。所以和第一现在一样，它所从出的过去也有赖于认识着的主体；没有这主体，就不能是什么。这又引出一个必然的事实，即是说这第一现在并不呈现为初创的，不是没有过去做母亲的时间之起点，而是按时间的存在根据呈现为过去的后续的；同样，填充第一现在的现象也按因果律呈现为早先填充过去的那些情况的后果。谁要是喜欢附会神话以当说明的话，他可以用最小一个泰坦①的，即克隆诺斯②的诞生象征这里所表明的，实际上本无始的时间初现的那一刹那；由于克隆诺斯阉割了他自己的父亲，于是天地造物的粗胚都终止了，现在是神的

①② 天神地神共生的儿子们都称泰坦 Titanen（多数形式），最小的一个即克隆诺斯（Kronos），他又是希腊神话中主神宙斯 Zeus 之父。

和人的族类登上了舞台。

这里的叙述是我们跟着从客体出发最彻底的哲学体系唯物论
68 进行探讨所得〔的结果〕。这一叙述同时也有助于使主体客体间，还有不可分的相互依赖性显而易见。在不能取消主客相互对立的同时，这一认识所导致的后果是〔人们〕不能再在表象的两个因素①中的任何一个里，而只能在完全不同于表象的东西中去寻求世界最内在的本质，寻求自在之物；而自在之物是不为那原始的、本质的，同时又不能消解的〔主客〕对立所累的。

和上述从客体出发相反的，和从客体引出主体相反的，是从主体出发，从主体找出客体。在以往的各种哲学中，前者是普通而常有的；后者相反，只有唯一的例子，并且是很新的一个例子，那就是费希特的冒牌哲学。在这“唯一”而“新”的意义上，这里必须指出，他那学说虽然只有那么一点儿真实价值和内在含义，可说根本只是一种花招；然而这个学说却是以最严肃的道貌，约束着情感的语调和激动的热情陈述出来的；它又能以雄辩的反驳击退低能的敌人，所以它也能放出光芒，好像它真是了不起似的。可是那真正的严肃态度，在心目中坚定不移地追求自己的目标，追求真理，不受任何外来影响的态度，是他和所有迁就当前形势的，同他类似的哲学家们完全没有的。诚然，他也不能不如此。人所以成为一个哲学家，总是〔由于〕他自求解脱一种疑难。这疑难就是柏拉图的惊异怀疑，他又称之为一个富于哲学意味的情绪。区别哲学家的真伪，就在于此：真正的哲学家，他的疑难是从观察世界产生的；冒牌

① 指主体和客体。

哲学家则相反，他的疑难是从一本书中，从一个现成体系中产生的。这就是费希特的情况，他是在康德的自在之物上成为哲学家的。要是没有这自在之物，以他修辞学上的天才去干些别的行当，他很可能有大得多的成就。《纯粹理性批判》这本书使他成了哲学 69
家。只要他真有点儿钻进这书的意义了，他就会理解该书主要论点的精神是这样的：根据律不是一个永恒真理，这和经院学派是不同的。根据律不是在整个世界之前，之外，之上而有无条件的妥当性；任它是作为空间、时间的必然关系也好，因果律也好，或是作为“认识根据律”也好，它单单只是在现象中相对地，在条件制约下有效。因此，世界的内在本质，自在之物，是永不能以根据律为线索而得发现的；相反，根据律导致的一切，本身就总是相对的、有待的；总在现象之中而不是自在之物。此外，根据律根本不触及主体，而只是客体的形式；客体也正因此而不是自在之物。并且与客体同时，主体已立即同在，相反亦然；所以既不能在客体对主体，也不能在主体对客体的关系上安置从后果到原因这一关系。但是，有关这种思想的一切，在费希特那儿是一点气味也没有。在这件事上，他唯一感兴趣的是**从主体出发**。康德所以选择这个出发点，是为了指出已往从客体出发，因而将客体看成自在之物的错误。费希特却把从主体出发当作唯一有关的一回事；并且有如一切模仿者之所为，以为他只要在这一点上比康德走得更远些，他就超过康德了。他在这个方向所重犯的错误，也就是以往独断论在相反的方向所犯的错误。正是后者招致了康德的批判。于是，在根本问题上仍旧毫无改进，在客体主体间认定原因后果关系的基本错误依然如故；以为根据律具有无条件的妥当性，也前后无二致；不

过以往是将自在之物置于客体中，而现在则是移置于认识着的主体中罢了。还有，主体客体间十足的相对性，以及这相对性所指出的自在之物或世界的内在本质，不得在主体客体中寻求，只能在此以外，在一切仅以相关而存在的事物以外去寻求〔的道理〕依然未被认识，也是今昔相同的。好像根本没有过康德这么个人似的，根
70 据律之在费希特，和它在一切经院哲学那儿一样，是同一事物，是永恒真理。在古代的诸神之上，还有永恒的命运支配着；同样，在经院学派的上帝之上，也有一些永恒真理支配着，也就是一些形而上的、数理的、超逻辑的真理在支配着；〔除此以外，〕有些人还要加上道德的妥当性这一条。〔他们说〕唯有这些“真理”不依存于任何事物，由于它们的必然性才有上帝和世界。在费希特，根据律就是作为这种永恒真理看的；按根据律，自我便是世界或非我的根据，是客体的根据；客体是自我的后果，是自我的产品。因此，他谨防着对根据律作进一步的检查和限制。费希特使自我产出非我，有如蜘蛛结网一样；如果要我指出他的线索是根据律的哪一形态，那么，我认为那就是空间中的存在根据律。只有关涉到这一定律，费希特那种艰涩的演绎还能有某种意义和解释。〔须知〕这些如此这般的演绎，譬如自我产生并制成非我等，实构成了这自来最无意味的，就拿这一点说已是最无聊的一本书的内容。费希特这哲学本来并无一谈的价值，〔不过〕对于古老的唯物论，它是晚出的、真正的对立面；只在这一点上还有些意思，因为一面是从客体出发最彻底的〔体系〕，一面是从主体出发最彻底的〔体系〕。唯物论忽略了在它指定一最单纯的客体时，也就已立即指定了主体。费希特也忽略了他在指定主体时（至于他给这主体一个什么头衔，那可听其

自便），不仅也已指定了客体（无客体也就没有一个可想象的主体），并且还忽略了这一点，即是说一切先验的引申，根本是所有的论证，都要以必然性为支点〔这事实〕；而一切必然性又仅仅只以根据律为支点，因为所谓“必然是”和“从已知根据推论”是可以互换的同义概念*。他还忽略了根据律除了是“客体所以为客体”的形 71
式外，就不再是什么；从而根据律先已假定客体为前提，而不是在客体之前，于客体之外有什么效力，就能引出客体，就能按自己的法令而使之产生。所以，从主体出发和前面说过的从客体出发，有着共同的错误，双方都是一开始先就假定了它们声称往后要证明的，也就是已假定了他们那出发点所不可少的对应〔物〕。

我们的办法是在种类上完全不同于上述两种相反的谬见的，我们既不从客体，也不从主体出发，而是从**表象**出发的。表象是意识上最初的事实，表象的第一个本质上所有的基本形式就是主体客体的分立。客体的形式又是寓于各种形态内的根据律；如已指出，每一形态又是如此圆满地支配着所属的一类表象，以至随同该形态的认识，整个这一类表象的本质也就被认识了。这是因为这个类别（作为表象）除了是该形态的本身之外，便无其他；譬如时间本身除了是时间中的存在根据外，即先后继起外，便无其他；空间除了是空间中的根据律外，即部位而外，便无其他；物质除了是因果性外，便无其他；概念（如即将指出的）除了是对认识根据的关系之外，便无其他。作为表象的世界有它十足的，一贯的相对性，或按它最普遍的形式（主体和客体）看，或按次一级的形式（根据律）

* 参照《根据律的四重根》，第二版 § 49。

看，如上所说，都为我们指出世界最内在的本质只能到**完全不同于表象**的另一面去找。下一篇即将在一切活着的生物同样明确的一事实中，指出这另外的一面。

目前还有专属于人类的那类表象尚待考察。这类表象的**素材**就是**概念**，而它在主体方面的对应物则是**理性**，正和前此所考察的表象以悟性和感性为主体方面的对应物相同；不过悟性和感性却是每一动物所具有的罢了。*

72 § 8

好比从太阳直接的阳光之下走到月亮间接的反光之下一样，我们现在就从直观的，当下即是的，自为代表的，自为保证的表象转向反省思维，转向理性的抽象的、推理的概念。概念只从直观认识，只在同直观认识的关系中有其全部内容。只要我们一直是纯直观地行事，那么，一切都是清晰的、固定的和明确的。这时既无问题，也无怀疑，也无谬误；人们不会再有所求，也不能再有所求；人们在直观中已心安理得，在当下已经有了满足。直观是自身具足的，所以凡纯粹由直观产生的，忠于直观的事物，如真正的艺术品，就绝不能错，也不能为任何时代所推翻，因为它并不发表一种意见，而只提供事情本身。可是随同抽象的认识，随同理性，在理论上就出现了怀疑和谬误，在实践上就出现了顾虑和懊悔。在直观表象中，假象可以在当下的瞬间歪曲事实；在抽象的表象中，**谬误**可以支配几十个世纪，可以把它坚实如铁的枷锁套上整个

* 第二卷第一篇前四章是补充前七节的。

的民族，可以窒息人类最高贵的冲动；而由于它的奴隶们，被它蒙蔽的人们，甚至还可给那些蒙蔽不了的人们带上镣铐。对于这个敌人，历代大哲们和它进行过实力悬殊的斗争；只有大哲们从它那儿缴获的一点东西才成为了人类的财富。因此，在我们初踏上这敌人所属的领土时，立刻就唤起我们对它的警惕，是有好处的。虽然已有人这样说过，即令看不到任何好处，我们仍应追求真理，因为真理的好处是间接的，并且能够隔一个时期意外地又重现出来；可是我在这儿还要加上一句，说：即令看不到任何害处，人们也得同样作出努力来揭露并铲除每一谬误，因为它的害处也是间接的，也在人们不提防的时候又能出现；而每一谬误里面都是藏着毒素的。如果是人的智力，人的知识使人类成为地球上的主宰，那么， 73
就没有什么无害的谬误；如果是那些尊严的、神圣的谬误[①]就更不是无害的了。为了安慰那些用任何一方式，在任何一场合，由于对谬误进行过崇高艰巨的斗争而献出力量和生命的人们，我不禁要在这儿插一句：在真理尚未出现以前，谬误固然还能猖獗一时，正如猫头鹰和蝙蝠能在夜间活动一样；但是如果说真理既已被认识，既已明晰而完整的表达出来了之后还能再被逐退，而旧的谬误又得安逸地重占它那广阔的阵地，那么，猫头鹰和蝙蝠把东边升起的太阳吓回去，就更有可能了。这就是真理的力量，它的胜利虽然是在艰苦困难中赢得的，但足以弥补这个遗憾的是若是真理一旦赢得了这胜利，那也就永远夺它不走了。

到这里为止，我们所考察过的表象，按其构成来看，如从客体

① 指经院哲学、教会哲学。

方面着眼，就可还原为时间、空间和物质；如从主体方面着眼，就可还原为纯粹感性和悟性（即因果性的认识）。除了这些表象之外，在生活于地球的一切生物之中，独于人类还出现了一种认识能力，发起了一种完全新的意识。人们以一种冥悟的准确性而很恰当地把这种意识叫做**反省思维**。诚然，这种意识在事实上是一种反照，是从直观认识引申而来的；然而它有着完全不同于直观认识所有的性质和构成，它不知道有属于直观认识的那些形式；即令是支配着一切客体的根据律，在这儿也有着完全不同的另一形态。这新的，本领更高强的意识，一切直观事物的这一抽象的反照，在理性的非直观的概念中的反照，——唯有它赋予人类以思考力。这就是人的意识不同于动物意识的区别。由于这一区别，人在地球上所作所为才如此的不同于那些无理性的兄弟种属。人在势力上超过它们，在痛苦上人也以同样的程度超过它们。它们只生活于现
74 在，人则同时还生活于未来和过去。它们只满足当前的需要，人却以他机巧的措施为将来作准备，甚至为他自己看不到的时代作准备。它们完全听凭眼前印象摆布，听凭直观的动机的作用摆布；而规定人的却是不拘于现前的抽象概念。所以人能执行预定计划，能按规章条款办事；可以不顾〔一时的〕环境，不顾当前偶然的印象。譬如说，人能够无动于衷为自己身后作出安排，能够伪装得使人无法看出破绽，而把自己的秘密带进坟墓去。最后，在为数较多的动机中他还有真正的选择权。因为只有在抽象中，这些动机同时并列于意识中，才能带来这样一个认识：就是动机既互相排斥，就得在实力上较量一下，看谁能支配意志。在较量中占优势的动机，也就是起决定作用的动机；这就是经过考虑后的意志的抉择，

这一动机便是透露意志的本性一个可靠的标志。动物与此相反，是由眼前印象决定的；只有对当前强制力的畏惧才能控制它的欲求，到这种畏惧成为习惯时，以后便受习惯的约束，这就是施于动物的训练。动物有感觉，有直观；人则还要**思维**，还要**知道**。**欲求**则为人与动物所同有。动物用姿态和声音传达自己的感觉和情绪，人则是用语言对别人传达思想或隐瞒思想。语言是他理性的第一产物，是理性的必需工具。所以，在希腊文和意大利文中，语言和理性是用同一个词来表示的：在希腊文是“逻戈斯”λογος，在意大利文是“迪斯戈尔索”ildiscorso。〔在德语中，〕理性〔“费尔窿夫特”〕Vernunft 是从“理会”〔“费尔涅门”〕Vernehmen 来的，而这又和“听到”Hören 并非同义词，而有了解语言所表达的思想的意味。唯有借助于语言，理性才能完成它那些最重要的任务，例如许多个别人协同一致的行动，几千人有计划的合作；例如文明，国家；
再还有科学，过去经验的保存，概括共同事物于一概念中，真理的 75
传达，谬误的散布，思想和赋诗，信条和迷信等等，等等。动物只在死亡中才认识死亡，人是意识地一小时一小时走向自己的死亡。即令一个人还没认识到整个生命不断在毁灭中这一特性，逐步走向死亡有时也会使他感到生命的可虑。人有各种哲学和宗教，主要是由于这个原因。但是在人的行为中，我们有理由给予某些东西高于一切的评价，如自觉的正义行为和由心性出发的高贵情操；这些东西究竟是不是可以称为哲学或宗教的后果，那是并不明确的。与此相反，肯定是专属于哲学、宗教这两者的产物的，肯定是理性在这条路上的出品的，却是各派哲学家那些离奇古怪的意见，各教派僧侣们那些奇奇怪怪的，有时也残酷的习俗。

至于所有这些多种多样的，意义深远的成就都是从一个共同原则产生的，这是一切时代，一切民族共同一致的意见。这原则就是人对动物所以占优势的那种特殊精神力。人们称之为**理性**，希腊文叫做“逻戈斯”λογος，“逻辑斯谛拱”λογιστικογ，“逻辑蒙”λογιμον；拉丁文叫“拉齐奥”ratio。所有的人也都很知道如何认识这一能力的表现，也知道说什么是理性的，什么是非理性的；知道理性在什么地方是和人类其他能力，其他属性相对称的。最后，人还知道，由于动物缺乏理性，所以，尽管是动物中最聪明的一个，也还有某些事情是不能指望于它的。一切时代的哲学家们，对于理性这种一般的知识也全有一致的说法；此外，他们还指出理性的一些特殊重要表现，如情感和激动的控制，如推求结论的能力，制定普遍原则的能力，甚至是〔确定〕那些不待经验就已明确了的原则，等等。虽然〔在这些地方已有一致的说法〕，但是所有他们那些关于理性真正本质的说明仍是摇摆不定的，是规定不严格的、游离的；既无统一性又无中心，一会儿着重这一表现，一会儿又着重那一表现，因此〔各家〕常常互有出入。此外，还有好多哲学家在说到理性的本质时，是从理性和启示之间的对立出发的。这种对立在
76 哲学上是完全不相干的，只有增加混乱的作用而已。最奇特的是直到现在为止，没有一个哲学家把理性所有那些杂多的表现，严格地归根于一个单一的功能。这种功能，既可在所有的表现中一一识别出来，又可从而解释这一切表现，所以这功能就应该构成理性所特有的内在本质。虽然有卓越的洛克在《人类悟性论》第二卷第十一章第十和第十一节中很正确地指出抽象的普遍概念是人兽之间起区别作用的特征；虽有莱布尼兹在《人类悟性新论》第二卷第

十一章第十和第十一节中完全同意洛克并又重复了这一点；但是，当洛克在同一本书第四卷第十七章第二、三两节中到了真正要说明理性时，他就把理性那唯一的重要特征遗忘了，他也落到和别人一样，〔只能〕对理性一些零零碎碎的、派生的表现作一种摇摆不定的、不确定的、不完备的陈述了。莱布尼兹在他那本著作中与上列章节相应的地方，整个说来也同洛克如出一辙，只是更加混乱，更加含糊罢了。至于康德如何混淆了，歪曲了理性的本质的概念，那是我在本书附录中详细谈过了的。谁要是为了这一点而不厌其烦，读遍康德以后出版的大量哲学著作，他就会认识到：君王们犯了错误，整个整个的民族都要为他补过；和这一样，伟大人物的谬误就会把有害的影响传播于好些整个整个的世代，甚至到几个世纪；并且这种谬误还要成长、繁殖，最后则变质为怪诞不经。这一切又都是从贝克莱说的那句话产生的，他说的是："少数几个人在思维，可是所有的人都要有自己的意见。"

悟性只有**一个**功能，即是直接认识因果关系这一功能。而真实世界的直观，以及一切聪明、机智、发明的天才等等，尽管在应用上是如何多种多样，很显然都是这单一功能的诸多表现，再不是别的什么。和悟性一样，理性也只有**一个**功能，即构成概念的功能。从这单一的功能出发，上述区别人的生活和动物生活的一切现象 77
就很容易说明了，并且是完完全全自然而然的说明了。而人们无论何时何地所说的"合理"或"不合理"，全都意味着应用了或没有应用这唯一功能*。

* 这一节应和《根据律》第二版第二十六、二十七节对照。

§ 9

概念构成一个特殊类别的表象，和我们前此所考察过的直观表象是在种类上完全不同的一个类别，是只在人的心智中才有的。因此，关于概念的本质，我们就永不能获得直观的、真正自明的认识，而只能有一种抽象的、推理的认识。只要经验是当作真实外在世界来体会的，而外在世界又正是直观表象，那么，要求在经验中证实概念，或者要求和直观客体一样，可以把概念放在眼前或想象之前，那就文不对题了。概念，只能被思维，不能加以直观；只有人由于使用概念而产生的作用或后果才真正是经验的对象。这类后果有语言，有预定计划的行动，有科学以及由此而产生的一切。言语作为外在经验的对象，显然不是别的，而只是一个很完善的电报，以最大速度和最精微的音差传达着任意〔约定〕的符号。这些符号意味着什么呢？是如何来解释的呢？是不是在别人谈话的时候，我们就立刻把它的言辞翻译成想象中的图画呢？是不是接着悬河般涌来的词汇和语法变化，这些图画也相应地掣电般飞过我们眼前，自己在运动，在相互挂钩，在改组，在绘影绘声呢？果真是这样，那么，听一次演讲，或读一本书，我们脑子里将是如何的骚动混乱啊！事实上，解释符号，全不是这样进行的。言辞的意义是直
78 接了知的，是准确地、明晰地被掌握的，一般并不搀入想象作用。这是理性对理性说话，理性在自己的领域内说话。理性所传达的和所接受的都是抽象概念，都是非直观的表象；而这些概念又是一次构成便次次可用的，在数量上虽比较少，却包括着、涵蕴着、代表着真实世界中无数的客体。只有从这里才能说明为什么一个动

物,虽和我们同有说话的器官,同有直观表象,却绝不能说话,也不能听懂言语。这正是因为字句所指的是那特殊类别的表象,它在主体方面的对应〔物〕便是理性,〔动物没有理性,〕所以任何字句就不能对它有意义,有解释了。既是这样,所以语言,以及一切隶属于理性的任何其他现象,一切区分人禽之别的事物,都只能以这唯一的、简单的东西作为来源而得到解释;而这就是概念,就是抽象的,非直观的,普遍的,不是个别存在于时间、空间的表象。只有在个别的场合,我们也从概念过渡到直观,为自己构成幻影作为**概念的有形象的代表**,但这幻影绝不能有恰如其分的代表性而和概念完全契合无间。这是我在《根据律》第二十八节中特别阐明了的,在这儿就不再重复了。应该以那儿说过的和休谟在他的《哲学论文集》第十二篇中所说的(第 244 页)和赫德尔[①]在《超批判》第一篇,第 274 页所说的(再说,这是一部写得不好的书)那些话比较一下。至于柏拉图的理念型,那是由于想象力和理性的统一而后可能的,将构成本书第三篇的主要题材。

概念和直观表象虽有根本的区别,但前者对后者又有一种必
然的关系;没有这种关系,概念就什么也不是了。从而这种关系就
构成概念的全部本质和实际存在。〔这是怎样一种关系呢?原来〕
反省思维必然的是原本直观世界的摹写、复制;虽然是一种十分别
致的,所用材料也完全不同的摹写。因此,把概念叫做“表象之表 79
象”,那倒是很恰当的。在这儿,根据律也有一个特殊的形态。根
据律是在哪一个形态中支配着一个类别的表象,那么,只要该类别

① Herder(1744—1803),德国神学家、哲学家和文艺理论家。

是表象，这一形态必然也构成并且无余地赅括着该类别的全部本质；譬如我们已看到过，时间始终只是“继起”，更无其他；空间始终是部位，更无其他；物质始终是因果性，更无其他。与此相同，概念或抽象表象这个类别的全部本质也只在一种关系中，只在根据律在概念中所表出的那关系中。而因为这就是对于认识根据的关系，所以抽象表象也只在它和是它的认识根据的另一表象的那关系中有着它全部的本质。这另一表象，虽在开始又可是一概念或抽象表象，甚至于后面这概念又只能有一个同样抽象的认识根据；但这不能继续下去推之于无穷，这一认识根据的系列必须以一个在直观认识中有根据的概念来结束，因为反省思维所有的整个世界都要基于那作为其认识根据的直观世界。由此，抽象表象这一类别就有别于其他类别，即是说：在其他类别〔的表象〕，根据律总是只要求一个〔这表象〕和**同类**的另一表象之间的关系；而在抽象表象，〔到了〕最后却要求一个〔这表象〕和**不同类**的一表象之间的关系。

人们常把上述那些概念，不是直接，而是间接通过一个甚至几个其他概念才和直观认识有关的一些概念优先叫做“共相”；与此相反，又把那些直接在直观世界中有其根据的概念叫做“殊相”。后面这一称呼同它所指的概念并不完全相当，因为这些概念总还是抽象的共相而绝不就是些直观表象。这两种称呼本不过是在要说明两者的区别时，在模糊的意识中产生的；既然这里已另有解释，依旧沿用也未尝不可。第一类，也就是特殊意味的“共相”的例
80 子，有“关系”、“美德”、“探讨”、“肇始”等等概念。后面一类，也就是名实不大相符的“殊相”，则有这些概念：“人”、“石头”、“马”等

等。如果不嫌这样一个比喻太形象化，从而有些荒诞可笑的话，人们就可很恰当地说，后面这一类概念是反省思维这个建筑物的地面层，而第一类概念则是其上各层的楼房*。

一个概念所赅括的很多，即是说很多直观的表象，甚至还有些也是抽象的表象，都和它有着认识根据的关系，也即是都要通过它而被思维。这一点却并不如人们一般所说，一定是概念的基本属性，实际上只是一种派生的、次要的属性；在可能性上尽管是必然有的属性，在实际上则并不是常有的属性。这一属性是由于概念是表象的表象，即是由于概念的全部本质只在于它和另一表象的关系中而产生的。可是概念并不就是这另一表象自身；这另一表象甚至经常是属于不同类别的，是直观表象，因而可以有时间的，空间的以及其他的规定，并且根本还可以有更多的，在概念中不连同被思维的关系。就是由于这一原因，所以一些表象虽有着非本质的区别，都能由同一概念而被思维，即是说都可包括在这一概念之中。不过这种“以一赅万”〔的本领〕并不是概念的基本属性，而只是它偶然的属性。所以就可以有些概念，只能用以想到一个单一的实在客体，但仍然是抽象的、一般的表象，全不因此就算是个别的、直观的表象。举例说，某人仅仅是从地理书本上知道了一个特定的城市，他从这一城市得来的概念就是这里讲的那种概念。这里被思维到的虽然只是这一个城市，不过总还可能有些局部不同的城市全都适用这一概念。所以，不是由于一个概念是从一些客体抽象来的，它才有一般性；而是相反。是因为一般性，又叫做

* 参照第二卷第五、六两章。

81 “个别的非规定”,是概念作为理性的抽象表象在本质上所有的〔东西〕,不同的事物才能用同一个概念来思维。

由上所说,又发生这样一个情况:由于概念是抽象表象而不是直观表象,从而也就不是十分确定的表象,于是每一概念便进而有人们叫做意义范围或含义圈的东西;并且即令是在这概念只适应于唯一的一个实在客体的场合,也是如此。这样,我们就发现每一概念的含义圈和其他概念的含义圈总有些共同的地方,即是说在此一概念中被思维的某部分,同时也就是在彼一概念中被思维的部分;反之亦然,在彼一概念中所思维的某部分便是此一概念中所思维的部分;虽然同时,它们又是真正不同的概念,每一概念,或至少是两者中的一个概念又含有另外那一概念所没有的东西。每一主语和其谓语就是在这样的关系之中的,而认识这一关系就叫做“判断”。用空间的图形来说明那些含义圈是一个极有意义的想法。普陆克①是有这个想法的第一人,他用的是正四方形;兰柏尔特②虽在他后,却还在用一根叠一根上下相间的直线条;倭以勒③最后才用圆圈,这一办法才圆满地解决了。不过概念的相互关系是基于什么而同其空间图形有这种准确的类似性,我可说不上来。自此以后,一切概念的相互关系,甚至单从其可能性出发,也即是先验地,都能用这样的图形作形象的说明;对于逻辑这是一个有利的情况。图解的方式如下:

1)两概念的含义圈完全相同,例如必然性这概念和从已知根

① Plouquet,Gottbried,德国数学家。

② Lambert, Johann Heinrich(1728—1777),德国物理学家、数学家、天文学家。

③ Euler(1707—1783),德国数学家、物理学家。

据推论后果这概念，反刍动物和偶蹄动物两概念，又如脊椎动物和红血动物（由于某些节肢动物〔也有红血〕，这一点有可訾议之处）：这都是些交替概念，用一个圆圈来说明，既意味着这一概念，又意味着那一概念。

2）一个概念的含义圈完全包括另一概念的含 82
义圈在其内。

3）一个含义圈包括两个或两个以上的含义圈，而这些包括在内的含义圈既不互相包含又共同充满包括着它们的大圈。

4）两圈互相包含另一圈的一部分。

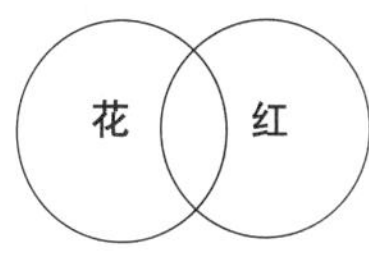

5）两圈同位于一第三圈中，但并不充满第 83
三圈。

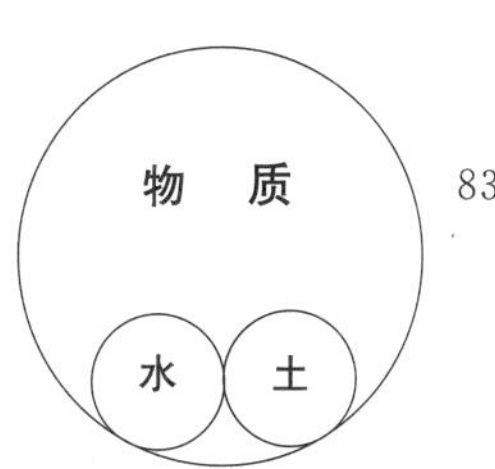

最后这一情况是指所有那些概念，其含义圈〔在相互之间〕并无直接共同之处，但总有一个第三概念，往往广泛得多的概念，包含着两者。

概念的一切联系都可归结到这些情况，而关于判断的全部教程，判断的转换、对称、交互相关、交互相斥（这一点按第三图），又可从此引申而得。同样，还可由此引申出判断的属性，这就是康德号称悟性的范畴之所本的；不过假言判断这一形式已不仅是概念的联系，而是判断的联系，应作例外。然而样态①也是例外的，关于这一点以及范畴所本的判断的每一属性，都在本书附录中有详尽的交代。关于上列〔各种〕可能的概念联系，只有一点还须指出，即是各种联系又可各式各样的互为联系，例如第四图与第二图的联系。只在一个含义圈或整个或部分地包括着另一含义圈，同时自身又为第三个含义圈所包括时，这一些含义圈合起来才表出第一图里的推论法；也就是表出判断的这样一种联系，即由此联系便可认识到一个概念既整个地或部分地被包含于另一概念中，又同样被包含于一个第三概念之中，而这第三概念又包含着原来的那一概念。这还可以表出这一推论的反面，表出否定；而用图形表示

84 这否定，当然就只能是两个联系着的含义圈都不在第三个内。如果许多含义圈以这种方式依次包含，则产生较长的一连串推论。这种概念的图解方式，已在一些教科书中推行，颇有成效，可以作为说明判断以及全部三段论法的基础，以此来讲述这两个方面就很容易而简单了。这是因为这两方面的一切规则都可由此按其来源得到理解，得到引申和说明。但是拿这些东西给记忆力增加包袱是不必要的，因为逻辑从来不能对实际生活有什么用处，而只是在哲学上有理论的兴趣罢了。原来我们虽可说逻辑之于合理的思维，就等于通奏低音之于音乐；如果再放宽些尺度，也可说如伦理学之于美德，或美学之于艺术；但这里应注意从来没有人是因为研

① 样态（Modalitat），是范畴的第四大类，包括必然性、可能性、或然性。

究了美学而成为艺术家的，没有人是因为研究了伦理学而获得高尚品质的；应注意早在拉摩①之前，就已有了正确谐和的作曲，无须着意于通奏低音，也能觉察非谐音。同样，人们并无须懂得逻辑，也能不为错误的推论所蒙蔽。不过，话又得说回来，应该承认通奏低音对于音乐的鉴别虽没有什么用处，对于作曲的实践却有很大的用处；如果把程度降低些说，甚至美学、伦理学，虽主要的是在消极方面，也能分别对〔艺术、道德的〕实践有若干好处；所以不应完全剥夺这些理论在实践上的价值。至于逻辑，则连这一点〔实践上的价值〕也无可矜夸了。逻辑是在抽象中的知识，是对于人人在具体中所已知的又于抽象中知之。因此，人们少有用逻辑来否定一个错误推论的，同样也少有借助于逻辑规则来作出一个正确推论的。即令是最渊博的逻辑学家本人，当他在进行真正的思维时，他也完全把逻辑丢在一边了。这一点可从下文得到说明。原来每一种科学都是由关于某一类对象的普遍的，从而也是抽象的一套真理、规律、规则系统所组成的。于是，往后对于这些对象中出现的个别情况，每次都要按那一次妥当，便次次妥当的普遍知识 85
加以规定，因为这样应用普遍原则比从头来检查每次出现的个别情况要容易得不知若干倍。并且这一旦已获得的普遍的、抽象的知识又经常要比经验上个别的探讨更为近便。在逻辑则恰相反。逻辑是以规则的形式表出有关理性的工作方式的知识，是由于对理性作自我观察，抽去一切事物的内容而获得的普遍知识。这种工作方式在理性〔自身〕原是必然的、本质的，如果任其自然，理性

① Rameau（1683—1764），法国作曲家，提出过音乐的基本理论。

遵守这些方式绝不会有什么偏差。所以在每一特殊情况中，让理性按其自有的本质做去，比使它就范于一种知识，一种在工作进行中才抽绎得的，以一个陌生的外来的法则为形态的知识，既要容易些，也要妥当一些。其所以容易些，那是因为在其他一切科学中，普遍规则对于我们要比单独地，就事论事来研究个别情况近便些、熟悉些；但是在使用理性时则相反，理性在当前情况中必然〔要采取〕的工作方式，对于我们反而总是比从这一工作方式抽象而得的普遍规则更为近便些、熟悉些；因为在我们自己里面思维着的〔东西〕就正是这理性自身。其所以妥当些，那是因为在这种抽象的知识或其应用中产生谬误要比“理性”的行事发生有违其本质、本性的情况要容易得多。因此就出现了一种特有的情形：在其他科学中、人们是拿普遍规则来检验个别情况的真实性的，在逻辑中则相反，规则反而是要放到个别情况下来检验的。即令是一个最熟练的逻辑学家，当他发现他在个别情况下作出的结论和规则所说的有出入时，他总是宁可先在规则上，然后在他实际作出的结论中去找差错。要从逻辑学得到实际的用途就等于说要把我们在个别事物中直接以最大妥当性意识了的东西，又以说不尽的辛勤再从普遍规则中去引申；正好比人们自己的一举手、一顿足也要求教于力学，而自己的消化作用也要求教于生理学一样。谁要是为了实践
86 的目的而学习逻辑，就等于训练一只海狸去筑他的巢穴似的。尽管逻辑没有实际用处，却并不因此就能说没有保留它的必要了，因为它〔本〕是有关理性的组织、活动的特种知识而有哲学上的意义。逻辑作为一种自足的，自为存在的，圆满的，完整的，完全可靠的一门学科，有理由单独地，无所依傍地，科学地去加以研求，有理由要

在各大学讲授它。不过,只在整个哲学的关联中,在考察认识并且是在考察理性的或抽象的认识时,逻辑才获得它特有的价值。因此,讲授逻辑就不应有一种太着意于实用的科学那么一个形式,不应只包括一些赤裸裸地确定在那儿的规则以校正判断、推论等等的错误,而更应着意于认识理性的,概念的本质,详细考察认识的根据律;因为逻辑不过就是这一根据律的译意而已;并且实际上也只限于这样一种情形,就是说赋予判断以真理的那根据不得是经验的或形而上的,而只能是逻辑的或超逻辑的。和认识的根据律同时,还要提出与之密切接近的,思维的其他三个基本法则或超逻辑的真理判断;而理性的全部技能即是由此逐步长成的。真正的思想的本质,就是说判断和推理的本质,是从概念含义圈的联结、按空间图表格式以前面示意过的方式来表出的;然后由此又通过意象的构造来引申“判断”和“推论”的一切规则。人们得以从逻辑找到的唯一实际用途,是人们在辩论的时候,与其指出对方的实际错误,毋宁使用逻辑术语来点破对方蓄意蒙骗的结论。既已这样在实践意义方面压低了逻辑的地位,同时又这样着重提出逻辑和整个哲学的关联,把它作为哲学里的一章看,那么,有关逻辑的知
识将来就不应该比现在还要罕有,因为在今天,任何人如果不想在 87
主要的方面停留于浅陋状态之中,不想把自己列于无知的,陷于朦胧状态的群众中,就必须先学过思辨的哲学。这又是因为这个十九世纪是一个哲学的世纪;但这却不是说这个世纪已有了哲学,或者说哲学已占有统治的地位了;而是说就接受哲学而论,这个世纪是已经成熟了,因此〔也〕迫切的需要哲学。这是教养高度发展的

标志，甚至是历代文化上升的阶梯上牢固的一级*。

虽说逻辑没有多大的实际用途，却难以否认它是为了实际的目的而创立的。对于逻辑〔这门科学〕的起源我是这样解释的：当厄利亚学派的，麦珈利学派的，诡辩派的好辩风气一直在发展着，逐渐成为一种嗜好的时候，几乎每次争辩都要陷入混乱；这就使他们感到必须有一种指导辩论的规程；为此，就只有寻求一种科学的论证方法。首先要指出的就是争论双方在辩论之中，必须在论点所涉及的某一命题上互相一致。辩论程序的第一步便是正式宣布这些双方共同承认的命题而置之于研讨的开端。其初，这些命题还只涉及研讨的材料方面，随后人们又发觉在如何还原到这一共同承认的真理，如何由之引申自己的主张的方式方法上，也是服从着某些公式和法则的。关于这一点，虽然没有事先的说合，他们都无异议；由此可见这些公式、法则必然就是理性本有的，在理性自己本质中的程序，必然就是研讨的形式方面。这虽然并未遭遇到怀疑和异议，却有酷好系统成癖的头脑会想到这么个念头，他想：
88 如果一切辩论的这些形式方面，理性自身这些不变的法则性程序，也和研讨的材料方面那些共同承认的命题一样，也在抽象的命题中陈述出来，作为辩论自身中不可移易的绳准而置于研讨的开端，于是人们得永远有所依据，有所参证；那就会是一件大大的好事，就会是辩证方法的大功告成。就是这样，凡以往只是一致默认地服从着的东西，或是本能地在那么做着的东西，现在人们要意识地认之为法则并正式把它宣布出来。在这期间，人们逐渐为逻辑的

* 第二卷第九和第十两章是补充这里的。

基本命题找到了一些程度不同的恰当称谓，如矛盾律，充分根据律，排中律，有无律；然后是三段论法的一些特殊规则，例如“从纯粹特殊的或纯粹否定的前提不能得出任何结论”，“从后果到根据的推论无效”，等等。人们只能缓慢地、很艰苦地达到这些成就；在亚里士多德以前，一切都很不完备。这种情形，部分地可从柏拉图的某些对话中看得出来，在那儿，揭露逻辑真理的方式还是笨拙的、不着边际的。从塞克司都斯、恩披瑞古斯①关于麦珈利学派争论的报道中还可更好地看得出来，他们不但是只为一些最简单的逻辑规律而争论，并且用以表示这些规律的方式也是那么捉襟见肘（塞·恩披瑞古斯：《反对数学字论》第八卷第 122 页及随后几页）。亚里士多德收集了、整理了、订正了当时已有的成就，而使之具有无比高度的完整性。如果人们这样看希腊文化的进展如何引起了亚里士多德的研究，如何为他作了准备；人们就会不愿相信波斯作家的说法，说什么迦利斯吞在印度人那里发现了完整的逻辑，就把它寄回给他舅父亚里士多德了。琼斯是很偏爱这种说法的，这说法也是他传达给我们的（《亚洲研究》第四卷第 163 页）。至于在可悲的中世纪，经院学派中好辩成癖的人们，并无任何实际知识，只在公式章句中消磨精神；所以他们那么极度欢迎亚里士多德的逻辑，甚至热衷于那些译成阿拉伯文的残简断篇，并且随即奉之 89
为一切知识的中心；那是容易理解的。自此以后，逻辑的威望固然降低了，但是作为一门自足的、实际的、极其必要的科学，仍有它的信誉，它也一直被保全到现在。并且，在我们这时代，康德既已从

① Empirikus，Sextus，希腊哲学家，怀疑论者。

逻辑取得他那哲学的奠基石，他的哲学也重新为逻辑掀起了新的兴趣。如果从这方面看，也就是从作为认识理性的本质的手段看，对于逻辑有这样的兴趣倒也是应该的。

严格正确的结论是由于正确地观察概念含义圈的相互关系而获致的，只在一个含义圈包括在另一个含义圈内，而这另一圈又包括在第三圈内时，然后才能承认第一圈是包括在第三圈内的。与此相反，有一种**游说术**则是基于仅仅只从表面看概念含义圈的各种关系，随即按自己的意图作出片面的规定〔这样一种手法的〕；主要是这样：如果考察中的概念的含义圈只是一部分包括在另一圈中，又有一部分却包括在完全不同的另一圈中，说话的人就按自己的意图把这概念说成是全在这一圈，或全在那一圈内。举例说，在谈到“激情”的时候，人们可以任意将它概括于“最大力”，“世界最强大的动因”这些概念之下，也可以把它概括于“非理性”的概念之下，而这又可概括为“无力”，“软弱”这些概念之下。人们可以继续使用这个办法，在谈到任何一概念时，都可如法炮制从头做起。〔譬如说，〕一个概念的含义圈几乎经常有几个别的含义圈同在其中，这些含义圈的每一个都在其范围内含有那第一圈的一部分，同时又各自还包括着其他的东西在内；〔这时，〕人们就只单就其中的一个含义圈作出说明，用以概括那第一概念，而其余的则一概置之不顾或加以隐蔽。一切游说术，一切伶俐的诡辩就都依靠这一手法；因为逻辑上的那些手法，如拟似谎骗法，蒙蔽失真法，嘲弄蛊惑法等在实际应用上显然都太笨〔不适用〕了。我不知道直到现在为
90 止是不是已有人把一切诡辩和游说的本质归结到这些东西所以可能的最后根据，或已在概念特有的本质中，亦即在理性的认识方式

〔"旅行"这概念连环繁衍示意图〕

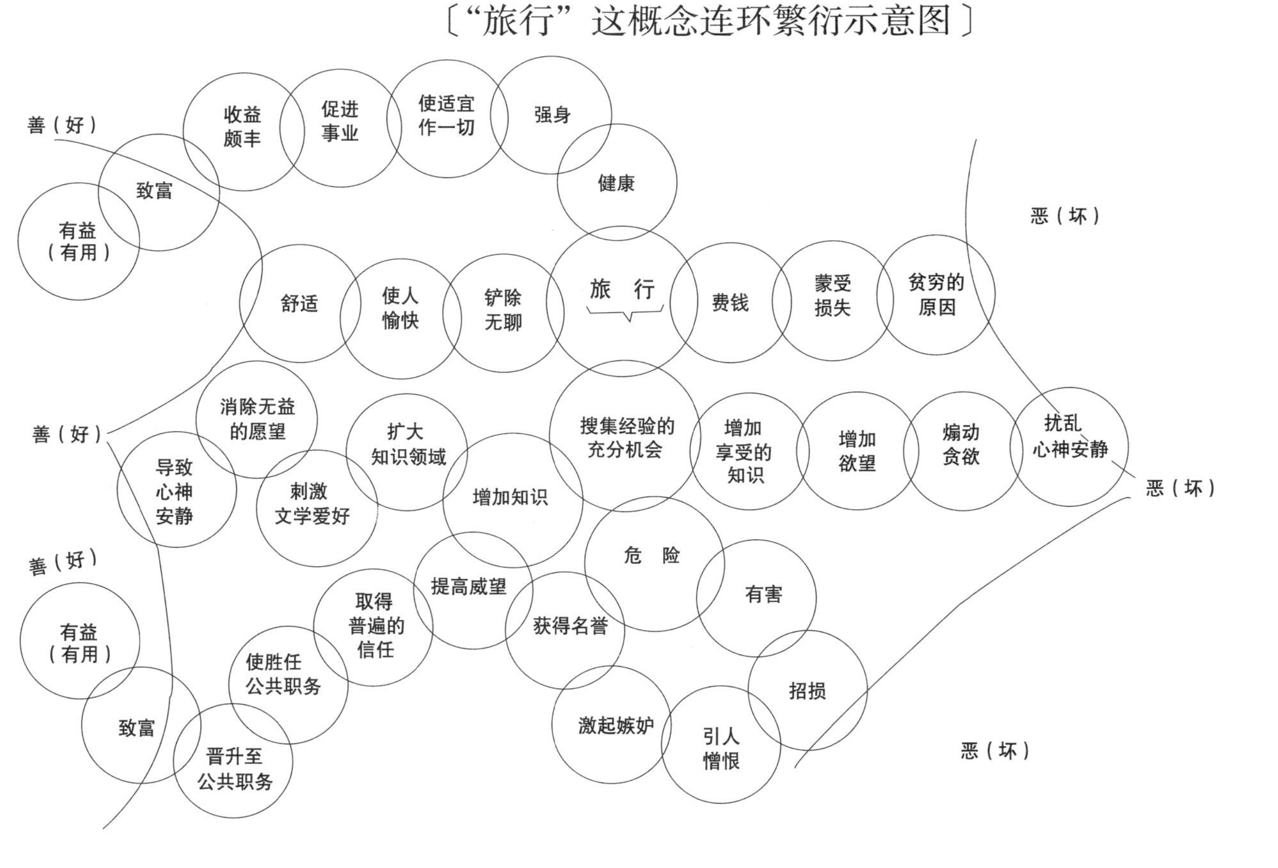

中证实了这种根据；因此，我的陈述既已到了这里，尽管这一点并不难理解，我仍想在一张附表中用图解来说明一下。这图解是要指出概念的含义圈是如何错综复杂地相互连环的，因而留有余地可以从每一概念任意过渡到这个或那个含义圈。我只希望人们不要由于附表而发生错觉，对这个小小的，附带的说明予以过分的、超出这事情本性上所能有的重要性。作为一个说明的例子，我选择了“旅行”这一概念。这个概念的含义圈部分地分别套入其他四个含义圈的范围内，游说者可任意过渡到其中的一个。这其他四个又部分地套入其他的含义圈，也有套入两个或几个的，于此游说者又可以任意选择其途径，并且总是把它作为唯一的途径看待。最后，看他的意图何在，便可以达到“有利”（善），也可以达到“有害”（恶）。不过在人们逐圈前进时，必须只遵循从中心（已知的主要概念）到边缘的方向，不得反其道而行。这种诡辩在形式上可以是连续的谈话，也可以采取严格的推论形式，那就要看听话的人对哪一种形式有所偏爱而随机应变了。基本上大多数的科学论证，尤其是哲学的论证也同这种做法差不多；否则各时代中就不可能有那么多的东西，不但是搞错了的，（因为谬误本身另有来源）还有说明了，证明了往后又被认为是根本错误了的，例如莱布尼兹—邬尔佛的哲学，托雷密的天文学，斯达尔的化学，牛顿的色彩学说等等*。

§ 10

91 由于这一切一切，如何获致确实性，如何为判断找根据，知识

* 第二卷第十一章是补充这里的。

和科学以什么组成这些问题就更迫在眉睫了。而科学同语言和熟虑后的行为鼎足而三，是继后二者之后我们誉之为〔人类〕由理性得来的第三大优势。

理性的本性是女性的，它只能在有所取之后，才能有所与。仅就它自身说，除了它用以施展的空洞形式外，它是什么也没有的。十足纯粹的理性认识，除了我称为超逻辑的真理那四个定律：同一律，矛盾律，排中律，充分的认识根据律之外，再没有别的了。逻辑自身的其余部分就已不是十足纯粹的理性认识，因为这些部分都要先假定概念含义圈的关系和组合，而概念根本就是只在先已有了的直观表象之后才有的，并同这表象的关系构成它全部的本质，从而概念已是先假定了这表象的。不过由于这假定并不涉及概念的固定内容，而只泛泛地涉及概念的实际存在，那么，整个说来，逻辑仍可算作纯粹的理性科学。在其他一切科学中，理性就接受了来自直观表象的内容：在数学中这内容来自先于经验、直观地意识着的空间关系和时间关系；在纯粹的自然科学中，即是在我们对于自然过程先于一切经验的知识中，科学的内容来自纯粹的悟性，即来自因果律及该律和时间、空间的纯粹直观相结合的先验认识。在此以外的一切科学中，所有不是从上述来源获得一切〔内容〕的科学，一概来自经验。“知”根本就是：在人的心智的权力下有着可以任意复制的某些判断，而这些判断在它们自身以外的别的事物中有其充分的认识根据；即是说这些判断是**真**的。所以只有抽象的认识才是“知”，它是以理性为条件的。动物虽然也有直观的认识，并且它们做梦这一事实还证明它们有对于直观认识的记忆；既 92
有记忆，当然也有想象。但是严格点讲，我们就不能说动物也有所

知。我们说动物有意识，那就是说意识作用这个概念，在语源上虽从"知"而来，却同表象作用这概念，不论是哪种表象作用，符合一致。因此，我们说植物虽有生命，却无意识。所以"知"便是抽象的意识，便是把在别的方式下认识了的一切又在理性的概念中固定起来的作用。

§ 11

在这种意义下，"知"的真正对称便是"感"，所以我们要在这里插入"感"的说明。指"感"这个词的概念始终只有一个否定意味的内容，即这样一个内容：那出现于意识上的东西不是概念，不是理性的抽象概念。在此以外，不管它是些什么，就都隶属于"感"这概念之下。〔感〕这个概念有着广泛无边的含义圈，所以可包括一些极不相同的东西；如果人们还没认识到只有这些东西在这否定的意味上不是抽象概念这一点上是互相一致的，还绝不能理解它们何以能类聚在一起呢？因为最不相同的，甚至敌对的因素都并存于这一概念中，相安无事；例如：宗教感，快适感，道德感，分为触着感、痛感、色彩感、声音感、谐音感、不谐音感的各种身体感，仇恨感，憎恶感，自满感，荣誉感，耻辱感，正义感，非正义感，真理感，美感，有力感，软弱感，健康感，友谊感，性爱感等等。所有这些"感"之间，除了否定意味的共同性，即全都不是抽象的理性认识这一点外，根本没有任何共同性。这还不算，最为触目的是人们把空间关系先验的直观认识，甚至把纯粹悟性所有的先验直观认识也置于这一概念之下；或是说每一认识，每一直观，只要仅仅是直观地意识到的，还没有在概念中沉淀的，都是人们感到的。这里为了说明

起见，我想从新出的著作中举几个例子，因为这些例子对于我的解 93
释是非常巧合的一些证明。我记得在欧几里得德译本的导论中读过这样的话，意思是说人们应让初学者在讲课之前，先绘制几何图形，以便在未从讲课获得完整的认识之前，先就感到几何学的真理。同样，在席莱尔马哈[①]所著《伦理学批判》中也谈到逻辑感和数学感（第 339 页），还谈到两个公式间的相同感或不同感（第 342 页）。此外，在滕勒曼[②]著《哲学史》第一卷第 361 页上也这样说："人们感到那些错误推论是不对的，但又找不到错误何在。"〔总之，〕人们一天不从正确的观点考察"感"这个概念，不认识那唯一构成其本质的否定意味的标志，那么，这概念，由于其含义圈过于广泛，由于它只有否定的意味，完全片面规定的，贫乏的内容，就会不断引起误会和争论。在德语中我们还有意义颇为相近的感觉(die Empfindung)这个词，〔也足以引起混淆，〕所以指定这个词专用于身体感，作为"感"的一个低级类别，那或者更要适当些。"感"这概念，既和其他一切概念不成比例，无疑的有着下述这样一个来源：一切概念——凡是词所指及的也只是概念——都只是对理性而有，都是从理性出发的；所以，人们以概念说话就已经是站在一个片面的立场上了。可是从这样一个立场出发，近于我的就显得清楚明白，还要被确定为肯定的方面；远于我的就含混不清了，并且随即也就只计及它的否定意味了；所以每一民族都称其他一切民族为外国人；希腊人称其他一切民族为夷狄；凡不是英国或非英

① Schleimacher(1768—1834)，德国新教浪漫派神学家、哲学家。

② Tennemann，德国当时的哲学教授。

国的，英国人都称为“大陆”和“大陆的”；基督教徒称所有其他的人为异教徒或多神教徒；贵族称一切其他的人为“小民”；大学生称一切其他的人为市侩，如此等等。这种片面性，人们也可说是由于骄傲产生的固陋无知，听起来尽管有些特别，竟要归咎于理性自己；
94 因为理性用“**感**”这**一个**概念来包括任何样式的意识内容，只要这内容不是直接属于**它自己**的表象方式的，即是说只要**不是抽象的概念**〔就都包括在内〕。理性为了这种做法，由于它没有通过彻底的自我认识而弄清楚自己的工作方式，直到现在，还不得不看到自己领域内发生的误解和混乱而自食其果；不是现在竟还有人提出了一种特别的“感”的能力，并且还在为之构造理论吗？

§ 12

上面我已说明感这概念和知〔这概念〕正是反面的对称，而知呢，已如上述，就是抽象的认识，亦即理性认识。但是理性不过是把从别的方面接受来的东西又提到认识之前，所以它并不是真正扩大了我们的认识，只是赋予这认识另外一个形式罢了。这也就是说，理性把直观地，在具体中被认识的再加以抽象的、普遍的认识。可以这样说，这一点比不经意地初看时重要得多，因为〔意识上〕一切可靠的保存，一切传达的可能性，以及一切妥当的，无远弗届地应用认识于实践，都有赖于这认识是一种知，有赖于它已成为抽象的认识。直观的认识总只能对个别情况有用，只及于，也终于眼前最近的事物，因为感性和理智在任何一时刻，本来就只能掌握**一个**客体。所以每一持续的、组合的、计划的行动必须从原则出发，也就是从抽象的知出发，循之进行。例如悟性认识因果关系就比在抽象中思维所得的要更完整、更深入、更详尽；唯有悟性能通过直观既直接又完全地认识一个杠杆，一组滑车，一个齿轮，一个拱顶的安稳等，有些什么样作用。但是，正如刚才谈到的，由于直观认识的属性只能及于当前所有的东西，所以单是悟性就不足以构造机器和建筑物；这里还需要理性插足进来，以抽象的概念代替 95
直观作行动的绳准。如果这些抽象概念是正确的，预期的后果也必然出现。同样，我们在直观中也能完全地认识抛物线、双曲线、螺旋线的本质和规律性；但是要应用这种认识于实际，那就必须这种认识先成为抽象的知。在这一转变中，损失了的是直观的形象性，而赢得的却是抽象的知的妥当性和精确性。所以一切微分计算法并没有扩大我们对曲线的知识，并没有比单纯直观所包括的有所增益；但是认识的种类变更了，直观的认识变为抽象的认识了。这一转变对于认识的应用有着最大限的功效。不过这里还要说到我们认识能力的另一特性。在没有弄清直观认识和抽象认识之间的区别以前，人们也不能注意到这种特性。这就是空间上的那些关系不能就是空间关系而直接转入抽象认识。要转入抽象认识，唯有时间上的量，亦即数，才是适合的。唯有数才能够在与之准确相符的抽象概念中被表示出来，而不是空间上的量。千这概念之不同于十这概念，有如这两种时间上的量在直观中的不同一样；我们把千想成一定倍数的十，这样就可以在时间上替直观任意分解千为若干的十，这就是可以数了。但是在一英里和一英尺两个抽象概念之间，如果没有双方的直观表象，没有数的帮助，那就简直没有准确的，符合于双方不同的量的区别。在这两个概念中，人们根本只想到空间上的量；如果要在两者间加以充分的区别，要

么就是借助于空间的直观，也就是离开了抽象认识的领域；要么就是在数中来想这个区别。所以，人们如果要从空间关系获得抽象
96 认识，空间关系就得先转为时间关系，即是先转为数。因此，只有算术，而不是几何，才是普遍的量的学说。几何如果要有传达的可能性，准确的规定性和应用于实际的可能性，就得先翻译成算术。固然，一种空间关系也可以就是空间关系而被抽象地思维，例如下弦随角度的增大而增大；但是要指出这种关系的量，就必须用数来表示。在人们对空间关系要求一个抽象认识（即是**知**而不是单纯的直观）的时候，把三进向的空间翻译为一进向的时间，就有必要了。使得数学这么困难的，也就是这个必要性。这是很好理解的，我们只要把一条曲线的直观和这曲线的解析的算式比较一下，或者是把三角上应用的对数表和这表所示三角形各个部分间变更着的关系比较一下；这里在直观中只要一瞥就可完全而最准确地理解，譬如余弦如何随正弦之增而减，譬如此一角的余弦即彼一角的正弦，譬如该两角互为此增彼减，此减彼增的相反关系等等。可是为了把这些直观认识到的东西，抽象地表达出来，那就需要庞大的数字网，需要艰难的计算。人们可以说，**一进向**的时间为了复制三进向的空间，如何得不自苦啊！但是为了应用的需要，要把空间关系沉淀为抽象概念，这一切就都是必要的了。空间关系不能直接转入抽象概念，而只能通过纯时间上的量，通过数的媒介，因为只有数直接契合于抽象的认识。还有值得注意的是空间以其三进向而适宜于直观，即令是复杂的关系也可一览无余，这又是抽象认识做不到的。与此相反，时间虽容易进入抽象概念，但是能够给予直观的却很少。在数的特有因素中，在单纯的时间中，不牵入空间，

我们对数的直观几乎到不了十；十以上我们就只能有抽象的概念，97
不再是数的直观认识了。在另一方面，我们却能用数字和所有的代数符号把准确规定的抽象概念连结起来。

这里附带的还要指出有些人们的心灵，只在直观认识到的〔事物中〕才有完全的满足。把存在在空间上的根据和后果形象地表达出来，那就是这些人所寻求的。欧几里得的证明，或是空间问题的算术解答都不能吸引他们。另外一些人们的心灵却又要求在应用和传达上唯一可用的抽象概念。他们对于抽象定理，公式，冗长的推论系列中的证明，对于计算，都很有耐性，很有记忆力，而计算所使用的符号则代表着最复杂的抽象〔事物〕。一种人寻求准确性，一种人寻求形象性。这个区别是〔人的〕特性不同的表示。

知或抽象认识的最大价值在于它有传达的可能性和固定起来被保存的可能性。因此，它在实际上才是如此不可估计的重要。任何人固然能够在单纯的悟性中，当下直观地认识到自然物体变化和运动的因果关系，可因此而十分得意；但是为了传达于别人，那就要先把直观认识固定为概念才能合用。如果一个人只是独自进行一种活动，尤其是在这活动的实施中直观认识还鲜明的时候，在实践上直观认识本来也就够用了；可是如果他需要别人的帮助，或者虽是自己本人来干，却要间歇一个时候才能进行，因而需要一个计划的时候，那就不够用了。譬如一个精于台球的人，对于弹性物体相撞击的规律，他拥有纯悟性上的完整知识；这虽仅是对于当前的直观认识，但是对于他的球艺已是绰有余裕了。与此不同的是，唯有一个有学问的力学家才能对于这些规律真正有所知，也就是说只有他才有抽象的认识。甚至于像制造一部机器，如果这位

98 发明人是独自工作的，单纯直观的悟性认识也足够应用了；这是我们在天才卓越而无任何科学知识的手艺工人那里经常看到的。与此相反，如果是要完成一个力学上的工程、一部机器、一座建筑物而需要一些人，需要这一些人协同的，在不同时间上进行的活动，那么，这一活动的领导人就必须先在抽象中拟好一个计划，只有借助于理性才可能有这样的协同活动。既值得注意，又有些特别的，是在前面那种活动中，也就是独自一人想要在不间断的活动中完成什么的时候，知，理性的应用，思索，反而可能常是一种障碍；例如在台球游戏中，在击剑中，在管弦调音中，在歌唱中，就是这样。在这些场合，必须是直观认识直接指导活动；如果搀入思索，反会使这些活动不恰当，因为思索反而会使人分心而迷乱。所以野蛮人和老粗正因为他们没有什么思维的习惯，反而能够既稳且快的完成一些体力活动，譬如同兽类搏斗啦，射箭命中啦；凡此都是惯于思索的欧洲人望尘莫及的。譬如〔射箭〕，这个欧洲人，不论是在空间上或时间上，他就要度量上下、左右、先后等等，然后在这一些两极之间找得等距的中点，〔这何能如〕一个自然人全不能在距离上思索，就能直接中的呢？同样，尽管我能够在抽象中指出应以几度几分的角度来使用剃刀，但是我如果不能直觉地知道，也就是在指头上没有敏感，抽象的知仍然于我毫无裨益。同样，在相术上应用理性，对于人相的理解也会起干扰作用。这种理解也必须通过悟性，因为人相所表示的，面部的线条起伏等都只能让人**感到**；人们说这就是不能进入抽象概念的东西。任何人都有他自己直接的直观的〔一套〕相术和病理症候学，不过对于这些事物的标志，有些人又比别人认识得更清楚些罢了。但是要在抽象中写出一套可以教学的相术，那也是不可能的；因为人相上的差别和变化太微妙了，概念于此无能为力。〔用一个比喻说，〕抽象的知对于这些几微的差别关系，就如彩色碎片镶嵌的画对**维佛特**或**滕勒**的画一样。概念好比镶嵌的手艺一样，不管是如何细致，但是嵌合的碎片间总 99
不能没有界线，所以不可能从一个颜色，毫无痕迹地过渡到另一颜色。概念正是如此，由于它的硬性规定，由于精确地互为划界，尽管人们用如何更细致的规定，把一个概念分而又分，还是永远不能达到直观中的那种细腻分限；而这里作为例子的相术恰好有赖于这种细腻的分限*。

就是概念的这一本性使概念近似于镶嵌画中的碎片，由于这一本性，直观永远是概念可近不可即的极限。这也是何以在艺术中不能用概念获得良好成绩的理由。如果一位歌唱家或音乐家用反复思索来指导他的演出，那就会是死症。这种情况在作曲家、画家乃至诗人，也是一样的真实。概念用于艺术总是无结果的。概念只能指导艺术中的技术部分，那是属于学术领域的。我们将在第三篇中进一步探讨何以一切真正的艺术只能从直观认识出发，而绝不能从概念出发。甚至在人的举止方面，在社交中的美好风

* 因此我有这样一种意见，我认为在相术中除了确立八条非常一般性的原则之外，不能有把握地再前进一步。一般性的原则是可以有的，例如：额和眼表示人的智慧，口和脸的下半部表示人的伦理方面，可以看出意志的坚强或脆弱。额和眼又有互相说明的作用，若彼此单独地去看，则只能有一半的理解。——天才绝不致没有高、阔、饱满的天庭，但有这种天庭并不必就是天才。——从一副聪明的外观来推断，这人面貌越丑就越有把握说他聪明；从一副愚蠢的神情来推断，则这人面貌越美就越有把握说他愚蠢；因为“美”，作为人类的配相已自在而自为地带有心智明慧的表现，而“丑”，则恰与之成反比例。如此等等。

度上,概念也只有消极的用处,只能防止粗暴的自私自利心和兽性的发作;因此,彬彬有礼就是概念的产物,值得赞美。但是风度翩翩、雍容华贵、令人倾慕的举止;情意缠绵、友谊洋溢的格调就不可能出自概念了,否则

“人们感到了〔你的〕意图,人们灰心丧气了。”①

100 一切伪装的假情假意都是思索的产物,但是不能继续持久而不露破绽。“没有人能够持续不断地伪装”,这是辛乃加②在《仁慈论》那本书中说的,伪装多半是要被看穿而失效的。在生活的紧急关头,需要当机立断,敢作敢为,需要迅速和坚定地对付事故时,虽然理性也是必要的,但是如果理论占了上风,那反而要以心情迷乱妨碍直觉的、直接的、纯悟性的洞见和正确地掌握对策,从而引起优柔寡断,那就会很容易把全局弄糟。

最后还有美德的神圣性也不是出自思索的,而是出于意志的内在深处和这深处与认识的关系。说明这一点原应该在本书别的地方着手,这里我只指出这么一点,那就是有关伦理的信条在整个民族的理性中可以相同,可是每人的行为却各有不同;相反亦然〔行为相同,有关伦理的信条又各有别〕:人们常说,行为是以感为依据的,即是说不以概念,也就是不以伦理的含蕴为依据的。教条只使有闲的理性为它忙碌,行为到了最后还是立于教条之外有它自己的走法;并且多半不是按抽象的而是按没有说出来的规范行事的,而这些规范的表现就是整个的人自己。因此,尽管各个民族

① 歌德著《浮士德》剧本中米菲斯托语。

② Seneca(公元前4年至公元后65年),罗马哲学家和戏剧家,尼洛帝(Nero)之师。

的宗教教条各不相同，然而在一切民族，若有善行则有难以形容的快慰，若有恶行则有无限的痛恶与之俱来。冷嘲热讽不能动摇前者，神父的赦免不能解脱后者。话虽如此，但我们也不能因此就否认美德懿行的实现仍有应用理性的必要，不过理性不是德行的源泉罢了。理性的功能是次一级的，就是帮助人固执已有的决心，经常把规范置于人们的左右，以抗拒一时的意志薄弱，以贯彻行为的始终。最后，理性在艺术上也有同样的功能：在主要的方面，理性固然无能为力，但可以支持艺术工作的进展；因为〔人的〕天才是不能随时随刻招之即来的，而一件作品却要一部分一部分的去完成才能圆满地结束整个的工程*。

§　13　101

上面这些考察既已指出理性的应用有好处，也有坏处，也应有助于说明抽象的知虽是直观表象的反照，虽以直观表象为根基，却并不与之完全吻合，不是在任何地方都可取而代之的。更应该说抽象的知绝不与直观表象完全相符；因此，如我们已看到的，人类虽有好多地方只有借助于理性和方法上的深思熟虑才能完成，但也有好些事情，不应用理性反而可以完成得更好些。正是直观的和抽象的认识不相吻合，所以后者之近似于前者亦如镶嵌画之近似于绘画。还有一种很特别的现象，它和理性一样也是人类专有的；直到现在，人们一再企图说明这个现象，而一切说明又都不充分。这就是**笑**这一现象，它也是以直观的和抽象的认识不吻合为

* 第二卷第七章是补充这里的。

根据的。在这里研究笑，虽然又一次阻碍了我们的前进，不过由于笑的根源与这里有关，我们也不能避而不谈。实在的客体总是在某一方面通过概念来思维的，笑的产生每次都是由于突然发觉这客体和概念两者不相吻合。除此而外，笑再无其他根源；笑自身就正是这不相吻合的表现。不相吻合经常是在这样一些场合出现的：一种情况是两个或两个以上的实在客体用**一个**概念来思维而把这概念的同一性套在这些客体上，可是这样做了之后，各个客体在别的方面的差异又突出地使人注意到这概念不过仅仅是在某一方面同客体相应而已。又一种情况是单一的实在客体，从一方面说是正确地包含在这一概念之内，却突然〔在另一方面〕又感到它和概念不相称。还有这种情形也是同样常有的：一方面是这样总括实物于一概念愈是正确，另一方面实物不符于概念的广泛程度愈是突出，那么，从这一对照产生的发笑效果也就愈强烈。所以任何笑的发生，每次都是由于一种似是而非的，从而也是意料之外的
102 概括作用所促成的，而不管这是由语言文字或是由举止动作表示出来的。这就是事情何以可笑的简略说明。

这里我就不举笑林中的故事作说明的例子来耽搁时间了，因为这事简单易明，无须举这些例子。每个读者回忆到的可笑事件都同样适宜于证实这一点。不过由于笑料发展为两个种类，我们的理论既可得到佐证，又可获得阐明。这种类别也出自我们的理论，一种是在认识中已先有两个或几个很不相同的实在客体或直观表象，而人们却故意用一个包含这双方或多方的概念，同这概念的统一性〔笼统地〕作为这些客体的标志；这种笑料叫做滑稽。一种是反过来，在认识中先有的是概念，然后人们从这概念过渡到现

实，到影响现实，到行动；在行动中，这些原来根本不同的客体都被同样看待，同样处理，直到这些根本差异出乎意料之外地暴露出来，使在行动中的人惊奇不置；这种笑料叫做**憨傻**。据此，任何笑料不是滑稽的一念，就是一个傻里傻气的行动；前者是从诸客体到概念的同一性而显出双方的距离，后者是反其道而行之；前者总是故意的，后者总是无心的，并且是由于外因的促使所致。表面上把这种出发点颠倒过来，把滑稽伪装为憨傻就是宫廷弄臣和舞台小丑的手法。这手法是这么回事：明知各个实体的不同，却用那滑稽的手法把这些客体统一于一个概念之下，从这里出发，往后暴露出客体间的差别时便使他惊愕莫知所措，其实这本是他为自己预先安排好的。如果把最后这种逗乐的方式除外，从这个简略的，然而足够完备的笑之理论可以看出“滑稽”总是要由语言表示，憨傻则 103
多半是由动作表示的；不过在只扬言要做而不真正就做时，或者是这傻气仅仅只在判断和意见中露出时，〔“憨傻”〕也可以用语言来表示。

属于憨傻的还有可笑的**迂腐**。迂腐之所以产生是由于人们不甚信任自己的悟性，所以不让悟性在个别场合直接去认识什么是对的；因此总是置悟性于理性的监护之下，自己则无时不仰仗理性，即是说经常从普遍概念、从规则规范出发；在生活上，在艺术上，甚至在伦理的嘉言懿行上，他都拘谨地严守这些规则规范。这种专属于迂腐类型的呆板形式，礼法，〔固定的〕表达方式和言词〔等〕就是从这里出来的。对于迂腐〔这种性格〕，这些东西就代替了事物的本质。这里显而易见的是概念对实际的不吻合，是概念永不能下达于个别事物，是概念的普遍性和僵硬的规定性永不能

精当地符合实际所有的几微之差和多重性相。在生活上，一个迂夫子尽管满腹格言、规范，几乎总是有所短而现为不聪明、索然寡味、没有用处。在艺术上，概念本没有什么生产性，迂夫子也只能生出没有生命的、僵硬的、装扮起来的死婴。甚至在伦理方面，行为如何高尚，如何正义的打算也不能到处按抽象规范行事；因为在许多场合，不同情况间存在着差别微妙这一属性，使直接来自〔整个〕人格的择善固执成为必要；而这又是由于在应用单纯的抽象规范时，一部分规范因只能一半适合而产生错误的后果，一部分又同当事人不可忽视的个性格格不入而无法贯彻始终以至半途而废。**康德**认为行为只是由于纯粹理论性的抽象规范而实现，不带有任何情意的倾向或一时的激动，乃是行为具有道德价值的条件；就这一点说，他也不免有促成道德上的迂腐之嫌。席勒以《良心的犹豫》为题的警句诗就是意在责备贤者。当人们〔讽刺地〕说“教条主义者”、“理论家”、“学者”等等的时候，尤其是就政治事件说，意思
104 就是指迂夫子，也即是说虽在抽象中，却不能在具体中认识事物的人们。抽象之所以为抽象，就在于抽掉了细致的规定，而在实际上，要紧的正是这些东西。

为了完成这里的理论，还有俏皮话的一个变种要谈一谈，那就是耍字眼，法文叫做“加仑布尔”（calembourg），英文叫做“潘”（pun）。使用双关语（法文叫做 l'équivoque），主要的是用猥亵（秽亵）的言辞，也可算在这一类。俏皮话是硬把两个极不相同的实在客体压入一个概念，耍字眼却是借偶然的机会把两个概念压入一个词儿。这样也能产生〔概念与实体〕双方之间的差距，不过更肤浅而已，因为这种差距不是从事物的本质中，而是从偶然的命名中

产生的。同一性在概念，而差别性在实物，这就是俏皮话；要字眼却是差别性在概念，而同一性在实物，因为那字眼就是实物。“要字眼”和俏皮话的关系有一个近乎勉强的比喻，那就是说这种关系等于上面一个倒锥形的抛物线同下面一个锥形的抛物线的关系。而误解词句或“以此为彼”却是无心的“加仑布尔”，这对于“要字眼”的关系又和憨傻对俏皮的关系一样。因此重听的人也能和傻子一样提供笑料，低能的喜剧作家就用聋子代替傻子使人发笑。

这里我只是从心理方面考察了笑，至于在生理方面的研究则可参照作为补充篇的第二卷第六章第九十六节（第一版）134 页所论及的部分。[*]

§　14

于是，一方面有理性的认识方式，有知，有概念；一方面有在纯
感性的，数理的直观中的直接认识和悟性的领会；由于上述多方面 105
的考察，〔我们〕希望这两种认识间的区别和关系都已摆得十分清楚了。关于感和笑我们还有过这两段插曲式的说明，这也是我们在探讨两种认识的特殊关系时不免要触及的。现在我就从这些研究兜转回来再继续谈谈科学，和语言，熟虑的行动鼎立而为人类专有的第三大优势的科学。对科学作一个总的考察是我们这里职责所在，至于要触及的问题则一部分是科学的形式，一部分是其判断的根据，最后还有它内含的实质。

我们已经看到，除纯逻辑的基础以外，一切〔知或〕知识的根源

---

[*] 第二卷第八章是补充这里的。

根本就不在理性自身；而是从别的方面获得的直观认识沉淀于理性中，由是转进为完全另一种认识方式，抽象的认识方式。这才是知识的根源。一切**知识**，也即是上升为抽象意识的认识，和**科学**的关系等于片段和整个的关系。任何人都能由于经验，由于现成事物的观察获得有关某些事物的知识，可是在抽象中对于某一类事物获得完整的认识，〔那就不同了，〕也只有以此为任务的人是在为科学而努力。唯有通过概念他才能使这类事物分立，所以在每一种科学的开端总是一个概念。由于这一概念，这〔分立的〕部分才可脱离一切事物的大全而被思维，从这一概念这门科学才能指望一个在抽象中的完整认识；例如空间关系的概念，无机物体相互作用的概念，动植物性能的概念，地壳连续变化的概念，人类这整个物种变化的概念，语言结构的概念等等①。科学为了获得有关其题材的认识，如果采取个别研究一个总概念所包括的事物，以期逐渐认识所有事物的办法，那么，一面是人的记忆力太有限，一面也
106 无法保证这种认识的完整性。因此，科学就利用上述概念含义圈的那种特性，使之互相包括；而主要的是注意原在这门科学总概念中的，较大的那些含义圈。科学在规定这些含义圈的相互关系时，在这些含义圈中被想到的一切也就一般地随之而被规定了。并且还能够通过区分更狭小的含义圈，一步一步作出更精细的规定。由是，一种科学就完全包括了它的对象。获得认识的这一途径，即从普遍到特殊的途径，是科学和普通知识的区别。因此，系统的形式乃是科学的一个本质的、特有的标志。在任何科学中，连结最普

① 这些例子依次是指几何、力学、植物学、动物学、人种学、语法或修辞学等。

遍的概念含义圈，也即是认识其最高的一些原则性的命题是学习一门科学不可回避的条件。至于在这以后更深入到较细微的特殊命题至何程度，则听各人自便；并且深入也不是对彻底认识这门科学有所增益，只是扩大渊博的范围罢了。一切其他的命题都从属于最高级命题。在各门科学中，最高命题的数量是极不一致的；所以在有些科学中，〔命题的〕从属关系多一些；在另外一些科学中，或又多有一些平行关系。就这方面说，从属关系要求的判断力要多一些。平行关系则多要求一些记忆力。经院学派已经知道一个结论必需两个前提，所以没有一门科学能够从单一的、无法引申的最高命题出发，而是需要几个，至少两个命题。真正以分类是务的科学，如动物学、植物学，如果一切无机的相互作用也可还原为少数基本自然力的话，则还有物理和化学；这些都是从属关系最多的科学。与此相反，历史根本没有什么从属关系；因为在历史上，普遍只存于主要历史阶段的概览中，而个别事迹又不能从这些阶段演绎出来，只是在时间上从属于这些阶段，在概念上还是同这些阶段平行的。因此，严格说来，历史虽是一种知识，却不是一门科学。在数学中，按欧几里得的办法，唯有公理是不得而证明的最高命 107
题，一切可证的〔命题〕都严格地分级从属于公理。不过这种办法并不是主要的，事实上，每一定理又发起一种新的空间结构，独立于以前的各定理之外，完全无待于以前各定理便可认识——在空间的直观中由于自身而被认识。在这直观中，任何复杂的空间结构之为直接自明的，正和公理一般无二。这些，下文还有详细的交代。这里要说的是，每一数学公理总还是一个普遍的真理，对于无数的个别事项有效；并且在数学中，由简单命题分级发展至复杂命

题，以及后者又可还原到前者的办法还是主要的。因此，在任何方面，数学都是一门科学。科学之所以为科学的完美性，也即是从形式方面来说，是在于尽可能的多有一些命题间的从属关系，尽可能少一些平行关系。因此，一般说来，在科学上有天才，就是有按不同规定使概念含义圈形成从属关系的能力；用以构成科学的，如柏拉图一再声称的，不仅是一个总的普遍概念，不是无尽的多样性直接并列于普遍之下；而是认识经由中介概念，经由各种以逐次加详的规定为准则而作出的区分，逐步从普遍下行到特殊。用康德的话来说，这就叫做平均地满足同质律和“转化律”。不过，正由于这就构成科学真正的完美，也就可以看出科学的目的不在于更高的确实性，因为确实性是任何割裂的单独认识也能有的；而是在于通过知识的形式使知识简易化，在于由此获得知识完整的可能性。因此，说认识的科学性是在于高度的确实性，这种意见虽然流行，却是不对的。由此而产生的一种主张就认为只有数学和逻辑才是真正的科学，说由于这两门科学完全的先验性，所以认识所有一切不可动摇的确实性就只在这两门科学中有之。这种见解也是错误
108 的。逻辑和数学的这种优点是无可争辩的，但是这种优点并不赋予它独擅“科学性”的特权。“科学性”的要求并不在于确实性，而是在于认识所有的，基于从普遍到特殊逐级下行的系统形式。科学特有的这一认识途径，从普遍到特殊的途径，造成科学中很多东西由先行命题演绎出来的事实，由证明确立起来的事实。这就促成一个古老的谬见，以为只有经过证明的东西才是完全真的，而每一真理都需要一个证明。事实上恰相反，每一证明都需要一个未经证明的真理；这个真理最后又支持这一证明或这个证明的一些

证明。因此,一个直接确立的真理比那经由证明而确立的更为可取,正如泉水比用管子接来的水更为可取是一样的。直观是一切真理的源泉,是一切科学的基础;它那纯粹的、先验的部分是数学的基础,它那后验的部分是一切其他科学的基础。(唯一的例外是逻辑。逻辑不是基于直观知识的,而是基于理性对于理性自己的法则的直接认识。)好比太阳在宇宙空间一样,所有的光都是从这里发出来的,在此光照耀之下,其他一切才发出反光来;在科学中占有这种地位的也不是经过证明的判断,不是判断的那些证明;而是那些直接由直观取得的,基于直观而非基于证明的那些判断。直接从直观确立这些原始判断的真理,从浩如烟海的实际事物中建立科学的堡垒,这就是**判断力**的任务。判断力〔的作用〕既然存在于正确、准确地把直观认识到的〔东西〕移置于抽象意识这一能力中,当然它就是悟性和理性间的"中介人"了。只有个人的判断力具有特别突出的,超过一般水平的强度时才真能使科学前进;至于从命题引出命题,作出证明,作出结论,那是每个人都能做的,只要他有健全的理性。与此相反,为了反省思维而把直观认识到的
东西沉淀,固定于相适应的概念中,一方面以使诸多实在客体的共 109
同之处得以用**一个**概念来思维,另一方面,这些客体间有多少差别之点,便用多少概念来思维;于是,客体间虽有局部的相同,其差别仍作差别来识别,来思维,一切都按每次规定的目的和考虑引事,这一切就是**判断力**所做的事。缺乏判断力叫做**头脑简单**。头脑简单的人时而看不到在一方面是同的概念又有局部的或相对的异,时而看不到相对的或局部的异又有其同〔的一面〕。此外,康德区分判断力为反省思维的和概括的两种,这种区分法也可运用于这

里的说明，亦即分别适用于从直观客体到概念，或是由后者到前者。在这两种场合，判断力总是中介于悟性的直观认识和理性反省思维的认识之间。不可能有什么绝对只是由推论产生的真理，单从推论来确立真理这一必要性是相对的；是的，甚至是主观的。既然一切证明都是三段式推论，所以对于一个崭新的真理，首先不是就要找证明，而是找直接的依据；只在无法找到直接依据时，才暂时提出证明。没有一种科学是彻头彻尾都可以证明的，好比一座建筑物不可能悬空吊起一样。科学的一切证明必须还原到一个直观的，也就是不能再证明的事物。原来反省思维所有的整个世界都是基于，并且是立根于这直观世界的。一切最后的，也就是原始的**依据**都是一个**直观上**自明的依据。这个词儿本身就已透露了此中消息。准此，它要么是一个经验上的依据，要么是基于〔人们〕对可能的经验的诸条件所有的先验直观：在这两种场合之下，依据所提供的都只是内在的而非超绝的知识。任何一概念只在它和一直观表象的关系中有其价值和实际存在，而不问这关系是直接的或间接的，或间接而又间接的。概念如此，由概念组成的判断也是如此，从而一切科学也是如此。因此，每一条经推论而发现的、经
110 证明而传达的真理，必须不要证明和推论还有可能用某种方式直接去认识它。要这样做，最大的困难固然是在某些复杂的数学命题，那是我们唯有在推论连锁上才能获得的〔东西〕，例如弦和切线对一切弧的计算法就是由毕达戈拉斯定理通过推论引申出来的；不过即令是这样一种真理也不能在本质上单是以抽象命题为基础，而必须给纯粹先验的直观这样来指出它所依据的空间关系，以使它的抽象命题直接有所根据。但是下面立即就要详细谈到数学

上的证明了。

常有人把调子提得很高，说有些科学彻头彻尾是基于从妥当的前提推论出来的结论，所以也是不可动摇的真实。〔事实上，〕不管前提是如何真实，如果单是通过纯逻辑的推论连锁，人们除了把前提内已经现成的东西加以显豁和引出之外，再也不能另有所获。人们不过仅仅是明显外露地表出前提中含蓄内在地已理解了的〔东西〕罢了。就人们高调称颂的那些科学说，他们的意思特别是指数理科学，也即是指天文学。不过天文学所以有真确性，那是这样来的：它有先验给予的，因而绝不会错的空间的直观以为根据，但一切空间关系都是以一种必然性（存在根据）——这必然性先验地提供确实性——而一个从一个求出来的，所以空间关系是可以妥当地相互推论而得的。在这些数理的规定之外，这里仅仅还要加上一种自然力，即引力；而引力是准确地按质量和距离自乘的关系而起作用的。最后还要加上由因果性产生的，从而先验妥当的惯性定律，连同一劳永逸地表现了每一质量的运动的经验数据。这就是天文学的全部材料。这些材料既简明又妥当，导致了确定的结果；而由于对象的庞大和重要，并且是导致了很有趣味的结果。例如我已知道一个行星的质量，也知道它的卫星和它的距离，
我就能按克卜勒第二定律准确地推算这卫星环绕一周的时间。可 111
是这个定律是以在一定距离上只有一定的速度才能维系卫星，同时又能使之不下堕入行星里这事实为根据的。所以说只要在这样的几何学基础上，亦即借助于先验的直观，再应用一条自然律就可利用推论得出很好的结果。原来推论在这里实只等于是从一个直观体会到另一个直观体会的桥梁；而单是在逻辑途径上作单纯的

推论,那就不是这样。可是天文学上最高基本真理的根源还是归纳法。归纳法是将直观中许多已有的东西总括于一个正确的,直接有根据的判断之中,然后从这个判断构成一些假设,假设又被经验所证实;这样,作为愈益接近于完整的归纳法,就替那个判断找到了证明。例如可见的行星运动是由经验认识的:对于这个运动的空间关系(行星轨道),在作过许多错误的假设之后,最后找到了正确的假设,那就是找到了这些运动所服从的定律(克卜勒定律),最后还找到了这种运动的原因(万有引力)。并且这由经验所认识的〔东西〕,一面是所有已出现的情况,一面是所有那些假设以及由假设引出的论断这双方之间的相互契合,就为这一切假设,也即是为归纳法,带来了完全的确实性。创立假设是判断力的事情,判断力正确地体会了现成的事实并且相应地把它表达出来;而归纳的作用,也就是多次的直观,则证实这些假说。要是我们有一天能够自由穿过宇宙空间,要是我们有望远镜般的眼镜,那么,我们甚至于也能直接,通过经验的一次直观而为这些假设找到根据。因此,即令是在天文学,推论方式也不是这种知识主要的,唯一的来源,事实上推论总只是一个应急的权宜办法。

最后,为了举出第三个性质不同的例子,我们还要指出即令是那些所谓形而上学的真理,亦即康德在《自然科学的形而上学初阶》里提出的那种真理,也并不是由于证明而有其依据的。那先验
112 真确的东西是我们直接认识的。作为一切认识的形式,这是我们以最大的必然性意识着的东西。譬如说物质是恒存的,也即是说既不生亦不灭,这就是我们直接知道的消极真理;因为我们对于空

间和时间的纯粹直观提供了运动的可能性，悟性又于因果律中提供了形状和物性变易的可能性；但是对于物质的生和灭，我们就没有这样一种可用以想象的形式。因此，这一真理，在任何时代，任何地方，对任何人都是自明的；从来也未曾有人认真地加以怀疑过。如果说这个真理除了康德那艰涩的，在针尖上驰骋的证明之外就别无其他认识根据，那当然是不可能的。并且，我还发觉（如附录中论述的）了康德的证明是错误的。我在前文中也指出过物质的不灭不是从时间在经验的可能性上占有的那一份，而是从空间在经验的可能性上占有的那一份引申出来的。这就意味着所谓形而上的真理也就是知识的普遍必然形式的抽象表示。这些真理的真正根据不能又在一些抽象命题中，而只能在〔人们〕对于表象所具的形式的直接意识中，在以断然的、无虑反驳的先验论断表出自己的意识中。如果人们还要为此举出一个证明，那就只能是这样一个证明：人们须指出在任何一个无可怀疑的真理中已包含着待证的东西，或是作为〔组成〕部分，或是作为前提；譬如我曾指出一切经验的直观就包含着因果律的应用，所以认识因果律是一切经验的条件；从而不能是如休谟所主张的，说因果律是由经验产生的，是以经验为前提的。——其实，与其说证明是为那些要学习的人而设的，毋宁说更是为那些要争论的人而设的。这些人固执地否认那些有直接根据的见解。然而只有真理才是在一切方面都前后一贯的，所以我们要给这些人指出他们在一种形态中间接承认的也就是他们在另一形态中直接否认的，也就是指出他们所否认的和所承认的两者之间的逻辑必然关联。

113 此外，科学的形式，也就是特殊统属于普遍之下、以次递进不已的形式，还带来了这样一种后果，即是说许多命题的真实性只有由于依附于其他命题，也就是通过一些同时又作为证明而出现的推论，才有逻辑的根据。但是人们绝不可忘记，整个主一形式只是知识简易化的手段，而不是取得更高度的真确性的法门。从一个动物所属的“种”，递进到属、科、纲、目，来识别一个动物的生性，这比个别研究每次遇到的动物要容易些〔，这是事实〕。但是一切由推论引申出来的命题，它的真实性最后总是决定于，有赖于某一个不是推论出来的，而是以直观为根据的真理。如果直观经常和推论是同样的近便，那就肯定的宁可采用直观。因为来自概念的一切引申，由于前文指出的含义圈相互错综交叉和内容上出入无常的规定，都难免不为迷误所乘；各种各样的邪说诡辩就是证明这一点的例子。从形式上说，推论是完全正确的；然而由于它的材料，亦即由于概念，推论就很不可靠了。一面是含义圈的规定不够严格，一面是含义圈又多方交叉，以至一个含义圈的各个部分又可包含在许多其他含义圈内；这样，如前文已阐明了的，人们便可从前者任意过渡到后者的这一个或那一个，然后再如法炮制，继续下去。换句话说，就是小词以及中词都可以随便隶属于不同的概念，人们在这些概念中就任意选择大词和中词，由是结论亦随之而各异其趣。因此，无论在哪里，由证明得来的真理远远抵不上直接自明的依据；只有后者远不可及时，才采用前者；而不是在两者同样近便，或后者更为近便时，也采用前者。所以我们在前面已经看到，在逻辑上，每一个别场合，如果直接的知识比演绎而来的科学
114 知识对于我们更为近便的话，我们事实上总是按自己对于思维法

则的直接知识来指导思维而把逻辑放在一边不用。*

§　15

我们既已确信直观是一切证据的最高源泉，只有直接或间接以直观为依据才有绝对的真理；并且确信最近的途径也就是最可靠的途径，因为一有概念介于其间，就难免不为迷误所乘；那么，在我们以这种信念来看**数学**，来看欧几里得作为一门科学来建立的，大体上流传至今的数学时，我说，我们无法回避不认为数学走的路既是奇特的，又是颠倒的。我们要求的是把一个逻辑的根据还原为一个直观的根据，数学则相反，它偏要费尽心机来作难而弃却它专有的，随时近在眼前的，直观的依据，以便代之以逻辑的证据。我们不能不认为这种做法，就好比一个人锯下两腿以便用拐杖走路一样，又好比是《善感的胜利》一书中的太子从真实的自然美景中逃了出来，以便欣赏模仿这处风景的舞台布景。这里我不能不回忆到我在《根据律》第六章中所已说过的，并且假定读者对此也是记忆犹新，宛在目前的。这样，我这里的陈述就可以和那里说的挂上钩，而毋庸重新指出一个数学真理的单纯认识根据和它的存在根据之间的区别是在于前者可由逻辑途径获得，后者则是空间、时间各个局部间直接的，单由直观途径认识的关联。唯有理解这种关联才能真正令人满意，才能提供透彻的知识；如果单是认识根据，那就永远停留在事物的表面上，虽然也能给人知道事物**是如此**的知识，但不能给人知道〔事物〕**何以**是如此的知识。欧几里得就 115

* 第二卷第十二章是补充这里的。

是走的后面这条路，显然是不利于科学的路。譬如说，他应该一开始就要一劳永逸地指出在三角形之中，角与边是如何互为规定的，是如何互为因果的；并且在他指出这些时，还应该按照根据律在纯空间上所有的形式；应指出这一形式在三角形角和边的关系上，和在任何地方一样，都要产生这样一种必然性，即一事物之是如此，乃是由于完全不同的另一事物之是如彼。他不这样让人们对于三角形的本质有彻底的理解，却提出有关三角形一些片段的，任意选择的命题，并经由逻辑地，按矛盾律获得的艰涩证明而为这些命题提出逻辑的认识根据。人们不是对于这种空间关系获得了应有尽有的知识，人们得到的只是这些关系中任意传达出来的一些结果；这就好比把一部精巧的机器指给一个人看时，只告诉他一些不同的作用，而不把这机器的内在结构和运转原理告诉他一样。欧几里得所证明的一切如此如彼，都是人们为矛盾律所迫不得不承认的，但是何以如此如彼，那就无法得知了。所以人们几乎是好像看过魔术表演一样，有一种不太舒服的感受；事实上，欧几里得大多数的证明都显著地像魔术。真理几乎经常是从后门溜进来的，因为它是由于偶然从某一附带情况中产生的。一种间接的反证常常一扇又一扇把门都给关了，只留下了一扇不关，这也就是人们无可奈何，不得不由此而进的一扇门。通常在几何学中，例如在毕达戈拉斯定理中，需要作出一些直线，却不明白为什么要这样做；往后才发现这些原来都是圈套，出其不意地收紧这圈套的口，就俘虏了学习人的信服，学习人只得拜倒而承认一些他完全不懂个中情况的东西。事实竟至于此，学习人可以从头至尾研读欧几里得的著作，然而仍不能对空间关系的规律有任何真正的理解；代之而有的只是背诵一些来自此等规律的结果。这种原属经验的，非科学的知识就如一个医生，他虽知道什么病要用什么药，却不认识两者间 116
的关系一样。这一切都是由于人们异想天开，拒绝一个认识类型自有的求证求据的方式，而横蛮地代之以一种与这类型格格不入的方式。同时，在别的方面欧几里得用以贯彻他这主张的方法却还值得赞美，这是好多世纪以来便是如此的，以至于人们竟宣称他这种治数学的方法是一切科学论述的模范，所有其他科学莫不争起效尤；不过人们后来自己也不知其所以然，又从这里回过头来了。在我的眼光看起来，欧几里得在数学上使用的方法只能算作一种很“辉煌的”错误。凡是一种大规模的，故意有计划地造成而后来又普遍地被称许的迷误，既可以涉及生活也可以涉及科学，大致总可以在当时有权威的哲学中找到他的根据。最早是厄利亚学派发现了直观中的事物和思维中的事物*两者间的区别，更常发现两者间的冲突，并且在他们的哲学警句中，诡辩中广泛地利用过这种区别。继厄利亚学派，往后有麦珈利学派，辩证学派，诡辩派，新学院派和怀疑论者；他们指出要注意的是假象，也就是感官的迷误，或者更可说是悟性的迷误。悟性把感官的材料变为直观，常使我们看见一些事物，其非真实是理性一望而知的；例如水影中显为破折的直杆等等。人们已知道感性的直观不是绝对可靠的，就作出了过早的结论，以为只有理性的，逻辑的思维才能建立真理；其实柏拉图（在《巴门尼德斯》），麦珈利学派，毕隆（Pyrrhon）和新学

* 康德把这两个希腊字用错了，这在附录中已有指责，在这里根本就不要往那上面想。

院派已在一些例子(如后来塞克司都斯、恩比瑞古斯所用的那类例子)中指出在另一方面,推论和概念也导致错误,甚至造成背理的推论和诡辩,说这些东西比感性直观中的假象更容易产生,却更难于解释。那时,与经验主义对立而产生的唯理主义占着上风,欧几
117 里得就是遵循唯理主义来处理数学的,所以他只将公理,无可奈何地,建立于直观证明上,其他一切则建立在推论上。在〔过去的〕一切世纪中,他的方法一直是有权威的;并且一天不把先验的纯粹直观从经验的直观区别开来,这种情况也必然会延续下去。虽有欧几里得的注释家普洛克罗斯似乎已经看到这种区别,譬如克卜勒在他那部《世界的谐律》中译成拉丁文的一段,就是这位注释家的原作在这方面的表现;不过普洛克罗斯不够重视这件事,他是把它孤立地提出来的,他未被人注意,自己也没有贯彻到底。所以直到两千年以后,康德的学说既命定要在欧洲各民族的知识、思想、行为上产生这样重大的变化,才会在数学领域里促成同样的变化。因为只有我们从这位伟大哲人那里懂得空间和时间的直观完全不同于经验的直观,完全无待于一切感官上的印象,决定感官而不为感官所决定,即是说空间和时间的直观是先验的,从而也是根本不容感官的迷误入侵的;只有学得了这些,然后我们才能理解欧几里得在数学上使用的逻辑方法只是多余的谨慎,有如健全的腿上再加拐杖似的;有如行人在夜间把白色的干路当作水,唯恐踏入水中,宁可在路边高一步,低一步,走过一段又一段,还自以为得计没有碰到这原不存在的水。直到现在,我们才能有确实把握说:在我们直接观察一个几何图形时,那必然是显现于我们之前的,既不来自画在纸上不很精确的图形,也不来自我们边看边设想的抽象概

念，而是来自我们意识中一切先验的认识的形式。这形式，无论在什么地方，都是根据律；在这里，作为直观的形式，也即是空间，则是存在的根据律。存在根据律的自明性、妥当性，和认识根据律的自明性、妥当性，亦即是和逻辑的真确性，是同样大小，同样直接的。所以我们不用，也不可为了单独相信后者，就离开数学自有的 118
领域而在一个和数学不相干的领域，概念的领域里求取数学的证明。如果我们坚守数学自有的园地，我们便可获得一个〔很〕大的优点，就是在数学中所知道的“有这么回事”与其“何以如此”现在成为一件事了，而不再是欧几里得把它完全割裂为两事，只许知道前者，不许知道后者的办法了。其实，亚里士多德在《后分析篇》第一篇第 27 节中说得非常中肯：“同时告诉我们‘有一事物’及其‘何以如此’的知识比分别讲述事物之有及其所以然的知识要准确些，优越些。”在物理学中我们要得到满足，只有事物之如此与其何以如此两种知识统一起来，才有可能。单是知道托瑞切利管中的水银柱高过二十八英寸，如果不同时知道其所以如此是由于空气的压力，那是一种不够的知识。然则在数学园里的隐秘属性，譬如〔知道〕圆形中两两交叉的弦的线段总是构成同样的矩形，就能满足我们吗？这里的“是如此”，欧几里得固然已在第三卷第三十五条定理中证明了；但是“何以如此”仍然没有交代。同样，毕达戈拉斯定理也告诉了我们直角三角形的一种隐秘属性。欧几里得那矫揉造作，挖空心思的证明，一到“何以如此”就避不见面了；而下列简单的，已经熟知的图形，一眼看去，就比他那个证明强得多。这图形让我们有

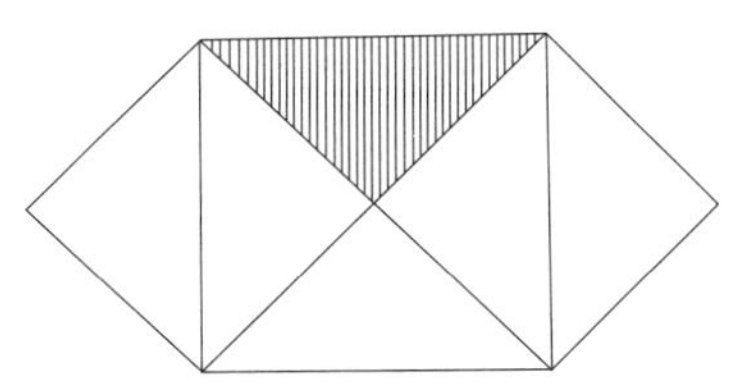

透入这事的理解，使我们从内心坚定地理解〔上述〕那种必然性，理解〔上述〕那种属性对于直角的依赖性：
119 在勾股两边不相等的时候，要解决问题当然也可以从这种直观的理解着手。根本可说任何可能的几何学真理都应该这样，单是因为每次发现这样的真理都是从这种直观的必然性出发的，而证明却是事后想出来追加上去的，就应该这样。所以人们只需分析一下在当初找出一条几何学真理时的思维过程，就能直观地认识其必然性。我希望数学的讲授根本就用分析的方法，而不采取欧几里得使用的综合方法。对于复杂的数学真理，分析方法诚然有很大的困难，然而并不是不可克服的困难。在德国已经一再有人发起改变数学讲授的方式并主张多采取这种分析的途径。在这方面表现得最坚定的是诺德豪森文科中学的数学、物理教员戈萨克先生，因为他在一八五二年四月六日学校考试的提纲后面，还附加了一个详细的说明，〔内容是〕如何试用我的原则来处理几何学。

为了改善数学的方法，首先就要求人们放弃这样一种成见，这种成见以为经过证明的真理有什么地方胜似直观认识的真理，或是以为逻辑的，以矛盾律为根据的真理胜似形而上的真理；〔其实〕后者是直接自明的，而空间的纯直观也是属于〔自明的〕真理之内的。

最真确而又怎么也不能加以说明的便是根据律的内容。因为根据律，在其各别的形态中，原意味着我们所有一切表象和"认识"的普遍形式。一切说明都是还原到根据律，都是在个别情况中指出表象与表象之间的关联，这些关联根本就是由根据律表述出来的。因此，根据律才是一切说明〔所根据〕的原则，从而它自身就不能再加以说明，也不需要一个说明。每一说明都要先假定它，只有通过它才具有意义。但是在它的各个形态之间，并无优劣之分；作为存在的根据律，或是变易的根据律，或是行为的根据律，或是认识的根据律，它都是同等的真确，同样的不可证明。在它的各个形 120
态中，根据和后果的关系都是一个必然的关系；这个关系根本就是"必然性"这概念的最高源泉，也就是这个概念的唯一意义。如果已经有了根据，那么，除了后果的必然性之外，就再没有什么必然性了，并且也没有一种根据不导致后果的必然性。所以，从前提中已有的认识根据引出在结论中道出来的后果，和空间上的存在根据决定其空间上的后果是同样的确实可靠。如果我直观地认识了这空间上的存在根据及其后果的关系，那么，这种真确性和逻辑的真确性是同等的。而每一个几何学定理就是这种关系的表出，和十二公理中任何一条都是同样真确的。这种表出是一个形而上的真理，作为这样的真理，它和矛盾律自身是同样直接真确的。矛盾律是一个超逻辑的真理，也是一切逻辑求证的普遍基础。谁要是否认几何定理表出的空间关系在直观中所昭示的必然性，他就可以以同等权利否认那些公理，否认从前提中推论出来的结果，甚至可以否认矛盾律自身；因为所有这些都同样是不得而证明的，直接自明的，可以先验认识的一些关系。所以，空间的关系本有可以直接认识到的必然性，然而人们都要通过一条逻辑的证明从矛盾律来引申这必然性；这就不是别的，而是好像自有土地的领主却要另外一位领主把这土地佃给他似的。可是这就是欧几里得所做的。他只是被迫无可奈何才让他那些公理立足于直接的证据之上，在

此以后所有的几何学真理都要经过逻辑的证明，即是说都要以那些公理为前提而从公理和定理的符合中作出的假定，或前面已有的定理来证明，或是从定理的反面对于假定的矛盾，对于公理的矛盾，对于前面定理的矛盾，甚至是对于定理自身的矛盾来证明。不过公理本身也不比其他任何几何定理有更多的直接证据，只是由于内容贫乏一些，所以更简单一些罢了。

121 当人们审问一个犯人时，人们总是把他的口供记录下来，以便从口供的前后一致来判断口供的真实性。但是这不过是一个不得已的措施；如果人们能够直接研究每一句口供的真实性，那就不会这样做了，因为这个犯人还可从头至尾自圆其说地撒谎。可是〔单凭口供的前后一致，〕这就是欧几里得按以研究空间的方法。他虽是从〔下面〕这个正确的前提出发的，即是说大自然既无处不是一致的，那么在它的基本形式中，在空间中也必须是一致的；并且由于空间的各部分既在互为根据与后果的关系中，所以没有一个空间的规定能够在它原来的样儿之外又是另外一个样儿而不和其他一切的规定相矛盾。但是这是一条繁重的，难以令人满意的弯路，这条弯路以为间接的认识比同样真确的直接认识更为可取；它又割裂了“**有**此事物”与“**何以**有此事物”的认识而大不利于科学。最后它还完全遮断了初学者对于空间规律的理解，甚至于不使他习惯于真正的探求根据，探求事物的内部联系；却反而诱导他以“事物**是**如此”这种历史性的知识为已足。人们经常称道这种方法可以锻炼辨别力，其实不过是学生们为了记住所有那些资料要在记忆上多费劲而已，〔因为〕这些资料间的一致性是要加以比较的。

此外还有值得注意的是这种求证方法只用在几何学上而不用在算术上。在算术中，人们倒真是只用直观来阐明真理，而直观在这里就是单纯的计数。因为数的直观只在时间中，所以不能和几何学一样用感性的图形来表出；这就去掉了一个顾虑，〔不必顾虑〕直观只是经验的，从而难免为假象所惑了。原来能够把逻辑的求证方式带进几何学里来的也只是这一顾虑。因为时间只有一进
向，所以计数是唯一的算术运算，其他一切运算都要还原到这一运 122
算。这计数并不是别的，而是先验的直观。人们在这里可以毫不犹豫地援用这直观；只是由于这直观，其他一切，每一演算，每一等式最后才得以证实。譬如人们并不去证明$\frac{7+9\times8-2}{3}=42$，而是援用时间中的纯粹直观，援用计数，这就把每一个别的命题都变成公理了。因此算术和代数的全部内容不是充满了几何学的那些证明，而只是简化计数的一种方法罢了。我们在时间上所得到的数的直观，已如前述，大抵只到“十”为止，不能再多；过此以上就必须有一个“数”的抽象概念，固定于一个词儿中的概念，起而代替直观。因此就再没有真正完满地做到这直观，而不过是完全确切地加以标明罢了。就以这种情况说，由于数的自然秩序这个重要辅助工具，还是可以用同样的小数字来代替较大的数字〔而价值不变〕，依然可以使任何一个演算都有直观的明显性。甚至于在人们高度利用抽象作用时也是这样；在抽象中思维的不仅是数，而且有不定的量或整个演算过程，这些都可在这种意义之下用符号标记出来，譬如$\sqrt{r-b}$；这样，人们就不再进行演算，只仅仅示意而已。

和在算术中一样，人们也可以在几何学中以同样的权利，用同

样的妥当性仅仅只以先验的纯粹直观作为真理的根据。事实上，赋予几何学以较大自明性的也总是这按存在根据律而直观地认识到的必然性。几何学的定理在每人意识中的真确性就是建立在这种自明的根据上的，而绝不是建立在矫揉造作的逻辑证明上的。逻辑证明总是于事太疏远，大多是不久就被遗忘了；不过遗忘了也并无损于〔人的〕确信。就是完全没有逻辑证明也不会减少几何学的自明之理，这是因为几何学的自明本无待于逻辑的证明，逻辑的证明总不过是证明着人们原已从别的认识方式完全确信了的东
123 西。这就等于一个胆小的士兵在别人击毙的敌人身上戳上一刀，便大吹大擂是他杀了敌人。*

有了上述这一切，可望人们以后再不会怀疑数学上的自明之理既已成为一切自明之理的模范和象征，在本质上并不是建立在证明上的而是建立在直接的直观上的。在这里如此，在任何地方也是如此，直观总是一切真理的源泉和最后根据。并且数学所根据的直观和任何其他的直观，亦即和经验的直观相比，有着一个很大的优点；即是说数学所依据的直观是先验的，从而是不依赖于经验的；经验是一部分一部分，依次获得的，对于先验的直观，〔无分

* 斯宾诺莎常以按几何学的规则立论自诩，其实他所做的早已超过了他自己所意识的；因为他对于世界的本质原有直接的直观的理解，可是他要撇开这种认识，而企图逻辑地来证明原已由于直观的理解认为真确的，已成定论的东西。他所寻求的，在他是前此先已确定的结果都只是这样获得的：他以任意制造的概念（实体 substantia，“自为原因”causa sui 等等）为出发点，在进行证明时，概念有着广泛的含义圈这种本质则为他大开方便之门，他也就尽量为所欲为了。他那学说中真实的和卓越的东西，却是无待于那些证明的东西，正和在几何学中的情况一样。

第二卷第十三章是补充这里的。

先后远近〕则一切同时俱在，人们可以任便从根据出发或从后果出发。这就给数学所本的先验直观带来了一种充分的、无误的正确性，因为在这直观中是从原因识取后果的，而这就是唯一有必然性的认识。例如说一个三角形中的三边相等被认为是基于角的相等。与此相反，一切经验的直观和大部分经验却只是反过来从后果认原因的，这种认识方法就不能说没有错误，因为只有在已有了原因之后，后果才说得上有必然性；而从后果认取原因就不能有这种必然性，因为同一后果可能是从不同的原因产生的。后面这种认识方法永远只是归纳法，即是从多数的后果指向一个原因而假 124
定这原因是正确的。但是个别的情况既绝不可能尽集于一处，所以这样的真理也绝不是绝对可靠的。然而一切感性直观的认识和绝大部分的经验就都只有这样的真理。官能有所感受便促起悟性作出一个从后果到原因的论断，但是从原因所产生的〔后果〕上溯原因的推论是绝不可靠的，所以作为感性迷误的假象就有可能了；并且如前所述，也经常出现。只有几种或所有五种官能都有指向同一原因的感受，假象的可能性才减低到最小限度，但并不是就完全没有了。因为在某些场合，例如使用伪造的钱币，人们就骗过了所有的感官。一切经验的认识，从而全部自然科学，如不计其纯粹的（即康德所谓形而上的）部分，也同在上述情况中。在这里也是从后果认原因，所以有关自然的一切学说都是建立在假设上的。假设又往往是错误的，错误的假设只有逐渐让位于比较正确的假设。只有在有意举行的实验中，认识过程是从原因到后果的，也就是走的那条可靠的路；可是这些实验本身又是按假设而进行的。所以没有一种自然科学的分支，如物理学、天文学，或生理学，能够

像数学或逻辑一样,可以是一次被发现的,而是曾经需要,现在还需要许多世纪所搜集的,经过比较的经验。只有经过多次经验的证实,才能使假设所依据的归纳法有那么近于完备的程度,以至这种完备的程度在实践上就可以代替准确性。于是,人们也不大以为这种完备程度的来源对于假设有什么不利,正如人们不大以为直线和曲线的不能通约对于几何学的应用有什么不利,不以为“对数”永远达不到完全的精确性对于算术有什么不利一样。原来如同人们〔可以〕以无穷的分数使圆无限地接近于方,使对数无限地接近精确一样,同样,人们也〔可以〕以多次的经验使归纳法——亦即从后果认原因的知识——虽不是无限的,却能那么接近于数学的自明性——亦即从原因到后果的知识——,以致误差的可能性
125 小到了可以被忽略的程度。不过误差的可能性尽管小,总还是存在的;譬如从无数情况来推论一切的情况,实际上也就是推论一切情况所依据的那一未知的原因,就是一个归纳的推论。在这种论断中还有一个比“人的心脏都在左边”这样的论断更显得可靠的吗?然而,在最罕有的场合,在极个别的例外,居然有些人的心脏在右边。——因此,感性的直观和经验的科学都有着同一类的证据。和感性直观与经验科学相比,数学,纯粹自然科学与逻辑,作为先验的知识而有的优点,只在于一切先验性所本的认识的形式方面是全部而同时被给予的;所以,在数学,纯粹自然科学和逻辑经常可以从原因走向后果;而在感性直观和经验科学则大多只能从后果走到原因。在别的方面,因果律本身,亦即指导经验认识的变易根据律,和上述〔纯粹〕科学先验地服从的根据律的其他形态是同等妥当的。——从概念得来的逻辑证明或推论也和先验直观

的认识一样，有着从原因认取后果的优点；由此这些推论在其自身，亦即在形式上，也是不可能有错误的。这很有助于使证明根本享有如此高的评价。可是逻辑证明的无误性只是相对的。这些证明只是在一门科学的最高命题之下从事概括罢了，而这些最高命题才是包含这门科学所有一切真理的总汇，所以不能就以证明了事，而是必须以直观为根据的。这种直观在上述几个少数的先验科学中是纯粹的，否则总是经验的，并且只有通过归纳法才能提升到普遍。所以，在经验的科学中虽也可以从普遍证明特殊，但这普遍是从个别获得其真实性的，这普遍是一个储存器材的仓库，却不是自己能生产的土壤。

关于真理的求证已说得不少了。至于**谬误**的来源和可能性，126
自柏拉图以来，人们曾一再企图加以说明。柏拉图的答案是形象化的，他说谬误就好比在鸽笼里捉错了一只鸽；如此等等（《特厄特都斯》，第 167 页等）。关于谬误的来源康德所作的说明是空洞的、模糊的。他用对角线的移动这一图形来作说明，可以参看《纯粹理性批判》第一版第 294 页，第五版第 350 页。——既然真理就是一个判断和其认识根据的相关，那么，这个作判断的人怎么真能相信有这么一个根据而实际上却没有，即是说谬误，这理性上的蒙蔽是怎么可能的就诚然是一个问题了。我认为谬误的可能性和前文所说假象的可能性，或悟性的蒙蔽的可能性，完全是类似的。我的意见就是（所以这里恰好是插入这个说明的地方）**每一谬误都是从结论到根据的推论**；如果人们知道这结论只能有这一个而绝不能另有一个根据时，这根据还是妥当的，否则就不妥当。陷入谬误的人，要么是为结论指定一个它根本不可能有的根据，这就表现他

真正是缺乏悟性，也即是缺乏直接认识因果联系的能力；要么是一个更常见的情况：他为结论指定一个可能有的根据，同时还为他这种从结论到根据的推论补上一个大前提，说该结论无论何时只能是由他所提出的这根据产生的。其实只有作过完备的归纳功夫之后，他才有权这样说，然而他并未做过这功夫就事先这样假定了。因此，“无论何时”这个概念就太广泛了，而应代之以“有时”或“大多是”：这样的结论命题是悬而未决的，那也就不会错误了。但陷于谬误的人既然只按上述方式行事，那么他不是操之过急，便是对于可能性的认识太有限，从而不知有应作归纳功夫的必要。因此，谬误和假象完全是类似的。两者都是从结论到根据的推论。假象总是由悟性来的，也就是悟性直接从直观自身中按因果律造成的；
127 谬误总是由理性来的，也就是理性在真正的思维中按根据律所有的形式，最大多数也可以是按因果律造成的。按因果律造成的谬误有下面三个例证，人们可以视之为三类谬误的典型或代表：1）感性假象（悟性的蒙蔽）促成谬误（理性的蒙蔽），例如人们把绘画看作浮雕，并且真以为是浮雕。这是由于这样一个大前提得来的推论：“如果暗灰色逐点经过所有色差而过渡到白色，那么，这原因无论何时都是光线，因为光照耀在高凸处和低凹处是不同的，所以……。”2）“如果我的钱柜中少了钱，那么，这原因无论何时都是我的仆人有了一把仿制钥匙，所以……。”3）“如果棱镜中被折射的，也就是挪上或移下了的日影已不是前此的圆而白，却是长形而有色彩的，那么，这原因，一次乃至千百次，都是目光中原藏有质同而色彩不同、折射度不同的光线，现在这光线由于折射度不同而被分离出来，于是现为长形的、色彩杂陈的光带了；所以——让我们喝一杯吧[①]！”——任何一个谬误都必然要归结到这样一个推论，也就是以一个常是概括错误的、假设的，从假定某根据到某结论而产生的大前提这样的推论。只有演算的误差不在此列，这种误差本不是谬误而只是差错：即是数的概念所指定的演算过程并没有在纯粹直观中，没有在计数中完成，完成的是另一演算过程。

至于〔一切〕科学的**内容**，根本看来，事实上无非都是世间各现象的相互关系；是既符合根据律，又是在唯有根据律能使“为什么”有效力，有意义这条线索上的相互关系。证实这些关系就叫做**说明**。如果两个表象同属一类，而支配该类的又是根据律的某一形态；那么，所谓说明，除了指出这两个表象在这一形态中的相互关系外，就再也不能前进一步了。说明若到了这一步，那就根本不得再问“为什么”；因为这证实了的关系就是一个绝不能不如此想的关系，也即是说它是一切认识的形式。所以人们并不问为什么二 128

加二等于四；不问为什么三角形的内角相等也就决定边的相等；不问为什么在任何一个已知的原因之后必继以其后果；不问为什么前提的真实性使结论也有自明的真实性。任何一种说明，如果不还原到一个不能再问“为什么”的关系，就只能止于一个假定的隐秘属性。可是任何一种原始的自然力也都是这种属性。任何自然科学的说明最后必然要止于这样的隐秘属性，也就是止于漆黑一团。所以自然科学的说明只有让一个石头的，或一个人的，内在本质同样得不了说明完事；对于石头所呈现的重力、凝聚力、化学特

① 拉丁原文为 bibamus，德国大学生学生组织唱的拉丁文歌词；这里是讽刺意味：“问题解决了，让我们喝酒吧！”

性等，和对于人的认识作用、人的行为是一样的说不出一个所以然。例如“重”就是一个隐秘属性，因为人们可以设想它不存在，它不是从认识的形式中产生的必须有之物；但惯性定律则不然，它是从因果律推出来的，因而再还原到因果律就是一个充分的说明了。有两种东西是根本不得而说明的，也就是不能还原到根据律所示的关系上去的；第一是在四种形态中的根据律本身，因为它是一切说明的原则，任何说明只有关涉到它才有意义；第二是根据律达不到而是一切现象中本有的东西所从出的自在之物，对于自在之物的认识根本就不是服从根据律的认识。自在之物不可得而理解，在这里只好听之任之；但在下一篇中我们重行考察科学可能的成就时，就可以理解了。但是在自然科学，一切科学，要止步的地方，也就是不仅是说明，甚至连这说明的原则——根据律也不能前进一步的地方，那就是哲学〔把问题〕重新拿到手里并且以不同于科

129 学的方式来考察的地方——。在《根据律》51 节我曾指出根据律的这一形态或那一形态如何分别是指导各种科学的主要线索。——事实上按这种办法也应该可以作出最恰当的科学分类。不过按每一线索而作出的说明，如已说过，永远只是相对的，总是在相互关系中说明事物，总要留下一些未说明的东西，而这也就是每个说明预先假定了的东西。这种东西，例如在数学中就是空间和时间；在力学、物理学、化学中就是物质、物性、原始的〔自然〕力、自然规律等等；在植物学和动物学中就是种属的分歧和生命本身；在历史学中就是人类及其思想方面和意欲方面的一切特征；——在一切这些〔科学〕中的还有根据律按个别需要而加以应用的某一形态。——**哲学**有一个特点：它不假定任何东西为已知，而是认一

切为同样的陌生都是问题;不仅现象间的关系是问题,现象本身也是问题,根据律本身也是问题。别的科学只要把一切还原到根据律,便万事已足;对于哲学这却是一无所获,因为一个系列中此一环节和彼一环节在哲学上都是同样陌生的。此外,这种关联自身和由此而被联结的东西也同样的是问题;而这些东西在其联结被指出以前又和被指出以后同样也还是问题。总之,如已说过,正是科学所假定的,以之为说明的根据和限度的,就正是哲学应有的问题。由此看来,那些科学到此止步的地方,也就正是哲学开步走的地方。证明不能是哲学的基础,因为证明只是从已知的命题演绎未知的命题,而对于哲学来说,一切都是同样的陌生〔并无已知未知之别〕。不可能有这样一个命题,说由于这一命题始有这世界及其一切现象:因此,不可能像斯宾诺莎所要作的那样,从“一个坚定的原则”进行证明便可引申出一种哲学来。并且哲学还是最普遍的知识,它的主要命题就不能是从别的更普遍的知识引申出来的结论。矛盾律不过是把概念间的一致固定下来,但并不产生概念。130
根据律说明现象间的联系,但不说明现象本身。因此哲学不能从寻找整个世界的一个有效因或一个目的因出发。至少是我的哲学就根本不问世界的**来由**,不问**为何**有此世界,而只问这世界是**什么**。在这里,“为什么”是低于“什么”一级的,因为这“为什么”既只是由于世界的现象〔所由呈现〕的形式,由于根据律而产生的,并且只在这个限度内有其意义和妥当性,所以早就是属于这个世界的了。人们固然可以说,世界是什么,这是每人无须别的帮助就认识到的〔问题〕,因为人自己就是认识的主体,世界就是这主体的表象。这种说法在一定限度内也是对的。不过这种认识是一个直观

的认识，是具体中的认识；而在抽象中复制这些认识，把先后出现的，变动不居的直观，根本把**感**这个广泛概念所包括的一切，把只是消极规定的非抽象、非明晰的知识提升为一种抽象的、明晰的、经久的知识，这才是哲学的任务。因此，哲学必须是关于整个世界的本质的一个抽象陈述，既关于世界的全部，又关于其一切部分。但是为了不迷失于无数的个别判断，哲学必须利用抽象作用而在普遍中思维一切个别事物，在普遍中思维个别事物所具的差异；从而它一面要分，一面要合，以便将世界所有纷纭复杂的事物，按其本质，用少数的抽象概念概括起来，提交给知识。哲学既将世界的本质固定于这些概念中，那么，由于这些概念就必须能认识普遍，也要能认识一切特殊，也就是对这两者的认识必须有最准确的联系。因此，在哲学上有天才就在于柏拉图所确定的一点：在多中认一，在一中认多。准此，哲学将是极普遍的判断之总和，而其认识根据直接就是在其完整性中的世界本身，不遗漏任何点滴，也就是在人的意识中呈现出来的一切一切。哲学将是**世界在抽象概念中的一个完整的复制，好比明镜中的反映作用似的**。而这些抽象概
131 念是由于本质上同一的合为一个概念，本质上相异的分为另一概念才可能的。培根就早已为哲学规定了这个任务，他是这样说的：“最忠实地复述着这世界自己的声音，世界规定了多少，就恰如其分地说出多少；不是别的而只是这世界的阴影和反映，不加上一点自己的东西，而仅仅只是复述和回声；只有这，才是真的哲学。”（《关于广义的科学》第二卷第 13 页）不过，我们是在培根当时还不能想到的一种更广泛的意义中承认这一点的。

世界各方面、各部分，由于其同属一整体而有的相互一致性也

必须重现于世界的抽象复制中。因此在那判断的总和中，此一判断可在某种程度内由彼一判断引申而来，并且也总是相互引申的。不过在相互引申中要使第一个判断有可能，这一些判断都必须齐备才行，也就是要事先把这些判断作为直接建立在对这世界的具体认识上的判断确立起才行；而一切直接的证明都比间接的证明妥当些，所以更应如此。这些判断借助于它们相互之间的谐和甚至汇成一个单一的思想的统一性，而这统一性又来自直观世界本身的谐和与统一，这直观世界又是这些判断共同的认识根据，所以这些判断相互之间的谐和不能作为各判断的最初的东西来为这些判断建立根据，而是只能附带地加强这些判断的真实性而已。——这个问题本身只能由于问题的解决才能完全明白*。

§　16

在我们对于理性，作为人类独有的，特殊认识能力的理性，以及由理性带来的，人类本性上特有的成就和现象作了这一整个的考察之后，关于理性还剩下〔一个问题〕是我要谈一谈的。这就是
理性指导人类行为的问题。从这方面说，理性也可称为实践的。132
不过这里要说的，大部分已在别的地方，也就是在本书附录中已经论述过了，那儿也是驳斥康德的所谓实践理性有其实际存在的地方。康德（诚然是很方便的）把实践理性当作一切美德的直接源泉，把它说成是一个绝对（即自天而降的）应为的〔宝〕座。后来我

* 第二卷第十七章是补充这里的。

在《伦理学根本问题》中详细而彻底地反驳了康德的这一道德原理。因此，就理性的真正意义说，关于理性对行为的影响，我在这里要说的就不多了。在我们开始考察理性的时候，我们已大致地指出人类的作为是如何不同于动物的作为，并已指出这种区别只能看作是意识中有无抽象概念的后果。这些抽象概念对于我们整个生存的影响是如此深远而重要，以至于我们〔人〕对动物的关系，可以比拟于有视觉的动物对无眼睛的动物（某些幼虫、蠕虫、植虫）的关系。无眼睛的动物由触觉认识空间中直接与它们接触的东西，而有视觉的动物则相反，它们认识一个远近并收的大圈子。同样，缺乏理性就把动物限制在在时间上直接呈现的直观表象上，也就是限制在现实的客体上；我们人则相反，借助于抽象中的认识，在窄狭的、实有的现在之外，还能掌握整个的过去和未来，以及可能性的广大王国。我们能从各个方面综观生活，远远超过当前和现实之外。所以在这一定限度内，眼睛在空间中对于感性认识是什么〔作用〕，理性在时间上对于内在认识也就是什么〔作用〕。如同对象的可见性所以有价值和意义仅在于这可见性宣告了对象的可触性一样，抽象认识的全部价值同样也永远只在它和直观认识的对应关系上。因此，一个普通人总认为那直接地、直观地认识了的〔东西〕，比抽象概念，比仅是想得的〔东西〕更要有价值些。他认
133 为经验的认识胜于逻辑的认识。另外有些人的想法却相反，这些人在他们的生活中说得多，做得少；他们所经历的，来自报纸书籍的多，来自现实世界的少；充其量，他们能蜕变为迂夫子和一些咬文嚼字的人。只有从这里，人们才可以理解莱布尼兹以及沃尔佛和他们所有的继承人怎么能迷信到那步田地，以至于重蹈滕斯·

斯阁都司[①]的覆辙而宣称直观认识只是模糊的抽象认识！为了斯宾诺莎的令誉，我必须提到他那比较清醒的神智终于反过来；宣称一切通常的概念都是从直观认识的东西的紊乱无章中产生的。(《伦理学》第二卷第四十题，附论一)从上面那种颠倒的想法中产生出来的〔后果〕是人们在数学中舍弃数学本来自有的证据，以便只许逻辑的证据有效；还有人们根本把一切非抽象的认识一概属之于“感”这广泛的名义之下而贬低其价值；最后还有康德的伦理学宣称纯粹的，直接在认识到情况时促使人而导致正义行为和慈善行为的善意，作为单纯的感和激动是无价值的、无功果的，而只愿承认由抽象规范产生的行为有道德价值。

人由于有理性而超过动物的〔地方〕，就是他能对整个生活有全面的概览。这种概览可以比作他一生过程的草图，犹如几何学那样抽象的、未着色的、缩小了的草图。有此，人和动物的差别就好比一个航海家和一个无知水手的差别一样。前者借海上地图、罗盘、象限仪而能准确地认识航程和每次当前的所在地；后者则只看见波涛与天空而已。因此，值得注意，也值得惊奇的是：人除了在具体中过着一种生活外，还经常在抽象中度着第二种生活。在第一种生活中，人和动物一样，任凭现实的激流和当前的势力作弄，必须奋斗、受苦、死亡。人在抽象中过的生活〔则不同〕，当这种生活出现于他理性的思考之前时，乃是第一种生活的无声的反映，是他生活于其中的世界的反映，也正是上述缩小了的草图。在第一种生活中占有他全部心灵的，使人剧烈激动的〔一切〕，在这无声

① Scotus，Duns(1265/1274—1308)，经院哲学家，称意志高于理性。

的反映中，在这安静思考的园地里就都显得冷静了，褪色了；就当
134 前这瞬间说，也显得陌生了。在这里，人只是一个旁观者，只是一个观察者了。在这样退缩到反省的思维时，他好比一个演员在演出一幕之后，再轮到他登场之前，却在观众中找到一个座位，毫不在意地观看演出，不管演出的是什么情节，即令是安排一些置他于死地的措施（剧情中的安排），他也无动于衷；然后他又粉墨登场，或是做什么，或是为着什么而痛苦，仍一一按剧情的要求演出。和动物的无思无虑显然不同的是人的这种毫不在意，无动于衷的宁静，这种宁静就是从人的双重生活而来的。因此，一个人，按自己的考虑，按作出的决断，或是看清楚了必然性，就可以冷静地忍受或执行他生命上最重要的，有时是最可怕的事项，如自杀、死刑、决斗、有生命危险的各种冒险举动以及人的全部动物性的本能要抗拒畏避的一切事项。从这里可以看到人的理性如何是动物性本能的主宰，并可大声地对坚强的人说："诚然，你有一颗钢铁般的心！"（《特劳埃战争》）这里，人们才真能说理性是表现为**实践**的了。所以无论在什么场合，只要是理性指导行为，只要动机是由抽象概念决定的，而不是直观的、个别的表象，或指导动物行为的当前印象在起决定作用，那就是**实践理性**的出现。至于实践理性的出现完全不同于，无赖于行为的伦理价值；理性的行为和美德的行为完全是不同的两回事，理性既可以和元凶大憝，也可以和美德懿行伙同行事，由于理性参加任何一方，那一方才发生巨大的作用；对于有方法地，贯彻始终地实现一个高尚的或卑鄙的预谋，实现一个有智慧的或无意义的格言，理性是同样的有准备，同样的有功用；而这又正是由于理性那种女性的，只接受保存而自己不生产的本性所

使然;——这一切一切,我在附录中都作了详尽的分析,用例证作了说明。在那里讲过的本应放在这里才合适,〔不过〕因为这是驳斥康德的所谓实践理性,所以不得不移置在那里了。因此我只指出请到那里去参考。 135

实践理性,从这个词的真正原义来说,它最完美的发展,人只是由于使用他的理性才能达到的最高峰——人禽之别在这最高峰上最为显著——是在**斯多噶派智者**身上作为理想表出的东西。原来斯多噶派的伦理学在发生上、本质上根本就不是讨论道德的学说,而只是理性生活的指南;〔他们的〕目标和鹄的是通过心神的宁静而得到幸福。美德的行为好像只是偶然地作为手段而不是目的,才夹杂在理性生活中的。因此,斯多噶派的伦理学,从其全部本质和观点说,根本不同于直指美德懿行的那些伦理学体系,例如《吠陀》、柏拉图、基督教和康德的学说。斯多噶伦理的目的就是幸福:"美德的整个目的就是有幸福",这就是斯多帕阿斯在阐述斯多噶派哲学时所说的。(《希腊古文分类选录》第二卷,第七章第114页和138页)不过斯多噶派的伦理学指出了幸福只有在内心的和平与心神的恬静中才可确实获得,而这和平宁静又只有通过德行才能达到;这就正是"美德是最高的善"这句话的意义。但是,如果不期然而然的逐渐地在手段上忘记了目的而又这样高捧美德,以致美德自身又透露出另一种完全不同于本人幸福的旨趣,两种旨趣且有着显著的矛盾;那么,这就是一种前后不一贯。由于这种前后不一贯,在每个系统中,直接认识到的真理,亦即人们称为"感到"的真理,便得以回到正路上来而压倒逻辑的推论。例如这在斯宾诺莎的《伦理学》中就看得很清楚,他这种伦理学就用显而易见

的诡辩从自利心的“追求个人本身利益”中引申出纯粹的道德学说。按我对斯多噶派伦理学的精神所理解的，这种伦理学的渊源在于这样一个思想：人的巨大特权，人的理性，既已间接地由于计
136 划周密的行动及行动所产生的后果如此减轻了生活的重负，使得生活轻松了，那么是否还能直接地，即是说单是由于认识就能使人立即完全或几乎完全地解脱那些充满人生的痛苦和折磨呢？人们认为一个具有理性的生物既能通过理性而掌握，而综览无穷的事物与情况，却仍然要由于这短促、飘忽、无常的生命的有限岁月所能包罗的瞬瞬当前和各种事故，而陷入“贪求”与“规避”的激烈冲动所产生的如许剧烈痛苦，如此沉重的忧俱和苦楚之中，这是和理性的优越地位不相称的；并且认为适当地运用理性应该使人超脱这一切，使他不可能为这一切所伤害。因此，安第斯顿涅斯[①]说：“要么为自己获致理性，要么就是安排一条自缢的绞索。”(普禄塔尔克[②]著《关于斯多噶派的反驳》第十四章)即是说：人生既充满如许苦难和烦恼，那么人们就只有借纠正了的思想而超脱烦恼，否则就只有离开人世了。人们已经看清楚，困苦、忧伤并不直接而必然地来自“无所有”，而是因为“欲有所有”而仍“不得有”才产生的；所以这“欲有所有”才是“无所有”成为困苦而产生伤痛唯一必需的条件。“导致痛苦的不是贫穷，而是贪欲”。(厄披克德特[③]：《断片》第二十五条)此外，人们从经验中也知道，只有希望、只有可以提出

① Antisthenes 公元前五世纪的希腊哲学家，犬儒学派创始人。

② Plutarch(公元 46—120)，希腊作家。

③ Epiktet 公元一世纪人，原为希腊斯多噶派哲人，后沦为罗马贵族的奴隶，以备受折磨而成为斯多噶伦理学的化身。

要求的权利才产生，才滋养着〔人的〕愿望；所以使我们动心和难受的，既不是人所共有的，不得而免的诸恶，也不是无从获致的诸善；而只是在可以躲避的和可以获致的两者之间几微的或多或少而已。是的，还不必是绝对的、只要是相对的无从获致或无可避免就全不会扰乱我们了。因此，或是一经附在我的个性中〔便再也丢不掉〕的诸恶，或是在我的个性上已必然不容问津的诸善，我们对之便一概漠不关心。由于人的这种特性，如果没有“希望”在供应养料，任何愿望很快地就自行幻灭了，也就再不能产生痛苦。从上述这一切可得出如下的结论，即是说一切幸福都建立在我们可能要 137
求的和实际获得的两者之间的比例关系上。至于这关系中前后两项的或大或小，〔构成幸福〕并无二致，或缩小前项，或扩大后项，都同样地构成这一关系。并且，一切痛苦都是由于我们所要求，所期待的和我们实际所得到的不成比例而产生的，而这种不成比例的关系又显然只在人的认识中才能有*，所以有了更高的解悟就可以把它取消。因此克利西波斯①说：“人只有按自然所启示的经验来生活。”（斯多帕阿斯：《希腊古文分类选录》第二卷第七章第134页）这即是说人们生活应适当地认识世间事物的来龙去脉，因为，每当一个人由于某种原因而不知所措时，或是由于不幸而一蹶不振时，或是怒不可遏，或是踌躇不前时，他就正是以此表现了他发现事物之来不是如意料所及；因此也表现了他是谬误的俘虏，没有认识人生和世界，没有知道无机的自然如何出于无心的偶合，有机

* “正如他们的立论，一切烦恼都是从看法和意见来的。”（西塞罗：《督斯库陆姆》）“使人烦恼的不是事物本身，而是人们对于这事物的意见。”（《厄披克德特》第五章）

① Chrysippos von Tarsus（公元前280—前210），古希腊斯多噶派第三代领袖。

的自然又如何出于意图相反，存心不良，而寸寸步步在阻遏着每一个人的意志。因此，要么是这个人没有使用他的理性以求普遍地认识人生这种本来面目，或者也是他缺乏判断力，他虽认识了一般，却不能在特殊中加以运用，因而具体事物之来常出其不意而使他不知所措*。所以任何动人的欢愉之情都是谬误，都是妄念；因为没有一个已达成的愿望能够使人满足，经久不衰，因为任何财产，任何幸福都只是偶然傥来，为期难定，说不定随即又要被收回
138 去。任何痛苦都是由于这种妄念的幻灭而产生的。痛苦和妄念都以错误的认识为根源。所以欢愉和痛苦都不能接近智者，没有什么事故能扰乱智者的“恬静”。

按照斯多噶派的这种精神，这种目的，**厄披克德特**认为人们总得考虑并且区别什么是，什么不是以我们为转移的，从而对于那些不以我们为转移的事物根本不作任何打算，这就可以稳当地免了痛楚、苦难和忧惧。厄披克德特从这里出发，又常回到这个论点，好像这就是他的智慧的核心。然而以我们为转移的仅仅只有意志。从这里开始就逐渐过渡到德行论了，因为这里论到的是不以我们为转移的外在世界既决定着幸与不幸，那么对于我们自己而有的内在满足或不满足则是从意志产生的。往后人们又问是否应以善与恶的字样分别称幸与不幸或满足与不满足呢？其实这种说法是任意的，随人所好，无关宏旨。然而在这一点上，斯多噶派和亚里士多德派，厄壁鸠鲁派竟至争论不休；这原是完全没有同一基

* “人生一切诸恶的原因就在于人不能把普遍的概念应用于个别的情况。”（厄披克德特：《论文集》）

础的两种量，他们偏以这种不能容许的比较，以及由此而产生的，相反地，似是而非的论点自娱，又以之互相责难。西塞罗把斯多噶派方面的这些论点搜集在《矛盾集》中，为我们留下了有趣的〔资料〕。

斯多噶派创始人芝诺好像原来曾采取过另外一种途径。他的出发点是这样的：人们为了获得最高的善，也即是获得幸福感和心神的恬静，他在生活中就必须和自己一致。“生活要一致也就是生活要按一定的道理并且与自己谐和。”（斯多帕阿斯的《希腊古文分类选录：伦理编》第二卷，第七章，第132页。）又说：“美德在于整个一生，〔都是〕心灵和自己谐和一致。”（同前书，第104页。）但是要做到这一点，人们只有一贯理性地依概念，不依变幻无常的印象和心情来决定自己。我们所能掌握的既然只有行为的规范，而不是行为的后果，不是外来的因素；那么，一个人如果要前后一贯，始终不渝，就只能把前者，而不能把后者当作目的，这就又引入德行论了。

不过芝诺那些直接的继承人已经觉到芝诺的道德原理——与自己谐和地生活——是太形式的了，太空洞了。他们用“生活须和天性一致”这个补充而赋予这原理以具体内容。斯多帕阿斯在他的书中报道说，第一个加上这补充的是克勒安特斯[①]；但由于概念的含义广泛，语义又不确定，这问题就更拉长了。克勒安特斯说的是指一般天性的总称，而克利西波斯却是专指人的天性而言。后来人们就认为只有和人的天性相称的才是美德，犹如只有动物冲动的满足才和动物的天性相称一样。这样，又很勉强地把问题引

① Kleanthes von Troad（公元前302—前232或前252），希腊斯多噶派哲学家。

入德行论了，并且不管是如何迂回曲折，总是想把伦理学建立于物理学之上。这是因为斯多噶派到处都要以原则的统一为目标，正如在他们看来上帝和世界也绝对不是两回事。

整个地说来，斯多噶派的伦理学事实上是一种很可宝贵的，也是很可敬佩的尝试，企图用这样一个指示

“看你怎样打算使自己的一生近乎中庸：

不让贪欲，不让恐惧和琐细的企望来激动你，烦恼你——永远一无所有的人。”

来为一个重要的，带来幸福的目的利用人的特长，人的理性，也就是使人解脱人生中注定的痛苦和烦恼；并且使他得以最充分地享有人的尊严。这是人作为一个理性的生物，与动物有别而应有的尊严。不过这里所谓尊严，也就只是在这种意义上说话，不能牵涉到别的意义上去。——由于我对于斯多噶派伦理学有这样的看法，在我阐述什么是理性，理性有些什么能为的时候，就不能不提到这种伦理学，这是我那种看法带来的。尽管〔斯多噶派的〕那种
140 目的，在一定限度内由于运用理性或仅是由于一种合理的伦理学就可以达到，尽管经验也指出那些纯粹是合乎理性的人物——人们一般称为实践哲学家的人物，这种称呼也是有理由的，因为本来的，也就是理论的哲学家是把生活带到概念中去，而这些实践哲学家却是把概念带到生活中去——就是最幸福的人们，然而，如果说用这种方式就能达到什么完美的〔境界〕，如果说正确使用理性就真能使我们摆脱人生的一切重负和一切痛苦而导致极乐，那就差得太远了。应该说既要生活而又不痛苦，那根本就是十足的矛盾；因此，通常说的“幸福的人生”也含有这种矛盾。谁要是把我下面

的说明,直至最后一个字都掌握了,他就会确切地明白这个道理。其实,这种矛盾在那纯理性的伦理学本身中便已暴露出来了,那就是说,〔人的〕肉身上的痛苦是不可能用一些命题,定理和逻辑推论,就可在哲学的谈话中把它谈掉的。斯多噶派哲人在这痛苦既占优势而又无可救药的时候,也就是人的唯一宗旨——幸福——已经无法达到的时候,除死而外无法摆脱痛苦的时候,就不得不被迫在他们指示幸福生活的教条中(他们的伦理学总是这种指示)把自杀的劝告掺杂到这些教条中去(好像在东方专制帝王的豪华装饰品和用具中也有一个珍贵的小瓶儿装着 3 毒药一样),于是死也就和其他药物一样,可以漠然无动于衷的吃下去了。于是,这里就出现了一个显著的对照:一面是斯多噶派的这种伦理学;一面是前文论及的一切其他伦理学要把美德自身直接作为目的,不管痛苦是如何沉重,也不要人们为了摆脱痛苦就结束自己的生命。可是在这些人中,没有一个能说出反对自杀的真正理由,他们只是艰苦地搜集了一些各种各样的,似是而非的,表面上的理由。反对自杀的真正理由在本书第四篇中自会随同我们考察的进展而显豁出来。斯多噶派的伦理学实质上只是一种特殊的幸福论,它和以美德为直接目的的那些学说常在结论上不谋而合而有外表上的类似关系;然而刚才指出的那个对照既暴露了,又证实了双方之间有着本质的,原则上的根本区别。至于上述那个内在的矛盾,甚至在基 141
本思想上就附在斯多噶派伦理学中的矛盾,还在另一方面有其表现;即是说这种伦理学的理想,斯多噶派的智者,即令是在〔他们自己〕这种伦理的陈述中也绝不能获得生命或内在的、诗意的真理。这个智者仍然是一个木雕的、僵硬的、四肢拼凑起来的假人;人们

既不知道拿它怎么办，他自己也不知道怀着满腔智慧往哪里去。他那种完全的宁静、自足、极乐恰好和人生的本质相矛盾，不能使我们对之有什么直观的表象。同这种智者相比，那些世界的超脱者，那些自觉自愿的忏悔者就完全不同了。这些人是印度的智慧给我们指出过，并真正产生过的。至于基督教的救主，那就是一个更为卓越的形象了。他，充满着这个深刻形象的生命，拥有最高的、诗意的真理和最重大的〔人生〕意义，在具备完美的德行、神圣性、崇高性的同时，又在无比的受难状况中矗立在我们面前。*

* 第二卷第十六章是补充这里的。

第　二　篇

世界作为意志初论

意志的客体化

精神的寓所是我们，不是阴曹地府，不是天上星辰：这两者都是活在我们之中的精神所制作的。

§　17

在第一篇里我们只是把表象作为表象，从而也只是在普遍的 145
形式上加以考察。至于抽象的表象，亦即概念，它只是由于和直观表象有着相应的关系，它才有一切内蕴和意义，否则便无价值、无内容；就这一点说，我们也是按它的内蕴而认识它的。〔不过〕既然完全要指靠直观表象，我们现在就也要认识直观表象的内容、认识它的详细规定和它在我们面前表演出来的形象。而我们特别关心的则是对于它本来的真正意义，对于这个否则仅只是“感到”的意义获得理解。借助于这种真正的意义，〔出现于我们面前的〕这些景色才不至于完全陌生地，无所云谓地在我们面前掠过，——不借助于这种意义，那就必然会如此——，而是直接向我们招呼，为我们所理解，并使我们对它发生一种兴趣，足以吸引我们的全部本质。

我们且把视线转到数学、自然科学和哲学上来，三者之中每一种都容许我们指望它会部分地提供我们所寻求的理解。——可是我们首先就发现哲学是一个长有许多脑袋的怪物，每个脑袋都说着一种不同的语言。就我们这里提出的，有关直观表象的意义这一点说，他们固然不是全部各异其辞，因为除怀疑论者和唯心论者以外，其余的，在主要的方面，说法都颇为一致。他们说，**客体**是表象的**基础**，客体虽在全部的存在和本质上与表象不同，同时却又在一切片段上如此相似，有如鸡蛋与鸡蛋彼此的相似一样。虽然有他们这样一致的说法，却不能对我们有什么帮助，因为我们根本不知道〔如何〕把客体从表象区别开来，而只发现彼此是同一事物，是
146 二而一。既然一切客体总是，并且永远是以主体为前提的，因而也总是表象，无可更改；同样，我们也已认识了"是客体"乃是表象的最普遍的形式，而这形式又正是客体和主体的分立。此外，人们在谈到客体时引以为据的根据律，在我们看来也只是表象的形式，即是此一表象与另一表象间有规律性的联系，而不是整个的、有尽的或无穷的系列的表象和一个并非表象的什么、一个不得成为表象的什么之间的联系。至于怀疑论者和唯心论者的说法，我们在上面谈到外在世界实在性的争论时就已谈过了。

对于我们只是一般地，只在形式上认识了的直观表象，如果我们现在要在数学方面来找我们所寻求的、进一步的认识，那就只能谈到那些充塞时间和空间的表象，即是只能就表象是数量这一范围来说话。数学对于多少或多大固然会有最精确的答案，但是这

多少或多大总只是相对的，即是一个表象和另一个表象的比较，并且只是片面地计及数量的比较；因此，这也不会是我们在主要的方面所寻求的答案。

最后我们如果再看看自然科学广泛的，分成许多部门的领域，那么我们首先就能大别之为两个主要部门。自然科学要么就是形态的描写，要么就是变化的说明，我则分别称之为**形态学**和**事因学**。前者考察不变的形式，后者按形式转变的规律而考察变迁中的物质。虽不甚恰当，但前者在其整个范围内就是人们称为自然史的〔科学〕；特别是作为植物学和动物学，它教我们认识各种不同的，个体〔尽管〕无止境地相互替换〔而无碍于〕不变的，有机的，从而是硬性规定的那些形态。这些形态构成直观表象内容的一大部分，形态学把它们分类，加以区分，加以统一，按自然的和人为的系统加以排列，置之于概念之下而使概览和认识所有的形态成为可能。此外，形态学还在整个的或部分的领域中指出一种贯穿一切 147
〔形态〕的，差别无限细微的类似性（设计的统一性），借此类似性，这些形态就好比是围绕着未经一日入谱的主旋律的繁复变调似的。物质如何进入那些形态，也即是个体的发生〔问题〕不是我们要研究的主要部分。这是因为每一个体都是从一个与之相同的个体经由生殖作用而出世的。这种生殖作用，到处都是一样的神秘，至今还躲避着〔人们〕清楚的认识；而人们所知道的一点两点又属于生理学的范围，生理学又属于事因学的自然科学。基本上属于形态学的矿物学，尤其是矿物学成为地质学的时候，也〔是〕倾向于事因学的自然科学。本来事因学就是到处以认识原因后果为主题的一切自然科学的各科别。因果的认识指出在物质的**一个**状态之

后，如何按一个从无讹误的规则又必然的有另一个一定的状态继之而起，指出一个一定的变化如何必然地制约并引出另一个一定的变化；这样指出就叫做**说明**。属于事因学的〔科学〕主要的是力学、物理学、化学、生理学。

可是如果我们一味信任这些科学的教导，我们随即就会发现事因学和形态学一样，都不能在我们追究的主要问题上作出答复。形态学把无数的、变化无穷的，却是由于一种不会看错的族类相似性而相近的众形态摊〔开〕在我们面前；在这种方式下，这些形态对于我们永远只是些陌生的表象；如果仅仅是这样去考察，这些形态也就等于摊开在我们面前不可理解的象形文字一样。与此相反，事因学教导我们的是物质的这一个一定状态按因果法则引出那一状态，这就把状态说明了，就算尽了它事因学的职责了。事实上，事因学所做的根本只是指出物质状态出现于时间空间所遵守的、有规律性的秩序，只是为一切场合肯定哪一现象一定在此时此地必然出现，只是按一个规律决定那些状态在时间空间中的地位。这规律所有的一定的内容是经验已告诉了我们的，至于其一般的
148 形式和必然性却是无待于经验而为我们所意识的。但是，关于那些现象中任何一个现象的内在本质，我们并未由此获得丝毫的启发；这种本质则被称为**自然力**而在事因学的说明范围以外。事因学的说明每当有了那些它所知道的，自然力表出所需的条件时，就把这种力开始表出时不变的常规叫做**自然律**。不过，这自然律，这些条件，这种开始表出，就一定的地点和一定的时间说，也就是事因学的说明所知道的，能知道的一切了。而自行表出的自然力本身，按那些规律而发生的现象的内在本质，对于事因学却永远是一

个秘密，不管现象是最简或最繁，永远是完全陌生的和未知的东西。因为事因学直至现在为止，虽已在力学方面最圆满地，在生理学方面最不圆满地达到了自己的目的，然而一颗石子借以落到地上或一个物体借以撞走另一物体的力，从其内在本质说，对于我们，其为陌生和神秘并不亚于促使动物运动，促进动物生长的力。力学假定物质、重力、不可透入性、由撞击而来的运动的可传递性、形体固定性等等为不可穷究的，称之为自然力；而自然力在一定条件下必然的，规律性的表出又称为自然律；这然后才开始力学的说明〔工作〕。所谓说明就是忠实地并以数学的精确性指出每一种力在何时，何地，如何表出；把力学发现的每一现象还原为这些力的一种。物理学、化学、生理学各在其领域内也是如此炮制，只是它们的假定更多而成绩更少罢了。准此，即令是整个自然界的最完备的事因学说明，实质上也不过是罗列一些不能说明的〔自然〕力，不外在这些力表出于时间空间，其现象相互继起相互让位时妥当地指出其规则；但是如此显现的诸力，因为它们的内在本质是事因学所服从的规律所达不到的，所以事因学只好长此任其不得说明
而止于现象及现象的秩序而已。在这种意义上，事因学的说明就 149
可和大理石的横切面相比拟，因为这种横切面虽然现出许多〔平头〕并列的纹理，但无从认识这些纹理是如何从大理石的内部达到这横切面的。如果我可以因为太巧合而容许自己再举一个有玩笑意味的例子，那么，对于整个自然界完成了事因学的说明之后，在一个哲学研究者看来必然是这样一种滋味，就好比一个人自己不知道怎么的闯进了一个他全无所知的社交团体；这里的成员们依次向他介绍了一个又一个，说某人是他的朋友，某人是他的中表，

也算够详细的了；但是他自己在每次有人作介绍时，虽然总是向人表示他很高兴认识这些新交，可是每次都有一个问题到了口边上：“可才见鬼，我究竟是怎么闯进这一伙的呢？”

于是，关于我们当作自己的表象而认识的那些现象，事因学也就不能给我们指出我们所期望的，使我们超出现象以外的那个理解。因为这些现象，有了事因学的一切说明之后，依然仅仅是出现在我们面前的，完全陌生的表象，我们并不了解它的意义。至于因果的联系又仅仅只指出这些现象出现于时间空间的规律和相对的秩序，并不教我们进一步认识如此出现的〔东西本身〕。并且因果律本身也仅是对表象，对一定种类的客体有效，只有在假定了这些客体之后才有意义。于是，因果律和客体本身一样，总要关联到主体，是在条件之下存在的；所以因果律，正如康德教导我们的，既可以从主体出发，也即是先验地去认识，也可以从客体出发，也即是经验地去认识。

不过现在推动我们去探求的，正是我们不能自满于知道我们有表象，知道表象是如此这般的，是按这个那个规律联系着的，知道根据律就是这一些规律的总形式等等。我们正是不能以此自足，我们要知道那些表象的意义，我们要问这世界除了是表象之外，是否就再没什么了；——如果真是这样，这世界在我面前掠过，就必然和无实质的梦一样，就和幽灵般的海市蜃楼一样，不值我们
150 一顾了——；我们要问世界除了是表象之外，是否还有什么，如果有，那又是什么。现在就可以确定的是：我们这儿所追问的必然是在本质上和表象根本不同，完全不同的东西，表象的那些形式和法则对于它必然是毫不相干的，因而人们也不能从表象或以这些法

则为线索求得这东西。法则仅仅是把那些客体,那些表象互相联系起来,所以法则就是根据律的那些形态。

在这里我们已经看到,从外面来找事物的本质是绝无办法的,无论人们如何探求,所得到的除了作为比喻的形象和空洞的名称之外,再没有什么了。这就好比一个人枉自绕着一座王宫走而寻不到进去的入口,只落得边走边把各面宫墙素描一番。然而这就是我以前的一切哲学家所走的路。

§　18

事实上,如果这个探讨的人单纯的只是一个认识着的主体(长有翅膀而没有身躯的天使),此外就不是什么了,那么,要追求这个世界,仅是作为我的表象而与我对立的世界的意义,或是发现从这个世界只是作为认识主体的纯粹表象的世界〔如何〕过渡到它除了是表象之外还可能是的那个什么,那就绝对做不到了。然而这个探讨人自己的根子就栽在这〔样一〕个世界里,他在这世界里是作为个体〔的人〕而存在的,即是说尽管他的认识是作为表象的整个世界以之为前提的支柱,这种认识毕竟是以一个身体为媒介而获得的。身体的感受,如已指出的,就是悟性在直观这世界时的出发点。对于单是认识着的主体,就它是主体说,这个身体也是表象之一,无异于其他表象,是客体中的一客体。这个身体的活动和行为的意义,如果不是以完全不同的另一方式来揭穿谜底的话,对于这主体也将无异于它所知道的一切其他直观客体的变化,也将是陌生的,不可理解的。要不是〔另有方法揭穿谜底〕的话,这主体也会看到它自己的行为按已出现的动机而以一种自然规律的恒常性起

落，正和其他客体的变化随原因、刺激、动机而起落一般无二。而对于动机的影响，除了〔看作〕对主体显现的任何其他后果与其原
151 因之间的联系外，这主体也不会有进一步的了解。它会把自己身体的那些表现和行为的内在的、它所不了解的本质也任意叫做一种力、一种属性或一种特质，但是再没有更深入的见解了。可是实际上，这一切〔看法〕都是不对的，而应该说这里的谜底已是作为个体而出现的认识的主体所知道的了；这个谜底叫做**意志**。这，也唯有这，才给了这主体理解自己这现象的那把钥匙，才分别对它揭露和指出了它的本质，它的作为和行动的意义和内在动力。认识的主体既由于它和身体的同一性而出现为个体，所以这身体对于它是以两种方式而存在的：一种是悟性的直观中的表象，作为客体中的一客体，服从这些客体的规律。同时还有一种完全不同的方式，即是每人直接认识到的，**意志**这个词所指〔的那东西〕。他的意志的每一真正的活动都立即而不可避免的也是他身体的动作；如果他不同时发觉这意志活动是以身体的动作而表出的，他就不曾是真实地要求这一活动。意志活动和身体的活动不是因果性的韧带联结起来的两个客观地认识到的不同的情况，不在因和果的关系中，却是二而一，是同一事物；只是在两种完全不同的方式下给予的而已：一种是完全直接给予的，一种是在直观中给予悟性的。身体的活动不是别的，只是客体化了的，亦即进入了直观的意志活动。再往后面我们就会明白这一点不仅适用于随动机而起的活动，并且也适用于只是随刺激而起的，非有意的身体活动，适用于每一种身体活动。可以说整个身体不是别的，而是客体化了的，即已成为表象了的意志。这一切都在后文中交代并且有明白〔的解

释〕。我在第一篇和《根据律》那篇论文中，曾按当时有意采取的片面立场（表象的立场）把身体叫做**直接**客体；这里在另一意义中，我 152
〔又〕把它叫做**意志的客体性**。因此，在某种意义上人们也可以说：意志是认识身体的先验认识，身体是认识意志的后验认识。指向将来的意志决断只是理性对于人们行将欲求的〔东西〕作考虑，不是本来意义的意志活动。只有实施才在决断上盖上了印记；在此以前，决断总还只是可变的预定，只存在于理性中，抽象中。唯有在反省思维中，欲求和行为才是不同的〔两事〕，在现实中二者只是一〔事〕。每一真正的、无伪的、直接的意志活动都立即而直接的也就是身体的外现活动。在另一方面与此相应的是对于身体的每一作用也立即而直接的就是对于意志的作用。这种作用，如果和意志相违，就叫做痛苦；如果相契合，则叫做适意，快感。双方的程度，分量都是极不相同的。所以，如果人们把苦乐称为表象，那是完全不对头的。苦乐绝不是表象，而是意志的直接感受，在意志的显现中，在身体中。苦乐是身体对所忍受的外来印象，被迫而然的，一瞬间的中意或不中意。可以直接只是当作表象看的，因而要从刚才所讲的除出来的，只有施于身体的某些少数印象。这些印象不激动意志，身体也只是由于这些印象才是认识的直接客体；因为身体作为悟性中的直观就已经是和其他客体一样，是间接客体了。这里所指的是纯粹客观的感性官能的感受，如视觉、听觉、触觉等官能的感受；并且只限于这些器官是以其特有的，专擅的，与其本性符合的方式而有所感受的范围内；只在这时，那些感受才是对于这些器官的提高了的，专门化了的感觉力最微弱的刺激，其微弱的程度不足影响意志，不为意志的激动所干扰；而仅仅只是给悟

性提供资料，直观就是从这些资料中产生的。对于感性器官任何一种更强烈的或其他种类的感受都是痛苦的，亦即是和意志相反
153 的，所以感性器官也属于意志的客体性之一种。——神经衰弱就在于这些外来作用原有的强度本仅足以使这些作用成为悟性的材料，现在却达到一种更高的强度，以至激动意志，即产生痛苦或快感，并且多半是痛苦，不过其中一部分是迟钝的模糊的；所以神经衰弱不仅是对于个别声音和强烈光线会有痛感，并且一般也造成病态的易怒善感的精神状态，然而又不是清晰的有所认识。还有些情况也足以表现身体和意志的同一性，其中之一就是意志每一次剧烈的、过度的激动，亦即激情，都绝对直接震撼身体及其内在动力，干扰其生命机能的运行。关于这一点，人们可在《自然界的意志》第二版第 27 页看到专门的论述。

最后，我对于自己的意志的认识，虽然是直接的，却是和我对于自己身体的认识分不开的。我不是整个地认识我的意志，我不是把它作为统一的，在本质上完整的认识它，而只是在它个别的活动中认识它，也就是在时间中认识它。而时间又是我的身体这个现象的形式，也是任何客体的形式；因此身体乃是我认识自己意志的条件。准此，没有我的身体，我便不能想象这个意志。在《根据律》那篇论文里，虽然曾把意志或者该说欲求的主体，当作表象或客体的一个特殊类别提出，然而即令是在那里，我们也已经看到这个客体和主体落到一处而合一了，即是说已不再是客体了。在那里我们把这种合一叫做最高意义上的奇迹。在某种限度内，本篇的文字整个儿的就是这个奇迹的解说。——只要我是把自己的意志真当作客体来认识，我就是把它当作身体来认识的；可是，我这

就又到了上述那篇论文所提出的第一类表象了，也就是又到了实在客体。我们将在后文中逐渐逐渐更体会到那第一类表象恰好只能在那儿提出的第四类表象中找到它的解释，它的谜底，而第四类表象已不便作为和主体对立的客体看了；将更体会到我们准此就 154
必须从支配第四类表象的动机律来理解支配第一类表象的因果律的内在本质，以及依这条规律而运行的〔东西〕的内在本质。

目前初步描述了的意志和身体的同一性，是只能像在这里这样做的加以指实；这里虽是第一次这样做，在后文中还要逐步加强这样做。这里所谓“指实”就是从直接的意识，从具体中的认识提升为理性的知识或转入抽象中的认识。在另一方面，这种同一性，由于其本性，又绝不能加以证明的，也就是不能作为从另一个直接认识引申出来的间接认识；这又正是因为这个同一性本身就是最直接的认识，并且如果我们不把它当作这样的认识来理解它，牢固地掌握它，那么我们就会徒劳地等待怎样间接地把它当作引申出来的认识而再掌握它。它完全是一种特别的认识，因此它的真实性也不能纳入我在《根据律》那篇论文§29中及其后各节对于一切真理所作的四种区分中，亦即不能归类于逻辑的，经验的、形而上的和超逻辑的四种真理之中。原来它和所有这些真理都不同，它既不是一个抽象表象对另一表象的关系，也不是一个抽象表象对直观的表象作用或抽象的表象作用必需的形式的关系；而是指一个对关系的判断，这种关系乃是一个直观表象，即身体对一个根本不是表象，与表象在种类上不同的东西，即意志的关系。因此，我想使这种真理突出于其他一切真理之上，把它叫做最高意义上的**哲学真理**。人们可以用各种不同的方式来表达这一真理，可以

说：我的身体和我的意志是同一事物；或者说：我把它当作直观表象而称之为我的身体的东西，只要它是在一种完全不同的，没有其他可以比拟的方式下为我所意识，我就称之为我的意志；或者说：我的身体是我的意志的**客体性**；或者说：如果把我的身体是我的表象〔这一面〕置之不论，那么，我的身体就只还是我的意志；如此等等*。

155 ## § 19

当我们在第一篇里，把自己的身体和这直观世界的其他一切客体一样，都说成只是认识着的主体的表象时，〔曾不免〕有内心的争执；可是现在我们明白了在每人的意识中是什么东西把自己身体的表象，和其他的在别的方面仍与之相同的一切表象区别开来。

154 这区别就在于身体还在完全另一个在种类上不同的方式中出现于意识，这个方式人们就用**意志**这个词来标志。并且正是我们对于自己身体所有的这一双重认识给我们指出了理解身体本身，身体随动机而有的作用和运动，以及身体对外来作用所受的影响〔等等〕的钥匙；一句话，给了我们理解身体在不作为表象时，而是在表象以外，它**自在**的本身是什么的钥匙。这不是我们对于一切其他实在客体的本质、作用和所受的影响直接能有的理解。

认识着的主体正是由于这一特殊的关系对这么一个身体的关系而是个体。〔当然，〕如不在这特殊关系中看，身体对于认识着的主体也只是一个表象，无异于其他一切表象。可是认识着的主体

* 第二卷第十八章是补充这里的。

借以成为**个体**的这个关系就正是因此而只在每个主体和其所有一切表象中的唯一的一个表象之间了，所以主体对于这唯一的表象就不仅是把它作为表象，而是同时在完全另一方式中意识着它，也就是把它作为意志而意识着它。然而，如果这主体脱离了这个特殊关系，脱离了对唯一的〔与自己〕同一的东西所有的两种完全不同的双重认识，那么，这唯一的东西，身体，仍然是一个表象，无异于其他表象；那么，为了在这方面找到一个头绪，认识着的个体要么是必须假定这唯一的表象所以与众不同，仅在于只是对这一表象他的认识才有这样的双重关系，只在这**一个**直观客体中他同时具有以两种方式来理解的可能；然而这〔可〕不是以这个客体和其他一切客体之间的区别来解释的，而是以他的认识对这一客体的关系不同于他对一切其他客体的关系来解释的。要么是必须假定 156
这唯一的客体在本质上不同于其他一切客体，在一切客体中唯独它同时是意志和表象，而其余的则相反，仅仅只是表象，也就只是些幻象；所以他的身体是世界上唯一真实的个体，亦即是唯一的意志现象和主体的唯一直接客体。——至于其他客体仅仅作为**表象**看，是和他的身体相同的，亦即和身体一样充塞空间（只是本身作为表象才可能有的〔空间〕），在空间中起作用。这固然是可以从对于表象〔有〕先验妥当〔性〕的因果律得到确实证明的，而因果律是不容许一个没有原因的后果的；可是如果撇开从后果根本只许推论到一个原因而不是推论到一个相同的原因这一点不谈，那么人们以此就总还是在单纯的表象范围之内，而因果律就单是对表象有效的，过此它绝不能越雷池一步。至于在个体看来只是作为表象而认识的诸客体是否也和他自己的身体一样，是一个意志的诸

现象，这一点，如在前一篇已经说过的，就是外在世界的真实性这问题的本来意义。否认这一点就是**理论**上的**自我主义**的旨趣。这种自我主义正是由此而把自己个体以外所有的现象都当作幻象，犹如实践上的自我主义在实践的方面做着完全相同的事一样，即是只把自己本人真当作人，而把其余一切人都看作幻象，只当作幻象对待。理论的自我主义固然是用推证再也驳不倒的，不过它在哲学上绝不是除了作为怀疑诡辩外，亦即除了带来假象外还有什么可靠的用处。但是作为严肃的信念，那就只能在疯人院里找到这种理论上的自我主义；而作为这样的信念，人们要做的与其是用推论的证明来驳斥它，倒不如用一个疗程来对付它。既然如此，我们就不再在它身上纠缠下去，而只把它看作永远要争论的怀疑论的最后一个堡垒就得了。我们的认识永远是束缚在个体性上的，并且也正是因此而有其局限性。真正说起来，正是这局限性才产生了我们对于哲学的需要。如果我们这种认识必然带来的后果是每人只能是“一”，却能**认识**其他一切，那么，我们，正是因此而努力
157 以哲学来扩大知识领域的我们，就会把在这里和我们作对的，理论的自我主义〔所提出〕的那个怀疑论点当作一个小小的边防堡垒看待；尽管永远攻它不下，好在它的守备人员也绝对冲不出来，因此人们大可以放心走过去，把它留在后方并没有危险。

准此，我们以后就要把现在既已弄明白了的认识，亦即我们对于自己身体的本质和作用所有的双重认识，在两种完全不同的方式下所得到的认识，当作一把钥匙使用，以便探讨自然中任何一现象的本质；并且所有一切客体并不是我们自己的身体，从而在我们的意识中也不是在双重方式下知道的，而只是单纯表象，那些客体

也要按前面所说身体的类似性来判断;所以要假定这些客体一方面完全和身体一样,也是表象,以此和身体为同类;另一方面,如果人们把它们的实际存在原是主体的表象这一面放在一边,那么,还剩下的那〔一面〕,就其本质说,就必须和我们在自己身上叫做**意志**的东西是同一回事了。原来,我们还能以什么另一种的实际存在或实在性附置于其余的物体世界之旁吗?到哪里去找我们构成这样一个世界的因素呢?除了意志和表象之外,根本没有什么我们〔能〕知道,能思议的东西了。这个物体世界直接只存在于我们的表象中,如果我们要把我们所知道的一种最大的实在性附置于这个物体世界之旁,那么我们就给它每人自己身体所有的那种实在性,因为身体对于任何一个人都是最实在的东西。但是如果我们分析这个身体的实在性和它的活动,那么,除了它是我们的表象外,我们在身体中所碰到的就只有意志了。除此而外,身体的实在 158
性也就以此告罄了。因此,我们再没有什么地方还可找到别样儿的实在性来附置于物体世界了。如果说物体世界除了只是我们的表象以外,还应是什么,那么,我们就必须说,它除了是表象而外,也就是在它自在的本身,在它最内在的本质上,又是我们在自己身上直接发现为意志的东西。我说:"在它最内在的本质上,"那么我们首先就得进一步认识意志的这个本质,以便我们知道如何区分意志和不属于意志自身而已是属于它那些级别繁多的现象的东西。例如有"认识"相随伴和以此认识为条件而被动机所决定〔这情况〕就是这类东西。我们在后文中就会看清楚这些东西并不属于意志的本质,而只是属于意志作为动物或人那些鲜明的现象。因此,我如果说促使石子降落到地面上来的力,就其本质说,在它

自在的本身上，在一切表象之外，也是意志，人们就不会对这句话有这种怪诞的想法，说这石子也是按照一个认识了的动机而运动的，因为在人〔身上〕意志是这样显现的*。——可是从现在起，我们就要更详尽地，更明晰地证实前此初步地，一般地阐述过的东西，并指出其根据而加以充分的发挥。**

§ 20

如上所说，**意志**，作为〔人〕自己的身体的本质自身，作为这身体除了是直观的客体，除了是表象之外的东西，首先就在这身体的有意的运动中把它自己透露出来，只要这些运动不是别的而是个别意志活动的“可见性”。这“可见性”和意志活动是直接而完全同时发起的，和意志活动是同一回事；只是由于这“可见性”转入了“认识”的形式，亦即成为表象，才和意志活动有区别。

159 可是意志的这些活动还永远有一个自身以外的根据，在动机中的根据。不过动机所规定的绝不超出我**此时**，**此地**，在此情况下欲求什么；既不规定我根本**有欲求**，也不规定我根本欲求什么，亦即不规定那些标志着我整个欲求的特征的行为规范。因此，我的欲求并不是在其全部本质上都可以以动机来说明的，动机只是在

* 培根以为物体的一切机械物理运动都是在这些物体中有了事先的知觉才发起的。这虽是对真理的一种冥悟而产生了这个错误的命题，我们可绝不会赞同这种意见。克卜勒的主张也有同样的意味。他在《论火星》一文中认为行星也必须有认识才能准确地按椭圆轨道运行，才能这样控制它们自己运行的速度，即是说轨道平面的三角形永远和时间成正比，而行星就在这三角形中通过其底边。

** 第二卷第十九章是补充这里的。

时间的某一点上规定这欲求的表出，只是促成我的意志把它自己表出的一个契机。意志本身则相反，它是在动机律的范围以外的，只有它在时间的任何一点上的显现才必然是动机律所规定的。唯有在假定我的验知性格之后，动机才是说明我们行为的一个充分根据。如果把我的性格撇开，然后来问我为什么要这而不要那，那就不可能有一个答复，因为服从根据律的只是意志的**现象**，而不是意志本身；在这种意义上说，意志就要算是**无根据**的了。关于这一点，一部分以康德关于验知性格和悟知性格的学说和我自己在《伦理学基本问题》（第一版第 48—58 页，又见第 178 页等，第二版第 46—53 页，又见第 174 页等）中的说明为前提，一部分则将在〔本书〕第四篇详细讨论。目前我只须唤起注意，一个现象以另一现象为根据这事实，在这里也就是行为以动机为根据的事实，并不和现象的自在本质便是意志〔这事实〕相背驰。意志本身并无根据，因为根据律无论在哪一形态中都只是认识的形式，也就是根据律的效用只及于表象，现象〔或〕意志的“可见性”，而不及于意志本身，意志本身〔是不可见的，是后来才〕成为可见的。

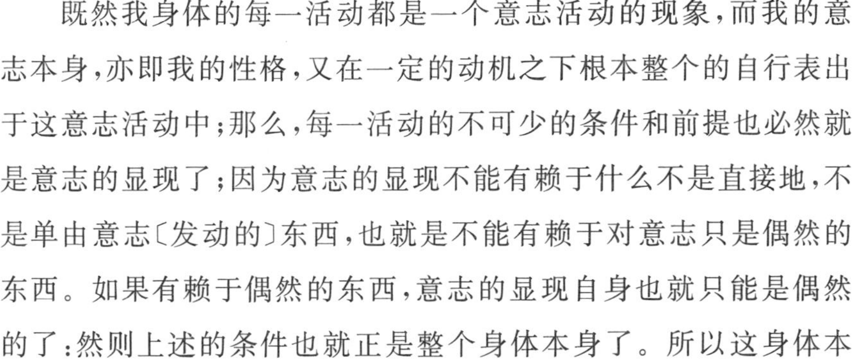

既然我身体的每一活动都是一个意志活动的现象，而我的意志本身，亦即我的性格，又在一定的动机之下根本整个的自行表出于这意志活动中；那么，每一活动的不可少的条件和前提也必然就是意志的显现了；因为意志的显现不能有赖于什么不是直接地，不是单由意志〔发动的〕东西，也就是不能有赖于对意志只是偶然的东西。如果有赖于偶然的东西，意志的显现自身也就只能是偶然的了：然则上述的条件也就正是整个身体本身了。所以这身体本 160

身必然已是意志的现象，并且这身体对于我的整个的意志，亦即对于我的悟知性格——我的“悟知性格”表现于时间即我的验知性格——必须和身体的个别活动对于意志的个别活动为同一样的关系。所以，只要身体是直观客体，是第一类表象，整个身体就必然是我的，已成为可见了的意志，必然是我的可见的意志本身，而不能是别的什么。——作为这一点的证明是前文所已说过的〔事实〕，亦即我的身体每次受到外来的作用，这个作用也立刻而直接地激动我的意志；在这意义上这就叫做痛苦或快适，或程度轻微些就叫做适意的或不适意的感觉；并且反过来也是一样，意志的每一剧烈激动，也就是感动和激情，都震撼着身体，阻挠身体机能的运行。——尽管事因学能够对于我身体的发生作出一点很不完善的说明，对于我身体的发育和保存作出更好的说明，而这种说明也就正是生理学；可是生理学恰好也只是和动机说明行为那样的来说明它的题材。因此，正和以动机和由动机产生的必然后果作为个别行为的根据并不因此就和行为在根本上及其本质上只是一个本身并无根据的意志的现象〔这种说明〕相刺谬一样；生理学对身体机能的说明也同样无损于这一哲学的真理，即是说这身体全部的实际存在以及其整个系列的机能也只是那意志的客体化，而这意志是在它身体的外在活动中按动机的尺度而显现的。生理学虽然甚至也企图把这些外在活动，直接的、有意的运动归结到有机体中的一些原因，譬如以各种液体的集聚于一处来说明肌肉的运动（雷尔在《生理学资料丛书》第六卷第 153 页说：“有如潮湿了的绳子要缩短似的”），可是即令人们真正彻底作出这种说明，也绝不会取消
161 这一直接确切的真理，〔无碍于〕说每一有意的运动（动物的机能）

都是一个意志活动的现象。同样，生理学对于繁殖成长着的生命（自然的机能、生命的机能）的说明，尽管如何发展，也不能取消这整个的，如此发展着的动物生命本身就是意志的现象这一真理。如上所述，任何事因学的说明除了指出个别现象在时间、空间中必然被规定的地位，指出现象在这儿必然出现的固定规则而外，绝不再指出什么〔东西〕；另一面，在这种途径上，任何现象的内在本质总是无法探究的，事因学的说明只有假定这种本质〔的存在〕而仅仅是以“力”、“自然律”这类名称来标志它；而如果所说的是行为，就用性格、意志这类名称来标志它。所以尽管每一个别的行为，假定性格是固定的，必然要随已出现的动机而发起；尽管〔动物的〕成长、营养过程和动物身体内的全部变化都按必然地起作用的原因（刺激）而进行；然而这整个系列的行为，从而每一个别的行为，并且还有行为的条件，执行这些行为的整个身体本身，从而还有身体存在于其中，由之而存在的过程〔等等〕，这些都不是别的，而只是意志的现象，是意志的成为可见，是意志的客体化。这就是人和动物的身体所以根本和人与动物的意志完全相适应的理由，正和故意制造的工具与制造者的意志相适应一样，不过更远远地超过这种相适应的〔关系〕罢了。因此，这种相适应就显现为目的性，亦即用目的论来说明身体的可能性。因此，身体的各部分必须完全和意志所由宣泄的各主要欲望相契合，必须是欲望的可见的表出：牙齿、食道、肠的输送就是客体化了的饥饿；生殖器就是客体化了的性欲；至于攫取物的手和跑得快的腿所契合的已经是意志的比较间接的要求了，手和脚就是这些要求的表出。如同人的一般体形契合于人的一般意志一样，同样，个人的身体也契合个别形成的意

162 志，各个人的性格。因此，人的身体，无论是就全体说或是就所有各个部分说，都有个别的特征，都富有表现力。很可注意的是在亚里士多德所引(《形而上学》III。5)巴门尼德斯的一段诗句中就已道出了这种思想，诗是这样写的：

> "如同每人有屈伸自如的肢体结构，
> 与此相应，在人们中也住着心灵；
> 因为精神和人的自然肢体
> 对于一切人都相同，因为在这以上
> 有决定性的还是智慧。"*

§ 21

谁要是现在由于所有这一切考察也在抽象中，从而是明晰地，妥当地，获得了每人在具体中直接具备的认识；也就是作为感到的认识，从而认识到他自己的现象的本质就是他自己的意志，而他自己的现象既是由于他的行为，又是由于这行为的不变底本，他的身体，作为表象而对他展示出来的；认识到意志构成他意识中最直接的〔东西〕，但作为这种最直接的东西，它并没有完全进入表象的形式，——在表象的形式中，客体和主体是对峙的——，而是在一种直接的方式中——在此方式中人们不十分清楚地区别主体客体——把自己透露出来的；并且也不是整个的透露出来的，而仅仅

---

* 第二卷第二十五章是补充这里的；此外，还有在我所著《论自然中的意志》的几个主题："生理学"和"比较解剖学"；凡在这儿只是略为示意的，在那里都有详尽的论述。

只是在其个别活动中使个体本身得以认识它而已；——我说，谁要是和我一同获得了这个信念，那么，这个信念就会自动的成为他认识整个自然的最内在本质的钥匙，因为他现在可以把这信念也转用到所有那些现象上去了。〔当然，〕那些现象不同于他自己的现象，不是在间接的认识之外，又在直接的认识中被知的，而仅仅是在间接的认识中，亦即片面地作为**表象**而被知的。他不仅将在和自己的现象类似的那些现象中，在人和动物中，把那同一个意志认 163
为它们最内在的本质；而且继续不断的反省思维还将引导他也把在植物中茁芽成长的力，结晶体所由形成的力，使磁针指向北极的力，从不同金属的接触中产生的震动传达于他的力，在物质的亲和作用中现为趋避分合的力，最后还有在一切物质中起强大作用的重力，把石子向地球吸引，把地球向太阳吸引的力，——把这一切一切只在现象上认为各不相同，而在其内在本质上则认作同一的东西，认作直接地，如此亲密地，比一切其他〔事物〕认识得更充分的东西，而这东西在其表现得最鲜明的地方就叫做**意志**。唯有这样运用反省思维才使我们不致再停留于现象，才使我们越过现象直达**自在之物**。现象就叫做表象，再不是别的什么。一切表象，不管是哪一类，一切**客体**，都是**现象**。唯有意志是**自在之物**。作为意志，它就绝不是表象，而是在种类上不同于表象的。它是一切表象，一切客体和现象，可见性，客体性之所以出。它是个别〔事物〕的，同样也是整体〔大全〕的最内在的东西，内核。它显现于每一盲目地起作用的自然力之中。它也显现于人类经过考虑的行动之中。而这两者的巨大差别却只是对显现的程度说的，不是对“显现者”的本质说的。

§ 22

这个**自在之物**（我们将保留康德这一术语作为一个固定的公式）既已作为自在之物，便绝不再是客体，因为一切客体已经又是它的现象而不是它自己了。但是在需要客观地来设想它的时候，
164 它就必须从一个客体，从一个只要是客观地已知的什么，从而即是从它自己的一个现象借用名称和概念。不过为了合于作共同理解的支点之用，这个现象就不能是别的，而只能是它所有一切现象中最完善的，亦即是最鲜明，最发达的，直接为认识所照明了的一个现象。而这就正是人的**意志**。人们也很可以指出我们在这里当然只是用了从优命名法，由此，意志这个概念就获得了比它前此所有的更为广泛的范围了。在不同的现象中认出同一的东西，在相似的现象中认出差别，如柏拉图屡次说过的，这就正是搞哲学的条件。可是直到现在，人们还没认识到自然界中任何一种挣扎着的，起作用的力和意志的同一性；因此也就没有把那些复杂的现象看作只是一个属的不同的种，而是看作完全不同属，不同类的〔东西〕；所以也没有一个字眼来标志这个属的概念。因此，我就按最优先的种来称呼这个属，而对于这个种的直接的，近在眼前的认识又导致对其他一切〔种〕的间接知识。但是对于〔意志〕这概念，这里是要求把这概念扩大，谁要是不能做到这一点而对于**意志**这个词仍然要把它理解为自来单是用这一词来标志的一个种，理解为由认识指导而专按动机，甚至是只按抽象动机——也就是在理性的指导之下——而自行表出的意志，那么，他就会自陷于无止境的误会中；〔因为理性指导下的〕这种意志，已如上述，只是意志最鲜

明的一个现象而已。我们必须在思想中把我们对于这一现象直接
认识到的最内在本质纯净地提出来，然后把它转用于同一个本质
所有一切较微弱、较模糊的现象，这样我们就满足了扩大意志这概
念的要求。——站在与此相反的方面，如果有人认为用意志这个
字眼或是用任何其他字眼来标志一切现象的本质自身究竟是一样
的，那他就要误会我了。如果说那自在之物是这么个东西，我们只
是从推论得出其存在，我们只是间接而在抽象中认识它；那倒是和 165
上述这种情况相符，人们诚然可以随便叫它什么；而名称就不过是
一个未知数的符号罢了。可是**意志**这个词儿，好像一道符咒似的
要为我们揭露自然界中任何事物的最内在本质，那就不是标志着
一个未知数，不是指一个由推理得来的什么，而是标志着我们直接
认识的〔东西〕，并且是我们如此熟悉的东西；我们知道并懂得意志
是什么，比了解其他任何别的东西更清楚，不管那是什么东西。过
去人们总是把**意志**这概念赅括在**力**这概念之下，我则恰好反其道
而行之，要把自然界中每一种力设想为意志。人们不可认为这是
字面上的争论，也不可认为这是无所谓，可以漠不关心的〔事情〕，
却更应该说这是有头等意义和重要性的〔事情〕。原来**力**这个概
念，和其他一切概念一样，最后是以客观世界的直观认识，即现象，
亦即表象为根据的，力的概念也就是从这里产生的。它是从因与
果支配着的领域内提出来的，所以也是从直观表象中提出来的，从
而正是意味着原因之为原因，〔也就是〕在这原因之为原因不能在
事因学上再有进一步的说明反而正是一切事因学的说明不可少的
前提这一点上，它意味着原因之为原因。与此相反，在一切可能的
概念中，**意志**这概念是唯一的一个**不**在现象中，**不**在单纯直观表象

中而有其根源的概念，它来自内心，出自每人最直接的意识。在这意识中，每人直接地，没有一切形式，甚至没有主体和客体的形式，就在本质上认识到他自己的个体，认识到他同时也就是这个体；因为在这里认识者和被认识者完全合而为一了。因此，如果我们把**力**这概念归结为**意志**这概念，那么，我们在事实上就是把较不知的还原为不能更熟悉的，还原为真正直接，完全的已知，并大大地扩大了我们的认识。如果相反，我们仍和过去一样把**意志**这概念赅括在**力**这概念之下，那么，我们就剥夺了自己唯一的直接认识，——而这是我们对于世界内在本质所有的认识……，因为我们让这种认识消失于一个从现象抽出来的概念之中了，因此我们也
166 绝不能以此概念超出现象之外。

§ 23

意志作为自在之物是完全不同于它的现象的，是完全不具现象的一切形式的。只有在意志出现为现象时，它才进入这些形式；所以形式只和它的客体性有关，对于它自己本身则是不相干的。一切表象的最普遍的形式，客体对于主体这一形式就已经和它无关；至于次于这一级的，一切那些在根据律中有其共同表现的形式，那就更加不与它相干了。属于这些次一级的形式的，如众所周知，还有时间和空间，以及唯有由于时间、空间而存在而成为可能的杂多性。就最后这一点说，我将借用古经院哲学的一个术语，把时间和空间叫做个体化原理，这是我要请求读者一劳永逸把它记住的。原来唯有时间和空间才是本质上，概念上既相同而又是一的〔东西〕毕竟要借以显现为差别，为杂多性，为互相并列，互相继

起的东西。所以时间和空间是"个体化原理"，是经院学派伤透脑筋和争论不休的对象。苏阿内兹[①]搜集了这些材料(《争辩集》第五节，第三分段)，可以参阅。由上所说，意志作为自在之物是在具有各种形态的根据律的范围之外的，从而就简直是无根据的；虽然它的每一现象仍然是绝对服从根据律的。并且，在时间、空间中，它那些现象虽不可数计，它却独立于一切杂多性之外，它本身是单一的一，但又不同于一个客体之为一。客体的单位性只是在和可能的杂多性的对比上认出来的。〔意志的一〕还不同于一个概念之为一，那只是从杂多性的抽象产生的。它〔意志，不是这样的一，而〕是在时间、空间、个体化原理以外的，即多的可能性之外的一。只有由于下文考察各种现象和意志的不同表现而完全明白了这里所说的一切之后，我们才能完全体会到康德学说的旨趣，〔才懂得〕时间、空间和因果性不与自在之物相干，而只是认识的形式。 167

在意志作为人的意志而把自己表现得最清楚的时候，人们也就真正认识了意志的无根据，并已把人的意志称为自由的、独立〔无所待〕的。可是同时，人们就在意志本身的无根据上又忽视了意志的现象随处要服从的必然性，又把行为也说成是自由的。〔其实〕行为并不是自由的，因为从动机对于性格的作用中产生出来的每一个别行为都是以严格的必然性而发起的。一切必然性，如前所说，都是后果对原因的关系，并且绝对不再是别的什么。根据律是一切现象的普遍形式，而人在其行动中也必然和其他任何一现象一样要服从根据律。不过因为意志是在自我意识中直接地，在

① Franz Suarez(1548—1617)，德国神学家，哲学家，名著为《晚期经院学派》。

它本身上被认识的，所以在这〔自我〕意识中也有对于自由的意识。可是这就忽视了个体的人，人格的人并不是自在之物的意志，而已经是意志的**现象**了，作为现象就已被决定而进入现象的形式，进入根据律了。这就是一件怪事的来源，〔其所以怪的是〕每人都先验地以为自己是完全自由的，在其个别行为中也自由；并且认为自己能在任何瞬间开始另外一种生涯，也就是说变为另外一个人。但是通过经验，后验地，他又惊异地发现自己并不自由，而是服从必然性的；发现他自己尽管有许多预定计划和反复的思考，可是他的行径并没改变；他必须从有生之初到生命的末日始终扮演他自己不愿担任的角色，同样的也必须把自己负责的〔那部分〕剧情演出直到剧终。这里我不能再继续这个考察，作为一个伦理学的问题这个考察属于本书的另外一篇。目前，我在这里只想指出本身并无根据的意志，它的现象作为现象说，还是服从必然规律的，也是服从根据律的；以便我们要在自然现象中识别意志的表出时，不在
168 这些现象借以出现的必然性上感到别扭。

在此以前人们只把某些变化，除开一个动机外，亦即除开一个表象外，就没有其他根据的变化看作意志的现象；因此，在自然界中，人们仅仅只认人类有意志，最多还承认动物也有意志，因为认识作用，表象作用，如我在别的地方已提到过的，当然要算作动物界真正的、专有的特征。但是在没有任何认识指导它的地方，意志也起作用；这是我们在动物的本能和天生的技巧* 上最容易看得出来的。这里根本谈不上它们也有表象、认识，因为它们就是这么

---

* 第二卷第二十七章专门讨论这些〔冲动〕。

一直向前奔赴这种目的的，如果说这目的就是它们认识了的一个动机，那是它们完全不明白的。因此它们的行为在这里是无动机而发生的，是没有表象的指导的，并且是领先最清楚地给我们指出了意志如何没有任何认识也还有活动。才一岁的鸟儿并没有蛋的表象，〔可是〕它为那些蛋而筑巢；年幼的蜘蛛没有俘获品的表象，〔可是〕它为这些俘获品而结网；在它第一次挖坑以伺蚂蚁的时候，食蚁虫也没有蚂蚁的表象。鹿角虫的蛹在树木里打洞，以为自己蜕变期的居留所留余地，就是不管自己将来变成雄虫还是雌虫，它总是把洞子打得比自己〔长成时的身体〕大一倍；这样，如果它变成雄的，那就给他的两只角留下余地了，而它并没有什么角的表象。在这些动物如此这般的行为和它们的其他行为中，当然有意志的活动在，是显然的，不过意志是在盲目的行动中；这种行动虽有认识相随伴，但不是由认识指导的。如果我们已经一度获得了表象和动机并非意志活动的必要的与本质的条件这一见解，那么，我们就会更容易在比较不显著的一些场合也能识别意志的作用。例如蜗牛〔背负着〕的“住宅”，就不能归之于一个与蜗牛不相干的，然而是由认识来指导的意志；这就犹如〔不能说〕我们自己盖的住宅是由于别人的，而不是我们自己的意志才竖立起来的；相反，我们会 169
把这两种住宅都认为是在这两个现象中把自己客体化的意志的产品。这意志在我们〔人〕是按动机而起作用的，而在蜗牛，却还是盲目的，是作为指向外界的营造冲动而起作用的。就在我们〔人〕，这同一意志在好多方面也是盲目地在起作用，在我们身体中的，没有认识指导的一切机能中，在一切生机的，成长的过程中〔都是如此〕，〔如〕消化作用、血液循环、分泌、成长、再生作用〔等等〕。不仅

是身体的活动，就是整个身体全部，如前已证实过的，都是意志的现象，都是客体化了的意志，具体的意志。因此，凡是在身体内进行的一切，就必然是通过意志而进行的，虽然这里意志不是由认识指导的，不是按动机而决定的；而是盲目地起作用，〔只是〕按原因〔起作用〕，而在这种场合的原因就叫做**刺激**。

我把物质的某一状态称为原因，本来是就最狭义的原因说的，即是说这个状态在它必然引起另一状态时，它自己也经受同样大的一个变化，和由它所引起的变化一样大；而这就是“作用与反作用相等”这定律所表示的。再进一步就所谓真正的原因说，后果和原因的增长成准确的正比，并且反作用也是这样；所以，一旦知道了这一作用的方式，那么后果的强度就可从原因的强度测知并计算出来，相反亦然。这种所谓原因是在力学、化学等等的一切现象中起作用的，简言之，就是在无机体的一切变化中起作用的。与此相反，我又以**刺激**称呼某种原因，这种原因自己不经受与其作用相当的反作用，并且它的强度也不和后果的强度成比例，所以后果的强度也不能从原因的强度测量出来，反而是在刺激方面极小量的加强可以在后果方面促起很显著的加强，也可以反过来把早先的那个作用完全取消，如此等等。属于这一类的是对于有机体的所有一切作用；所以动物身体中一切真正有机的变化和生物生长的变化都是在刺激之下而不是在单纯的原因之下发生的，不过刺激
170 根本和任何原因一样，——动机也正是如此——除了决定任何力的表现在进入时间空间时的那一瞬，那一点之外，断不决定其他，不决定自行表出的力的内在本质。这种内在的本质，根据我们前面的引申，就是我们认作意志的东西，所以我们把身体内意识的和

无意识的变化一概都归之于意志。刺激则居间成为〔一方面是〕动机——那是通过认识作用而来的因果性——〔一方面是〕最狭义的原因,两者间的桥梁。在个别情况,刺激时而更近于动机一些,时而又更近于原因一些,不过在〔近〕此〔近彼之〕际,总还是可以从两者区别开来的。例如植物中各种汁液的上升就是在刺激之下进行的,而不是由原因,不是由水力定律,也不是由毛细管定律来解释的,不过这种上升仍然是受到这些〔作用〕的支持的,并且根本已很近于纯原因的变化了。与此相反,向日葵和含羞草的动作虽然还是随刺激而起的,但已很近于随动机而起的动作了,并且几乎像是要成为〔过渡到动机的〕桥头了。光线加强时的瞳孔缩小是在刺激之下进行的,但是,如果因为太强的光线使视网膜有了痛感,而我们为了避免痛感而缩小瞳孔时,那就已是向动机的行动过渡了。——生殖器勃起的导因是一个动机,因为这导因本是一个表象;可是这导因仍然是以刺激所有的那种必然性在起作用,这即是说这种导因是不可抗的,而是要使它不发生作用就必须去掉它。那些使人心恶欲呕的污秽事物也有同样的情况。就在前面,我们已把动物的本能看作刺激之下的动作和按认识了的动机而〔发生〕的行为两者间的一个真正中间环节。人们也可被诱致还把呼吸也看成这一类的又一中间环节。原来人们已经争论过呼吸是属于有意的还是无意的动作〔这问题〕,也即是争论呼吸究竟是在动机之下还是在刺激之下产生的;因此,呼吸也许可以解释为两者间的中介物。马歇尔·霍尔[1](《神经系统疾病论》第293节及其下文)把

① Marshall Hall(1790—1857),英国生理学家,医生,对反射运动有重要研究。

呼吸解释为一种混合机能，因为呼吸一面受大脑神经（有意的）的
171 支配，一面又受脊椎神经（无意的）的支配。在这些说法中，我们毕竟还是必须把它算作动机下产生的意志表现，因为其他的动机，也就是单纯表象，也能够促使意志去阻止或加速呼吸，并且呼吸和其他任何有意的行为一样，也容或有使之完全停顿而自愿窒息的可能性。事实上，人们也能这样做，只要有某种别的动机如此有力地决定意志，以致这动机压倒了吸入空气的迫切需要。根据有些人〔的说法〕，狄奥琴尼斯[①]就真是采取这种方式来结束他自己的生命的（《希腊哲学家传记》）VI，76）。有人说黑人也曾这样做过（阿西安德尔《论自杀》1813 年版，第 170—180 页）。在这种事实上我们也许有了一个关于抽象动机的影响的显明例子，这种影响也就是真正从理性产生的欲求对单纯动物性的欲求的压倒优势。有一事实确实说明呼吸至少是部分地受制于大脑的活动，即氰酸所以毒死人，第一步是麻痹脑部，然后间接妨碍到呼吸，但是如果用人工呼吸不使〔人〕气绝，到脑部的麻醉性过去了，则并不发生死亡。同时，在这里呼吸还给了我们一个最明显的例子，即动机和刺激与狭义的原因一样，也是以同等的必然性起作用的，也只能由相反的动机才能使它失去作用，犹如压力之由反压力失去作用一样；因为呼吸和其他在动机之下产生的活动相比，容或予以停顿的可能性要小得多；〔这又是〕因为在呼吸这种场合，动机是很迫促的，很接近的，而动机的实现，由于执行的肌肉不知有疲倦又是很容易的，

① Diogenes V. Sinope（公元前 412—前 323）言行怪僻的希腊犬儒派哲学家，《希腊哲学家传记》的作者。

〔所以〕一般是没有阻碍的,并且整个的还是由个人最悠久的习惯所支持的。然而一切动机本来都是以同一样的必然性而起作用的。认识了必然性是动机之下的活动和刺激之下的活动所共有的,就会使我们易于理解有机体中因刺激而完全有规律地运行的东西,在其内在本质上仍然还是意志。意志自身虽然绝不服从根
据律,但是意志的一切现象是服从根据律的,即是服从必然性 172
的*。因此,我们将不就此止步,只认动物——就它们的行为又就它们整个的实际存在说——形体和组织为意志现象,而且要把我们对于事物的本质自身所具有的唯一直接认识转用于植物。植物所有的活动都是因刺激而发生的,只因缺少认识,缺少在动机之下被认识决定的活动,才构成动物和植物之间的本质的区别。所以,凡在表象上作为植物,作为单纯的成长,作为盲目的冲动力而显现的东西,我们都将按其本质自身而认定它为意志,并把它看作正是构成我们自己的现象的基础的东西;因为这基础是在我们行为中,在我们身体本身的整个实际存在中把它自己表现出来的。

这就只剩下最后要走的一步了,我们还要把我们的考察方式扩充到自然界中所有按普遍不变的规律而起作用的那些力上去。所有一切的物体,完全没有器官,对于刺激没有感应,对于动机没有认识的物体,它们的运动都必须遵守这些不变的规律。所以我们必须拿理解事物本质自身的钥匙——这是只有直接认识我们的本质才能获得的——来了解无机世界的现象,这也就是一切现象

* 这一认识由于我讨论意志自由的获奖论文已完全确立了,所以在那儿(《伦理学基本问题》第30—44页,第二版第29—41页)原因,刺激和动机之间的关系也有了详细的论述。

中离我们最远的现象。如果我们以研究的眼光观察这些现象，当我们看到水以强大的不可阻拦的冲力流入深渊；磁针总是固执地指向北极；铁〔屑〕有向磁铁飞〔集〕的热情；电的两极激烈地要求再
173 结合，并且和人的愿望相类似，激烈的程度是随阻碍的增加而增加的；当我们看到结晶体是那么迅速而突然的形成，它们在结构上又是那么合乎规律，〔而〕这个结构显然只是完全固定，精确规定的指向不同方向的努力被僵化作用捉住而冻结了；当我们看到那些物体由于〔从固体到〕液体状态而解除了僵硬的羁绊，获得了自由时借以互相趋避离合的选择作用；最后当我们完全直接地感到我们身上负载的东西以其趋赴地球的努力妨碍着我们〔挺直〕身体，顺着它唯一的趋向毫不放松地对这身体施加压力；——〔当我们看到这一切时，〕那就无须我们的想象力费多大的劲，即令有这么大的距离，还是可以识出我们自己的本质，也就是在我们〔人〕。它是在认识的照明之下追求它的目的，而在这里〔在大自然〕是在它最微弱的现象中盲目地，朦胧地、片面地、不变地向前奔的东西，正因为它随便在哪儿都是一个同一的东西；——好比晨光曦微和正午的阳光共同有着日光这名字一样，那么在我们和在自然这同一的东西也共同有着**意志**这个名字；而这个名字就标志着既是世界中每一事物的存在自身，又是每一现象唯一的内核的那东西。

在无机的自然现象和意志之间，——这意志是作为我们自己本质中内在的东西而被觉知的——，所以发生距离，所以在表面上似乎完全不相同，首先是由于两种现象的对照而来，一种有完全固定的规律性，另一种又有表面上无规则的任意〔活动〕。原来，在人类，个性的势力极为显著：每人都有他自己独特的性格；所以同一

动机也不能对一切人发生同等的力量；并且在个人广泛的知识领域内还有为别人所不得而知的千百种次要情况有其用武之地，还要更动动机的作用。所以单从动机就不得预测行为，因为〔我们〕缺乏另外一种因素，亦即我们对于个别的性格和随伴这种性格的知识没有准确的了解。与此相反，那些自然力的现象在这里表现出另外一个极端，它们是按普遍规律而起作用的，没有例外，没有 174
个性；按照公开摆出来的情况服从着准确的预先规定，同一自然力是以完全相同的方式而把自己表出于千万个现象中的。为了把这一点解释清楚，为了指出**一个**不可分割的意志在它一切不同的现象中，在最微弱的和最显著的现象中的同一性，我们首先必须考察作为自在之物的意志对于现象的关系，也即是作为意志的世界对作为表象的世界的关系；由此将为我们开辟一条最好的途径，以便〔我们〕更深入地探讨在这第二篇中所处理的全部题材。*

§　24

我们跟伟大的康德学习，已经知道时间、空间、因果性，按其整个规律性和它的所有一切形式上的可能性说，在我们的意识中都是现成已有的，完全无待于客体。客体显现于其中，构成其内容。换句话说，从主体出发和从客体出发一样，人们都能发现时间、空间和因果性；因此人们有同等的权利把它们叫做主体的直观方式，或叫做客体的本性，**只要它是客体**（即康德所谓现象），也即是**表象**

* 第二卷第二十三章是补充这里的，相同的补充还有我著的《论自然界中的意志》"植物生理学"一章，还有对于我的形而上学的内核特别重要的"物理天文学"那一章。

的话。人们还可以把这些形式看作客体和主体之间一条不可分的界线，所以一切客体必须在这些形式中显现，但是主体无待于显现着的客体，也完全具备这些形式，全面看到这些形式。但是，如果要显现于这些形式中的客体不是空洞的幻象而有一个意义，那么，这些客体就必须有所指，必须是某种东西的表出，而这种东西不再和客体自身一样又是客体、表象，又只是相对的，即仅是对主体而有的东西〔等等〕；而是这东西的存在无待于一个作为其主要条件
175 而和它对峙的东西，无待于这与之对峙的东西的形式；即是说这东西已**不是表象**，而是一个**自在之物**。因此，人们至少可以问：那些表象，那些客体，除了它们是表象，是主体的客体，把这撇开不谈，还能是什么吗？如果还能是什么，然则，在这种意义上，它又是什么呢？它那完全不同于表象的那一面是什么呢？自在之物是什么呢？就是——**意志**，这是我们〔对于这些问题〕的答复，不过目前我暂时还不提这个答复。

且不管自在之物是什么，康德那正确的论断说：时间、空间和因果性（往后我们会要把这些东西认作根据律的一些形态，把根据律又认作现象的各形式的普遍表现）不是自在之物的规定，而只是自在之物成为表象之后才能附加于它的；即是说〔这些东西〕只隶属于现象而不隶属于自在之物本身。原来主体既然从其自身，无待于一切客体就完全认识到时间、空间和因果性，并且能使它们成立；那么，这些东西必然是附加在**表象之为表象**上的，而不是附加在那尚待成为表象之物上的。这些东西必须是表象成为表象的形式，而不是那接受了这些形式之物〔本身〕的属性。这些东西必然是随同主体客体的单纯对立（不是在概念上而是在事实上〔的对

立〕）而出现的，从而都只能是认识的根本形式的更细致的规定而
已，而这根本形式的普遍规定就是主体客体的那对立本身。于是
凡是在现象中，客体中的东西——这又是被时间、空间和因果性所
决定的，因为这些东西只有借时间、空间和因果性才能加以表
象——，也就是由并列和继起所决定的**杂多性**，由因果律所决定的
变更和**持续**，以及只有在因果性的前提之下才可表象的物质，最后
又还有借助于物质才能表象的一切一切，——这一切一切在本质
上整个的都不属于**那**显现着的，**那**进入表象的形式的东西，而只是
自己附在这形式上的。反过来说，那在现象里面而**不**为时间、空间
和因果性所决定的东西，不能还原为这些，不能以这些来说明的东
西，也就正是那显现着的东西，正是自在之物直接自行透露于其中 176
的东西。根据这一点，认识**所以为认识**而具有的东西，亦即认识的
形式，就会获得最完整的认识之可能，即最高度的清楚、明晰和穷
究一切的彻底性；但这不是那本身**不**是表象，**不**是客体，而是要
〔先〕进入这些形式之后才可认识的东西，亦即成为表象，客体才可
认识的东西所能有的。所以只有完全有赖于被认识〔这回事〕，根
本有赖于是表象〔这回事〕的那个什么，并且作为这个什么（不是有
赖于被认识的东西和后来成为表象的东西）也就是一切彼认识的
东西无分轩轾所有的，所以也是既可从主体出发又可从客体出发
都可发现的东西，——唯有这个什么才能够毫无保留地提供一个
足够的，真正彻底不留余蕴的鲜明认识。不过这个什么，除了存在
于我们先验意识到的，一切现象的形式中，就不存在于其他什么之
中；而所有这些形式又共同地都可作为根据律论，至于根据律那些
和直观认识（我们这里唯一关心的就是直观认识）相关的形态就是

时间，空间和因果性。完全奠基于〔时间、空间、因果性〕这些形态上的是整个的纯粹数学和纯粹先验的自然科学。所以只有在这些科学中〔人的〕认识才不发现漆黑〔的疑团〕，碰不到不可根究的东西（无根据的，即意志），碰不到无法再引申的东西。在这种意义上，如已说过，康德也要在逻辑之外首先，甚至单独把这些知识称为科学。但是在另一面，这些知识告诉我们的除了空洞的关系，除了此一表象对彼一表象的关系之外，就没有什么了；所告诉我们的只是形式，没有任何内容。这些知识所得到的每一内容，填充那些形式的每一现象，都已包含着一些在其全部本质上不完全可认识的东西，不能由于别的东西而可加以根本说明的东西，亦即无根据的东西；而认识就在这一点上立刻丧失了自明的依据，而且把完整
177 的明晰性也牺牲了。这个躲避根究的东西却正是自在之物，是那本质上非表象、非认识的客体的东西；是只有进入那些形式才可认识的东西。形式对于它，最初原是不相干的，它也绝不能和形式完全〔融合〕为一，绝不能还原为赤裸裸的形式，而形式既然就是根据律，所以它也就是不能彻底加以**追究**的了。因此，即令所有的数学把在现象上〔叫做〕数量、位置、数目的知识，一句话，关于时间、空间关系的详尽知识给了我们；即令各种事因学也完整地给我们指出了那些合乎规律的条件，也就是各现象带着它们所有的规定在出现于时间和空间时所服从的那些条件；但是尽管有这些，却是除了〔提到〕为什么每一个一定的现象恰好必然出现于此时此地或此地此时之外，却并没教给〔我们〕什么〔其他的东西〕；这样，我们就绝不能凭借这些深入各物的内在本质，这样就总要留下一些东西，不得冒昧加以解释而又必须假定它们的东西，亦即自然的各种力，

事物固定的作用方式，物性，每一现象的特征等，〔还有〕那不依赖于现象的形式的东西，不依赖于根据律而无根据的，和形式漠不相关但又进入了形式而又按这些规律而出现的东西。这些规律也就正是只规定这个出现，而不规定那出现的东西，只规定现象的“如何”，不规定现象的“什么”，只管形式，不管内容。力学、物理学、化学告诉〔我们〕一些力按以起作用的规则和规律，这些力有不可透入的力，重力，固体的力，液体的力，凝聚力，弹力，热力，光，化学亲和力，磁力，电力等等；〔而所谓规律也就是〕这些力在其每次出现于时间和空间时所遵守的规律、规则；不过这些力自身，不管人们是如何装模作样，依然是〔些潜伏不明的性能〕隐秘属性。因为这正是那自在之物，在它显现时，在它展出为现象时，它自身和现象是完全不同的，虽在其现象中完全服从作为表象形式的根据律，它自身却绝不能还原为这些形式，从而也不能在事因学上获得最后的说明，没有彻底根究的可能。在它进入那形式之后，即在它是现象时，它固然是完全可以理解的，但是在它内在的本质上，却并不因这种可理解就有了丝毫的解释。因此，一种认识愈是带有必然 178
性，愈多一些根本不容有别的想法或表象法的东西，——例如空间的那些关系——，这些关系愈是明晰和充足；就愈少纯粹客观的内容，或者说其中愈少真正的实在性。反过来说，认识中愈多一些必须纯粹偶然来理解的东西，愈多一些作为单是经验上的已知而对我们涌现的东西，则这种认识里就愈多真正客观的东西，实际的东西；不过同时也就更多一些不可解释的东西，即更多一些不能再从别的什么引申〔得来〕的东西。

诚然，一切时代都有错认自己目标的事因学，企图把所有的有

机生命还原为化学作用或电的作用；再把一切化学作用，即物性，还原为力学作用（由于原子的形态的作用）；再又把力学作用一部分还原为运动的对象，而这就是时间空间为运动的可能性而统一起来，一部分还原为几何学的对象，即空间中的位置（譬如人们——而且他们也是正确的——纯粹以几何的方式求得一个作用的递减与距离的平方成比例或求得杠杆理论，大概也是用这种方式）。最后几何学又可还原为算术，而算术，由于只有一进向，已是根据律最易理解的，最易全面看到的，可以根究到底的一个形态。这里概括地指出的方法有下面这些例证：德谟克利特的原子〔论〕，笛卡儿的漩涡〔论〕，勒萨琦的机械物理学。勒萨琦在接近上世纪末的时候，曾企图机械地以作用与反作用解释化学的亲和力以及引力；关于这一点，在《牛顿的卢克瑞斯》中可以看到更详尽的论述。雷尔以形式和混合作为动物生命的原因也是这种倾向。最后，完全属于这一类的是目前在十九世纪中叶又〔旧梦〕重温的，由于无知而自以为新创的粗鄙的唯物主义。这种唯物主义，首先在笨拙的否认生命力之后，要从物理的、化学的一些力来解释生命现象，再又认为这些物理化学的力是从物质的、位置的、梦想的原子
179 的形态和运动的机械作用产生的。这就是要把自然界的一切力还原为作用与反作用，而这些就是它的“自在之物”。按这种说法，甚至于光也得是一种幻想的，为此目的而假定的以太的机械震动或根本是波动；这以太在被关涉到时，就擂鼓似的撞击视网膜；于是，譬如是每秒 483 兆次就是红色，而每秒 727 兆次就是紫色等等。这样说来，色盲〔的人〕大概就是那些数不清每秒钟被擂击若干次的人了，难道不是吗？在歌德的色素学说出现五十年后的今天，还

有这样粗犷的、机械的、德谟克利特式的、笨拙的、真正块然一物的学说，倒真是合了某些人的胃口，这些人还相信牛顿的光素同质说而不以为耻呢。他们将发现人们对于孩子（对于德谟克利特）可以包涵的，对于成人〔现代人〕却不能原谅了。这些学说甚至会有一天很不体面的倒台，那时，人人都溜开了，装着他并未在场似的。我们不久还要谈到这种原始自然力互相还原的错误，这里暂以此为止。即令假定这种说法可以行得通，那么，一切一切诚然是得以解释了，追出根由了，最后甚至还原到一个运算公式了；那么，这公式也就是智慧的大殿上最最神圣的东西了，根据律到底幸运地〔把人们〕引到了这里了。但是现象的一切内容也要消失而只剩下空洞的形式了。那显现着的**什么**就要还原到它是**如何**显现的，而这**如何**就必须也是先验可认识的〔东西〕，从而也就是完全有赖于主体的，从而仅仅是对于主体而有的，从而到底只是幻象，只是表象，始终是表象的形式。要问自在之物，是不可能的。假定这样说得通，那么，按这种说法，整个世界就真是从主体引申出来的了，并且是在事实上完成了费希特**在表面上**想用他的乱吹牛来完成的东西。——可是这样是行不通的，在这种方式之下，人们建立的是幻想，是诡辩，是空中楼阁，而不是科学。〔不过〕把自然中许多复杂的现象还原为个别原始的力，也有成功的；而每次有所成功，也就是一个真正的进步。人们曾把一些初以为是不同的力和不同的物 180
性一个从另一个引出（例如从电引出磁力），并由此而减少了这些力的数目。如果事因学这样认识了，提出了一切原始的自然力，并确立了它们的现象以因果性为线索而出现于时间和空间的规律，以及〔这些现象〕互相决定其地位的作用方式或规律；那么事因学

也就达到目的了。但是,〔尽管如此,〕总要剩下些原始力,总要留下不可溶解的残渣作为现象的一内容,而这内容是不可还原为现象的形式的,所以也不是按根据律可从别的什么得到解释的。——因为在自然界的每一事物里面,总有些东西是绝对说不上根据的,要解释也是不可能的,是没有原因可求的;这就是每一事物独特的作用方式,也即是它存在的方式,它的本质。事物的每一个别作用虽然都可指出一个原因,由此得出它必须恰好在此时,在此地起作用;但绝不能得出它之所以根本有作用和恰好是如此起作用。即令这事物没有其他属性,即令它是日影中的一颗尘埃,那么,那不得而根究的东西至少还是要以重力和不可透入性显示出来的。我说,这不可根究的东西之于尘埃,就等于**意志**之于人,并且和意志一样,在其本质上是不服从任何解释说明的;是的,这不可根究的东西,它本身和意志就是同一的。对于意志的每一表出,对于此时此地的意志的每一个别活动,〔人们〕固然得以指出一个动机,并且在个人性格的前提之下,意志还必须随这动机而起作用。然而人之〔所以〕有这性格,人之〔所以〕根本有欲求;在一些动机中〔何以〕单是这一动机而不是别的;还有任何一个动机〔所以〕发动意志等,对于这些〔问题〕,从来就没有一个可以指出的根由。〔这,〕在人就是他不可根究的,在以动机说明行动时所假定的性格,在无机物体则正是它本质的物性,是它起作用的方式。这种作用方式的表出是由外来影响所引出的,它自身则相反,却不为它以外的什么所决定,所以也是不可解释的。它的个别现象,它
181 唯一赖以成为可见的那些现象,是服从根据律的,它自身是无根据的。这是经院学派基本上早已正确地认识了的,并已把它叫

做实体的形式。(见苏阿内兹《形而上学的辩论》辩论第十五,第一段)

以为最经常的、最普遍的和最简单的那些现象就是我们最〔能〕理解的〔现象〕,这种说法是一个既巨大而又流行的错误;因为这些现象不过是我们最常见的,我们对于这些现象虽然无知,但已习以为常〔而不再求理解〕了。〔其实〕一颗石子往地下掉正和一个动物的运动是同样不可解释的。前已说过,人们曾经以为从最普遍的自然力(例如引力,凝聚力,不可透入性)出发,就可从这些常见的自然力说明不经常而只是在复合的情况下起作用的那些力(例如化学性能,电力,磁力),然后又从这些力来理解有机体和动物的生命,甚至于要由这些力来理解人的认识和意欲。人们默无一言地安于从许多隐秘属性出发,而如何弄明白这些属性则已放弃,因为他们所要的是想在这些属性上面进行建筑,而不是从下面来探讨这些属性。这种做法,如已说过的,是不会成功的。撇开这一面不说,这样的建筑物也总是悬空的。那些说明、解释,最后又还原到一个未知〔数〕,而其为未知正无异于出发时的第一个疑问,这有什么用处呢?人们对于那些普遍自然力的内在本质,到底是不是比对一个动物的内在本质理解得多一些呢?彼此不都是一样未经探讨的吗?这两种本质都是不可根究的,因为它们都是无根据的,因为它们都是现象的内容,都是现象的什么,都是不能还原为现象的形式,现象的如何的,都不能还原为根据律。可是我们呢,我们的目的并不在事因学而是在哲学,即是说不在对世界的相对认识而在对世界的绝对认识,〔所以〕我们是走的一条方向相反的路,即是从我们直接的,认识得最完整的,绝对熟悉的,最接近的

东西出发，以求了解那离我们较远的，片面地间接地知道的东西；我们要从最强烈、最显著、最清晰的现象出发，以求了解那些较不完备的，较微弱的现象。除了我自己的身体以外，我对一切事物所
182 知道的只是一面，表象的一面；而其内在的本质，即令我认识其变化所从出的一切原因，对于我依然是不得其门而入的，是一个深藏的秘密。只有比较一下当动机推动我而我的身体发出一个动作时在我自己里面所发生的东西，比较一下那是我自己的，被外在根据所决定的变化之内在本质的东西，我才能对无机体如何随原因而变化的方式获得理解，这样才能体会它的内在本质是什么；而对于这本质所以显现的原因的知识，则只能示我以其进入时间空间的规律而已，此外再没什么别的。我之所以能作这样的比较，那是因为我的身体乃是那唯一的客体，即我不但认识其**一**面，表象的一面，而且还认识其第二面，叫做**意志**的那一面的客体。所以我不应相信：如果我能把自己的有机体，然后把我的认识，我的意欲和我的由动机而产生的行动还原为由原因产生的动作，为由电力、化学作用、机械作用产生的动作，我就会对于自己的认识，意欲等理解得更为透彻；而是只要我所求的是哲学而不是事因学，就必须反过来首先从我们自己的由动机而产生的行为，学会在本质上理解无机物体那些最简单的、最寻常的、我所看到随原因而起的运动，而把表出于自然界一切物体中那些不可根究的力，在种类上认作与那在我里面作为意志的东西是同一的，不过在程度上与此有别而已。这就叫做：在《根据律》一书中提出的第四类表象应成为我认识第一类表象的内在本质的钥匙，并且我必须从动机律，在其内在意义上，学会理解因果律。

斯宾诺莎说(《书札》第六二封)，那一掷而飞入空中的石子如果有意识的话，将认为它是由于自己的意志而飞行的。我只补充说，那石子〔容或〕是对的。投掷〔这动作〕之于它，正如动机之于我；在它作为凝聚力、重力、恒存性而显现于上述状态中的东西，在 183
内在本质上也就和我在自己里面认作意志的东西是同一物，并且如果石子也有了认识，这也就是它要认作意志的东西。斯宾诺莎在说这话时，他注意的是石子所以飞的必然性，并且要把这种必然性移作一个人个别意志活动的必然性。他这样做也是对的。和他相反，我则考察内在的本质。这内在本质，作为一切现象的必然性(即出自原因的后果)的前提，才赋予这必然性以意义和妥当性；在人叫做性格，在石子叫做物性。两者是同一的东西，〔不过〕，如果是直接被认识的，就叫做**意志**。在石子，它〔只〕有程度最低微的可见性、客体性，而在人，它〔却〕有程度最强的可见性、客体性。甚至圣奥古斯丁就以正确的感知而认识了这和我们意欲等同的，在一切事物的向上冲动中的东西，我不禁要在这里把他对于此事的素朴的说法引述一番，他说："如果我们是动物的话，我们就会爱肉体的生命以及相应于这生命的意义的东西，这也就会是我们足够的幸福了；如果按此说来我们就幸福了，我们也就会不再追求什么了。同样，如果我们是树木，那么我们就不能意识什么，不能由运动而有所爱慕了，然而我们仍好像是有所**追求**似的，以此追求我们得以是生产果实的，并获得更丰富的果实。如果我们是石头，或是流水，或是风，或是火焰，或是其他这类的东西，没有任何感觉与生命，然而并不是我们就缺乏对自己位置和秩序的**欲求**。因为如同一种**欲望**似的，重量对于物体也是有决定性的，或以引力而下降，

或以轻飘而上升；因为物体之被驱使是由于其重量，正犹如心之被驱使是由于**欲望**，驱使到哪里，就到哪里。”(《上帝之国》XI，28)

还有值得指出的是**倭以勒**曾洞察到引力的本质最后必须还原为物体本有的“倾向和贪欲”(那就是意志)(《上公主书》第68函)。正是这种看法使他不喜欢牛顿用的引力这个概念，他颇有意按从
184 前笛卡尔的学说对这概念作修正的尝试，就是从一种以太对物体的冲击来引申引力，认为这样会“合理些，对于爱好鲜明易解的基本原理的人们”也要相安些。他想看到把吸引作用当作隐秘属性而放逐于物理学之外。这种看法正是只和倭以勒时代作为非物质的灵魂的对应物而流行着的死气沉沉的自然观相符合的，不过就我所确立的基本真理这一面来说，值得注意的是，还在那时这位卓越的人物在遥远地看到这真理闪耀的时候，却急于要及时回头，并且由于他怕看到当时的一切基本观点受到威胁，他甚至又去向陈旧的，已经推翻了的无稽之谈求庇护。

§ 25

我们知道**杂多性**绝对地必须以时间和空间为条件，也只是在时间和空间中才可思维的；在这种意义下我们把时间和空间称为个体化原理。不过我们已把时间和空间认作根据律的形态，而我们所有的先验知识就都是在这条定律中表现出来的。这些形态作为形态说，如上面已分析过的，就只能是事物的可知性上所有的，而不能是事物本身所有的，即是说这些形态只是我们认识的形式而不是自在之物的属性。自在之物之所以自在是独立于认识的一切形式之外的，并且独立于“是主体的客体”这个最普遍的形式之

外，即是说自在之物是根本不同于表象的东西。如果这自在之物就是**意志**，——我相信这是我已充分证明了，弄明白了的——，那么，意志作为意志并和它的现象分开来看，就站在时间和空间之外了，从而也不知有什么杂多性，从而〔只〕是“一”了；然而如已说过的，这“一”既不像一个个体的“一”，又不像一个概念的“一”，而是一种与杂多性可能的条件，亦即和个体化原理不相涉的东西。事物在空间和时间中的杂多性全部是意志的**客体性**，因此杂多性管不着意志，意志也不管杂多性，依然是不可分的。〔不能说〕在石头里面是意志的一小部分，在人里面是其大部分，因为部分与全体的关系是专属于空间的，只要人离开这一直观的形式说话，这种关系 185
就再没有什么意义了。相反，这或多或少只管得着现象，即只管可见性、客体化。以可见性或客体化的程度说，那么在植物里的是高于在石头里的，在动物里的又高于在植物里的，是的，意志已出现于可见性，它的客体化是有无穷等级的，有如最微弱的晨曦或薄暮和最强烈的日光之间的无限级别一样，有如最高声音和最微弱的尾声之间的无限级别一样。往后在下文中我们还要回头来考察可见性的这种级别，这是属于意志的客体化，属于它的本质的写照的。意志客体化的级别已不是和意志本身直接有关的了，在这些级别上，现象的杂多性就更管不着意志本身了；而现象的杂多性就是每一形式中个体的数量或每种力个别表出的数量。〔这杂多性管不着意志〕，因为杂多性是直接由时间和空间决定的，而意志是绝不进入时间空间的。它呈现于**一株**或千百万株橡树，都是同样完整的，同样彻底的。橡树的数量，橡树在空间和时间中的繁殖对于意志本身这方面是毫无意义的，只有就个体的杂多性说才是有

意义的；而这些个体是在空间和时间中被认识的，又是繁殖于、播散于空间时间中的。它们的杂多性也只和意志的现象有关，与意志自身无关。因此人们也许可以主张，假如，——因为不可能——一个单一的生物，哪怕是最微小的一个，完全消灭了，那么整个世界也必须和它同归于尽。在对于这一点有所感悟时，伟大的神秘主义者安琪路斯·席勒治乌斯[1]说：

> “我知道，没有我，上帝一会儿也不能生存；我若化为无而不在了，他也必然要丢掉精神。”

人们曾以各种方式企图使天体的无穷大更适合于每个人的理解力，于是，也曾由此取得了促进鼓舞人心的考察的缘由，譬如谈什么地球的，甚至人的渺小，然后又反转来说这渺小的人里面又有伟大的精神，能够发现、了解，甚至测量宇宙之大等等。

186 这都很好！但就我来说，在考察宇宙的无穷大时，最重要的是那本质自身，它的现象即此世界的那本质自身，——不管它可能是什么——，它真正的自己究竟不能是这样展布于无边的空间，不能是这样分散了的。这无尽的广袤完全只属于它的现象，它自己则相反，在自然界每一事物中，在每一生命体中，都是完整的、不可分的。因此，即令是人们只株守任何一个个别的〔物体或生命体〕，人们并不会损失什么；并且即令人们测量了这无边无际的宇宙，或是更合目的些，亲自飞过了无尽的空间，却还是不能获得什么真正的智慧。人们只有彻底研究任何一个个别的〔事

---

① Angelus Silesius(1624—1677)，德国著名神秘主义者，著有《捷努平厄式的流浪人》等。

物〕，要学会完全认识，完全理解这个别事物的真正、原有的本质，才能获得智慧。

如此说来，下面的东西，也就是这里在每一个柏拉图的信徒自然而然已经涌上心头的东西，在下一篇里就会是〔我们〕详细考察的题材了。这就是说意志客体化的那些不同级别，在无数个体中表出，或是作为个体未曾达到的标准模式，或是作为事物的永久形式，它们本身是并不进入时间空间，不进入个体的这媒介的；而是在时间之外的，常住不变的，永久存在的，绝不是〔后来才〕变成的；同时这些个体则有生灭，永远在变，从不常住。〔因此〕我说“**意志客体化**”的**这些级别**不是别的，而就是**柏拉图的那些理念**。我在这里暂先提到这一点，是为了以后好在这个意义上使用**理念**这个词。所以在我用这个词时，总要用它原始的，道地的，柏拉图曾赋予过的意义来体会；而绝不可想到以经院派的方式来进行独断的理性的那些抽象产物上去。康德拿柏拉图早已占用了的，并且使用得极为恰当的这个词来标志那些抽象产物，是既不相称又不合法的误用。所以我对**理念**的体会是：理念就是**意志的客体化每一固定不变的级别**，只要意志是自在之物，因而不与杂多性相涉的话。而这些级别对个别事物的关系就等于级别是事物的永恒形式或标准模式。关于柏拉图的有名理论，狄阿琴尼斯·勒厄兹 187
乌斯(《希腊哲学家传记》IV，12)给了我们一个最简短最紧凑的叙述：“柏拉图的意思是说理念之于自然，有如给自然套上一种格式，其他一切事物只是和理念相似而已，是作为理念的摹本而存在的。”至于康德误用〔理念〕这个词，我在这里不再理会，必须要说的都在附录中。

§ 26

意志客体化最低的一级表现为最普遍的自然力。这种自然力,一部分是无例外的显现于每一种物质中,如重量,如不可透入性;一部分则各别分属于现有一切物质,有些管这一种物质,有些管那一种物质,由此而成为各别特殊的物质,如固体性,液体性,弹性,电气,磁力,化学属性和各种物性。这些都是意志的直接表出,无异于人的动作;并且作为这种直接表出是没有根由的,也无异于人的性格;只有它们的个别现象和人的行为一样,是服从根据律的;它们自身既不能叫做后果,也不能叫做原因,而是一切原因后果先行的,作为前提的条件。它们自己的本质就是通过这些原因后果而展出而呈现的。因此,要问重力的原因,电气的原因,那是没有意思的。这些都是原始的力,它们的表出虽然按因和果而进行,乃至它们的个别现象都有一个原因,而这原因又是这样的一个个别现象,决定着该力的表出必须在时间和空间中发生;但该力本身却不是一个原因的后果,也不是一个后果的原因。因此说“石子所以下落,重力是其原因”,也是错误的;其实这里更应说地球处在近边是石子落下的原因,因为是地球吸引着石子;如果把地球挪开
188 了,石子便不会掉下,尽管重力依然存在,力本身完全在因果锁链之外。因果锁链以时间为前提,只能就时间说才有意义,而力本身却是在时间之外的。个别变化总有一个同类的个别变化为原因,而不是以该力为原因,力的表出就是个别的变化。因为不管一个原因出现多少次,那一贯以后果赋予原因的就是一种自然力;而作为自然力,它就是无根由的,即是说完全在原因的锁链之外,根本

在根据律的范围之外；在哲学上它被认作意志的直接客体性，是整个自然的“自在”〔本身〕；在事因学上——这里是在物理学上——它却被指为原始的力，也即是“隐秘属性”。

在意志的客体性较高的级别里我们看到显著的个性出现，尤其是在人，〔这种个性〕出现为个别性格的巨大差别，也即是完整的人格；这是在显著不同的个别相貌上已有着外在表现的，而人的相貌又包括着整个的体型。动物的个性差别在程度上远不及人，只有最高等的动物还有点踪迹可寻；在动物还是“种性”占绝对的统治地位，所以个别的相貌也就不显著了。越到下等动物，个性的痕迹越是汩没于种属的一般性格中，这些种属也就只有单一的相貌。〔在动物的种属中，〕人们知道一个种族的生理特征，就能对每一个个体事先作出精确的判断；与此相反，在人这个物种，每一个体都得个别的研究，个别的探讨；因为〔人有了〕与理性而俱来的伪装的可能性，所以要有几分把握事先来判断人的行径是极为困难的。人类和其他一切物种的区别也许和这一点有关，即是说大脑皮在鸟类是完全没有褶叠皱纹的，在啮齿类皱纹也还很微弱，即令是在高等动物也比在人类的要〔左右〕两边匀整些，并且在每一个体的相似性和人相比也更少变化*。此外，可以作为区别人禽有无个 189
性特征看的一个现象是动物在寻求“性”的满足时没有显著的选择；而在人类这种选择固然是在独立于任何反省思维之外的，本能的方式之下〔进行的〕，竟强调到这种程度，以致选择转进为强烈的

* 文则尔(Wenzel)：《人类和动物的大脑构造》1812 年版，第三章。居维叶(Cuvier)：《比较解剖学教程》，第九课第四条和第五条。维克·达助尔(Vicq d'Azyr)：《巴黎科学院史》1783 年版，第 470 页和第 483 页。

激情了。所以每一个人要看成一个特殊规定的，具有特征的意志现象，在一定程度上甚至要看成一个特殊的理念；而在动物整个的说都缺乏这种个性特征，因为只有物种还保有一种特殊意义。与人类的距离愈远，个性特征的痕迹愈消失；到了植物，除了从土壤、气候及其他偶然性的有利或不利影响得以充分说明的那些特殊属性外，已完全没有其他的个体特性了。最后在无机的自然界，则一切个性已经消失无余了。只有结晶体还可在某种意义上看作个体，它是趋向固定方向的冲力的一个单位，在僵化作用中冻结而留下了那冲力的遗迹。同时它也是它原始形态的聚合体，由于一个理念而联成单位，完全和一棵树是各自发展的组织纤维的聚合体一样。在树叶的每根筋络中，在每片树叶中，在每一根枝条中都呈现着，重复着这种纤维；而这些东西中的每一件又可在一定意义下看成是个别的生长的，寄生于一个更大的生长物而获得营养，所以也和结晶体一样，也是小植物有系统的聚合体；不过这〔树的〕整体才是一个不可分的理念的，亦即意志客体化这一固定级别的完整表现。但是同类结晶体中的个体，除了外在偶然性带来的区别外，
190 不能更有其他区别；人们甚至可以任意使任何一类成为或大或小的结晶体。可是个体作为个体说，亦即具有个别特征的形迹的个体，在无机自然界是绝对找不到的。无机自然界的一切现象都是普遍自然力的表出，也就是意志客体化的这样一些级别：这些自然力的客体化完全不借个性的差别，（如在有机自然界那样，）——这些个性是部分地表出了整个的理念——，而仅是表出于种属的；这种属又是完整地，毫无任何差别地表出于每一个别现象的。时间、空间、杂多性和由于原因而来的规定既不属于意志，又不属于理念

（意志客体化的级别），而只属于它们的个别现象；那么，在这样一种自然力的，——如重力的，电力的——千百万现象中，自然力作为自然力就只能以完全同样的方式表出，而只有外来情况才能够改变〔一个〕现象。自然力的本质在其一切现象中的这种统一性，这些现象发生时的不变常规，在因果性的线索下只要有了发生的条件，就叫做一个**自然律**。自然力的特征既是在自然律中表达出来的，在自然律中固定了的，如果一旦由于经验而认识了这样一条自然律，那就可以很准确地预先规定并计算这自然力的现象。意志客体化较低级别的现象所具有的这种规律性使这些现象获得一个不同的外表，有别于同一意志在它客体化的较高，即较清晰的级别上的现象，即有别于在动物，在人及其行动中的意志现象；而这些现象中又有个别特性或强或弱的出现，以及由动机推动〔的行为〕，——动机是在认识中的，对于旁观者始终是隐而不见的——，遂使〔人们〕至今未能认识到这两类现象的内在本质是同一的。

如果人们从个别事物的认识，而不是从理念的认识出发，则自然律的准确无差误就会有些使人出乎意料之外而惊异，有时甚至使人悚惧战栗。人们可能感到诧异，大自然竟一次也不忘记它自己的规律，例如只要是符合一条自然律而在一定条件之下，某些物 191
质在遇合时就会产生化合作用，放出气体，发生燃烧；所以只要条件齐备，不管是我们的设施使然或者完全是出于偶然（由于原非意料所及，准确性就更可诧异），则立刻而无延宕地就会发生一定的现象，今天如此，千年之前也是如此。我们对于这种可惊异的事实有着最鲜明的感觉是在罕有的，只在极复杂的情况下才出现的现象中——不过是在这些情况下预先告诉了我们〔会出现〕的现

象——,例如说某些金属带有酸化了的水分,一种接着另外一种交互相间而互相挨着时,把小小一片银箔放在这一串金属的两端之间,这片银箔一定会突然地自行焚毁于绿色火焰之中;或是在一定条件之下,坚硬的钻石也要把自己化为碳酸。自然力好像有一种无所不在的心灵似的,这才是使我们惊异的东西,而日常现象中并不引起我们注意的事,我们在这里都看到因果之间的关联原来是如此的神秘,实和人们在符、咒和鬼神之间虚构的关联无异,说鬼神是在符箓的召唤之下必然出现的。与此相反,如果我们已经深入哲学的认识,认识了一种自然力就是意志客体化的一定级别,也即是我们认为是自己最内在的本质的客体化的一个级别;认识了这意志本身是自在的,既不同于它的现象,又不同于现象的形式,不在时间和空间之内,因而由时间空间制约的杂多性既不属于意志,也不直接属于它客体化的级别,也就是不属于理念,而只属于理念的现象;认识了因果律只在时间和空间上说才有意义,因为因果律只是在时间空间中为各种理念翻了多少番的现象,意志自行显示于其中的现象,决定它们的位置,规定这些现象必须进入的秩序;——我说,如果在这些认识中我们明白了康德的伟大学说的内在旨趣,明白了空间、时间和因果性与自在之物无关而只是现象所
192 有,只是我们"认识"的形式而不是自在之物的本性;那么我们就能理解〔人们〕对于自然力作用的规律性和准确性,对于自然力亿万现象完全的齐一性,对于这些现象出现的毫无差误等等的那种惊奇,在事实上可比拟于一个孩子或野蛮人初次透过多棱的玻璃来看一朵花,对他看到的无数朵花的完全相同惊奇不止而各别地数着每一朵花的花瓣。

所以每一普遍的、原始的自然力，在其内在本质上并不是别的，而只是意志在〔最〕低级别上的客体化。每一个这样的级别，我们按柏拉图的意思称之为一个永恒的理念。而**自然律则**是理念对其现象的形式之关系。这形式就是时间、空间和因果性，而三者又有着必然的、不可分的联系和彼此的相互关系，理念通过时间和空间自行增殖为无数现象，但是现象按以进入多样性的形式的那个秩序都是由因果律硬性规定的。因果律好比是各个不同理念的那些现象之间的临界点的限额似的，空间、时间和物质就是按此限额而分配于那些现象的。因此，这限额就必然地和全部现存物质的同一性有关，而物质又是所有那些不同现象共同的不变底料。如果这些现象不全都仰仗那共同的物质，物质也无须分属于现象的话，那也就无须乎这样一条定律来规定现象的要求了，现象就可全都同时并列的，经历无穷的时间充塞无尽的空间。所以单是为了永恒理念，所有那些现象都要仰仗同一的物质，才必须有物质进出〔于现象〕的规则，要是没有这种规则，现象和现象之间就不会彼此互让了。因果律就是这样在本质上和实体恒存律相联的，两者互相从对方获得意义；不过空间和时间对于两者也有着与此相同的关系。原来在同一物质上有相反规定这种单纯的可能性，这就是 193
时间，同一物质在一切相反的规定下恒存，这种单纯的可能性就是空间。因此我们在前一篇里曾把物质解释为时间和空间的统一；这种统一又表现为偶然属性在实体恒存时的变换，这种变换普遍的可能性就正是因果性或变易。因此我们也说过物质彻始彻终是因果性。我们曾把悟性解释为因果性在主体方面的对应物，并说过物质（即作为表象的整个世界）只是对悟性而存在的，悟性作为

物质必需的对应物是物质的条件，是物质的支点，〔这里〕说这一切，都只是为了顺便回忆一下第一篇所论述过的东西。要完全理解这一、二两篇，就要注意到这两篇之间内在的一致，因为统一于真实世界不可分的两面，意志和表象，在这两篇里是把它们割裂开来了，〔而所以这样做，乃是为了〕以便分别孤立地，更明晰地认识〔世界的这两个方面〕。

再举一个例子以便更清楚地说明因果律如何只在对时间的关系，空间的关系，对存在于二者的统一中的物质的关系上才有意义，也许不是多余的罢。〔因果律的意义〕在于它规定一些界限，自然力的现象即按这些界限而分占物质；而原始的自然力本身作为意志的直接客体化，意志作为自在之物，都是不服从根据律的，都不在这些形式中；〔也〕只有在这些形式中，然后每一种事因学的说明才有妥当性和意义。事因学的说明也正以此故而绝不能触及自然的内在本质。——为了举例，我们可以想一想一部按力学原理制成的机器。铁质的重块由于它们的重力，才发起运动；铜的轮盘由于它们的固体性，才发生抗拒作用；借它们的不可透入性，才互相推动，互相擎举并推动，举起杠杆等等。这里，重力，固体性，不可透入性是原始的，未经解释的一些力；力学仅仅只指出这些自然力按以表示自己，按以出现，并按以支配一定的物质和时间、空间
194 的一些条件和方式。假如现在有一块磁性很强的磁铁对那些重块的铁发生作用，抵消了重力，那么机器的运转就会停顿，而这里的物质也就立刻成为完全另一种自然力的舞台了。对于这一自然力，事因学的说明又同样只指出这个力，磁性，出现的条件，此外也就没什么了。或者是把那机器上的铜片放在锌板上，而在两者间

导入酸性液体，这就使该机器的原来的物质又陷入另一种原始力，
即陷入金属的化学放电作用之中；于是化学放电作用又按其特有
的那些规律而支配着物质，在这物质上显出它自己的现象。关于
这些现象，事因学也只能指出现象出现的一些情况和规律，此外不
能再有什么了。现在〔再〕让我们把温度加高，又导来纯氧，整个机
器便燃烧起来，这即是说又一次有一种完全不同的自然力，亦即化
学作用，在此时此地不可抗拒地占有那物质，在物质上显现为理念
而为意志客体化的一个固定级别。由此产生的金属白垩又再和一
种什么酸化合，就产生一种盐，出现了结晶体。这又是另一种理念
的现象，这理念自身又是完全不可根究的，而其现象的出现又有赖
于事因学能指出的那些条件。结晶体风化，和别的物质因素混合，
于是又从这些混合中长出植物生命来，这又是一种新的意志现象。
如此类推以至于无穷，可以跟踪恒存的物质而看到时而是一自然
力，时而是那一自然力获得支配它的权利，看到这些力无可规避地
掌握着这权利以出现〔于世〕而展出其本质。这个权利的规定，这
权利在时间空间中成为有效的那一点，这是因果律指出来的；但是
以此为根据的说明也就**仅仅**到此止步。“力”自身是意志的现象，
是不服从根据律的那些形态，也即是无根据的。“力”在一切时间
之外，是无所不在的，好像是不断地在等待着一些情况的出现，以
便在这些情况下出现，以便在排挤了那些直至当前还支配着某一 195
定物质的力之后，能占有那物质。一切时间都只是为“力”的现象
而存在，对于“力”自身是无意义的。化学作用的一些“力”可在一
物质中长眠几千年，直至和反应剂接触才得到解放，这时它们就显
现了；但时间就只是为这显现，而不是为那些“力”自身而有的。金

属放电作用可长眠于铜和锌中几千年，铜与锌和银放在一起也相安无事；而这三者一旦在必要的条件下互相接触，银就必然化为火焰。甚至在有机领域内，我们也可看到一粒干瘪的种子，把那长眠于〔其中〕的力保存了三千年之后，最后在顺利的情况出现时，又成为植物。*

如果由于这一考察，我们弄清楚了自然力和它所有的现象两
196 者间的区别；如果我们体会了自然力就是在这一固定级别上客体化了的意志本身；〔体会了〕出自时间和空间的杂多性仅仅只属于现象，而因果律也只是为个别现象在时间、空间中决定地位而已；那么，我们就会认识到马勒布朗希关于偶然原因的学说的全部真理和深刻意义。马勒布朗希在《真理研究》，尤其是在该书第六篇第二段第三章和附录中对这一章的说明中阐述了这一学说；把他的学说和我这里的论述比较一下，就可发现这两种学说虽在思想

---

* 1840年9月16日，帕蒂格溜(Pettigrew)先生在伦敦市的文艺科学研究院讲演埃及古迹，他展出了G.威尔金生(Wilkihson)爵士在特本(Theben)附近的坟墓中发现的一些小麦颗粒。这是在一个密封的瓶中发现的，放在那坟墓里总有三千多年了。他播种了十二颗，其中一颗长出了植物，已长到五英尺高，所结的实现在已完全成熟。(引自1840年9月21日的《泰晤士报》。)——与此类似，1830年，霍尔顿(Haulton)先生在伦敦医药植物学学会展出一块植物根，这是在一个埃及的木乃伊手中发现的，大概是由于什么宗教的目的放在那儿的，所以至少有二千年之久了。他把这块植物根种在花钵里，这根随即长出芽来并且还有茂盛的绿叶。〔上面〕这〔一段〕是1830年10月份《大不列颠皇家研究院杂志》第196页从1830年的《医学杂志》引来的：——“在格立姆斯顿(Crimstone)先生的庭园中，有来自伦敦海格特区(Highgate)植物标本室的豌豆苗正在丰盛地结实。这是帕蒂格溜先生和大英博物馆的职员们从一个瓶中取出的豌豆里长出来的。这个瓶子是在一个埃及的石椁里发现的，放在那里已有2844年之久了。”(引自1844年8月16日的《泰晤士报》)——是啊，在白垩石缝中发现的活蟾蜍也导致人们假定即令是动物的生命，如果以冬眠开始，而又有特殊的情况，也能保留几千年之久。

的路线上差别极大，却是完全一致的，这样比较是值得辛苦一趟的。是的，马勒布朗希完全被他的时代无可抗拒地强加于他的那些流行的信条所局限，然而在这样的束缚中，在这样的重负下，他还能这样幸运地，这样正确地找到真理，又善于把这真理和那些信条，至少是在字面上，统一起来；这是我不得不叹服的。

原来真理的力量之大是难以相信的，它的经久不衰也是难以限量的。我们在各种不同的时代，不同的国家所有一切独断的信条中，甚至是在最芜杂的、最荒唐的信条中也能多方的发现真理的痕迹；这些痕迹常和光怪陆离的事物为伍，虽在奇怪的混合之中，但总还是可以识别的。所以真理有如一种植物，在岩石堆中发芽，然而仍是向着阳光生长，钻隙迂回地，伛偻、苍白、委屈，——然而还是向着阳光生长。

马勒布朗希诚然是对的：每一个自然的原因都是一个偶然的原因，只提供机会，提供契机使那唯一的，不可分的意志得以表出为现象；而意志乃是一切事物自在的本身，它的逐级客体化就是这整个可见的世界。不是现象的全部，不是现象的内在本质，而只有这出现，这转化为可见，在此时此地的出现和转化才是由原因引起的，也只在这种意义上是有赖于原因的。现象的内在本质乃是意志自身，根据律不能适用于它，从而它也是无根据的。世界上没有
一个东西在它根本的，整个的存在上有一个什么原因，而只有一个 197
它所以恰好在此时此地的原因。为什么一颗石子一会儿表现出重力，一会儿表现出固体性，那是有赖于原因，有赖于外来作用的，也是可以由这些原因或作用来解释的；但是那些属性本身，也就是石子的全部本质，由这些属性所构成而又按刚才说的那些方式表出

的本质，石子所以根本是这样一个如此这般的事物，它〔何以〕根本存在着，这些都是无根由的而是无根据的意志的“可见化”。所以说一切原因都是偶然原因。我们既在无知的自然界发现了这一点，那么，在那些已非原因和刺戟而是动机决定着现象出现的时间地点的场合，也即是在人和动物的行为中，也正是如此。因为在这些场合和在自然界，都是那唯一的同一的意志在显现，这意志在其显露的程度上差别很大，在各程度的现象中被复制了；而就这现象说，那是服从根据律的，它自在的本身却独立于这一切之外。动机并不决定人的性格，而只决定这性格的显现，也就是决定行动；只决定生命过程的外在形相，而不决定其内在的意义和内蕴。这后二者来自人的性格，而性格是意志的直接表出，所以是无根由的。为什么这个人坏，那个人好，这是不以动机或外来作用，如什么箴诫或说教为转移的，而是在这种意义上简直就无法解释。但是一个坏蛋或是在他周围的小圈子里以琐细的不义，胆小的诡计，卑鄙的捣蛋表出自己的坏，或是作为一个征服者而在迫害一些民族，把世界推入悲惨的深渊，使千百万人流血〔牺牲〕；这些却是他显现的外在形相，是现象所有的，非本质的东西，是以命运把他放在哪种情况为转移的，是以环境，外来影响，动机为转移的；然而〔人们又〕绝不能从这些方面来说明他在这些动机上的决断，决断来自意志，而这意志的现象就是这个人。关于这一点，待第四篇再说。性格
198 如何展开其特性的方式方法完全可以比拟于无知自然界的每一物体如何表出其物性的方式方法。水，具有其内在的特性，总还是水。水或是作为宁静的湖而反映着湖边〔的风物〕，或是泡沫飞溅从岩石上倾泻而下，或是由于人为的设施而向上喷出如同一根长

线，——这些却有赖于外因；而或是这样或是那样，对于水来说都是同样自然的，不过按情况的不同，它的表出也有这样那样〔的不同〕；对于任何〔可能的〕情况它都处于同样准备状态，并且在每一情况下它都忠实于自己的性格，总是只显示这个性格。同样每个人的性格也会在一切情况下显示出来，不过由此产生的现象如何，则将各随其情况而定。

§　27

如果我们现在由于上面所有这些关于自然力及其现象的考察而弄清楚了从原因作出来的说明能走多么远，必须在什么地方停步，——如果这种说明要不堕落为那种愚蠢的企图，企图把一切现象的内容都还原为现象的一些赤裸裸的形式，以致最后除形式而外便一无所有了——，那么，我们也就能够在大致地规定要求于事 201
因学的是什么。事因学的职责是给自然界的一切现象找出原因，即找出这些现象无论在什么时候都要出现的那些情况；然后又得把在多种情况下形态已很繁复的现象还原为在这一切现象中起作用的，在指出原因时已被假定的那东西，还原为自然界中原始的力，同时正确地区别着现象的不同究竟是从力的不同，还是从力借以表出的那些情况的不同来的，并且既要防止把同一种力而只是在不同情况下的表现当作不同种类的力的现象看，又不可反过来把原是属于不同种类的力的现象当作一种力的〔不同〕表现。这就直接需要判断力；这也就是何以在物理学上，只有这样少数的人能够扩大〔我们的〕见解，但是任何人都能推广经验。在物理学中懒惰和无知使人倾向于过早地援引各种原始力，这一点在经院学派

的存在和本质中以近乎讽刺的夸大，就已表现出来了。我最不愿意的就是促成这些东西的卷土重来。人们不去提出一个物理的解释，反而求助于意志的客体化或上帝的创造力，这都是不容许的。原来物理学要求的是原因，而意志可绝不是原因。意志对现象的关系完全不遵循根据律，而是就其自在的本身说〔原〕是意志的东西，在另一方面它又是作为表象而存在的，也即是现象。作为现象，它服从那些构成现象的形式的规律；譬如说，每一运动尽管它每次都是意志的显现，却仍必须有一个原因；就这运动对一定时间、地点的关系说，亦即不是在普遍性上，不是在它内在的本质上说，而是作为个别的现象说，这运动就是由这个原因来解释的。这个原因，在石头是力学原因，在人的行动是动机，可是绝不能没有这个原因。在另一面，那一般的东西，某一种类一切现象所共同的本质，也就是不假定它，则从原因来的解释就会无意思无意义的那东西；——这个东西就是普遍的自然力。这种自然力在物理学上不能不一直下去都是隐秘属性，正因为这就是事因学的说明到了尽头，形而上学的说明〔从此〕发端的地方了。因的锁链和果的锁链绝不会被人们要向之求助的原始力所打断，也不回归到这原始的力，不是把原始力当作〔锁链的〕第一个环节而回归到它；而是这锁链的〔一切环节，〕不分最近的和最远的，都已先假定了原始的“力”，否则什么也不能说明。许多因和许多果的系列可以是些极不相同的“力”的现象，这些力在因果系列的引导下接踵成为可见的，这是我在前面那个金属机器的例子中已阐明了的。但是这些原始的，不得互相引出的力虽不相同，却一点也不打断那原因锁链
200 的统一性，不打断这锁链中一切环节间的联系。“自然”的事因学

和“自然”的哲学绝不互相损害，而是从不同观点来考察同一对象，平行不悖。事因学论证那些必然导致个别的，要说明的现象的原因，指出那些普遍的，在所有这些原因后果中起作用的力作为事因学一切说明的基础，并精确地规定这些力，规定它们的数目，差别；然后规定每一种力各按情况的不同而分别出现于这些情况中的一切作用。每一种力又都是遵循它特有的性格而出现的，这个性格又是它按一个〔从来〕不失误的规则展出的，这规则就叫做自然律。物理学一直在每一点上都完成了这一切〔任务〕，达到了它的圆满境界，那么，在无机的自然界中就不会还有不知道的力了，也再不会有什么作用还没有被证明为那些力中的某种力在一定情况之下，遵循一个自然律的显现了。不过自然律仍然只是从观察自然界记下来的规则，只要一定的情况出现，大自然每次就遵循这规则办事；因此人们很可以对自然律下这样一个定义：自然律是一个普遍表出的事实，是“一个一般化了的，概括起来的事实”。准此，完整无缺的列举所有一切的自然律也不过是一本完备的记录事实的流水账罢了。——于是，对于整个大自然的考察就要由形态学来完成了，形态学胪举有机自然界中一切不变的形态，并加以比较和整理。对于个别生物出现的原因，形态学没有什么可多说的，因为在任何生物这个原因都是生育，而关于生育的学说，那又另是一套；在罕有的情况下生育还有两可的双重方式。严格地说，意志客体性的较低级别，亦即物理化学现象，如何分别出现的方式也是属于形态学的，而指出这一出现的各条件就正是事因学的任务。与此相反，哲学在任何地方，所以也在自然界，所考察的只是普遍的东西；在这里原始的力本身就是哲学的对象。哲学将这些原始力

认作意志客体化的不同级别，而意志却是这世界的内在本质，这世
201 界自在的本身；至于这个世界，哲学如果把本质别开不论，就把它解释为主体的单纯表象。——可是现在如果事因学不为哲学做些开路的工作，用例证为哲学的学说提供应用〔的可能〕，反而以为它自己的目标就是把一切原始的“力”都否定掉，直到只剩下一种，那最普遍的一种，例如不可透入性，这也就是它自以为能够彻底了解的，因而横蛮地要把一切其他的力还原为这一种；那么它就挖掉了自己的墙脚，它提出的就只能是谬论而不是真理了。这样，大自然的内蕴就被形式挤掉了，把什么都推在从外面起作用的情况上，没有一点什么是从事物的内在本质来的。如果真正在这条途径上可以成功的话，那么，如已说过的，在最后一个运算公式就会揭穿宇宙之谜了。可是，如果人们，如已谈过的，把生理作用还原为形式和化合〔作用〕，譬如说还原到电，电又再还原为化学作用，化学作用又还原为机械作用，那么他就是在走着这条途径了。例如笛卡儿和所有原子论者们的错误就是这种办法。他们曾把天体的运行还原为一种流动体的推动作用，曾把物性还原为原子的关联和形态；他们努力的方向是要把自然的一切现象解释为仅仅只是不可透入性和凝聚力的显现。尽管一般已经从这些说法回过头来了，可是在我们今天，那些电气的、化学的、力学的生理学家们仍在依样画葫芦，他们仍顽固地要从有机体组成部分的“形式和化合作用”来说明整个的生命和有机体的一切功能。人们在麦克尔编的《生理学资料汇编》1820 年第五卷第 185 页上还看得到这种说法，认为生理学的解释，目的在于把有机生命还原为物理学所考察的那些普遍〔自然〕力。拉马克在他的《动物哲学》第二卷第三章中也

宣称生命只是热和电的作用；他说：“热〔能〕和电的物质完全足以合共组成生命的那个本质的原因。”（《动物哲学》第 16 页）依此说来，热和电就得算作自在之物而动物界和植物界就是这自在之物的现象或显现了。这种说法的荒唐在该书 306 页上已暴露无遗。202
大家都知道，在最近期间所有那些屡被推翻的说法又复狂妄地招摇过市了。如果人们仔细地考察一下，所有这些说法最后都是以这么个假设为基础的，亦即假定有机体只是物理的、化学的、机械的力的各种现象的集合体，这些力偶然地在这里凑到一起就把有机体搞成功了；〔不过〕搞成功也只是作为大自然的游戏，再没有其他意义了。从哲学上看，若是依这种说法，动物或人的有机体就不是一个特殊理念的表出了，亦即有机体自身不直接是意志在一较高的级别上的客体性了，而是要说在有机体中显现的只是在电气，在化学作用，在机械作用中使意志客体化的那些理念了；而有机体也就会是由这些力的凑合偶然吹到一起的，似乎人和动物的形体只是由云雾或钟乳石凑合成的，因而在有机体自身也再没什么可资玩味的了。不过我们也就会看到，在哪种范围之内把物理化学的说明方法应用到有机体上还是可以容许的，有用处的，因为我就要阐明生命力固然使用着，利用着无机自然界的一些“力”，却不是由这些“力”所构成的，正如铁匠不是锤和砧构成的一样。因此，即令只是最简单的植物生命，也绝不能以毛细管作用和渗透作用来说明，如果是动物的生命那就更不必说了。讨论这一点是相当困难的，下面的考察可以为我们铺平道路。

根据上面所说过的一切，自然科学要把意志的客体性的较高级别还原为较低级别，这当然是自然科学的错误；因为误认和否认

原始的，各自独立的自然力这种错误，等于毫无根据地又另外假定一些特殊的力，而其实并不是什么原始的力，只不过是已知的力的又一特殊显现方式罢了。因此，康德说得很有理，他说：不对头的事情是为一根草茎也希望有一个牛顿，亦即希望有这么一个人把
203 草茎还原为物理化学上一些力的现象，似乎这草茎就是这些力偶然的聚集，从而只是大自然的一次游戏罢了；其中并无特殊理念的显现，亦即并非意志直接展出于一较高的、特殊的级别上，而是恰好和它显现在无机自然界的现象中一样，偶然的显现在这一形式中。那些无论如何也不会容许这种说法的经院学派，他们的说法就会完全正确，他们说这是整个儿否定了本质的形式，把本质的形式贬低为偶然的形式了。原来亚里士多德的本质的形式正是指我所谓意志在一切事物中的客体化的程度而言。——可见在另一方面也不要看漏了，在一切理念中，也就是在无机自然界的一切力中，在有机自然界的一切体型中只是**同一个意志**在那里显示着它自己，而显示它自己也就是进入表象的形式，进入**客体性**。因此，意志的单一性也必然地可从意志的一切现象之间的一种内在的亲属关系上看得出来。这种亲属关系在意志客体性的较高级别中，在那儿整个现象也较为明晰些，也就是在植物界和动物界中，通过普遍贯穿着一切形式的类似性，通过在一切现象中重现的基型把自己显示出来。这种基型也因此已成为卓越的，在本世纪由法国人首创的动物学体系的指导原则，并在比较解剖学中作为“设计的统一性”、作为“解剖学的因素的齐一性”已获得了最完整的证明。发现这一基型也曾是谢林学派自然哲学家们的主要任务，至少可以肯定是他们最可表扬的企图；虽然他们追求自然中的类似性，在

好多场合已堕落为纯粹的儿戏，然而他们也有些功劳。不过他们也有做得对的地方，他们证明了在无机自然界的理念中也有普遍的亲属关系和属类间的类似性；例如在电和磁之间，——这两者的同一性后来已证实——，在化学的吸引力和重力之间，以及其他等等之间〔都有这种关系〕。他们还着重指出了〔相反相成的〕“极性”，即一个力的分裂为属性不同，方向相反而又趋向重新统一的〔两种〕活动，——这种分裂最常见的是在空间上显示为相反方向 204
的背道而驰——，几乎是一切自然现象的，从磁石和结晶体一直到人的一种基型。不过从上古以来，在中国阴阳对立的学说中已经流行着这种见解了。——正因为世界的一切事物都是那同一个意志的客体性，从而在内在本质上〔本〕是同一的；所以必然的不只是在事物之间有着不可忽视的类似性，不只是在较不完备的事物中已经出现了高一级较完备的事物中的痕迹、迹象、粗胚；而且因为所有那些形式都只属于作为**表象**的世界，所以甚至可以承认即令是在表象的最普遍的形式中、在现象的世界特有的这基本间架——空间和时间——中，已经可以找到，可以指明充塞这些形式的一切事物的这个基型，这种迹象，〔这种〕粗胚。关于这一点，过去似乎已有了一种模糊的认识，这种认识构成犹太伽巴拉密教，毕达戈拉斯派所有的数理哲学以及中国人所著《易经》的渊源。还有在谢林学派中，我们也看到他们在多方努力要揭露一切自然现象间的类似性，同时又有一些企图要从单纯的空间规律和时间规律来引申自然律。这当然是些不幸的企图。不过人们也无从知道一个有天才的头脑一时究竟能实现这两种努力到什么地步。

尽管现象与自在之物的区别是绝不可置若无睹的，从而绝

不可把在一切理念中客体化了的意志（因为意志的客体性有它一定的级别）的同一性歪曲为意志显现于其中的个别理念本身的一种同一性，例如绝不可把化学的或电力的吸引还原为由于重力的吸引，虽然它们内在的类似性已被认识而可以把前者看
205 作等于是后者更高一级次的存在；同样，在一切动物身体的构造有着内在的类似性也绝不可以作为理由把物种混淆起来认为是同一的，不可把较完备的〔物种〕解释为较不完备的〔物种〕的变种；最后尽管生理机能也绝不可还原为化学和物理过程，然而在一定的限制内人们还可承认下列事实有很大的盖然性而为上述这种做法辩护。

如果在意志客体化的较低级别上，也就是在无机体中，意志的现象中有几种现象陷入相互冲突中，这时每一现象都在因果性的线索上争着要占据眼前现有的物质。于是，从这冲突中产生的是〔其中〕一个高级一些的理念的现象，这现象把原先所有的一切较不完备的现象都降服了，并且是在降服它们之后仍容许它们的本质在一个较低级的状态中继续存在，这时战胜的现象就从它们那里吸收了一种和它们类似的东西了。这一过程是只能从显现于一切理念中的同一个意志及其一贯趋向较高客体化的冲力来理解的。例如在骨骼的硬化中我们就发现一种不会看错的类似于晶体化的东西，因为这骨化作用本来是支配着石灰质的，不过骨化作用仍绝不得还原为晶体化作用。在肌肉的硬化中，这种类似性就更为微弱了。同样，动物身体中各种液汁的混合和分泌也是化学上化合和化分的类似物，并且化学的规律仍然继续在起作用，不过是次一级的作用，大受限制，被一个更高的理念所制服罢了。因此单

是化学的那些力，如不在有机体中，就绝不会产生这样的身体液汁；而是〔某种东西〕

　　化学不知儿，解嘲有何益？

　　“自然之精华”，姑以为定义。

由于战胜一些较低的理念或意志较低的客体化而涌现的那一较完备的理念，正是由于它从每一被降服了的理念吸收了一较高级次的类似物在它自身中而获得了一崭新的特性。意志把自己在一新的更明晰的方式上客体化了。原来本是由于两可的双重方式，后来却是由于同化于现成的种子而生的，有有机的浆液、植物、动物、人。所以那较高现象是从一些较低现象的相互冲突中产生的，它 206
吞噬了这一切现象然而又在较高的程度上实现了这一切现象的向上冲动。所以这里就已经是“蛇不吃蛇、不能成龙”这一条规律在支配着。

我原以为由于〔我这〕论述的明晰性可以使我克服这些思想在〔它们〕的题材上附带有的晦涩，可是我已看清楚，如果我不想仍然为人所不理解或误解的话，那么，读者们自己的考察就必须大大的助我一臂之力才行。——根据上面提出来的看法，人们固然得以在有机体中指出各种物理化学作用的迹象，但绝不应以这些迹象来解释有机体；因为有机体怎么也不是由这些力统一起来的作用所产生的现象，所以也不是偶然产生的现象；而是一个较高的理念，这一理念以**压倒一切的同化作用**降服了那些较低的理念；〔而这又是〕因为那把自己客体化于一切理念中那**一个**意志在它力趋最高可能的客体化时，在这儿把它较低级别的现象，在经过一场冲突之后，放弃了，以便在一个较高的级别上更强有力地显现。没有胜利不是通过冲突而来的。较高的理念或意志的较高的客体化，既只能由于降服了较低级的理念才能出现，那么，它就要遭到这些较低理念的抵抗了。这些理念虽然是已降到可供驱使的地位了，总还是挣扎着要获得它们自在的本质独立完整的表出。把一块铁吸上来的磁石就不断地在和重力进行着斗争，〔因为〕重力作为意志最低级的客体化，对于这铁的物质有着更原始的权利。在这个不断的斗争中，由于抗拒力好比是在刺激着它作出更大的努力似的，这磁石也使自己更坚强了。和磁石一样，每一意志现象，包括在人类有机体内表出的意志现象，也在对许多物理的、化学的力进行着持续的斗争；而这些力作为较低级的理念，对于有机体中的物质也有着先入为主的权利。所以人的手臂，由于克服了重力而把它举起一会儿之后，仍会掉下去。因此健康的舒适感〔虽然〕表现
207 着一种胜利，是自意识着这舒适感的有机体的理念战胜了原来支配着身体浆液的物理化学规律。可是这舒适感是常常被间断了的，甚至经常有一种或大或小的，由于那些物理化学力的抗拒而产生的不适感与之相伴，由此我们生命中无知地运行着的部分就已经是经常的和一种轻微的痛苦连在一起了。所以消化作用也要压低一切动物性的机能，因为消化要据有全部生命力以便通过同化作用而战胜化学的自然力。所以根本是由于这些自然力才有肉体生活的重负，才有睡眠的必要，最后还有死亡的必然性。在死亡中，那些被制服了的自然力，由于有利情况的促成，又能从疲于不断斗争的有机体〔手里〕夺回它们被劫走的物质而它们的本质又得以无阻碍地表达出来了。因此人们也可以说，每一有机体之表出一理念，——有机体就是这理念的摹本——，仅仅是在抽去那部分

用于降服和这有机体争夺物质的低级理念的力量之后。耶各·丕姆[①]似乎已隐约地看到这一点，他在有一个地方说人类和动物，甚至植物所有的一切身体，真正说起来都是半死的。那么，在有机体降服那些表出着意志客体性低层级别的自然力时，各按其成功的或大或小，有机体便随之而成为其理念的较圆满或较不圆满的表现，即是说或较近于或较远于那**理想的典念**；而在有机体的种属中，美就是属于这典型的。

这样我们在自然中就到处看到了争夺，斗争和胜败无常，转败为胜，也正是在这种情况中我们此后还要更清楚地认识到对于意志有着本质上的重要性的自我分裂。意志客体化的每一级别都在和另一级别争夺着物质、空间、时间。恒存的物质必须经常更换〔自己的〕形式，在更换形式时，机械的、物理的、化学的、有机的现象在因果性的线索之下贪婪地抢着要出现，互相夺取物质，因为每一现象都要显示它的理念。在整个自然界中都可跟踪追寻这种争夺，是的，自然之为自然正就只是由于这种争夺："因为如果冲突争 208
夺不存在于事物中，一切就会是'一'，有如恩披陀克勒斯所说。"（亚里士多德：《形而上学》B.，5）原来这冲突争夺自身就只是对于意志有本质的重要性的自我分裂的外现。这种普遍的斗争在以植物为其营养的动物界中达到了最显著的程度。在动物界自身中，每一动物又为另一动物的俘虏和食料，也就是说每一动物又得让出它借以表出其理念的物质，以便于另一理念得据以为其表出之用，因为每一动物都只能由于不断取消异类的存在以维持它自己

① Jakob Böhme（1575—1624），德国新教神秘主义者，著有《上升中的朝霞》。

的存在。这样，生命意志就始终一贯是自己在啃着自己，在不同形态中自己为自己的食品，一直到了人类为止，因为人制服了其他一切物种，把自然看作供他使用的一种出品。然而就是在人这物种中，如我们在第四篇里将看到的，人把那种斗争，那种意志的自我分裂暴露到最可怕的明显程度，而“人对人，都成了狼”了。同时，我们在意志客体性的较低级别上也看到这同一的斗争，同一的〔一物〕制〔一物〕。许多昆虫（尤其是膜翅类昆虫）把蛋下在别种昆虫的蛹的表皮上，甚至下在蛹的体内，而这些蛹的慢性毁灭就是新孵出的这一幼虫做出来的第一件工作。枝生水螅的幼虫从成虫中长出，好像树之有枝一样，后来才和成虫分离；在幼虫还牢固地长在成虫身上时，已经在和成虫争夺那些自己送上来的食物，竟可说是互相从口中抢夺这些东西（春百烈〔Trembley〕：《百足动物》II，第110页，IV，第165页）。澳洲的猛犬蚁为这种斗争情况提供了最触目的例子：当人们把它切断之后，在头部和尾部之间就开始一场战斗，头部以上下颚咬住尾部，尾部力刺头部而〔发起〕勇敢的自卫。这场战斗经常要延长到半小时之久，直到双方死亡或被其他蚂蚁拖走为止。〔每次试验，〕每次都发生同样的过程（引自《英国W.杂志》豪威特〔Howitt〕的一封信，转载于贾立格兰尼的《邮报》，1855年11月17日）。在米苏里河的两岸，人们不时看到参
209 天的橡树被巨大的野葡萄藤缠住枝干，束缚着、捆绑着大树，以至这树不能不窒息枯萎。甚至在最低的一些级别上也可看到同样的情况，例如通过有机的同化作用，水和碳就变为植物浆液，植物或面包又变为血液；并且，只要是一些化学的力被限制为低一级的作用而动物分泌又正在进行的场合，到处也都有这样的变化。其次

是在无机自然界也有这种情况，例如正在形成的结晶体互相遭遇，互相交叉而互相干扰，以至无从表出它们完整的结晶形式，以至任何晶簇几乎都是意志在其客体化那么低的级别上冲突着的摹本。或是磁石把磁性强加在铁上时，磁石要在铁中显出它的理念；或是化学的放电作用制服了各种化学的亲和力，把牢固的化合物分解了而如此严重地抑制着化学的规律，以致在阴极被分解的一种盐类的酸不得不奔赴阳极，却又不得和它中途必须通过的碱类相结合，即令只是把中途遇着的石蕊纸变成红色也不可能。在宏观〔的宇宙〕方面，也有同样的情况表现在恒星与行星之间的关系上。行星虽是断然的依附〔于恒星〕，却还是和有机体内的一些化学力一样，在抗拒着〔恒星〕，从而产生向心力和离心力之间永恒的紧张。

这种紧张〔不但〕使宇宙天体运行不息，而且自身就已是我们正在考察着的那普遍的，意志现象本质上的斗争的一个表现。因为任何物体既然必须作为意志的一个现象看，而意志又必然是作为一种向上冲动而表达出来的；那么，任何抟成球形的天体，它的原始本然状态就不能是静，而是动，而是无休止地，无目标地，在无穷空间中向前的迈进。这一点既不和惯性定律，也不和因果律相反。因为按惯性定律，物质之为物质对于动静是无所偏爱的，所以物质的本然状态可以是动，也可以是静。因此，如果我们发现它在运动中，我们便无权假定它前此经历了静止状态，无权追问运动所以发
起的原因；正和反过来，我们发现它在静止中，无权假定它前此经 210
历过运动状态，无权追问那运动何以停下来的原因是一样的。因此要为离心力找到最初的推动力，那是无处可找的；因为离心力在行星，依康德和拉布拉斯的假设，是恒星原有自转运动的残余，这

又因为行星是在恒星自行缩小时从恒星中分离出来的。但运动对于恒星是本质上重要的〔东西〕，它仍一贯自转着，并同时在无穷空间中飞去，或是围绕着一个更大的，我们看不见的恒星在旋转。这一看法和天文学家的臆测的中央恒星说完全一致，也符合于已发现了的，我们整个太阳系在移动的事实；也许是我们太阳所属的整个星群在移动，最后还可推论到一切恒星的，包括中央恒星在内的普遍移动；而这种在无穷空间中的移动当然也就已失去任何意义了（因为在绝对空间中的运动是无法能区别于静止的）。这种无穷空间中的向前移动正由于失去意义，直接由于无目标的奋进和飞行，就已表现为我们在本书的末尾必须认为是意志在其一切现象中的奋进所〔共〕有的那种虚无性，那种缺乏最后目的了。因此无穷的空间和无尽的时间又必然是意志所有一切现象最普遍、最基本的形式，而意志的整个本质就是为了要表现为现象而存在的。——最后，甚至在单纯的物质中，在物质作为物质看时，只要物质现象的本质是康德正确地称为排拒力和吸引力〔的东西〕，我们就已经能看出〔这里〕纳入考察的，一切意志现象的相互斗争了。所以物质已经就只是在相反力量的斗争中而有其存在了。如果我们把物质的一切化学差别抽掉，或是在因果链上设想，一直回溯到没有化学差别存在的时候，那么我们就只有剩下来的纯物质了，剩下这世界抟成一颗弹丸，而这弹丸的生命，亦即意志的客体化，也
211 就是吸引力和排拒力之间的那斗争所构成的了；前者作为重力，从一切方面向中心扑去；后者作为不可透入性，或是借固体性或是借弹性抗拒着前者。这一永恒的扑向中心和抗拒作用就可看作意志在最低级别上的客体性，并且在这级别上就已表现了意志的特性。

于是我们在这里，在这最低级别上，就好像是看到意志把自己表出为盲目的冲动，为一种昏暗无光的、冥顽的躁动，远离着一切直接认识的可能性。这是意志客体化最简单最微弱的一种。不过在整个无机的自然界，在一切原始的“力”中，意志也是作为这种盲目冲动和无知的奋斗而显现的；物理化学所从事的就是找出，这些原始“力”和认识它们的规律。这些原始“力”中的任何一种都是在百万次完全相同的，合乎规律的现象中，把自己表出于我们之前，毫不露出一点个性特征的痕迹，而只是被时间和空间，亦即被个体化原理所复制罢了，有如一个图片被菱镜的许多平刻面所复制一样。

意志的客体化一级比一级明显，然而在植物界，连结意志现象的纽带虽已不是原因而是刺激，意志仍然是完全无知的作用，还是无明的冲动；同样，最后在动物现象中自然运行的部分，在任何动物的生育和成长中，在动物内部营养输将的维系上，依然还只是刺激在必然地决定着意志的现象，意志也还是盲目的。意志客体性的级别一直上升，最后达到一点，在这一点上表出理念的个体已经不能单由随刺激〔而发生〕的活动来获得它要加以同化的营养品了；因为这种刺激必须待其自来，而在这里，营养品都是特殊规定的，在现象愈来愈复杂的时候，拥塞混乱的情况就更加剧了，以致这些现象互相干扰起来，于是单是由刺激发动的个体必须从偶然的机会来等待食物，那就太不利了。因此，动物在卵中或母体中是无知的成长着，从它脱离卵或母体那一瞬开始，食物就必须是搜寻 212
来的，拣选来的。由于这个缘故，行动就必要按动机〔而发〕，而为了这些动机又必须有认识；所以认识是在意志客体化的这一级别

上作为个体保存和种族延续所要求的一种辅助工具，〔一种〕“器械”而出现的。认识的出现是以大脑或一更大的神经节为代表的，正如把自己客体化的意志其他的任何企求或规定都是以一个器官为代表的一样，也即是为表象而把自己表出为一器官*。——可是因为有了这个辅助工具，这个“器械”，在反掌之间就出现了**作为表象的世界**，附带地还有它所有的形式：客体和主体，时间，空间，杂多性和因果性。这时世界显出了〔它的〕第二面。在此以前世界原只是意志，现在它同时又是**表象**，是认识着的主体的客体了。直到这里，意志是在黑暗中极准确无误地追随它的冲动；到了〔现在〕这一级别，它却为自己点燃了一盏明灯。为了消灭那个从它那些现象的拥塞和复杂情况中产生出来的缺点，即令最完备的现象也不免要产生的那个缺点，这盏明灯是一个不可少的工具。在此以前，意志所以能在无机的和单纯植物性的自然中以一种绝不失误的妥当性和规律性起作用，那是因为只有它独自在它的原始本质中，作为盲目冲动，作为意志在活动；没有别的援助，可是也没有来自第二个完全不同的世界，来自作为表象的世界的干扰。作为表象的世界虽然只是它自己的本质的写照，但却是完全另一性质，现在却要插手在它那些现象的联系之中了。于是，它那些现象的绝不失误的妥当性就从此告终了。动物就已经不免为假象、幻觉所
213 迷误。动物还只有直观的表象，没有概念，没有反省思维；因此它们是束缚在“现在”上的，不能顾及将来。——看起来，这种没有理

* 第二卷第二十二章是补充这里的，还有我著的《论自然界中的意志》，第一版第54页，第70—79页，第二版第46页，第63—72页。

性的认识好像不是在一切场合都足以达到它的目的似的，有时候好像也需要一种帮助似的。原来还有这样一种值得注意的现象摆在我们面前，就是说盲目的意志作用和由认识照明的作用这两种作用，在两类〔不同的〕现象之中〔每〕以非常出乎意料的方式互相侵入对方的范围。一面我们看到在动物那些由直观认识和动机来指导的作为之中，就有一种不带这些认识和动机的作为，也就是以盲目地起作用的意志的必然性来完成的作为。这种作为可以在动物的制作本能中看得出来，这种本能既无动机，又无认识的指导，然而看起来甚至好像是按抽象的、理性的动机来完成它们那些工作的。和这相反的另一情况是反其道而行之，认识之光侵入了盲目地起作用的意志的工地里去了，把人类有机体的纯生理机能照明了：在磁性催眠术中就是这样。——最后在意志达到了它客体化的最高程度时，发生于动物的那种悟性的认识，由于是感官为它提供资料，而从这些资料产生的〔又〕只是局限于眼前的直观，所以就不敷应用了。人，这复杂的、多方面的、有可塑性的、需求最多的、难免不受到无数伤害的生物，为了能够生存，就必须由双重认识来照明，等于是直观认识之上加上比直观认识更高级次的能力，加上反映直观认识的思维，亦即加上具有抽象概念能力的理性。与理性俱来的是思考，囊括着过去和未来的全景，从而便有考虑、忧虑，有事先筹划的能力，有不以当前为转移的行为，最后还有对于自己如此这般的意志决断完全明晰的意识。假象和幻觉的可能性既已随单纯的直观认识而俱来，于是，前此在意志无知的冲动中的可靠性就被取消了；因此本能和制作冲动，作为无知的意志之表出而杂在那些由认识指导的意志之表出中，就必须出而助以一臂

214 之力;所以说和理性出现的同时,〔前此〕意志之表出的那种可靠性和准确性(在另一极端、在无机自然界,甚至现为严格的规律性)就丧失殆尽了。本能〔既〕几乎完全引退,势欲取一切而代之的思考(如在第一篇里论列的)就产生了摇摆不定和踟蹰不决。于是谬误有了可能,并且在好些场合还以行动妨碍着意志恰如其分的客体化。这是因为意志虽在性格中已拿定了它固定不变的方向,而欲求本身又少不了要在动机的促使之下按此方向而出现;然而由于幻想的动机如同真实的动机一样插手其间,取消了真实动机*,谬误就能把意志的表出加以篡改;例如迷信在不知不觉中带进了幻想的动机,强制一个人进行某种行为,和他的意志在原来情况之下没有这种强制时会要表出的行为方式恰恰相反:〔所以〕阿格梅姆隆[①]杀了他的女儿;吝啬鬼出于纯粹自私,希望将来获得百倍的酬报也要布施;如此等等。

所以认识,从根本上看来,不管是理性的认识也好,或只是直观的认识也好,本来都是从意志自身产生的。作为仅仅是一种辅助工具,一种“器械”,认识和身体的任何器官一样,也是维系个体存在和种族存在的工具之一。作为这种工具,认识〔原〕是属于意志客体化较高级别的本质的。认识本来是命定为意志服务的,是为了达成意志的目的的,所以它也几乎始终是驯服而胜任的;在所有的动物,差一些儿在所有的人,都是如此的。然而在〔本书〕第三篇我们就会看到在某些个别的人,认识躲避了这种劳役,打开了自

---

* 因此,经院学派说得很对:“目的因不是按其是什么的本质,而是按其被认识的本质起作用的。”见苏阿瑞兹《辩论集》,《形而上学的辩论》XXIII,七、八两段。

① Agamemnon,土劳埃战争中希腊联军统帅。

己的枷锁；自由于欲求的一切目的之外，它还能纯粹自在地，仅仅只作为这世界的一面镜子而存在。艺术就是从这里产生的。最后在第四篇里，我们将看到如何由于这种〔自在的〕认识，当它回过头来影响意志的时候，又能发生意志的自我扬弃。这就叫做无欲。215
无欲是〔人生的〕最后目的，是的，它是一切美德和神圣性的最内在本质，也是从尘世得到解脱。

§ 28

意志把自己客体化于现象中，我们已考察了这些现象的巨大差别性和多样性，我们也看到了这些现象相互之间无穷尽的和不妥协的斗争。然而，根据我们前此所有的论述。意志自身，作为自在之物，却并不包括在这种杂多性和变换之中。理念（柏拉图的）的差别，也即是客体化的各个级别；一大群的个体，每一理念都把自己表出于这些个体中；形式与形式之间为占有物质而进行的斗争〔等等〕；这一切都和意志无关，而不过是意志客体化的方式和样态，只是由于客体化才和意志有着间接的关系；借此关系这一切才属于意志的本质为〔了成为〕表象〔而有〕的表现。犹如一盏神灯映出多种多样的图片，然而使所有这些图片获得可见性的却只是〔灯里〕那一个火焰；那么，在一切繁复的现象中，——这些现象或是并列而充塞宇宙，或是作为事故先后继起而相消长——，在这一切变动中只有**那一个意志**是显现者，永无变动；而那一切一切则是它的可见性、客体性。唯有它是自在之物而一切客体则都是显现，用康德的话说，亦即都是现象。——意志作为（柏拉图的）理念，虽在人类中有其最明显的和最完美的客体化，然而单是这一客体化还不

能表出意志的本质。人的理念，如果要在应有的意义之下显露出来，就不可孤立地、割裂地表出，而必须有向下行的各级别，经过动物的一切形态，经过植物界直到无机界〔的自然〕相随在后才行。有这一切才使意志的客体化达到完整的地步。人的理念要以这一切为前提，正如树上的花要以枝、叶、根、干为前提是一个道理。这
216 些级别形成一个金字塔，而人就是塔顶。如果人们爱好比喻的话，我们也可以说这一切一切，它们的现象是如此的必然随伴着人的现象，正如〔白昼〕完全的光明必有逐级不同的半明半暗相随伴一样，经过半明半暗才消失于黑暗之中。人们还可以把这一切称为人类的余音，可以说动物和植物是下降的第五和第三音阶，而无机界则是较低的第八音阶。不过最后这个比喻的全部真实性，要在下一篇中我们探讨音乐的深长意味时，才能明白；〔在那儿〕我们将看到那通过轻快的高音而在连续中进行的曲调，何以要在某种意义上看作是在表现着人的由于反省思维而有着连续的生活与奋斗。与此相反，那些不相连续的补助音和慢低音原是音乐的完整性所必需的谐音之所从出，这些音就象征着其他动物界和无知觉的自然。不过关于这一点，容在后文适当的地方再谈，在那里听起来就不会是这样难解了。——可是我们也看到了意志现象所以要排成级别的**内在的**，和意志恰如其分的客体性分不开的**必然性**，在所有一切意志现象中都是由一种**外在的必然性**表现出来的。由于这种〔外在〕必然性，人为了自己的生存就需要动物，动物又因而依次需要另一种动物，然后也需要植物；植物又需要土壤、水分、化学元素、元素的化合物等，需要行星、太阳、〔行星的〕自转和公转、黄道的倾斜度等等。归根结底，这都是由于意志必须以自身饱自己

的馋吻而产生的，因为除意志以外，再没有什么存在的东西了；而它呢，却是一个饥饿的意志。〔人世的〕追逐、焦虑和苦难都是从这里来的。

唯有在现象无穷的差别性和多样性中，认识到作为自在之物的意志的统一性、单一性，才能对于自然界一切产物间那种奇迹般的，不会看错的类似性，那种亲族的近似性提出真正的说明。由于这种亲族的近似性，我们才能把自然界的产物看作那同一的，但不
是随同提出的一个主旋律的变化。与此相似，由于清晰而深入地 217
认识到这世界一切部分间的那种谐和，那种本质上的联系，认识这些部分划成级别的必然性——这是我们才考察过的——，我们对于自然界一切有机产物的内在本质及其不可否认的**目的性**有何意义才能有一个真实的充分的理解。〔至于〕这种目的性，在我们考察和审定这些有机的自然产物时，我们已先验地把它假定下来了。

这个**目的性**有双重的性质；一面是**内在的**，也就是一个个别有机体所有各部分间有如此安排好了的相互协调，以致该有机体及其种族有了保存的可能，因而这就表现为那种安排的目的。另外一面这目的性又是**外在的**，一般说来这根本是无机自然界对有机自然界的一种关系，不过有时也是有机自然界各部分之间相互的一种关系；这种关系使整个有机自然界，同时也使个别物种有了保存的可能，因此，这关系对于我们的判断是作为达到这一目的的手段而呈现的。

这内在的目的性就是以下述方式插到我们这考察的序列中来的。如果以前此所说的为据，在自然界中一切形态的差别性和个体的杂多性都不属于意志，而只属于意志的客体性和客体性的形

式；那就必然要说，意志，尽管它客体化的程序，也就是（柏拉图的）理念，是差别很大的，它自己却是不可分割的，在任何一现象中出现，都是整个的意志。为了易于了解起见，我们可以把这些不同的理念作为个别的，自身简单的意志活动看，而意志的本质又是或多或少地把自己表现在这些活动中的。个体却又是这些理念——亦即那些活动——在时间、空间和杂多性中的一些现象。——一个这样的〔意志〕活动（或理念）在客体性的最低级别上也在现象中保有它自己的统一性；而如果在较高的级别上，为了显现出来，这种活动就需要时间上的整个一系列的情况和发展，所有这些情况和发展结合起来才能完成它的本质的表出。例如，在任何一种普遍自然力中显示出来的理念，不管它这个表出按外在情况的变化是
218 如何的有差别；它总只有一个单一的表出；否则就根本不能指出这表出的同一性，而指出这种同一性正是由剥落那些从外在情况发生的差别性来完成的。结晶体正是这样才只有**一次**的生命表现，那就是它的结晶活动。这个生命表出随后就在僵化了的形式上，在它一瞬息的生命的遗骸上有着它完全充分和赅括无余的表现。植物〔也〕是理念的显现，但植物表现理念——植物即这理念的显现——就已不是一次的，也不是由一个单一的表出，而是由植物器官在时间上的继续发育来表现的。动物则不仅是在同一形式下，不仅是在相续而常不相同的形态（形变）中发展着它的有机体，而是这形态本身，虽已是意志在这级别上的客体性，却仍不足以充分表现它的理念；而是由于动物的行为，这理念才得到完整的表现，因为动物的验知性格，也即是在整个这一物种中相同的性格，是在这些行为中透露出来的，这才是理念的充分显出。这时，理念的显

出就是以那一定的有机体为基本条件的。至于人类，每一个体已各有其特殊的验知性格（我们将在第四篇看到直至完全取消种性，即是由于一切意欲的自我扬弃而取消种性）。那由于时间上必然的发展，由于以此发展为条件的分散为个别行为而被认为是“验知性格”的东西，在抽去属于现象的这时间形式时，就是康德术语中的“悟知性格”。康德指出了这一区别和阐明了自由与必然之间的关系，实际上也就是阐明了自在之物的意志和意志在时间中的现象两者之间的关系；在这些指示中特别辉煌地显出了他不朽的功绩*。所以这悟知性格是和理念，或更狭义些是和显露于理念中 219
的原始意志活动相准的。那么，在这个范围内说，就不仅是每个人的验知性格，而且是每一动物种属的，每一植物种属的，甚至无机自然每一原始力的验知性格都要作为悟知性格的——也即是一个超乎时间、不可分割的意志活动的——现象看。——附带的我想在这里指出植物的坦率也可注意一下。每一植物单是在它的形态中便已坦率地表出了它整个的性格，公开显示着它的存在和意欲；植物面貌所以那么有趣就是由于这一点。可是动物〔就不同〕，如果要在理念上认识它，就已经要在它的行动和营为上来观察；而人呢，因为理性使他具有进行伪装的高度能力，就只有全靠研究和试探〔来认识他了〕。动物比人更坦率，在程度上比较正等于植物比动物更坦率。在动物，比在人更能看到赤裸裸的生命意志，因为人是用许多知识包扎起来的，此外又是被伪装的本领掩饰起来的，以

* 见《纯粹理性批判》，“从世界大事的全部引申来的宇宙观念之解决”，第五版，第560—586页，第一版第532页和后续各页，还有《实践理性批判》第四版第169—179页，罗森克朗兹版224页和后续各页。比较我的论文《根据律》第43节。

至他的真正本质几乎只偶然地间或显露出来。完全赤裸裸的，不过也微弱得多，那是显出于植物的生命意志，那是没有目的和目标，盲目求生存的冲动。这是因为植物显示它全部的本质，是一览无余的，是完全天真无邪的。这种天真无邪，并不因一切禽兽的生殖器官都在隐蔽的部位，而植物却顶戴之以供观赏，便有所损失。植物的天真无邪基于它的无知无识。邪恶并不在意欲中，而是在带有知识的意欲中。每一植物首先就吐露了它的故乡，吐露这故乡的气候和它所从生长的土壤的性质。因此，即令是一个没有学习过的人也容易识别一种异乡的植物是热带地区的还是温带地区的，是生长在水里的，在沼地的，在山上的还是在荒地上的。此外每一种植物还表达了它种族的特殊意志而说出用任何其他语言不能表示的东西。——但是现在要看看〔如何〕应用已说过的〔这些〕来对有机体作目的论上的考察，并且这种考察也只以针对有机体
220 内的目的性为范围。在无机的自然中，当那到处都是当作一个单一的意志活动来看的理念把自己显露于仅仅一个单一的并且总是相同的表出〔方式中〕时，人们就能说验知性格在这里直接具有“悟知性格”的统一性，等于是和“悟知性格”合一了，因此这里就不能显出什么内在的目的性。与此相反，当一切有机体是以前后相继的发展来表出它的理念时，而这发展又是被决定于不同部位互相并列的多样性的，也就是说这些有机体的“验知性格”所有那些表现的总和统括起来才是“悟知性格”的表出；那么，这就并不是说这些部位的必然互相并列，这些发展的必然前后相继就取消了这显现着的理念的统一性了，就取消了这把自己表出的意志活动的统一性了。实际上，倒反而是这个统一性在那些部位和发展按因果

律而有的必然关系与必然连锁上获得了它的表现。把自己显出于一切理念中的，亦如显出于一个〔意志〕活动中的，既然就是那唯一的，不可分的，因而完全和自己相一致的意志，那么，意志的现象虽然分散为不同的部位和情况，仍然必须在这些部位和情况一贯的相互协调中显出那统一性。这是由于所有一切部分间的必然相关和相互因依而后可能的，由此即令是在现象中也恢复了理念的统一性。准此，我们现在〔就可〕把有机体的那些不同部分和不同功能看作相互之间的手段和目的，而有机体自身则为一切目的的最后目的。从而一面有自身单一的理念分散为有机体杂多的部位和情况，另一面是理念的统一性又由于那些部位和功能的必然联系作为互相依存的因和果，手段和目的而得恢复；无论哪一面对于显现着的意志之为意志，对于〔这〕自在之物，都不是特有的，本质的东西；而只是对于意志在空间、时间和因果性（都是根据律的一些
形态，现象的一些形式）中的现象，这两面才都是特有的、本质的东 221
西。这两面都属于作为表象的世界而不属于作为意志的世界；属于意志在其客体性的这一级别上如何成为客体——也即是如何成为表象——的方式和方法。谁要是钻进了这一容或有些难于理解的讨论〔所包含〕的意思，以后就会充分地懂得康德的学说。这学说的旨趣是说有机界的目的性也好，无机界的规律性也好，最初都是由我们的悟性带进自然界来的，因此目的性和规律性两者都只属于现象而不属于自在之物。前面已说过，人们对于无机自然界的规律性感到惊奇的是这种规律从不失效的恒常性。这种惊奇，和人们对于有机自然界的目的性所感到的惊奇基本上是同一回事，因为在这两种情况之下，使我们诧异的都只是看到了理念本有的统一性，

而理念〔只是〕为了现象才采取了杂多性和差别性的形式*。

至于第二种目的性，**外在**的目的性——按前面所作的分类——那是在有机体的内部生活中看不到的，而只是在有机体从外面，从无机的自然获得的，或是从别的有机体获得的支援和帮助中看得到的。就这一目的性说，它同样的可在上面确立的论点中获得一般的说明，因为这整个世界，连同其一切现象既都是一个不可分割的意志的客体性，而这理念对一切其他理念的关系又有如谐音对个别基音的关系，那么，在意志所有一切现象相互之间的协调中，也必然可以看到意志的那种统一性。不过，如果我们再深入一点来察看那外在目的性的一些现象以及自然界各不同部分之间的协调，那么，我们就能够把这里的见解大大的弄清楚些；并且这样来讨论还可以回过头来说明前面的论点，而要达到这一步，我们最好是来考察下面的类比。

222 任何一个人的性格，只要彻底是个别的而不是完全包涵于种性中的，都可以看作一个特殊的理念，相当于意志的一个特殊客体化行动。那么，这一行动自身就可说是人的悟知性格，而人的验知性格就是这悟知性格的显现了。悟知性格是没有根据的，即是作为自在之物而不服从根据律（现象的形式）的意志。验知性格是完完全全被这“悟知性格”所规定的。验知性格必须在一个生活过程中构成悟知性格的摹本，并且除了悟知性格的本质所要求的而外，不能有别的作为。不过这种规定只对如此显现的生命过程的本质方面有效，对于非本质的方面是无效的。属于这非本质方面的就

* 比较《论自然中的意志》“比较解剖学”一段的末尾。

是经历和行为的详细规定，而经历和行为就是“验知性格”借以显现于其中的材料。经历和行为是由外在情况规定的，外在情况又产生动机，而性格则按其自性而对动机起反应。因为外在情况可以大不相同，那么“验知性格”由之而显现的外在形态——亦即生活过程上某些实际的或历史的形态——必须适应外在情况的影响。这种形态可以很不相同；尽管这现象的本质方面，现象的内容，保持不变。例如人们是拿胡桃，还是拿王冠作赌注，这是非本质的方面，但在赌博中人们是故弄玄虚而欺骗或是老老实实按规矩赌博，这却是本质的方面。后者是由悟知性格决定的，前者是由外来影响决定的。正如一个主旋律可以用千百种音调的变化来发挥，同一个性格一样也可出现于千百种不同的生活过程中。尽管外来影响可以如此多变，在生活过程中表出的验知性格，不管那影响如何，仍然必须准确地〔去〕客体化那悟知性格，因为后者是常使它的客体化适应着实际情况已有的材料的。——如果我们愿意想一想，意志在它客体化的那一原始活动中是如何决定着它把自己客体化于其中的不同理念，——而这些理念也就是各种自然产物 223
的不同形态——；且意志的客体化既分属于这些形态，所以这些形态在现象中也必然有着相互的关系；那么，我们现在就得假定一种和外在情况对于在本质方面被性格决定的生活过程所发生的影响相类似的东西。我们必须假定在一个意志所有一切的那些现象之间都有着普遍的相互适应和相互迁就；不过，我们就会看得更清楚，在这里应将一切时间上的规定除外，因为理念原是在时间之外的。准此，每一现象都必须和它所进入的环境相适应，不过环境也得和现象相适应，虽然在时间上，现象所占的地位要晚得多。于是

我们到处都能看到这种“自然〔界〕的协调”。因此，每一植物都是和它的土壤，所在地带相适应的；每一动物都是和它生息于其中的因素，和它用为食料的捕获品相适应的，并且还有一定的防御能力以对付它在自然界中的迫害者。眼睛是和光及光的折射相适应的，肺和血是和空气相适应的，鱼鳔是和水相适应的，海狗的眼是和它借以看事物的本质的变化相适应的，骆驼胃里的蓄水细胞是和非洲沙漠的干旱相适应的，鹦鹉螺的“帆”是和送它那只“小船”前进的风相适应的，如此等等，可往下列举直至最特殊，最使人惊奇的，外在的目的性*。不过这里要把一切时间性关系撇开，因为时间关系只能对理念的显现而言，却不能对理念自身而言。因此上面这种说法也可反过来用，就是不仅承认每一物种适应着已有的情况，而且要承认这在时间上先已有了的情况本身也同样要照顾行将到来的生物。这是因为在整个世界把自己客体化的只是一个同一的意志；它不知有什么时间，因为根据律的这一形态既不属于它，也不属于它原始的客体性——理念——，而是只属于这理念
224 如何被自身无常的个体所认识的方式方法，也即是说只属于理念的显现。因此，就我们目前对于意志的客体化如何把自己分属于各理念的考察来说，时间顺序是全无意义的，而有些理念也并不因为它们的**现象**按因果律——作为现象是服从因果律的——而先进入时间顺序就对另外一些理念，其现象进入时间顺序较晚一些的理念有什么优先权；反而是这后进入时间的现象正是意志的最圆满的客体化，那些先进入时间顺序的现象必须适应这些后进入的，

* 见《论自然中的意志》“比较解剖学”条。

犹如后者必须适应前者一样。所以行星的运行，黄道的倾向〔于赤道〕，地球的自转，〔地壳上〕水陆的分布，大气层，光，温暖以及一切类似的现象，它们在大自然正犹如通奏低音之在谐音中，都富有预觉地准备着适应即将降临的各族生物，准备成为这些族类的支柱和维系人。同样，土壤要迁就植物而成为它的营养，植物又准备成为动物的营养，这些动物又安排自己作为别的动物的营养，完全和所有后面的这些又反过来把自己安排为前者的营养一样。大自然的一切部分都互相适应，因为在这一切部分中显现的总是一个意志；而时间顺序对于意志原始的和唯一**恰如其分的客体性**(下一篇将解释这个术语)——理念——却完全不相干。现在，在各种族已只要保存而无须再发生的时候，我们还一再看到大自然指向将来的，事实上好像是从时间顺序套取来的事先筹划似的，看到那已存在的准备迎接那将要到来的。所以鸟儿要为幼雏筑巢，而它还并不认识这些幼雏；海狸要造窝，而它也并不知它的目的何在；蚂蚁、土拨鼠、蜜蜂要为它们所不知的冬季储存粮食；蜘蛛，蚁狮好像是以熟虑的妙算要为将来的，它们所不知道的捕获品设立陷阱；而昆虫总是把蛋下在未来的幼虫将来能找到食物的地方。并蒂螺旋藻的雌花本来是被它那螺旋的花茎留在水面之下的，〔可是〕在花事期间，它却把这螺旋茎伸直而上升到水面，恰好同时，那水底下长 225
在一根短茎上的雄花也就自动从这茎上脱落下来，不惜牺牲生命而浮于水面，以便在飘游中找到雌花；而雌花一经受精之后，又由螺旋茎的收缩作用而回到水底，然后在那里结成果实*。这里我

* 夏丹(Chatin)：《螺旋藻》，见法国科学院整理的《科学汇报》1855 年第十三期。

不得不又一次想到鹿角虫的雄性幼虫，它们为了将来的形变，在树木里咬出的洞要比雌性幼虫所咬出的要大一倍，以便为将来的两角留出余地。所以动物的本能，根本就给我们提供了最好的解释以说明自然界的其他目的性。原来如同本能很像是按目的概念而有的行为却完全没有目的概念一样；同样，大自然的一切营造也等同于按目的概念而有的营造，而其实并完全没有目的概念。原来我们在大自然的外在目的性中，也同在内在目的性中一样，我们不得不设想为手段和目的的〔东西〕，到处都只是**如此彻底自相一致的一个意志的单一性**：对我们的认识方式自行分散于空间和时间中的**现象**。

同时，由这单一性所产生的现象之间的相互适应和相互迁就却并不能消灭前文阐述过的，出现于自然界普遍斗争中的内在矛盾。这是意志本质上的东西。上述那种协调的范围所及，只是使世界和世界的生物有继续存在的可能，所以没有那种协调，世界也早就完了。因此协调的范围只及于物种的继续存在和一般的生活条件，但不及于个体的继续存在。因此，在**物种**和普遍自然力借那种协调与适应各自分别在有机界和无机界并存不悖，甚至互相支援的时候，同时与此相反，经过所有一切理念而客体化了的意志，它的内在矛盾也分别显出于〔每一〕物种**个体之间**无休止的毁灭战中和自然力的**现象**之间相互不断的搏斗中，一如前文所述。这斗
226 争的校场和对象就是物质；互相要从对方夺过来的就是物质以及空间和时间；而空间和时间由于因果性这形式而有的统一才真正是物质，这是在第一篇里已阐明了的*。

* 第二卷第二十六章和二十七章是补充这里的。

§　29

我在这里结束这篇论述的第二个主要部分，我是抱有一种希望的。我希望在第一次传达一个前所未有的思想的可能范围内，——正因为前所未有，所以这思想不能全免于一种个性的痕迹，它原是由于这种个性才产生的——，我已成功地传达了一个明显而的确的真理，就是说我们生活存在于其中的世界，按其全部本质说，彻头彻尾是**意志**，同时又彻头彻尾是**表象**；就是说这表象既是表象，就已假定了一个形式，亦即客体和主体这形式，所以表象是相对的。如果我们问，在取消了这个形式和所有由根据律表出的一切从属形式之后还剩下什么，那么，这个在种类上不同于表象的东西，除了是**意志**之外，就不能再是别的什么了。因此，意志就是真正的**自在之物**。任何人都能看到自己就是这意志，世界的内在本质就在这意志中。同时，任何人也能看到自己就是认识着的主体，主体〔所有〕的表象即整个世界；而表象只是在人的意识作为表象不可少的支柱这一点上，才有它的存在。所以在这两重观点之下，每人自己就是这全世界，就是小宇宙，并看到这世界的两方面都完整无遗地皆备于我。而每人这样认作自己固有的本质的东西，这东西也就囊括了整个世界的，大宇宙的本质。所以世界和人自己一样，彻头彻尾是意志，又彻头彻尾是表象，此外再没有剩下什么东西了。所以我们在这里看到泰勒斯考察大宇宙的哲学和苏格拉底考察小宇宙的哲学，由于两种哲学的对象相同而在这一点上契合一致了。——在本书前两篇中所传达的一切见解将由于下 227
续两篇获得更大的完整性，并且由于更完整也就会有更大的妥当

性。在我们前此考察中还曾或隐或现地提出过一些问题，希望这些问题也能在后两篇中得到充分的答复。

目前还可以单独谈谈这样**一个**问题，因为这本来只是在人们尚未透彻了解前此的论述的意义时才能提出的问题，所以也只在这种情况下才能有助于阐明前此的论述。这是这样一个问题：任何意志既是一个欲求什么东西的意志，既有一个对象，有它欲求的一个目标，那么，在我们作为世界的本质自身论的那意志究竟是欲求什么或追求什么呢？——这个问题和许多其他问题一样，是由于混淆了自在之物和现象而发生的。根据律只管后者，不管前者，而动机律也是根据律的一形态。任何地方都只能给现象，道地的现象，只能给个别事物指出一个根据或理由，而绝不能给意志自身，也不能给意志恰如其分地客体化于其中的理念指出什么根据或理由。所以每一项个别的动作，或自然界的一切变化都有一个原因可寻，而原因也就是必然要引起这些变化的一个情况；唯独自然力本身，它是在这一现象和无数类似现象中把自己显露出来的东西，那就绝无理由或原因可寻了。所以如果要追问重力、电等等的原因，那就是由于真正的不智，由于缺乏思考而产生的。只有在人们证明了重力、电等等不是原始的固有的自然力，而只是一个更普遍的，已为人所知道的自然力的一些显现方式之后，才可以问原因，问那个在这里使那些自然力产生重力、电等等现象的原因。这一切都在前面详细申论过了。同样，一个认识着的个体（这个体自身只是意志作为自在之物而显出的现象），他的每一个别意志活动都必然的有一动机，没有动机那意志活动就绝不能出现；但是和物

228 质的原因只包含着这个或那个自然力的表出必然要在此时此地，

在此一物质上出现的规定一样，动机也只是把一个认识着的生物在此时此地，在某些情况之下的意志活动作为完全单独的，个别的东西来规定，而绝不是规定这一生物它根本欲求和在这一方式下欲求。这种欲求是生物的悟知性格的表出，而悟知性格，作为意志自身，作为自在之物，是没有根据或理由的，是在根据律的范围之外的。因此，每人也经常有目的和动机，他按目的和动机指导他的行为；无论什么时候，他都能为自己的个别行动提出理由。但是如果人们问他何以根本要欲求或何以根本要存在，那么，他就答不上来了，他反而会觉得这问题文不对题。这里面就正是真正的说出了他意识着自己便是意志，而不是别的。意志的欲求根本是自明的，只有意志的个别活动在每一瞬点上才需要由动机来作较详尽的规定。

事实上，意志自身在本质上是没有一切目的，一切止境的，它是一个无尽的追求。这一点，在谈到离心力的时候，已经触及到。在意志客体化的最低级别上，也就是在重力上，也可看到这一点；重力不停地奔赴〔一个方向〕，一眼就可明白看到它不可能有一个最后目的。因为，即令是所有存在的物质都按它的意志而抟成一个整块，然而重力在这整块中，向中心点奔赴挣扎着，也还得和不可透入性作斗争，〔不管〕这不可透入性是作为固体性或弹性而出现的。所以物质的这种追求永远只能受到阻碍，却绝不，也永不会得到满足或安宁。可是意志所有的现象的一切追求也正是这样一个情况。每一目标，在达成之后，又是一个新的〔追求〕过程的开端，如此〔辗转〕以至于无穷。植物从种子经过根、干、枝、叶以达到花和果而提高了它自己的显现，这果又只是新种子的开端，一个新

的个体的开端，这新个体又按老一套重演一遍，经过无尽的时间如此辗转〔往复〕。动物的生活过程也是这样的：生育是过程的顶点；
229 在完成这〔一任务〕之后，这一代的个体的生命就或快或慢地走向下坡，同时自然地，一个新个体便〔起而〕保证了这物种的继续生存且又重演这同一过程。是的，每一有机体〔中〕物质的不断更新也只能作这种不断冲动和不断变换的现象看。这种现象，生理学家们现在已中止把它作为对运动中被消耗的物质的必要补偿看了，因为机器的可能损耗绝不可和通过营养而来的不断增益等同起来。永远的变化，无尽的流动是属于意志的本质之显出的〔事〕。最后，在人类的追求的愿望中也能看到同样的情况。这些欲望总是把它们的满足当作〔人的〕欲求的最后目标来哄骗我们，可是在一旦达成之后，愿望就不成为愿望了，很快的也就被忘怀了，作为古董了；即令人们不公开承认，实际上却总是当作消逝了的幻想而放在一边〔不管〕了的。如果还剩下有什么可愿望可努力的，而这从愿望到满足，从满足到新愿望的游戏得以不断继续下去而不陷于停顿，那么，这就够幸运的了。从愿望到满足又到新的愿望这一不停的过程，如果辗转快，就叫做幸福，慢，就叫做痛苦；如果限于停顿，那就表现为可怕的，使生命僵化的空虚无聊，表现为没有一定的对象，模糊无力的想望，表现为致命的苦闷。——根据这一切，意志在有认识把它照亮的时候，总能知道它现在欲求什么，在这儿欲求什么；但绝不知道它根本欲求什么。每一个别活动都有一个目的，而整个的总欲求却没有目的。这正是和每一个别自然现象在其出现于此时此地时，须由一个充足的原因来决定，而显现于现象中的力却根本没有什么原因，是同出一辙的，因为这种原因已经是自在之物的，也是无根据的意志的现象之级别。——意志唯一的自我认识总的说来就是总的表象，就是整个直观世界。直观世界是意志的客体性，是意志的显出，意志的镜子。直观世界在这一特殊意味中吐露些什么，那将是我们后面考察的对象。*

* 第二卷第二十八章是补充这里的。

第　三　篇

世界作为表象再论

独立于充分根据律以外的表象
柏拉图的理念　　艺术的客体

那永存而不是发生了的是什么，那永远变化着、消逝着而绝不真正存在着的又是什么？

——柏拉图

§　30

233　我们既已在第二篇里从世界的另一面考察了在第一篇里作为单纯表象，作为对于一个主体的客体看的世界，并发现了这另一面就是**意志**。唯有意志是这世界除了是表象之外还是什么的东西。在此以后，我们就根据这一认识把这世界不管是从全体说还是从世界的部分说，都叫做表象，叫做**意志的客体性**。由此说来，表象或意志的客体性就意味着已成为客体——客体即表象——的意志。此外我们现在还记得意志的这种客体化有很多然而又固定的级别，意志的本质在这些级别上进入表象，也就是作为客体而显现，而明晰和完备的程度则是逐级上升的。只要这些级别意味着一定物种或有机和无机的一切自然物体的原始，不变的形式和属性，意味着那些按自然规律而把自己显露出来的普遍的力，那么，我们在第二篇里就已在那些级别上看出了柏拉图的理念。所有这些理念全部总起来又把自己展出于无数个体和个别单位中，理念对个体的关系就是个体的典型对理念的摹本的关系。这种个体的杂多性是由于时间，空间，而其生灭〔无常〕则是由于因果性才能想象的。在时间、空间、因果性这一切形式中，我们又只认识到根据律的一些不同形态；而根据律却是一切有限事物，一切个体化的最高原则。并且在表象进入这种个体的“认识”时，根据律也就是表象的普遍形式。与此相反，理念并不进入这一最高的原则，所以一个理念既说不上杂多性，也没有什么变换。理念显示于个体中，个体则多至无数，是不断在生灭中的；可是理念作为同一个理念，是不变的；根据律对于它也是无意义的。但是根据律既是主体的一切“认识”的形式，只要这主体是作为**个体**而在认识着，那么，这些 234

理念也就会完全在这种个体的认识范围以外。因此，如果要这些理念成为认识的对象，那就只有把在认识着的主体中的个性取消，才能办到。今后我们首先就要更详尽地从事于这一点的说明。

§　31

在谈到这一点之前，首先还有下面这个要注意的主要事项。我希望我已在前一篇里成功地缔造了一种信念，即是说在康德哲学里称为**自在之物**的东西，在他那哲学里是作为一个如此重要却又暧昧而自相矛盾的学说出现的。尤其是由于康德引入这个概念的方式，也就是由于从被根据决定的东西推论到根据的方式，这自在之物就被认为是他那哲学的绊脚石，是他的缺点了。现在我说，如果人们从我们走过的完全另一途径而达到这自在之物，那么，自在之物就不是别的而是意志，是在这概念按前述方式已扩大，固定了的含义圈中的意志。此外，我还希望在既有了上面所申述的这些之后，人们不会有什么顾虑就〔能〕在构成世界自身的意志之客体化的一定级别上看出柏拉图的所谓永恒理念或不变形式。这永恒理念〔之说〕，多少世纪以来就被认为是柏拉图学说中最主要的，然而同时也是最晦涩的、最矛盾的学说，是许许多多心情不同的头脑思考、争论、讥刺和崇敬的对象。

在我们看来，意志既然是自在之物，而理念又是那意志在一定级别上的直接客体性；那么，我们就发现康德的自在之物和柏拉图的理念——对于他理念是唯一“真正的存在”——，西方两位最伟大哲人的两大晦涩的思想结虽不是等同的，却是很接近的，并且仅
235 仅是由于一个唯一的规定才能加以区别。两大思想结，一面有着内在的一致和亲属关系，一面由于两者的发起人那种非常不同的个性而极不同调，却又正以此而互为最好的注释，因为两者等于是导向一个目标的两条完全不同的途径。这是可以不费很多事就说清楚的。即是说康德所说的，在本质上看便是下面这一点：“时间、空间和因果性不是自在之物的一些规定，而只是属于自在之物的现象的，因为这些不是别的，而是我们‘认识’的形式。且一切杂多性和一切生灭既仅仅是由于时间、空间和因果性才有可能的，那么，杂多性和生灭也只是现象所有，而绝不是自在之物所有的。又因为我们的认识是由那些形式决定的，所以我们的全部经验也只是对现象而不是对自在之物的认识。因此也就不能使经验的规律对自在之物有效。即令是对于我们自己的自我，这里所说的也还

是有效，只有作为现象时我们才认识自我，而不是按自我本身是什么来认识的。”从这里考察的重点来说，这就是康德学说的旨趣和内蕴。可是柏拉图却说：“世界上由我们的官能所觉知的事物根本没有真正的存在。**它们总是变化着，绝不是存在着的**。它们只有一个相对的存在，只是在相互关系中存在，由于相互关系而存在；因此人们也很可以把它们的全部〔相互〕依存叫做‘非存在’。从而它们也不是一种真正的认识的对象，因为只有对于那自在的，自为的而永恒不变样的东西才能有真正的认识。它们与此相反，只是由于感觉促成的想当然的对象。我们既然被局限于对它们的觉知，我们就等于是黑暗岩洞里的人，被牢固地绑住坐在那里，连头也不能转动，什么也看不见；只有赖于在背后燃着的火光，才能在对面的墙壁上看到在火光和这些人之间出现着的真实事物的一些影子。甚至于这些人互相看到的，每人所看到的自己也只是那壁
上的阴影而已。而这些人的智慧就是〔能〕预言他们从经验习知的 236
那些阴影前后相续成系列的顺序。与此相反，因为**永远存在却不生不灭**而可称为唯一真正存在的，那就是那些阴影形象的真实原象，就是永恒的理念，就是一切事物的原始本象。**杂多性到不了**原始本象，因为每一原象自身，它的摹本或阴影都是和它同名的，个别的，无常的类似物。**生和灭也到不了**原始本象，因为它们是真正存在的，绝不和它那些行将消逝的摹本一样，有什么生长衰化。（在这两个消极的规定中必然包括这样一个前提，即是时间、空间和因果性对于原象并无意义和效力，原象不在这些〔形式〕中。）因此，只有对于这些原象才能有一个真正的认识，因为这种认识的对象只能是永久和从任何方面看（即是本身自在的）都是存在的东

西，而不能是人们各按其观点，可说既存在而又不存在的东西。”——这就是柏拉图的学说。显然而无须多加证明的是康德和柏拉图这两种学说的内在旨趣完全是一个东西。双方都把可见〔闻〕的世界认作一种现象，认为该现象本身是虚无的，只是由于把自己表出于现象中的东西（在一方是自在之物，另一方是理念）才有意义和假借而来的实在性。可是根据这两家学说，那现象的一切形式，即令是最普遍的最基本的形式，也断然与那自行表出的东西，真正存在着的东西无关。康德为了要否定这些形式〔的实在性〕，他已把这些形式自身直接了当地概括为一些抽象的名称，并径自宣称时间、空间和因果性，作为现象的一些形式，是不属于自在之物的。柏拉图与此相反，他并没达到把话说彻底的地步，他是由于否定他的理念具有那些唯有通过这些形式才可能的东西，亦即同类中〔个体〕的杂多性以及生与灭，而把这些形式间接地从他的理念上剥落下来的。〔这里〕尽管已是说得太多了，我还是要用一个比喻把〔两家学说〕值得注意的，重要的，互相一致之处加以形
237 象化：假如在我们面前有一个动物正在充满生命力的活动中，那么，柏拉图就会说：“这个动物并没有什么真正的存在，它只有一个表面的存在，只有不住的变化，只有相对的依存。这种依存既可以叫做一个存在，同样也可叫做一个‘非存在’；而真正存在着的只是把自己复制于这动物中的理念或该动物自在的本身。这种动物自在的本身对于什么也没有依存关系，而是自在和自为的；不是生出来的，不是有时而灭的，而是永远存在一个样儿〔不变〕的。如果就我们在这动物中认识它的理念来说，那就不管在我们面前的是这一动物或是它活在千年前的祖先，不管它是在这里或是在遥远的

异乡，不管它是以这一方式，这一姿态，这一行动或那一方式，那一姿态，那一行动而出现，最后也不管它是它那种族中的这一个体或任何其他一个体，反正全都是一样而不相干了，〔因为〕这一切都是虚无的而只同现象有关。唯有这动物的理念才有真实的存在而是真正的'认识'的对象。"——这是柏拉图。康德大抵会要这样说："这个动物是时间、空间和因果性中的一现象；而时间、空间和因果性全都是在我们认识能力以内，经验所以可能的先验条件，而不是自在之物的一些规定。因此，这一动物，我们在这一定的时间，在这已知的地点，作为在经验的关联中，——也即是在原因和后果的锁链上——必然发生，同样又必然消灭的个体而被觉知的动物，就不是自在之物，而只是就我们的认识说才可算是一个现象。如果要就这动物自在的本身方面来认识它，也就是撇开时间，空间和因果性中的一切规定来认识它，那就要在我们唯一可能的，通过感性和悟性的认识方式以外，还要求一种别的认识方式。"

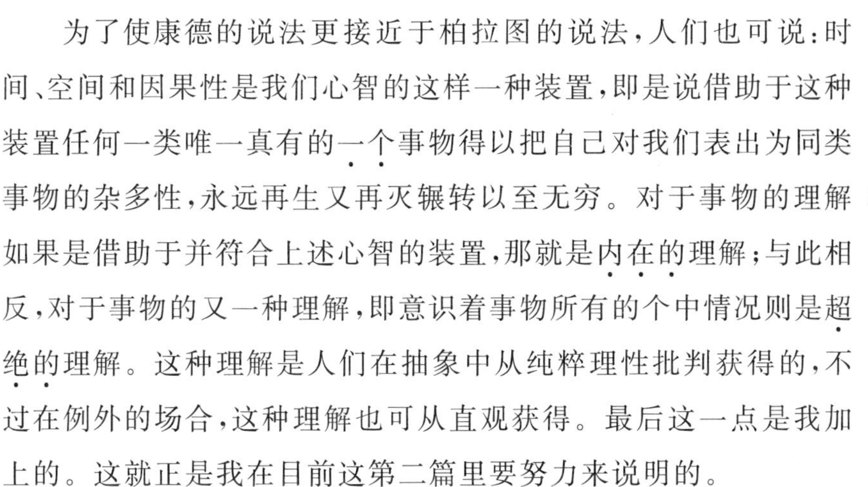

为了使康德的说法更接近于柏拉图的说法，人们也可说：时间、空间和因果性是我们心智的这样一种装置，即是说借助于这种装置任何一类唯一真有的**一个**事物得以把自己对我们表出为同类事物的杂多性，永远再生又再灭辗转以至无穷。对于事物的理解 238
如果是借助于并符合上述心智的装置，那就是**内在的**理解；与此相反，对于事物的又一种理解，即意识着事物所有的个中情况则是**超绝的**理解。这种理解是人们在抽象中从纯粹理性批判获得的，不过在例外的场合，这种理解也可从直观获得。最后这一点是我加上的。这就正是我在目前这第二篇里要努力来说明的。

如果人们曾经真正懂得而体会了康德的学说，如果人们自康德以后真正懂得而体会了柏拉图，如果人们忠实地、认真地思考过这两位大师的学说的内在旨趣和含义，而不是滥用这一位大师的术语以炫渊博，又戏效那一位大师的风格以自快；那么人们就不至于迟迟未发现这两大哲人之间的一致到了什么程度和两种学说基本意义与目标的彻底相同。那么，人们就不仅不会经常以柏拉图和莱布尼兹——后者的精神根本不是以前者为基础的——，甚至和现在还健存的一位有名人物*相提并论，——好像人们是有意在嘲弄已往伟大思想家的阴灵似的——，而且是根本会要比现在前进得远多了，或者更可说人们将不至于像最近四十多年来这样可耻地远远的向后退了。人们将不至于今天被这种空谈，明天又被另一种胡说牵着鼻子走，不至于以在康德墓上演出滑稽剧（如古人有时在超度他们的死者时所演出的）来替这十九世纪——在德国预示着如此重大意义的〔世纪〕揭幕了——。这种滑稽剧的举行遭到别的国家的讥刺也是公平的，因为这是和严肃的，甚至拘谨的德国人一点儿也不相称的。然而真正的哲学家们，他们的忠实群众那么少，以至要若干世纪才给他们带来了寥寥几个懂得他们的后辈。——“拿着巴古斯的雕花杖的人倒很多，但并没几个人真正是这位酒神的信奉者。”“哲学所以被鄙视，那是因为人们不是按哲
239 学的尊严来治哲学的；原来不应该是那些冒牌的假哲学家，而应该是真正的哲学家来治哲学。”（柏拉图）

人们过去只是在字面上推敲，推敲这样的词句如：“先验的表象”，“‘独立于经验之外而被意识到的直观形式和思维形式”，“纯

---

* 指 F. H. 雅各璧。

粹悟性的原本概念”，如此等等——于是就问：柏拉图的理念既然说也是原本概念，既然说也是从回忆生前对真正存在着的事物已有了的直观得来的，那么，理念是不是和康德所谓先验地在我们意识中的直观形式与思维形式大致是一回事呢？这两种完全不同的学说，——康德的是关于形式的学说，说这些形式把个体的“认识”局限于现象之内；柏拉图的是关于理念的学说，认识了理念是什么就正是明显地否认了那些形式——，在这一点上恰好相反的〔两种〕学说，〔只〕因为在它们的说法上有些相似之处，人们就细心地加以比较、商讨，对于两者是一还是二进行了辩论；然后在末了发现了两者究竟不是一回事，最后还是作出了结论说柏拉图的理念学说和康德的理性批判根本没有什么共同之处*。不过，关于这一点已说够了。

§ 32

根据我们前此的考察，尽管在康德和柏拉图之间有着一种内在的一致，尽管浮现于两人之前的是同一目标，而唤起他们，导引他们从事哲学的是同一世界观，然而在我们看来理念和自在之物并不干脆就是同一个东西。依我们看来，倒是应该说理念只是自在之物的直接的，因而也是恰如其分的客体性。而自在之物本身却是**意志**，是意志，——只要它尚未客体化，尚未成为表象。原来正是康德的说法，自在之物就应是独立于一切附着于“认识”上的

* 例如人们可参看 Fr. 布特维克（Bouterweck）的《依曼纽尔・康德：一个纪念碑》第 49 页，和蒲尔（Buhle）的《哲学史》，第六卷，第 802 页至 815 页和 823 页。

240 形式之外的；而只是他在这些形式之中没有首先把对于主体是客体〔这一形式〕加进去（如附录中所提出的），才是康德的缺点；因为这正是一切现象的，也即是表象的，首要的和最普遍的形式。所以他本应该显明的剥夺自在之物之为客体，那就可以保全他不陷入显著的，早就被发现过的前后不符了。与此相反，柏拉图的理念却必然是客体，是一个被认识了的东西，是一表象；正是由于这一点，不过也仅是由于这一点，理念才有所不同于自在之物。理念只是摆脱了，更正确些说，只是尚未进入现象的那些次要形式，也就是未进入我们把它全包括在根据律中的那些形式；但仍保留了那一首要的和最普遍的形式，亦即表象的根本形式，保留了对于主体是客体这形式。至于比这形式低一级的一些形式（根据律是其共同的表述），那就是把理念复制为许多个别，无常的个体的那东西，而这些个体的数目对理念来说，则完全是漠不相关的。所以根据律又是理念可进入的形式，当理念落入作为个体的主体的认识中时，它就进入这形式了。于是，个别的，按根据律而显现的事物就只是自在之物（那就是意志）的一种间接的客体化，在事物和自在之物中间还有理念在。理念作为意志的唯一直接的客体性，除了表象的根本形式，亦即对于主体是客体这形式以外，再没有认识作为认识时所有的其他形式。因此也唯有理念是意志或自在之物尽可能的**恰如其分的客体**；甚至可说就是整个自在之物，不过只是在表象的形式之下罢了。而这就是柏拉图和康德两人之间所以有巨大的一致的理由，虽然，最严格地说起来，这两个人所说的还并不是同一回事。个别事物并不是意志的完全恰如其分的客体性，而是已经被那些以根据律为总表现的形式弄模糊了。可是这些形式却是

认识的条件。是认识对于如此这般的个体之所以可能。——如果
容许我们从一个不可能的前提来推论，假如我们在作为认识的主
体时不同时又是个体，——这即是说如果我们的直观不是以身体
为媒介，而这直观就是从身体的感受出发的，身体本身又只是具体
的欲求，只是意志的客体性，所以也是诸客体中的一客体；并且作
为这样的客体，当它一旦进入认识着的意识时，也只能在根据律的
形式中〔进入意识〕就已假定了，并由此引进了根据律所表述的时
间和其他一切形式；——事实上我们就会根本不再认识个别的物
件，也不会认识一桩事件，也不会认识变换和杂多性，而是在清明 241
未被模糊的认识中只体会理念，只体会那一个意志或真正自在之
物客体化的那些级别；从而我们的世界也就会是“常住的现在了”。
时间却只是一个个体的生物对这些理念所有的那种化为部分，分
成片段的看法；理念则在时间以外，从而也是**永恒的**。所以柏拉图
说“时间是永恒性的动画片”。*

§　33

作为个体的我们既然不能在服从根据律的认识之外，还有什么别的认识，而〔根据律〕这形式又排除了〔人对〕理念的认识，那么，如果有可能使我们从个别事物的认识上升到理念的认识，那就肯定只有这样才有可能，即是说在主体中必须发生一种变化，而这变化和〔在认识中〕换过整个一类客体的巨大变化既是相符合的又是相对应的。这时的主体，就它认识理念说，借此变化就已不再是

* 第二卷第二十九章是补充这里的。

个体了。

我们从前一篇还记得认识〔作用〕本身根本是属于较高级别上的意志的客体化的，而感性、神经、脑髓，也只是和有机生物的其他部位一样，都是意志在它客体性的这一级别上的表现；因此通过这些东西而产生的表象也正是注定要为意志服务的，是达到它那些242 现在已复杂起来的目的的手段〔机械工具〕，是保存一个有着多种需要的生物的手段。所以认识自始以来，并且在其本质上就彻底是可以为意志服务的。和直接客体——这由于因果律的运用而已成为认识的出发点了——只是客体化了的意志一样，所有一切遵循根据律的知识对于意志也常有一种较近或较远的关系。这是因为个体既发现他的身体是诸客体中的一客体，而身体对这些客体又是按根据律而有着复杂的相关和联系的，所以对这些客体作考察，途径〔可以〕或远或近，然而总得又回到这个体的身体，也就是要回到他的意志。既然是根据律把这些客体置于它们对身体，且通过身体又是对意志的这种关系中，那么，为意志服务的认识也就只有努力从这些客体认取根据律所建立的那些关系，也就是推敲它们的空间、时间和因果性中的复杂关系。原来只有通过这些关系，客体对于个体才是有**兴味的**，即是说这些客体才和意志有关系。所以为意志服务的“认识”从客体所认取的也不过是它们的一些关系，认识这些客体也就只是就它们在此时此地，在这些情况下，由此原因，得此后果而言；一句话：就是当作个别事物〔而认识〕的；如果把所有这些关系取消了，对于认识来说，这些客体也就消逝了，正因为“认识”在客体上所认取的除此而外本来再没有什么别的了。——我们也不容讳言，各种科学在事物上考察的东西，在

本质上同样也不是什么别的，而就是事物的这一切关系，这时间空间上的关系，自然变化的原因，形态的比较，发生事态的动机等等，也就是许许多多的关系。科学有所不同于通俗常识的只是科学的形式是有条理的系统，是由于以概念的分层部署为手段而概括一切特殊为一般所得来的知识之简易化，和于是而获致的知识之完整性。任何关系本身又只有一个相对的实际存在；譬如时间中的一切存在就也是一个非存在，因为时间恰好只是那么一个东西，由于这东西相反的规定才能够同属于一个事物；所以每一现象都在时间中却又不在时间中。这又因为把现象的首尾分开来的恰好只 243
是时间，而时间在本质上却是逝者如斯的东西，无实质存在的、相对的东西，在这里〔人们就把它〕叫做延续。然而时间却是为意志服务的知识所有的一切客体的最普遍的形式，并且是这些客体的其他形式的原始基型。

照例认识总是服服帖帖为意志服务的，认识也是为这种服务而产生的；认识是为意志长出来的，有如头部是为躯干而长出来的一样。在动物，认识为意志服务〔的常规〕根本是取消不了的。在人类，停止认识为意志服务也仅是作为例外出现的，这是我们立刻就要详加考察的。人兽之间的这一区别在〔形体的〕外表上是由头部和躯干两者之间的关系各不相同而表现出来的。在低级动物，头和身还是完全长在一起没有接榫的痕迹。所有这些动物的头部都是垂向地面的，〔因为〕意志的对象都在地面上。即令是在高等动物，和人比起来，头和身还是浑然一物难分彼此；但是人的头部却好像是自由安置在躯干上似的，只是由躯干顶戴着而不是为躯干服务。贝尔维德尔地方出土的阿颇罗雕像把人类的这一优越性

表现到最大限度：这个文艺之神高瞻远瞩的头部是如此自在无碍地立于两肩之上，好像这头部已完全摆脱了躯体，再也不以心为形役似的。

§ 34

前面已说到从一般的认识个别事物过渡到认识理性，这一可能的，然而只能当作例外看的过渡，是在认识挣脱了它为意志服务〔的这关系〕时，突然发生的。这正是由于主体已不再仅仅是个体的，而已是认识的纯粹而不带意志的主体了。这种主体已不再按根据律来推敲那些关系了，而是栖息于，浸沉于眼前对象的亲切观审中，超然于该对象和任何其他对象的关系之外。

244 为了把这一点弄明白，必然需要〔作出〕详尽的讨论；其中使人感到陌生和诧异的地方，人们只得暂时放宽一步，到本书待要传达的整个思想总括起来了之后，这些陌生的地方自然就消失了。

如果人们由于精神之力而被提高了，放弃了对事物的习惯看法，不再按根据律诸形态的线索去追究事物的相互关系——这些事物的最后目的总是对自己意志的关系——，即是说人们在事物上考察的已不再是“何处”、“何时”、“何以”、“何用”，而仅仅只是“什么”；也不是让抽象的思维、理性的概念盘踞着意识，而代替这一切的却是把人的全副精神能力献给直观，浸沉于直观，并使全部意识为宁静地观审恰在眼前的自然对象所充满，不管这对象是风景，是树木，是岩石，是建筑物或其他什么。人在这时，按一句有意味的德国成语来说，就是人们**自失**于对象之中了，也即是说人们忘记了他的个体，忘记了他的意志；他已仅仅只是作为纯粹的主体，作为客体的镜子而存在；好像仅仅只有对象的存在而没有觉知这对象的人了，所以人们也不能再把直观者〔其人〕和直观〔本身〕分开来了，而是两者已经合一了；这同时即是整个意识完全为一个单一的直观景象所充满，所占据。所以，客体如果是以这种方式走出了它对自身以外任何事物的一切关系，主体〔也〕摆脱了对意志的一切关系，那么，这所认识的就不再是如此这般的个别事物，而是**理念**，是永恒的形式，是意志在这一级别上的直接客体性。并且正是由于这一点，置身于这一直观中的同时也不再是个体的人了，因为个体的人已自失于这种直观之中了。他已是**认识**的**主体**，**纯粹**的、无意志的、无痛苦的、无时间的**主体**。目前就其自身说还很触目的〔这一点〕（关于这一点我很清楚地知道它证实了来自托马斯·佩因[①]的一句话："从崇高到可笑，还不到一步之差"）将由于下文逐渐明朗起来而减少陌生的意味。这也就是在斯宾诺莎写下 245
"只要是在永恒的典型下理解事物，则精神是永恒的"（《伦理学》第五卷，命题31，结论）这句话时*，浮现于他眼前的东西。在这样的观审中，反掌之间个别事物已成为其种类的**理念**，而在直观中的个体则已成为**认识的纯粹主体**。作为个体，人只认识个别事物，而认识的纯粹主体则只认识理念。个体原来只在他对意志的某一个别现象这关系中才是认识的主体，也是为意志的现象服务的。所以这种个别的意志现象是服从根据律的，在该定律的一切形态中服

① Thomas Paine（1737—1809），英国作家，著有《理性的时代》。

* 我还推荐他在同书第二卷，命题40结论2，以及第五卷，命题25至38，关于"直观以外的第三种认识"所说的，应加阅读以阐明这里在话题中的认识方式，并且尤其要参阅命题29的结论，命题36的结论，命题38的证明和结论。

从该定律。因此，一切与这认识的主体有关的知识也服从根据律，并且就意志的立场说，除此而外也更无其他有用的知识，而这种知识也永远只含有对客体的一些关系。这样认识着的个体和为他所认识的个别事物总是在某处，在某时，总是因果链上的环节。而知识的纯粹主体和他的对应物——理念——却是摆脱了根据律所有那些形式的；时间、空间，能认识的个体，被认识的个体对于纯粹主体和理念都没有什么意义。完全只有在上述的那种方式中，一个认识着的个体已升为“认识”的纯粹主体，而被考察的客体也正因此而升为理念了，这时，作为表象的世界才〔能〕完美而纯粹地出现，才圆满地实现了意志的客体化，因为唯有理念才是意志恰如其分的客体性。这恰如其分的客体性以同样的方式把客体和主体都包括在它自身之内，因为这两者是它唯一的形式。不过在这种客

246 体性之内，客体主体双方完全保持着平衡；并且和客体在这里仅仅只是主体的表象一样，主体，当它完全浸沉于被直观的对象时，也就成为这对象的自身了，因为这时整个意识已只是对象的最鲜明的写照而不再是别的什么了。正是这个意识，在人们通过它而从头至尾依次想到所有一切的理念或意志的客体性的级别时，才真正构成作为表象的世界。任何时间和空间的个别事物都不是别的什么，而只是被根据律（作为个体的认识形式）化为多数，从而在其纯粹的客体性上被弄模糊了的理念。在理念出现的时候，理念中的主体和客体已不容区分了，因为只有在两者完全相互充满，相互渗透时，理念，意志的恰如其分的客体性，真正作为表象的世界，才发生；与此相同，此时能认识的和所认识的个体，作为自在之物，也是不分的。因为我们如果别开那真正作为表象的世界，那么，剩下

来的除了**作为意志的世界**以外，再没什么了。意志乃是理念的自在本身，理念把意志客体化了，这种客体化是完美的。意志也是个别事物以及认识这个别事物的个体的自在本身，这些物与人也把意志客体化了，但这种客体化是不完美的。作为意志而在表象和表象的一切形式之外，则在被观审的客体中和在个体中的都只是同一个意志；而这个体当他在这观审中上升时又意识着自己为纯粹主体。因此被观审的客体和个体两者在它们自在本身上是并无区别的，因为它们就“自在本身”说都是意志。意志在这里是自己认识到自己；并且只是作为意志如何得到这认识的方式方法，也即是只在现象中，借助于现象的形式，借助于根据律，才有杂多性和差别性的存在。和我没有客体，没有表象，就不能算是认识着的主体而只是盲目的意志一样；没有我作为认识的主体，被认识的东西同样也不能算是客体而只是意志，只是盲目的冲动。这个意志就其自在本身，亦即在表象之外说，和我的意志是同一个意志；只是在作为表象的世界中，〔由于〕表象的形式至少总有主体和客体〔这一项〕，我们〔——这意志和我的意志——〕才一分为二成为被认识 247
的和能认识的个体。如果把认识，把作为表象的世界取消，那么除了意志，盲目的冲动之外，根本就没剩下什么了。至于说如果意志获得客体性，成为表象，那就一举而肯定了主体，又肯定了客体；而这客体性如果纯粹地，完美地是意志的恰如其分的客体性，那就肯定了这客体是理念，摆脱了根据律的那些形式；也肯定了主体是“认识”的纯粹主体，摆脱了个性和为意志服务的可能性。

谁要是按上述方式而使自己浸沉于对自然的直观中，把自己都遗忘到了这种地步，以至他已仅仅只是作为纯粹认识着的主体

而存在，那么，他也就会由此直接体会到〔他〕作为这样的主体，乃是世界及一切客观的实际存在的条件，从而也是这一切一切的支柱，因为这种客观的实际存在已表明它自己是有赖于他的实际存在的了。所以他是把大自然摄入他自身之内了，从而他觉得大自然不过只是他的本质的偶然属性而已。在这种意义之下拜伦说：

"难道群山，波涛，和诸天
不是我的一部分，不是我
心灵的一部分，
正如我是它们的一部分吗？"

然则，谁要是感到了这一点，他又怎么会在和常住的自然对照时把自己当作绝对无常的呢？笼罩着他的反而应该是那么一种意识，也就是对于《吠陀》中的《邬波尼煞昙》所说的话的意识，那儿说："一切天生之物总起来就是我，在我之外任何其他东西都是不存在的。"(邬布涅迦Ⅰ.122)*

§　35

为了对世界的本质获得一个更深刻的理解，人们就不可避免地必须学会把作为自在之物的意志和它的恰如其分的客体性区分开来，然后是把这客体性逐级较明显较完整地出现于其上的不同级别，也即是那些理念自身，和〔显现于〕根据律各形态中的理念的现象，和个体人有限的认识方式区别开来。这样，人们就会同意柏拉图只承认理念有真正的存在〔的做法〕，与此相反，对于在空间和

* 第二卷第三十章是补充这里的。

时间中的事物，对于个体认为真实的世界，则只承认它们有一种假 248
象的，梦境般的存在。这样，人们就会理解同此一个理念如何又把自己显示于那么多现象之中，对于认识着的个体又如何只是片段地，一个方面跟着一个方面，展出它的本质。这样，人们就会把理念和它的现象按以落入个体的考察的方式方法区别开来，而认前者为本质的，后者为非本质的。以举例的方式，我们将在最细微的和最巨大的〔事物〕中来考察这一点。——在浮云飘荡的时候，云所构成的那些形相对于云来说并不是本质的，而是无所谓的；但是作为有弹性的蒸气，为风的冲力所推动〔时而〕紧缩一团，〔时而〕飘散、舒展、碎裂，这却是它的本性，是把自己客体化于云中的各种力的本质，是理念。云每次所构成的形相，那只是对个体的观察者的〔事〕。——对于在〔巨〕石之间滚滚流去的溪水来说，它让我们看到的那些漩涡、波浪、泡沫等等是无所谓的，非本质的。至于水的随引力而就下，作为无弹性的、易于流动的、无定形的、透明的液体，这却是它的本质；这些**如果是直观地**被认识了的，那就是理念了。只对于我们，当我们是作为个体而在认识着的时候，才有那些漩涡、波浪、泡沫。——窗户玻璃上的薄冰按结晶的规律而形成结晶体，这些规律显示着出现在这里的自然力的本质，表出了理型；但是冰在结晶时形成的树木花草则不是本质的，只是对我们而有的。——在浮云、溪水、结晶体中显现的〔已〕是那意志最微弱的尾声了，它若出现于植物中那就要完满些，在动物又更完满一些，最完满是在人类。但是只有意志的客体化所有那些级别的**本质上的东西**才构成理念；与此相反，理念的开展——因为理念在根据律的诸形态中已被分散为多种的和多方面的现象——对于理念却是非

本质的东西，这只在个体的认识方式以内，并且只是对这个体才有其实在性的。那么，这种情况对于那一理念的开展——意志最完
249 满的客体性的那一理念——也必然是一样的；所以人类的历史，事态的层出不穷，时代的变迁，在不同国度，不同世纪中人类生活的复杂形式，这一切一切都仅仅是理念的显现的偶然形式，都不属于理念自身——在理念自身中只有意志的恰如其分的客体性——，而只属于现象——现象〔才〕进入个体的认识——；对于理念，这些都是陌生的、非本质的、无所谓的，犹如〔苍狗的〕形相之于浮云——是浮云构成那些形相——，漩涡泡沫的形相之于溪水，树木花卉之于窗户上的薄冰一样。

谁要是掌握好了这一点，并且懂得将意志从理念，将理念从它的现象区分开来，那么，世界大事对于这人来说，就只因为这些事是符号，可以从而看出人的理念，然后才有意义；而不是这些事自在的和自为的本身有什么意义。他也就不会和别人一样，相信时间真的产生了什么新的和重要的东西；相信根本有什么绝对实在的东西是通过时间或在时间中获得具体存在的；或甚至于相信时间自身作为一个完整的东西是有始终，有计划，有发展的，并且也许要以扶助活到三十岁的最近这个世代达到最高的完善（按他们的概念）为最后目标。因此，这人就不会和荷马一样，设立整个的奥林卜〔斯山〕，充满神祇的导演那些时间中的世事；同样他也不会和奥希安[①]一样，把云中形象当作具体事物；因为上面已说过，〔世事和白云苍狗〕两者就其中显现着的理念来说，都是同样的意味。

① Ossian，公元前三世纪凯尔特族人传奇英雄。

在人类生活纷纭复杂的结构中，在世事无休止的变迁中，他也会只把理念当作常住的和本质的看待。生命意志就在这理念中有着它最完美的客体性，而理念又把它的各个不同方面表现于人类的那些特性，那些情欲、错误和特长，表现于自私、仇恨、爱、恐惧、勇敢、轻率、迟钝、狡猾、伶俐、天才等等；而这一切一切又汇合并凝聚成千百种形态（个体）而不停地演出大大小小的世界史；并且在演出中，推动这一切的是什么，是胡桃或是王冠，就理念自在的本身说是毫不相干的。最后这人〔还〕发现在人世正和在戈箕[①]的杂剧中一样，在所有那些剧本中总是那些相同的人物，并且那些人物的企图和命运也总是相同的；尽管每一剧本各有其主题和剧情，但剧情 250
的精神总是那么一个；（同时），这一剧本的人物也一点儿不知道另一剧本中的情节，虽然他们自己是那一剧本中的人物。因此，尽管在有了上演前此各剧的经验之后，〔登场人物〕班达龙并没变得敏捷些或者慷慨些，达塔格利亚也没变得谨严老实些，布瑞格娜没有变得胆壮些，而哥隆宾涅也没有变得规矩些。

假如有那么一天，容许我们在可能性的王国里，在一切原因和后果的连锁上看得一清二楚，假如地藏王菩萨现身而在一幅图画中为我们指出那些卓越的人物，世界的照明者和英雄们，在他们尚未发挥作用之前，就有偶然事故把他们毁灭了；然后又指出那些重大的事变，本可改变世界历史并且导致高度文化和开明的时代，但是最盲目的契机，最微小的偶然，在这些事变发生之初就把这些事变扼杀了；最后〔还〕指出大人物雄伟的精力，但是由于错误或为情

① Gozzi，Graf Carlo（1720—1806），意大利喜剧作家。

欲所诱惑,或由于不得已而被迫,他们把这种精力无益地消耗在无价值无结果的事物上了,甚至是儿戏地浪费了。如果我们看到了这一切,我们也许会战栗而为损失了的旷代珍宝惋惜叫屈。但是那地藏王菩萨会要微笑着说:“个体人物和他们的精力所从流出的源泉是取之不竭的,是和时间空间一样无穷无尽的,因为人物和他们的精力,正同一切现象的这〔两种〕形式一样,也只是一些现象,是意志的‘可见性’。那无尽的源泉是以有限的尺度量不尽的。因此,对于任何一个在发生时便被窒息了的变故或事业又卷土重来,这无减于昔的无穷无尽〔的源泉〕总还是敞开着大门〔提供无穷的机会〕的。在这现象的世界里,既不可能有什么真正的损失,也不可能有什么真正的收益。唯有意志是存在的,只有它,〔这〕自在之物;只有它,这一切现象的源泉。它的自我认识和随此而有的,起决定作用的自我肯定或自我否定,那才是它本身唯一的大事。”——*

251 § 36

历史是追踪大事的那根线索前进的。如果历史是按动机律来引申这些大事的,那么,在这范围之内历史是实践性的。而动机律却是在意志被“认识”照明了的时候决定着显现的意志的。在意志的客体性较低的级别上,意志在没有“认识”而起作用的时候,自然科学是作为事因学来考察意志现象变化的法则的,是作为形态学来考察现象上不变的东西的。形态学借助于概念把一般的概括起

* 不阅读下一篇,最后这一句是无法理解的。

来以便从而引申出特殊来，这就使它的几乎无尽的课题简易化了。最后数学则考察那些赤裸裸的形式，在这些形式中，对于作为个体的主体的认识，理念显现为分裂的杂多；所以也就是考察时间和空间。因此这一切以科学为共同名称的〔学术〕都在根据律的各形态中遵循这个定律前进，而它们的课题始终是现象，是现象的规律与联系和由此发生的关系。——然则在考察那不在一切关系中，不依赖一切关系的，这世界唯一真正本质的东西，世界各现象的真正内蕴，考察那不在变化之中因而在任何时候都以同等真实性而被认识的东西，一句话在考察**理念**，考察自在之物的，也就是意志的直接而恰如其分的客体性时，又是哪一种知识或认识方式呢？这就是**艺术**，就是天才的任务。艺术复制着由纯粹观审而掌握的永恒理念，复制着世界一切现象中本质的和常住的东西；而各按用以复制的材料〔是什么〕，可以是造型艺术，是文艺或音乐。艺术的唯一源泉就是对理念的认识，它唯一的目标就是传达这一认识。——当科学追随着四类形态的根据和后果〔两者〕无休止，变动不尽的洪流而前进的时候，在每次达到目的之后，总得又往前奔而永无一个最后的目标，也不可能获得完全的满足，好比人们〔向前〕疾走以期达到云天和地平线相接的那一点似的。与此相反的是艺术，艺术在任何地方都到了〔它的〕目的地。这是因为艺术已把它观审的对象从世界历程的洪流中拔出来了，这对象孤立在它面前了。而 252
这一个别的东西，在那洪流中本只是微不足道的一涓滴，在艺术上却是总体的一个代表，是空间时间中无穷“多”的一个对等物。因此艺术就在这儿停下来了，守着这个个别的东西，艺术使时间的齿轮停顿了。就艺术来说，那些关系也消失了。只有本质的东西，理

念,是艺术的对象。——因此,我们可以把艺术直称为**独立于根据律之外观察事物的方式**,恰和遵循根据律的考察〔方式〕相对称;后者乃是经验和科学的道路。后一种考察方式可以比作一根无尽的,与地面平行的横线,而前一种可以比作在任意一点切断这根横线的垂直线。遵循根据律的是理性的考察方式,是在实际生活和科学中唯一有效而有益的考察方式;而撇开这定律的内容不管,则是天才的考察方式,那是在艺术上唯一有效而有益的考察方式。前者是亚里士多德的考察方式,后者总起来说,是柏拉图的考察方式。前者好比大风暴,无来由,无目的向前推进而摇撼着,吹弯了一切,把一切带走;后者好比宁静的阳光,穿透风暴行经的道路而完全不为所动。前者好比瀑布中无数的,有力的搅动着的水点,永远在变换着〔地位〕,一瞬也不停留;后者好比宁静地照耀于这汹涌澎湃之中的长虹。——只有通过上述的,完全浸沉于对象的纯粹观审才能掌握理念,而**天才**的本质就在于进行这种观审的卓越能力。这种观审既要求完全忘记自己的本人和本人的关系,那么,**天才的性能**就不是别的而是最完美的**客观性**,也就是精神的客观方向,和主观的,指向本人亦即指向意志的方向相反。准此,天才的性能就是立于纯粹直观地位的本领,在直观中遗忘自己,而使原来服务于意志的认识现在摆脱这种劳役,即是说完全不在自己的兴
253 趣,意欲和目的上着眼,从而一时完全撤销了自己的人格,以便〔在撤销人格后〕剩了为**认识着的纯粹主体**,明亮的世界眼。并且这不是几瞬间的事,而是看需要以决定应持续多久,应有多少思考以便把掌握了的东西通过深思熟虑的艺术来复制,以便把"现象中徜恍不定的东西拴牢在永恒的思想中"。〔这就是天才的性能。〕——这

好像是如果在个体中要出现天才，就必须赋予这个体以定量的认识能力，远远超过于为个别意志服务所需要的定量；这取得自由的超额部分现在就成为不带意志的主体，成为〔反映〕世界本质的一面透明的镜子了。——从这里可以解释〔何以〕在天才的个人，他的兴奋情绪竟至于使他心境不宁，原来〔眼前的〕现在罕有满足他们的可能，〔这又是〕因为现在不能填满他们的意识。就是这一点常使他们作无休止的追求，不停地寻找更新的，更有观察价值的对象；又使他们为了寻求和自己同道的，生来和他们一致的，可以通情意的人物而几乎永不得满足。与此同时，凡夫俗子是由眼前现在完全充满而得到了满足的，完全浸沉于这现在中；并且他们到处都有和他们相类似的人物，在日常生活中他们也有着天才不可得而有的那种特殊舒服劲儿。——人们曾认为想象力是天才性能的基本构成部分，有时甚至把想象力和天才的性能等同起来。前一种看法是对的，后一种是不对的。既然天才作为天才，他的对象就是永恒的理念，是这世界及其一切现象恒存的，基本的形式，而认识理念却又必然是直观的而不是抽象的；那么，如果不是想象力把他的地平线远远扩充到他个人经验的现实之外，而使他能够从实际进入他觉知的少数东西构成一切其余的〔事物〕，从而能够使几乎是一切可能的生活情景一一出现于他面前的话，则天才的认识就会局限于那些实际出现于他本人之前的一些客体的理念了，而且这种认识还要依赖把这些客体带给他的一系列情况。并且那些实际的客体几乎经常只是在这些客体中把自己表出的理念的很有缺陷的标本，所以天才需要想象力以便在事物中并不是看到大自然实际上已构成的东西，而是看到大自然努力要形成，却由于前一 254

篇所讲述的它那些形式之间的相互斗争而未能竟其功的东西。我们在后面考察雕刻的时候，将再回头来谈这一点。因此想象力既在质的方面又在量的方面把天才的眼界扩充到实际呈现于天才本人之前的诸客体之上，之外。以此之故，特殊强烈的想象力就是天才的伴侣，天才的条件。但并不是想象力反过来又产生天才性能，事实上每每甚至是极无天才的人也能有很多的想象。这是因为人们能够用两种相反的方式观察一个实际的客体，一种是那纯客观的，天才地掌握该客体的理念；一种是一般通俗地，仅仅只在该客体按根据律和其他客体，和本人意志〔所发生〕的关系中进行观察。与此相同，人们也能够用这两种方式去直观一个想象的事物：用第一种方式观察，这想象之物就是认识理念的一种手段，而表达这理念的就是艺术；用第二种方式观察，想象的事物是用以盖造空中楼阁的。这些空中楼阁是和人的私欲，本人的意趣相投的，有一时使人迷恋和心旷神怡的作用；〔不过〕这时人们从这样联系在一起的想象之物所认识到的经常只是它们的一些关系而已。从事这种玩意儿的人就是幻想家。他很容易把他那些用以独个儿自愉的形象混入现实而因此成为在现实〔生活〕中不能胜任的〔人〕。他可能会把他幻想中的情节写下来，这就产生了各种类型的庸俗小说。在读者梦想自己居于小说中主人翁的地位而觉得故事很“有趣”时，这些小说也能使那些和作者类似的人物乃至广大群众得到消遣。

这种普通人，大自然的产物，每天出生数以千计的这种普通人，如上所说，至少是断不可能持续地进行一种在任何意义之下都完全不计利害的观察——那就是真正的静观——；他只是在这样一种范围内，即是说这些事物对他的意志总有着某种关系，哪怕只

是一种很间接的关系才能把他们的注意力贯注到事物上。就这一
方面说，所要求的既然永远只是对于关系的认识，而事物的抽象概 255
念又已足够应用，在大多数场合甚至用处更大；所以普通人就不在纯粹直观中流连了。不把他的视线持久地注集于一个对象了；而只是迅速地在呈现于他之前的一切事物中寻找概念，以便把该事物置于概念之下，好像懒怠动弹的人要找一把椅子似的，〔如果找到了，那么〕他对这事物也不再感兴趣了。因此，他会对于一切事物，对于艺术品，对于美的自然景物，以及生活的每一幕中本来随处都有意味的情景，都走马看花似的浏览一下匆促了事。他可不流连忘返。他只找生活上的门路，最多也不过是找一些有朝一日可能成为他生活的门路的东西，也就是找最广义的地形记录。对于生活本身是怎么回事的观察，他是不花什么时间的。天才则相反，在他一生的一部分时间里，他的认识能力，由于占有优势，已摆脱了对他自己意志的服务，他就要流连于对生活本身的观察，就要努力掌握每一事物的理念而不是要掌握每一事物对其他事物的关系了。于此，他经常忽略了对自己生活道路的考察，在大多数场合，他走这条〔生活的〕道路是够笨的。一个人的认识能力，在普通人是照亮他生活道路的提灯；在天才人物，却是普照世界的太阳。这两种如此不同的透视生活的方式随即甚至还可在这两种人的相貌上看得出来。一个人，如果天才在他的腔子里生活并起作用，那么这个人的眼神就很容易把天才标志出来，因为这种眼神既活泼同时又坚定，明明带有静观，观审的特征。这是我们可以从罕有的几个天才，大自然在无数千万人中不时产生出一二的天才，他们的头部画像中看得到的。与此相反，其他人们的眼神，纵令不像在多数

场合那么迟钝或深于世故而寡情，仍很容易在这种眼神中看到观审〔态度〕的真正反面，看到“窥探”〔的态度〕。准此，则人相上有所谓“天才的表现”就在于能够在相上看出认识对欲求有一种断然的优势，从而在相上表出一种对欲求没有任何关系的认识，即**纯粹认识**。与此相反，在一般的相中，突出的照例是欲求的表现，人们并且看到认识总是由于欲求的推动才进入活动的，所以〔“认识”的活
256 动〕仅仅只是对动机而发的。

既然天才〔意味〕的认识或对理念的认识是那不遵循根据律的认识，相反，遵循根据律的都是在生活上给人带来精明和审慎，也是把科学建立起来的认识；那么，天才人物就免不了一些缺点，随这些缺点而来的是把后面这一种认识方式忽略了。不过就我要阐明的这一点说，〔我们〕还要注意这一限度，即是说我所讲的只是指天才人物真正浸沉于天才〔意味〕的认识方式时而言，并且只以此为限；但这绝不是说天才的一生中每一瞬都在这种情况中；因为摆脱意志而掌握理念所要求的高度紧张虽是自发的，却必然又要松弛，并且在每次张紧之后都有长时间的间歇。在这些间歇中，无论是从优点方面说或是从缺点方面说，天才和普通人大体上都是相同的。因此，人们自来就把天才所起的作用看作灵感；是的，正如天才这个名字所标志的，自来就是看作不同于个体自身的，超人的一种东西的作用，而这种超人的东西只是周期地占有个体而已。天才人物不愿把注意力集中在根据律的内容上，这首先表现在存在根据方面为对于数学的厌恶；〔因为〕数学的考察是研究现象的最普遍的形式，研究时间和空间的，而时间空间本身又不过是根据律的〔两〕形态而已；因此数学的考察和撇开一切关系而只追求现

象的内蕴，追求在现象中表出的理念的那种考察完全相反。除此以外，用逻辑方法来处理数学〔问题〕也是和天才相左的，因为这种方法不仅将真正的体会遮断，不能使人获得满足，而且只是赤裸裸地按认识根据律而表出一些推论连锁；因而在所有一切精神力中主要的是要求记忆力，以便经常在心目中保有前面所有的，人们要以之为根据的那些命题。经验也证明了艺术上的伟大天才对于数学并没有什么本领。从来没有一个人在这两种领域内是同样杰出 257
的。阿尔菲厄瑞[①]说他自己竟乃至于连欧几里得的第四定理也从未能理解。歌德为了缺乏数学知识，已被那些反对他的色彩学说的无知之徒指责得够了；其实这里的问题并不在乎按假设的数据进行推算和测量，而是在于悟性对原因和结果的直接认识，〔所以〕那种指责完全是文不对题的，不恰当的。反对他的人们全然缺乏判断力〔的事实〕，由于这一点正和由于他们像米达斯王的胡说一样已暴露无遗了。至于在今天，在歌德的色彩学说问世已半世纪之后，牛顿的空谈甚至在德国还是无阻碍地盘踞着那些〔教授们的〕讲座，人们还一本正经地继续讲什么七种同质的光及其不同的折射度；——这，总有一天会要算作一般人性的，特别是德国人性的心灵特征之一。由于上面这同一个理由，还可说明一个众所周知的事实，那就是反过来说，杰出的数学家对于艺术美〔也〕没有什么感受〔力〕。这一点在一个有名的故事中表现得特别率真，故事说一位法国数学家在读完拉辛的《伊菲琴尼》之后，耸着两肩问道：“可是这证明了什么呢？”——并且进一步说，既然准确地掌握那些

① Alfieri，Graf Vittorio(1749—1803)，意大利古典派戏剧家。

依据因果律和动机律的关系实际就是〔生活中的〕精明，而天才的认识又不是对这些关系而发的；那么，一个聪明人，就他是精明人来说，当他正是精明的时候，就不是天才；而一个天才的人，就他是天才来说，当他是天才的时候，就不精明。——最后，直观的认识和理性的认识或抽象的认识根本是相对立的，在前者范围内的始终是理念，而后者却是认识根据律所指导的。大家知道，人们也很难发现伟大的天才和突出的凡事求合理的性格配在一起，事实却相反，天才人物每每要屈服于剧烈的感受和不合理的情欲之下。然而这种情况的原因倒并不是理性微弱，而一面是由于构成天才
258 人物的整个意志现象有着不同寻常的特殊精力，要从各种意志活动的剧烈性中表现出来；一面是通过感官和悟性的直观认识对于抽象认识的优势，因而有断然注意直观事物的倾向，而直观事物对天才的个人们〔所产生的〕那种极为强烈的印象又大大地掩盖了黯淡无光的概念，以至指导行为的已不再是概念而是那印象，〔天才的〕行为也就正是由此而成为非理性的了。因此，眼前印象对于天才们是极强有力的，〔常〕挟天才冲决〔藩篱〕，不假思索而陷于激动，情欲〔的深渊〕。因此，由于他们的认识已部分地摆脱了对意志的服务，他们也会，根本就会在谈话中不那么注意谈话的对方，而只是特别注意他们所谈的事，生动地浮现于他们眼前的事。因此，就他们自己的利害说，他们的判断或叙述也就会过于客观，一些最好不说出来，含默反更为聪明的事，他们也不知含默都会要说出来了，如此等等。最后，他们还因此喜欢自言自语，并且根本也常表现一些真有点近于疯癫的弱点。天才的性能和疯癫有着相互为邻的一条边界，甚至相互交错；这是屡经指出过的，人们甚至于把诗

意盎然的兴致称为一种疯癫：荷雷兹[①]称之为“可爱的疯癫”，（《颂诗》III. 4. ）维兰特在《奥伯隆》的开场白中称之为“可亲的疯癫”。根据辛乃加的引文（《论心神的宁静》15，16），说亚里士多德亲自说过：“没有一个伟大的天才不是带有几分疯癫的。”在前述洞喻那神话里，柏拉图是这样谈到这一点的（《共和国》7），他说：“在洞外的那些人既看到真正的阳光和真正存在的事物（即理念）之后，由于他们的眼睛已不惯于黑暗，再到洞里时就看不见什么了，看那下面的阴影也再辨不清楚了，因此在他们无所措手足的时候，就会被别人讪笑；而这些讪笑他们的人却从未走出过洞窟，也从未离开过那些阴影。”柏拉图还在《费陀罗斯》（第317页）中直接了当地说：“没有某种一定的疯癫，就成不了诗人；”还说（第327页）：“任何人在无常的事物中看到永恒的理念，他看起来就像是疯癫了的。”齐撒罗也引证说：“德谟克利特否认没有狂气不能是伟大诗人〔的说法〕，〔然而〕柏拉图却是这样说的。”（《神性论》I. 37）最后薄朴[②]也说：

“大智与疯癫，诚如亲与邻； 259

隔墙如纸薄，莫将畛域分。”

就这一点说，歌德的〔剧本〕《托尔括多・达索》特别有意义。他在这剧本中不仅使我们看到天才的痛苦，天才的本质的殉道精神，并且使我们看到天才常在走向疯癫的过渡中。最后，天才和疯癫直接邻近的事实可由天才人物如卢梭、拜仑、阿尔菲厄瑞的传记得到证明；也可从另外一些人平生的轶事得到证明。还有一部分证明，

① Horaz（公元前65—8），罗马诗人。

② Pope（1688—1744），英国古典派诗人。

我得从另一方面来谈谈：在经常参观疯人院时，我曾发现过个别的患者具有不可忽视的特殊禀赋，在他们的疯癫中可以明显地看到他们的天才，不过疯癫在这里总是占有绝对的上风而已。这种情况不能〔完全〕归之于偶然，因为一方面疯人的数字是比较很小的，而另一方面，一个有天才的人物又是一个罕有的，比通常任何估计都要少得多的现象，是作为最突出的例外而出现于自然界的现象。要相信这一点，人们只有数一下真正伟大的天才，数一下整个文明的欧洲在从古到今的全部时间内所产生的天才，并且只能计入那些把具有永久价值的作品贡献于人类的天才；——那么，我说，把这些屈指可数的天才和经常住在欧洲，每三十年更换一代的二亿五千万人比一下罢！是的，我也不妨提一下我曾认识有些人，他们虽不怎么了不得，但确实有些精神上的优越性，而这种优越性同时就带有些轻微的疯狂性。这样看起来，好像是人的智力每一超出通常的限度，作为一种反常现象就已有疯癫的倾向了。夹在这里，我想尽可能简短地说出我自己关于天才和疯癫之间所以有那种亲
260 近关系，纯粹从智力方面看是什么原因的看法，因为这种讨论多少有助于说明天才性能的真正本质，这本质也即是唯一能创造真艺术品的那种精神属性。可是这又必然要求〔我们〕简单地谈一下疯癫本身*〔的问题〕。

据我所知，关于疯癫的本质〔问题〕至今还不曾有过明晰和完备的见解，对于疯人所以真正不同于常人至今还不曾有过一种正确和明白的概念。——〔我们〕既不能说疯人没有理性，也不能说

---

* 第二卷第三十一章是补充这里的。

他们没有悟性，因为他们〔也〕说话，也能听懂话；他们的推论每每也很正确。一般说来，他们也能正确地对待眼前的事物，能理解因果的关系。幻象，和热昏中的谵妄一样，并不是疯癫的一般症候；谵妄只扰乱直觉，疯狂则扰乱思想。在大多数场合，疯人在直接认识**眼前事物**时根本不犯什么错误，他们的胡言乱语总是和**不在眼前的和过去的事物**有关的，只是因此才乱说这些事物和眼前事物的联系。因此，我觉得他们的病症特别和**记忆**有关；但这并不是说他们完全没有记忆，因为很多疯人都能背诵许多东西，有时还能认识久别之后的人，而是说他们的记忆的线索中断了，这条线索继续不断的联系被取消了，始终如一地联贯着去回忆过去已不可能了。过去的个别场面和个别的眼前〔情况〕一样，可以正确地看到，但回忆往事就有漏洞了，疯人就拿一些虚构的幻想去填补漏洞。这些虚构的东西或者总是老一套。成为一种定型的妄念，那么这就是偏执狂，忧郁症；或是每次是另一套，是临时忽起的妄念，那就叫做痴愚，是“心里不亮”。因此，在疯人初进疯人院时，要问明他过去的生活经历是很困难的。在他的记忆中，越问下去总是越把真的 261
假的混淆不清了。即令〔他〕正确地认识了当前的现在，随即又要由于扯到一种幻想出来的过去而与当前现在发生虚构的关系，而把“现在”也弄糊涂了。因此他们把自己和别人也同他虚构的过去人物等同起来，有些相识的熟人也完全认不出来了。这样，当他们对眼前的个别事物有着正确的认识时，〔却把这些和不在眼前之物的关系搞错了，〕心里都是些这样错误的关系。疯癫如果到了严重的程度，就会产生完全失去记忆的现象；因此这个疯人就再不能对任何不在眼前的或过去的事物加以考虑了，他完全只是被决定于

当前一时的高兴，联系着他在自己头脑中用以填充过去的幻想。所以接近这样一个疯子，如果人们不经常使他看到〔对方的〕优势，那就没有一秒钟能够保证不受到他的袭击或杀害。——疯人的认识和动物的认识在有一点上是共同的，即是说两者都是局限于眼前的；而使两者有区别的是：动物对于过去所以是根本无所知，过去虽以习惯为媒介而在动物身上发生作用，例如狗能在多年之后还认识从前的旧主人，那就叫做从主人的面貌重获那习惯了的印象；但是对于自从主人别后的岁月，它却没有什么回忆。疯人则相反，在他的理性中总还带有抽象中的过去，不过，这是一种虚假的过去，只对他而存在，这种情况可以是经常的，也可以仅仅只是当前一时的。虚假的过去的这种影响又妨碍他使用正确地认识了的“现在”，而这反而是动物能够使用的。至于剧烈的精神痛苦，可怕的意外事变所以每每引起疯癫，我的解释是这样的：每一种这样的痛苦作为真实的经过说总是局限于眼前的，所以只是暂时的，那么这痛苦总还不是过分沉重的。只有长期持久的痛楚才会成为过分巨大的痛苦。但是这样的痛苦又只是一个思想，因而是**记忆**中的〔东西〕。那么，如果有这样一种苦恼，有这样一种痛苦的认识或回忆竟是如此折磨人，以至简直不能忍受而个体就会要受
262 不住了，这时被威胁到如此地步的自然〔本能〕就要求助于**疯癫**作为救命的最后手段了。痛苦如此之深的精神好像是扯断了记忆的线索似的，它拿幻想填充漏洞，这样，它就从它自己力所不能胜的精神痛苦逃向疯癫了，——好比人们把烧伤了的手脚锯掉而换上木制的手脚一样。——作为例证我们可以看看发狂的阿亚克斯、李尔王和奥菲利亚；因为真正天才笔下的人物可以和

真人实物有同等的真实性；在这里人们也只能援引这些众所周知的人物为例证。此外，常有的实际经验也一贯证实同样的情况。从痛苦的这种方式过渡到疯癫还有一种近乎类似的情况可以与之比拟，那就是我们所有的人，常在一种引起痛苦的回忆突然袭击我们的时候，我们不禁机械地要喊叫一声或做一个什么动作来驱逐这一回忆，把自己引向别的方向，强制自己想些别的事情。——

我们在上面既已看到疯人能正确地认识个别眼前事物，也能认识某些过去的个别事物，可是错认了〔其间的〕联系和关系，因而发生错误和胡言乱语；那么，这正就是疯人和天才人物之间的接触点。这是因为有天才的个体也抛弃了对事物关系——遵循根据律的关系——的认识，以便在事物中单是寻求，看到它们的理念，以便掌握理念在直观中呈现出来的那真正本质。就这本质说，**一个**东西就能代表它整个这一类的东西，所以，歌德也说“一个情况是这样，千百个情况也是这样”。——天才人物也是在这一点上把事物联系的认识置之不顾的。他静观中的个别对象或是过分生动地被他把握了的“现在”反而显得那么特别鲜明，以致这个“现在”所属的连锁上的其他环节都因此退入黑暗而失色了；这就恰好产生一些现象，和疯癫现象有着早已被〔人〕认识了的近似性。凡是在个别现成事物中只是不完美的，和由于各种规定限制而被削弱了的东西，天才的观察方式却把它提升为那些事物的理念，成为完美的东西。因此他在到处都〔只〕看到极端，他的行动也正以此而陷 263
入极端。他不知道如何才是适当的分寸，他缺少清醒〔的头脑〕，结果就是刚才所说的。他完完全全认识理念，但他不是这样认识个

体的。因此，如人们已指出的，一个诗人能够深刻而彻底地认识人，但他对于那些〔具体的〕人却认识不够；他是容易受骗的，在狡猾的人们手里他是〔被人作弄的〕玩具。*

§ 37

根据我们的论述，虽然要说天才所以为天才是在于有这么一种本领：他能够独立于根据律之外，从而不是认识那些只在关系中而有其存在的个别事物，而是认识这些事物的理念；能够在这些理念的对面成为这些理念〔在主体方面〕的对应物，亦即不再是个体的人而是"认识"的纯粹主体；然而这种本领，〔就一般人说〕在程度上虽然要低一些并且也是人各不同的，却必然地也是一切人们所共有的；否则一般人就会不能欣赏艺术作品，犹如他们不能创造艺术作品一样；并且根本就不能对优美的和壮美的事物有什么感受的能力，甚至优美和壮美这些名词就不能对他们有什么意义了。因此，如果不能说有些人是根本不可能从美感获得任何愉快的，我们就必须承认在事物中认识其理念的能力，因而也正就是暂时撇开自己本人的能力，是一切人所共有的。天才所以超出于一切人之上的只在这种认识方式的更高程度上和持续的长久上，这就使天才得以在认识时保有一种冷静的观照能力，这种观照能力是天才把他如此认识了的东西又在一个别出心裁的作品中复制出来所不可少的。这一复制就是艺术品。通过艺术品，天才把他所把握的理念传达于人。这时理念是不变的，仍是同一理念，所以美感的

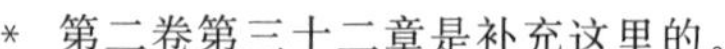

* 第二卷第三十二章是补充这里的。

愉悦，不管它是由艺术品引起的，或是直接由于观审自然和生活而
引起的，本质上是同一愉快。艺术品仅仅只是使这种愉悦所以可
能的认识较为容易的一个手段罢了。我们所以能够从艺术品比直 264
接从自然和现实更容易看到理念，那是由于艺术家只认识理念而不再认识现实，他在自己的作品中也仅仅只复制了理念，把理念从现实中剥出来，排除了一切起干扰作用的偶然性。艺术家让我们通过他的眼睛来看世界。至于艺术家有这种眼睛，他认识到事物的本质的东西，在一切关系之外的东西，这是天才的禀赋，是先天的；但是他还能够把这种天赋借给我们一用，把他的眼睛套在我们〔头上〕，这却是后天获得的，是艺术中的技巧方面。因此，我在前文既已在最粗浅的轮廓中托出了美感认识方式的内在本质，那么我就要同时讨论现在接下去的关于自然中和艺术中的优美壮美两者更详尽的哲学考察，而不再〔在自然和艺术之间〕划分界线了。我们将首先考察一下，当优美或是壮美使一个人感动时，在他内心里发生了什么变化。至于这个人是直接从自然，是从生活，或是间接借助于艺术而获得这种感动，却不构成本质上的区别，而只是一个表面上的区别。

§　38

我们在美感的观察方式中发现了**两种不可分的成分**：〔一种是〕把对象不当作个别事物而是当作柏拉图的理念的认识，亦即当作事物全类的常住形式的认识；然后是把认识着主体不当作个体而是当作认识的纯粹而无意志的主体之自意识。这两个成分经常合在一起出现的条件就是摆脱系于根据律的那认识方式，后者和

这里的认识方式相反的，是为意志和科学服务唯一适用的认识方
265 式。——我们将看到由于审美而引起的**愉悦**也是从这两种成分中产生的；并且以审美的对象为转移，时而多半是从这一成分，时而大半是从那一成分产生的。

一切**欲求**皆出于需要，所以也就是出于缺乏，所以也就是出于痛苦。这一欲求一经满足也就完了；可是一面有一个愿望得到满足，另一面至少就有十个不得满足。再说，欲望是经久不息的，需求可以至于无穷。而〔所得〕满足却是时间很短的，分量也扣得很紧。何况这种最后的满足本身甚至也是假的，事实上这个满足了的愿望立即又让位于一个新的愿望；前者是一个已认识到了的错误，后者还是一个没认识到的错误。在欲求已经获得的对象中，没有一个能够提供持久的，不再衰退的满足，而是这种获得的对象永远只是像丢给乞丐的施舍一样，今天维系了乞丐的生命以便在明天〔又〕延长他的痛苦。——因为这个缘故，所以说如果我们的意识还是为我们的意志所充满；如果我们还是听从愿望的摆布，加上愿望中不断的期待和恐惧；如果我们还是欲求的主体；那么，我们就永远得不到持久的幸福，也得不到安宁。至于我们或是追逐，或是逃避，或是害怕灾祸，或是争取享乐，这在本质上只是一回事。不管在哪种形态之中，为不断提出要求的意志这样操心虑危，将无时不充满着激动着意识；然而没有安宁也就绝不可能有真正的怡情悦性。这样，欲求的主体就好比是永远躺在伊克希翁[①]的风火轮上，好比永远是以妲娜伊德[②]的穿底桶在汲水，好比是水深齐肩

①② 此二人皆希腊神话人物。

而永远喝不到一滴的坦达努斯[①]。

但在外来因素或内在情调突然把我们从欲求的无尽之流中托出来,在认识甩掉了为意志服务的枷锁时,在注意力不再集中于欲求的动机,而是离开事物对意志的关系而把握事物时,所以也即是不关利害,没有主观性,纯粹客观地观察事物,只就它们是赤裸裸的表象而不是就它们是动机来看而完全委心于它们时;那么,在欲求的那第一条道路上永远寻求而又永远不可得的安宁就会在转眼之间自动的光临而我们也就得到十足的怡悦了。这就是没有痛苦的心境,厄壁鸠鲁誉之为最高的善,为神的心境,原来我们在这样的瞬间已摆脱了可耻的意志之驱使,我们为得免于欲求强加于我 266
们的劳役而庆祝假日,这时伊克希翁的风火轮停止转动了。

可是这就正是我在上面描写过的那种心境,是认识理念所要求的状况,是纯粹的观审,是在直观中浸沉,是在客体中自失,是一切个体性的忘怀,是遵循根据律的和只把握关系的那种认识方式之取消;而这时直观中的个别事物已上升为其族类的理念,有认识作用的个体人已上升为不带意志的"认识"的纯粹主体,双方是同时并举而不可分的,于是这两者〔分别〕作为理念和纯粹主体就不再在时间之流和一切其他关系之中了。这样,人们或是从狱室中,或是从王宫中观看日落,就没有什么区别了。

内在的情调,认识对欲求的优势,都能够在任何环境之下唤起这种心境。那些杰出的荷兰人给我们指出了这一点。他们把这样的纯客观的直观集注于最不显耀的一些对象上而在**静物写生**中为

① 此人为希腊神话人物。

他们的客观性和精神的恬静立下了永久的纪念碑。审美的观众看到这种纪念碑，是不能无动于衷的，因为它把艺术家那种宁静的、沉默的、脱去意志的胸襟活现于观审者之前；而为了如此客观地观审如此不重要的事物，为了如此聚精会神地观察而又把这直观如此深思熟虑地加以复制，这种胸襟是不可少的。并且在这画面也挑动他〔这个观赏者〕对那种心境发生同感时，他的感动也往往由于将这种心境和他自己不宁静的，为剧烈欲求所模糊了的心情对比而更加加强了。在同一精神中，风景画家，特别是路以思大尔[1]，画了些极不重要的自然景物，且由于这样做反而得以更令人欣慰地造成同样的效果。

艺术胸襟的内在力量完全单独地固已能有如许成就，但是这种纯粹客观的情调还可以由于惬意的对象，由于自然美歆动人去鉴赏，向人蜂拥而来的丰富多彩而从外面得到资助，而更轻而易举。自然的丰富多彩，在它每次一下子就展开于我们眼前时，为时
267 虽只在几瞬间，然而几乎总是成功地使我们摆脱了主观性，摆脱了为意志服务的奴役而转入纯粹认识的状况。所以一个为情欲或是为贫困和忧虑所折磨的人，只要放怀一览大自然，也会这样突然地重新获得力量，又鼓舞起来而挺直了脊梁；这时情欲的狂澜，愿望和恐惧的迫促，〔由于〕欲求〔而产生〕的一切痛苦都立即在一种奇妙的方式之下平息下去了。原来我们在那一瞬间已摆脱了欲求而委心于纯粹无意志的认识，我们就好像进入了另一世界，在那儿，〔日常〕推动我们的意志因而强烈地震撼我们的东西都不存在了。

① Ruisdal(1628—1682)，荷兰风景画家。

认识这样获得自由，正和睡眠与梦一样。能完全把我们从上述一切解放出来，幸与不幸都消逝了。我们已不再是那个体的人，而只是认识的纯粹主体，个体的人已被遗忘了。我们只是作为那一世界眼而存在，一切有认识作用的生物〔固然〕都有此眼，但是唯有在人这只眼才能够完全从意志的驱使中解放出来。由于这一解放，个性的一切区别就完全消失了，以致这只观审的眼属于一个有权势的国王也好，属于一个被折磨的乞丐也好，都不相干而是同一回事了。这因为幸福和痛苦都不会在我们越过那条界线时一同被带到这边来。一个我们可以在其中完全摆脱一切痛苦的领域经常近在咫尺，但是谁有这份力量能够长期地留在这领域之上呢？只要这纯粹被观赏的对象对于我们的意志，对于我们在人的任何一种关系再又进入我们的意识，这魔术就完了。我们又回到了根据律所支配的认识，我们就不再认识理念，而是认识个别事物，认识连锁上的一个环节，——我们也是属于这个连锁的——，我们又委身于自己的痛苦了。——大多数人，由于他的完全缺乏客观性，也就是缺乏天才，几乎总是站在这一立足点上的。因此他们不喜欢独自和大自然在一起，他们需要有人陪伴，至少也要一本书。这是因为他们的认识经常是为意志服务的，所以他们在对象上也只寻求 268
这对象对于他们的意志有什么关系；在所有一切没有这种关系的场合，在他们的内心里，好像通奏低音似的，就会发出一种不断的，无可奈何的声音："这对于我毫无用处。"因此，在他们看来，在寂寞中即令是面对最优美的环境，这种环境也有一种荒凉的、黯淡的、陌生的、敌对的意味。

在过去和遥远〔的情景〕之上铺上一层这么美妙的幻景，使之

在很有美化作用的光线之下而出现于我们之前的〔东西〕，最后也是这不带意志的观赏的怡悦。这是由于一种自慰的幻觉〔而成的〕，因为在我们使久已过去了的，在遥远地方经历了的日子重现于我们之前的时候，我们的想象力所召回的仅仅只是〔当时的〕客体，而不是意志的主体。这意志的主体在当时怀着不可消灭的痛苦，正和今天一样；可是这些痛苦已被遗忘了，因为自那时以来这些痛苦又早已让位于别的痛苦了。于是，如果我们自己能做得到，把我们自己不带意志地委心于客观的观赏，那么，回忆中的客观观赏就会和眼前的观赏一样起同样的作用。所以还有这么一种现象：尤其是在任何一种困难使我们的忧惧超乎寻常的时候，突然回忆到过去和遥远的情景，就好像是一个失去的乐园又在我们面前飘过似的。想象力所召回的仅仅是那客观的东西，不是个体主观的东西，因此我们就以为那客观的东西在过去那时，也是纯粹地，不曾为它对于意志的任何关系所模糊而出现于我们之前，犹如它现在在我们想象中显出的形象一样；而事实上却是在当时，那些客体的东西和我们意志有关，为我们带来痛苦，正无异于今日。我们能够通过眼前的对象，如同通过遥远的对象一样，使我们摆脱一切痛苦，只要我们上升到这些对象的纯客观的观审，并由此而能够产生幻觉，以为眼前只有那些对象而没有我们自己了。于是我们在摆脱了那作孽的自我之后，就会作为认识的纯粹主体而和那些对象完全合一；而如同我们的困难对于那些客体对象不相干一样，在这样的瞬间，对于我们自己也是不相干的了。这样，剩下来的就仅仅只是作为表象的世界了，作为意志的世界已消失〔无余〕了。

269 由于所有这些考察，我希望已弄清楚了在审美的快感上，这种快感的主观条件占有什么样的和多大的成分；而所谓主观条件也就是认识从意志的奴役之下解放出来，忘记作为个体人的自我和意识也上升为纯粹的，不带意志的，超乎时间的，在一切相对关系之外的认识之主体。和审美的观赏这一主观方面，作为不可少的对应物而同时出现的是观赏的客观方面，亦即对于柏拉图的理念的直观的把握。不过在我们更详尽地考察这一点之前，在就这一点来考察艺术的成就之前，更适合的是还要在审美感的快感的主观方面多停留一会儿，以便通过讨论那依赖于主观方面，由于这主观方面的一种制约而产生的壮美印象来完成这主观方面的考察。在此之后，我们对于审美的快感的探讨将由于从客观方面来考察而获得全部的完整性。

但是首先有下面这一点〔应该〕还是属于上文的。光明是事物中最可喜爱的东西：光明已成为一切美好事物和多福的象征了。在一切宗教中它都是标志着永恒的福善，而黑暗则标志着沉沦。峨马磁德住在纯洁的光明中，阿瑞曼住在永久的黑夜中[①]。在但丁的天堂里看起来有些像伦敦的佛克斯霍尔水晶宫，因为那儿的圣灵也现为一些光点，这些光点又聚合成规则的形象。没有光明会直接使我们忧愁，光明的回复又使我们愉快。各种色彩直接引起生动的喜悦，如果色彩是透明的，这种喜悦便达到了最高度。这一切都仅仅是由于光是完美的直观认识方式的对应物和条件，而这也是唯一绝不直接激动意志的认识方式。原来视觉不同于其他

① 古波斯宗教，经教王 Zordaster 改革成为一神教，峨马磁德成为最高无上之神。

官能的感受，自身根本不可能直接地或通过视觉的官能效果而在
270 器官上具有适不适的感觉，即是说和意志没有什么直接联系；而只有在悟性中产生的直观才能有这种联系，那么这种联系也就是客体对意志的关系。听觉已经就不同了：声音能够直接引起痛感，并且也可以直接是官能上的快感，而并不涉及谐音或乐调。触觉，作为和全身的感触相同的东西，那就更加要服从意志所受的这一直接影响了；不过也还有一种无痛的和无快感的触觉罢了。至于嗅觉则经常是适的或不适的，味觉更然。所以最后这两种也是和意志最有勾搭的感官，从而也是最低级的，康德称之为主观的感官。光既是最纯粹、最完美的直观认识方式之客观的可能性，因此对于光的喜悦，在事实上就只是对于这种客观的可能性的喜悦；并且作为这样的喜悦就可以从纯粹的，由一切欲求解放出来的，摆脱了欲求的认识是最可喜的〔这事实〕引申而得，而作为这样的东西就已经在审美的快感中占有很大的地位了。——〔我们〕从对于光的这一看法又可以推论我们何以认为事物在水中的反映有那种难以相信的高度的美。物体之间这种最轻易，最快速，最精微的相互作用方式，就是我们在更大程度上最完美的、最纯粹的知觉也要归功于它，归功于这种借光线的反射〔而发生的〕作用；——在这里这种作用完全清楚地、一览无余地、完善地，在原因与后果中，并且是充其量的摆在我们眼前的；因此，我们在这上面有美感的喜悦，而这种喜悦的根子主要地完全是在审美的快感的主观根据中，并且也〔就〕是对于纯粹认识及其途径的喜悦。*

* 第二卷第三十三章是补充这里的。

§ 39

所有这些考察都是为了突出审美的快感的主观方面，就是说
这快感和意志相反，是对于单纯的、直观的认识本身的喜悦。——
现在要接上这些考察的，与此直接相关的，就是下面这一说明，说 271
明人们称为**壮美**感的那种心情。

上面已经指出在对象迎合着纯粹直观的时候，转入纯粹直观状态也最容易。所谓对象迎合纯粹直观，即是说由于这些对象的复杂而同时又固定的、清晰的形态很容易成为它们的理念的代表，而就客观意义说，美即存在于这些理念中。比什么都显著，优美的自然〔风景〕就有这样的属性，由于这种属性，即令是感应最迟钝的人们，至少也能迫使他们产生一点飘忽的审美的快感。植物世界尤其令人注意，植物挑起〔人们作〕美感的观赏，好像是硬赖着要人欣赏似的，以至人们要说这种迎上来的邀请和下面这一事实有关，即是说这些有机生物同动物身体不一样，自身不是认识的直接客体，因此它们需要别人有悟性的个体〔助以一臂之力〕，以便从盲目欲求的世界进入表象的世界，所以它们好像是在渴望这一转进，以便至少能够间接地获得它们直接不能得到的东西。我这一大胆的，也许近乎呓语的思想可以根本存而不论，因为只有对于自然作极亲切的，一往情深的观察才能引起这种思想，才能为这种思想提出理由 *。所以，把我们从服务于意志的，只是对于关系的认识转

* 在我胆怯地，迟疑地写下这一思想四十年之后，现在我发现了神圣的奥古斯丁也说过这种思想，这就更加使我高兴，也是我始料所不及的。他说："植物以其不同的形状呈现于感官之前，以之为这可见的世界的装饰；以便它们自己既不能有认识，却显得很愿意被认识似的。"（《上帝之国》XI，27）

入美感观审，从而把我们提升为认识的不带意志的主体时，如果就是自然界这种迎上来的邀请，就是自然界那些形式的重要意味和明晰性，——而在这些形式中个别化了的理念得以容易和我们招
272 呼——，那么，对我们起作用的也就只是**美**，而被激起来的也就是美感。可是现在，如果就是这些对象，以其意味重大的形态邀请我们对之作纯粹的观审，〔然而〕对于人的意志，对于自显于其客体性中——亦即人身中——的意志根本有着一种敌对的关系，和意志对立，或是由于那些对象具有战胜一切阻碍的优势而威胁着意志，或是意志在那些对象的无限大之前被压缩至于零；但〔这时的〕观察者却并不把自己的注意力集中在这触目的，与他的意志敌对的关系上，而是虽然觉察着，承认着这关系，却有意地避开这关系，因为他这时以强力挣脱了自己的意志及其关系而仅仅只委心于认识，只是作为认识的纯粹无意志的主体宁静地观赏着那些对于意志〔非常〕可怕的对象，只把握着对象中与任何关系不相涉的理念，因而乐于在对象的观赏中逗留；结果，这观察者正是由此而超脱了自己，超脱了他本人，超脱了他的欲求和一切欲求；——这样，他就充满了**壮美感**，他已在超然物外的状况中了，因而人们也把那促成这一状况的对象叫做**壮美**。所以壮美感和优美感的不同就是这样一个区别：如果是优美，纯粹认识毋庸斗争就占了上风，其时客体的美，亦即客体使理念的认识更为容易的那种本性，无阻碍地，因而不动声色地就把意志和为意志服役的，对于关系的认识推出意识之外了，使意识剩下来作为“认识”的纯粹主体，以致对于意志的任何回忆都没留下来了。如果是壮美则与此相反，那种纯粹认识的状况要先通过有意地，强力地挣脱该客体对意志那些被认为不

利的关系，通过自由的，有意识相伴的超脱于意志以及与意志攸关的认识之上，才能获得。这种超脱不仅必须以意识获得，而且要以意识来保存，所以经常有对意志的回忆随伴着，不过不是对单独的，个别的欲求的回忆，如恐惧或愿望等，而是对人的总的欲求的 273
回忆，只要这欲求是由其客体性——人身——普遍表示出来的。如果由于对象方面有真实的，及于人身的迫害与危险，而有实际的，个别的意志活动进入意识，那么，这真正被激动的个人意志就会立即赢得上风，观审的宁静就成为不可能了，壮美的印象就会消失，因为这印象让位于忧虑，个体人在忧虑中挣扎自救把任何其他念头都挤掉了。——举几个例子将会有助于弄清楚美学的壮美理论并使之了无疑义；同时，这些例子还可指出壮美感在程度上的差别。因为壮美感既和优美感在主要的决定因素方面，在纯粹的，不带意志的认识上，在与此同时出现的，对于理念——不在一切由根据律决定的关系中的理念——的认识上，是相同的；而仅仅只是由于一个补充〔规定〕，即超脱那被认识了的，正在观审中的对象对于意志的根本敌对关系，才和优美感有所区别；那么，分别按这一补充〔规定〕或是强烈鲜明的、迫近的或只是微弱的，远离的，只是示意而已，就产生了壮美的各级程度，产生了从优美到壮美的过渡。我认为在说明上更适当的是首先把这种过渡和程度较微弱的壮美印象用例子显示出来；虽然那些对于美的感受力根本不太强而想象力又不生动的人们只会了解后面那些有关程度较高，较明晰的壮美印象的例子。他们本可以只注意后面那些例子，对于这里要先举出的那些有关程度极微弱的壮美印象的例子，却可以听之任之。

人一方面是欲求的激烈而盲目的冲动(由生殖器这一“极”作为其焦点而标志出来),同时在另一面又是纯粹认识永恒的,自由的,开朗的主体(由大脑这一极标志出来),那么,和人之有这两方面的对立一样,和这种对立相应,太阳也同时是**光**的源泉,是得到最完美的认识方式的条件的源泉,因而也是事物中最可喜爱的东
274 西;——同时又是**温暖**的源泉,也就是生命的,较高级别上的意志现象的第一个条件的源泉。因此,温暖之于意志,就等于光之于认识。所以光就正是“美”的王冠上一颗最大的钻石,对于每一美的对象的认识是最有决定性的影响的。光根本就是〔美的〕不可少的条件,而在有利的角度光还能使最美的东西更美。不过尤其显著,和其他一切不同的是建筑艺术,建筑的美可以由于光的资助而增高,即令是最不值一顾的东西也可由此而成为最美的对象。——在严寒的冬季,大自然在普遍的僵冻之中,这时,我们看一看斜阳的夕晖为堆砌的砖石所反射,在这儿只是照明而没有温暖的意味,即只是对最纯粹的认识方式有利而不是对意志有利;于是观赏这光在砖石的建筑物上的美化作用,如同一切美一样,也会使我们转入纯粹认识的状况。不过在这里,由于轻微地想到那光线缺少温暖的作用,缺少助长生命的原则,这状况就已要求超脱意志的利益,已包含着一种轻微的激励要在纯粹认识中坚持下去,避开一切欲求;正是因此,这一状况就已是从优美感到壮美感的过渡了。这是优美中有着一点儿壮美的意味,最微弱的一点意味,而这里的优美本身也只是在较低程度上出现的。下面还有一个〔壮美的〕例子,〔在壮美感上〕几乎是同样轻微的例子。

假如我们进入一个很寂寞的地区,一望无际;在完全无云的天

空下，树木和植物在纹丝不动的空气中，没有动物，没有人，没有流水，〔只是〕最幽静的肃穆；——那么，这种环境就等于是一个转入严肃，进入观赏的号召，随而挣脱了一切欲求及其需要；可是单是这一点就已赋予了这只是寂寞幽静的环境以一些壮美的色彩了。这是因为这个环境对于这不断需要追求〔什么〕和达成〔什么〕的意志不提供任何对象，不管是有利的或不利的对象，所以就只剩下纯粹观赏的状况了。谁要是不能作这种观赏，就会以羞愧的自卑而 275
陷入意志无所从事的空虚，陷入闲着的痛苦。就这一点说，这个环境提供了测验我们自己的智慧有什么价值的机会，对于这种价值，我们忍受或爱好寂寞的能力到了什么程度根本就是一个好的标准。所以这里描写的环境给低度的壮美提供了一个例子，因为在这环境中，纯粹认识的状况在其宁静和万事已足〔的心情〕中，作为〔这种心情的〕对照，〔仍然〕混杂着一种回忆，回忆到少不了要不断追求的意志那种依赖性和可怜相。——这就是壮美的一个类型，北美洲内地无边草原的风光就被誉为这种类型〔的壮美〕。

现在让我们把这样一个地区的植物也去掉，只看到赤裸裸的岩石；那么，由于完全缺乏我们保持生存所必要的有机物，意志简直已感到威胁；这块荒地获得了一种可怕的气氛，我们的心情也变得更有悲剧意味了。这里上升至纯粹认识是经过更坚决的挣脱意志所关心的利害而来的；在我们坚持逗留于纯粹认识的状况时，就明显地出现了壮美感。

下面这种环境还能引起更高度的〔壮美感〕：大自然在飙风般的运动中；天色半明不黯，透过山雨欲来的乌云；赤裸裸的、奇形怪状的巨石悬岩，重重叠叠挡住了前面的视线；汹涌的、泡沫四溅的山洪；全是孤寂荒凉；大气流通过岩谷隙缝的怒号声。这时，我们就直观地形象地看到我们自己的依赖性，看到我们和敌对的自然作斗争，看到我们的意志在斗争中被摧毁了。然而只要不是个体的危急焦虑占了上风，而是我们仍继续着美的观赏，那么，认识的纯粹主体的视线〔还能〕透过大自然的斗争，透过被摧毁了的意志那副形象而宁静地，无动于衷地，不连同被震撼（不关心地）就在威胁着意志的，为意志所恐惧的那些对象上把握理念。壮美感就正在于这种〔可怖的环境和宁静的心境两者之间的〕对照中。

276 不过〔有时候〕印象还要强烈些，那〔就是〕当我们在自己眼前看到激怒了的自然力在作大规模的斗争的时候；譬如在〔上述〕那环境里有悬河〔下泻〕，水声翻腾喧嚣，震耳欲聋，使我们不可能听见自己的声音了；——或者是当我们在辽阔的，飓风激怒了的海洋中时，〔看到〕几幢房子高的巨浪此起彼伏，猛烈地冲击着壁立的岩岸，水花高溅入云；看到狂风怒吼，海在咆哮，乌云中电光闪烁而雷声又高于风暴和海涛〔之声〕。于是，在观察这一幕景象而不动心的人，他的双重意识便达到了明显的顶点。他觉得自己一面是个体，是偶然的意志现象；那些〔自然〕力轻轻一击就能毁灭这个现象，在强大的自然之前他只能束手无策，不能自主，〔生命〕全系于偶然，而对着可怕的暴力，他是近乎消逝的零；而与此同时，他又是永远宁静的认识的主体；作为这个主体，它是客体的条件，也正是这整个世界的肩负人；大自然中可怕的斗争只是它的表象，它自身却在宁静地把握着理念，自由而不知有任何欲求和任何需要。这就是完整的壮美印象。这里是由于看到威胁着生存的，无法比较的，胜于个体的威力而造成这个印象的。

在完全不同的方式之下，借想象空间辽阔和时间的悠久也可产生〔壮美〕印象，辽阔悠久，无际无穷可使个体缩小至于无物。上述一种我们可以称之为动力的壮美，而这一种则可称为“数学的壮美”，〔这便〕保留了康德的命名和他正确的分类〔法〕，不过在说明那种印象的内在本质时，我们和他完全不同，我们既不承认什么道德的内省，也不承认来自经院哲学的假设在这里有什么地位。

当我们沉溺于观察这世界在空间和时间上无穷的辽阔悠久时，当我们深思过去和未来的若干千年时，——或者是当夜间的天空把无数的世界真正展出在我们眼前因而宇宙的无边无际直印入我们的意识时，——那么我们就觉得自己缩小〔几〕至于无物，觉得自己作为个体，作为活的人身，作为无常的意志现象，就像是沧海 277
一粟似的，在消逝着，在化为乌有。但是同时又有一种直接的意识起而反抗我们自己渺小这种幽灵〔似的想法〕，反抗这种虚假的可能，〔就是使我们意识着〕所有这些世界只存在于我们表象中，只是作为纯粹认识的永恒主体所规定的一些形态而存在；而我们只要忘记〔自己的〕个体性，就会发现我们便是那纯粹认识的永恒主体，也就是一切世界和一切时代必需的，作为先决条件的肩负人。原先使我们不安的世界之辽阔，现在却已安顿在我们〔心〕中了；我们的依存于它，已由它的依存于我们而抵消了。——然而这一切却并不是立刻进入反省思维的，〔其初〕只是作为一种感到的意识而出现的，意识着在某种意义上（唯有哲学把这意义弄清楚了）人和宇宙是合一的，因此人并不是由于宇宙的无边无际而被压低了，相反的却是被提高了。这是那感到的“意识”意识到了吠陀教《邬波

尼煞县》在各种讲法中反复说过的东西，尤其是意识到上面已引用过的这句话："一切无生之物总起来就是我，在我之外任何其他东西都是不存在的。"①这就是超然于本人的个体之上，就是壮美感。

只要有〔这么〕一个空间，它和宇宙空间比固然很小，但由于我们是完全直接地觉知这种空间，它以三进向的全部容积对我们起作用，这就足以使我们感到自己身体几乎是无限的渺小，这时我们就能直接地获得数理壮美的印象了。如果所觉知的是一个空洞的空间，那可绝不能做到这一点；绝不能是露天的，而只能是在三进向都有际限而直接可以觉知的空间，所以只能是极高大的圆顶建筑物如罗马的圣彼得教堂，或伦敦的圣保罗教堂。这里所以产生壮美感是由于〔人们〕在一个广阔的空际之前感到了自己躯体渺小近于零；另一方面〔又意识到〕这种空际不过是我们表象中的东西，而我们作为认识的主体又正是这表象的负荷人。所以这里也和到处一样，壮美感的产生是由于两方面的对比，一方面是我们自己作
278 为个体，作为意志现象的无关重要和依赖性，一方面是我们对于自己是认识的纯粹主体这一意识。就是满天星宿的穹窿，如果不是以反省的思维去考察的话，对于我们所起的作用也不过是和那砖石的圆顶建筑一样，这里起作用的不是天空真正的广袤，而只是其表面上显出的广袤。——我们直观的一些对象之所以引起壮美印象既是由于其空间的广大，又是由于其年代的久远，也就是时间的悠久；而我们在这种广大悠久之前虽感到自己的渺小近于零，然而我们仍然饱尝观赏这种景物的愉快；属于这类对象的是崇山峻岭，

① 见第§34末尾。

是埃及的金字塔，是远古的巨型废墟〔等〕。

是的，我们对于壮美的说明还可移用于伦理的事物上，也就是用于人们称为崇高的品德上。这种品德的产生也是由于对象本来是适于激动意志的，然而意志究不为所激动，这里也是认识占了上风。那么这样的人物就会纯粹客观地观察世人，而不是按这些人对他的意志有什么可能的关系来看他们。譬如说他会察知世人的错误，甚至看到他们对他自己的憎恨和不义，但是在他那方面却并不因此而被激起憎恨；他会看到他们的幸福而并不感到嫉妒；他会承认他们优良的性能，却不希望和他们有更亲近的联系；他会看到妇人们的美貌而并不想占有她们。他自己本人的幸不幸〔也〕不会剧烈的影响他，反而可说他像汉姆勒特所描写的霍内觉[①]那样：

“因为你过去，
像这么一个人，
在备尝痛苦中并不感到痛苦；
像这么一个人，
不管命运为他带来的是打击或是酬劳，
你都常以同等的谢意加以接受，”等等

（第三场第二幕）

这是因为有崇高品德的人在自己的一生和不幸中，他所注意的大 279
半是整个人类的命运，而很少注意到自己个人的命运；从而他对这些事的态度〔纯〕认识〔的方面〕〔常〕多于感受〔的方面〕。

① Horatio是莎士比亚的悲剧《王子复仇记》中王子汉姆勒特的挚友。

§ 40

因为相反的事物互相映证，在这里来谈一谈人们初看并不以为然，而实际上却是壮美的真正对立面的东西——**媚美**——，乃正是适当的地方。我所理解的媚美是直接对意志自荐，许以满足而激动意志的东西。——如果壮美感的发生是由于一个直接不利于意志的对象成为纯粹观赏的客体，而又只能由于不断避开意志，超然于意志所关心的利害之上才能获得这种观赏，这〔才〕构成壮美的情调；那么与此相反，媚美却是将鉴赏者从任何时候领略美都必需的纯粹观赏中拖出来，因为这媚美的东西由于〔它是〕直接迎合意志的对象必然地要激动鉴赏者的意志，使这鉴赏者不再是“认识”的纯粹主体，而成为有所求的，非独立的欲求的主体了。——至于人们习惯地把任何轻松一类的优美都称为媚美，这是由于缺乏正确的区分而有的一个过于广泛的概念，这种概念我只能完全置之不论或加以指摘。但在已确定和已阐明了的意义上，我认为在艺术的领域里只有两种类型的媚美，并且两种都不配称为艺术。一种是相当鄙陋的，譬如在荷兰人的静物写生中如果走错了途径，描绘出来的对象是些食品，而由于画中食品酷似真物又必然地引起食欲。这当然就是意志的激动，这种激动把〔我们〕在事物上任何审美的观赏都断送了。画出水果这是可以容许的，因为水果是花卉往后发展的结果，并且还可由形状和色彩来表现为美丽的自然产物，还不至于直接强制人们就想到它是可吃的东西；
280 可惜我们也经常看到酷似真物，画着陈列在桌上的，烹调停当的食品，如牡蛎啦，鳕白鱼啦，海蟹啦，奶油面包啦，啤酒啦，葡萄酒

啦等等等等，这些都全是要不得的东西。——在历史的绘画和雕刻中，媚美则在裸体人像中。这些裸体像的姿态，半掩半露甚至整个的处理手法都是意在激起鉴赏人的肉感，因而纯粹审美的观赏就立即消失了，而作者创造这些东西也违反了艺术的目的。这个错误和我们方才责备过荷兰人的，完全同出一辙。古代艺术尽管形象极美而又全裸，然而几乎一贯不犯这种错误，因为〔古典的〕艺术家自己就是以纯客观的、为理想的美所充满的精神来创作这些人像的，而不是以主观的，可耻的充满肉欲的精神来创作的。——所以媚美在艺术〔的园地〕里是到处都应该避免的。

还有一种消极的媚美，比方才阐述过的积极的媚美更糟，那就是令人厌恶作呕的东西。这和真正的媚美一样，也唤起鉴赏者的意志因而摧毁了纯粹的审美观赏。不过这里激起的是一种剧烈的不想要，一种反感；其所以激动意志是由于将意志深恶的对象展示于鉴赏者之前。因此，人们自来就已认识到在艺术里是绝不能容许这种东西的；倒是丑陋的东西，只要不是令人作呕的，在适当的地方还是可以容许的。我们在下文中就会看到这一点。

§　41

我们这一考察的进度使我们在这里有必要插入一段壮美的讨论，其实在这里关于优美的讨论还只完成了一半，只完成了主观一面的讨论。可是区分壮美和优美的东西恰好只是这主观方面所规定的一种特殊状态。这就是说任何审美的观赏所要求的，以之为前提的纯粹而无意志的认识状况究竟是在客体邀请、吸引〔人们〕去观赏时，毫无抵抗地，仅仅是由于意志从意识中消逝自然而然出现的呢，或者是要由于自愿自觉的超脱意志才争取得来的呢，并且〔这时〕这观赏的对象本身对于意志本有着一个不利的，敌对的关
281 系，惦念这一关系，就会取消〔审美的〕观赏；——这就是优美和壮美之间的区别。在客体上，优美和壮美在本质上并没有区别，因为在这两种场合中审美观赏的客体都不是个别的事物，而是在该事物中趋向于展示的理念，也就是意志在一定级别上恰如其分的客体性。这客体性所必有的，和它一样摆脱了根据律的对应物就是认识的纯粹主体，犹如个别事物的对应物是认识着的个体人一样，〔不过个别的物和个体的人〕两者都在根据律的范围之内罢了。

当我们称一个对象为美的时候，我们的意思是说这对象是我们审美观赏的客体，而这又包含两方面。一方面就是说看到这客体就把我们变为**客观的**了，即是说我们在观赏这客体时，我们所意识到的自己已不是个体人，而是纯粹而无意志的认识的主体了；另一方面则是说我们在对象中看到的已不是个别事物，而是认识到一个理念；而所以能够这样，只是由于我们观察对象不依靠根据律，不追随该对象和其自身以外的什么关系（这种关系最后总是要联系到我们的欲求的），而是观察到客体自身为止。原来理念和认识的纯粹主体作为相互的对应物总是同时进入意识的；当其进入意识时，一切时间上的差别也立即消失了，因为这两者都完全不知有根据律及其一切形态，是在根据律所确立的一些关系之外的；可以比拟于虹与太阳，两者都不参与雨点不停下降，前一点继以后一

点相继不绝的运动。所以，比方说当我以审美的，也即是以艺术的眼光观察一棵树，那么，我并不是认识了这棵树，而是认识了这树的理念；至于所观察的是这棵树还是其千年以前枝繁叶茂的祖先，观察者是这一个还是任何另一个在任何时间任何地点活着的个体，那就立即无足轻重了；〔这时〕个别事物和认识着的个体随着根据律的取消而一同取消了，剩下来的除理念与“认识”的纯粹主体外，再没有什么了；而这两者合起来便构成意志在这一级别上恰如 282
其分的客体性。理念并且不仅是摆脱了时间，而且也摆脱了空间；因为并非浮现于我眼前的空间形象，而是这形象所表现的，它的纯粹意义，它的最内在的本质，对我泄露它自己，向我招呼的内在本质才算真正的理念；并且尽管这形象的空间关系区别很大，这理念却是同一理念，一成不变。

既然一方面我们对任何现成事物都可以纯客观地，在一切关系之外加以观察，既然在另一方面意志又在每一事物中显现于其客体性的某一级别上，从而该事物就是一个理念的表现；那就也可以说任何一事物都是*美*的。——至于最微不足道的事物也容许人们作纯粹客观的和不带意志的观赏，并且由此而证实它的美，这在上面（§38）就这一点而谈及荷兰人的静物写生时就已证实了。不过一物之所以比另一物更美，则是由于该物体使得纯粹客观的观赏更加容易了，是由于它迁就，迎合这种观赏；甚至好像是它在迫使人来作如是的观赏，这时我们就说该物很美。其所以如此，一面是由于该物作为个别事物，〔能够〕通过它那些部分间甚为明晰的，规定得清清楚楚的，一贯意味深长的关系而把它这个类别的理念纯洁地表示出来，通过在它这一类别可能的一切表现皆备于它一

身而把这一类别的理念完善地显露出来，这就使鉴赏人从个别事物过渡到理念容易多了，因此也使纯粹的静观状态随之而容易了。另外一面一个客体特别美的那种优点是在于从客体中向我们招呼的理念本身，它是意志的客体性〔很〕高的一个级别，所以是非常有意义的，含蕴丰富的。因此，人比其他一切都要美，而显示人的本质就是艺术的最高目的。人的体态，人的表情是造型艺术最重要的对象，犹如人的行为是文艺的最重要对象一样。——不过任何一物仍然各有其独特的美，不仅是每一有机的，表出于个体性的单位中的东西，而且是任何无机的，无形式的，乃至任何工艺品〔都有这种美〕。原来所有这些东西都显示理念，意志通过这些理念而自
283 行客体化于最低的级别上，好像是谱出了大自然最低沉的，余音袅袅的低音符似的。重力，固体性，液体性，光等等是表现在岩石中，建筑物中，流水中的一些理念。风景园艺和建筑艺术除了帮助岩石，建筑物，流水等明晰地，多方面地，完备地展出它们独特的属性，为它们提供机会以便纯洁地表示它们自己之外，不能有所作为；不过它们由此得以邀请〔人们〕对它们作审美的鉴赏，减轻了鉴赏的困难。与此相反，不好的建筑和景物，或是大自然所忽略了的或是被艺术所糟蹋了的，就很少或没有这种功效；不过大自然的普遍基本理念就在它们那里也不可能完全消失掉。在这里基本理念还是要召唤寻求它的观察者，即令是不好的建筑物以及如此之类的东西也还可以作鉴赏的对象，它们那些物质的最普遍的属性的理念还可在它们身上看得出来，不过是人们有意赋予它的形式不成为一个〔使鉴赏〕容易的手段，反而是一个障碍，使鉴赏更困难了。从而工艺品也是用以表达理念的，不过从工艺品中表达出来

的并不是这工艺品的理念而〔只〕是人们赋予以这人为的形式的材料，它的理念。在经院学派的语言中，这一类可以很方便地用两个字来表示，即是说在工艺品里表出来的是其实体形式的理念，而不是其偶然形式的理念；而后面这一形式并不导向什么理念，而只是导向这形式所从出的一个属于人的概念。不言而喻，我们这里所谈的工艺品明明不是指造型艺术的作品而言。此外，经院学派在实体形式这一词中所理解的，实际上就是我所谓意志在一物中客体化的程度。我们立即就会在考察美术的建筑学时回头来讨论材料的理念这一词。——根据我们的看法，那么我们就不能同意柏拉图的说法（《共和国》X，第 284—285 页，又《巴门尼德斯》第 79 页，双桥版），他主张桌子和凳子就是表示着桌子和凳子的理念；而我们却说桌子和凳子所表示的理念就是在其单纯的材料之中已经
表出的理念。然而据亚里士多德却说（《形而上学》，第十一篇第三 284
章），柏拉图本人只承认自然界的事物有理念，“柏拉图说，有多少自然事物，就有多少理念”；〔亚里士多德〕又在〔同书第十一篇〕第五章里说根据柏拉图派的学者，并没有什么房屋和马戏场的理念。无论如何，柏拉图的及门弟子，——据阿尔基诺斯①给我们〔留下〕的报道（《柏拉图哲学入门》第九章）说——都曾否认工艺品也有理念。阿尔基诺斯说：“他们把理念定义为自然事物的超时间的原始形象。因为柏拉图大多数的学生都不承认工艺品有理念，例如盾或琴，以及和自然事物相反的东西，如热病或霍乱症，还有个别生物如苏格拉底或柏拉图，还有那些琐屑事物如垃圾和破片，还有那

① Alkinoos，与罗马的恺撒同时代人，柏拉图派哲学家。

些关系如大于〔什么〕和超出〔什么〕的关系都没有理念；因为理念是上帝的永恒的，自身圆满的思想。”——借此机会我们还可以谈一谈我们在理念学说上大不同于柏拉图的另外一点。这即是说他主张（《共和国》X，第 288 页）美术企图表出的对象，绘画和诗歌的典型都不是理念而是个别事物。我们到此为止的全部分析恰好主张相反的一面；而柏拉图这一看法愈为人们所公认是这位伟人最大的错误之源泉，在这里就愈不会使我们迷惑。他的错误就在于轻视和唾弃艺术，尤其是文艺；他把他关于文艺的错误判断直接续在上面那段引文之后。

285 § 42

我现在再回头来讨论美感的印象。对于美的认识固然总是把纯粹认识的主体和作为客体而被认识的理念规定为同时的，不可分的，不过美感的来源时而更在于领会已认识到的理念，时而更在于纯粹认识摆脱了欲求，从而摆脱了一切个体性和由个体性而产生的痛苦之后的怡悦和恬静。并且，是美感的这一成分还是那一成分取得优势都要以直观地领会到的理念是意志客体性的较高还是较低级别为转移。所以在无机物、植物和建筑艺术中鉴赏自然美（实物的鉴赏或通过艺术的鉴赏），由纯粹无意志的认识而来的美感就会占优势，因为这里领会到的理念只是意志客体性的下层级别，从而也不是意味深长和含义丰富的现象。与此相反，如果动物或人是鉴赏的或艺术表现的对象，那么，美的享受就会偏重在这些理念的客观体会之中。理念〔于此〕是意志的最明晰的表出；因为动物和人展出了最复杂的形态，展出了现象的丰富和深长意味；

并且是最完整地给我们展出了意志的本质，不管这本质是在意志的激动中，恐怖中，满足中或在其挫折中（最后这一点在悲剧的演出中），最后或甚至在其方向变换或自我扬弃中。自我扬弃尤其是基督教教义绘画的题材，正如故事画和戏剧根本就是以被认识充分照明了的意志之理念为对象一样。——下面我们就要分别探讨各种艺术，这样探讨之后这里建立起来的美学理论就会获得完整性和明确性。

§ 43 286

物质作为物质论不能够是一理念的表出。因为物质，如我们在第一篇里已看到的那样，彻底只是因果性。它的存在也全是些作用。可是因果性却是根据律的形态，而理念的认识则相反，基本上排除了这条定律的内容。在第二篇里我们又看到物质是理念所有的一切个别现象的共同基质，从而又是理念和现象或个别事物之间的联系。所以物质本身，无论是从这一理由或那一理由说，都不能表出一个理念。不过后验地证实这一点总是这样说的：即是说〔我们对于〕这样的物质根本不可能有一个直观的表象，而只可能有一个抽象的概念；唯有在表象中才能有形状和属性的展出，荷载形状属性的是物质，在这一切形状属性中才有理念的显出。这和因果性（物质的全部本质）本身无法加以直观的描述而只是某种因果联系这事实是相符的。——在另一面则相反，一个理念的每一**现象**，因为这种现象既已进入根据律的形式或个体化原理，就必须在物质上作为物质属性而把自己展示出来。所以在这一点上，如已说过，物质是联系理念和个体化原理的环节，而个体化原理就

是个体的“认识”之形式，或者就是根据律。——因此，柏拉图认为在理念及其现象，即个别事物之外，——这两者本可包括世界上一切事物——，仅仅就只有作为第三者而不同于这两者的物质，(《蒂迈欧篇》第 345 页)是完全正确的。个体作为理念的显现，永远是物质。物质的每一属性也永远是一个理念的显现，并且作为这种显现也就可加以审美的鉴赏，而鉴赏就是认识现象中表出的理念。这一点，即令是就物质的最普遍的属性说，也是有效的；没有这些属性就绝不成其为物质，而这些属性的理念却是意志的最微弱的
287 客体性。这样的属性是：重力，内聚力，固体性，液体性，对光的反应等等。

如果我们现在把**建筑艺术**只当作美术来看，撇开它在应用目的上的规定，——〔因为〕在这些目的中它是为意志而不是为纯粹认识服务的，按我们的说法也就不再是艺术了——；那么，除了使某些理念——这些都是意志的客体性最低的级别——可加以更明晰的直观以外，我们不能指定建筑艺术还有其他的目的。此最低级别的客体性就是重力，内聚力，固体性，硬性；即砖石的这几个最普遍的属性，意志的这几种最原始的，最简单的，最冥顽的可见性，大自然的一些基本通奏低音。在这些以外还有光，〔不过〕光在好些方面又和这些属性相反。即令是在意志客体性的这种低级别上，我们已经看到意志的本质显出于矛盾之中；因为建筑艺术在审美方面唯一的题材实际上就是重力和固体性之间的斗争，以各种方式使这一斗争完善地，明晰地显露出来就是建筑艺术的课题。它解决这类课题〔的方法〕是切断这些不灭的力所由获致满足的最短途径，而用一种迂回的途径撑住这些力；这样就把斗争延长下去

了，两种力无穷尽的〔各〕奔一趋向就可在多种方式之下看得见了。——建筑物的整个质量，如果全委之于它原来的趋向，那就只会成为整整一大块的东西，尽可能紧贴在地面上；而这里意志既显为重力，这〔块然大物〕就会不停地向地面挤去；这时固体性，〔它〕也是意志的客体性，却在抵抗着。然而正是这一倾向，这一冲劲，建筑艺术就不许它有直接满足而只许以间接的满足，通过迂回曲折的满足。譬如说横梁就只有借助于直柱才〔间接地〕落到地面上；圆顶则必须自己负载自己，并且只有借一些桩子才能满足它指向地球的冲劲；如此等等。然而正是在这被强制的间接途径上，正是由于这种阻碍，隐藏于顽石中的那些〔自然〕力才得以最明晰地，多样化地显露出来；〔除此以外，〕建筑术也就不能再有什么纯艺术的目的了。因此，一个建筑物的美，无论怎么说都完整地在它每一 288

部分一目了然的目的性中，〔然而〕这不是为了外在的，符合人的意志的目的（这种工程是属于应用建筑的），而是直接为了全部结构的稳固；对于这全部结构，每一部分的位置，尺寸和形状都必须有〔牵一发而动全身〕这样的一种必然关系，即是说如其可能的话，抽掉任何一部分，则全部必然要坍塌。这是因为唯有每一部分所承载的恰是它所能胜任的，每一部分又恰好是在它必需的地方，必需的程度上被支撑起来，然后在构成顽石的生命或其意志表现的固体性和重力之间的那一相反作用，那一斗争才发展到最完整的可见性，意志客体性的最低级别才鲜明地显露出来。同样，每一部分的形态也必须由其目的和它对于全体的关系，而不是由人任意来规定。圆柱是最简单的，只是由目的规定的一种支柱的形式。扭成曲折的柱子是庸俗无味的。四方桩有时虽然容易做些，事实上

却不如圆柱的那么简单。同样，飞檐、托梁、拱顶、圆顶的形式也完全是由它们的直接目的规定的，而这目的也就自然说明了这些形式。柱端等处的雕饰已属于雕刻而不属于建筑范围了，这既是附加的装饰，是可有可无的。——根据这里所说的，对于一座建筑物如果要获得理解和美感的享受，就不可避免地要在重量、固体性、内聚力〔几方面〕对于〔建筑〕材料有一直接的直观认识，如果〔有人〕透露消息说这建筑材料是浮石，那就会立刻减少我们对于这建筑物的欣赏；因为这样一来，这个建筑物就像是一种假屋似的。如果我们原来假定是麻石建筑，却有消息说这只是木头的，这消息几乎也会产生同样的效果；因为在木质房屋中那些自然力的表出既然要微弱得多，这就把固体性和重力的关系，从而〔建筑物〕所有一切部分的意义和必然性都改变了更动了。所以以木材为材料尽管
289 也可有各种形式，却不能成为艺术的建筑，而这一点是完全只能由我们的理论得到说明的。可是如果竟至于有人对我们说，有一座建筑物，看起来使我们爱好，却完全是由一些不同的材料建成的，材料的重量和耐性至不齐一，但又非肉眼所能分辨；那么，这整个建筑物就会因此而无法欣赏，正如用一种我们不懂的文字写成的一首诗一样。这一切正是证明了建筑艺术的作用不仅只是数学的，而且也是动力学的；还证明了通过这一艺术而使我们欣赏的不仅是形式和匀整性，反而更应该是大自然的那些基本力，那些原始的理念，意志客体性那些最低的级别。——建筑物及其各部分的规则性一面是由每一环节对于全部结构的直接目的性带来的，一面又有使全面的概览和理解更为容易的功用，最后这些规则的图形，由于它们显露了空间之为空间的规律性，还有助于

美观。但是这一切都只有次要的价值和必然性，而绝不是主要的东西，须知即令匀整性也并不是万不可少的要求，就是废墟也是美的呢。

建筑艺术的作品对于光还有一种很特殊的关系；这些作品在充分的阳光中，以蔚蓝的天空为背景，便可获得双重的美；而在月亮之下又表现出完全另一种效果。因此在营造一座建筑艺术上的作品时，总要特别顾虑到光线的效果和坐落的方向才好。这一切一切的根据固然大部分是在于只有明朗的，强烈的照明才能使〔建筑物的〕一切部分及其关系看得充分明白；不过此外我还认为建筑艺术注定要显露的自然是重力和固体性，同时也还有与这两者相反的光的本质。即是说在光被那巨大的，不得透视的，界限明晰和形态复杂的庞然大物所吸收，所阻挡，所反射的时候，光得以最纯洁地，最明晰地展出其本性和一些属性而使鉴赏者大受其赐；因为 290
光，作为最完美的直观认识方式的条件和客观方面的对应物，是事物中最可喜爱的东西。

因为由于建筑艺术而进于明晰直观的这些理念是意志客体性最低的一些级别，从而建筑艺术展出于我们之前的东西，它的客观意义也就相对地微小；所以〔人们〕在看到一个美丽的，适当照明了的建筑物时，欣赏的享受与其说是在于把握了理念，毋宁说是在理念的，随把握理念而起的主观对应物方面，即是说欣赏的享受主要是在于鉴赏者在看到建筑物时，摆脱了为意志服务的，服从根据律的个体的认识方式而上升为纯粹的，不带意志的“认识”的主体了；也即是在纯粹的，从欲求和个性的一切痛苦解放出来的观赏本身中。——就这一点说，那么和建筑对立的那一极端，各种艺术排成

系列的另一极端就是戏剧了；戏剧〔能〕使那些最重要的理念进入认识的领域，因此在戏剧的欣赏中客观的那一面就占有压倒的优势了。

建筑艺术和造型艺术，和文艺的区别乃在于建筑所提供的不是实物的拟态，而是实物自身。和造型艺术，文艺不一样，建筑艺术不是复制那被认识了的理念。在复制中是艺术家把自己的眼睛借给观众；在建筑上艺术家只是把客体对象好好地摆在观众之前，在他使那实际的个别客体明晰地，完整地表出其本质时，得以使观众更容易把握理念。

建筑艺术的作品，和艺术的其他作品一样，很少是纯粹为了审美的目的而完成的。审美的目的反而是附属于其他的，与艺术不相干的实用目的之下的；所以建筑艺术家的大功就在于审美的目的尽管从属于不相干的目的，仍能贯彻，达成审美的目的，而这是由于他能够巧妙地，用多种的方式使审美的目的配合每一实用目
291 的，能够正确地判断哪一种建筑艺术的美适宜于用在庙宇上，哪一种适宜于宫殿，哪一种适宜于武器陈列馆等等。严酷的气候越是加强了满足〔特殊〕需要的要求，功用的要求，越是呆板地规定了这些要求，越是不容更改地指定了这些要求，那么，美在建筑艺术中也越少活动的余地。在印度、埃及、希腊和罗马的温带气候，那儿生活上必须提出的要求就减少了些，规定也要松一些，建筑艺术就可以最自由地追求审美的目的了。在北欧的天空下，建筑艺术的审美目的就要大受委屈；这里的要求是鸽笼式的房子，尖顶的阁塔，建筑艺术既然只能在很窄狭的范围内展出其特有的美，就更加要借重雕刻的装饰作为代用品了，这是我们在哥特式艺术建筑物

上所看到的。

建筑艺术在这种情况之下，虽有必然性和功利性〔两方面〕的要求而不得不受到很大的限制，然而在另一方面这些要求和限制又大大地帮助了它；因为建筑如果不同时又是一种有实利有必要的工艺而在人类营为中有着一个巩固和光荣的地位，那么，以其工程的浩大和经费的庞大而艺术效用的范围又如此窄狭，它就根本不可能作为纯粹的艺术而保存到今天了。还有一种艺术虽就审美观点说完全可以和建筑艺术并列，然而因为缺乏上述那些实用方面的意味，我们就不能把这种艺术和建筑艺术列为姊妹艺术；我的意思是指风景美的水利工程。原来在建筑艺术上，重力的理念是和固体性连带出现的；而在风景美的水利工程中，重力的理念则是和液体性，也就是和形状不定性、流动性、透明性为伍的；两种艺术都是为同一理念服务的。有从悬岩之上倾注的巨流，咆哮汹涌，有飞溅着的瀑布，静穆幽闲，有水柱般高耸的喷泉和明镜般的湖水〔等等〕，其显示沉重液体物质的理念恰和建筑物显露固体物质的理念是一样的。但风景的水利工程不能从 292
实用的水利工程方面获得支援；因为两种水利工程的目的一般是冰炭不相容的，只在例外的场合可以合而为一，罗马的特莱维人工瀑布即其一例。*

§　44

上面两种艺术为意志客体性的那些最低级别所作的，在一定

* 第二卷第三十五章是补充这里的。

范围内也就是审美的园艺学为植物界的较高级别所作的。一块地方的风景美大部分有赖于聚集在这里的自然对象丰富多彩，然后又在于这些对象各自有醒目的分类，分明不紊，然而又表出适当的互相配合和交替的变化。园艺的美所致力的就是这两个条件，然而园艺远不如建筑艺术那样能够掌握自己的材料，因此园艺的效果就很有限了。园艺所展出的美几乎全是属于自然所有的，园艺本身在自然上面增加的部分却很少。并且在另一方面，如果天公不作美，园艺就没有多少办法了；如果自然不留情而是帮倒忙的话，园艺的成就也就微不足道了。

植物界没有艺术的媒介也到处可供欣赏，不过就其为艺术的对象说，则主要的是风景画的对象。和植物界同在这一领域的还有其余一切无知的自然界。——在静物写生中和画出的单纯建筑物、废墟、教堂内部等场合，欣赏的主观方面是主导的，即是说我们在这上面的怡悦主要的不直接在于把握了展出的理念，而更是在于把握理念的主观对应物，在于纯粹而无意志的认识；因为在画家让我们借助于他的眼睛而看到事物的时候，我们在这时对于那隽永的心神之宁静和意志的完全沉默就会同时获得一种同感和余味；而这是为了〔我们〕把〔自己的〕认识完全浸沉到那些无
293 生的对象中去，为了以这样的爱好——在这里也就是以高度的客观性——来领会事物所不可少的。真正风景画的效果总的说起来固然也属于这一类型，不过由于所展出的理念已是意志客体性的较高级别，这些理念的意义就丰富得多，表现力也强得多；所以美感的客观方面就要更突出些而同主观的方面平衡了。这里纯粹的认识自身已不完全是主要的了，而是被认识了的理念，

作为表象的世界在意志客体化更显著的级别上〔在那儿〕以同等的力量起作用。

可是动物画和动物雕刻又展出一个高得多的级别。从古代遗留下来的动物雕刻还相当多，譬如马，在维尼斯的马山、厄尔琴的浮雕上都有；在佛洛仑斯还有铜马和大理石的马；这里又有古代的野猪，嗥着的狼；此外在维尼斯的兵器展览馆还有雕刻的狮子像，在梵蒂冈还有整个一厅子大半都是古代的动物〔雕刻〕；不胜枚举。在这些作品上，美感的客观方面和主观方面相比就已占有断然的上风了。这里认识理念的主体已把自己的意志镇压下去了，可是已有了主体的这种宁静——在任何鉴赏都是这样——，但鉴赏者并不感到这宁静的效果，因为我们的心情〔在鉴赏时〕已被我们面前展示出来的那意志的不安和激动所占据了。出现于我们眼前的就是构成我们本质的那一欲求，但这欲求在〔雕刻的〕形态中的显现不同于在我们之中的显现，不是由思考主宰节制的，而是在粗线条中以一种近乎离奇不经和粗犷凶顽的明显性表出的；不过好在也并无伪装，是天真的、坦白的，无所掩饰的，我们对于动物发生兴趣就正在于这一点。在画出植物的时候就已显出了种族的特征，不过还只是在形状中显出罢了；在动物〔雕刻〕则特征就要明显得多，并且不仅在形态中显出，而是在行动、姿势、体态中显出，不过总还只是种类的特征而不是个性的特征。——对于较高级别的理念之认识，我们在绘画中通过别人的媒介而接受的那些认识，是我 294
们在欣赏植物和观察动物时也能直接获得的，并且如果是动物，就应该在它们不受拘束，自然而舒展的时候进行观察。客观地观察它们丰富多彩、稀奇美妙的形态和举止行动是从大自然听取富有

教育意义的一课，是认出了真正的“事物的标记”。* 我们在这些标记中看到意志显露的各种程度和方式，而在一切生物中又只是同一个意志，这意志所欲求的也到处是同一个东西，亦即变化如此无穷，形态如此各异而把自己客观化为生命，为实际存在的东西；〔同时〕，所有这些形态又都是对不同的外在条件的一些适应，可比拟于同一主旋律的许多变调。如果我们要给观赏者，为了〔他的〕反省思维，而用一句话来传达〔我们〕对于动植物的内在本质所获得的理解，那么，我们最好就用常出现于印度神圣典籍中叫做摩诃发古亚，即大咒语的梵文公式：“塔特，都阿门，阿西，”意即：“凡此有情，无非即汝。”

§ 45

最后直接地、直观地把这种理念，即意志可以在其中达到最高度客体化的理念表达出来乃是故事画和〔人像〕雕刻的巨大课题。在这里欣赏的客观方面绝对占着上风，而那主观的方面则已引退到后台去了。此外要注意的是还在比这低一级的级别上，在画动物时，特征和美完全是一回事；最能表出特征的狮，狼，马，绵羊，犍
295 牛也总是最美的。这里的理由是动物只有族类特征而没有个别的特征。〔艺术〕在表达人的时候，族类特征可就和个体特征分开了；

---

* 耶各白·丕姆(Jakob Böhm)在他《事物的标记》那本书第一章第15、16、17各节中说：“并且自然中没有一物。不把它的内在形态显露于外的：因为内在的总是挣扎着向外显出……每一事物都有它显现的一条出路。……每一物都是从它的特性作出表示，总是把自己显露和呈现出来，这就是自然的语言。……因为每一物都显露了它的母亲，把本质和意志给予形态的就是这母亲。”

前者现在叫做美(完全在客观意义上),后者保留“特征”或“表情”的名称。于是就产生了新的困难,亦即如何将两者同时在同一个体中完善的表达出来〔的问题〕。

人的美是一种客观的表现,这种表现标志着意志在其可被认识的最高级别上,最完美的客体化上,根本是人的理念完全表出于直观看得到的形式中。在这里尽管是美的客观方面如此突出,然而那主观方面依然是这客观方面永久的伴当。并且正因为没有一个对象能够像美人的容貌和身段那样迅速地把我们移入审美的直观,在一看到这种容貌和身段时,我们立刻就为一种说不出的快感所控制,使我们超然于我们自己,超然于一切使我们痛苦的事物之上;所以这种情况的可能就仅仅在于意志可加以最明晰,最纯洁的认识的可能性也〔能〕最轻易地,最迅速地把我们移入纯粹的认识状态;在这状态中,只要纯粹的美感还在,我们的人格,我们的欲求及其经常的痛苦就都消失了。所以歌德说:“谁要是看到人的美,就没有邪恶的东西能够触犯他;他觉得自己和自己,自己和宇宙都协调一致了。”——至于自然〔如何〕成功地〔产生了〕一个美的人体形象,我们必须这样来说明:即是说当意志在这最高级别上把自己客体化于一个个体中时,由于幸运的情况和自己的力量〔它〕完全战胜了一切障碍和阻力。较低级别的意志现象常使这些障碍与阻力和意志作对,——各种自然力就属于这类现象——,意志总是必须先从这些阻力手里夺取并赢得那本属于一切现象的物质。再进一步说,在较高级别上的意志现象在其形式上总是有多种多样的。一株树已经是无数重复着的,成长着的纤维的一个有系统的组合体。这种组合到愈高的级别愈是有增无已,而人体就是极不相同

296 的部分组成的最复杂的系统；其中每一部分都有着一个从属于整体的，然而又是独特的生命。至于所有这些部分又恰好是在适当的方式下从属于整体，在适当的方式下互相配合，为了整体的表出而和谐地同谋协力，不多出一点，也不委曲一点；——这一切就是这样一些罕有的条件，就是说它的后果就是美，就是完全刻画出来的种性。——大自然是这样，然则艺术又是怎样呢？人们的意见是：〔艺术是〕以模仿自然〔来创造美的〕。——但是如果艺术家不是在**经验之前**就预期着美，要他从哪里去识别在自然中已成功了的，为我们要去模仿的事物呢？又如何从那些未成功的作品中去找这些已成功的呢？大自然又曾经创造过所有一切部位都十全十美的人吗？——于是人们又曾认为艺术家应该把分散在许多人身上的，各个不同的美的部位搜集拢来，凑成一个美的整体，——〔这是〕一种颠倒的未经思考的意见。因为这里又要问艺术家从哪里识别恰好这一形式是美的而那一形式又不美呢？——我们不是已看到那些古代德国画家模仿自然吗？然而在美〔的领域〕内他们又走了多远呢？请看他们的裸体画像罢！——纯粹从后验和只是从经验出发，根本不可能认识美，美的认识总是，至少部分地是先验的，不过完全是另一类型的先验认识，不同于我们先验意识着的根据律各形态。这些形态只管得着现象作为现象论，它们的普遍形式以及这些形式如何根本就是认识的可能性的基础，只管得着现象的普遍的无例外的**如何**，譬如数学和纯粹自然科学就是从这种认识出发的。另外这一种先验的认识方式，使美的表出有可能的认识方式，则与此相反，不是管现象的形式而是管〔现象的〕内容，不是管**如何**显现，而是管显现的是**什么**。如果我们看到人〔体〕的

美，我们都能认识这种美；但是在真正的艺术家，他认识这种美竟如此明晰，以致他表达出来的美乃是他从来未曾实际看到过的美，〔我们看到的美〕在他的表达中已超过了自然。而这所以可能又仅 297
仅是由于意志——它的恰如其分的客体化，在其最高级别上，要在这里来判断，来发现——就是**我们自己**。仅仅是由于这一点，事实上我们才能对于自然（自然也就是构成我们自己的本质的意志）努力要表现的东西有一种预期。在真正的天才，这种预期是和高度的观照力相伴的，即是说当他在个别事物中认识到该事物的**理念**时，就好像大自然的**一句话**还只说出**一半**，他就已经**体会了**。并且把自然结结巴巴未说清的话爽朗地说出来了。他把形式的美，在大自然尝试过千百次而失败之后，雕刻在坚硬的大理石上。把它放在大自然的面前好像是在喊应大自然："这就是你本来想要说的！"而从内行的鉴赏家那边来的回声是："是，这就是了！"——只有这样，天才的希腊人才能发现人类体形的原始典型，才能确立这典型为〔人体〕雕刻这一艺术的教规。我们所有的人也只有借助于这样的预期，才可能在大自然在个别事物中真正成功了的地方认识到美。这个"预期"就是**理想的典型**。只要理念，至少有一半是先验地认识了的，并且在作为这种理念从先验方面来补充大自然后验地提供出来的东西，从而对于艺术具有实践的意义时，理念也就是理想的典型。艺术家对于美所以有这种先验的预期以及鉴赏家对于美所以有后验的赞赏，这种可能性就在于艺术家和鉴赏家他们自己就是大自然自在的本身，就是把自己客体化的意志。正如恩披陀克勒斯所说，同类的只能为同类的所认识；所以只有大自然能理解他自己，只有大自然才会根究它自己，那么，精神也只为

精神所理解。*

298 认为希腊人所以找到已成定论的，人体美的理想典型完全是由于经验而来，是由于搜集各个不同的美的部分，这里裸露一个膝盖，留心一下，那里裸露一只膀子，又注意一下而来的错误见解**，还在文艺方面有着完全与此雷同的见解，亦即这样一种看法，譬如说莎士比亚剧本中那么多复杂的，那样有真实性的，那么用心处理的，那么精心刻画出来的人物都是他从他自己的生活经验里留心看出来，然后加以复制而写出来的。这种看法的不可能和荒谬已没有分析的必要。显然的是一个天才，犹如他只是由于对于美有一种拟想的预期才创造造型艺术的作品一样，他在文艺上的创作也是由于对人物特征先有这样的预期；然而这两种创作都需要经验作为一种蓝本，唯有在这蓝本上，那先验模糊地意识着的东西才能引出来变为完全明晰〔的东西〕，这然后才出现了从容创作的可能性。

上面已经把人的美解释为意志的最完美的客体化，在其可以被认识的最高一级别上的客体化。这种美是由形式表达出来的，而这形式又只在空间中，和时间没有什么必然的关系，不像运动是有这么一种关系的。单就这一点，我们可以说意志由于单纯的空

---

* 最后这一句是黑尔维修斯（Helvetius）的名言 il n'y a que l'esprit qui sente l'esprit 的德译，这在本书第一版我还无须加以注明。可是自此以后，由于黑格尔那种狗屁智慧的蒙昧影响，时代竟如此堕落，变得如此粗犷，以致可能有人乱想，认为这里也是影射着“精神和自然”的对立，因此我才被迫采取防御措施，不让人将这种庸俗的诡辩诬栽在我身上。

** 尽管是由克森诺风（Xenopbon 苏格拉底的弟子）〔口中〕的苏格拉底说出来的（斯多帕阿斯：《古希腊箴言集锦》Floril，第二卷第 384 页）。

间现象而有恰如其分的客体化便是客观意义上的美。植物,除了单是意志的这种空间现象之外,再不是别的什么,因为要表现出植物的本质无需运动,从而也无需时间关系(撇开植物的发育不谈);单是植物的形态已表出了它全部的本质,已把它的本质揭露出来了。可是在动物和人,要完全显露正在它们身上显现出来的意志就还需要一系列的动作;由于动作,在它们身上的现象就获得了对时间的直接关系。这些都是在上一篇里阐述过了的,却由于下面的这一点又和我们目前的考察挂上了钩。如意志的纯空间现象能够在每一固定的级别上使意志完美地或不完美地客体化,——这就正是构成美或丑的东西——,意志在时间上的客体化,亦即行 299 为,并且是直接的行为,也就是〔身体的〕动作,也能纯洁地、完美地契合在动作中客体化了的意志,没有外来的掺杂物,没有多余的或不足的地方,而恰好只是表出每次一定的意志活动;——也可以和这一切相反〔,即或有余或不足等等〕。在前一情况,动作的完成是有**仪态**的,在后一情况则没有。所以犹如根本就是意志通过它纯空间的现象而有的相应表出,那么,与此相似,**仪态**就是通过它在时间上的现象而有的相应表出,也即是每一意志活动通过使意志得以客体化的举动和姿势而有的完全正确的、相称的表示。动作和姿势既以身体为前提,所以文克尔曼[①]的说法很对很中肯,他说:“优雅是行为的人和行为之间一种特殊的关系。”(《全集》第一卷第 258 页)结果自然是:我们固然可说植物有美,但不能说植物

① Winckelmann(1717—1768),著有《古代艺术史》,是德国研究古代艺术的创始人。

有优雅；如果要这样说，也只能是拟人的意义。动物和人则两者兼而有之。根据上面所说的，有优雅就在于每一动作和姿势都是在最轻松、最相称和最安详的方式之下完成的，也就是纯粹符合动作的意图，符合意志活动的表现，没有多余，多余就是违反目的的、无意义的举措或蹩扭难看的姿势；没有不足，不足就是呆板僵硬的表现。优雅以所有一切肢体的匀称，端正谐和的体形为先决条件，因为只有借助于这些，在一切姿势和动作中才可能有完全的轻松的意味和显而易见的目的性。所以优雅绝不可能没有一定程度的体型美。优雅和体型美两者俱备而又统一起来便是意志在客体化的最高级别上的最明晰的显现。

如前面已提到过的，使人突出的标志是人的族类特征和个人特征各自分离，以致每人，如在前一篇里已说过的，在一定限度内
300 都表现出一种特殊的理念。因此，以表出人的理念为目的的各种艺术，除了作为族类的特征的美以外，还要以个人特征为任务。个人特征最好就叫做**性格**。然而表出性格又只能在这样一个范围内，即是说不能把性格看作什么偶然的，绝对专属于这么一个人的个体的东西，而是要把性格看作人的理念恰好在这一个个体中特别突出的一个方面，这样性格的描写才有助于显出人的理念。于是性格，作为性格说，固然是个别的，却仍然要按理想的典型来把握，来描写，也即是说根本要就人的理念（性格以它的方式助成人的理念的客体化）来突出性格的特殊意义。在此以外，这一描写也是一个人，作为个别人的肖像、复制，包括一切偶然的东西。并且即令是肖像，正如文克尔曼所说，也应该是个体〔最〕理想的典型。

应作为理想的典型来体会的那种**性格**，亦即人的理念某一特殊方面的突出，它之所以显为可见的，一面是由于不变的相貌和体型；一面是由于情过境迁的感触和热情，由于"知"和"意"的相互影响，而这一切又都是在面部表情和举止行动中表现出来的。个体既然总是属于人类的，在另一方面人性又总是在个体中并且是包括个体特有的典型的意味而显露出来的；所以既不可以以性格来取消美，也不可以以美来取消性格；因为以个体特征来取消族类特征便是漫画，而以族类特征取消个体特征，结果又会〔空洞〕无意义。因此，以美为宗旨的艺术表现——主要的是雕刻——总还是以个别性格在某些方面把这种美（即族类特征）加以修正和限制，总要在突出人的理念的某一方面时在一定的，个别的方式下表出人的理念；这是因为人的个体作为个体说，在一定程度上都有一个特有的理念〔这么一种〕尊严，而就人的理念说，最重要的正是把它自己表出于有特殊重要意味的个体中。所以我们常在古代作品中看到他们清晰地体会到的美不是用一个，而是用好多带有不同特性的形象来表出的，等于总是从一个不同的方面来体会的，从而阿颇罗表出的是一个样儿，〔酒神〕巴库斯又是一个样儿，〔大力神〕赫库勒斯又是一个样儿，〔青年美典型的〕安迪诺奥斯又是一个样儿。并且特殊性格的方面对于美还有限制的作用，这种性格方面甚至可以出现为丑，如大醉之后的〔酒鬼〕席仑，如森林神浮恩等等。如果性格方面竟至于真正取消了族类特征，也就是到了不自然的程度，那就会成为漫画。——但和美相比，优雅更不能受到性格方面的侵蚀。不管性格的表出要求哪种姿态和举动，这种姿态和举动务必以同本人最相称的、最合目的的、最轻便的方式来完成。这一点不仅是雕刻家和画家，而且也是每一个优秀的演员

要遵守的，否则这里也会由于姿势不正，举动蹩扭而产生漫画式的形象。

在雕刻中，美的仪态依然是主要的。在感触中，激情中，知和意的相互影响中出现的精神特征是只能由面部表情和姿态表现出来的，〔所以〕精神特征最好是**绘画**的题材。原来眼神〔的表出〕和色彩〔的运用〕都在雕刻的范围之外，这两种手法固然很可以助长美，对于性格〔的表现〕则更不可少。此外，美对于从几个观点出发的鉴赏就会有更完整的展出；与此相反，如果是表情，是性格，从**一个**观点出发也能完全被掌握。

因为美显然是雕刻的主要目的，所以**勒辛**曾企图以惊呼和美两不相容来解释**拉奥孔不惊呼**。这个对象既已成为勒辛自己一部书的主题或至少是该书的转折点，并且在他以前以后还有那么多著述讨论这一对象，那么，请容许我在这里作为插曲
302 似的说出我对这事的意见，虽然这样一种个别的讨论本不应属于我们的考察范围之内，因为我们的考察一贯是以“普遍”为宗旨的。

§ 46

至于拉奥孔在享有盛名的那一群雕刻形象中并不是在惊呼，那是显然的。那么，这一点所以一般总是使人一再感到讶异，自然是由于我们设想自己在拉奥孔的地位必然要惊呼；并且人的本能也会要这样做，因为〔他那时〕既有剧烈的生理上的痛苦和突然发生的、肉体上极大的恐惧，而可能使人沉默忍受下来的一切反省思维，这时已全被排挤在意识之外，〔那么，〕自然的本能就会发为惊呼，既以表示痛苦和恐惧，又以呼救而骇退来袭击的敌人。文克尔曼虽已发现〔拉奥孔〕没有惊呼的表情，但是在他企图为〔创造这作品的〕艺术家辩护时，他竟把拉奥孔说成为一个斯多噶派了，认为拉奥孔矜持自己的尊严，不屑于随自然的本能而惊呼，反而要在其痛苦之上再加上无补于事的抑制，咬牙忍住了痛苦的表情。因此文克尔曼在拉奥孔身上看见的是“一个伟大人物的经得起考验的精神，和极度的惨痛搏斗而企图抑制自己痛苦的表情，把痛苦隐藏于内心。他不像维琪尔①〔诗中的拉奥孔〕那样冲口惊呼，而只是发出剧痛的叹息”如此等等（《〔文克尔曼〕全集》第七卷第 98 页。——讨论此事更详细的是〔同书〕第六卷第 104 页及随后几页）。勒辛在他的《拉奥孔》中就批评了文克尔曼的这个见解并以上面指出的意见修正了这个见解。勒辛以纯粹美学的理由代替了心理学的理由，认为美，认为古代艺术的原则，不容许有惊呼这种表情。他还加上了另外一个论点，说一种静态的艺术作品不容表现一种飘忽不定，不能经久的状态；〔然而〕这个论点却有数以百计的优美雕像的例子证明了它的反面，这些雕像都是在变化不定的运动中，譬如在舞蹈、搏斗、追逐等等中捉住了的形象。歌德在他论拉奥孔的那篇文章中——该文是文艺杂志《庙堂》的创刊词（第 8 页）——甚至以为选择运动中这倏忽的一瞬恰好是必要的。—— 303
在我们今天，**希几特**（《时代之神》1797 年第十期）在把一切归结于表情的最高真实性时是这样解决问题的，他说拉奥孔所以不惊呼，是因为他在窒息中即将死亡，已不能惊呼了。最后，费诺（《罗马研

① Virgil（公元前 70—19），罗马诗人，著有民族史诗 Äneis 等。

究》第一卷第426页及其后几页）把所有这三种意见都评述了，比较了，然而他自己却没补充什么新的东西，而只是折衷调和那三种意见而已。

我不禁觉得奇怪，〔为什么〕这样深思明辨的人们要辛苦地从老远去找一些不充分的理由，要抓一些心理学的、生理学的论据来解释这回事；〔其实〕这件事的理由就近在眼前，并且对于没有成见的人也是显然的理由；——尤其可怪的是勒辛已那么接近正确的解释，却还是没有得到真正的要领。

在未作任何心理学的和生理学的研究之前，究竟拉奥孔在他那地位会不会惊呼这个问题——附带地说我是完全站在肯定的一面——；首先应就这群雕刻形象自身来作决定，即是说在这群形象中不得把惊呼表达出来唯一的理由就是因为表示惊呼〔的艺术手法〕完全在雕刻的领域之外。人们不可能从大理石中塑造一个惊呼着的拉奥孔，而只能雕出一个张着嘴的，欲呼不能的拉奥孔，一个声音在喉头就停住了的拉奥孔。惊呼的本质，从而惊呼对于观众的效果也完全只在于〔惊呼〕之声，而不在于张开嘴。张开嘴这必然和惊呼相伴的现象，必须先有由于张嘴而发出的声音为动机才可理解；这然后作为这一行为的特征，张嘴才是可以容许的，甚至是必要的，虽然这已有损于〔作品的〕美了。可是造型艺术自身对于惊呼的表现完全是外行，是不可能的。要在造型艺术中表出用以惊呼的手段，那种勉强的，破坏一切面容轮廓和其余表情的手段，也就是表出嘴的张开，那可真是不智已极；因为即令人们这样
304 做了，也不过是把这种附带地还要要求许多牺牲的手段摆到眼前而已，而这手段的目的，惊呼本身，和惊呼对于〔我们〕情绪的作用

却依然付之缺如。何况还不仅是付之缺如而已，当人们这样做时，无非是塑出每当努力而终于无效的可怜相；直可比拟于一个更夫，在他睡熟之后，促狭鬼为了取乐用蜡塞住了〔他的〕牛角，然后大叫失火以惊醒他时，徒然使劲而吹不响牛角的可怜相。——与此相反，如果是在叙述的或表演的艺术范围内表出惊呼〔的神情〕，那又完全是可以容许的，因为这样做有助于〔艺术的〕真实性，这真实性也就是理念的完整表现。在文艺中就是这样，——文艺要求读者想象力〔的合作〕以使它所描写的更有直观的形象性——，因此在维琪尔〔诗中〕的拉奥孔就像公牛在着了一斧又挣脱捆索时那样狂叫；因此荷马(《伊利亚德》XX，第48—53页)也让战神马儿斯和智慧之神闵涅华发出十分可怕的叫声，然而这既无损于他们神的尊严，也无损于他们天神的美。在戏剧艺术中也是这样，在舞台上的拉奥孔简直不得不惊呼。索福克勒斯也让菲洛克德特呼痛，在古代的舞台上〔这个人物登场时〕大抵也真是呼号过的。我记得一个完全相似的情况，在伦敦我看见过著名演员肯帕尔在译自德国的《皮查洛》这个剧本中扮演美国人洛拉。洛拉是一个野蛮人但品德高尚，然而在他受伤之后，他高声剧烈地大叫，这在剧情上的效果很大很好，因为这最足以表示人物的性格，大有助于〔艺术的〕真实性。——相反，一个画出来的或石雕的没有声音的呼号者，那就比画出来的音乐还要可笑。在歌德的《庙堂》杂志里已对此指斥过，因为〔在造型艺术中〕呼号比音乐更有损于其他的一些表情和〔整个的〕美；〔在这里〕音乐大抵只是使手和臂有所操作，还可看作标志其人的性格的行动；并且只要不要求身体的剧烈运动或歪嘴缩腮，还可画得十分像样，例如弹风琴的圣女车栖利亚，罗马斯希阿

拉画廊里拉菲尔的“提琴演奏者”等等。——所以说，由于艺术各
305 有疆界而不能以惊呼来表现拉奥孔的痛苦，那么，那位艺术家就得使出一切其他的手法来表现拉奥孔的痛苦了。正如文克尔曼的大笔所描写的，那位艺术家是十全十美地做到了这一点；而人们只要撇开文克尔曼赋予拉奥孔以斯多噶派思想意识的渲染，文克尔曼杰出的描写仍可保有它充分的价值和真实性。*

§ 47

因为在仪态之外还有“美”是〔人体〕雕刻的主要课题，所以雕刻喜欢裸体，只在衣着并不隐蔽身段时，〔才〕可以容许衣着。雕刻利用艺术上的褶裙不是用以隐蔽，而是用以间接地表现身段。这种表现手法要求悟性作出很大的努力，因为悟性只是由于直接显出的效果，由于衣裙的褶皱就要直观地看到这褶皱的原因，看到身段。那么，褶裙之于雕刻，在一定限度内，正就是缩影之于绘画。两者都是示意，但不是象征的，而是这样一种示意，即在其成功时就会强制悟性把只是示意的地方当作和盘托出的来看。

这里请容许我附带地插入一个有关语文艺术的比喻。即是说少穿衣服或完全不穿衣服最有利于欣赏美的身段，所以一个很美的人，如果他既有审美的趣味，又可按趣味而行事的话，他最喜欢的就会是少穿衣服，最好是几乎是全裸着身子过日子，仅仅和希腊人一样着那么一点儿衣服；——与此相同，每一个心灵优美而思想

---

* 这一插曲在第二卷第三十六章也有补充。

丰富的人，在他一有任何可能就争取把自己的思想传达于别人，以
便由此而减轻他在此尘世中必然要感到的寂寞时，也会经常只用
最自然的，最不兜圈子的，最简易的方式来表达自己〔的思想〕。反
过来，思想贫乏，心智混乱，怪癖成性的人就会拿些牵强附会的词 306
句，晦涩难解的成语来装饰自己，以便用艰难而华丽的辞藻为〔他
自己〕细微渺小的，庸碌通俗的思想藏拙。这就像那个并无俊美的
威仪而企图以服饰补偿这一缺点的人一样，要以极不驯雅的打扮，
如金银丝绦、羽毛、卷发、高垫的肩袖和鹤氅来遮盖他本人的委琐
丑陋。有些作者，在人们强迫他改作他〔写得〕那么堂皇而晦涩的
著作，〔以符合〕书中渺小的、一览无余的内容时，就会和一个人在
要他光着身子走路时一样的难为情。

§ 48

故事画在美和优雅之外，还要以〔人物〕性格为主要对象。这根本就要理解为在意志客体化的最高级别上来表出意志。在这最高级别上，个体作为人的理念在某一特殊方面的突出，已有它特殊的意味。并且这种意味不单是在形体上就可认识到的，而是要由于在面部表情和姿态上看得出的各种各样的行为，以及促成这行为，与这行为并存，由于认识和欲求带来的影响才能够认识到。人的理念既然要在这样的范围内来表出，那么，人的理念在多方面的开展就必须通过有特殊意味的个体使我们亲眼得见，而这些带有特殊意味的个体又只能通过多种多样的背景，故事和行为才能使他们显而易见。故事画用以解决这些无数任务的方法就是把各种生活的情景，不分意义的大小，〔一一〕摆在〔我们〕眼前。既没有一

个个体，也没有一种行为能够是毫无意义的。人的理念是在这一切个体一切行为中，通过这一切个体一切行为逐渐逐渐展开的。因此，绝对没有一种生活过程是可以排斥于绘画之外的。所以如果人们〔先入为主地〕只承认世界史上的大事或圣经上的故事有重大意义；对于荷兰派的画家则只看重他们的技巧方面而在其他方面轻视他们，以为他们大抵只写出一些日常生活中的对象罢了，那
307 是对于这些优秀的画家太不公允了。人们首先就该考虑一下，一个行为的内在意义和它的外在意义是完全不同的。两者也每每各自分别出现〔，不相为谋〕。外在的意义是就一个行为对于实际世界的，在实际世界中的后果来说的重要性，所以是按根据律〔来决定〕的。内在的意义是〔我们〕对于人的理念体会的深刻。这种体会由于凭借按目的而配置妥当的情况，让那些表现明确而坚定的个性展出它们的特性因而揭露了人的理念不常见的那些方面，就显示了人的理念。在艺术里有地位的只是内在意义，外在意义则在历史上有地位。两者完全各自独立，可以合并出现，但也可以分别单独出现。在历史上极为重大的一种行为在内在意义上很可能是平凡而庸俗的行为。相反，日常生活中的〔任何〕一幕，如果个体的人以及人的作为，人的欲求，直到最隐蔽的细微末节都能够在这一幕中毫发毕露，也可能有很大的内在意义。又外在意义尽可极不相同，而内在意义仍可相同或无非是同一个意义；例如：或是内阁大臣们在地图上为争夺土地和臣民而相持不下，或是农民们在小酒店里用纸牌和骰子互赌输赢而拌嘴，这在内在意义上说，并没有什么不同；正如人们下棋，不管棋子是黄金制的或木头制的，其为博弈则一。何况单是由于这一理由，构成亿万人生活内容的这

些情景和事态，他们的作为和营谋，他们的困苦和欢乐就有足够的重要性作为艺术的题材；并且由于这些情景和事态的丰富多彩，一定也能提供足够的材料以展出人的理念的许多方面。甚至瞬息间的过眼烟云，一经艺术掌握而固定于画面（于今称为生活素描）之上，也要激起一种轻微的，别具意义的感动；原来在一些个别的，却
又能代表全体的事态中把这瞬息万变不停地改头换面的世界固定 308
在经久不变的画面上，乃是绘画艺术的成就。由于这种成就，在绘画艺术把个别的东西提升为其族类的理念时，这一艺术好像已使时间〔的齿轮〕本身也停止转动了似的。最后，绘画上历史的、具有外在意义的题材常有这么一种缺点，即是说这种题材的意义〔有时〕恰好不能有直观的表现而必须以想当然来补充。就这一点说，我们根本就应区别一幅画的名称意义和它的实物意义；前者是外在的，但只是作为概念而具备的意义；后者是人的理念的一个方面，是由这幅画给直观显出的。例如前者是摩西被埃及的公主发现，是历史上极为重要的一个关键；而这里的实际意义，真正给直观提出的东西则相反，只是一个贵妇从浮于水上的摇篮中救出一个弃婴来，是可以常发生的一件事。在这里，单是那一套穿戴已能使一个学者认出这一回历史公案；但是穿戴服装只在名称的意义上有用处，在实物的意义上却无关重要，因为后者只认人本身，而不认〔衣服，不认〕随意拣来的形式。〔艺术〕从历史中取得的题材和从纯粹可能性取得的题材，亦即并非个别的而只能称为一般的题材相比，并没有什么突出的优点；这是因为在历史题材中真正有意义的并不是那个别的东西，不是个别事态本身，而是个别事态中普遍的东西，是由这事态表出的人的理念的一个方面。因此，在另

一面，某些历史题材却也不可厚非，不过以真正艺术眼光来看这些题材则不管是画家还是鉴赏家，都绝不在乎这些题材中个别的、单一的东西，恰好是构成历史性的东西，而是在乎题材中表现出来的普遍的东西，在乎理念。并且也只有在主题真可以表现出来，无须以“想当然”来补充的场合才可选用历史题材，否则名称意义和实物意义就会距离太远，在画面上想到的就会成为最重要的〔东西〕
309 而有损于直观看到的〔东西〕。在舞台上（譬如在法国的悲剧里）已经不宜于使表现主题的剧情在幕后发生，如果在绘画中这样做，那就显然是大错特错了。历史的题材只在把画家圈定在一个不是按艺术的目的而是任意按其他目的选定的范围中时，才是肯定不利的。绝对不利的是这个范围缺乏画意和有意味的题材；例如说如果这个范围是一个弱小的、被隔离的、冥顽的、为教会立法所统治的，也就是被错误的妄念所支配的，为东西方当代各大民族所藐视的卑微的民族——如犹太民族——的历史。——在我们和一切古代民族之间既曾有一次民族大迁徙横亘在中间，有如过去一度的海底变化横亘在今日的和我们现在只能从化石认出其结构的两种地壳之间一样；那么，根本要算我们大不幸的是在主要成分上以过去的文化给我们的文化提供基础的民族，一不是希腊人，二不是印度人，甚至连罗马人也不是而凑巧是这些犹太人。不过尤其不幸的是十五和十六世纪中意大利的天才画家们，他们是人为地被限制在一个狭窄的圈子里在选择题材，不得不抓住各种各样的可怜虫〔作题材〕。原来新约全书，就历史的部分说，作为绘画题材的来源比旧约全书还要差劲，至于继新约全书而起的殉道者和教会传道人的历史，那更是些糟透了的东西。不过〔又不可一概而论〕在

这些画中人们还得好好加以甄别，一种是那些专以犹太教和基督教的历史或神话部分为题材的画，一种是使真正的，亦即基督教的伦理精神可以直观看到的画，而所用的方法就是画出充满这种精神的人物。后一种画事实上是绘画艺术中最高的、最可敬佩的成就，也只有这一艺术中最伟大的巨匠，尤其是拉菲尔和戈内琪奥[①]——后者大体上是在其初期作品中——，才能获得这样的成功。这一类的绘画本来不能算在历史故事画之内，因为这些画大多数并不写一种事态的过程，不写什么行为，而只是把一些神圣人物凑到一起而已，往往是救世主自己，大半还在幼儿期，和他的母 310
亲以及天使们等等。我们在他们的面部，尤其是在他们的眼神中，看到那种最圆满的"认识"的表情和反映。这不是关心个别事物，而是把握了那些理念，亦即完全把握了宇宙和人生全部本质的认识。这一认识在那些神圣人物心中回过头来影响意志的时候，就不同于别的认识，只是为意志提供一些**动机**，而是相反，已成为取消一切欲求的**清静剂**了。从这种清静剂可以产生绝对的无欲——这是基督教和印度智慧的最内在精神——，可以产生一切欲求的放弃，意志的收敛，意志的取消，随意志的取消也可以产生最后的解脱。那些永远可钦佩的艺术大师就是这样以他们的作品直观地表出了这一最高的智慧。所以这里就是一切艺术的最高峰。艺术在意志的恰如其分的客体性中，在理念中追踪意志，通过了一切级别，从最低级别起，开始是原因，然后是刺激，最后是动机这样多方的推动意志，展开它的本质，一直到现在才终于以表示意志〔自己〕

① Corregio(1494—1534)，意大利名画家。

自由的自我扬弃而结束。这种自我扬弃是由一种强大的清静剂促成的，而这清静剂又是意志在最圆满地认识了它自己的本质之后获得的。*

§ 49

我们前此关于艺术的一切考察，无论在什么地方都是以这样一个真理为根据的，即是说：艺术的对象——表出这个对象就是艺术家的目的，所以对于这个对象的认识，作为〔艺术品的〕胚胎和根源，就必然要走在艺术家的作品之前了——就是柏拉图心目中的理念，而绝不是别的什么；不是个别事物，不是理性思维的和科学的对象。理念和概念在两者〔各自〕作为单位的“一”而代表实际事

311 物的多时，固然有些共同性，然而两者的巨大区别，由于在第一篇里关于概念和在本篇里关于理念所说过的，应该是够明确够清楚的了。不过说柏拉图也明白地体会了这一区别，我是绝不主张的；反而应该说他有好些关于理念的例子，关于理念的讨论都只能适用于概念。关于这一点，我们现在将置而不论，而只走我们自己的路。足以自慰的是我们虽然这样屡次踏上了一个伟大的卓越的人物的旧路，却并不是〔一步一趋〕踏着他的足印前进，而是追求我们自己的目标。——概念是抽象的，是从推理来的。概念在其含义圈内完全是不确定的，只在范围上是确定的。概念是任何人只要有理性就得而理解和掌握的，只要通过词汇而无须其他媒介就可传达于人的，它的定义就把它说尽了。理念则相反，尽管可作概念

* 要理解这一段，非以下一篇为前提不可。

的适当代表来下定义，却始终是直观的。并且理念虽然代表着无数的个别事物，却一贯是确定的；它绝不能被个体所认识，而只能被那超然于一切欲求，一切个性而已上升为认识的纯粹主体的人所认识；也就是说只能被天才以及那些由于提高自己的纯粹认识能力——多半是天才的作品使然——而在天才心境中的人们所获得。因此，理念不是无条件地，而只是在条件之下才可以传达于人的，因为那既被把握又在艺术作品中被复制出来的理念只按各人本身的智力水平而〔分别〕引起人们的注意。因为这一缘故，所以恰好是各种艺术中最优秀的作品，天才们最珍贵的产物，对于人类中迟钝的大多数必然永远是一部看不懂的天书。在这些作品与多数人之间隔着一条鸿沟，大多数人不能接近这种天书，犹如平民群众不能接近王侯们的左右一样。最无风雅的人固然也把公认的杰作当作权威，但那不过是为了不暴露他们自己的低能罢了。这时他们虽口里不说，但总是准备着大肆诋毁这些杰作；一旦有人容许他相信可以这样做而不致暴露他们自己，那么，他们对于一切伟大的、优美的东西——这些东西从来不引起他们欣赏，所以正是因此 312
而伤害了他们的自尊心——，对于这些东西的创作者既然衔恨已久，现在就可以兴高采烈的尽情发泄他们的憎恨了。原来一个人要自觉自愿地承认别人的价值，尊重别人的价值，根本就得自己有自己的价值。这是〔一个人〕尽管有功而必须谦逊的理由所在，也是〔人们〕对于〔别人的〕这一德性往往加以过誉的理由之所在。在一切姊妹德性中，唯有谦逊是每一个敢于赞扬任何一个卓越人物的人，为了化解和消除〔人们自己〕无价值的愤怒，每次都要添加在他的称颂之后的。然则谦逊不是伪装的卑躬屈节，又是什么呢？

难道谦逊不是人们因为自己有优点和功绩而在这充满卑鄙嫉妒的世界里〔不得不〕用以请求那些没有任何优点和功绩的人们加以原谅的手段？原来谁要是因为无功可罚而不自高自大，这不是谦逊，而只是老实。

理念是借助于我们直观体验的时间、空间形式才分化为多的一。概念则相反，是凭我们理性的抽象作用由多恢复的一，这可以称之为事后统一性，而前者则可称之为事前统一性。最后，人们还可以用这样一个比喻来表示概念和理性之间的区别，人们可以说**概念**好比一个无生命的容器，人们放进去的东西在里面一个挨一个，杂乱无章，可是除了人们原先放进去的（由于综合判断），也不能再拿出（由于分析判断）什么来。理念则不然，谁把握了它，它就在他心里发展一些表象，而这些表象和它们同名的概念来说，都是新的。理念好比一个有生命的，发展着的，拥有繁殖力的有机体，这有机体所产生出来的都是原先没有装进里面去的东西。

那么，根据所说过的一切，概念，尽管它对于生活是这样有益，对于科学是这样有用，这样必要，这样富于后果；对于艺术却永远是不生发的。与此相反，被体会了的理念是任何地道艺术作品真正的和唯一的源泉。理念，就其显著的原始性说，只能是从生活自身，从大自然，从这世界汲取来的，并且也只有真正的天才或是一
313 时兴奋已上跻于天才的人才能够这样做。只有从这样的直接感受才能产生真正的、拥有永久生命力的作为。正因为理念现在是，将来也依然是直观的，所以艺术家不是在抽象中意识着他那作品的旨趣和目标；浮现于他面前的不是一个概念，而是一个理念。因此，他不能为他的作为提出一个什么理由来。他是如人们所形容

的，只是从他所感到的出发，无意识地，也可说本能地在工作。与此相反，模仿着，矫揉造作的人，效颦的东施，奴隶般的家伙，这些人在艺术中都是从概念出发的。他们在真正的杰作上记住什么是使人爱好的，什么是使人感动的；把这些弄明白了，就都以概念，也就是抽象地来理解，然后以狡猾的用心或公开或隐蔽地进行模仿。他们和寄生植物一样，从别人的作品里吸取营养；又和水蛭一样，营养品是什么颜色，它们就是什么颜色。是啊，人们还可以进一步比方说，他们好比是些机器，机器固然能够把放进去的东西碾碎，拌匀，但绝不能使之消化，以致放进去的成分依然存在，仍可从混合物里找出来，筛分出来。与此相反，唯有天才可比拟于有机的、有同化作用的、有变质作用的、能生产的身体。因为他虽然受到前辈们及其作品的教育和熏陶，但是通过直观所见事物的印象，直接使他怀胎结果的却是生活和这世界本身。因此，即令是最好的教养也绝无损于他的独创性。一切模仿者，一切矫揉造作的人都把人家模范作品的本质装到概念里来体会，但概念绝不能以内在的生命赋予一个作品。时代本身，也就是各时期蒙昧的大众，就只认识概念，株守着概念，所以他们情愿以高声的喝彩来接受那些装模作样的作品。可是这些作品，不到几年便已〔明日黄花〕无鉴赏的价值了；因为时代精神，也就是一些流行的概念，已自变换了，而那些作品本就是只能在这些概念上生根的。只有真正的杰作，那是从自然，从生活中直接汲取来的，才能和自然本身一样永垂不朽，而常保有其原始的感动力。因为这些作品并不属于任何时代，而 314
是属于〔整个〕人类的。它们也正因此而不屑于迎合自己的时代，这时代也半冷不热地接受它们。又因为这些作品每每要间接地消

极地揭露当代的错误，所以〔人们〕即令承认这些作品，也总是踟蹰不前，亦非衷心所愿。然而可以抵消这一切的是它们能够永垂不朽，能够在最辽远的将来也还能有栩栩如生的，依然新颖的吸引力。那时它们也就不会再任人忽视，任人错看了，因为那若干世纪以来屈指可数的几个有判断力的人物由于赞扬它们已给它们加了冕，批准了它们。这些少数人的发言逐渐逐渐增加了就构成了权威。如果人们对于后世有所指望的话，唯有这种权威才是人们心目中的裁判员。这完全只是那些陆续出现的少数个别人。原来后世的大众和人群，不论在什么时代还是同当代的大众和人群一样，过去是，现在是，将来也还是乖舛的、顽钝的。——人们请读一读每一世纪的伟大人物对其当代人的控诉吧，这听起来总好像就是今天发出来的声音似的，因为〔今昔〕都是同一族的人。在任何时代，在每一种艺术中都是以空架子的格局代替精神。精神永远只是个别人的所有物，而格局却是由最近出现的，公认的精神现象脱下来的一件旧衣服。根据这一切，如果要获得后世的景仰，除了牺牲当代人的赞许外，别无他法；反之亦然。*

§ 50

然则，如果任何艺术的目的都是为了传达一个被领会了的理念，〔即是说〕这个理念在通过艺术家的心灵所作的安排中出现，已肃清了一切不相干的东西，和这些东西隔离了，因而也能为感受力较弱而没有生产力的人所领会了；如果再进一步说人们在艺术中

* 第二卷第三十四章是补充这里的。

也从概念出发，是要把事情弄糟的；那么，要是有人故意地，毫不讳言地公然指定一件艺术作品来表示一个概念，我们当然也不能予 315 以赞同。**寓意画**就是这种情况。寓意画是这样一种艺术作品：它意味着不是画面上写出来的别的什么东西。但是那直观看到的东西，从而还有理念，都是直接而十分完美的把自己表现出来的，无需乎一个别的什么作媒介，不必以此来暗示。所以凡是因自身不能作为直观的对象，而要以这种方式，要依靠完全不同的另一什么来示意，来当代表的，就总是一个概念。因此寓意画总要暗示一个概念，从而要引导鉴赏者的精神离开画出来的直观表象而转移到一个完全不同的、抽象的、非直观的、完全在艺术品以外的表象上去。所以这里是叫绘画或雕刻去做文字所做的工作，不过文字做得更好些罢了。那么，我们所谓艺术目的，亦即表出只是直观可以体会的理念，就不是这儿的目的了。不过要达成这里的意图，倒也并不需要什么高度完美的艺术品，只要人们能看出画的是什么东西就足够了；因为一经看清了是什么，目的也就达到了。此后〔人们的〕精神也就被引到完全不同的另一种表象，引到抽象概念上去了。而这就是原来预定的目标。所以寓意的造型艺术并不是别的什么，实际上就是象形文字。这些象形文字，在另一面作为直观的表出仍可保有其艺术价值，不过这价值不是从寓意而是从别的方面得以保有的。至于戈内琪奥的《夜》，汉尼巴尔·卡拉齐的《荣誉的天使》，普桑的《时间之神》都是很美的画，这些作品虽是寓意画，还是要完全分开来看。作为寓意画，这些作品所完成的不过是一种传奇的铭刻罢了，或更不如。这里又使我们回忆到前面在一张画的实物意义和名称意义之间所作的区别。名称意义就正是这里

所寓意的东西；例如《荣誉之神》；而实物意义就是真正画出来的东西，这里是一个长着翅膀的美少年，有秀丽的孩子们围着他飞。这就表出了一个理念。但是这实物意义只在人们忘记了名称意义，
316 忘记它的寓意时才起作用。如果人们一想到这指及意义，他就离开了直观，〔人们的〕精神又被一个抽象的概念占据了。可是从理念转移到概念总是一种堕落。是的，那名称意义，寓意的企图，每每有损于实物意义，有损于直观的真实性；例如戈内琪奥的《夜》〔那幅画〕里违反自然的照明，虽然处理得那么美，仍是从寓意的主题出发的，实际上并不可能。所以如果一幅寓意画也有艺术价值，那么这价值和这幅画在寓意上所成就的是全不相干的，是独立的。这样一种艺术作品是同时为两个目的服务的，即为概念的表现和理念的表出服务。只有后者能够是艺术的目的；另外那一目的是一个外来的目的。使一幅画同时又作为象形文字而有文字的功用，是为那些从不能被艺术的真正本质所歆动的人们取乐而发明出来的玩意儿。这就等于说一件艺术品同时又要是一件有用的工具，这也是为两种目的服务，例如一座雕像同时又是烛台或同时又是雅典寺院中楣梁的承柱；又譬如一个浅浮雕同时又是阿希尔[1]的盾牌。真正的艺术爱好者既不会赞许前者，也不会赞许后者。一幅寓意画因为也恰好能以这种寓意的性质在〔人的〕心灵上产生生动的印象，不过在相同的情况下，任何文字也能产生同样的效果。举例说：如果一个人的好名之心不但由来已久而且根深蒂固，以至于认荣誉为他的主权所应有，不过是因为他还没拿出

① Achill，荷马史诗中最善战的勇士，仅后跟可为刀剑所伤。

所有权证件来，所以一直还没让他来领取；那么要是这样一个人走到了头戴桂花冠的《荣誉之神》的面前，他的全部心灵就会因此激动起来，就会鼓励他把精力投入行动。不过，如果他突然看见墙壁上清楚地〔写着〕“荣誉”两个大字，那也会发生同样的情况。又譬如一个人公布了一个真理，这个真理或是作为格言而在实际生活上，或是作为见解而在科学上都有其重要性，可是并没有人相信他；这时如果有一幅寓意画，画出时间在揭开帷幕而让〔人们〕看到赤裸裸的〔代表〕真理〔的形象〕，那么，这幅画就会对他起强烈的作用；但是“时间揭露真理”这个标语也会起同样的作用。原来在这儿起作用的经常只是抽象的思想，不是直观 317
看到的东西。

如果根据上面所说，造型艺术中的寓意既是一种错误的，为艺术莫须有的目的服务的努力；那么，如果等而下之，以至生硬的、勉强的附会在表现的手法上竟堕落为荒唐可笑的东西，那就完全不可容忍了。这类例子很多，如：乌龟意味着妇女的深居简出；〔报复女神〕涅美西斯看她胸前衣襟的内面意味着她能看透一切隐情；贝洛瑞解释汉尼巴尔·卡拉齐所以给〔代表〕酒色之乐〔的形象〕穿上黄色衣服，是因为这个画家要以此影射这形象的欢愉即将凋谢而变成和枯草一样的黄色。——如果在所表出的东西和以此来暗示的概念之间，甚至连以这一概念之下的概括或观念联合为基础的联系都没有了，而只是符号和符号所暗示的东西，两者完全按习惯，由于武断的，偶然促成的规定而连在一块，那么我就把这种寓意画的变种叫做**象征**。于是，玫瑰花便是缄默的象征，月桂是荣誉的象征。棕榈是胜利的象征，贝壳是香客朝圣的象征，十字架是基督教的象征。属于这一类象征的还有直接用单纯色彩来示意的，如黄色表示诈伪，蓝色表示忠贞。这类象征在生活上可能经常有些用处，但在艺术上说，它们的价值是不相干的。它们完全只能看作象形文字，甚至可以看作中国的字体，而事实上也不过和贵族的家徽，和标志客栈的灌木丛，标志寝殿侍臣的钥匙，标志登山者的刀鞘同为一类〔的货色〕。——最后，如果是某一历史的或神话中的人物，或一个人格化了的概念，可从一个一劳永逸而确定了的象征辨认出来，那么这些象征就应称之为**标志**。属于这一类的有四福音书编纂人的动物，智慧女神闵涅华的枭，巴黎斯的苹果，希望之锚等等。不过人们所理解的标志大抵是指那些用格言说明的，寓意使道德真理形象化的素描，这些东西J.卡
318 美拉瑞乌斯，阿尔几阿都斯和别的一些人都有大量的收藏。这些东西构成过渡到文艺上的寓言的桥梁，这种寓言到后面再谈。——希腊雕刻倾向直观，所以是**美感的**；印度雕刻倾向概念，所以只是**象征的**。

关于寓意画的这一论断是以我们前此对于艺术的内在本质的考察为基础的，并且是和这考察密切相联的。这和文克尔曼的看法恰好相反。他和我们不一样，我们认为这种寓意是和艺术目的完全不相涉，并且是每每要干扰艺术目的的东西；他则到处为寓意作辩护，甚至于(《全集》第一卷第55页起)确定艺术的最高目的就在于“表达普遍概念和非感性的事物”。究竟是赞同哪一种意见，则听从各人自便。不过，由于文克尔曼在美的形而上学中的这些以及类似的意见，我倒明白了一个真理，即是说人们尽管能够对于艺术美有最大的感受力和最正确的判断，然而不能为美和艺术的

本质提出抽象的、真正哲学上的解释；正和人们尽管高尚而有美德，尽管他有敏感的良心，能够在个别情况之下作出天平上不差毫厘的决断，然而并不就能够以哲理根究行为的伦理意义而加以抽象的说明如出一辙。

寓言对于**文艺**的关系完全不同于它对造型艺术的关系。就后者说，寓言固然是不适合的；但就前者说，却是很可容许的，并且恰到好处。因为在造型艺术中，寓言引导〔人们〕离开画出的，直观看到的东西，离开一切艺术的真正对象而转向抽象的思想；在文艺中这个关系就倒转来了。在文艺中直接用字眼提出来的是概念，第二步的目的才是从概念过渡到直观的东西，读者〔自己〕的想象力必须承担表出这直观事物〔的任务〕。如果在造型艺术中是从直接表出的转到别的什么，那么这别的什么必然就是一个概念，因为这里只有抽象的东西不能直接提出。但是一个概念绝不可以是艺术 319
品的来源，传达一个概念也绝不可以是艺术品的目的。与此相反，在文艺中概念就是材料，就是直接提出的东西。所以人们也很可以离开概念以便唤起与此完全有别的直观事物，而〔文艺的〕目的就在这直观事物中达到了。在一篇诗文的结构中，可能有些概念或抽象的思想是不可少的，尽管它们自身直接地全无直观看到的可能性。这就要用一个概括在该概念之下的例子使它可以直观地看到。在任何一转义语中就有这种情况，在任何隐喻、直喻、比兴和寓言中也有这种情况，而所有这些东西都只能以叙事的长短详略来区别。因此，在语文艺术中，比喻和寓言都有很中肯的效果。塞万提斯为了表示睡眠能使我们脱离一切精神的和肉体的痛苦，他写睡眠真够美："它是一件大衣，把整个的人掩盖起来"。克莱斯

特又是如何优美地以比喻的方式把哲学家和科学家启发人类这个事实表出于诗句中：

> “这些人啊！
> 他们夜间的灯，
> 照明了整个地球。”

荷马写那个带来灾害的阿德是多么明显和形象化，他说：“她有着纤弱的两足，因为她不踏在坚硬的地面上，而只是在人们的头上盘旋”（《土劳埃远征记》，XIX 篇 91 行）。门涅尼乌斯·阿格瑞巴所说胃与肢体的寓言对于迁出罗马的平民也发生了很大的影响。柏拉图在《共和国》第七篇的开头用前已提到过的洞喻也很优美地说出了一个极为抽象的哲学主张。还有关于〔阴间女神〕帕塞风涅的故事说她在阴间尝了一颗石榴就不得不留在阴间了，也应看作有深远哲学意味的寓言。歌德在《多愁善感者的胜利》中把这故事作为插曲编在剧本中，由于他这种超乎一切赞美的处理，这寓言的意味就格外明白了。我所知道的有三部长篇寓言作品：一篇显明的，

320 作者自认作为寓言写的作品是巴尔达萨·格拉思[①]绝妙无比的《克瑞蒂巩》。这是由互相联系的，极有意味的寓言交织成为巨大丰富的篇章而构成的，寓言在这里的用处却成为道德真理的轻松外衣了。作者正是以此赋予了这些真理以最大的直观意味，他那种发明〔故事〕的丰富才能也使我们惊异。另外两篇比较含蓄的则是《堂·吉诃德》和《小人国》。前一篇的寓意是说任何人的一生，〔如果〕他不同于一般人，不只是照顾他本人的福利

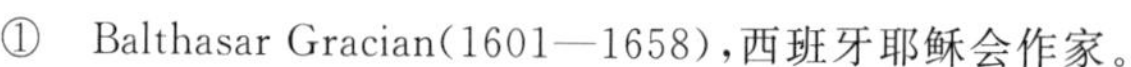

① Balthasar Gracian(1601—1658)，西班牙耶稣会作家。

而是追求一个客观的、理想的、支配着他的思想和欲求的目的，那么，他在这世界上自然就要显得有些离奇古怪了。在《小人国》，人们只要把一切物质的、肉体的东西看作精神的，就能领会这位“善于讽刺的淘气鬼”——汉姆勒特会要这样称呼他——所指的是什么。——就文艺中的寓言说，直接提出来的总是概念。如果要用一个形象使这概念可以直观看到，有时可以是用画好的形象来表示或帮助〔理解〕，那么，这幅画并不因此就可看作造型艺术的作品，而只能看作示意的象形文字，也不能具有绘画的价值，而是只有文艺的价值。属于这种象征画的有出自拉伐特尔①手笔的一幅美丽而含有寓言意味的，书本中补空的小画。这副花饰对于一个拥护真理的崇高战士都必然有鼓舞的作用，〔画着的〕是擎着一盏灯的手被黄蜂蜇了，另外灯火上焚烧着一些蚊蚋，下面是几行格言诗：

“哪管蚊蚋把翅膀都烧尽，
哪管它们的小脑袋炸开血浆迸流，
　　光明依旧是光明。
即令可恼的蜂虿毒蜇我，
　　我哪能抛弃光明。”

属于这一类型的东西还有某人墓碑上的铭刻，碑上刻着吹灭了的，余烬蒸发着的烛花及旁注：

“烛烬既灭，事实大白，
牛脂蜜蜡，判然有别。”

① Lavater(1741—1801)，德国作家，新教教士，与歌德有交往。

最后有一张古德国家族世系图也是这类货色。谱上有这源远流长的世家最后一代单传的子孙为了表示他终身彻底禁欲不近女色，
321 从而断绝后嗣的决心，把他自己画在一棵枝繁叶茂的树根上，用一把剪刀将自己上面的树干剪掉。属于这类画的，凡是上面说过的，一般称为标记的象征画都是，〔不过〕这些画人们也可称之为含有显明教训意味的图画寓言。——这类寓言总是文艺方面的，不能算作绘画方面的东西，因此这也就是寓言可以存在的理由。并且这里的画面工夫总是次要的，要求也不过是把事物表达到可认识的程度而已。如果在直观表出的形象和用此以影射的抽象事物之间，除了任意规定的关联外并无其他关联，那么，在造型艺术也和在文艺一样，寓言就变为象征了。因为一切象征实际上都是基于约定俗成的东西，所以象征在其他缺点外还有一个缺点，那就是象征的意义将随日久年远而被淡忘，最后完全湮没。如果人们不是事先已经知道，谁能猜得出为什么鱼是基督教的象征呢？〔能猜得出的〕除非是一个香波亮①，因为这类东西已完全是一种语音学上的象形文字。因此，〔使徒〕约翰的启示作为文学上的寓言，直到现在仍和那些刻画着《伟大的太阳神米特拉》的浮雕一样，人们〔至今〕还在寻求正确的解释呢。*

§ 51

如果我们现在顺着我们前此对于艺术的一般考察而从造型

---

① Champolion（又作 Champollion）（1790—1832），法国埃及学家。

* 第二卷第三十六章是补充这里的。

艺术转到**文艺**方面来，那么，我们就不会怀疑文艺的宗旨也是在于揭示理念——意志客体化的各级别——，并且是以诗人心灵用以把握理念的明确性和生动性把它们传达于读者。理念本质上是直观的。所以，在文艺中直接由文字传达的既然只是些抽象概念，那么，〔文艺的〕宗旨显然还是让读者在这些概念的代替物中直观地看到生活的理念，而这是只有借助于读者自己的想 322
象力才可能实现的。但是为了符合文艺的目的而推动想象力，就必须这样来组合那些构成诗词歌赋以及枯燥散文的直接材料的抽象概念，即是说必须使这些概念的含义圈如此交错，以致没有一个概念还能够留在它抽象的一般性中，而是一种直观的代替物代之而出现于想象之前，然后诗人继续一再用文字按他自己的意图来规定这代替物。化学家把〔两种〕清澈透明的液体混合起来，就可从而获得固体的沉淀；与此相同，诗人也会以他组合概念的方式使具体的东西、个体的东西、直观的表象，好比是在概念的抽象而透明的一般性中沉淀下来。这是因为理念只能直观地被认识，而认识理念又是一切艺术的目的。〔诗人〕在文艺中的本领和化学〔家在试验室〕中的本领一样，都能够使人们每次恰好获得他所预期的那种沉淀。诗文里面的许多修饰语就是为这目的服务的，每一概念的一般性都由这些修饰语缩小了范围，一缩再缩，直到直观的明确性。荷马几乎是在每一个名词〔的或前或后〕都要加上一个定语，这定语的概念和名词概念的含义圈交叉就大大的缩小了这含义圈；这样，名词概念就更接近直观了；例如：

“诚然是太阳神光芒四射的余晖落入海洋，

是黑夜逐渐笼罩在滋生万物的大地上。”

又如：

“从蔚蓝色的天空吹来一阵微风，

山桃静立着还有月桂高耸，”——

少数几个概念就使南国气候迷人的全部风光沉淀于想象之前了。

节奏和韵律是文艺所有的特殊辅助工具。节奏和韵律何以有难以相信的强烈效果，我不知道有其他什么解释，除非是说我们的
323 各种表象能力基本上是束缚在时间上的，因而具有一种特点，赖此特点我们在内心里追从每一按规律而重现的声音，并且好像是有了共鸣似的。于是节奏和韵律，一面由于我们更乐于倾听诗词的朗诵，就成为吸引我们注意力的手段了，一面又使我们对于〔人们〕朗诵的东西，在未作任何判断之前，就产生一种盲目的共鸣；由于这种共鸣，人们所朗诵的东西又获得一种加强了的，不依赖于一切理由的说服力。

由于文艺用以传达理念的材料的普遍性，亦即概念的普遍性，文艺领域的范围就很广阔了。整个自然界，一切级别上的理念都可以由文艺表出，文艺按那待传达的理念有什么样的要求，时而以描写的方法，时而以叙述的方法，时而又直接以戏剧表演来处理。不过，如果是在表出意志客体性的较低级别时，因为不具认识的自然以及单纯动物性的自然都可以在掌握得很好的某一瞬间几乎就完全揭露了它们的本质，那么造型艺术一般就要比文艺强。人则与此相反，人表现他自己不仅是由于单纯的体态和面部表情，而且是由于一连串的行为以及和行为相随的思想和感情。就这一点来说，人是文艺的主要题材，在这方面没有别的艺术能

和文艺并驾齐驱，因为文艺有写出演变的可能，而造型艺术却没有这种可能。

那么，显示意志的客体性到了最高级别的这一理念，在人的挣扎和行为环环相扣的系列中表出人，这就是文艺的重大课题。——固然还有经验，还有历史也教导我们认识人，不过那多半是教我们认识**人们**而不是教我们认识**人**。即是说经验和历史偏重于提供人们互相对待上的一些事实的记录，而很少让我们深刻的看到人的内在本质。同时，我们也不能说经验和历史就不能谈人的内在本质，不过凡是一旦在历史或在我们个人自己的经验中也能使我们看到人自己的本质，那么我们理解经验和历史家理解历史就已经是拿艺术眼光，诗人的眼光〔看问题了〕；即是说我们和历史家已是按理念而不是按现象，已是按内在本质而不是按〔外在〕 324
关系来理解〔各自的对象〕了。个人自己的经验是理解文艺和历史不可缺少的条件，因为经验就像是这两者的语言相同可以共同使用的一本字典似的。不过历史之于文艺就好比肖像画之于故事画，前者提供个别特殊中的真，后者提供一般普遍中的真；前者具有现象的真实性，并能从现象中证明真实性的来历，后者则具有理念的真实性，而理念的真实性是在任何个别的现象中找不到，然而又在一切现象中显出来的。诗人要通过〔自己的〕选择和意图来表出紧要情况中的紧要人物，历史家却只看这两者是如何来便如何秉笔直书。是的，他不得按情节和人物内在的、道地的、表示理念的意义，而只能按外在的、表面的、相对的、只在关节上、后果上重要的意义来看待和选择情节与人物。他不得对任何自在和自为的事物按其本质的特征和表现来观察，而是对一切都必须按关系，必

须在连锁中，看对于随后发生的事有什么影响，特别是对于他本人当代的影响来观察。所以他不会忽略一个国王的行为，尽管这行为并无多大意义，甚至行为本身庸碌不堪；那是因为这行为有后果和影响。相反，个别人物本身极有意义的行为，或是极杰出的个人，如果他们没有后果，没有影响，就不会被历史家提到。原来历史家的考察是按根据律进行的，他抓住现象，而现象的形式就是这根据律。诗人却在一切关系之外，在一切时间之上来把握理念，人的本质，自在之物在其最高级别上恰如其分的客体性。虽然说，即令是在历史家所必须采用的考察方式，也绝不是现象的内在本质，现象所意味着的东西，所有那些外壳的内核就完全丧失了，至少是谁要找寻它，也还能把它认出来，找出来；然而那不是在关系上而是在其自身上重要的东西，理念的真正开展，在文学里就要比在历
325 史里正确得多，清楚得多。所以尽管听起来是如此矛盾，〔我们〕应承认在诗里比在历史里有着更多真正的、道地的内在真实性，这是因为历史家必须严格地按生活来追述个别情节，看这情节在时间上、在原因和结果多方交错的锁链中是如何发展的；可是他不可能占有这里必要的一切材料，不可能看到了一切，调查了一切。他所描写的人物或情节的本来面目随时都在躲避他，或是他不知不觉地以假乱真，而这种情况又是如此屡见不鲜，以致我认为可以断定在任何历史中假的〔总是〕多于真的。诗人则与此相反，他从某一特定的、正待表出的方面把握了人的理念，在这理念中对于他是客观化了的东西就是他本人自己的本质。他的认识，如上面论雕刻时所分析过的，是半先验的；在他心目中的典型是稳定的、明确的、通明透亮的，不可能离开他。因此诗人在他那有如明镜的精神中

使我们纯洁地、明晰地看到理念，而他的描写，直至个别的细节，都和生活本身一样的真实。* 所以古代那些伟大的历史家在个别场 326 合，当他们无法找得资料时，例如在他们那些英雄们如何谈话的场合，也就〔变成了〕诗人；是的，他们处理材料的整个方式也就近乎史诗了。可是这〔样做〕正就是赋予他们的叙述以统一性，使这些叙述保有内在的真实性；即令是在这些叙述无法达到外在的真实性时，甚至是出于虚构时，也是如此。我们在前面既已以历史比肖像画，以文学比故事画，两两相对照；那么，我们看到文克尔曼所说肖像应该是个体理想的典型这句格言也是古历史家所遵守的，因为他们描写个体是使人的理念在个体中显出的那一方面突出。现代的新历史家则相反，除少数例外，他们大抵只是提供"垃圾箱和杂物存放间，最多〔也不过〕是〔记载〕一个重要的政治活动"。——那么谁想要按人的内在本质——在一切现象中，发展中相同的本

* 不言而喻的是：我在任何地方都是专指少数伟大的，道地的诗人而言，而绝不是指那肤浅的、平凡的一群诗匠、打油诗的作者和童话杜撰人。在今天的德国，这些东西有如雨后春笋，不过人们应从四面八方不断对他们的两只耳朵高呼：

"诗人也庸碌平凡，

这是人们，是上帝，也是招贴柱所不能容许的"。还有值得严重考虑的是这批平凡诗人糟踏了自己和别人的多少时间与纸张，他们的影响是多么有害，因为读者们中一部分总是向往新的东西，一部分却仍向往错误的、低级的东西，这些东西既和他们更相近，他们从天性出发就更爱好这些东西了。这样庸碌诗人的那些作品就把读者们从真正的杰作和由此产生的教育作用引开了，把他们挡住了；从而这些庸碌作品对天才们的有益影响恰好起了反作用，更加破坏了欣赏力，也就阻碍了时代的进步。因此，批判和讽刺就应毫不姑息，不留情地鞭笞这些庸碌诗人，直到他们为了自己的好而回心转意，与其写些坏的东西，宁可读点好的东西来利用他们的闲暇为止。——因为，当一些不称使命的人以笨伯的拼凑甚至激怒了温和的文艺之神时，这神也能剥掉马尔苏阿斯(希腊神话中的山精，敢于和阿颇罗比赛吹笛，失败后被剥皮。——译者)的皮；所以我看不到庸碌的诗词有什么理由要求人们的宽容。

质——按人的理性来认识人，则伟大的、不朽的诗人们的作品就会让他看到一幅图画，比从来历史家所能提供的还要真实得多，明晰得多；因为最优秀的历史家作为诗人总还远不是第一流的，何况他们也没有写作上的自由。就这一点说，人们还可用下面这个比喻说明两者的关系。那单纯的、专门的、仅仅是按资料而工作的历史家就好比一个人没有任何数学知识，只是用量长度短的方法来研究他偶然发现的图形之间的关系，因而他从经验上得到的数据也必然会有制图中的一切错误。与此相反，诗人则好比另外一位数学家，他是先验地在制图中，在纯粹的直观中构成这些关系；并且他不是看画出的图形中实际上有什么关系，而是看这些关系在理念中是如何的，他就如何确定这些关系；至于制图只是使理念形象化罢了。所以席勒说：

“从来在任何地方也未发生过的，

这是唯一绝不衰老的东西。”

就认识人的本质说，我甚至不得不承认传记，尤其是自传，比正规的历史更有价值，至少是以习惯的方式写成的历史比不上的。
327 原来一方面是传记，自传等和历史相比，资料要正确些，也可搜集得更完整些；一方面是在正规的历史中，与其说是一些人，不如说是民族，是军队在起作用；至于个别的人，他们虽然也登场，可是都在老远的距离之外，在那么多亲信和大群扈从的包围之中，还要加上僵硬的礼服或使人不能动作自如的重铠；要透过这一切而看出人的活动，就真太不容易了。与此相反，个人在一个小圈子里的身世要是写得很忠实，则〔可〕使我们看到一些人的形形色色的行为方式，看到个别人的卓越，美德，甚至神圣；看到大多数人颠倒是非的错误，卑微可怜，鬼蜮伎俩；看到有些人的肆无忌惮〔，无所不为〕。在写这样的个人身世时，单是就这里考察的论点说，亦即就显现之物的内在意义说，根本就不问发起行为的那些对象，相对地来看，是琐细的小事或重要的大事，是庄稼人的庭院或是国王的领土；因为所有这些东西自身并无意义，其所以有意义，只是由于意志是被这些东西所激动的，也只在这个范围内有意义。动机只有由于它对意志的关系才有意义；其他关系、动机作为一事物对另一如此之类的事物而有的关系则根本不在考虑之列。一个直径一英寸的圆和一个直径四千万英里的圆有着完全同样的几何特性；与此相同，一个村庄的事迹和历史同一个国家的事迹和历史在本质上也是同样的；或从村史或从国史，人们都一样能够研究而且认识人类。还有人们认为各种自传都充满着虚伪和粉饰，这也是不对的。倒是应该说在自传里撒谎（虽然随处有可能）比在任何地方都要困难。在当面交谈中最容易伪装；听起来虽是如此矛盾，可是在书信中伪装究竟又要困难些。这是因为人在这时是独个儿与自己为伍，他是在向内看自己而不是向外看，而别人离开〔我〕老远的〔情况〕也很难挪到近处来，因而在**眼前**就没有衡量这信对别人发生什么印象的尺度了；而这位别人却相反，他悠然自在，在写信人无法知道的心情中浏览这封信，在不同的时间又可重读几遍，这就 328
容易发现〔写信人〕隐藏了的意图。最容易认识到一个作家的为人怎样也是在他的作品里，因为〔上面讲的〕所有那些条件在这里所起的作用还要显著，还要持久些。并且在自传里伪装既如此困难，所以也许没有一篇自传，整个的说来，不是比任何其他的史书更要真实些。把自己生平写记下来的人是从全面、从大处来看他一生

的，个别事态变小了，近在眼前的推远了，辽远的又靠近了，他的顾虑缩小了。他是自己坐下来向自己忏悔，并且是自觉自愿来这样做的。在这儿，撒谎的心情不那么容易抓住他。原来任何人心里都有一种热爱真理的倾向，这是每次撒谎时必须事先克服的，然而在这里这个倾向恰好已进入了非常坚固的阵地。传记和民族史之间的关系可以从下面这个比喻看得更清楚。历史使我们看到人类，好比高山上的远景使我们看到自然一样：我们一眼就看到了很多东西，广阔的平原，庞然的大物，但是什么也不明晰，也无法按其整个的真正本质来认识。与此相反，个别人生平的记事使我们看到人类，就好比我们遨游于大自然的树木、花草、岩石、流水之间而认识大自然一样。可是如同一个艺术家在风景画里使我们通过他的眼睛来看大自然从而使我们更容易认识自然的理念，更容易获得这种认识不可少的、纯粹的、无意志的认识状况一样；文艺在表出我们在历史和传记中能找到的理念时也有许多胜过历史和传记的地方；因为，在文艺里也是天才把那面使事物明朗化的镜子放在我们面前，在这面镜子里给我们迎面映出的是一切本质的和有意义的东西都齐全了，都摆在最明亮的光线之下；至于那些偶然的、不相干的东西则都已剔除干净了。*

表出人的理念，这是诗人的职责。不过他有两种方式来尽他的职责。一种方式是被描写的人同时也就是进行描写的人。在抒情诗里，在正规的歌咏诗里就是这样。在这儿，赋诗者只是生动地
329 观察、描写他自己的情况。这时，由于题材〔的关系〕，所以这种诗

* 第二卷第38章是补充这里的。

体少不了一定的主观性。——再一种方式是待描写的完全不同于进行描写的人，譬如在其他诗体中就是这样。这时，进行描写的人是或多或少地隐藏在被写出的东西之后的，最后则完全看不见了。在传奇的民歌中，由于整个的色调和态度，作者还写出自己的一些情况，所以虽比歌咏体客观得多，却还有些主观的成分。在田园诗里主观成分就少得多了，在长篇小说里还要少些，在正规的史诗里几乎消失殆尽，而在戏剧里则连最后一点主观的痕迹也没有了。戏剧是最客观的，并且在不止一个观点上，也是最完美、最困难的一种体裁。抒情诗正因为主观成分最重，所以是最容易的一种诗体。并且，在别的场合艺术本来只是少数真正天才的事；然而在这里，一个人尽管总的说来并不很杰出，只要他事实上由于外来的强烈激动而有一种热情提高了他的心力，他也能写出一首优美的歌咏诗；因为写这种诗，只要在激动的那一瞬间能够对自己的情况有一种生动的直观〔就行了〕。证明这一点的有许多歌咏诗，并且至今还不知是何许人的一些作品；此外还有德国民歌，——《奇妙的角声》中搜集了不少好诗——，还有各种语言无数的情歌以及其他民歌也都证明了这一点。抓住一瞬间的心境而以歌词体现这心境就是这种诗体的全部任务。然而真正诗人的抒情诗还是反映了整个人类的内在〔部分〕，并且亿万过去的，现在的，未来的人们在由于永远重现而相同的境遇中曾遇到的，将感到的一切也在这些抒情诗中获得了相应的表示。因为那些境遇由于经常重现，和人类本身一样也是永存的，并且总是唤起同一情感，所以真正诗人的抒情作品能够经几千年而仍旧正确有效，仍有新鲜的意味。诗人究竟也是一般的人；一切，凡是曾经激动过人心的东西，凡是人性在

330 任何一种情况中发泄出来的东西，凡是待在人的心胸中某个角落的东西，在那儿孕育着的东西，都是诗人的主题和材料；此外还有其余的整个大自然也是诗人的题材。所以诗人既能歌颂〔感性的〕享乐，也能歌颂神秘〔的境界〕；可以是安纳克雷翁[①]，也可以是安琪路斯·席勒治乌斯；可以写悲剧，同样也可以写喜剧，可以表出崇高的〔情操〕，也可以表出卑鄙的胸襟，——一概以〔当时的〕兴致和心境为转移。因此任何人也不能规定诗人，不能说他应该是慷慨的、崇高的，应该是道德的、虔诚的、基督教的，应该是这是那；更不可责备他是这而不是那。他是人类的一面镜子，使人类意识到自己的感受和营谋。

如果我们现在更仔细点来考察真正歌咏体的本质，而在考察时〔只〕拿一些优秀的，同时也是体裁纯粹的模范作品，而不是以近于别的诗体，近于传奇的民歌、哀歌、赞美诗、警句诗等等的作品作例子；那么我们就会发现最狭义的歌咏体特有的本质就是下面〔这几点〕：——充满歌唱者的意识的是意志的主体，亦即他本人的欲求，并且每每是作为解放了的、满足了的欲求〔悲伤〕，不过总是作为感动，作为激情，作为波动的心境。然而在此以外而又与此同时，歌唱者由于看到周围的自然景物又意识到自己是无意志的、纯粹的"认识"的主体。于是，这个主体不可动摇的，无限愉快的安宁和还是被约束的，如饥如渴的迫切欲求就成为〔鲜明的〕对照了。感觉到这种对照，这种〔静躁〕的交替，才真正是整篇歌咏诗所表示的东西，也根本就是构成抒情状态的东西。在这种状态中好比是

① Anakreon，公元前六世纪希腊诗人。

纯粹认识向我们走过来，要把我们从欲求及其迫促中解脱出来；我
们跟着〔纯粹认识〕走。可是又走不上几步，只在刹那间，欲求对于
我们个人目的的怀念又重新夺走了我们宁静的观赏。但是紧接着
又有下一个优美的环境，〔因为〕我们在这环境中又自然而然恢复
了无意志的纯粹认识，所以又把我们的欲求骗走了。因此，在歌咏
诗和抒情状态中，欲求（对个人目的的兴趣）和对〔不期而〕自来的
环境的纯粹观赏互相混合，至为巧妙。人们想寻求、也想象过两者 331
间的关系。主观的心境，意志的感受把自己的色彩反映在直观看
到的环境上，后者对于前者亦复如是。〔这就是两者间的关系。〕真
正的歌咏诗就是刻画这一整个如此混合、如此界划的心灵状
态。——为了使这一抽象的分析，对于一个离开任何抽象〔作用〕
老远的心灵状态所作的抽象分析，也可以用例子来说明，人们可以
从歌德那些不朽的歌咏诗中随便拿一首为例。而特别明显地符合
这一目的的我想只推荐几首〔就够了〕，这几首是：《牧羊人的悲
愤》，《欢迎和惜别》，《咏月》，《在湖上》，《秋日感怀》。此外在《奇妙
的角声》中还有真正歌咏诗的一些好例子，特别是以“啊，布雷门，
现在我必须离开你”这一句开始的那一首。——作为一首诙谐的、
对于抒情气质极为中肯的讽刺诗，我认为佛斯[1]的一首歌咏诗值
得〔一谈〕；他在该诗中描写一个喝醉了的狱卒从钟楼上摔下来，正
在下跌之际他说了一句和那种情况极不吻合，不相干的闲话，因而
要算是由无意志的认识说出来的一句事不干己的话，他说：“钟楼
上的时针正指着十一点半呢。”——谁和我对于抒情的心境有着同

① Voss（1751—1826），德国哥丁根诗社诗人，荷马史诗的德译者。

样的见解，他也会承认这种心境实际上就是直观地、诗意地认识在我那篇论文《根据律》里所确立的，也是本书已提到过的那一命题；这命题说认识的主体和欲求的主体两者的同一性可以称为最高意义的奇迹；所以歌咏诗的效果最后还是基于这一命题的真实性。在人们一生的过程中，这两种主体——通俗地说也就是脑和心——总是愈离愈远，人们总是愈益把他的主观感受和他的客观认识拆开。在幼童，两者还是完全浑融的，他不大知道把自己和环境区分开来，他和环境是沆瀣一气的。对于少年人有影响的是一切感知，首先是感觉和情调，感知又和这些混合；如拜伦就很优美地写到这一点：

332 “我不是在自己〔的小我〕中生活，

我已成为周围事物的部分；

对于我

一切高山〔也〕是一个感情。”

正是因此，所以少年人是那么纠缠在事物直观的外表上；正是因此，所以少年人仅仅只适于作抒情诗，并且要到成年人才适于写戏剧。至于老年人，最多只能想象他们是史诗的作家，如奥西安，荷马；因为讲故事适合老年人的性格。

在较客观的文学体裁中，尤其是在长篇小说、史诗和戏剧中，〔文艺的〕目的，亦即显示人的理念，主要是用两种办法来达到的：即正确而深刻地写出有意义的人物性格和想出一些有意义的情况，使这些人物性格得以发展于其中。化学家的职责不仅在于把单纯元素和它们的主要化合物干脆地、真实地展示出来，而是也要把这些元素和化合物置于某些反应剂的影响之下，〔因为〕在这种影响之下，它们的特性就更明晰可见了。和化学家相同，诗人的职责也不仅在于像自然本身一样那么逼真而忠实地给我们展出有意义的人物性格；而在于他必须为了我们能认识这些性格，把那些人物置于特定的情况之中，使他们的特性能够在这些情境中充分发挥，能够明晰地，在鲜明的轮廓中表现出来。因此，这些情境就叫做关键性的情境。在实际生活和历史中，只是偶然很稀少的出现这种性质的情境，即令有这种情境，也是孤立的，给大量无关重要的情境所掩盖而湮没了。情境是否有着直贯全局的关键性应该是小说、史诗、戏剧和实际生活之间的区别，这和有关人物的选择，配搭有着同样充分的区别作用。但情境和人物两者最严格的真实性是它们发生效果不可少的条件，人物性格缺少统一性，人物性格的自相矛盾，或是性格根本和人的本质矛盾，以及情节上的不可能，或近乎不可能的不近情理，即令只是在一些次要的问题上，都会在 333
文艺中引起不快；完全和绘画中画糟了的形象，弄错了的透视画法，配得不对的光线使人不快一样。这是因为我们要求的，不论是诗是画，都是生活的、人类的、世界的忠实反映，只是由于〔艺术的〕表现〔手法〕使之明晰、由于结构配搭使之有意义罢了。一切艺术的目的既然只有一个，那就是理念的表出；不同艺术间的基本区别既然只在于要表现出的理念是意志客体化的哪一级别，而表出时所用的材料又按这些级别而被规定；那么，尽管是距离最远的两种艺术也可用比较的办法使彼此得到说明。例如说在宁静的池沼中或平流的江河中观水就不足以完全把握那些把自己显示于水中的理念；而是只有水在各种情况和障碍之下出现的时候，障碍对水发生作用，促使水显露其一切特性的时候，然后那些理念才会完全显

出来。因此,在银河下泻,汹涌澎湃,白沫翻腾,而又四溅高飞时,或是水在下泻而散为碎珠时,最后或是为人工所迫而喷出如线条时,我们就觉得美。水在不同情况下有不同的表现,但总是忠实地保有它的特性。或是向上喷出,或是一平如镜地静止着,对于水都同样地合乎自然;只看是哪种情况出现、这样做或那样做,水,它无所可否。于是,园艺工程师在液体材料上所施为的,建筑师则施之于固体材料;而这也就正是史诗和戏剧作家施之于人的理念的。使在每种艺术的对象中把自己透露出来的理念,在每一级别上把自己客体化的意志展开和明显化是一切艺术的共同目的。人的生活最常见的是实际中的生活,正好比最常见的水是池沼河流中的水一样。但是在史诗、长篇小说和悲剧中,却要把选择好了的人物置于这样的一些情况之中,即是说在这些情况中人物所有一切特性都能施展出来,人类心灵的深处都能揭露出来而在非常的、充满意义的情节中变为看得见〔的东西〕。文艺就是这样使人的理念客体化了,而理念的特点就是偏爱在最个别的人物中表现它自己。

334 无论是从效果巨大的方面看,或是从写作的困难这方面看,悲剧都要算作文艺的最高峰,人们因此也公认是这样。就我们这一考察的整个体系说,极为重要而应该注意的是:文艺上这种最高成就以表出人生可怕的一面为目的,是在我们面前演出人类难以形容的痛苦、悲伤,演出邪恶的胜利,嘲笑着人的偶然性的统治,演出正直、无辜的人们不可挽救的失陷;〔而这一切之所以重要〕是因为此中有重要的暗示在,即暗示着宇宙和人生的本来性质。这是意志和它自己的矛盾斗争。在这里,这种斗争在意志的客体性的最高级别上发展到了顶点的时候,是以可怕的姿态出现的。这种矛盾可以在人类所受的痛苦上看得出来。这痛苦，一部分是由偶然和错误带来的。偶然和错误〔在这里〕是作为世界的统治者出现的。并且，由于近乎有心〔为虐〕的恶作剧已作为命运〔之神〕而人格化了。一部分是由于人类斗争是从自己里面产生的，因为不同个体的意向是互相交叉的，而多数人又是心肠不好和错误百出的。在所有这些人们中活着的和显现着的是一个同一的意志，但是这意志的各个现象却自相斗争，自相屠杀。意志在某一个体中出现可以顽强些，在另一个体中又可以薄弱些。在薄弱时是认识之光在较大程度上使意志屈从于思考而温和些，在顽强时则这程度又较小一些；直至这一认识在个别人，由于痛苦而纯化了，提高了，最后达到这样一点，在这一点上现象或“摩耶之幕”不再蒙蔽这认识了，现象的形式——个体化原理——被这认识看穿了，于是基于这原理的自私心也就随之而消逝了。这样一来，前此那么强有力的**动机**就失去了它的威力，代之而起的是对于这世界的本质有了完整的认识，这个作为意志的**清静剂**而起作用的认识就带来了清心寡欲，并且还不仅是带来了生命的放弃，直至带来了整个生命意志的放弃。所以我们在悲剧里看到那些最高尚的〔人物〕或是在漫长的斗争和痛苦之后，最后永远放弃了他们前此热烈追求的目的，永远放弃了人生一切的享乐；或是自愿的，乐于为之而放弃这一切。
这样做的〔悲剧人物〕有加尔德隆〔剧本中〕刚直的王子；有《浮士 335
德》中的玛格利特；有汉姆勒特——他的〔挚友〕霍内觉自愿追随他，他却教霍内觉留在这浊世痛苦地活下去，以便澄清他生平的往事，净化他的形象——；还有奥尔良的贞女，梅新纳的新娘。他们都是经过苦难的净化而死的，即是说他们的生命意志已消逝于先，

然后死的。在伏尔泰的《穆罕默德》中，最后的结语竟把这一点形诸文字；临终时的帕尔密蕾对穆罕默德高叫道："这是暴君的世界。你活下去吧！"——另外一面有人还要求所谓文艺中的正义。这种要求是由于完全认错了悲剧的本质，也是认错了世界的本质而来的。在沙缪尔·约翰逊博士对莎士比亚某些剧本的评论中竟出现了这种颟顸的、冒昧的要求，他颇天真地埋怨〔剧本里〕根本忽略了这一要求。不错，事实上是没有这种要求，请问那些奥菲利亚，那些德斯德孟娜，那些柯德利亚又有什么罪呢？——可是只有庸碌的、乐观的、新教徒唯理主义的或本来是犹太教的世界观才会要求什么文艺中的正义而在这要求的满足中求得自己的满足。悲剧的真正意义是一种深刻的认识，认识到〔悲剧〕主角所赎的不是他个人特有的罪，而是原罪，亦即生存本身之罪。加尔德隆率直地说：

"人的最大罪恶
就是：他诞生了。"

和悲剧的处理手法更密切有关的，我只想容许自己再指出一点。写出一种巨大不幸是悲剧里唯一基本的东西。诗人用以导致不幸的许多不同途径可以包括在三个类型的概念之下。造成巨大
336 不幸的原因可以是某一剧中人异乎寻常的，发挥尽致的恶毒，这时，这角色就是肇祸人。这一类的例子是理查三世，《奥赛罗》中的雅葛，《威尼斯商人》中的歇洛克，佛朗兹·穆尔，欧立彼德斯的菲德雷，《安迪贡》中的克内翁以及其他等等。造成不幸的还可以是盲目的命运，也即是偶然和错误。属于这一类的，索佛克利斯的《伊第普斯王》是一个真正的典型，还有特拉金的妇女们也是这一类。大多数的古典悲剧根本就属于这一类，而近代悲剧中的例子

则有《罗密欧与朱丽叶》，伏尔泰的《坦克列德》，《梅新纳的新娘》。
最后，不幸也可以仅仅是由于剧中人彼此的地位不同，由于他们的
关系造成的；这就无需乎〔布置〕可怕的错误或闻所未闻的意外事
故，也不用恶毒已到可能的极限的人物；而只需要在道德上平平常
常的人们，把他们安排在经常发生的情况之下，使他们处于相互对
立的地位，他们为这种地位所迫明明知道，明明看到却互为对方制
造灾祸，同时还不能说单是那一方面不对。我觉得最后这一类〔悲
剧〕比前面两类更为可取，因为这一类不是把不幸当作一个例外指
给我们看，不是当作由于罕有的情况或狠毒异常的人物带来的东
西，而是当作一种轻易而自发的，从人的行为和性格中产生的东
西，几乎是当作〔人的〕本质上要产生的东西，这就是不幸也和我们
接近到可怕的程度了。并且，我们在那两类悲剧中虽是把可怕的
命运和骇人的恶毒看作使人恐怖的因素，然而究竟只是看作离开
我们老远老远的威慑力量，我们很可以躲避这些力量而不必以自
我克制为逋逃薮；可是最后这一类悲剧指给我们看的那些破坏幸
福和生命的力量却又是一种性质。这些力量光临到我们这儿来的
道路随时都是畅通无阻的。我们看到最大的痛苦，都是在本质上
我们自己的命运也难免的复杂关系和我们自己也可能干出来的行
为带来的，所以我们也无须为不公平而抱怨。这样我们就会不寒
而栗，觉得自己已到地狱中来了。不过最后这一类悲剧在编写上
的困难也最大；因为人们在这里要以最小量的剧情设计和推动行 337
为的原因，仅仅只用剧中人的地位和配搭而求得最大的效果。所
以，即令是在最优秀的悲剧中也有很多都躲避了这一困难。不过
也还有一个剧本可认为这一类悲剧最完美的模范，虽然就别的观

点说，这剧本远远不及同一大师的其他作品：那就是《克拉维葛》。在一定范围内《汉姆勒特》也属于这一类，不过只能从汉姆勒特对勒厄尔特斯和奥菲莉亚的关系来看。《华伦斯坦》也有这一优点；《浮士德》也完全是这一类〔的悲剧〕。如果仅仅只从玛格利特和她的兄弟两人的遭遇作为主要情节看的话。高乃伊的《齐德》同样也属于这一类，不过齐德本人并没有一个悲剧的下场，而麦克斯 Max 和德克娜 Thekla 之间与玛格利特兄妹类似的关系却有一个悲剧的结局。*

§ 52

352

我们在前此各节里既已在符合我们的观点的那种普遍性中考察了所有一切的美术文艺，从建筑的美术起，直到悲剧才结束了我们的考察。建筑的目的作为美术上的目的是使意志在它可见性的最低一级别上的客体化明显清晰。意志在这里〔还是〕显为块然一物顽钝的、无知的、合乎规律的定向挣扎，然而已经就显露了〔意志的〕自我分裂和斗争，亦即重力和固体性之间的斗争。——最后考察的是悲剧。悲剧，也正是在意志客体化的最高级别上使我们在可怕的规模和明确性中看到意志和它自己的分裂。〔可是〕在这些考察之后，我们又发现还有一种艺术被我们排斥于讨论之外了，并且也不能不排斥于讨论之外，因为我们这个论述系统严密，其中全没有适合这一艺术的地位。这〔一艺术〕就是音乐。音乐完全孤立于其他一切艺术之外。我们不能把音乐看作世间事物上的任何理

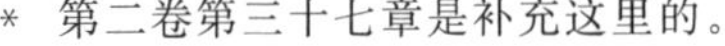

* 第二卷第三十七章是补充这里的。

念的仿制、副本，然而音乐却是这么伟大和绝妙的艺术，是这么强烈地影响着人的内心；在人的内心里作为一种绝对普遍的，在明晰 338
程度上甚至还超过直观世界的语言，是这么完整地、这么深刻地为人所领会；——以致我们在音乐中，除了一种“下意识的、人不知道自己在计数的算术练习”外，确实还有别的东西可寻。不过音乐所以吸引 * 莱布尼兹的就是这种“算术练习”；如果只从音乐直接的、外表的意义看，只从音乐的外壳看，莱布尼兹也并没有错。然而音乐如果真的只是这么一点而已，那么音乐给我们的满足必然和我们在得出一个算式的正确答案时所能有的满足一般无二，而不能是我们看到自己本质的深处被表现出来时〔所感到〕的愉快。因此，在我们的观点上，我们注意的既然是美感的效果，我们就必须承认音乐还有更严肃的更深刻的，和这世界，和我们自己的最内在本质有关的一种意义。就这意义说，音乐虽可化为数量关系，然而数量关系并不就是符号所表出的事物，而只是符号本身。至于音乐对于世界的关系，在某一种意义上说，必需和表现对于所表现的，仿制品对于原物的关系相同，那是我们可以从音乐和其他艺术的类似性推论出来的。一切艺术都有这一特征，并且一切艺术对我们的效果，整个说来也和音乐对我们的效果差不多，后者只是更强烈，更是如响斯应，更有必然性，更无误差的可能而已。此外，音乐对于世界那种复制的关系也必须是一种极为内在的，无限真实的，恰到好处的关系，因为音乐是在演奏的瞬间当时就要被每人所领会的。这里还看得出音乐没有误差的可能性，因为音乐的形式

* 柯尔多尔蒂(Kortholti)搜集的《莱布尼兹信札》第 154 封。

可以还原为完全确定的，用数字表示出来的规则；音乐也绝不能摆脱这些规则，摆脱就不再是音乐了。——然而把音乐和世界对比的那一点，就音乐对世界处于仿造或复制关系来说的这一方面依然还隐藏在黑暗中。人们在任何时代都从事过音乐，却未能在这一点上讲出一个道理来；人们既以直接领会为已足，就放弃了抽象地去理解这直接领会自身〔是怎么可能的〕了。

339 当我既把自己的精神完全贯注在音调艺术的印象中之后，也不管这种艺术的形式是如何多种多样，然后再回到反省，回到本书所述的思想路线时，我便已获得了一个启发，可从而理解音乐的内在本质以及音乐对世界的那种〔关系，〕按类比法必须假定的，反映世界的关系是什么性质。这一启发对于我自己固然是足够了，就我探讨〔的目的〕说，我也满意了；那些在思想上跟我走到这里而赞同我的世界观的人们也很可能同样的明白了这一点。可是要证明这一理解，我认为基本上是不可能的，因为这一理解既假定又确定音乐，作为表象〔的音乐〕，和本质上绝不可能是表象的东西两者间的关系，又要把音乐看成是一个原本的翻版，而这原本自身又绝不能直接作为表象来想象。那么在这一篇，主要是用以考察各种艺术的第三篇的末尾，除了谈谈我自以为满足的，关于美妙的音乐艺术的那种理解之外，我不能再有什么办法。〔人们对于〕我这见解的赞同或否定，一面必须取决于音乐对每人的影响，一面是必须取决于本书所传达的整个的一个思想对于读者的影响。此外，我认为人们如果要以真正的信心来赞同这里对音乐的意义要作出的说明，那就必须经常以不断的反省思维来倾听音乐的意义；而要做到这一点，又必须人们已经很熟悉我所阐述的全部思想才行。

意志的恰如其分的客体化便是（柏拉图的）理念；用个别事物的表现（因为这种表现永远是艺术作品本身）引起〔人们〕对理念的认识（这只在认识的主体也有了相应的变化时才有可能）是所有其他艺术的目的。所以这一切艺术都只是间接地，即凭借理念来把意志客体化了的。我们的世界既然并不是别的什么，而只是理念在杂多性中的显现，以进入个体化原理（对于个体可能的认识的形式）为途径的显现；那么音乐，因为它跳过了理念，也完全是不依赖 340
现象世界的，简直是无视现象世界；在某种意义上说即令这世界全不存在，音乐却还是存在；然而对于其他艺术却不能这样说。音乐乃是全部**意志**的**直接**客体化和写照，犹如世界自身，犹如理念之为这种客体化和写照一样；而理念分化为杂多之后的现象便构成个别事物的世界。所以音乐不同于其他艺术，绝不是理念的写照，而是**意志自身的写照**，〔尽管〕这理念也是意志的客体性。因此音乐的效果比其他艺术的效果要强烈得多，深入得多；因为其他艺术所说的只是阴影，而音乐所说的却是本质。既然是同一个意志把它自己客体化于理念和音乐中，只是客体化的方式各有不同而已；那么，在音乐和理念之间虽然根本没有直接的相似性，却必然有一种平行的关系，有一种类比的可能性；而理念在杂多性和不完美〔状态〕中的现象就是这可见的世界。指出这一类比的可能性，作为旁证，可使这一因题材晦涩所以艰难的说明易于理解。

我在谐音的最低音中，在通奏低音中〔好像〕又看到了意志客体化的最低级别，看到了无机的自然界，行星的体积。大家知道所有那些高音，既易于流动而消失又较速，都要看作是由基低音的偕振产生的，总是和低音奏出时轻微地相与偕鸣的。而谐音的规律

就是只许那些由于偕振而真正已和低音自然而然同时出声(低音的谐音)的高音和一个低音合奏。那么,与此类似,人们必须把自然的全部物体和组织看作是从这个行星的体积中逐步发展出来的,而这行星的体积既是全部物体和组织的支点,又是其来源,而这一关系也就是较高的音对通奏低音的关系。——〔音的〕低度有
341 一极限,超过这一极限就再不能听到什么声音了;而与此相当的就是任何物质如果没有形状和属性就不可觉知了。〔所谓物质没有形状和属性,〕即是说物质中没有一种不能再加解释的"力"的表现,而理念又是表现在这力中的。更概括地说就是没有物质能够完全没有意志。所以声音作为〔听得见的〕声音是和一定程度的音高分不开的;物质也是如此和一定程度的意志表现分不开的。——所以在我们看来,在谐音中的通奏低音就等于世界上的无机自然,等于是最粗笨的体积;一切皆基于此,一切都从此中产生发展。——现在更进一步,在低音和主导的,奏出乐调的高音之间是构成谐音的一切补助音,在这一切补助音中我好像看到理念的全部级别,而意志也就是把自己客体化在这些理念中的。〔这就是说〕较近于低音的音等于〔意志客体化的〕那些较低级别,等于那些还是无机的,但已是种类杂呈的物体;而那些较高的音,在我看来,就代表植物和动物世界。——音阶上一定的间距和意志客体化的一定级别是平行的,和自然中一定的物种是平行的。对于这种间距的算术上的正确性有距离,或是由于间距偏差或是由于选定的乐调所致,都可比拟于个体和物种典型的距离。至于不纯的杂音并无所谓一定的音差,则可以和两个物种的动物之间或人兽之间的怪胎相比。——所有这些构成谐音的低音和补助音却都缺乏前

进中的联贯。只有高音阶的，奏出调儿的音才有这种联贯，也只有这些音在抑扬顿挫和转折急奏中有迅速和轻松的变化；而所有〔其他〕那些〔低音和补助〕音则变化缓慢，没有各自存在的联贯。沉低音变化最为滞重，这是最粗笨的物质体块的代表。沉低音的升降都只是大音距的，是几个第三，几个第四，或几个第五音阶的升降而绝不**一个**音升降；即令是一个由双重复谐音组转换了的低音，〔也不例外〕。这种缓慢的变化也是这低音在物理上本质的东西。在沉低音中而有迅速的急奏或颤音，那是无法想象的。较高的补 342 助音要流动得快些，然而还没有曲调的联贯和有意义的前进；这和动物世界是平行的。所有一切补助音不联贯的音段和法则性的规定则可比拟于整个无理性的世界，从结晶体起到最高级的动物止。这里没有一事物有一种真正连续的意识，——而这意识才能使它的生命成为一个有意义的整体——；没有一样是经历过一串精神发展的，没有一样是由教养来使自己进于完善的；所有这一切在任何时候都是一成不变的，是什么族类便是什么族类，为固定的法则所规定。——最后在**曲调**中，在高音的，婉转的，领导着全曲的，在**一个**思想的不断而充满意义的联贯中从头至尾无拘束地任意前进着的，表出一个整体的主调中，我〔好像〕看到意志客体化的最高级别，看到人的有思虑的生活和努力。只有人，因为他具有理性，才在他实际的和无数可能的〔生活〕道路上经常瞻前顾后，这样才完成一个有思虑的，从而联贯为一整体的生活过程。与此相应，唯有**曲调**才从头至尾有一个意义充足的、有目的的联贯。所以曲调是讲述着经思考照明了的意志的故事，而在实际过程中，意志却是映写在它自己一系列的行为中的。但是曲调讲述的还不止此，还讲

述着意志最秘密的历史，描绘着每一激动，每一努力，意志的每一活动；描绘着被理性概括于“感触”这一广泛的、消极的概念之下而无法容纳于其抽象〔性〕中的一切。因此，所以人们也常说音乐是〔表达〕感触和热情的语言，相当于文字是〔表达〕理性的语言。柏拉图已把音乐解释为“曲调的变化模仿着心灵的动态”（《法律论》第七篇）；还有亚里士多德也说“节奏和音调虽然只是声音，却和心灵状态相似，这是怎么回事呢？”（《问题》第十九条）

343 人的本质就在于他的意志有所追求，一个追求满足了又重新追求，如此永远不息。是的，人的幸福和顺遂仅仅是从愿望到满足，从满足又到愿望的迅速过渡；因为缺少满足就是痛苦，缺少新的愿望就是空洞的想望、沉闷、无聊。和人的这种本质相应，曲调的本质〔也〕永远在千百条道路上和主调音分歧，变调，不仅只变到那些谐音的各阶梯，变到第三音阶和任何音调的第五音阶，而是变到任何一个音，变到不调和的第七音阶和那些超量音阶；但是最后总是跟着又回到主调音。在所有这些道路上都是曲调在表出意志的各种复杂努力。不过由于最后重返谐音的一阶梯，尤其是重返主调音的阶梯，曲调也经常表示满足。曲调的发明，在曲调中揭露人类欲求和情感的最深秘密，这是天才的工作；而在这里天才的作用比在任何地方更为明显，远离着一切反省思维和意识着的任何企图，这就可叫做一个灵感。概念在这里，和在艺术中的任何地方一样。是不生发的。作曲家在他的理性所不懂的一种语言中启示着世界最内在的本质，表现着最深刻的智慧，正如一个受催眠的夜游妇人讲出一些事情，在她醒时对于这些事情一无所知一样。因此，在一个作曲家，比在任何其他一个艺术家，〔更可说〕人和艺术

家是完全分立的，不同的。甚至在说明这一奇妙的艺术时，概念就已表现出它捉襟见肘的窘态和局限性。然而我还想继续贯彻我们的类比说明法。——从愿望到满足，从满足到新愿望的迅速过渡既是幸福和顺遂，那么急促的曲调而没有多大的变音便是愉快的；缓慢的，落到逆耳的非谐音而要在许多节拍之后才又回到主调音的曲调则和推迟了的，困难重重的满足相似，是悲伤的。新的意志激动迟迟不来，沉闷，这除了受到阻挠的主调音外不能有其他表现；而这种主调音的效果很快就使人难于忍受了；与此接近的已是 344
很单调的，无所云谓的那些曲调了。快板跳舞音乐短而紧凑的音句似乎只是在说出易于获得的庸俗幸福；相反的是轻快庄严〔调〕，音句大，音距长，变音的幅度广阔，则标志着一个较巨大的、较高尚的、目标远大的努力；标志着最后达到目标。舒展慢调则是说着一个巨大高尚努力的困难，看不起一切琐屑的幸福。但是小音阶柔调和大音阶刚调的效果又是多么奇妙啊！使人惊异的是一个半音的变换，小第三音阶而不是大第三音阶的出现立刻而不可避免的就把一种焦灼的、苦痛的感触强加于我们，而刚调恰又同样于一瞬间把我们从这痛苦解救出来。舒展慢调在柔调中达成最高痛苦的表示，成为最惊心动魄的如怨如诉。在柔调中的跳舞音乐似乎是标志着人们宁可蔑视的那种琐屑幸福之丧失，似乎是在说着一个卑微的目的经过一些艰难曲折而终于达到。——可能的曲调〔变化〕无穷无尽，这又和大自然在个人，在〔人的〕相貌和身世上的变化无穷无尽相当。从一个调过渡到完全另一调，完全中断了和前面的联系，这就好比死亡。不过这一比喻只是就死亡告终的是个体说的；至于在这一个体中显现过的意志又显现于另一个体中，那

是不死的；不过后一个体的意识与前一个体的意识则无任何联系〔，相当于曲调的中断〕。

可是在指出上面所有这些类比的可能性时，绝不可忘记音乐对于这些类似性并无直接的而只有间接的关系，因为音乐绝不是表现着现象，而只是表现一切现象的内在本质，一切现象的自在本身，只是表现着意志本身。因此音乐不是表示这个或那个个别的、一定的欢乐，这个或那个抑郁、痛苦、惊怖、快乐、高兴，或心神的宁静，而是表示欢愉、抑郁、痛苦、惊怖、快乐、高兴、心神宁静等**自身**；在某种程度内可以说是抽象地、一般地表示这些〔情感〕的本质上的东西，不带任何掺杂物，所以也不表示导致这些〔情感〕的动机。

345 然而在这一抽出的精华中，我们还是充分地领会到这些情感。由于这个道理，所以我们的想象力是这么容易被音乐所激起。〔想象力既被激起，〕就企图形成那个完全是直接对我们说话的，看不见而却是那么生动地活跃着的心灵世界，还要赋以骨和肉；也就是用一个类似的例子来体现这心灵世界。这就是用字句歌唱的渊源，最后也是歌剧的渊源。——因此歌剧中的唱词绝不可离开这一从属的地位而使自己变成首要事项，使音乐成为只是表示唱词的手段。这是大错，也是严重的本末倒置。原来音乐无论在什么地方都只是表出生活和生活过程的精华，而不是表出生活及其过程自身；所以生活和生活过程上的一些区别并不是每次都影响生活及其过程的精华。正是这种专属于音乐的普遍性，在最精确的规定之下，才赋予音乐以高度的价值，而音乐所以有这种价值乃是因为音乐可以作为医治我们痛苦的万应仙丹。所以，如果音乐过于迁就唱词，过于按实际过程去塑形，那么音乐就是勉强要说一种不属

于它自己的语言了。没有人比**罗新艺**①还更能够保持自己的纯洁而不为这种缺点所沾染的了；所以他的音乐是那么清晰地、纯洁地说着音乐**自己**的语言，以致根本无需唱词，单是由乐器奏出也有其充分的效果。

根据这一切，我们可以把这显现着的世界或大自然和音乐看作同一事物的两种不同表现，所以这同一事物自身就是这两种表现得加以类比的唯一中介，而为了体会这一类比就必须认识这一中介。准此，音乐如果作为世界的表现看，那是普遍程度最高的语言，甚至可说这种语言之于概念的普遍性大致等于概念之于个别事物。〔音乐〕这种语言的普遍性却又绝不是抽象作用那种空洞的普遍性，而完全是另一种普遍性，而是和彻底的、明晰的规定相联系的。在这一点上，音乐和几何图形，和数目相似，即是说这些图形和数目是经验上一切可能的客体的普遍形式，可以先验地应用于这一切客体，然而又不是抽象的，而是直观地、彻底地被规定的。346
意志一切可能的奋起、激动和表现，人的内心中所有那些过程，被理性一概置之于“感触”这一广泛而消极的概念之下〔的这些东西〕都要由无穷多的，可能的曲调来表现，但总是只在形式的普遍性中表现出来，没有内容；总是只按自在〔的本体〕而不按现象来表现，好比是现象的最内在的灵魂而不具肉体。还有一点也可以从音乐对一切事物的真正本质而有的这一内在关系来说明，即是说如果把相应的音乐配合到任何一种景况、行为、过程、环境上去，那么音乐就好像是为我们揭露了这一切景况、行为等等的最深奥的意义；

① Rossini(1792—1868)，意大利歌剧作曲家。

音乐出现为所有这些东西的明晰而正确的注解。同样，谁要是把精神完全贯注在交响乐的印象上，他就好像已看到人生和世界上一切可能的过程都演出在自己的面前；然而，如果他反省一下，却又指不出那些声音的演奏和浮现于他面前的事物之间有任何相似之处。原来音乐，如前已说过，在这一点上和所有其他的艺术都不同。音乐不是现象的，或正确一些说，不是意志恰如其分的客体性的写照，而直接是意志自身的写照。所以对世界上一切形而下的来说，音乐表现着那形而上的；对一切现象来说，音乐表现着自在之物。准此，人们既可以把这世界叫做形体化了的音乐，也可以叫做形体化了的意志。因此，从这里还可以说明为什么音乐能使实际生活和这世界的每一场面，每一景况的出现立即具有提高了的意义，并且，音乐的曲调和当前现象的内在精神愈吻合，就愈是这样。人们所以能够使一首诗配上音乐而成为歌词，或使一个直观的表演配上音乐而成为哑剧，或使两者配上音乐而成为歌剧，都是基于这一点。人生中这种个别的情景虽可被以音乐的这种普遍语言，却绝不是以彻底的必然性和音乐连在一起的，也不是一定相符合的；不，这些个别情景对于音乐的关系，只是任意的例子对于一般概念的关系。个别情景在现实的规定性中所表出的即音乐在单纯形式的普遍性中所表出的。这是因为曲调在一定范围内，也和
347 一般的概念一样，是现实的一种抽象。这现实，也就是个别事物的世界，既为概念的普遍性，同样也为曲调的普遍性提供直观的、特殊的和个别的东西，提供个别的情况。但是在一定观点上这两种普遍性是相互对立的，因为概念只含有刚从直观抽象得来的形式，好比含有从事物上剥下来的外壳似的，所以完全是真正的抽象；而

音乐则相反，音乐拿出来的是最内在的、先于一切形态的内核或事物的核心。这种关系如果用经院哲学的语言来表示倒很恰当。人们说概念是“后于事物的普遍性”，音乐却提供“前于事物的普遍性”，而现实则提供“事物中的普遍性”。谱出某一诗篇的曲子，它的普遍意味又可以在同等程度上和其他也是这样任意选择的，该诗篇所表出的普遍性的任何一特例相符合；所以同一乐谱可以配合许多诗章，所以又能有利用流行曲子随意撰词的小型舞台剧。不过在一个乐谱和一个直观的表出之间所以根本有互相关联的可能，如前已说过，那是由于两者都只是同一世界的内在本质的两种完全不同的表现。如果在个别场合真有这样一种关系存在，而作曲家又懂得〔如何〕以音乐的普遍语言说出意志的激动，亦即构成任何一件事的那一内核，那么歌词的曲谱，歌剧的音乐就会富有表现力。不过由作曲家在上述两者之间所发现的类似性必须是由于直接认识到世界的本质而来的，必须是他理性所不意识的，且不得是意识着的有意的，通过概念的间接模仿；否则音乐所表出的就不是内在的本质，不是意志自身，而只是不充分地模仿着意志的现象而已。一切真正模仿性的音乐就是这样做的，例如海顿的《四季》，以及他那些作品里许多直接模仿直观世界现象的地方；还有一切描写战争的作曲也是这样的。这些东西整个儿都要不得。

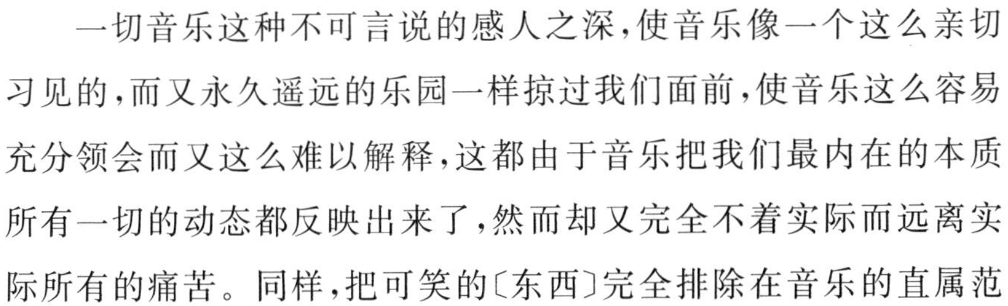

一切音乐这种不可言说的感人之深，使音乐像一个这么亲切 348
习见的，而又永久遥远的乐园一样掠过我们面前，使音乐这么容易充分领会而又这么难以解释，这都由于音乐把我们最内在的本质所有一切的动态都反映出来了，然而却又完全不着实际而远离实际所有的痛苦。同样，把可笑的〔东西〕完全排除在音乐的直属范

围以外的，是音乐本身上的严肃性；这是从音乐的客体不是表象这一事实来说明的。唯有在表象中误认假象，滑稽可笑才可能，但音乐的客体直接是意志，而意志，作为一切一切之所系，在本质上就是最严肃的东西。——音乐的语言是如何内容丰富，意义充沛，即令是重奏符号以及“重头再奏”也可以证实。如果是在用文字写的作品中，这样的重复会令人难以忍受，而在音乐的语言中却反而是很恰当，使人舒适；因为要完全领会〔这些内容和意义〕，人们就有听两遍的必要。

如果我在阐明音乐这一整个讨论中努力要弄清楚的是音乐〔如何〕用一种最普遍的语言，用一种特有的材料——单是一些声音——而能以最大的明确性和真实性说出世界的内在本质，世界自在的本身——这就是我们按其最明晰的表出在意志这一概念之下来思维的东西——；如果再进一步按照我的见解和努力的方向说，哲学〔的任务〕并不是别的，而是在一些很普遍的概念中全面而正确地复述和表出世界的本质，——因为只有在这样的概念中才能对那全部的本质有一个随时足够的、可以应用的概览——；那么，谁要是跟上了我而把握了我的思想方式，他就会觉得我在下面要说的并不很矛盾。我要说的是：假定〔我们〕对于音乐所作的充分正确的、完备的、深入细节的说明成功了，即是说把音乐所表示的又在概念中予以一个详尽的复述成功了，那么，这同时也就会是在概念中充分地复述和说明了这世界，或是和这种说明完全同一意义，也就会是真正的哲学。并且我们立即就可以在我们对于音乐的看法较高的那种意味中逢场作戏地用下面这句话来仿效前文所引莱布尼兹的那句名言——他在较低观点上这样说也完全是对

的——:“音乐是人们在形而上学中不自觉的练习,在练习中本人 349
不知道自己是在搞哲学”。原来拉丁语的 scire,亦即“知”,无论什么时候都是“已安顿到抽象概念中去了”〔的意味〕。但是再进一步说,由于莱布尼兹那句话的真理已得到多方的证实,音乐,丢开它美感的或内在的意义而只是从外表,完全从经验方面来看,就不是别的而是直接地,在具体中掌握较大数量及复杂的数量关系的手段,否则我们就只能间接地,以概念中的理解来认识这些数量和数量关系。既然如此,那么,我们现在就能够由于综合〔上述〕关于音乐的两种极不相同却又都正确的意见,而想到一种数理哲学的可能性。毕达戈拉斯和中国人在《易经》中的数理哲学就是这一套。于是我们就可按这一意义来解释毕达戈拉斯派的那句名言,也就是塞克司都斯·恩披瑞古斯(《反对数学家论》第七篇)所引的一句话:“一切事物都可和数相配”。如果我们在最后把这一见解应用到我们在上面对谐音和乐调所作的解释上去,那么我们就将发现单纯的道德哲学而没有对大自然的说明——如苏格拉底所倡导的——完全可以比拟于有乐调而没有谐音——如卢梭独自一人所想的那样——。与此相反,单纯的物理学和形而上学如果没有伦理学也就相当于单纯的有谐音却没有乐调。——在这一附带的考察之后,请容许我还加上几点和音乐与现象世界两者间的类比有关的看法。在前一篇里我们已发现意志客体化的最高级别,即人,并不能单独地、割裂地出现,而是以低于它的级别为前提的,而这些较低级别又总是以更低的级别为前提的。同样,音乐也和这世界一样,直接把意志客体化了,也只在完整的谐音中音乐才是圆满的。乐调的领导高音要发生完整的印象,就需要所有其他音的伴

奏，直到最低沉的低音，而这种低音〔又〕要作为一切音的源泉看。乐调本身是作为一个组成部分而掺入谐音的，犹如谐音也掺入乐调一样。既然只有这样，只有在诸音俱备的整体中，音乐才表现它
350 预定要表现的东西；那么，那唯一而超时间的意志也只在一切级别完整的统一中才能有其全部的客体化，而这些级别就在无数程度上以逐级有加的明晰性揭示着意志的本质。——很可注意的还有下面这种类似性。我们在前一篇中已经看到所有一切意志现象，就促成目的论的那些物种说，都是互相适应的。尽管如此，在那些作为个体的现象之间，仍然有着不可消除的矛盾存在。这种矛盾在现象的一切级别上都可看到。这就把世界变成了同一个意志所有的现象之间无休止的战场，而意志和它自己的内在矛盾也就由此显露出来了。甚至于这一点，在音乐里也有与此相当的地方。即是说完全纯粹谐和的声音系统不但在物理上不可能，并且是在算术上就已经不可能了。各音所由表现的那些数自身就含有不能化除的无理数。任何音阶，即使要计算出来也不可得。在一音阶中每第五音和基音的关系等于 2 对 3，每大音阶第三音和基音的关系等于 4 对 5，每小音阶第三音和基音的关系等于 5 对 6，如此等等。这是因为如果这些音和基音对准了，则这些音相互之间就再也对不准了；例如第五音对于第三音必须是小音阶第三音等等，因为音阶上的音要比作一个演员，时而要扮演这一角，时而要扮演那一角。因此，完全准确的音乐就是要设想也不可能，更不要说制成乐谱了。由于这一缘故，任何可能的音乐都和绝对的纯洁性有距离，而只能把不谐音分配到一切音上，也就是以离开音差的纯洁性的变音来掩藏它本质上存在着的不谐音。关于这些，人们可参

阅席拉特尼①的《声学》第三十节和他的《音响学概论》第 12 页。[*]

我还可以就音乐被体会的方式再谈几点，譬如说音乐仅仅只在时间中，通过时间，完全除开了空间，也没有因果知识的干扰，亦即没有悟性干扰而被体会的；因为这些音作为效果说，无需我们像在直观中一样要追溯其原因就已产生了美感的印象。——然而我 351
不想再把这一讨论延长下去，因为我在这第三篇里对于有些问题也许已经是过于详尽了，或是过于把自己纠缠在个别事物上了。可是我的目的使我不能不这样做。人们也更不会责备我这样做，如果他在具体地想到艺术不常为人充分认识到的重要性和高度的价值时，是在推敲着〔下面这一观点〕：如果按照我们的见解，这整个可见的世界就只是意志的客体化，只是意志的一面镜子，是在随伴着意志以达到它的自我认识；并且如我们不久就会看到的，也是在随伴着意志以达到解脱的可能性；同时，又如果作为表象的这世界，要是人们把它和欲求分开，孤立地加以考察，仅仅只让它来占领〔全部〕意识，就是人生中最令人愉快和唯一纯洁无罪的一面；——那么，我们都要把艺术看作这一切东西的上升、加强和更完美的发展；因为艺术所完成的在本质上也就是这可见的世界自身所完成的，不过更集中、更完备，而具有预定的目的和深刻的用心罢了。因此，在不折不扣的意义上说，艺术可以称为人生的花朵。如果作为表象的整个世界只是意志的可见性，那么，艺术就是这种可见性的明朗化，是更纯洁地显出事物，使事物更便于概览的

① Chladni(1756—1824)，德国物理学家，声学研究者。

* 第二卷第三十九章是补充这里的。

照相机；是《汉姆勒特》〔一剧中〕的戏中戏，舞台上的舞台。

从一切美得来的享受，艺术所提供的安慰，使艺术家忘怀人生劳苦的那种热情——使天才不同于别人的这一优点，对于天才随意识明了的程度而相应加强了的痛苦，对于他在一个异己的世代中遭遇到的寂寞孤独是唯一的补偿——，这一切，如下文就会给我们指出的，都是由于生命的自在本身，意志，生存自身就是不息的痛苦，一面可哀，一面又可怕，然而，如果这一切只是作为表象，在纯粹直观之下或是由艺术复制出来，脱离了痛苦，则又给我们演出
352 一出富有意味的戏剧。世界的这一面，可以纯粹地认识的一面，以及这一面在任何一种艺术中的复制，乃是艺术家本分内的园地。观看意志客体化这幕戏剧的演出把艺术家吸引住了，他逗留在这演出之前不知疲倦地观察这个演出，不知疲劳地以艺术反映这个演出。同时他还负担这个剧本演出的工本费，即是说他自己就是那把自己客体化而常住于苦难中的意志。对于世界的本质那种纯粹的、真正的、深刻的认识，在他看来，现在已成为目的自身了：他停留在这认识上不前进了。因此，这认识对于他，不像在下一篇里，在那些已达到清心寡欲〔境界〕的圣者们那里所看到的一样，不是意志的清静剂，不是把他永远解脱了，而只是在某些瞬间把他从生活中解脱一会儿。所以这认识不是使他能够脱离生命的道路，而只是生命中一时的安慰，直到他那由于欣赏而加强了的精力已疲于这出戏又回到严肃为止。人们可以把拉菲尔画的《神圣的栖利亚》看作这一转变的象征。那么，让我们在下一篇里也转向严肃吧。

第　四　篇

世界作为意志再论

在达成自我认识时，生命意志的肯定和否定

在认识一经出现时，情欲就引退。

——昂克敌·杜伯隆：《邬布涅伽研究》

第二卷第216页

369

§　53　355

我们这考察的最后部分，一开始就可宣称为最严肃的一部分；因为这部分所涉及的是人的行为，是和每人直接有关的题材，没有人能够对之漠不关心或无所可否。并且把其他一切问题都联系到这个题材上来，也是如此的符合人的本性，以致人们在任何一个有联贯性的哲学探讨中，至少是在他对此感到兴趣时，总要把其中有关行为的这一部分看作整个内容的总结论。因此，人们对于其他的部分或许还不太认真，对于这一部分他却要予以严肃的注意。——如果就上面指出的情况而用通俗的话来说，人们也许要将我们这考察现在就要往下继续的部分称为实践的哲学，而把前

此处理过的〔其他〕部分与此对立而叫做理论的哲学。不过在我的意见看来，我认为一切哲学一概都是理论的；因为哲学，不管当前讨论的是一个什么题材，本质上总要采取纯观察的态度，要以这种态度来探讨而不是写格言戒律。与此相反，要求哲学成为实践的性质，要求哲学指导行为，改变气质，那都是陈旧的要求；在有了更成熟的见解时，这种要求终究是该撤销的。因为在这里，在这人生有无价值，是得救或是沉沦的关头，起决定作用的不是哲学的僵硬概念，而是人自己最内在的本质；即柏拉图所说的神明，指导着人但不曾选定人，而是人自己所选定的“神明”；又即康德所说的“悟知性格”。德性和天才一样，都不是可以教得会的。概念对于德性是不生发的，只能作工具用；概念对于艺术也是如此。因此，我们如果期待我们的那些道德制度和伦理学来唤起有美德的人，高尚的人和圣者，或是期待我们的各种美学来唤起诗人、雕刻家和音乐家，那我们就太傻了。

无论在什么地方，哲学除了解释和说明现成的事物，除了把世
356 界的本质，在具体中的，亦即作为感知而为人人所体会的世界之本质纳入理性的明确而抽象的认识以外，不能再有什么作为。不过哲学这样做是从一切可能的方面，从一切观点出发的。犹如我们在前三篇里曾企图在哲学专有的普遍性中从另外一些观点来完成任务一样，本篇也要以同样的方式来考察人的行为。人世间的这一方面，如我前已指出的，很可以说不仅在主观的判断上，而且也是在客观的判断上，都要被认为是世间一切方面中最重要的一个方面。在进行考察时，我将完全忠于我们前此的考察方式，以前此提出的〔论点〕作为我们依据的前提；并且，实际上我只是

把构成本书整个内容的那个思想，和前此在所有其他的题材上所做过的一样，现在又以同样的方式在人的行为上引申出来，而以此尽到我最后的力之所及，尽可能为这一思想作出一个完整的传达。

前面提出的观点和这里宣布过的讨论方式，已明白指出人们在这一伦理篇里不得期待什么行为规范，什么义务论。这里更不会提出一个普遍的道德原则，把它当作产生一切美德的万应验方。我也不会谈什么**无条件的应然**，因为这在附录中已说过，是包含着矛盾的；也不谈什么给自由立法，这同样也是包含矛盾的。我们根本就不会谈什么应当，因为人们只是对孩子们和初开化的民族才说这些，而不对已经吸收了文明成熟时代全部教养的人们说这些。这显然是伸手便可碰到的矛盾，既说意志是自由的又要为意志立法，说意志应该按法则而欲求："应该欲求呀！"这就〔等于〕木头的铁！可是根据我们整个的看法，意志不但是自由的，而且甚至是万能的。从意志出来的不仅是它的行为，而且还有它的世界；它是怎样的，它的行为就显为怎样的，它的世界就显为怎样的。两者都是它的自我认识而不是别的。它既规定自己，又正是以此而规定这 357
两者；因为在它以外再也没有什么了，而这两者也就是它自己。只有这样，意志才真正是自主自决的。从任何其他看法来说，它都是被决定的。我们在哲学上的努力所能做的只是解释和说明人的行为以及一些那么不同而又相反的最高规范。行为也就是这些规范活生生的表现。〔我们〕是按人的行为和这些规范最内在的本质和内蕴，是同我们前此的考察联系起来，并且恰是同我们以往致力于解释这世界的其他现象时，把这些现象最内在的本质纳入明确而

抽象的认识一样〔来说明的〕。这时我们的哲学仍同在前此的整个考察中一样，要主张那同一个**内在性**。和康德的伟大学说相反，我们的哲学将不利用现象的形式，以根据律为其普遍表现的形式，作为跳高的撑杆，用以飞越唯一能以意义赋予这些形式的现象而在空洞臆说[①]的无边领土上着陆。倒是这可以认识的真实世界，在我们之中和我们亦在其中的世界，将继续是我们考察的材料，同时也是我们考察所能及的领域。这世界的内容是如此的丰富，即令是人类精神在可能范围内作了最深入的探讨，也不能穷尽〔其所有〕。因为这真实的，可认识的世界像在前此的考察中一样，在我们的伦理考察方面也绝不会使我们缺少材料和真实性；所以我们无须求助于一些内容空洞只有否定意味的概念，没有必要高耸着眉头说什么绝对、无限、超感性，以及如此之类还多着的纯粹否定(喻利安卢斯[②]在《演讲集》第五篇里说："除了否定的词汇联系着晦涩的表象之外，什么也不是。")，——不这样而简短些说"云端里的空中楼阁"也是一样——，然后使我们自己相信这就真是说了些什么〔有意义的东西〕了。其实再没有比这样做更不必要的了，我们无须把这种盖上盖儿的空碗碟送到桌上来。——最后我们将和以往一样，不讲历史上的故事，不把这种故事当哲学；因为照我们
358 的意见看来，一个人如果认为我们能够以某种方式从**历史**来体会世界的本质，那么，尽管掩饰得再巧妙些，这个人离开以哲学来认识世界还有天远的路程。不过在一个人对世界本质自身的看法中

① 指康德的"自在之物"。

② Julianus(公元四世纪)，公元361—363年为罗马帝。

只要冒出变易，变成，将变这些概念，只要某种先或后〔在这儿〕有着最小限度的一点儿意义，从而或是明显地或是隐藏地将找到，已找到世界的一个起点和一个终点，外加这两点之间的过程；甚至这位治哲学的个人还在这过程中看到他自己的所在；那么，这就是上述那种历史地把握世界本质的搞法。这样以历史治哲学，在大多数场合都要提出一种宇宙发生说，并且是种类繁多的发生说；否则就要提出一种发散系统说①或人类始祖谪降人间说②；或者是在这种路线上总是屡试无效而陷入窘境，最后逼上一条路，一反前说而从黑暗，从不明的原因，太始的原因，不成原因的原因和如此之类，还多着的一些废话里提出什么永恒变易说，永恒孳生说，永恒的〔由隐〕趋显说。可是整个的永恒，也就是直到当前一瞬无穷无尽的时间，既已过去，那么一切要变的、能变的也必然都已变就了。人们很可以用一句最简短的话一举而推翻所有这些说法：因为所有这样的历史哲学尽管神气十足，都好像是康德从未到人间来过似的，仍然把时间看作自在之物的一种规定，因而仍停留在康德所谓的现象上，和自在之物相对立的现象之上，停留在柏拉图所谓永不常住的变易上，和永不变易的存在相对立的变易上；最后也可说是停留在印度教所谓的摩耶之幕上。这些正就是落在根据律掌心里的认识。从这种认识出发，人们永远也到不了事物的内在本质，而只是无穷尽地追逐着现象，只是无终止，无目标地在盲动，好比是踏着轮圈儿表演的小松鼠一样，直至最后〔养鼠〕人有些厌倦了，

① Emanations system，即新柏拉图派的学说。

② Abfallslehre，即旧约全书创世纪的说法。

在或上或下的任意一点把轮圈儿停住，然后强求观众们对此表示敬意。〔其实〕在纯哲学上考察世界的方式，也就是教我们认识世
359 界的本质从而使我们超然于现象的考察方式，正就是不问世界的何来，何去，为什么而是无论在何时何地只问世界是什么的考察方式。这就是说这个考察方式不是从任何一种关系出发的，不是把事物当作生长衰化看的考察方式。一句话，这不是从根据律四种形态的任何一形态来考察事物的方式；相反，却恰好是以排除整个这一套遵守根据律的考察方式之后还余留下来的，在一切关系中显现而自身却不隶属于这些关系，常自恒同的世界本质，世界的理念为对象的方式。从这种认识出发的有艺术：和艺术一样，还有哲学。是的，在本篇我们即将看到从这种认识出发的还有那么一种内心情愫，唯一导向真正神圣性，导向超脱世界的内心情愫。

§ 54

我们希望前三篇已导致了这样一个明晰而确切的认识，即是说在作为表象的世界中已为意志举起了一面反映它的镜子，意志在这面镜子中得以愈益明晰和完整的程度认识到它自己。明晰和完整程度最高的就是人，不过人的本质要由他行为的有联贯性的系列才能获得完全的表现，行为上自身意识的联贯才使那让人常在抽象中概观全局的理性有可能。

纯粹就其自身来看的意志是没有认识的，只是不能遏止的盲目冲动。我们在无机自然界，在植物繁生的自然界，在这两种自然界的规律中，以及在我们〔人〕自己生命成长发育的那些部分中所

看到的意志现象都是这种冲动。这意志从后加的、为它服务而开展的表象世界才得以认识它的欲求，认识它所要的是什么；还认识这所要的并不是别的而就是这世界，就是如此存在着的生命。因此，我们曾把这显现着的世界称为反映世界的镜子，称为意志的客体性。并且意志所要的既然总是生命，又正因为生命不是别的而只是这欲求在表象上的体现；那么，如果我们不直截了当说意志而说生命意志，两者就是一回事了，只是名词加上同义的定语的用词法罢了。

意志既然是自在之物，是这世界内在的涵蕴和本质的东西； 360
而生命，这可见的世界，现象，又都只是反映意志的镜子；那么现象就会不可分离地随伴意志，如影不离形；并且是哪儿有意志，哪儿就会有生命，有世界。所以就生命意志来说，它确是拿稳了生命的；只要我们充满了生命意志，就无须为我们的生存而担心，即令在看到死亡的时候，也应如此。我们固然看到个体有生灭，但个体只是现象，只是对局限于根据律和个体化原理中的认识而存在着的。对于这种认识说，个体诚然是把它的生命当作礼物一样接收过来的，它从“无”中产生，然后又为这礼物由于死亡而丧失感到痛苦并复归于“无”。但是我们正要从哲学，也就是从生命的理念来考察生命；而这样来考察，我们在任何方面就都会看到凡是生和死所能触及的既不是意志，不是一切现象中的那自在之物，也不是“认识”的主体，不是那一切现象的旁观者。诞生和死亡既属于意志显出的现象，当然也是属于生命的。生命，基本上就得在个体中表出，而这些个体是作为飘忽的，在时间形式中出现之物的现象而生而灭的。这在时间形式中出现

之物自身不知有时间，但又恰好是从这一方式呈现以使其固有本质客体化的。诞生和死亡同等地都属于生命，并且是互为条件而保持平衡的。如果人们喜欢换一个说法，也可说诞生和死亡都是作为整个生命现象的两极而保持平衡的。一切神话中最富于智慧的印度神话是这样表示这一思想的：神话恰好在给象征着破坏和死亡之神（好比三个连环神祇中还有罪孽最深，最卑微的婆罗摩象征着生育和发生，而毗湿拏则象征保育一样），我说恰好是给僖华戴上骷髅头项链的同时，又复给以棱迦这一生殖的象征一同作为这个神的特征。所以这里的生殖就是作为死亡的对销而出现的；这就意味着生育和死亡是根本的对应物，双方互相对消，互相抵偿。促使古代希腊人和罗马人恰好也是这
361 样来雕饰那些名贵棺椁的也完全是这同一心情。现在我们还看得到棺椁上雕饰着宴会、舞蹈、新婚、狩猎、斗兽、醇酒妇人的欢会等，都无非是描写着强有力的生命冲动。古代希腊人和罗马人不仅在这种寻欢作乐的场面中为我们演出这种生命的冲动，甚至还可见之于集体宣淫，直到那些长着羊足的森林神和母羊性交的场面中。这里的目的是显而易见的：目的是以最强调的方式在被哀悼的个体死亡中指出自然界不死的生命；并且虽然没有抽象的认识，还是借此暗示了整个自然既是生命意志的显现，又是生命意志的内涵。这一显现的形式就是时间、空间和因果性，由是而有个体化。个体必然有生有灭，这是和“个体化”而俱来的。在生命意志的显现中，个体就好比只是个别的样品或标本。生命意志不是生灭所得触及的，正如整个自然不因个体的死亡而有所损失是一样的。这是因为大自然所关心的不是个

体而仅仅只是物种的族类。对于种族的保存，大自然却十分认真，不惜以绝大超额数量的种子和繁殖冲动的巨大力量为之照顾。与此相反，无穷的时间，无边的空间以及时间空间中无数可能的个体既然都是大自然管辖下的王国，那么个体对于大自然就没有什么价值了，也不可能有什么价值。因此大自然也总是准备着让个体凋谢死亡。据此，个体就不仅是在千百种方式上由于极微小的偶然契机而冒着死亡的危险，而是从原始以来压根儿就注定要死亡的；并且是从个体既已为种族的保存尽了力的那一瞬起，大自然就在亲自把死亡迎面送给个体。由于这一点，大自然本身就很率直地透露了这一重大的真理：只有理念而不是个体才真正有真实性；即是说只有理念才是意志的恰如其分的客体性。于是，人既然是大自然本身，又在大自然最高度的自我意识中，而大自然又只是客体化了的生命意志；那么，一个人要是理解了这一观点并且守住这一观点，他诚然可以由于回 362
顾大自然不死的生命，回顾他自己就是这自然而有理由为他〔自己〕的和他朋友的死获得安慰。因此，挂上棱迦的僖华就应该这样来理解，那些古代的棺椁也应该这样来理解。那些古代棺椁似乎是以它们那些灼热的生命情景在高声对伤感的参观者说："大自然是哀怨不能入的。"

至于所以要把生殖和死亡看作是属于生命的东西，看作意志的这一现象的本质上的东西，也是由于这两者在我们看来都只是其他一切生命所由构成的〔一件事〕的加强表现。这〔件事〕始终不是别的什么，而是形式恒存之下的物质变换，这就正是种族永生之下的个体生灭。〔身体上〕经常的营养和再生只是在程度上有所不

同于生殖，经常的排泄也只是在程度上有所不同于死亡。前者从植物身上来看最是简单明了。植物始终只是同一种冲动的不断重复，只是它那最简单的纤维的不断重复，而这些纤维又自行组合为枝与叶。它是一些雷同而互相支持的植物〔质〕的一个有系统的聚合体，而这些植物〔质〕的继续再生也是它们唯一的冲动。植物借助于形态变化的阶梯逐渐上升到这一冲动更充分的满足，最后则达到花和果，它的生存和挣扎的总结果。在这总结果中，植物经由一条捷径达到了它唯一的目标，在一反掌之间千百倍地完成了它前此铢积寸累所寻求的〔目的〕：这植物自身的再孳生。植物结出果实的勾当对于它自身再孳生的关系就等于铅字对印刷的关系。在动物显然也是同样一回事。吸收营养的过程就是一种不断的孳生，孳生过程也就是一种更高意味的营养；而性的快感就是生命感一种更高意味的快适。另一方面，排泄或不断抛弃物质和随呼吸而外吐物质也就是和生殖相对称的，更高意味的死亡。我们在这种情况之下既然总是以保有身体的形式为已足，并不为抛弃
363 了的物质而悲伤；那么，当这种同样的情况，天天、时时分别在排泄时所发生的情况，又在更高的意味上毫无例外地出现于死亡中的时候，我们就应该采取和上面同样的态度。对于前一情况我们既然漠不关心，那么对于这后一情况我们也不应该战栗退缩。从这一观点出发，一个人要求延长自己的个体也是不对头的。自己的个体由其他个体来替代，就等于构成自身的物质不断由新的物质来代替。把尸体用香料油胶浸透也同样是傻瓜，这正像是把自己的排泄物密封珍藏起来一样。至于束缚在个人肉体上的个人意识〔也〕是每天被睡眠完全中断了的。酣眠每每

可以毫无痕迹地转为死亡，譬如在沉睡中冻毙就是这样的〔情况〕。沉睡正在继续的当时是和死没有分别的；分别只是就将来说的，即只是就醒后的方面说的。死是一种睡眠，在这种睡眠中个体性是被忘记了的；其他一切都要再醒，或者还不如说根本就是醒着的＊。

首先我们必须认识清楚：意志显现为现象的形式，亦即生命或实在的形式，真正说起来只是**现在**，而不是未来，也不是过去。过去和未来都只在概念中有之；在认识服从根据律的时候，过去和未来也只在认识的连带关系中有之。没有一个人曾是在过去中生活的，也绝不会有一个人将是在未来中生活的；唯有**现在**是一切生命、生活的形式，不过也是生命稳有的占有物，绝不能被剥夺的。364
〔有生命，就有现在。〕现在〔这形式〕和它的内容一起，是常在的，双方都站得稳，并无动摇，犹如彩虹在瀑布上一样。这是因为生命为意志所稳有，所确保，而现在则为生命所稳有，所确保。诚然，如果我们回想已经过去了的几十个世纪，回想在这些世纪中生活过的亿万人们，我们就会问这些人又是什么呢？他们已变成了什么

＊ 如果有人不觉得下面这一看法太深奥的话，则下列论点也能有助于他弄明白个体只是现象而不是自在之物。每一个体一方面是“认识”的主体，即整个客观世界所以可能的补足条件；另一方面又是意志的个别现象，亦即在每一事物中自行客体化之物的个别现象。但是我们本质上的这种二重性并不是基于一种独立自在的统一性的，否则我们单就**我们自身而无待于“认识”的客体或“意欲”的客体**就能够意识到我们自己。然而这简直是我们做不到的。为了想这样做，我们一旦反躬内省，并在我们把“认识”向内转的时候彻底思索一下，我们就会迷失在无底的空虚中；就会发现我们自己像个空心玻璃球，似乎从球内的空际中发出一种什么声音而又不能在球内找到这声音的来源。于是在我们想把握自己的时候，我们会要战栗悚惧，除了一个没有实体的幽灵之外，我们什么也拿不到手。

呢？——不过我们对于这些问题只能回忆我们自己过去的生活，只能在想象中生动地重温那些情景，然后再问：这一切是什么呢？我们过去的生命变成了什么呢？——和这一样，那亿万人的生命也是如此。难道我们应该认为这种过去，由于死亡已给贴上了封条就获得了一种新的生存吗？我们自己的过去，即令是最近的过去，即令是昨天，已经就只是想象的虚空幻梦；那些亿万人的过去当然也是同样的东西。过去的是什么？现在的又是什么？——是意志，而生命就是反映意志的镜子；是不带意志的认识，而认识又在这面镜子里清晰地看到意志。谁要是还没有认识到或不想认识这一点，他在问过已往若干世代的命运之后，必然还要加问：为什么恰好他，这个提问的人，有着这样的幸运占有这宝贵的、飘忽的、唯一实在的现在呢？当那好几百代的人们，那些世代所有的英雄们和哲人们都在这过去的黑夜里湮沉，从而化为乌有的时候；可是他，他那渺小的我为什么又实际地还在着呢？——或者更简短些，当然也更奇特些，还可以这样问：为什么这个现在，他的现在，却恰好现在还在着而不是也早就**过去**了呢？——当这提问的人问得如此奇特时，他是把他的生存和他的时间作为互不依存的来看，是把他的生存看作是投入在他时间中的。实际上他是假定了两个现在，一个属于客体，一个属于主体，而又对两个"现在"合到一起的幸遇感到惊奇。事实上却只有（如在论根据律那篇论文中已指出
365 的那样）以时间为形式的客体和不以根据律的任何一形态为形式的主体〔两者〕的接触点才构成现在。但是就意志已变为表象说，则一切客体便是意志，而主体又是客体的对应物；可是真实的客体既只在现在中有之，过去和未来只含有概念和幻象，所以现在便是

意志现象的基本形式，是和意志现象分不开的。唯有现在是常在而屹立不动的。在经验的体会中比所有一切还要飘忽的现在，一到别开了直观经验的形式的形上眼光之下就现为唯一的恒存之物，现为经院学派的常住现在。它的内容的来源和负荷者便是生命意志或自在之物，——而这些又是我们自己。凡是在既已过去或尚待出现之际不断生灭着的东西都是借现象的，使生灭有可能的形式而属于这种现象。那么人们就想到："过去的是什么？过去的就是现在的。——将来的是什么？——将来的就是过去的"。人们说这些话的意味是严肃的，不是当作比喻而是就事论事来理解的。这是因为生命是意志所稳有的，现在又是生命所稳有的。所以任何人又可说："一次以至无数次，我始终是现在〔这东西〕的主人翁，它将和我的影子一样永远伴随着我；因此我不惊疑它究竟从何而来，何以它恰好又在现在。"——我可以把时间比作一个永远转动着的圆圈：那不断下沉的半边好比是过去，不断上升的半边好比是将来；而〔正〕上面那不可分割的一点，亦即〔水平〕切线和圆周接触之处就好比是无广延的现在。切线不随着〔圆圈〕转动，现在也不转动。现在是以时间为形式的客体和主体的接触点。主体没有任何形式，因为它不属于可认识的一类，而是一切〔事物〕得以被认识的条件。又可说：时间好比是不可阻遏的川流，而现在却好比是水流遇之而分的礁石，但水流不能挟之一同前进。意志作为自在之物，它不服从根据律也不弱于认识的主体；而认识的主体在某种观点下最后还是意志自身或其表出。并且，和生命、意志自己 366
的这一显现，是意志所稳有的一样，现在，生命的这唯一形式，也是意志所稳有的。因此，我们既无须探讨生前的过去，也无须探讨死

后的将来。更应该做的倒是我们要把**现在**当作意志在其中显现的唯一形式来认识*。现在不会从意志那里溜掉,不过意志当然也不会从现在那里溜掉。因此,要是如此这般的生命就满足了一个人,要是这个人在任何场合都肯定生命,他也就可以有信心把生命看作是无穷无尽的而把死亡的恐惧当作一种幻觉驱逐掉。这种幻觉把不适当的恐惧加于他,使他觉得他可终于要失去这现在,为他事先映现出一种其中并无"现在"的时间。在时间方面是这种幻觉,在空间方面又有另一种幻觉。人们由于这另一幻觉便在自己的想象中把自己正在地球上占据着的那一处当作上面,而所有其余的他处则看作下面。与此相同,人们都把现在紧扣在自己的个体性上,认为一切现在都是随个体性的消灭而消灭的,好像过去和将来都没有现在似的。可是〔事实上〕在地球上到处都是上面,与此相同,现在也是一切生命的形式。为了死亡将剥夺我们的现在而怕死,并没有比人们以为他幸而是向上直立在圆圆的地球上,却怕从地球上滑跌下去更聪明些。现在这形式对于意志的客体化是本质上必需的。作为无广延的点,现在切断着向两端无限〔延伸〕的时间而屹立不动,好像永远继续是中午没有晚风生凉的黄昏一样:好比太阳本身不停地燃烧,只在人们看起来才像是沉入黑夜的怀抱中去了一样。所以,当人们把死亡看作自己的毁灭而恐惧时,
367 那就不是别的,而是等于人们在想象太阳会在晚边哭诉道:"我糟

* "经院派学者们的学说主张永恒不是无始无终的一个时间系列,而是一个**常住的现在**,即是说我们所有的**现在**还是亚当所有的那同一**现在**,也即是说在**现在**和**那时**之间并没有什么区别。"(霍布斯:《利维坦》第四十六章。)

了，我将沉沦于永久的黑夜了*！”再说，反过来谁要是被迫于生活的重负，谁要是虽然也很想要生命并且肯定生命，但又痛恨生活的烦恼困苦，尤其是痛恨恰好落在他头上使他不想再继续忍受的苦命；这样一个人就不要想从死亡中指望解放，也不能以自杀而得救。黑暗阴森的地府所以能引诱他，是以骗人的假象把阴间当作停泊的无风港。地球自转，从白昼到黑夜；个体也有死亡；但太阳自身却是无休止地燃烧着，是永远的中午。尽管那些个体，理型的那些现象，是如何像飘忽的梦境一样在时间中生灭，生命意志总是稳保有生命的，而生命的形式又是没有终点的“现在”。——在这里，自杀行为在我们看来已经是一种徒劳的，因而也是傻瓜的行为；在我们的考察往前推进得更远时，自杀行为还要处于更不利的地位。

教条更替而我们的知识也〔常〕失真，但是大自然却不会错。它的步伐是稳定的，它也不隐瞒自己的行径。每一事物都完全在大自然之中，大自然也完全在每一事物之中。在每一动物中大自然有着它的中心：动物既已妥当地找到进入生存之路，正如它还将

* 在厄克尔曼 Eckermann 的《同歌德的对话录》(第二版第一卷第 154 页)中歌德说：“我们的精神在本性上是完全不可毁灭的东西，是从永远到永远继续起作用的东西。这和太阳相似：太阳只是在我们的肉眼看来好像是下沉了，其实是永不下沉的，是无休止的继续在照耀着。”——歌德这个比喻是从我这里来的，而不是我用他的比喻。他在 1824 年举行的这次谈话中使用这个比喻，无疑的是由于对我上面这段话的回忆之余而来的，也许是不意识的回忆；因为我用同样的词句说这段话的地方有几处，一处是本书第一版第 401 页，528 页，一处是本篇 § 65 的末尾。那第一版是在 1818 年 12 月寄给歌德的，他在 1819 年 3 月的来信中表示了他对我的嘉许。我那时正在拿破里(Neapel 即 Napoli——译者)，信是由我姐姐转来的。歌德在信内附有一张纸条，上面注明了他特别喜欢的那些页数。所以他是事先读过我那本书的。

妥当地找到走出生存之路一样。在生存时，动物是无忧无虑地生
368 活着，没有毁灭的恐惧；意识着它就是自然，和自然一样是不灭的，
它是被这种意识所支持的。唯有人在他抽象的概念中常怀着自己必然会死〔的忧虑〕。好在〔想到〕这种必然性，并不是常有的事，只在个别的瞬间由于某种起因而使将来的死活现于想象之前的时候，才使人们有所忧惧。在大自然的强大气势之前，反省思维的能为是微小的。在人和在不思维的动物一样，都有一种内在的意识：意识着他即自然，即是世界本身。从这一意识中所产生的安全感，在人和动物都是常态而占着压倒的优势。因为有这一安全感，所以没有一个人在想到必然要来的，为期也绝不太远的死亡时，就会怎么显著地使他不安；反而是每一个人都是这么活下去，好像他必须永远活下去似的。人们这样活下去，竟至于没有一个人对于自己必死的真确性真有一种鲜明活现的深信，否则这个人的情绪同判处极刑的罪犯的情绪就不能有这么大的区别；而是每人固然在抽象的一般性中，在理论上承认死的必然性，可是他这种必然性和实际上无法应用的其他理论上的真理一样看待，放在一边，而不怎么把它放到自己现前的意识中去。谁要是好好注意到人类心灵的这种特点，他就会懂得要解释这一点，那些心理学上的说明方式，从习惯，从自安于无可避免之事〔的心情〕来说明是不够的；倒是应该说这种特点的根由还是上述那种更深刻的说法。用这同一根由还可以说明为什么一切时代，一切民族都有个体死后还有某种东西继续存在的信条，并且尊重这种信条，而不管肯定这一点的证据必然总是极不充分的，不管反面的证据又多又有力。其实，这一点的反面本不需要

什么证据而是健全的悟性所公认为事实的，而作为事实，是由于确信自然既不会错又不撒谎，而是坦然呈现其作为和本质的，甚至是率真地把这些透露出来而得到保证的；同时只是我们自己由于幻觉而把这一点的反面弄糊涂了以便作出解释来适合我们有限的见识。

至于我们现已在意识上弄明确了的，如意志的个别现象虽然在时间上起，在时间上止，但意志自身，作为自在之物，和时间上的 369
起止是不相涉的；如一切客体的对应物，亦即认识着而永不被认识的主体，也是和时间上的起止无关的；又如有生命意志便稳有生命等等；这些都不能算到死后有继续的存在那类学说里去。这是因为意志作为自在之物看，和认识的纯粹主体这永恒的造物之眼一样，既说不上什么恒存，也说不上什么消逝；因为恒存与消逝都只是在时间上有意义的规定，而作为自在之物的意志和纯粹的主体都是超乎时间以外的。因此，个体（为“认识”的主体所照明的这一个别意志现象）的利己主义既不能从我们阐述过的见解中，也不能从他死后还有剩下的外在世界在时间上继续存在这种认识中，为这个体要无尽期的把自己保存下去的愿望找到什么营养和安慰。并且外在世界继续存在的说法正是上述那一见解的表现，不过是从客观方面，因而是从时间上来看的罢了。这是因为每人固然只是作为现象才是要灭亡的，在另一方面作为自在之物固然又是无时间的，亦即无尽的；但是他也只是作为现象才有别于这世界的其他事物；作为自在之物他仍是显现于一切事物中的那意志，而死亡又消除那隔离着人我各自的意识的幻觉：这就是〔死后的〕继续存在。只有作为自在之物，每人才是不为死亡所触及的。在现象上，

他的不为死亡所触及则和其余的外在世界的继续存在合一了[*]。由于这一点所以那种内在的，只是感到的意识，意识到我们刚才使之上升为明确认识的〔道理〕，固然如前所说，即令是对于有理性的生物也能防止死亡这个念头毒化他的生命，因为这种意识原是生命有勇气的根基，即是说只要这生物是面对着生命，全神贯注着生
370 命，这股勇气就能维系一切有生之物屹立不坠，使之朝气蓬勃地活下去，好像没有死亡这回事似的；然而，这并不是说当死亡个别地在现实中或只是在想象中出现于他眼前而不得不加以正视的时候，有了这种意识就能防止个体不为死的恐惧所侵袭，不去想方设法逃避死亡。这是因为当个体和他的认识一直在向往着生命之为生命时，必然会看到生命中的常住不灭；而在死亡出现于他眼前时，死亡本来是什么，他同样也不能不把死亡就看作什么，也就是看作个别现象在时间上的终点。我们怕死绝不是因为死中有痛苦，一方面，痛苦显然是在死前这一边的；一方面，我们正是每每为了躲避痛苦而投奔死亡。反过来也是一样：尽管死是迅速而轻快的，然而只要能多活一会儿，我们有时候宁可承担可怕的痛苦以躲避死亡。因此我们是把痛苦和死亡分作两种完全不同的坏事来看的。我们所以怕死，事实上是怕个体的毁灭，死也毫无隐讳地把自己表现为这种毁灭。但个体既是在个别客体化中的生命意志自

---

* 这一点在《吠陀》中是这样表示的：人在死的时候，他的视觉、嗅觉、味觉、听觉、言谈等就会依次分别和太阳、土、水、空气、火等融合为一（《邬布涅伽研究》卷一，第294页起）。——又还有一种表示法：临死的人通过一种特殊的仪式把他的感官及其全部功能依次一一传给他的儿子，使这些东西在他儿子身上继续起作用（同前书卷二，第82—83页）。

身，所以个体的全部存在都要起而抗拒死亡。——感情既这样陷
我们于无救助之地，于是理性又可出现而克服一大部分在感情上
令人不快的印象；因为理性已把我们抬举到一个较高的立场了，在
这立场上我们的眼光所及，从此就不再是什么个别的而是总体的
整个〔问题〕了。因此，对于世界本质的这种哲学上的认识本身，既
已达到我们这考察现在所达到的这一点，不过还没再向前进的时
候，站在这〔较高〕立场上就足以克服死的恐怖了。至于克服到什
么程度，则随反省的思维在既定个体中对于直接的感受能占有多
大的优势而定。要是一个人把前此阐述过的那些真理都已吸收到
他的思想意识中去了，同时又并没有由于自己的经验或什么更深
的见解而认一切生命基本上都是持续不断的痛苦，却是在生活中
有了满足，在生活中过得十分如意，在他平心静气考虑的时候还希
望他的一生又如他所经历的那样无限延续下去或重复又重复；他 371
还有那么大的生活勇气，以致为了生活上的享受宁愿且乐于附带
地忍受一切烦恼和痛苦；那么，这样一个人就是以“坚强的筋骨”屹
立在搓得圆圆的、永恒的地球上了，他也没有什么要怕的东西了。
他是由我们给他的认识武装起来的，他毫不介意地迎着在时间的
双翼上急驰而来的死亡看去，把死亡当作骗人的假象，无能为力的
幽灵，可以骇唬弱者但无力支配那些知道自己即意志的人们；而整
个世界就是这意志的客体化或意志的写照。因此，他在任何时候
都稳有生命，也稳有现在——意志现象这唯一真正的形式。因此，
无限的过去和将来都不能骇倒他，他似乎并不在过去未来中；他已
把这些过去未来看作虚幻的戏法和摩耶之幕了。所以他无所惧于
死亡，正如太阳无所畏于黑夜一样。——在《婆诃华・信多》中被

克利希纳置于这一立场上的是他未经考验的门徒阿容。阿容看到大军(类似克赛尔克斯[①]的大军)准备接战,忽为哀感所乘,踌躇欲罢战以免万千军士生灵涂炭。克利希纳当即以上述立场教导了阿容,于是万千军士的战死沙场再不能阻止阿容了,他发出了战斗的命令。——歌德的《普罗米修斯》也意味着这一立场,尤其是在普罗米修斯这样说的时候:

“在这儿,我坐着,
按自己的形象塑造人。
人这个族类,
要痛苦,要哭泣,
要享乐,要欢愉。
在我,这都一样,不相干。
不管你这些——
那就是我!”

还有普禄诺和斯宾诺莎两人的哲学也可能把一个人带到这一立场上来,要是这个人信服真理而不为这两种哲学的错误和缺点所干扰或削弱的话。普禄诺的哲学中本来没有什么真正的伦理学,而
372 斯宾诺莎哲学里的伦理学虽然值得称道,也写得很好,可是又根本不是从他那哲学的本质出发的,而是借一些无力的,随手拈来的诡辩黏附在他学说上的。——最后,大概还有许多人,只要他们的认识和他们的欲求齐头并进的话,即是说如果他们能够排除一切妄

① Xerxes,古波斯国王,在公元前490—前445年间曾两次派军队出征希腊,均遭惨败。

觉把自己弄个清楚明白的话，也可能站到上面指出的这种立场上来；因为从认识方面来说，这就是完全肯定生命意志的立场。

意志肯定它自己，这就是说：当它自己的本质已完全而明晰地在它的客体性中，亦即在世界和生命中作为表象而为它所知悉的时候，这一认识毫不碍于它的欲求；反而是这样被认识了的生命正是作为这样的生命而为它所欲求；不过前此是没有认识的，只是盲目的冲动；现在却是有了认识，是意识的，经过思考的了。与此相反，如果说欲求，因为有了这种认识，就终止了，那就会出现生命意志的否定。因为这时已不再是那些被认识了的个别现象在作为欲求的动机而起作用，而是那整个的，对世界的本质——这世界又反映着意志——从理念的体会中生长起来的认识成为意志的清静剂，意志就这样自愿取消它自己。我希望这些全未经认识过的，一般说来难以理解的概念，通过下面即将接下去就要说明的一切现象，——这里是指行为方式的说明——，就会明确起来。在这些行为方式中，一方面表现出各种程度上的肯定，另一方面也表现出否定。这是因为肯定否定双方虽然都是从认识出发的，却不是从语言文字表出的抽象认识而是从一种活生生的认识出发的。这种活生生的认识仅仅只在举止行动中表现出来，不依赖什么教条。与此同时，教条作为抽象认识是理性所从事的东西。唯有把肯定和否定双方都表述出来，并使之成为理性上明确的认识才能是我的目的，而不是要把肯定或否定的某一方式当作〔行为〕守则写下来或加以推荐。后面这种做法是既愚蠢又无意义的，因为意志本身根本就是自由的，完全是自决的；对于它是没有什么法度的。——不过这种自由和这自由对必然性的关系是我们进入上述分析之前

373 必须首先加以讨论的;然后,生命的肯定和否定既是我们的问题所在,所以又还要对生命作一些一般性的,有关意志及其客体的考察。通过这一切之后,我们要按行为最内在的本质而如〔我们〕所企图的,认识到行为方式的伦理意义,那就容易多了。如前所说,整个这一本书,既只是一个单一思想的展开,那么,由此得出的结论便是:本书不仅是每一部分只对贴前的部分有必然的关系,而是一切部分都相互有着最亲密的关系;〔本书〕不同于所有那些只是由一系列推论构成的哲学,因这〔推论的〕必然关系首先就只假定贴前的部分是读者所记忆的。〔我们则不然,〕却是全书的每一部分都和其他任何一部分相贯通而又以之为前提的。既是这样,所以〔我们〕才要求读者不单是记住贴前的那部分,而是要记住前此的每一部分,以便他不管中间隔着若干东西仍然能够把前此任何一部分联系到每次当前的这一部分上来。这也是柏拉图对他的读者曾经有过的一个指望,因为他那些对话录常是盘根错节远离本题思想路线的,每每要在冗长的插曲之后才能再回到主题思想,〔不过〕主题思想却正是由此而更显豁了。在我们这里,这种指望〔也〕是必要的,因为在这里要把我们的这单一思想分为若干部分来考察虽是传达这一思想的唯一方式,但在思想本身上这并不是本质上重要的东西,而仅仅只是一种方便的手法。——把这单一思想分在四篇里作为四个主要观点,把相近似的,性质相同的东西细心连在一起,这会有助于减轻论述的困难和理解这一论述的困难。不过这一题材根本不容许像〔写〕历史那样直线前进,而是要迂回错综地来阐述的,这就使本书有重复阅读的必要了。也只有这样,每一部分与其他部分之间的联系才会明显，然后全书所有各部分才会交相辉映，才得以完全明白。*

§　55 374

意志作为它自身是**自由**的。这一点，从我们把意志看作自在之物，看作一切现象的内蕴，已可推论出来。现象则与此相反，我们认为它一贯是在根据律的四种形态之中服从根据律的。并且我们既知道必然性和后果来自已知的原因彻底是同一回事，是可交替使用的两个概念；那么，凡是属于现象的一切，也就是对于作为个体而认识着的主体的客体，一面都是原因，另一面又都是后果；而且在作为后果的这一属性中又必然是一贯被决定的，因而〔这客体〕是什么就得是什么，不能〔既是什么〕又是别的什么。所以大自然的全部内容，它所有的一切现象都是必然的；每一部分、每一现象、每一事态的必然性都是可以证验的，因为每次都必然有其原因可寻，都是作为后果而依存于这原因的。这是不容有任何例外的，是随根据律的无限妥当性而俱来的。但是另一方面，在我们看来，这同一个世界在它所有的一切现象中都是意志的客体性，而这意志自身既不是现象又不是表象或客体，而是自在之物，所以也不是服从根据律的，不服从一切客体所具的这个形式，所以不是由一个原因所决定的后果，所以不知有什么必然性。这就是说意志是**自由的**。因此自由这概念其实是一个消极的否定的概念，因为这概念的内容只是必然性的否定，也就是根据律上后果对其原因这一

* 第二卷第四十一至四十四章是补充这里的。

关系的否定。在这里，一个巨大矛盾的统一点——自由和必然的统一——就非常清楚地摆在我们面前了。关于这一矛盾，近来也常讨论过，可是据我所知却是从来也没有明确而适当地谈过〔这一问题〕。〔其实，〕任何事物作为现象，作为客体，都彻底是必然的；而同一事物**自在的本身**却是意志，意志永远是完全自由的。现象，客体，是必然的，是在因果链中不容变更地被决定了的，而因果链又是不能中断的。可是这客体的整个现实存在，这存在的方式，也
375 就是理念，在客体中透露出来的理念，却直接就是意志的显现。换句话说，这客体的特性直接就是意志的显现。如果〔只〕就意志的自由这一面说，这客体根本就可以不进为现实存在，或原来就可以在本质上完全是些别的什么，那么，这整个的因果链，它自身既然也是这意志的显现，而这客体又是它的一个环节，也就会是另一个因果链了。但是这客体既已存在，既已有了它，它就已经进入因果系列了，就在这系列中永远被决定为必然的了；从而它既不能再成为别的什么，即是说不能〔临时〕又变，也不能再退出这个系列，就是说不能又化为乌有了。人，和大自然的任何其他部分一样，也是意志的客体性，所以这里所说的一切对于人也是有效的。大自然中每一物都有它的一些力和物性，这些又在一定的作用之下起一定的反应而构成每一物的特性。与此相同，人也有他的**性格**，而动机又以必然性而从这性格中导出行为。人的验知性格就是在这行为方式中显露出来的，但人的悟知性格，意志的自身，又是在验知性格中显露出来的，而人就是这意志自身的被决定了的现象。不过人乃是意志最完善的现象，这现象为了要存在，如在第二篇里所指出的，就必须为这样高度的认识所照明，即是说在这认识中，甚

至要在表象的形式下完全恰如其分地映写出世界的本质。这就是
说理念的体会，世界的镜子，也成为可能了，有如我们在第三篇里
已认识到这种写照一样。所以说在一个人里面，意志能够达到完
整的自意识，能够明确而彻底地认识到它自己的本质以及这本质
是如何反映在整个世界中的。真正具备了这样高度的认识，如我
们在前一篇里所看到的那样，乃是艺术所从出〔的源泉〕。不过在
我们全部考察的末尾，当意志把这一认识应用到它自己身上时，在
它最完善的现象中还可出现意志的取消和自我否定的可能性；于
是，原来在现象中绝看不到的，只是自在之物所专有的自由，现在 376
也出现于现象之中了。当这“自由”取消了现象所本的那本质，而
现象却还在时间上继续存在的时候，就造成了现象和它自己的矛
盾，由此又恰好表出了神圣性和自我否认的事象。可是所有这一
切只能到本篇的末尾才能完全理解清楚。——目前只是在这里概
括地提一下人如何由于自由，也就是由于独立于根据律之外而不
同于意志的其他一切现象。这种自由或独立性原来只是属于作为
自在之物的意志的，并且是和现象相凿枘的；然而在人，自由却能
在某种可能的方式之下也在现象中出现；不过这时的“自由”就要
必然自呈为现象的自相矛盾。在这一意义上，就不仅只有意志自
在的本身，甚至人也诚然可以称为自由的，从而得以有别于其他一
切生物。如何来理解这一点，那只有借助于后文的一切才能明白，
目前我们还只能完全置之不论。这是因为我们首先还要防止一种
谬论，这种谬论以为个别的，一定的人的行为是不在必然性的支配
之下的；而所谓不在必然性的支配之下就是说机动的力量不如原
因的力量或从前提推得的结论那么可靠。作为自在之物的意志的

自由，如已说过，要是不计入上述那种只是例外而有的情况，绝不直接转入现象；即令这现象已达到最高度的明显性，即是说即令是在具有个性的有理性的动物，在具有人格的人，意志的自由也不转入现象。这人格的人尽管是自由意志的一个现象，他却绝不是自由的，因为他正已是被意志的自由欲求所决定的现象了。并且当人格的人进入客体的形式，进入根据律时，他固然是把意志的单一性发展为行为的多样性了；但是由于欲求自身超时间的单一性，行为的多样性仍然以一种自然力所有的规律性自行表现出来。不过，既然在人格的人和他的全部行事中所显现出来的究竟是那自由的欲求，而这欲求对全部行事的关系又等于概念对定义的关系，那么，人格的人的每一个别行动也就要算在自由意志的账上了，个
377 别行动直接对于意识也是这样表出的。因此，如在第二篇里已说过的，每人都先验地（在这里是按他原来所感的说的）认为自己的个别行为也是自由的，这即是说在任何一个现成情况之下不拘任何行动都是可能的；唯有后验地，从经验中和对经验的反省思维中，他才认识到他的行为必然完全是从性格和动机的合一中产生的。由于这一点，所以每一个最粗犷的人都要按他自己所感到的而激烈地为个别行为的完全自由辩护；但一切时代的大思想家，甚至有些意义较为深远的宗教教义却都否认这种自由。可是谁要是明白了人的全部本质就是意志，人自己就只是这意志所显现的现象；又明白了这现象有着根据律为它必然的，从主体方面即可认识的形式，而这形式在这里又是作为动机律而形成的；那么，他就会觉得在已有的性格和眼前的动机之下来怀疑一个行动一定要发生的必然性，就等于是怀疑三角形的三内角之和等于两直角。——

朴内斯特列[①]在他著的《论哲学上的必然性》一书中很充分地阐明了个别行动的必然性；不过这必然性又是和自在的，亦即现象以外的意志自由并存的，则直到康德提出了悟知性格和验知性格之间的区别时才得到证实[*]。这是康德的重大贡献，我完全接受他所作的这种区分；因为悟知性格在一定程度上出现于一定个体中时，就是作为自在之物的意志的；而验知性格，当它既在行为方式中而从时向上，又在形体化中而从空间上呈现的时候，就是这儿出现的现象它自己。为了使两者的关系易于理解，最好还是采用序论中[②]就已用过的说法，即是说把每人的悟知性格看作超时间的，从
而看作不可分的不可变更的意志活动；而这意志活动在时间、空间 378
和根据律的一切形态中展开了的，分散了的现象便是验知性格；譬如在一个人的全部行为方式中和一生的过程中随经验而呈现的就是这验知性格。〔例如〕整个的一棵树只是同一个冲动在不断重复着的现象；这一冲动在纤维里表现得最为简单，在纤维组合中则重复为叶、茎、枝、干；在这些东西里也容易看到这一种冲动。与此相同，人的一切行事也是他的悟知性格不断重复着的，在形式上有着变化的表现；〔我们〕从这些表现的总和所产生的归纳中就可得到他的验知性格。——此外，我在这里不打算改头换面地重复康德的杰出论述，而只是假定它为众所周知的就算了。

我在 1840 年获奖的那篇论文[③]里曾透彻而详尽地论述过意

---

① Priestley(1733—1804)，英国化学家，于 1775 年发现氧。

* 《纯粹理性批判》第一版第 532—558 页；第五版第 560—586 页；以及《实践理性批判》第四版第 169—179 页，罗森克朗兹版第 224—331 页。

② 指《充足根据律的四重根》，见作者原序。

③ 指《论意志自由》。

志自由这重要的一章，并且我特别揭露了一种幻觉的根由；由于这种幻觉人们每以为可以在自我意识中发现一种经验提供的意志绝对自由，即一种不受制于内外动机的绝对自由，把它当作自我意识中的事实。当时有奖征文正是很明智的针对这一点而发的。因此，我既已为读者指出这篇论文和与此一同发表的《伦理学两个基本问题》那篇获奖论文的第十节，现在我就把〔本书〕第一版在这个地方对意志活动的必然性所作尚欠完善的论述删掉，而要用一个简短的分析来解释上述的幻觉以代替删去的部分；不过这一分析是以本书第二卷第十九章为前提的，所以未能〔早〕在上述获奖的论文中提出。

原来意志作为真正的自在之物，实际上是一种原始的独立的东西，所以在自我意识中必然也有一种原始性的，独断独行之感伴
379 随着这里固已被决定的那些意志活动；别开这一点不论，〔单是〕从第二卷第十九章，特别是第三点所述智力对意志所处的那种分立而又从属的地位中，也产生一种经验的意志自由（不是专属于意志的超验的意志自由）的假象，亦即个别行为也有自由的假象。原来〔人的〕智力只在事后从经验上才获悉意志所作出的决定，因此正在选择未定的当时，对于意志将如何决定，智力并无〔判断的〕资料。这是因为悟知性格并不落到智力的认识中来，而在动机既具时，由于这悟知性格〔的性能〕就已只能有**一个**决定了，从而也就是一个必然的决定了。只有验知性格，由于它的个别活动，才是智力所得以次第认识的。因此，在这认识着的意识（智力）看来，在一个当前的场合意志似乎有同样的可能来作出相反的两个决定。这种说法正等于一根竖着的杆子在失去平衡而开始晃动时，人们说：

“这杆子可以向右，也可以向左倒下。”但是这个**可以**只是一种主观的意义，实际上只是说“从我们所知的资料看”〔杆子可以向左或向右倒下〕；因为在客观上〔这杆子〕一开始倾斜的时候，下跌的方向就已必然的被决定了。因此，〔人〕自己意志的决断也只是在这意志的旁观者，自己的智力看来才不是被决定的，同时只是相对地在主观上，也就是对认识的主体说才不是被决定的。与此相反，在决断自身和在客观上，在摆在眼前的每一选择当前如何抉择，是立即被决定了的，必然的；不过这种决定性只是由于继起的抉择才进入意识罢了。我们甚至还可为这一点获得一个经验上的例证，例如：当我们已面临一个困难而重大的选择时，还需要一个尚未出现而只是可望出现的条件〔才能作出决断〕，以致我们在目前还不能有所作为而不得不暂取消极的〔观望〕态度。这时我们就考虑如果容许我们自由行动而作出决断的那些情况出现了，我们会怎样下决心〔的问题〕。在一些〔可能的〕抉择中，一般是理性上有远见的考虑会要为某一决心多说些帮衬的话，而直接的嗜欲好恶又要为另一决心多说些好话。当我们还在被迫采取消极〔观望〕态度时，看起来很像理性方面会要占优势似的；不过我们也能预见到当行动 380
的机会到来时，另外那一方面将有多大的吸引力。在这机会未到来以前，我们使劲用赞成和反对的冷静思考把双方的动机放在光线最强的焦点上，以便每一方面的动机都能以它全部的威力影响意志，以便时机一到不致由于智力方面考虑的不周而误导意志于歧途，不致使意志作出倘是在一切〔动机〕平衡地起作用时不会作出的决断。但是这样明确地把方向相反的动机展示出来已经就是智力在作选择时所能做的一切了。至于〔人自己〕真正的决断，智

力也只能以一种紧张的好奇心消极地静待其出现，正如一个人的智力是这样去看别人的意志的决断一样。因此，在智力看来，从智力的立足点出发，〔理欲〕双方的决断必然是有同等可能性的，而这就正是经验上的意志自由这一假象。在经验上，一个决断诚然完全是作为一件事的最后分晓而进入智力的领域的，但是决断还是从个体意志的内在本性中，从悟知性格在意志和当前动机的冲突中产生的，从而也是以完整的必然性而产生的。这时，智力除了从各方面鲜明地照亮一些动机的性质之外，再不能有所作为。智力不能决定意志本身，因为意志本身，如我们所看到的，完全不是智力所能达到的，甚至不是智力所能探讨的。

如果一个人在相同的情况之下能够这一次是这样做，而另一次又是那样做；那么，他的意志本身必然是在这两次之间已经变了，从而意志也就必然是在时间中的了，因为只有在时间中才有“变”的可能。如果真是这样，那么，要么是意志即一种现象，要么时间即自在之物的一个属性。依此说来，则有关个别行为是否自由的争论，有关不受制于内外动机的绝对自由的争论围绕着的〔问题〕就只是意志是否在时间中的问题了。如果意志是自在之物，超乎时间和根据律的每一形式之外，正如既有康德的学说，又有我的全部论述把它肯定为必然如此的那样；那么，不仅是每一个体必然要在同一情况之下经常以同样的方式行动，不仅是每一恶行都是这一个体必然要做而**不能自禁**的无数其他恶行的可靠保证；而且
381 是如康德所说的，只要验知性格和动机全部都是已知的，则人在将来的行藏动静也就可以和日蚀月食一样的事先计算出来。和大自然忠于自己的原则而有一贯性相同，〔人的〕性格也是如此。每一

个别行为必须按性格而发生，和每一〔自然〕现象必须按自然律而出现是一样的。如在第二篇里已指出过的，自然现象中的原因和行为中的动机都只是一些偶然原因。意志，它的显现既是人的全部存在和生命，就不能在个别场合〔又〕否定它自己；并且凡是人整个儿要的是什么，那也永远将是他在个别场合所要的。

主张经验的意志自由，主张不受制于内外动机的绝对自由，这和人们把人的本质放在**灵魂**之中有着密切的联系。这种灵魂似乎原本是一个**认识着**的东西，真正说起来还是一个抽象地**思维着**的东西，并且是因此然后才也是一个**欲求着**的东西。这样，人们就把意志看成第二性的了；而其实呢，认识倒真是第二性的。意志甚至于被看作一个思维活动而等同于判断；在笛卡尔和斯宾诺莎那里就是这样的。根据这种说法，任何人之所以是他，是由于他的**认识**然后才成为他的。他是作为道德上的零而来到这世间上的，是在世上认识了事物之后，然后才作出决定要成为这，要成为那，要这样做，要那样做的。他还可以由于新的认识又抓住一种新的行为方式，也就是说又变为另一个人。再进一步，照这种说法看来，人将首先把一个东西认为是**好的**，因为有了这认识才要这东西；而不是他先**要**这东西然后才说它是**好的**。从我全部的基本观点看来，这一切说法都是把实际的关系弄颠倒了。意志是第一性的，最原始的；认识只是后来附加的，是作为意志现象的工具而隶属于意志现象的。因此，每一个人都是由于他的意志而是他，而他的性格也是最原始的，因为欲求是他的本质的基地。由于后加的认识，他才在经验的过程中体会到他是**什么**，即是说他才认识到自己的性格。所以他是随着，按着意志的本性而**认识**自己的；不是如旧说那样以 382

为他是随着，按着他的认识而有所欲求的。按旧说只要他考虑他最喜欢是如何如何，他便是如何如何了：这就是旧说的意志自由。所以旧说〔的旨趣〕实际上是在说：在认识之光的照耀下，人是他自己的创造物。我则相反，我说：在有任何认识之前，人已是他自己的创造物；认识只是后来附加以照明这创造物的。因此，人不能作出决定要做这样一个人，要做那样一个人，也不能〔再〕变为另一个人；而是他既已是他，便永无改易，然后，逐次认识自己是什么。在旧说，人是要他所认识的〔东西〕；依我说，人是认识他所要的〔东西〕。

古希腊人把性格叫做“埃多斯”[①]，又把性格的表现，亦即生习，叫做“埃德”[②]。这两个词都是从“艾多斯”[③]，亦即从“习惯”一词来的。他们所以选用这个词儿是要用习惯的有恒来比喻性格的有恒。亚里士多德说：“埃多斯（性格）这个词儿的命名是由艾多斯（习惯）来的，因为伦理学这个名称就是从‘习于是’来的。”（《大伦理学》第一卷第六篇第1186页，《倭依德摩斯伦理学》第1220页，《尼柯德摩斯伦理学》第1103页，柏林版）斯多帕阿斯曾引用过这样一句话：“芝诺的门徒把习惯比喻为生命的源泉，由此源泉产生个别行为。”（第二卷第七章）——在基督教的教义中我们看到由恩选和非恩选（《给罗马人的信》[④]9，11—24）而来的命运注定说。这一信条所从出的见解显然是：人不自变，而他的生活和行藏，亦即他的验知性格，都只是悟知性格的开展，只是固定的，在童年即可

① ηθος。 ② ηθη。 ③ εθο。

④ 使徒圣保罗著。

认识的,不改变的根性的发展。这就好像是人在诞生的时候,他一生的行事就已牢固地被决定了,基本上至死还是始终如初的。对于这一点我们也表示同意,不过有些后果①是从这种完全正确的见解和犹太教原有的信条两者的统一中产生出来的,这就发生了
最大的困难,出现了永不可解的戈第安②无头死结。教会里绝大 383
部分的争论就是围绕这一死结而进行的。这样一些后果诚然不是我想承担出头来主张的。为了解决这一问题,即使是使徒保罗本人曾设了一个制钵匠的比喻,也未见得他就真是成功了;因为即令他是成功了,那最后的结果仍不外是:

“敬畏诸神罢,
〔你们〕人类!
神们握着统治权
在它们永恒的两手。
它们能够——
要如何,便如何!”

可是这样一些考察本来就和我们的题材不相干,更符合我们目的的倒是应对性格和它的一切动机所依存的认识两者之间的关系作几点说明。

动机既然决定性格的显现,亦即决定行为,那是通过认识这个媒介来影响性格的。但认识是多变的,常摇摆于正误之间,不过一般总会在生活进程中逐渐得到纠正的,只是纠正的程度不同罢了。

① 指教会里关于宿命论和意志自由的争论。

② 传说古佛立其亚(Phrygia)一神庙中陈列旧战车一辆,车后有一死结并有忏语谓“解此结者即为世界之王”。

那么，人的行为方式也就可以有显著的变化，只是人们无权由此推断人的性格也变了。凡是人在根本上所欲求的，也就是他最内在的本质的企向和他按此企向而趋赴的目标，绝不是我们以外来影响，以教导加于他就能使之改变的；否则我们就能够重新再制造一个人了。辛乃加说得很中肯："意欲是教不会的"。斯多噶派倡导"德性是可以教得会的"，但在这问题上辛乃加宁可把真理置于他〔所推崇〕的斯多噶派之上。从外面来的只有动机能够影响意志，但是这些动机绝不能改变意志本身，因为动机只在这人〔本来〕是怎样的便是怎样的这个条件之下才能对他发生力量。所以动机所能做的一切一切，充其量只是变更一个人趋赴的方向，使他在不同于前此的一条途径上来寻求他始终一贯所寻求的〔东西〕罢了。因
384 此，教导，纠正了的认识，也就是外来影响，固然能告诉他是在手段上弄错了，从而使他又在完全不同于前此的途径上，甚至在完全不同于前此的另一对象上来追求他按自己的内在本质曾经追求过的目标；但绝不能真正使他要点什么不同于他前此所要过的。前此所要过的保持一贯不变，因为他原就只是〔这个"要"，〕这欲求本身，否则就必须取消这欲求了。同时，那前者，也就是"认识"的可纠正性，从而也是行动的可纠正性，竟能使他在他企图达到他不变的目的时，可以一会儿是在现实世界，一会儿在幻想世界，并分别为之考虑手段。例如这目的是穆罕默德的天国，那么，要在现实世界达成这一目的就使用机智、暴力和欺骗为手段；要在幻想世界达成这一目的就用克己、公道、布施、朝拜圣城麦加为手段。但是并不因此他的企向本身就有了什么变更，至于他自己本身则更说不上什么变更了。尽管他的行为在不同时期的表现很不相同，但是

他所欲求的依然完全如故。“意欲是教不会的。”

要使动机发生作用，不仅需要动机已经具备，而且要求这动机是被认识了的；因为依前面曾提到过一次的经院学派一个很好的说法，“动机不是按其实际存在，而是按其被认识的存在而起作用的。”譬如说：要使某人的利己心和同情心的相互关系显露出来，单是这个人拥有些财富，看到别人的穷困，那是不够的；他还必须知道用他的财富可以为自己，又可以为别人做些什么；不仅是只要别人的痛苦出现在他眼前而已，他还必须知道什么是痛苦，当然也得知道什么是享受。当这个人第一次碰到这种机缘时，也许还不能如在第二次的时候那么透彻知道这一切；如果现在是机缘相同而他前后的做法不同，那么，尽管看来似乎前后都是那些情况，其实是情况已有所不同了，即是说有赖于他对此机缘的认识那一部分情况是已经不同了。——〔一面是〕对于真正实有的情况无所认识

将取消这些情况的作用，另一面全是幻想的情况却也能和真实情 385
况一样的起作用；并且不只是在个别的一次幻觉上，而是整个儿持久地起作用。例如说一个人已确确实实被说服了，深信做任何一件好事都会在来生得到百倍的善报，他这信心的功效和作用就会完全等于一张信用昭著的远期支票一样；并且他可以从这自私心出发而施舍，正如他在换了别的见解时又可从这自私心出发而取之于人一样。他并没有变。“意欲是教不会的。”在意志不变的时候，借认识对于行为的这种巨大影响，〔人的〕性格才得逐渐展开而现出它不同的轮廓。因此，年龄不同，性格也每每不同；随暴躁不驯的青年时代而来的可以是一个沉着的、有节制的壮年时代。特别是性格上的恶将要随年龄而更显著有力；不过有时候青年时代

所沉溺的情欲后来又自动被驯服了;但这不过是因为后来又在认识上出现了相反的动机罢了。也是因为这一点,所以我们大家在“人之初”的时候都是天真无罪的,而这也不过是等于说我们自己和别人都不能〔在那时〕看到自己天性上的“恶”罢了。天性上的“恶”是有了动机之后才现出来的,而动机又是随着岁月〔的增长〕而被认识的。到我们〔年高〕在最后认识自己时,那已完全是另外一个自己,不同于我们先验地所认为的那个自己了,因而我们往往要为这个自己愕然一惊。

懊悔的产生绝不是由于意志已有所改变(那是不可能的),而是由于认识有了变化。凡是我曾一度欲求过的东西,就其本质和原来的意欲说,到现在也必然还是我所欲求的,因我自己就是这一意志,而意志是超乎时间和变化之外的。因此,我绝不能后悔我所欲求过的,但很可以后悔我所作过的;因为我可以是被错误的概念所诱导而作出了什么与我的意志不相符合的事,而在〔事后〕有了较正确的认识时看透这一点就是**懊悔**。这不仅是对生活上的明智,对手段的选择,对目的是否符合我本意这种判断而言,而且也
386 是对真正的伦理意义而言。例如我可以作出一些过分自私而不符合自己性格的行为,这就是误于夸大地想象自己所处的困难或别人的狡诈、虚伪、恶毒,或是误于操之过急。而操之过急也就是未加考虑而行动,〔行动〕不是被在普遍性中明确认识了的动机所决定,而是被直观的动机,眼前的印象和这印象所激起的情感所决定。这些情感又如此激烈,以致我未能真正运用自己的理性;所以思考的回复在这里也只是纠正懊悔所从产生的那认识,懊悔也就每次都是以尽可能弥补往事而表现出来。不过也得指出有些人为

了欺骗自己,故意安排一些操之过急的情况,而实际上却是些暗地里经过深思熟虑的行为。这是因为我们使用这样细腻的手法,并不在欺骗或奉承别的什么人,而只是为了欺骗和逢迎自己。——此外还可以发生和上述例子相反的情况:对别人的过分信任,对生活资料的相对价值认识不足,或是我已失去信心的某一抽象教条,都可以引导我做出一些事情较少自私而不符合自己的性格,这就又为我准备了另外一种懊悔。因此懊悔总是纠正对行动和本来意图之间的关系的认识。——单就意志要在空间上,也就是要只从形态方面来显示它的理念说,原已为其他理念所支配的物质就不免对这意志有所抗拒——在这里其他理念即各种自然力——,常不让这儿向明朗化挣扎的形态出落得完全纯洁,鲜明或优美。与此相同,要是意志单是在时间上,也就是只以行为显示自己,就又会在认识上碰到类似的阻碍。认识常不以正确的资料根据供应意志,从而行为的发生也就不能完全准确地与意志相符。这就导致懊悔。因此懊悔总是从纠正了的认识中产生的,而不是从意志的改变产生的;改变意志也是不可能的。至于对做过的事发生良心上的不安,这却一点也不是懊悔,而是对于认识到自己本身,亦即认识到作为意志的自己,所感到的痛苦。良心不安正是基于人们确知自己总还是有着原来的意志。假如意志改变了,那么良心不安也就只是懊悔了,从而良心不安也就自动取消了。这因为往事既然是表现着一个意志的某些面貌,假如作出那事的 387
意志已不是懊悔者〔现在〕的意志,那么往事也就不能再唤起良心不安了。在更后面的地方我们还将详细阐述良心不安〔的问题〕。

认识作为动机的媒介，虽不影响意志本身，却影响意志的出现为行为。这一影响，由于人禽的认识方式不同，就奠定了人类行为和动物行为之间的区别。动物只有直观的表象，人由于有理性还有抽象的表象——概念。人虽和动物一样都是以同等的必然性而为动机所决定的，然而人却以具有完整的**抉择力**而优胜于动物。这种抉择力也常被认作个别行动中的意志自由，其实这并不是别的什么，而是在几个动机之间经过彻底斗争过来的冲突的可能性，其中较强的一个动机就以必然性决定意志。不过要做到这一点，动机就必须具有抽象思维的形式，因为只有借助于这种形式才可能有真正熟虑的权衡，即是说才能衡量相反的理由而发为行动。动物则只能在直观地出现于眼前的动机之间进行选择，因此这选择也是局限于它当前直观觉知的狭窄范围之内的。所以由动机决定意志的这一必然性——这是和原因决定后果的必然性相同的——只在动物才可以直观地直接表达出来，因为在这里旁观者也直接目睹这些动机及其作用。在人可不是这样，动机几乎总是抽象的表象，是旁观者看不到的；甚至在行为者本人，动机起作用的必然性也是隐藏在动机间的冲突之后的。这是因为只有在抽象中才可能有好几个表象作为判断和推论锁链而并列于意识之中，不受一切的时间制约而相互影响，直至其中最强的一个压倒了其
388 余的而决定意志为止。这就是完整的抉择力或熟虑的权衡能力。这就是人所以优越于动物的地方。人们就因这种权衡能力而把意志自由赋予人，误以为人的欲求是智力开动的结果，并不需要某种冲动作为智力的基地；而实际上却是动机只有在人的一定冲动的基础上，在人的一定冲动的前提下才有发动的作用。在

人，这种一定的冲动是个别的，也就是〔人各〕有一性格。人们可以在《伦理学的两个根本问题》（第一版第 35 页起，第二版第 33 页起）中看到我已详细论述过这种熟虑的权衡能力和由此引起的人禽意向的不同，因此我在这里指出这一段作为参考。此外，人的这种熟虑权衡能力又是属于使人的生存比动物的生存更为痛苦的那些东西之内的，因为我们最大的痛苦根本不是作为直观表象或直接感受而存在于当前的东西，却是作为抽象的概念，恼人的思虑而存在于理性之中的东西；至于逍遥于这些之外的则是只在当前“现在”中生活的，从而也是在可羡的无忧无虑中生活的动物。

上面已论述过人的权衡能力有赖于抽象中的思维能力，也就是有赖于判断和推理。既是使笛卡尔又是使斯宾诺莎走入迷途的好像就是这〔“有赖于”的〕依赖性，他们把意志的决断和肯定否定的能力（判断力）等同起来。笛卡尔由此引申而认为不受制于动机的自由意志也要为一切理论上的谬误负责。斯宾诺莎又和他相反，认为意志必然被决定于动机，有如判断的必然被决定于根据*。后面这一说法本来有它的正确性，却又是作为前提错误，结论正确〔的推理〕而出现的。

前已指出人禽各自为动机所推动的方式不同，这种差别对于人禽双方的本质所发生的影响都很深远；而且双方的生存所以彻底而又显著的不同也大半是这一差别所促成的。当动物总是只从 389
直观表象而具有动机时，人却努力要完全摆脱这种动机的作用而

* 笛卡尔：《默思录》第四点；斯宾诺莎：《伦理学》第二部命题四八、四九等等。

只以抽象表象决定自己。人由此得利用他理性上的特权以取得最大可能的优势;他摆脱了现在,他不是趋避眼前随即消逝的苦乐,而是考虑苦乐双方的后果。除开一些根本无多大意义的行动外,我们在绝大多数场合都是被抽象的,从思想中产生的动机所决定而不是被眼前印象所决定的。因此我们觉得只在眼前一时忍受任何个别的匮乏颇为轻易,而任何有意的刻苦却困难得可怕;因为前者只涉及转瞬即逝的现在,而后者却和此后的将来攸关,因而还包含着无数次的匮乏在内;有意刻苦就等于无数次的忍受匮乏。因此,我们苦乐的原因所在大半不是实际的"现在"而是抽象的思虑。这思虑才是常使我们难于忍受的东西,才是给我们制造烦恼的东西。动物界的一切痛苦和这种痛苦相比是微不足道的。我们也常因这种痛苦而不感到自己生理上的创痛。在我们有激烈的精神痛苦时,我们甚至于还制造一些肉体的痛苦;其所以如此,只是在于以此使我们的注意力从精神痛苦转移到肉体的痛苦上来。因此,人们在精神极度痛苦时要扯下自己的头发,要捶胸抓脸,要在地上打滚;而这一切无非都只是一种手段,用以驱散一个觉得难以忍受的思想。正因为精神痛苦比肉体上的痛苦要大得多而能使后者不被感觉,所以绝望的人或是被病中苦恼所折磨的人,即令他从前在舒适状态中一想到自杀这一念头就要战栗退缩,现在却很容易濒于自杀。同一个道理,忧虑和伤感,也就是思想上的一些玩意儿,比肉体上的创痛更容易伤身,损害身体也更为严重。据此,厄披克德特说得对:"使人烦恼的不是事物本身,而是人们对于这事物的信念或意见。"辛乃加也说得好:"虚声恫吓我们的事物多于实际胁迫着我们的事物,并且我们在见解上感到痛苦的次数也多于在实际上感到痛苦的次数。”(《信札》第五篇)倭依仑斯壁格尔[①]以自己上山时笑,下山时哭的做法也很中肯地讽刺了人的天性。还有孩 390
子们在把自己弄痛了的时候,每每不是为着痛而哭,却是在人们对他表示怜爱时,为了由于怜爱唤起的痛这个思想而哭。在人的行为、生活和动物的行为、生活之间有着一些那么巨大的差别,那都是由于各自的认识方式不同而来的。此外,明确而坚定的个性之出现也是以在几个动机中唯有借抽象概念才可能作出的选择为先决条件的,这又是人类和几乎只有种性的动物之间的主要区别。原来只有在事先作出选择之后,在不同个体中个别作出的不同决断才是这些个体的个性之标志,这种个性也是人各不同的。可是动物的行为却只取决于眼前印象的有无,假定这印象对于这动物的族类本来就是一个动机的话。因此,就人来说,无论是对自己或对别人,最后唯有决断而不是单纯的愿望才是他的可靠标志。不过无论是就自己或就别人说,决断也只有通过行动才会固定下来。愿望则只是当前印象的必然后果,不管它是外来刺激的印象或内在情愫的飘忽印象;所以愿望是直接必然而未经考虑的,是和动物的动作一样的。因此,愿望也和动物的动作一样,只表现种性而不表现个性,即是说只提示**凡是人**可能做出什么,而不是说感到这愿望的**这个人**可能做出什么。实际行动既是人的行为,就总需要一定的考虑;又因为人一般都掌握着自己的理性而有冷静的头脑,即是说人是按思考过的抽象动机才作出决断的;所以唯有〔实际行

① Eulenspiegel,十四世纪德国北部玩世不恭的滑稽人物,殁于1350年,自1515年后民间传说他的事迹已搜集成书。

动〕是他行为上可悟知的最高规范的表现，是他最内在的欲求的结果，对于他的验知性格所处的地位等于一个字母对于一个词的关系；而他的验知性格又只是他的悟知性格在时间上的表现。因此，凡在神志健全的场合，使良心感到负担的是〔人的〕所作所为，而不是愿望和想念，只有我们的所作所为才把一面反映我们意志的镜子高举在我们面前。前面提到过全未经考虑的，真是在盲目激动
391 中干出来的行动，在某种意义上是单纯愿望和决断之间的一种中介物，所以这样的行动可以由于真正的悔悟，不过也得是在行动中表现出来的悔悟，而从我们意志的写照中抹掉，好像抹掉画错了的一根线条似的；而这张写照就是我们一生的全部过程。——附带地作为一个奇特的比喻，在这里指出愿望和实际行动的关系同电的分布和电的传导的关系有着完全偶然的，但精确相当的类似性，可说是适得其所罢。

对于意志自由和与此相关的问题作了这一整套的考察之后，我们随之而发现：自在的意志本身在现象之外固然是自由的，甚至可以说是万能的；但是这意志在它个别的，为认识所照明的那些现象中，亦即在人和动物之中，却是由动机决定的；而对于这些动机，每一个别的性格总是以同样的方式作有规律而必然的反应。至于人，我们看到他借后加的抽象认识或理性认识而以**抉择力**超出动物之上，可是这种抉择力只是把人变成了动机相互冲突的战场，却并没有使他摆脱动机的支配。因此，这抉择力固然是个性得以完全表出的条件，却并不是个别欲求的什么自由，即是说不能作为对于因果律的独立性来看；因果律的必然性是普及于人和任何其他一个现象的。于是理性或认识借概念而在人的欲求和动物的欲求

之间造成的区别，也就止于上述这一点而已，不再超过一步。可是当人抛弃了在根据律之下对个别事物之为个别事物的全部认识，而借理念的被认识以看透个体化原理时，还可能出现完全另一种在动物界不可能有的人类意志现象。这时作为自在之物的意志专有的自由就有真正出现的可能了，由于意志自由的这一出现，现象就进入自我否定这一词所标志着的某种自相矛盾了，最后现象的本质自身也自行取消了。——意志本身的自由也在现象中有这种 392
特有的、唯一直接的表现，这是在这里还不可能说清楚的，而是要到最后才是我们考察的对象。

不过我们由于当前的剖析既已明确了验知性格的不变性，它只是超乎时间的悟知性格的开展；又已明确了行为是从悟知性格和动机的融合中产生的这一必然性之后，我们首先就得排除一种为了有利于邪恶嗜欲而很容易从这里引申出来的推论。因为我们既要把性格看作超乎时间的，随而也是不可分的，不变的意志活动在时间上的开展或悟知性格在时间上的开展，而一切本质的东西，亦即我们生活行事的伦理含义又不可移易地被决定于悟知性格，且随之而必然要表现于悟知性格的现象中，表现于验知性格中；同时又只有这现象的、非本质的东西，亦即我们生活过程的外在结构，才是依赖动机得以表出的那一些形态的；那么，人们就可推论说：致力于性格的改善或为了抗拒那些邪恶嗜欲的力量而努力，就都是徒劳的了，还不如屈从这种无法改变〔的情况〕更为适宜；对于任何嗜欲，即令是邪恶的，也要立即欣然相从了。——可是这种说法和不可摆脱的命运之说有着完全相同的破绽，人们把由此作出的推论叫做“懒汉逻辑”，近些时又称为“土耳其人的信仰”。对于

这一点的正确驳斥，据说是克利西波斯所提出的，也是西塞罗在《论命运》一书第十二章、十三章中曾加以阐述过的。

虽然一切都可以看作是命运注定的，不容更改的，这也不过是由于原因的锁链〔而如此〕。因此没有一个场合可以肯定后果是没有它的原因而出现的。所以并非干脆就是这事态〔本身〕，而是这
393 事态作为先行原因的后果，才是被决定的。所以命运所决定的不单是这后果而是还有那些中介物，即这后果注定是作为它们的后果而出现的中介物。那么，如果这些中介物不出现，则这后果肯定也不会出现。两者总是按命运的注定而出现，不过我们总要到事后才体会到这种注定罢了。

如同事态总是随命运〔的安排〕，也即是按无穷的原因锁链而出现一样，我们的作为也将总是按我们的悟知性格而发生的。但是和我们不能预知事态的出现一样，我们对于自己作为的发生也没有先验的理解；我们只是后验地，从经验上既认识别人又认识我们自己。随悟知性格而俱来的〔理之当然〕，既然只有在对邪恶的嗜欲作过漫长的斗争之后我们才能作出一个善良的决断；那么，〔在决断之前〕这一斗争必须先行而静待其结局。对于性格的不变性，对于我们一切作为所从流出的源泉的单一性所作的反省思考，不可误导我们为了偏袒这一面或那一面就抢先在性格的决断之前〔先有成见〕；在随斗争而继起的决断中我们自会看到我们是哪一种人，把我们的作为当作镜子照一照自己。从这里正可说明我们用以回顾已往生活历程的满意或内疚〔情绪〕。两者都不是从那些过去的作为还有什么实际的存在而来的；那些作为是过去了，是往事了，现在已不存在了。那些作为对于我们所以还有着巨大的重

要性是从它们的意义上来的；是从那些作为是性格的写真，是反映意志的镜子，我们看这面镜子就认识我们最内在的自我，认识意志的内核〔这些事实〕上来的。因为这[①]不是我们事先，而是事后才能经历到的，所以我们就得乘时挣扎斗争，以便使我们在看到我们用自己的作为织成的这幅写照告成时，会有最大可能的安慰而不是使我们惶恐悚惧。不过这种心安理得和神明内疚的意义，如已说过，还要在本文后面好远的地方才能探讨。在这里还有下列一个独立自成章片的考察。

在悟知性格和验知性格之外，还有不同于这两种的第三种性 394
格要谈一谈；这就是人们在生活中由于社会风习而具有的**获得性格**。人们在赞许一个人时说他有品格，或是在责备一个人时说他没有品格，那就是指获得性格而言。——虽然人们可能认为验知性格作为悟知性格的现象是不变的，并且和每一自然现象一样，在其自身都是前后一贯的，人也正因此总是必然要现为和自己等同的，前后一贯的，那么就没有必要由经验和反省思考而人为地来为自己获得一种性格了。可是事实却不如此，尽管人很可以经常是他自己，但他并不是时时刻刻都了解自己的，而是直到他在一定程度上获得了真正的自我认识为止，每每是把自己认错了的。验知性格作为单纯的自然冲动，其自身是非理性的。并且验知性格的外露还要受到理性的干扰，人越是有冷静的考虑和思维能力，干扰越是巨大。这是因为考虑和思维总是责以**人**作为种性**根本**应具有的是什么，责以**人**在欲求和事功中**根本**可能的是什么。这样一来，

① 指最内在的自我。

就使这人要借自己的个性而理解他从一切事物中唯一欲求的是什么，唯一能做的是什么，增加了困难。他发现自己对人类的一切企向和能力都有些禀赋，但这些禀赋在他个性中的不同程度却是他没有经验就不能明白的。并且即令他现在只抓那些单是符合他性格的一些企向，他，特别是在个别关头和个别情绪中还是会感到一种激动恰是指向相反的，因而是不能调和的企向；如果他要从事原来那些企向而不受干扰，就必然要压制后来感到的这些企向。这是因为我们在地面上所有物理性的道路总是一条线而不是一个面，在生活上也是如此；当我们要抓住而占有一条道路时，就必然要放弃左边右边的其他无数条道路而听之任之。如果我们不能对此下决心而是像孩子们在新年赶集似的，走到哪儿看见有趣的东西就想伸手，那就会等于是把一条线形的路变成一个平面那样的
395 错误企图。那是走“之”字路，就如我们夜间随着磷火的闪光忽而

这边，忽而那边，结果是哪儿也到不了。——或者另外用一个比喻：按霍布斯的法学所说，人对任何一物原来都有一份权利，但又是对任何一物都没有独占的权利；可是一个人仍可由于他放弃一切其他事物而获致一些个别的事物。别的人则又相反，他从这个人既已选定了什么这一方面出发也是同一个〔取一舍万的〕做法。在实际生活中就正是这样。我们在生活中也只有放弃一切不相干的要求，对一切别的东西弃权才能真正严肃地、幸运地追求任何一个一定的企图，不管所追求的是享受，是荣誉，是财富，是科学，是艺术或是美德。因此仅有欲求和才能本身还是不够的，一个人还必须**知道**他要的是什么，必须**知道**他能做的是什么。只有这样，他才显出性格，他才能干出一些正经事儿。在他未达到这个境界之

前，尽管他的验知性格有着自然的一贯性，他还是没有性格。并且
他虽整个地必然是忠于自己，必然要经历他的人生道路一直到底，
他却是被自己的恶魔所牵制，他不会走一条笔直的路，他会要走一
条左弯右拐的曲线，会要摇摆不定，走失大路，迂回转折，会要替自
己准备懊悔和痛苦。这一切都是因为他事无巨细，都只看到自己
眼前有这么许多人所能做，所能达成的东西，而不知道其中唯有什
么是和他相称的，是他所能完成的，甚至不知道什么是他所能享受
的。因此他会为了某种地位和境遇而羡慕一些人，其实这些都只
是和那些人相称而不是和他的性格相称的；他果真易地而处，还会
要感到不幸，甚至要忍耐下来也不可能。和鱼只有在水中，鸟只有
在天空，鼹鼠只有在地下才感到舒适一样，人也只能在和他相适应
的气氛里感到舒适；例如宫廷里的那种空气就不是每一个人都能
呼吸的。由于对这一切缺乏足够的理解，有些人就会去做各种会
要失败的尝试；在个别场合对自己的性格施加压力，而整个的又仍
必然要服从自己的性格。并且如果他是这样违背着自己的天性，
即令他辛勤地达成了什么也不会使他有所享受，即令他学会了什 396
么也依然是死的〔，不能活用〕。甚至在伦理方面的行为，如果不是
由于一个人纯洁，直接的冲动，而是由于一个概念，一个教条而产
生的，就他的性格说又是过于高尚的，那么这一行为就会由于后来
自私的懊悔而在这个人自己的眼里也要丧失一切的功劳。“意欲
是教不会的。”我们总要通过经验才体会到别人的性格没有可塑
性；〔可是〕直到具有这体会之前，我们还幼稚地相信可以用合理的
表象，用请求和恳祷，用榜样和高贵的品质随意使一个人背弃自己
所属的类型，改变他的行为方式，脱离他的思想路线，甚至“增益其

所不能”。同样,我们还相信对于自己也可以这样做。我们必须从经验学会认识我们欲求的是什么和我们能做的是什么。在没有认识到之前,这些是我们所不知道的,我们也就说不上有性格而常常要由外界的硬钉子把我们碰回到我们自己〔原来〕的轨道上来。——如果我们最后终于学会了认识这些,那么我们也就已经具有世人所谓品格的**获得性格**了。因此,具有获得性格就不是别的而是最大限度完整地认识到自己的个性。这是对于自己验知性格的不变属性,又是对于自己精神肉体各种力量的限度和方向,也就是对于自己个性全部优点和弱点的抽象认识,所以也是对于这些东西的明确认识。这就使我们现在能够通过冷静的思考而有方法地扮演自己一经承担而不再变更的,前此只是漫无规则地〔揣摩〕使之同化于自己的那一角色;又使我们能够在固定概念的引导之下填补自己在演出任务中由于任性或软弱所造成的空隙。这样我们就把那由于我们个人的天性本来便是必然的行为方式提升为明白意识到的,常在我们心目中的最高规范了。我们是这样冷静熟虑地按之而完成那些行为方式,就如我们是〔重新〕学会了这样做的似的;同时我们不会由于情绪上一时的影响或当前印象而搞错,不会由于中途遇到细微事故的苦恼而被阻,不会迟疑,不会动摇,不会没有一贯性。我们现在就再不会和新来的生手一样要等
397 待,要尝试,要向周围摸索以便看到我们究竟欲求的是什么,能做的是什么;我们已是一劳永逸地知道了这些,我们在每次要作选择的时候,只要把一般命题应用到个别场合上,立刻就得出了结论。我们现在是在普遍性上认识了我们的意志,我们不再让自己被一时的情绪或外来的挑动所误,而在个别场合作出在全局中和意志

相反的决断。我们也同样认识了自己各种力量和弱点的性质、限度，从而我们就可以为自己减少很多的痛苦。这是因为除了使用和感到自己的力量之外，根本没有什么真正的享受，而最大的痛苦就是人们在需要那些力量时却发现自己缺乏那些力量。如果我们已探得了我们的优点和弱点的所在，我们就会培养，使用，从各方面来利用自己有突出特长的自然禀赋，自己只向这些禀赋有用的地方，效力所及的地方钻，但断然要以自我克制〔的功夫〕来避免我们气质上禀赋很少的那些企向，要防止自己去尝试本不会成功的事。只有到了这个地步，一个人才能经常在冷静的熟虑中完全和自己一致而从来不被他的自我所遗弃，因为他已经知道能对自己指望些什么了。这样，他就会常常享有感到自己长处的愉快而不常经历到要想及自己短处的痛苦。后者是羞辱，也许要造成最大的精神痛苦；因此人们看到自己的不幸比看到自己的不行要好受得多。——如果我们既已备悉自己的优点和弱点，我们就不会想炫示自己所没有的力量，不会买空卖空〔，冒充能手〕。因为这样的花招最后还是达不到目的的。这是因为整个的人既然只是他意志显出的现象，那就再没有比自己从反省的思维出发而要成为不是自己的别的什么更为颠倒的了，因为这是意志和它自己的直接矛盾。模仿别人的属性和特点比穿别人的衣服还要可耻得多，因为 398
这就是自己宣告自己毫无价值。就这方面说，认识自己的存心，认识自己每一种才具及其固定不变的限度乃是获得最大可能的自慰一条最可靠的途径。因为无论是就内在情况或外在情况说，除了完全确知哪是无可改变的必然性之外，我们再也没有更有效的安慰了。我们已遭遇了的坏事还不如想到也许有某些情况可以避免

这一坏事更使我们痛苦，因此，除了从必然性的观点来看往事，我们就没有更有效的安慰了。从这种观点出发，一切偶然机缘都现为支配〔一切〕命运的一些工具，而我们就随而把这已发生的坏事看作是由于内外情况的冲突无可避免地引将来的，而这就是宿命论。〔譬如〕我们叫苦叫屈的一直闹着，其实也只是以为尚存希望可以以此影响别人或是激起自己空前紧张的努力。可是孩子们和成年人在他们一经看清楚事情根本无可挽回时，都很知道适可而止。〔这叫做：〕

“胸怀满腔怨愤，
却要勉强按捺。”

我们好像捉将来关在笼里的大象一样，〔开始〕总要猛烈的叫嚣跳蹦腾挪几天，直到它看到这是徒劳无益的，然后又突然处之泰然地拿脖子来就像轭，从此永远驯服了。我们好像国王大卫一样，当他的儿子一天还活着时，他就不停地以恳祷去烦扰耶和华，自己也装出无可奈何的样子；可是他儿子刚一死去，他就再也不想到要这样做了。因此，所以有无数人若无其事地忍受着无数慢性的不幸，如残疾、贫困、出身低微、丑陋、居住条件不堪等；他们对于这些甚至无所感觉，好像伤口已结了疤似的。这只是因为这些人已明知这些情况由于内在和外在的必然性已没有改变的余地了，而较幸运的人们就不理解这些人怎么能够忍受这些不幸。无论是外在的或内在的必然性，除了对于这些必然性的明确认识之外，再没有什么可以如此融洽地消除人们对它们的怨愤了。如果我们一劳永逸地
399 既认识了我们的优良属性和长处，又认识了我们的缺点和短处，而以此为绳准来确定我们的目的。对于力所不能及的则处之以知足

不强求的态度；那么，在我们个性可能的范围内，我们便由此而最稳妥地摆脱了一切苦难中最尖锐的痛苦——自己对自己的不满。这种痛苦是不认识自己个性，是错误的臆测，和由此产生的不自量力的当然后果。把奥维德[①]的诗句转用于鼓励自知之明这艰苦的一章倒是非常适合的：

“这是精神最好的帮手，一劳永逸

它拉断了缠住人心、折磨人的捆索。”

关于获得性格就谈到这里为止。这种性格对于正式的伦理学虽不如在世俗生活上那么重要，但是这种性格的阐述仍可和悟知性格、验知性格的论述鼎立而作为第三种与之并列。对于前面两种性格我们曾不得不从事较为详尽的考察，这是为了我们便于弄明白意志在它的一切现象中是如何服从必然性的，而它本身如何同时又是自由的，甚至是可以称为全能的。

§　56

这种自由，这种全能，——整个可见的世界，亦即它的现象，都是作为它的表出和写照而存在，并且是按认识的形式带来的规律而向前发展的，——现在在它最完善的现象中，在它对自己的本质已获得完全恰如其分的认识时，它又可重现出来，即是说它所以现出来〔不外两途〕，或者是它在思虑成熟和自我意识的最高峰，仍然还欲求它曾经盲目地不自觉地欲求过的〔东西〕，那么，认识在这里无论是个别地或整个地依然总还是它的动机；或者是反过来，这一

① Ovid(公元前43—公元后17)，罗马诗人。

认识成为它的**清静剂**而平息，而取消一切欲求。这就是前面概括
400 地提出过的生命意志之肯定和否定，这种肯定或否定，就个体的转变这方面说，只校正一般的而不校正个别的意志表出，只校正而不破坏性格的发展，也不表现于个别行为中；而或是由于前此整个的行为方式愈益加强了作用，或是相反，由于这些行为方式的取消，〔肯定或否定分别〕就生动地表出了意志于既获认识之后所自由采用的那些最高规范。——要更明确的阐述这一切，亦即〔说明〕最后这一篇的主要任务，由于中间插入了有关自由、必然性、性格等等的考察，我们现在就容易多了，也更有准备了。在我们再次推迟了这一任务，首先考察了生命本身之后，那就会更容易，更有准备，而要不要生命正是大问题的所在。并且我们将这样来考察生命本身，即是说我们将争取概括地认识这无论何时都是生命最内在的本质的意志本身，由于它的肯定究竟会怎样？这肯定是以什么方式，在什么程度上满足意志的？何以能满足意志？一句话：意志在它自己的，怎么说也属于它的这世界里的处境，一般地本质地应该看作什么？

首先我希望人们在这里回忆一下我们用以结束第二篇的那段考察。那儿所提有关意志的目标和目的的问题促使我们用那段考察结束第二篇。那时摆在我们面前的不是这问题的答案，而是意志在它现象的一切级别上，从最低到最高一级，如何完全没有一个最后目标和目的；是意志如何总是向前挣扎，因为挣扎是它唯一的本质；是如何没有一个已达到的目标可以终止这种挣扎，因此挣扎也不能有最后的满足，只有遇到阻碍才能被遏止，而它自身却是走向无穷的。这是我们在最简单的自然现象中，在重力上，就已看到

过的。重力不停地向一个无广袤的中心挤去，即令宇宙大全已缩成了一个球也不歇止；而真达到这中心就会是重力和物质的毁灭。这也是我们在别的简单自然现象上看到的：固体或由于熔化或由于溶解总是向液态挣扎。唯有在液态中固体原有的化学性能才能 401
自由，因为固体性是这些性能的牢狱，这些性能是被低温关闭在这牢狱中的。液体又总是向气态挣扎，只要解除了各种压力，立刻就会发生〔液态转气态〕这一转变。没有一个物体没有亲和力，亦即没有挣扎的企向，亦即雅各·丕姆将要说的：没有企求和贪欲。电就在无尽地传导着它内在的自我分化，尽管地球的质量吞噬了这一作用。化学发电也只要电源金属柱还活跃，同样是一种没有目的而不断重复着的自我分化和中和的作用。植物的生存也是这样一种无休止的，永无满足的挣扎，是一个不停留地冲动，经过逐次上升的形式直到作为终点的种子又成为〔新的〕起点；如此周而复始以至无穷；没有哪儿有一个目标，没有哪儿有最后的满足，没有哪儿有一个休息处。同时我们将从第二篇里回忆到各式各样的自然力和有机物的形式到处都在互相争夺物质。这些自然力和有机物的形式既都要在物质上出现，于是这一个所占领的只能是它从另一个夺过来的，这就经常维持着一种你死我活的斗争。从这种斗争中主要的是产生一种阻力，到处阻碍着构成每一事物最内在本质的挣扎，使之徒劳地冲动而又不能摆脱自己的本质，一径折磨着它自己直到一个现象消灭而另一现象又贪婪地攫取了先前那现象的地位和物质。

我们早已把构成每一物自在的本身及其内核的挣扎和最明晰地、在最充分的意识的光辉照耀下在我们身上把自己表出的，叫做

意志的东西认作是同一回事。然后我们又把意志，由于横亘于意志及其当前目标之间的障碍，所受到的阻抑叫做**痛苦**。与此相反，意志达到它的目的则称为**满足**、安乐、幸福。我们也可将这些称谓移用于无认识界那些在程度上较弱，在本质上相同的现象。我们
402 看到这些现象也无不经常在痛苦中，没有持久的幸福。原来一切追求挣扎都是由于缺陷，由于对自己的状况不满而产生的；所以一天不得满足就要痛苦一天。况且没有一次满足是持久的，每一次满足反而只是又一新的追求的起点。我们看到的追求挣扎都是到处受到多重阻碍的，到处在斗争中；因此，这种情况存在一天，追求挣扎也永远就要被看成痛苦。追求挣扎没有最后的目标，所以痛苦也是无法衡量的，没有终止的。

在无认识的自然界只有加强注意力，很费劲地才能发现的这种〔情况〕，然而一旦到了有认识的自然界，到了动物生活中，那就很明显地摆在我们面前了，也很容易指出它的经常的痛苦了。不过我们不在〔动物界〕这一居间阶段逗留而是要立即转向别的地方，转向人的生活。在人的生活中，上述一切都被最明晰的认识照明了，所以也看得最清楚。原来随着意志的现象愈臻于完美，痛苦也就日益显著。在植物身上还没有感性，因此也无痛〔感〕。最低等动物如滴虫和辐射体动物就能有一种程度很微弱的痛〔感〕了。甚至昆虫，感觉和感痛能力都还有限。直到脊椎动物有了完备的神经系统，这些能力才以较高的程度出现；而且是智力愈发达，〔痛苦的〕程度愈高。因此，随着认识的愈益明确，意识愈益加强，痛苦也就增加了，这是一个正比例。到了人，这种痛苦也达到了最高的程度；并且是一个人的智力愈高，认识愈明确就愈痛苦。具有天才

的人则最痛苦。我是在这种意义上，亦即根本是就认识的程度而不是就单纯的抽象知识来理解和引用柯赫勒特那句话的，他说：“谁在知识上增加了，就在痛苦上增加了。”——哲人画家或画家哲人迪希拜因[①]曾经很巧妙地把意识程度和痛苦程度之间的精确比例关系用直观的，一望而知的形象表现在他的一幅画中。画面的上半幅绘出一些妇人，因为她们的孩子们被劫走而各自成群在各种姿态中多方表现出慈母深刻的创痛、焦虑、绝望。下半幅以完全 403
同样的布局和安排，又画着一些母羊被人带走了它们的羔羊。于是上半幅里人的每一头面，每一姿态，都在下半幅里和有类似情态的动物头面，姿态一一成为对照。这样，人们就看清了，在动物的模糊意识里可能的痛苦感和〔所遭〕巨创是一种什么样的关系；还可看到真正的痛苦只是由于认识的明确性、意识的清晰性才可能的。

因此我们要在人的生存中来考察意志的内在的、本质的命运。任何人也将容易在动物生命中看到意志的这种命运，不过要黯淡一些，表现的程度也不同而已；并且还可从痛苦的动物界得到充分的证验，证实一切生命如何在本质上即是痛苦。

§　57

在认识所照明的每一级别上，意志都是作为个体而显现的。人的个体在无际的空间和无穷的时间中觉得自己是很有限的，和无尽的时间空间相比是一个近于消逝的数量，是投入到时间空间

① Tischbein(1751—1829)，德国古典派画家。

中来的。时间空间既无际限，人的个体也就永远只有一个相对的而绝不是有一个绝对的**某时某地**，个体所在的地点和时间原是无穷无尽中的〔极〕有限部分。——真正个体的生存只在现在。现在毫无阻碍地逃入过去，也就是不断过渡到死亡，也就是慢性的死。个体的以往的生命，除开对现在有某些后果，除开在过去铭刻了有关这个体意志的证据不论，既已完全了却，死去，化为乌有了；那么，在合理情况下个体就必然要把过去置之淡然，不管那过去的内容是苦是乐了。可是在个体手里现在又不停地变为过去；将来则全不可捉摸，并且总是短促的。所以单从形式方面看，人的个体生存已经就是现在不停地转入逝去的过去，就是一种慢性的死。如果我们现在从形体方面来看个体生存，那么很显然，和大家知道我们〔身体〕的走着走着只是经常被拦阻了的未即跌倒一样，我们肉
404 体的寿命〔活着活着〕也只是不断被拦阻了的未即死亡，只是延期又延期了的死亡。最后，我们精神的活跃也只是不断被推迟了的未即闲着无聊。每一口气都在击退时时要侵入的死亡。在每一秒钟我们就是用这种方式和死亡进行着斗争；而在较长的间歇之间则以一日三餐、〔夜间〕入睡、〔时时〕取暖等等为斗争方式。到了最后必然还是死亡战胜，因为我们的诞生就已把我们注定在死亡的掌心中了；死亡不过是在吞噬自己的捕获品之前，〔如猫戏鼠〕逗着它玩耍一会儿罢了。在这未被吞灭之际我们就以巨大的热诚和想方设法努力来延长我们的寿命，愈长愈好，就好比吹肥皂泡，尽管明知一定要破灭，然而还是要尽可能吹下去，吹大些。

我们既已在无知无识的自然界看到大自然的内在本质就是不断的追求挣扎，无目标无休止的追求挣扎；那么，在我们考察动物

和人的时候，这就更明显地出现在我们眼前了。欲求和挣扎是人的全部本质，完全可以和不能解除的口渴相比拟。但是一切欲求的基地却是需要，缺陷，也就是痛苦；所以，人从来就是痛苦的，由于他的本质就是落在痛苦的手心里的。如果相反，人因为他易于获得的满足随即消除了他的可欲之物而缺少了欲求的对象，那么，可怕的空虚和无聊就会袭击他，即是说人的存在和生存本身就会成为他不可忍受的重负。所以人生是在痛苦和无聊之间像钟摆一样的来回摆动着；事实上痛苦和无聊两者也就是人生的两种最后成分。下面这一事实很奇特地，也必然地道破这一点：在人们把一切痛苦和折磨都认为是地狱之后，给天堂留下来的除闲着无聊之外就再也没有什么了。

那不断的追求挣扎构成意志每一现象的本质，其所以在客体化的较高级别上获得它首要的和最普遍的基地，是由于意志在这些级别上显现为一个生命体，并附有养活这生命体的铁则；而赋予这铁则以效力的又恰在于这生命体就是客体化了的生命意志本身而不是别的。据此，人作为这意志最完善的客体化，相应地也就是 405
一切生物中需要最多的生物了。人，彻底是具体的欲求和需要，是千百种需要的凝聚体。人带着这些需要而活在世上，并无依傍，完全要靠自己；一切都在未定之天，唯独自己的需要和困乏是肯定的。据此，整个的人生在这样沉重的，每天开门相见的需求之下，一般都充满着为了维护那生存的忧虑。直接和这忧虑连在一起的又有第二种需求，种族绵延的需求。同时各种各样的危险又从四方八面威胁着人，为了避免这些危险又需要经常的警惕性。他以小心翼翼的步伐，胆战心惊地向四面瞭望而走着自己的路，因为千

百种偶然的意外，千百种敌人都在窥伺着他。在荒野里他是这样走着，在文明的社会里他也是这样走着，对于他到处都没有安全。〔有诗为证：〕

“在这样黑暗的人生中，
在如此之多的危险中；
只要此生还在延续，
就是这样、这样度过！”

（路克内兹：《物性论Ⅱ》）

绝大多数人的一生也只是一个为着这生存本身的不断的斗争，并且明知最后还是要在这斗争中失败。使他们经得起这一艰苦斗争的，虽也是贪生，却更是怕死；可是死总是站在后台，无可避免，并且是随时可走到前台来的。——生命本身就是满布暗礁和旋涡的海洋。人是最小心翼翼地，千方百计避开这些暗礁和旋涡，尽管他知道自己即令历尽艰苦，使出“全身解数”而成功地绕过去了，他也正是由此一步一步接近那最后的、整个的、不可避免不可挽救的船沉〔海底〕，并且是直对着这结果驶去，对着死亡驶去。这就是艰苦航行最后目的地，对他来说，〔这目的地〕比他回避过的所有暗礁还要凶险。

然而现在就很值得注意，一方面，人生的痛苦和烦恼是这样容
406 易激增，以致死亡——整个生命即以在它面前逃避为事——竟变为人所企求的〔东西〕，人们自愿向它奔去；另一方面，困乏和痛苦如果一旦予人以喘息，空虚无聊又立即如此围拢来，以致人必然又需要消遣。使一切有生之物忙忙碌碌运动不停的本是对于生存的挣扎，可是如果他们的生存已经巩固，他们却又不知道要拿这生存

怎么办了。因此推动他们的第二种〔动力〕就是摆脱生存这负担的挣扎，使生存不被感觉，也就是消灭时间，逃避空虚无聊的挣扎。这样，我们就看到几乎所有无虞困乏和无忧无虑的人们在他们最后丢了一切其他包袱之后，现在却以他们自己为包袱了；现在是把消磨了的每一小时，也就是从前此全力以赴，尽可能延长的生命中扣除了一分，反而要算作收获了。可是空虚无聊却也不是一件可以轻视的灾害，到了最后它会在人的脸上刻画出真正的绝望。它使像人这样并不怎么互爱的生物居然那么急切地互相追求，于是它又成为人们爱社交的源泉了。和对付其他一般灾害一样，为了抵制空虚无聊，单是在政治上考虑，就到处都安排了些公共的设备；因为这一灾害和相反的另一极端，和饥饿一样，都能驱使人们走向最大限的肆无忌惮。“面包和马戏”是群众的需要。费城的忏悔院以寂寞和闲着无事使空虚无聊成为惩罚的工具；而这是一种可怕的惩罚工具，已经导致囚犯们的自杀。困乏是平民群众的日常灾难，与此相似，空虚无聊就是上层社会的日常灾难。在市民生活中，星期日代表空虚无聊，六个工作日则代表困乏。

于是任何人生彻底都是在欲求和达到欲求之间消逝的。愿望在其本性上便是痛苦。愿望的达到又很快的产生饱和。目标只是如同虚设：占有一物便使一物失去刺激：于是愿望、需求又在新的姿态下卷土重来。要不然，寂寞，空虚无聊又随之而起；而和这些 407
东西作斗争，其痛苦并无减于和困乏作斗争。——〔只有〕愿望和满足相交替，间隔不太长亦不太短，把两者各自产生的痛苦缩小到最低限，〔才〕构成最幸福的生活过程。因为人们平日称为生活中最美妙的部分，最纯粹的愉快的，——这又只是因为这种愉快把我

们从现实生存中拨了出来，把我们变为对这生存不动心的旁观者了——，也就是纯粹的，和一切欲求无关的认识，美的欣赏，艺术上的真正怡悦等，只有少数人才能享受，——因为这已要求罕有的天赋——，而就是在这些少数人，这也只是作为过眼烟云来享受的。并且这种较高的智力又使这些少数人所能感受的痛苦要比那些较迟钝的人在任何时候所能感受的都要大得多；此外还使他们孤立于显然与他们有别的人物中，于是连那一点〔美的欣赏〕也由此而抵消了。至于绝大部分的人们，他们可无法获得这种纯粹智力的享受，他们几乎完全无力享受纯粹认识中的怡悦而是完全在欲求的支配之下的。因此，如果有什么要赢得他们的关心，使他们感兴趣，就必须（这已包含在〔兴趣〕这个字义里）在某种方式上激励他们的意志，即令只是遥远地，只在可能性中关涉到意志都行，但绝不可没有意志的参与；因为他们在欲求中生存远过于在认识中生存：作用和反作用就是他们唯一的〔生活〕要素。这种本性常常天真地流露出来，人们可从细微末节和日常现象中搜集这种材料，例如他们常把自己的名字写在他们游览过的名胜地，因为这地方既不对他们起〔什么别的〕作用，他们就以此来表示他们对这地方的反应，以此对这地方起些作用。还有，他们也不容易止于只是观看一只来自远方的罕见动物，而必然要去刺激它，狎弄它，和它玩，而这都只是为了感到作用与反作用。在扑克牌的发明和流传上特别看得出意志奋起的那种需要，而这恰恰是表现着人类可怜的一面。

408 但是不管大自然作了什么，不管命运作了什么；不管人们是谁，不管人们拥有什么；构成人生本质的痛苦总是摆脱不了的；〔正是〕：

“柏立德斯正浩叹，

举眼望苍天。”

又：

“虽是克罗尼德，宙斯的宠儿，

也不免，真正的忧伤，忍痛没完！”

消除痛苦的不断努力除了改变痛苦的形态外，再也做不出什么。痛苦的形态原来是缺陷，困乏，保存生命的操心虑危。如果消除这一形态中的痛苦成功了——这已极不容易——，立刻就有千百种其他形态的痛苦接踵而来，按年龄和情况而交替变换，如性欲、狂热的爱情、嫉妒、情敌、仇恨、恐惧、好名、爱财、疾病等等。最后，痛苦如果再不能在另一形态中闯进门来，那么它就穿上无名烦恼和空虚无聊那件令人生愁的灰色袍子而来。于是又得想办法来消除空虚无聊。即令后来又把无聊撵走了，那么，在撵走无聊时就很难不让痛苦又在前述那些形态中跨进来而又从头开始跳那〔原来的〕舞，因为任何人生都是在痛苦和空虚无聊之间抛来掷去的。尽管这一考察是这么使人沮丧，我却要引起人们注意这考察的另一方面与此并列，人们从这另一方面可以获取一种安慰，是的，甚至可以获得一种斯多噶派的满不在乎以对付自己眼前的不幸。原来我们对于不幸的不耐烦之所以产生，大半是由于我们把这不幸看成是偶然的，看成是一串可以轻易更换的原因锁链所促成的；因为我们经常并不为直接必然的，完全普遍的不幸，如年龄〔日增〕的必然性，死亡的必然性以及其他日常的不如意等而自寻烦恼。其实更应该说，使人感到刺的，是看到正在给我们带来痛苦的那些情况具 409
有偶然性。但是如果我们现在认识到痛苦之为痛苦是生命上本质

的和不可避免的〔东西〕；认识到随偶然而转移的只是痛苦用以出现的形式，只是痛苦的形态而不是别的什么，也就是认识到我们现在目前的痛苦只是填充着一个位置，在这位置上如果没有这一痛苦，立刻便有另一痛苦来占领；不过这另一痛苦现在还是被目前的痛苦排拒在〔这位置以〕外罢了；认识到依此说来，命运在基本上并不能拿我们怎么样；那么，当这种反省思维成为有血有肉的信念时，就会带来程度相当高的斯多噶派的不动心而大可减少围绕着个人幸福的焦虑操劳。不过在事实上很难看到或绝不可能看到理性有如此广泛的权限，足以支配直接感到的痛苦。

除此之外，人们由于观察到痛苦的不可避免，观察到痛苦是一个挤掉一个，前一痛苦的下台随即又带来新的痛苦，甚至就可以导致一个似乎矛盾的然而并非不可言之成理的假设，即是说每一个体在本质上少不了的痛苦，不管痛苦的形式是如何变换，而痛苦的定额却是由于个体的天性一劳永逸地被决定了的，在定额之内既不能有所欠缺，也不能超额有余。依此说来，人的痛苦和安乐根本就不是从外面而恰好只是由于这定额，这种天禀所决定的。这种天禀虽然也可在不同的时期由于生理状况〔的变化〕而经历一些增减，但整个却是一成不变的。并且这也不是别的而就是被人们称为他的性情的东西；或更精确些说，就是一种程度，在这程度上他如柏拉图在《共和国》第一卷所说的，或是情绪昂扬或是情绪低沉。支持这一假设的不仅有大家知道的这一经验：即巨大的痛苦使一切较小的痛苦完全感觉不到了，相反，在没有巨大痛苦时，即令是一些最琐细的不舒服也要折磨我们，使我们烦躁；而且经验还告诉我们：如果有一巨大的不幸，〔平日〕我们只要一想到它就会战栗，

现在果然真的发生了，我们这时的情绪，整个说起来，只要忍过了 410 第一阵创痛，以后也就没有什么很大的变化了。相反也是如此，我们想望已久的幸福到来之后，整个说来和持久下去，我们也就不觉得比前此更显著的好受些，舒适些。只有在变化初发生的那一瞬间才异乎寻常地激动我们，或是作为低沉的苦恼，或是作为昂扬的欢乐激动着我们；但是苦乐双方都很快就消逝了，因为两者都是基于幻觉的。原来苦乐都不是在眼前直接的享受或创痛上产生的，而是在一个新的将来的开端之上产生的，这开端又是人们在眼前享受或创痛中所预期的。只有从"将来"借支苦乐，苦乐才能反常地加强，因而也就不能持久。——还可引用下面这一观察作为上述假设的佐证，——按这假设，无论是在苦乐的认识中或在苦乐的感觉中，很大一部分都是主观地和先验地被决定的——，即是说人的忧乐显然不是由外在情况，不是由财富或地位决定的，因为我们在贫苦人们中至少可以和在富裕人们中一样碰到那么多的欢乐面容。还有，促成自杀的那些动机也是如此的极不相同，我们不能举出任何一个够大的不幸，可以勉强假定它会在任何性格都要引起自杀，却能举出少数的不幸，小得和自杀〔全〕不相称却又促成了自杀。如果我们欢欣和愁闷的程度并非在任何时候都是一个样，那么按这一看法说，这就不能归之于外在变化，而只能归之于内在情况，人身的生理情况。这是因为我们的欢欣若真正是在高涨时，尽管经常只是一时的高涨，甚至高涨到快乐的程度，这种高涨也惯于是没有任何外来成因就发生的。我们固然常看到自己的苦痛只是从某一外在情况中产生的，看到我们显然是为这情况所压抑，所困苦；于是我们就以为只要解除了这一情况，必然就会有最大的满足

411 随之而来。可是这只是幻觉。根据我们的假定，我们苦乐的定额在每一瞬点上，整个的都是主观决定了的；对于这一定额说，引起烦恼的那外来动机只是身体上的一张疮泡膏药，原来分布开来的脓毒现在都向膏药集结了。〔这即是说〕在我们生存的时期，基于我们本质因而不能摆脱的创痛，如果没有痛苦的某种外因，原是分布在数以百计的点上的，并且是在对事物，有数以百计的琐细烦恼和挑剔这个形态中出现的。我们现在所以忽视这些烦恼和挑剔，是因为我们容纳痛苦的定量已为那主要的不幸①所充满，这不幸把本来分散的痛苦都集中到一点了。和这〔现象〕一致的还有另一观察：如果一种沉重的，压抑我们的忧虑，最后由于幸运的结局而从我们胸怀中撵走了，那么随即又有另一忧虑取而代之。其实后一忧虑的全部成分早已存在，其所以〔尚〕未能作为忧虑而进入我们的意识，只是因为我们的意识已没有容纳它的多余容量了；因此这些忧虑成分只得作为未被觉察的阴暗雾团而停留在它地平线最远的尽头处。可是现在既已空出了位置，这个现成的成分立即走向前来并占住当日统治者的（起支配作用的）忧虑的宝座。尽管这成分在质料上比那消逝了的忧虑所有的成分要轻得多，然而它却懂得把自己鼓起来，在表面上和前一忧虑大小相等，而以当今主要忧虑〔的资格〕将那宝座塞得满满的。

过分的欢乐和非常激烈的痛苦经常只能在同一个人身上出现，因为两者既互为条件又同以精神的高度活跃为条件。有如我们刚看到的，两者都不是由于单纯现在的〔事物〕，而是由于对将来

① 指痛苦的外因。

的预期所产生的。但痛苦既是生命本质上所不能少的，并且在程度上又是被主体的天性所决定的，那么突然的变化，因为它总是外在的变化，实际上就不能改变痛苦的程度；所以过分的欢乐和痛苦总是基于错误和幻觉的。因此这两种情绪的过分紧张都可以由于 412
真知灼见而得避免。任何一种过分的欢乐（狂欢，乐而忘形）总是基于这种幻觉，以为在生活中找到了其中根本不可能碰到的东西，也就是以为折磨着人而自身又不断新生的愿望或忧虑已经有了持久的满足。人们在事后必然不可避免地要从这类任何个别的幻觉回过头来，并且是幻觉的发生带来了多少欢乐，在它消灭之后就要以多少的痛苦来抵偿。就这一点说，幻觉就等于是一个陡坡，人们只有从上面摔下来，否则便下不来；所以这种陡坡是应该避免的。任何突然的、过分的痛苦正就只是从这样的陡坡跌下，是这样一种幻觉的消灭，从而也是以这幻觉为条件的。因此，假如人们做得到经常从全面，从联系而充分清晰地概观事物，并且自己坚决提防着不真的赋予那些事物以人们想要它们有的那些颜色，则〔过分的苦和乐〕两者都是人们能够避免的。斯多噶派伦理学的主要旨趣就在于把心情从所有这些幻觉及其后果中解放出来，并以坚定的不动心赋予〔人的〕心情来代替幻觉。霍内修斯①在一篇有名的无韵古诗中就是充满这种见解的：

“当你时运不济，
不可一日忘怀：
坚持不要动心。

① Horatius（公元前65—8），罗马诗人。

你如幸运多福，
同样不得乱来：
避免欢乐无度。”

但我们多半是封锁着自己，不使自己接触到好比苦药般的这一认识，即不让自己认识到痛苦是生命本质上的东西，因而痛苦不是从外面向我们涌进来的，却是我们每人在自己内心里兜着痛苦的不竭源泉。我们反而要经常为那从不离开我们的痛苦找些个别的原因当作借口，好像自由人给自己塑造一座偶像，以便有一个主子似的。原来我们不倦地从一个愿望又奔向一个愿望，尽管每次获得的满足给我们许下那么多好处，但到底是并未满足我们，反而多半是不久就要现为令人难堪的错误；可是我们仍然看不透我们

413 是在用妲奈伊德的穿底桶汲水，而总是急奔新的愿望：

“因为我们所追求的，一天还未获得，
在我们看来，它的价值便超过一切；
可是一旦已拿到了手，立刻又另有所求。
总是那一渴望紧紧掌握着我们，
这些渴求生命的我们。”

（路克内兹：《物性论》Ⅲ）

所以，愿望相逐要么就是这样至于无穷，要么是比较罕有而且要假定性格的某种力量为前提的东西，〔即是说〕直到我们碰着一个愿望，既不能满足它又不能放弃它；于是，我们就好像是已有了我们所要寻求的东西了，有了随时可以代替我们自己的本质以作为我们痛苦的源泉来埋怨的东西了，这样我们就和自己的命运决裂了，但是塞翁失马，我们和自己的生存〔却反而因此〕和解了，原来这时

有关痛苦是这生存自己本质上的东西，而真正的满足是不可能的这一认识又被丢开了。最后这样发展的后果是一种有些忧郁的心情，是经常忍受一个单一的巨大创痛①和由此而产生的，对一切琐细苦乐的轻视；因此，这和不断追逐一个又一个幻象相比，这已是更为庄严的一个现象了，不过追逐幻象是更为普遍些。

§ 58

一切满足或人们一般所谓幸福，在原有意义上和本质上都只是消极的，无论如何绝不是积极的。这种幸福并不是本来由于它自身就要降临到我们身上来的福泽，而永远必然是一个愿望的满足。因为愿望，亦即缺陷，原是任何享受的先行条件。但是随着满足的出现，愿望就完了，因而享受也就完了。因此，满足或获致幸福除了是从痛苦，从窘困获得解放之外，不能更是什么。原来要得到这种解放，不仅要先有各种现实的显著的痛苦，而且要先有各种纠缠不休，扰乱我们安宁的愿望，甚至还要先有使我们以生存为重负的、致命的空虚无聊。——可是要达成一点什么，要贯彻一点什么，又是那么艰难；每一种打算都有无穷的困难和辛苦和它作对，
每走一步之后，前面又堆积着障碍物。不过，即令是最后一切障碍 414
都克服了，目的达到了，那么，所赢得的除了是人们从某种痛苦或某种愿望获得解放之外，从而也就是除了回到这痛苦、这愿望未起之前的状态外，绝不会还有别的东西。——直接让我们知道的永远只有缺陷，缺陷即痛苦。满足和享受则是我们只能间接认识的，

① 指看透生命的痛苦。

由于回忆到事前的，随享受的出现而结束的痛苦和窘困然后才间接认识的。由于这个道理，所以我们常不感到自己真正具有的财富和有利条件，也不认为可贵，好像这是事之当然，此外就再无别的想法了。这是因为这些财富和有利条件给我们带来的幸福永远只是消极的，只是在挡开痛苦而已。直到我们丧失了这些东西，我们才感觉到这些东西的价值；原来缺陷、困乏、痛苦，那〔才〕是积极的东西，是自己直接投到我们这里来的东西。因此，回忆我们克服了的窘困、疾病、缺陷等等也使我们愉快，因为这就是享受眼前美好光景的唯一手段。同时也无容否认，在这一点上，在自私自利这一立场上说，——利己即是欲求生命的形式——，眼看别人痛苦的景象或耳听叙述别人的痛苦，也正是在这种路线上给我们满足和享受；譬如路克内兹在第二卷篇首就很美而坦率地说出这一点：

“海中狂风怒涛，岸上人安稳逍遥。
眼看扁舟危急，且自快乐兴豪。
何以他人有难，偏自意气飞扬？
只因早已知道，岸上安全无恙。”

不过远在本篇后面一点就会指出这种类型的欢愉，由于这样间接的认识得到自己的安乐，已很近于真正的积极的恶毒的源头了。

至于一切幸福都只是消极性质的，不是积极性质的；至于一切幸福正因此故，所以又不能是持久的满足和福泽，而一贯只是从痛苦或缺陷获得解放，解放之后随之必然而来的又或是一种新的痛苦，或是沉闷，亦即空洞的想望和无聊等等；这一切都是在世界的，
415 和生活本质的忠实反映中，在艺术中，尤其是在诗中可以找到例证的。原来任何史诗或戏剧作品都只能表达一种为幸福而做的挣

扎、努力和斗争，但绝不能表出常住的圆满的幸福。戏剧写作指挥着它的主人公通过千百种困难和危险而达到目的，一达到目的之后，就赶快让舞台幕布放下〔，全剧收场〕。这是因为在目的既达之后，除了指出那个灿烂的目标，主人公曾妄想在其中找到幸福的目标，也不过是跟这主人公开了个玩笑，指出他在达到目标之后并不比前此就好到哪儿之外，再没剩下什么〔可以演出的〕了。因为真正的常住的幸福不可能，所以这种幸福也不能是艺术的题材。田园诗的目的固然正是描写这样的幸福，可是人们也看到田园诗够不上担当这个任务。田园诗在诗人手里总是不知不觉地变成了叙事诗，那也就只是一种极无意味的史诗，只是由琐细的痛苦，琐细的欢乐和琐细的奋斗所组成的：这是最常见的情况。田园诗或者是不知不觉地变成了单纯写景的诗，描写大自然的美。这本来就是纯粹的不带意志的认识，事实上这诚然也是唯一的纯粹的幸福，事前既无痛苦和需求，事后也不必有懊悔、痛苦、空虚、烦躁继之而起。但是这种幸福并不能充满整个生命，而只能充满整个生命的一些瞬间。——我们在诗中看到的情况，又可在音乐中看到。在音乐的旋律里我们又看到自我意识的意志最深邃的内心史有了一般化的表出，看到人类心灵最隐蔽的生活，想慕，苦和乐，潮和汐。曲调总是基音的变化，经过千百种巧妙的曲折直到了令人痛苦的非谐音之后，随即又再回到基音。这基音表示着意志的满足和安详，可是过此以后，就拿它再没有什么用处了；如果再继续下去就会只是可厌的，无意味的单调，和空虚无聊相仿佛了。

这些考察所要弄明白的一切，如持久满足的无法达到，如一切幸福的消极性，都在第二篇结尾处所指出的那一点中解释过了；即

416 是说那里已指出意志是一种没有目标，没有止境的挣扎，而意志的客体化就是人的生命以及任何一现象。我们还看到在意志的总现象所有的各部分上都打上了这种无止境的烙印；从这些部分现象最普遍的形式起，从时间和空间的无尽起，直到一切现象中最完善的一种，到人的生命和挣扎止〔，都是这样〕。——在理论上人们可以承认人生有三种极端而把这些极端看作现实人生的基本因素。第一是强有力的意欲，是那些巨大的激情（开展的激情气质）。这出现在伟大的历史人物身上，是史诗和戏剧中所描写的。不过这也是在狭小的生活圈子里看得到的，因为目标的大小在这里不是按外在情况而是按这些目标激动意志到什么程度来衡量的。第二便是纯粹的认识，是理念的体会，这是以“认识”摆脱为意志服务作前提的：即天才的生活（紧张的纯善气质）。最后第三是最大限度的意志麻木和系于意志的“认识”的麻木，即空洞冥想，使生命僵化的空虚无聊（惯性的迟钝气质）。个人的生活远不是经常在这三极端之一中逗留着的，只是很少的接触到这些极端，大半却只是软弱无力摇摆不定地时而挨近这一极端，时而挨近那一极端；是对于一些琐事迫不及待的欲求永远重复不已，也就是这样逃避着空虚无聊。真正难以置信的是，绝大多数人的生活，从外表看来是如何无意义而空洞地，在内心感到的又是如何迟钝而无头脑地虚度了。那是一种朦胧的追慕和苦难，是在梦中徜恍，是在一系列琐屑思虑的相伴中经过四个年龄阶段而到死的。这些人好像钟表机器似的，上好发条就走，而不知道为了什么要走。每有一个人诞生了，出世了，就是一个“人生的钟”上好了发条，以便一句又一句，一拍又一拍地再重奏那已演奏过无数次，听得不要再听的街头风琴调

子，这些调子即令有些变化也微不足道。——于是每一个体，每一
张人脸和这张脸一辈子的经历也只是一个短短的梦了，是无尽的 417
自然精神的短梦，常住的生命意志的短梦；只不过是一幅飘忽的画像，被意志以游戏的笔墨画在它那无尽的画幅上，画在空间和时间上，让画像短促地停留片刻，和时间相比只是近于零的片刻，然后又抹去以便为新的画像空出地位来。可是每一个这样飘忽的画像，每一个这样肤浅的念头，都必须由整个的生命意志，不管它如何激烈，用许多深刻的痛苦，最后还要用害怕已久而终于到来的死，苦味的死，来偿还。人生有不好想的一面就在这里。看到一具人的尸体会那么突然使我们严肃起来也是由于这个道理。

任何个别人的生活，如果是整个的一般的去看，并且只注重一些最重要的轮廓，那当然总是一个悲剧；但是细察个别情况则又有喜剧的性质。这是因为一日之间的蝇营狗苟和辛苦劳顿，一刻之间不停的别扭淘气，一周之间的愿望和忧惧，每小时的岔子，借助于经常准备着戏弄人的偶然巧合，就都是一些喜剧镜头。可是那些从未实现的愿望，虚掷了的挣扎，为命运毫不容情地践踏了的希望，整个一辈子那些倒霉的错误，加上愈益增高的痛苦和最后的死亡，就经常演出了悲剧。这样，命运就好像是在我们一生的痛苦之上还要加以嘲笑似的；我们的生命已必然含有悲剧的一切创痛，可是我们同时还不能以悲剧人物的尊严自许，而不得不在生活的广泛细节中不可避免地成为一些委琐的喜剧角色。

但是，虽有大大小小的烦恼充塞每个人的一生，使人生常在不安和动荡中，然而仍不能弥补生活对于填满精神的无能为力，不能弥补人生的空虚和肤浅，也不能拒绝无聊，无聊总在等着去填补忧

虑让出来的每一段空隙。由此又产生一个情况，人的精神还不以真实世界加于它的忧虑、烦恼和穷忙为已足，还要在千百种迷信的
418 形态下另造一个幻想的世界；只要真实世界一旦给他一点安闲，——那是他根本没有能力来享受的——，便要以各种方式忙于对付这幻想的世界，把时间和精力都浪费在这一世界上。因此，这本来大半是气候温暖，土地肥沃而生活又容易的民族所有的情况，首先是在印度人那儿，其次是在希腊、罗马人那儿，然后在意大利和西班牙人那儿，如此等等。人按自己的形象制造一些妖魔、神灵和圣者，然后又必须经常对这些东西奉献牺牲、祈祷、修葺寺院、许愿还愿、朝香、迎神、装饰偶像等等。敬神侍鬼还到处和现实交织在一起，甚至使现实也蒙上了阴影。生活上发生的每一事态都要被当作是那些鬼神的作用。和鬼神打交道就占去了平生一半的时间而不断维系着希望；并且由于幻觉的魅力往往还要比同真实的人物打交道更为有趣。这是人们双重需要的表现和症候，一重是对救援和帮助的需要，一重是对有事可做和消遣时间的需要。即令这样〔和神灵〕打交道对于第一种需要往往恰好是起着反作用，因为在事故和危险发生的时候，宝贵的时间和精力不是用在避免事故和危险上，而是无益地浪费在祈祷和牺牲上。可是对于第二种需要，由于人和梦想的鬼神世界保持着想入非非的联系，这种交道反而有着更好的效用。这就是一切迷信大不可忽视的裨益。

§ 59

我们既已由于最最概括地考察了，研究了人生初步的、起码的基本轮廓，而在这范围内使我们自己先验地深信人生在整个根性

上便已不可能有真正的幸福,人生在本质上就是一个形态繁多的
痛苦,是一个一贯不幸的状况;那么,我们现在如果多用事后证明
的方法,愿意钻研更具体的情况,愿意想象一些光景而在例子中描
写那无名的烦恼,经验和历史指出的烦恼,而不管人们是向哪一方 419
面看,是在哪种考虑之下进行探讨,我们就能够在自己的心目中更
鲜明地唤起〔人生只是痛苦〕这一信念了。不过,〔如果真要是这样
做,〕这一章就会没有完结的时候了,就会使我们远离哲学上基本
不可少的"一般性"的立场。此外,人们还容易把这样的描写看作
只是对人生苦恼有意的叫嚣,犹如过去屡屡有过的叫嚣一样;何况
这种描写既是从个别事实出发的,人们还可以加以片面性的罪名。
我们关于不可避免的、基于生命本质的痛苦所作的论证既完全是
冷静的哲学的,从一般出发的和先验推论出来的,这样的责备和嫌
疑就加不到我们头上来了。不过如果要后验地证实这个信念却是
到处都容易办到的。任何一个从青年的幻梦中清醒过来的人,只
要他注意过自己和别人的经验,在生活中,在过去和当代的历史
中,最后是在伟大诗人的作品中作过多方面的观察的话,那么,如
果没有什么不可磨灭的深刻成见麻痹了他的判断力,他就很可能
认识到下面这个结论,即是说:这人世间是偶然和错误〔两者〕的王
国,它俩在这王国里毫无情面地既支配着大事,也支配着小事。它
俩之外还有愚昧和恶毒在一边挥动着皮鞭,于是任何较好的东西
只有艰苦地突围,高贵和明智的东西很难露面而发生作用或获得
人们的注意;可是思想王国里的荒谬和悖理,艺术王国里的庸俗和
乏味,行为王国里的恶毒和狡诈,除了被短促的间歇打乱之外,实
际上都能维持其统治权。与此相反,任何一种卓越的东西经常都

只是一个例外，是百万情况中的一个情况。于是还有这样的事：如果这卓越的东西在一部传世的作品里透露出来，那么，在这作品历尽当代人们的嫉恶之后，还是孑然孤立又被束之高阁的时候，它仍像一颗陨石似的，似乎是从另外一种事物秩序中而不是从支配着这世间的事物秩序中产生的。——至于个人生活，则任何一部生活史也就是一部痛苦史；因为任何人的一生按规律说都是一连串不断的大小不幸事故，尽管人们要尽可能隐瞒〔也是徒然〕。而人
420 们所以要隐瞒，又是因为他们知道别人在想到这些恰好是他现在得以幸免的灾难时，必然很难得感到关切和同情，而几乎总是感到满足。——不过也许断没有一个人，如果他是清醒的，同时又是坦率的，会在他生命终了之日还愿意重复经历此生一遍；与其这样，他宁可选择压根儿不存在。在《汉姆勒特》一剧中有一段世界著称的独白，把这独白的基本内容概括起来就是：我们的景况是这样苦恼，压根儿不存在肯定会比这种景况强。如果自杀真正给我们提供不存在，以致二中择一的“存在或不存在”得以在这句话的充分意义中显露出来，那么就应该无条件的选择自杀作为最值得企望的〔功德〕圆满（应虔诚以求的终极圆满）。可是在我们内〔心〕里面还有点什么东西在对我们说：事情还不是这样的，这样并不就是完了，死亡也并不就是绝对的毁灭。历史的始祖 * 已作过与此相同的论述，大概后来也从没有人反对过，他说：从来不曾有过这么一个人，他不是好几次不想再往下一天活下去了。照这个说法，则人们如此屡屡埋怨的生命之短促也许反而是合适的了。——最后，

* 指希罗多德（Herodot）。

人们如果还要把那些可怕的，他的生活敞开门〔无法拒绝〕的痛苦和折磨展出在每一个人的眼前，这人就会被恐惧所笼罩而战栗；如果人们还要带领一个最死硬的乐观派去参观正规医院，战地医院，外科手术室，再去看监狱，刑讯室，奴隶禁闭处，看战场和刑场；然后给他打开一切黑暗的、疾苦的所在地，那儿，〔在你去看时，〕痛苦在冷酷的好奇眼光之前爬着躲开了；最后再让他看看邬戈林诺的饿牢[①]；那么，他在最后一定也会看出这可能的最好世界究竟是怎么回事了。但丁写他的《炼狱》若不是取材于我们的现实世界，还到哪儿去取材呢？而我们的现实世界也真已变成一个很像样的地狱了。与此相反，在但丁着手来描写天堂及其中的极乐时，要完成这一任务就有不可克服的困难横亘在他面前了，因为我们这世界 421
恰好不能为此提供一点儿材料；因此，除了不写天堂的快乐而只给我们复述他的祖先，他的碧璀斯和一些圣者们在天堂里对他讲的教训之外，就没剩下可做的事了。可是由此却充分表明了这是什么样的世界。诚然，人们的生活也像一些低级商品一样，外表上都敷有一层虚假的光彩。凡是痛苦总是掩饰起来的，相反，一切冠冕堂皇有光彩的东西就都要拿出来炫耀。越是内心里有欠缺，他越是希望在别人眼里被看作幸运儿。〔人的〕愚昧可以达到这种地步，以致别人的意见竟成为每人努力的主要目标；尽管虚荣这一词儿的原义在所有的语言文字中几乎都是一致地意味着空洞和虚无，就已经表示了这种做法的毫无意义了。——可是即令是在这一切骗人的戏法之前，生命的痛苦还是很容易如此激增——而这

① Ugolino，系十三世纪意大利比萨省的暴君，将儿孙四人囚于饿牢。

是每天都发生的事——，以致人们在平日怕什么也比不上怕死，现在却渴望求死了。是的，命运如果真使出它全部的阴险时，那么，受苦的人连最后这一条退路也会要被折断，会要留在无情的敌人手里忍受着残酷的慢性的折磨，不可救药。这时，受折磨的人要向他的神灵呼救也不中用了，他只得留在命运的掌心里得不到恩赦。但是，这个不可救药正只是反映他意志不可驯服的一面镜子，而意志的客体性就是他本人。——正和外来力量不能改变这一意志或取消这一意志一样，任何异己的力量也不能为他解脱痛苦；痛苦是从生命中产生的，而生命又是那意志显出的现象。人总得回头来依靠自己，既在任何一件事上是如此，在主要的大事上也是如此。完全徒劳的是人为自己制造一些神祇，以期向它们求情献媚而得到唯有自己的意志力可以获致的东西。《旧约全书》既已把世界和人类当作一个上帝的创造物，那么，《新约全书》为了教人知道获救和解脱这世界的痛苦都只能从这世界自身出发，就不得不让那上

422 帝变为人。人的意志现在是，以后继续还是他的一切一切赖以为转移的东西。各种信仰、各种名目的忏悔者、殉道者、圣者等所以甘愿而乐意忍受任何酷刑，是因为在这些人们那里生命意志已自行取消了，所以即令是意志的现象的慢性毁灭也是他们所欢迎的了。不过这是后文要详加论述的，这里就不抢先来说了。——此外，我在这里禁不住要说明一点，即是说在我看来，**乐观主义**如果不是这样一些人们的，亦即低陷的天庭后面除空话外不装着什么的人们，没有思想的谈论；那就不只是作为荒唐的想法而且还是作为一种真正**丧德**的想法而出现的，是作为对人类无名痛苦的恶毒讽刺而出现的。——人们切莫以为基督教教义或许有利于乐观主

义，因为相反的是，在《福音书》里世界和灾难几乎是当作同义字使用的。*

§　60

我们既已完成必须插入的两个分析，亦即分析了意志自身的自由和意志现象的必然性，然后又分析了意志在反映着它本质的世界里所有的命运，而意志在认识了这世界之后就得肯定或否定它自己；那么，我们现在就能够使我们在上面只是一般地说到和解释过的这种肯定，否定本身获得更高度的明确性，因为我们现在就要论述意志的肯定和否定唯一得以表现的行为方式，并按其内在意义来进行考察。

意志的肯定就是不为任何认识所干扰的，常住的欲求本身，一般弥漫于人类生活的就是这种欲求。人的身体既已是意志的客体化，如意志在这一级别上，这个体中所显现的那样，那么，意志的，在时间中开展的欲求就等于〔是和〕这身体〔平行〕的诠释文章，是 423
解说全身及其部分的意义，是同一自在之物的另一表出方式，而身体原也就是这自在之物的现象。因此我们也可说身体的肯定以代意志的肯定。一切复杂的意志活动，其基本课题总是满足需要，而需要是在健康上和身体的生存分不开的，是已表现在身体的生存中而又都是可以还原为个体保存和种族繁衍的。可是各种不同的动机就由此而间接获得影响意志的力量并产生那些复杂的意志活动。每一个这样的活动根本只是这里显现着的意志的一个样品，

* 第二卷第四十六章是补充这里的。

一个标本。至于这样品是哪一种,以及动机所有的和赋予这样品的是什么形态,那都不是重要的;而只是根本有所欲求,以哪种强烈的程度而有所欲求,才是这里的问题。意志只能在动机上看得出来,犹如眼睛只在光〔线〕上表现出视觉能力一样。动机站在意志面前,根本就好像是有变化神通的〔海神〕普罗托斯一样:永远许以完全的满足,许以解除意志的烦渴;可是如果目的达到了,它立即又出现于另一形态中,又在这一形态中重新推动意志,并且总是按意志的激烈程度和它对于认识的关系〔两者〕来推动,而这两者又正是由于那些样品和标本而显出为"验知性格"的。

人从他的意识〔开始〕出现起就发现自己是在欲求着,并且他的认识和他的意志一般都有着稳定的关系。人企图彻底认识的,首先是他欲求的那些对象,然后是获得这些对象的手段。他如果现在已知道有什么要做,照例他就不追求再要知道别的了。他就行动起来,干起来:总是向他欲求的目标干下去的意识使他挺着腰,使他做下去;〔这时〕他的思维所涉及的〔只〕是方法的选择。几乎所有一切人的生活都是这样的,他们有所欲求,也知道他们要什么;他们对此追求,有那么些成就足以保障他们不绝望,又有那么些失败足以保障他们不陷于空虚无聊及其后果。从这里就产生一种一定的高兴,至少是产生一种处之泰然的心境。在这〔些情绪〕
424 上,无论是贫是富对此都不能真有所改变,因为穷人或富人都不是享受他们现在的所有,因为,如上所说,这只是消极地起作用,而是享受他们希望通过自己的营谋而获致的〔东西〕。他们很严肃地,是的,面色庄重地往前干:孩子们干他们的玩意儿也就是这样。——这样一种生活过程如果受到干扰,那总是一个例外;那是

由于认识不为意志服务而独立，根本只注意世界的本质。从这一认识中要么是产生了美感上观赏的要求，要么是产生了伦理上克制〔自己〕的要求。大多数人都是被困乏鞭策着过一辈子，不让他们有深思的机会。不但不能深思，意志往往炽热到远远超过肯定人身的程度，这是在剧烈的情欲和强烈的激情上看得出的。个体在意志炽热到这种程度时，就不止是肯定自己的生存而已，而是遇着别人的生存有碍于他的时候，就要否定或取消别人的生存。

身体的维护如果是由于它自己的力量，那是意志肯定的程度有如此轻微，即是说如果意志真愿意这样的话，则我们可以假定在人身中显现的意志是随身体的死亡而熄灭的。可是性欲的满足就已超出了本人生存的肯定。本人生存在时间上是这么短促，性欲的满足却肯定生命到个体的死亡以后，到无定期的时间。永远真实而守恒的大自然，这里甚至是坦率的大自然，完全公开地把生殖行为的内在意义摆在我们面前。自己本人的意识，冲动的强烈，也都告诉我们在这一行为中表现出来的是最坚决的**生命意志之肯定**，纯粹而不带其他副作用（如不带否定别的个体）；于是作为这行为的后果而出现于时间和因果系列中的，亦即出现于自然中的，就是一个新的生命。这被生的来到生之者的面前，在现象上和后者有别，但在本体上或理念上是等同的。因此生物的族系借以各自联成一整体的，作为这样的整体而永远绵延下去的，就是这一行为。就生之者来说，生殖只是他坚决肯定生命意志的表现或表征；就被生者说，生殖并不是在他身上显现的那意志的什么根据，因为 425
意志自身既不知有什么根据，也不知有什么结论；而是生殖和一切原因一样，只是这意志在此时此地显现的偶然原因。作为自在之

物，生之者的意志和被生者的意志并没有什么不同，因为只有现象而不是自在之物才是服从个体化原理的。随着超出本人身体的那一肯定，直到一个新体的形成，附属于生命现象的痛苦和死亡也一同重新被肯定；而由最完善的认识能力带来的解脱的可能性，在这儿却被宣布无效了。在这里，〔人们〕对于生殖行为的害羞有着深远的根由。——这一见解在基督教教义中是以神话表述出来的，即是说对于亚当的陷于罪（这显然只是性欲的满足）我们一切人都有份；并且由于这次罹罪，我们就活该有痛苦和死亡。宗教教义在这里已超出了按根据律进行的考察而认识到人的理念；理念的统一性则由于联结一切的这根生殖的拴带，而从散为无数个体的分化中恢复过来了。根据这一点，这种教义一面把每一个体看作和亚当，和这肯定生命的代表是等同的；就这方面说，每一个体都是注定要犯罪（原罪），要痛苦，要死亡的。另一方面，对于理念的认识又为这教义指出每一个体和救主，和这否定生命的代表[①]是等同的，就这方面说，每一个体对于救主的自我牺牲也都有份，都是由于救主的功德而得到解脱的，都是从罪恶和死亡，亦即从这世界的束缚得了救的（《给罗马人的信》5，12—21）。

我们把性的满足当作超出个体生命的生命意志之肯定的看法，当作由于性的满足才终于落到个体生命的掌心里的看法，亦即等于当作重新写卖身文契给生命的看法，还有着一个神话式的表述，那就是关于普罗塞宾娜[②]的希腊神话。普罗塞宾娜只要没有

---

① 指耶稣基督。

② Proserpina，捷内斯（Cheres）之女，被劫往阴间，成为阴间王哈德斯（Hades）之妻。

吃阴间的果子，她就还有可能从阴间回转来；但是由于她既已享受了一颗石榴，她就完全陷落在阴间了。这神话的意义在歌德无与 426
伦比的笔下可以看得很清楚；尤其突出的是刚在〔普罗塞宾娜〕吃过石榴之后，忽然有司命女神巴尔贞在看不见的地方合唱起来：

“你是我们的人了！
你要清醒点回转来；
尝过一口石榴，
使你成为我们的人了！”

值得注意的是克利门斯·亚历山大[①]（《诗文杂抄》第三卷第十五章）用同样的形象和同样的语言指出这一问题：“那些为了天国而割舍自己一切罪恶的人们，他们是幸福的，清醒地不为尘世所污”。

性冲动作为坚决的最强烈的生命之肯定还有一个证据，即是说在自然人和动物，这冲动都是生活的最后目的和最高目标。自我保存是它们第一种努力。一旦这一步已安排妥帖了，它们就只追求种族的繁衍了；此外的其他一切是作为自然生物的它们所不能企求的。以生命意志本身为内在本质的自然，也以它全部的力量在鞭策着人和动物去繁殖。在繁殖以后，大自然所求于个体的已达到了它的目的，对于个体的死亡就完全不关心了；因为在它和在生命意志一样，所关心的只是种族的保存，个体对于它是算不得什么的。——因为大自然的内在本质，亦即生命意志，在性冲动中把自己表现得最强烈；所以古代诗人和哲人——赫西奥德[②]和巴

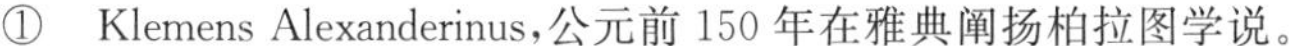

① Klemens Alexanderinus，公元前150年在雅典阐扬柏拉图学说。
② Hesiod，公元前八世纪的希腊诗人。

门尼德斯——很有意味地说爱神是元始第一，是造物主，是一切事物所从出的原则（见亚里士多德：《形而上学》Ⅰ，4.）。菲内居德斯[①]曾说过："宙斯在要创造世界的时候，把自己变成了〔爱神〕埃
427 洛斯。"（《蒂迈欧篇》Ⅰ、Ⅳ、朴洛克路斯对柏拉图）新近我们在G. F. 薛曼著的《宇宙论上的爱欲》（1852年版）里看到这问题有了详尽的讨论。印度人的摩耶也被意译为"爱"，她的纺事和织成品即整个的假象世界。

性器官比身体上任何其他外露的器官更是只服从意志而全不服从认识的。意志在这里，几乎和它在那些只凭刺激作用而为植物性的生命，为繁殖而服务的身体部分中——意志在这些部分中只是盲目地起作用的——，和它在无知无识的自然界中，是一样的不依赖于认识。原来生殖只是过渡到一个新个体的再生作用，等于二次方的再生作用，和死只是二次方的排泄相同。——以这一切为前提，性器官可说是意志的真正**焦点**，从而是和脑，认识的代表，也就是和世界的另一面，作为表象的世界相反的另一极。性器官是维系生命，在时间上保证生命无尽的原则；因为它有这样的属性，所以希腊人在"法卢斯"[②]中崇拜它，印度人在棱迦中崇拜它，从而这些东西都是意志的肯定的象征。认识则相反地提供取消欲求的可能性，由于自由获得解脱的可能性，超脱和消灭这世界的可能性。

我们在这第四篇的开始，就已详细考察过生命意志在它的肯

① Pherekydes，公元前六世纪古希腊神学家，为毕达戈拉斯之师。
② Phallus，象征丰产的男性生殖器。

定中应如何看它对死亡的关系，也就是这样看：死亡并不触犯它，因为死亡本身原已包含在生命中，并且是作为附属于生命的东西而有的；而死的反面——生，又完全和死保持着平衡，并且尽管个体死亡，还是永远为生命意志捍卫着，保证着生命。为了表示这个意思，印度人就拿棱迦加在死神僖华身上作为表征。我们在那同一地方还曾指出一个完全清醒而站在坚决肯定生命这个立场的人是如何毫不畏惧地面对面看着死亡。因此在这里就不要谈它了。最大多数人站在这一立场上是没有清醒的思辨的，他们〔只是〕不 428
绝地肯定着生命。作为反映这一肯定的镜子则有这世界在，它有着无数的个体，在无尽的时间和无穷的空间中，有着无穷的痛苦，在生和死之间，没有止境。——可是对于这一点，在任何方面都没有什么要埋怨的，因为意志是拿自己的本钱来演出这一伟大悲剧和喜剧的，何况意志又是自己的观众。这世界所以恰好是这样一个世界，乃是因为这意志——它的现象即世界——是这样一个意志，乃是因为意志要这样。忍受痛苦所以是公平的，其理由是意志在这现象上还要肯定自己；而这一肯定所以是公道合理的又是由于意志忍受着痛苦，所以是两头扯平了。这里就给我们在整个上看到了**永恒公道**的一点端倪；我们往后在下面还要在个别情况中更详细更明确地认识它。不过首先还必须谈一谈有时间性的或人世间的公道。*

§　61

我们从第二篇里还记得，在整个自然界，在意志客体化的一切

---

* 第二卷第四十五章是补充这里的。

级别上，在一切族类的个体之间，必然是一场不断的斗争，而生命意志和它自己的内在矛盾也就正是由于这斗争表现出来的。在客体化的最高级别上，这一〔斗争〕现象，和其他一切现象一样，也表现得更为明确；因而还可继续加以阐发。为此目的，我们首先要从源头来探讨**利己主义**，它是一切斗争的出发点。

因为只有由于时间和空间，也只有在时间和空间中，同类〔事物〕的杂多性才有可能，所以我们曾将时间和空间称为个体化原理。时间和空间是自然的认识的基本形式，也就是从意志中产生的认识的基本形式。因此意志会到处在个体的杂多性中对自己显现。但这杂多性并不涉及作为自在之物的意志，而只涉及意志的现象。意志在每一现象中都是完整的，未经分割的，而在四周它却

429 看到无数复制着自己本质的肖像。可是这本质自身，也就是真正的实在，那是它只能直接在自己内部找到的。因此每人都想一切为自己，要占有一切，至少是控制一切，而凡是抗拒他的，他就想加以毁灭。加之在那些认识着的生物，个体便是认识的主体的负荷者，而认识的主体又是这世界的负荷者；即是说这个体以外的整个自然，从而一切其他个体都只在这个体的表象中存在。这个体永远只是把其他个体当作它的表象，也即是间接地，作为依赖于它的本质和生存的东西而意识着的；因为这世界对于它，必然是随同它的意识一起消灭的，亦即它的意识消灭时，这世界的存在或不存在对于它就会是同一个意义而不能加以区别了。所以每一认识着的个体在实际上是，也发现自己是整个的生命意志或这世界自身的本体，而作为表象它又是补足这世界的条件；从而个体是一个小宇宙，是要和大宇宙等量齐观的。到处永远都是率真的大自然本身，

不依赖一切反省的思维，自始就已简单地，直接确实地赋予了个体这一认识。从已提出的两种必要规定[①]就可以说明每一个体，尽管它在无边际的世界里十分渺小，小到近于零，何以仍然要把自己当作世界的中心，何以在考虑其他之前首先要考虑自己的生存和幸福；何以在这一自然的立场上不惜为它这生存而牺牲一切，不惜为它自己这沧海一粟保存得更长久一点而毁灭这世界。这种心理就是**利己主义**，而这是自然界中每一事物本质上的东西。不过也正是由于这利己主义，意志和它自己的内在矛盾才达到了可怕的公开表现。这是因为利己主义所以有其存在和本质，是在于小宇宙和大宇宙的对立；或是在于意志，由于它的客体化有个体化原理为形式，因而得以以相同的方式显现于无数个体之中，并且在每一个体中在两方面（意志和表象）都是整个地、完全地显现。所以一面是每一个体自己都是作为完整的意志和完整的意象者〔或表象的表面出之者〕而直接被知的，一面是其余的个体就得次一步只是 430
作为它的表象而被知；因此，对于这一个体，它自己的本质及其保存就要放在所有一切之上了。对于自己的死，人人都视为世界的末日似的；对于他那些熟人的死，如果他本人不一定参与丧事的话，就只当作一件满不相干的事听听罢了。在已上升到最高度的意识里，在人的意识里，利己主义〔的自私自利〕也必然和认识，和苦乐一样达到了最高的程度；而以利己主义为前提的个体斗争也必然会以最可怕的形式出现。这一点是我们到处看在眼里的，是在大小事情中都看得到的；不过有时是在可怕的方面，在无道的暴

① 指个体既是意志又是表象。

君和恶人们的生平中，在为祸全世界的战争中看到，有时又在滑稽的方面看到。在滑稽的方面，这一点是喜剧的题材，并且特别是出现为自高自大和虚荣。这些东西，还没有人是像洛希福果那样来了解的，是像他那样抽象地把它们表示出来的。至于我们看到这一点则是在世界史和自己的经验中。不过这一点表现得最显著的是任何一群人在一旦解除了一切法律和秩序的〔约束〕时，那时立即就会出现最明显的人自为战。霍布斯在《国家论》第一章里很恰当地描写了这一点。这里看得出每人不仅是要从别人那儿夺取自己所要的，而是为了稍微增加自己一点幸福就要毁灭别人整个的幸福或生命。这是利己主义的最高表现。就〔人我利害〕这方面说，还要超过这种自私现象的就只有真正的恶毒那些现象了。恶毒完全是损人不利己地企图给别人找痛苦，制造损失而无须有利于自己；下面就快要谈到这一点了。——人们请拿我在获奖论文《论道德的基础》§ 14 里关于利己主义所作的论述和这里对于利己主义的来源的揭露对比一下。

上面我们已发现痛苦在一切生命中都是本质的，不可避免的。痛苦的一个主要来源，只要痛苦一旦是实际地而且是以一定的形态出现的，就是那〔纷争之神〕埃瑞斯，也就是一切个体的斗争，就
431 是附着在生命意志之中，由于个体化原理而看得见的矛盾的表现。举行人兽搏斗就是直接而露骨地使这矛盾形象化的残酷手段。在这原始的分歧对立中，尽管人们对此采取了措施，仍然存在着痛苦所自来的一个不竭的源泉。我们现在立即就来进一步考察这个源泉。

§　62

我们已经讨论过初步的、简单的生命意志的肯定仅仅只是自己身体的肯定。这就是说意志如何通过动作而在时间上表出它自己，要以身体在它的形式和目的性中如何在空间上表出这个意志为限，不可超过。这种肯定表现为身体的保存，是借这身体本身各种力量的运用〔来达到目的的〕。直接联系到身体保存上来的是性冲动的满足，而性器官既是属于身体的，在这意义上性冲动的满足也就是属于身体保存的了。因此**自愿的**，完全不基于**动机**而放弃性冲动的满足已经就是生命意志的否定了，是生命意志在既已产生而起着**清静剂**的作用的认识上自愿的取消它自己。准此，这样的否定自己身体就现为意志和它自己的现象之间的一个矛盾了。这是因为在人的身体上，性器官虽然是繁殖这意志的客体化，可是现在不想要繁殖了。正是因为这一点，也就是因为否定自己的身体就是生命意志的否定或取消，所以这样的放弃〔色欲〕是一种困难的和痛苦的自我克制。不过关于这一点且到后面再谈。——但是意志既然在无数并列的个体中表出那种本人身体的**自我肯定**，那么，意志在一个个体中凭着万物无不具有的利己主义，就很容易超出这一肯定，〔并超出很远，〕直到**否定**在其他个体中显现的同一个意志。〔这是〕前一个体的意志侵入别人意志的肯定的范围了，因为这时前一个体或者是对别人的肉体本身加以毁灭或伤害，也可以是强制别人身体中的力量为自己的意志服务而不为在别人身体中显现的意志服务。即是说如果这一个个体从显现为别人的身 432
体的意志那里抽走了别人身体的力量，并从而把为**别人的**意志服

务的力量加到他自身的力量之上去，那便是借否定在别人身体中显现的意志以超出他自身以外而肯定他自己的意志。——这样侵入别人的意志之肯定的范围，自来就是人们清楚地认识到了的，而这种侵入的概念便是用“非义”这个词儿来标志的。因为〔非义的施受〕双方固然不是像我们在这里有着明确的抽象的认识，但在感情上都是立即认识到这问题的。承受非义的方面由于自己的身体被别的个体所否定，就感到侵入他的身体的肯定的范围是一个直接的精神的痛苦；而这种痛苦和此外由于实际的动作而感到的肉体痛苦和由于〔物质的〕损失而感到的懊丧是不同的，完全分立的。另一方面在施行非义的方面就有这样一种认识：他在本体上，和同时也在对方身体中显现的意志是同一个意志，不过这意志在它的一个现象中是那么强烈的肯定自己，以致它由于超出自身和自身力量的范围之外而成为其他现象中的同一意志之否定；于是这意志作为它本体自身看，就正是由于它的强烈而在和自己斗争，在自食其肉。——不过这种认识，我要说，在施行非义的人也不是一下子就在抽象中获得的，却〔只〕是作为模糊的感受而获得的。人们把这种感受叫做“良心的责备”，在这里更狭义些说或者就叫做“所行非义之感”〔，亦无不可〕。

在这里我们已在最一般的抽象中分析了非义的概念。具体说来，真正吃人〔肉〕的野蛮行为就是非义最完整，最恰当和最便于指出的表现。这是非义在意志客体化的最高级别上最显著的类型，是意志对自己作最大斗争的可怕情景。而意志客体化的最高级别就是人。在仅次于吃人行为的凶杀中，随着凶杀的实行之后，我们刚才抽象地干巴巴地指出其意义的良心责备立即以可怕的明确性随而出现，并且在精神的安宁上留下一辈子也治不好的创伤；因为我们对于已犯的凶杀发抖，和对于行将要犯的凶杀战栗退缩一样，433 都是和〔人们〕对生的无限留恋相符的。而一切有生之物，正因为是生命意志的显现，所以都是为这种留恋所渗透的。（此外我们还要在后面一点更详尽地分析随非义和恶毒行为而起的那种感情或良心的不安，并使之上升到概念的明确性。）要看作本质上和凶杀相同，只在程度上和凶杀有别的，是故意使别人的身体残废或只是受到伤害，以及任何打人的行为。——非义还表现于束缚别的个体，表现于强制他为奴隶；最后还表现于侵占别人的财产。如果财产是别人劳动的果实，那么侵占别人的财产和奴役别人在本质上就是相同的，两者之间的关系也等于单是伤害之于凶杀。

这是因为根据我们对于非义的解释，**财产**如果**不行非义**就不得拿走，则财产只能是别人自力劳动的获得。所以拿掉别人的财产就是从已客体化于该人身体中的意志那里拿掉这人的体力，以使这份体力为在另一身体中客体化了的意志服务。只有这样，施行非义的人虽不是侵犯别人的人身，而是侵犯一种没有生命的，和别人的身体完全不同的东西，然而仍然是侵入了别人的意志之肯定的范围；因为别人的体力和劳动等于是同这东西乳水交融而等同起来了。由此推论，可知一切真实的财产所有权，也就是道德的财产所有权，原来是，唯一无二的是以劳力加工为根据的；正如在康德以前这就是颇为人们所普遍承认的，并且也正如这就是最古老的一种法典说得明确而优美的：“熟悉古代的智者们说，谁铲除了田野里的树木，把田野打扫干净，犁过了，这块耕地就为他所有；正同谁是第一个给予一只羚羊致命伤的，这羚羊就属于他。”（《摩

奴法典》Ⅸ,第 44 页。)在我看来,康德的全部法理学是一些互相牵混的错误很特别的交织在一起,我认为这只能以康德老年的衰弱来解释。就是这一点也是可以说明的,他是以优先占有作为财产
434 所有权的根据的。但是单凭我的意志宣告不许他人使用一件东西,怎么就能立即赋予自己对于这东西的**合法权利**呢?显然,这样的宣告本身就需要一个法理根据,而不是如康德所认为的这宣告本身就是一个法理根据。如果除了自己的宣告外别无其他根据就要独占一件东西,那么,又怎能说别人不尊重这种要求就是这人在实质上,亦即在道德上,行为非义呢?在这件事上怎么会使别人良心不安呢?这是很明白和容易理解的〔道理〕,即是说根本不能有什么**合法的占取**,唯一能够有的只是对一个东西的合法**领有**,合法**获得**,〔而这是〕由于原来就是对这东西使用了自己的劳力〔来的〕。因此,一件东西只要是由于别人的辛勤加过工的,改良过的,或是防止了事故而得保存的,即令是这么微小的辛勤,只是摘下或拾起一颗野生的果子,但是夺取这样的东西显然仍是那掠夺者拿走了别人用在这上面的劳力的果实,显然仍是让别人的身体为**他的**意志服务而不是为别人自己的意志服务;是超出了他那意志的现象而肯定他自己的意志,直到否定别人的意志:这就叫做行为非义*。——与此相反,单是享受一样东西,对此并无任何加工或并未采取任何安全措施以防破坏,那么,这也和单凭他的意志宣告他自己的独占,是一样的没有对此提出一种合法权利。所以说即令

* 所以要为自然的财产所有权树立根据,并无须假定两种法权根据相互并行,不需要**占领**根据和**造成**根据并列,而是后面这一根据就足够应用了。不过“**造成**”这个词儿并不十分恰当,因为对一样东西加上某种勤劳无须一定是一种形式的赋予。

一个家族在一个世纪以来就是独自在一个猎区行猎，但没有做一点什么来改进这个猎区；那么，如果现在有新来的外人也要在这里围猎，这家族要不是在道德上非义，根本就不能加以反对。因此所谓优先占有权只是人们在白白享受过一样东西之后，还要加以报酬，即还要求继续独享的权利，这是在道德上完全没有根据的。对于单是立足于这种权利上的人，那后来的新客就有更好 435
的理由来反驳他："正是因为你已享受了这么久，所以现在也该由别人来享受了。"任何一件无法加工的东西，既不能加以改善，也无从采取安全措施以防事故，就都不能在道德上提供有根据的独占权。这种东西的占有，可能是由于其他一切人的方面为了报酬占有人在别方面的贡献而自愿让出来的；不过这已假定了一个由传统习俗所约束的集体，假定了国家。——在道德上有根据的所有权，如我们在上面所引申的，在其本性上就赋予所有人以支配其所有物的无限权力，和这所有人对于他自己的身体有着无限的支配权一样；因而他可以用交换或赠予的方式把他的财产转让别人，而别人又得和他一样的以同一道德的权利占有这份财产。

根本说起来，非义的**施为**不是用**暴力**就是用**阴谋**，而从道德上本质的东西看，两者只是一回事。首先就凶杀说，我用的是匕首或是毒药就并没什么区别。用类似的方式伤害人身，结果也是一样。其他情况的非义一概可以还原为我，作为非义的施行人，总是强制别的个体不为他的意志而为我的意志服务，不按他的意志而按我的意志行动。在暴力的方式上达到这一目的是通过形体上物理的因果性，在阴谋的方式上则是通过动机的构成，亦即通过认识检验

过的因果性，从而是我给他的意志敷陈一些**假动机**，使他以为他凭这些动机是在服从**他自己的**意志，而其实他是在服从**我的**意志。认识既是动机所在的媒介，那么，我要做到这一切就只有使他的认识错误，而这就是**谎骗**。谎骗的目的每次都是在于左右别人的意志，而不仅是在于影响他的认识；不是为了他自为的认识本身，而只是以影响他的认识为手段，即只在认识决定他的意志这范围内来影响他的认识。这是因为我的谎骗是从我的意志出发的，这谎骗自身也需要一个动机，而这样一个动机却只能是〔左右〕别人的
436 意志而不能〔止于影响〕别人自在的，自为的认识而已；因为〔别人〕这样的认识绝不能对**我的**意志有什么影响，所以绝不推动我的意志，绝不能是我这意志所有的那些目的的动机，而只有别人的欲求和行动，〔要别人做什么〕才能是这样一个动机。由于这一点，从而也只是间接地，别人的认识也才能是这样一个动机。这不仅在一切显明从自私自利出发的谎骗上是这样，就是在纯从恶作剧产生的谎骗上——恶作剧是要在别人由此促成错误而产生的痛苦后果上取乐——，也是这样。甚至只是单纯的吹牛，因为借此可以从别人方面获得较大的敬重或较好的评价，也是意在对别人的欲求和行动发生更大的更易获致的影响。单是拒绝说出一个真理，也就是根本拒绝说出什么，这，本身还不是什么非义，但以任何谎语骗人上当却都是非义。谁拒绝为走错了路的人指出应走的路，这还不是对这人非义，但故意教他走错却是非义。——从这里说出的〔道理〕推论起来，任何**谎骗**作为谎骗论，都和暴行一样的是**非义**；因为谎骗既作谎骗论，其目的已经是在于把自己意志的支配权扩充到别的个体的身上去，也就是以否定别人的意志来肯定

我的意志，正和使用暴力相同。——不过最彻底的谎骗却要算**毁约**，因为在契约里一切条文规定都完备而清楚齐全。原来当作在签订一份契约时，别人承担的义务直接而自明的是我此后承担义务的动机。双方互许的条款是经过考虑而正式交换过的。各人在契约中所作声明的真实性，按〔原来〕的认定，都在各自的掌握之中。如果对方破坏契约，那么他就是欺骗了我。并且，由于他只是拿假动机来蒙混我的认识，以便按照他的企图来左右我的意志，把他的意志的支配权扩张到别的个体上，所以他就是作出了完全非义〔的行为〕。一切**契约**在道德上的合法和有效都以此为根据。

就非义的施行者说，使用暴力还不如使用**阴谋**那么**可耻**，因为暴力的非义是从体魄的力量产生的，而体魄的力量在一切情况之下都是使世人震惊倾服的。阴谋的非义则相反，采取绕圈子的办 437

法就已泄露了其人的懦弱；所以这是同时从体魄方面和道德方面把他的为人贬低了。加之哄和骗所以能够成功，是因为进行哄骗的人为了取信于人，自己还不得不装出对哄骗痛恨和鄙视的样子；哄骗所以得逞是基于人们相信他的诚实，而这却是他没有的。——诡计多端，背信弃义和出卖行为所以到处引起深恶痛绝，乃基于忠信诚实是一根拴带，它从外面使一一分散于个体杂多性中的意志重行统一起来；并且也是由于这一作用才限制了由于意志分散而产生的利己主义的后果。背信弃义和出卖行为却是撕断这根最后的，外在的拴带，是由此而为自私自利的后果提供无限的活动范围。

在我们考察方式的连带关系中，我们已发现作为**非义**这概念的内容的，是一个人的某种行为属性；在这种行为属性中他把显现于他身体中的意志之肯定如此扩张了，以至这种肯定势将否定显现于别人身体中的那意志。我们还在一些只是一般的例证上指出了非义的范围从哪儿开始的界限；同时，我们也曾用过少数的几个主要概念从最高到较低一些的程度规定了非义的等等。据此，**非义**这概念乃是原始本然的、正面的；而与此相反的**正义**这一概念却是派生的、反面的。因为我们必须不把自己局限在字面上，而是应该在概念上说话。事实上，如果没有非义，就绝谈不上**正义**，即是说**正义**这概念仅仅只含有非义的打消。任何行为，只要不超出上述界限，亦即不是否定别人的意志以加强本人自己的意志之肯定，便都包括在这一概念中。所以单是就纯粹**道德**的规定这方面看，上述界限已把〔一切〕可能的行为的全部领域划分为非义和正义〔两个方面〕了。一种行为，只要不是按上面分析过的方式，在否定
438 别人意志时侵入别人的意志之肯定的范围，就不是非义。例如别人有急难而不予以援手，或自奉有余而对别人的饥饿且死袖手旁观，这固然是残酷的，无人性的，但不是非义。〔在这种场合，〕能够以充分的把握来说的只是：谁要是不仁而冷酷竟达到这种程度，那么也完全可以肯定，只要他的愿望要求这样做而没有什么强制力加以阻拦，任何非义他也都干得出来。

不过，从**正义**这概念作为非义的打消说，则这概念主要的是使用在以暴力抵抗非义的图谋这种情况上；并且无疑的，这概念的原始产生也是从这种情况来的。这种抵抗不可能本身又是非义，所以抵抗是正义的；尽管在抵抗时所施展出来的暴力行为就其本身孤立地看好像是非义，而只是在这里由于行为的动机才算是公道

的，也就是才成为正义的。如果有一个个体在肯定他自己的意志时，竟至于侵入我本人作为一个人格的人在本质上〔具有〕的意志之肯定的范围，并以此否定我这意志之肯定，那么，我抵抗这种侵犯就是否定这一否定。就这一范围说，在我这一方面，除了肯定本质上必然地、原始地在我身体中显现着的，仅由我身体的现象即已随同包含在内而表出的意志之外，并没有做什么；所以这就不是非义而是**正义**。这就是说：我由此有一种**权利**来使用为了取消别人那否定而必需的力量来否定别人〔对我〕的否定；而在这样做时，如易于理解的，甚至可以成为杀死别的个体。对他的侵害，作为侵入的外来暴力，加以抵抗是不算非义的，从而是有权用一种有些超过外来暴力的反作用来加以抵抗的；因为在我这方面所发生的一切，始终只在我本人作为这样一个人本质上必有的，由于我这人即已表现在“意志之肯定”的范围内（这就是斗争的舞台）而不侵入到别人的这种范围里去，这就只是否定之否定，也就是肯定，本身不又是否定。所以说，我的意志既显现于我的身体中，又以自身的力量保全自身而不否定任何遵守同一界限的别人的意志，我就可以**不为非义**而**强制**那否定我的意志的别人意志不去实行这一否定，即是说在这一限度内我有一种**强制权**。 439

在我有强制权，有完整的权利以暴力对付别人的一切场合，随情况的需要我也可以一样的不为非义而以**诡计**来对付别人的暴力，从而是**恰在我有强制权的范围内**，我也确有**谎骗之权**。因此，谁要是对一个搜索他身上财物的市井匪徒保证他身上再没有什么东西了，〔即令是谎语也〕完全是正义的行为。同样，谁要是用谎话把一个黄夜闯进来的强盗骗进地窖而把强盗反锁在里面，也是正

义的。谁要是被绑匪掳去，例如被〔北非〕耙耙内斯克[①]人掳去，他为了恢复自己的自由不仅有权以公开的暴力而且有权以计谋杀掉那些人。——因此，由直接对肉体的暴力行为压榨出来的诺言根本就没有拘束力，因为忍受这种强制的人完全有权用杀人的方式把自己从暴客手里解救出来，更不用说用欺骗的方式了。谁要是不能以暴力取回被劫走的财物，而是用计谋弄了回来的，也不是作了非义之行。如果有人把从我手里抢去的钱赌输了，那么我甚至有权对他使用假骰子，因为我从他那里赢回来的〔钱〕原来就是属于我的。谁要否认这一点，就必然更要否认战争中用计的合法性，因为这甚至是出之于行动的谎骗，是瑞典女王克瑞斯汀[②]所说〔名句〕的一个例证，她说："人们说的话根本就不能作数，至于他们的行动几乎也是不可信任的。"——依此说来，正义与非义之间的界限诚然是间不容发。此外我认为再要去证明这一切和〔我们〕上面关于谎骗与暴力都是非义的讲法完全一致，是多余的；这一切也可用以阐明关于〔迫不得已的〕急谎那一奇特的理论*。

440 根据前此所述的一切，那么非义和正义就只是些**道德的**规定，也就是在人类行为作为这种行为来考察的方面和就**这行为本身的内在意义**看都有效的规定。这是直接呈现于意识中的，一方面是由于非义行为有一种内在的痛苦与之相连，即施行非义的人单纯

① Barbareske，在中古时代，人们把摩洛哥、阿尔及利亚、突尼斯、特立波立斯等地的人称为耙耙内斯克人，以言其盗匪之多；今称为帕尔伯(Berber)人。

② Christine(1626—1689)，瑞典王 Gustav Adolf 的女儿，成年时登极，1654 年逊位。

* 在我的获奖论文《论道德的基础》中还有关于这里提出的法权理论更进一步的讨论；请参照该书第一版§17，第 221—230 页(第二版第 216—226 页)。

地感到的一种意识，〔意识到〕他肯定自己的意志过于强烈，竟至于否定了别人的意志现象；也是由于〔意识到〕他作为现象看固然有别于非义行为的承受者，但在本体自身上又是和承受者同为一个东西。进一步阐明良心不安的内在意义却只能在更后面再谈。在另一方面，非义行为的承受者也痛苦地意识到他的意志被人否定；〔尽管〕这意志是由于他的身体和身体的自然需要就已表现出来了的，而大自然是教他指靠自己身体的力量来满足这些需要的。同时他还意识到他可以不为非义而用尽一切方式来抵御那否定，只要他有力量做得到。这种纯道德的意义是义与非义所有的唯一意义，但这是就人作为人而不是作为公民来说的；所以即令没有一切现行法规而处于自然状态中，这种意义依然存在，并且是构成一切现行法规的基础和内容。这就是人们所以称为自然法的东西，但还不如称之为道德法；因为它的效力管不到受害的方面，管不到外在的现实，而只及于〔人的〕行为和由此而产生于人的自我认识，对于他个人的意志的自我认识——这就叫做良心——；自然法在自然状态中不能在每一场合都能对外，对其他个体有效，不能在每一场合防止强权代替正义作统治者。在自然状态中有赖于每一个人的只是他在任何场合都不为非义，而绝不是在任何场合不承受非义，〔承受非义与否〕则有赖于他偶然的外在的强有力。因此，义与非义的概念对于自然状态固然也有效而绝不是传统习俗性的；但在那儿却只是作为道德的概念而有效，以便每人自己认识本人自己的意志。生命意志在人类个体中肯定自己，强烈的程度是极不 441
相同的。这些道德的概念在刻画强度的表上就等于温度表上的冰点一样，是固定的一点，也就是自己意志的肯定成为别人意志之否

定的那一〔临界〕点；这就是说由于施行非义而得指出意志的激烈程度和认识在个体化原理（这是整个儿为意志服务的“认识”的形式）中被局限的程度相结合〔的一点〕。不过如果有人把〔他对于〕人类行为的纯道德性的考察放在一边或加以否认，而只就外在的作用和效果来考察行为，那么，他当然也可追随**霍布斯**把义与非义说成是传统习俗的，任意采用的规定，因而也是在现行法以外根本就不存在的规定。并且我们也绝不能用外在的经验使他明白〔本来〕绝不属于外在经验的东西。譬如上述这个**霍布斯**，他就有一种说法极为突出地标志着他那已经完成的经验主义思维方式的特点。在他那本《几何学原理》中他否认全部真正纯粹的数学，而顽固地断言点有广袤，线有宽度。可是我们也绝不能指出一个没有广袤的点，一根没有宽度的线，我们不能使他明白数理的先验性，正如不能使他明白法理的先验性相同，他反正是对任何非经验的认识都关了门。

那么，纯粹**法学**就是**道德**里面的一章了，并且直接只是和**行动的施为**有关，不与**行动的承受**有关。原来只有行动是意志的表出，而道德又是只考察意志的。行动的承受则是赤裸裸的“事态”，道德只能间接地也考虑行动的承受，亦即仅仅为了证明凡只是为了不承受非义而发生的事并不是非义。——申论道德的这一章①，它的内容应是规定一个准确的界限，规定个体在肯定已在他身体
442 中客体化了的意志时，可以走到哪儿，而不至否定那显现于另一个体中的同一意志，然后又规定超出这界限的行为必然是非义，因而

① 指纯粹的法学，亦即理论法学。

是可以不为非义而加以抵御的。所以说考察的着眼点总是自己本人的**行动**。

可是在作为事态看的外在经验中，**承受非义**也就出现了。在非义的承受中，如已说过的，生命意志和它自己对抗的现象比在任何其他地方还要表现得更明显些。这种对抗现象是从个体的众多和利己主义两者之中产生的，这两者又是以个体化原理为条件的；而对于个体的认识，这原理就是表象世界的形式。在上面我们还曾看到很大一部分人生本质上的痛苦都在这种个体对抗上有着它永不断流的来源。

不过所有这些个体所共有的理性，并不是让他们像动物一样只看到个别个体，而是也让他们抽象地认识到在联系中的整体；并且很快就已教会他们去理解痛苦的来源，使他为减轻痛苦，或是可能的话就取消痛苦而想出办法；也就是教大家作出同样的牺牲，大家由此获得的共同利益足以抵偿这牺牲而有余。在某些场合出现时，施行非义对于个别人的自私自利虽是那么畅快，可是在另一个体的承受非义之中，却有着它必然的对应物，对于这另一个体这可是大大的痛苦。于是，在这考虑整体的理性跳出它所属个体的片面立场而暂时摆脱自己对这个体的迷恋时，这理性就已看到施行非义在这一个体中的享受每次都要被在另一个体承受非义之中相对更大的痛苦所超过；此外还看到这里既然是一切都凭偶然〔机会的〕摆布，所以每人都要怕自己觑便施行非义的享乐会要比承受非
义的痛苦更难到手。由此，理性认识到或是为了减轻遍布于一切 443
的痛苦，或是为了尽可能平均分摊这痛苦，唯一最好的办法就是由一切人放弃那些以施行非义来追求的享受，而给一切人消除承受

非义的痛苦。——所以说这个办法，这个由于理性的运用，不难被按方法从事而摆脱自己片面立场的自私心想了出来，然后逐渐使之完备的办法，就是**国家契约**或**法律**。像我在这里指出国家的起源一样，柏拉图在《共和国》里就已这样把它表述过了。事实上也只有这才是本质上唯一的国家起源，是由这事的本性所确定的。在任何国土也没有一个国家能够另有一种起源，因为正就是这一发生方式，这一目的，才使国家成为国家；并且在成为国家的时候，就不问某一民族在事前的状态是一群互不相属而独立的野人（无政府状态），或是强者任意统治着的一群奴隶（专制状态），这都无关宏旨。在这两种情况之下还没有什么国家，直到那共同的协议成立，国家才诞生；并且是各按该协议或多或少地不掺杂无政府状态或专制状态，国家也就随之而是较完善的或较不完善的。共和国倾向于无政府状态，君主国倾向于专制状态，为此而想出来的立宪君主这条中间道路又倾向于议会党团的统治。〔真〕要建立一个完善的国家，人们必须从创造一些人物着手，这些人的天性根本就能让他们为了公共的福利而彻底牺牲自己的福利。不过在做到这一点以前，已经有一个差强人意的办法，不无小补，即是说如果有那么**一个**家族，这家族的福利和那一个国家的福利是分不开的，那么，至少在主要的事务上就绝不可能只推进其一而不推进其二。世袭君主制的力量和优点就在于此。

道德既然只涉及正义的或非义的**施为**，并能为那大致已下定决心不为非义的人精确地指出他行为的界限；那么，政治学，亦即
444 关于立法的学说，则相反，就只在非义的承受上说话了；并且如果不是为了非义的施为每次都有它必然的对应物，必然有非义的承

受，也就绝不会关心非义的**施为**。非义的承受，作为立法所反对的
敌人，那才是立法的着眼点。进一步说，如果可以想象有一种非义
的施为，并没有另一方面的承受非义与之相联，那么，彻底说来，国
家也就绝不会加以禁止。——再进一步说，因为意志，〔人的〕居
心，是**道德上**考察的对象，也是〔道德上〕唯一的实在，所以旨在必
行非义，唯有外力才能加以制止或使之不起作用的坚决意志，在道
德上和真正已经干出来的非义完全是意味相同的；在道德的审判
之前，这样居心的人就被谴责为非义的。国家则与此相反，根本一
点也不理会单纯的意志和居心本身，而只关心〔实际〕**行动**（不论是
还在图谋中的或已见诸事实的），因为这行动在别的方面有其对应
物，有**痛苦的承受**。所以，对于国家说，实际行动，事态，是唯一的
实在，而居心，意图之被追究只是为了从这些可以看出实际行动的
意义。因此国家不会禁止任何人在他思想中对别人经常藏着谋害
毒杀〔的祸心〕，只要国家已确知对于剑和轧轮的恐惧会不断阻止 469
那祸心真正起作用。国家也没这么个愚蠢的计划，要消灭不法行
为的心理倾向，消灭恶毒的居心；而且是在每一种可借以实现不法
行为的动机旁边，总要在无可幸免的刑罚中列上一个分量更重的，
用以打消不法行为的动机。这样看来，一部刑法也就是一本尽可
能完备的登记簿，〔详载着〕所有一切可能假定的罪行的反动
机。——〔罪行和反动机〕双方都是在抽象中假定的，以便一旦有
事时在实际上加以应用。于是政治学或立法〔事宜〕为了它这目的
就会向道德借用法学在规定义与非义的内在意义之外，还精确地
规定了两者间的界限的那一章，不过也只是为了利用那一章的反
面而把人们如果不想**施行**非义，道德就认为不能逾越的一切界限，

看作是人们如果不想承受非义就不能容许别人逾越的界限，亦即人们因而有权把别人从那儿赶回去的界限。因此，这种界限就要尽可能从消极方面用法律把它巩固起来。由此，如果人们相当俏皮地把历史学家称为笨拙的预言家，那么法学家就是笨拙的道德家了；而本来意义上的法学，亦即关于人们可以伸张的权利的学说，在它讲论那些不容损害的权利那一章里，也就是笨拙的道德了。"非义"这概念，和"非义"的否定，"正义"这概念，本来都是道德〔性质〕的；〔但在这里〕由于出发点从积极方面转到了消极方面，也就是由于方向转变而成为法律〔性质〕的了。这一点，和康德的法学一起——康德非常错误地从他的绝对命令引申说国家的建立是一种道德的义务——，正在最近期间一再引起这样一种很奇特的谬论，说国家是一种促进道德的设施。国家是从追求道德的努力中产生的，因而国家的建立是针对利己主义的。好像那唯一说得上道德或不道德的内在居心，永远自由的意志，也能从外面来加以修正似的，也可由外来作用加以改变似的！更错误的一个"理论"说：在道德的意义上，国家是自由的条件，从而也是道德性的条件；可是自由却是在现象的彼岸，更毋庸说是在人类设施的彼岸了。国家，如已说过，既不是根本反对一切利己主义，也不是反对利己主义的利己；而是相反，国家恰好是从一切人有着自知之明而按方法办事的，从片面立场走到普遍立场，由是而总括起来的共同的自私中产生的，是专为这种利己主义服务而存在的；是在纯粹道德性的不可期，亦即纯出于道德理由的正义行为不可期这一正确前提之下建立起来的，要不然国家本身也就是多余的了。所以国家不是为了反对利己主义，而是为了反对利己主义那些有害的后果，亦即反对从自私的个体的众多性中，在他们一切人彼此互施中产生而损害他们福利的后果，又以此福利为目的而建立的。因此 446
亚里士多德就已说过："国家的目的是大家生活得好，而生活好就是生活幸福和美好。"(《论共和国》，Ⅳ)还有霍布斯也完全正确地、卓越地分析了国家的这一起源和目的。同样，一切国家秩序的那一古老基本原则："公共福利应是法律的第一条"也标志着同一起源。——国家如果完全达到了它的目的，它就会产生这样一个现象，等同于普遍都是彻底平正的居心在起作用似的。可是这两种现象[①]的内在本质和起源〔在两者之间〕却是相反的。即是说在后面这一场合是没有人想要施行非义，而在前面那一场合却是没有人想要承受非义，并且是为了这个目的，一切适当的办法都已用上了。这就是同一根线得以从相反的方向来描画；而一头戴上了口罩的猛兽也会和一头草食兽一样不会伤人了。——可是要超过这一点而进一步，国家就无能为力了；国家不能演出一种好像是从普遍的互惠互爱中产生出来的现象。这是因为如我们刚已看到的，国家由于它的本性就不禁止非义〔或不法〕行为，假如是根本没有非义的承受在另一方面与之相应的话；只因为这是不可能的事情，国家才禁阻一切非义〔或不法〕行为。那么反过来，国家按它以全体幸福为目的的倾向，也将要乐于致力使每人都蒙受人类仁爱各种各样的美意和善行，要不是这些美意善行的事业在具体实施中也有一种对应物[②]的话。可是在这种场合，国家的每一公民就都

① 指国家完全达到目的前后两种现象。

② 指实施中所贡献的劳动或物质。

会想充当那被动的角色，没有一个人会要想充当主动的角色了；并且也没有一个什么理由可以责成某人应在某人之先来充当这主动的角色①。因此，可以加以强制的只是消极的东西，那也就正是法律；而不是积极的东西，那也就是人们在好心肠的义务或不完全的义务这类名称之下所理解的东西。

447 如已说过，立法从道德借来纯粹法学或讨论义与非义的本质和界限的学说，以便为了那和道德不相干的立法目的而从反面来利用这种学说，并按以制定现行法律和建立维护立法的工具，建立国家。所以实际的立法就是从反面来应用的纯道德的法学。这种应用可以尊重每一特定的民族固有的条件和情况而见之于实施。但是，只有现行立法在本质上是彻底按纯粹法学而规定的，并且要立法的每一条款都能在纯粹法学中找到根据，然后所产生的立法才真是积极的正义；而这国家也才是一个道义的集体，才是名副其实的国家，才是道德上容许的设施，不是不道德的设施。否则相反，现行立法就会是为积极的非义奠定根据，立法自身就会公开自承是由强制而成的非义。属于这一类型的是任何一种专制政体，是大部分回教国家的政体；甚至许多宪法的某些部分也属于这一类型，例如人身所有权，强制劳役等等。纯粹法学或自然法，更好是叫做道德的正义，固然总是要由于倒转方向才成为任何道义的现行立法的基础，等于纯粹数学是任何一支应用数学的基础一样。为了这一目的，纯粹法学和哲学一样，也有它要向立法传播的最重要的几点：1)说明义与非义两概念内在的和本来的意义，以及两概

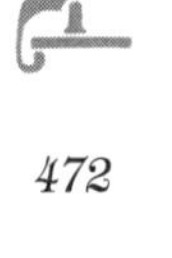

① 主动被动的角色指施惠受惠者。

念的起源，两概念在道德上的应用和地位。2)财产所有权的引申。3)契约的道德效力的引申，因为这是国家契约的道德基础。4)国家的起源和目的的说明，说明这一目的对道德的关系，以及随这一关系〔如何〕通过方向倒转，按目的而移用道德的法学到立法上来。5)刑法的引申。——法学的其他内容不过只是这些原则在一切可能的生活关系上的应用，是义与非义间界限的详细规定，所以这些关系都是在某些一定的观点和标题之下加以分合的。在这些〔如 448
何分合〕特定的论点上，所有的纯粹法学教科书都颇为一致；唯独在那些原则上则说法极不相同，因为这些原则总是和某种哲学相连的。在我们既已按我们的哲学体系简单而概括地，然而也是坚定而明确地说明了〔上面〕那些重点的前四点之后，还有刑法〔这一点〕也正要用同样的方式来谈一谈。

康德提出了一个根本错误的主张，他说在国家之外就没有完整的所有权。根据我们上面的引申，在自然状态中也有财产，附带也有完整的、自然的，亦即道德的权利。这种权利，不行非义就不能加以损害，但拼着一切而加以保护却不是非义。与此相反，在国家之外没有什么**刑法**，那倒是确实的。整个刑事处分权都只是由现行法奠定基础的。现行法**在**〔人〕犯法之**前**就对这种犯法〔行为〕规定了刑罚，而刑罚的恫吓作为反动机，就应该在分量上超过那一犯法行为的一切动机。这种现行法应看作是这国家一切公民所批准，所承认的。所以现行法是建基于一个共同契约之上的，在任何情况之下国家的一切成员都有义务遵守这一契约，也就是在一方面有用刑的义务，在另一方面又有受刑的义务。所以强制受刑是有理由的。从而**刑罚**的直接**目的**，在个别场合是把**法律当作契约**

来**遵守的**。可是**法律**的唯一目的是**吓住**〔人〕不要侵犯别人的权利，因为只是为了每人都有保障而无须承受非义，人们才结集为国家，才放弃施行非义而承担维护国家的重责。所以法律和法律的执行——刑罚处分——基本上是着意于**未来**而不是着意于**过去**的。这就是**刑罚**和**报复**的区别，后者的动机单是在已经发生了的事故上，也就是只在过去作为过去上。一切以痛苦加于人来申雪非义，而对于将来又别无目的〔的行为〕，就都是寻仇报复，并且是
449 除了看到人们自己在别人身上造成的痛苦而以之安慰自己所受过的痛苦外，不能再有其他目的。这种事情是恶毒的，残忍的，是伦理上不能为之辩护的。人以非义加于我，并非使我有权以非义加于人。以怨报怨而别无其他意图，既不是道德的，也没有任何理性上的根据可以把它说成是合理的；而提出报复权作为刑事处分权一个独立的最后的原则，那是意义空洞的。所以康德的学说把刑罚看作单纯的报复，只是为报复而报复，是完全没有根据而错误的见解。然而这种见解像幽灵似的，总还是在许多法学家的著作中以各种各样的华丽词句出没，而结果都是些空泛的废话，如说：罪将以受罚而得赎或是两抵而取消等等，等等。但〔事实上〕任何人都无权把自己捧出来充当一个纯粹道德的审判员和报复者；而以自己加于人的痛苦来找别人的过失算账，也就是责成别人为过失而忏悔。这反而是一种最不自量的妄自尊大，正是为此，所以《圣经》上说："上帝说报复是我的事，我会要报复的。"人很可以有权为社会的安全谋划，不过如果要行得通，就只能依法禁止所有那些以"犯罪"一语标志出来的行为，以便用反动机，亦即用有威慑性的刑罚，来预防；但这种威慑性如遇〔犯罪行为〕仍然要出现的场合，就

只有付之执行才能有效。刑罚的目的，或更恰当些说刑法的目的，就是吓住不要犯罪，而这是一条如此普遍公认的，甚至自明的真理，以至〔这真理〕在英国皇家检察官于刑事案件中至今还使用的那古老控诉程式中就已说出来了，原来那控诉程式的结尾说："如果这被证明了，那么你，即上述某某，应以法定的痛苦加以处分，以便在永久永久的将来制止别人再犯同样的罪"。——目的是为了将来，这才使刑罚不同于报复；并且只在刑罚是为了**法律的有效**才 450
付之执行的时候，刑罚才有这一目的。刑罚也恰好只是由于这样才能对任何未来的情况宣称为不可幸免的。才为法律保留了吓住不犯罪的作用，而法律的目的就正在于此。——在这儿康德派又少不了要反驳说，根据这种见解，被罚的罪犯就"只是当作工具"使用罢了。但是所有康德派这样不厌倦地跟着说的这句话："人们只可一贯把人当作目的，绝不可当作手段对待"，固然听起来像是一句有意义的话，因而对于所有那些想要一个公式，用以免除他们一切深思〔之劳〕的人们，这也是非常适合的一句话；然而在光线〔充分的地方看清楚些〕，这不过是极空泛，极不确定，完全是间接达到他原意的一句话。在任何一个场合应用这句话，都需要先加以特别的说明，特别的规定和限制；〔单是〕这样笼统地使用却是不够的，〔能〕说明的也不多，并且还是有问题的。既已依法判处死刑的杀人犯现在就必须只是当作**工具**来使用，而且〔人们〕完全有权这样做。这是因为公共治安，国家的主要目的，已被他破坏，如果法律还不生效的话，公共治安就会被取消了。而杀人犯，他的生命，他本人，现在就必须成为使法律生效的**工具**，以便由此而成为恢复公共治安的**工具**，并且为了履行国家的契约〔人们〕也有充分的权

利把他作为这样的工具。〔因为〕这个契约,就这杀人犯过去是一公民说,也是他参与过的;而根据这个契约,他曾为了享有他生命的安全,他的自由和财产,也是为了一切人的安全,早就把他〔自己〕的生命、自由和财产作为抵押品了;现在〔因为他破坏契约〕就要没收他这份抵押品了。

这里提出来的,对于健全理性直接可以明白的刑罚理论,在主要的方面诚然不算什么新的思想,而只是几乎被一些新的谬论所排斥的思想;并且也〔只〕是在这一情况下才有必要〔再〕尽量明确地加以论述。在本质上,这一理论已包含在布芬陀夫[①]在《论人民与国家的职权》第二卷第十三章中对这一点所说的那些话里面。还有霍布斯的见解也同这理论一致,可参看《利维坦》
451 第十五、第二十八章。在我们的时代大家知道**费尔巴哈**曾大力主张这一理论。甚至在古代哲人的说法里就已有这个理论,柏拉图在《普洛塔戈拉斯》(蚩槐布禄根〔或双桥〕版第 114 页),其次在《戈琪亚斯》(第 168 页),最后在《法律论》第十一卷(第 165 页)就曾明确地加以阐述了。辛乃加以寥寥数语说出了柏拉图的意见以及有关一切刑罚的理论:“一个高明的人施行惩罚,不是为了错误已经铸成,而是为了不使错误再发生。”(《论愤怒》Ⅰ,第 16 页。)

那么,我们在国家里就认识到一种工具,那以理性装备起来的利己主义就是企图通过这一工具来回避它自己的,它自己对自己发生的恶果;于是每人就都来促进全体的福利,因为他已看到其中

① Puffendorf(1632—1694),德国法学家。

也包括着他自己的福利。如果国家完全达到了它的目的，那么在一定范围内，国家由于其中统一起来的人力，也会知道逐步征服其余的自然界以为己用；最后由于消灭了各种祸害，也可能有近乎极乐世界的某种情况出现。但是事有不然，一方面国家还停留在离这目标很远的地方，一方面永远还有生活在其本质上始终具有的无数坏事，依然和前此一样把生活笼罩在痛苦中；〔因为〕在这些坏事中，即令〔其余〕一切的都已消除，最后还有那空虚无聊会要立即进占其他坏事刚退出去的每一阵地。再一方面就是个体之间的争端也不是国家完全消除得了的，因为这种争端，〔一旦〕大规模的被禁止了，小规模的又起而代之来作弄人。最后还有埃瑞斯〔这位女神〕，幸而把她从〔国家〕内部赶走了，最后她就转移到外面去：作为个体间的争执而被国家制度驱逐了，她又从外面作为国际战争而卷土重来。于是，人们在〔国内〕个别场合用英明的措施使她不得

享有的血祭，现在她就立即大规模地做一次总的来讨取，好像讨取别人该她的积欠似的。再假定这一切一切由于建立在数千年经验上面的聪明智慧，最后也都克服了，消除了，那么，最后的结果将是这一整个行星上人口的真正过剩，这个结果的可怕的祸害现在还只有大胆的想象力才能加以臆测*。

§ 63 452

我们已经认识到在国家里有着它一席的**一时的**公道是报复和惩罚〔的公道〕；并看到了这样的公道唯有着眼于**将来**才能成

* 第二卷第十七章是补充这里的。

为公道,因为没有这种着眼点,则对于一种罪过所加的刑罚和报复都是不能自圆其说的,而只是单纯的在发生了的祸害之上再添上第二个祸害,毫无意思和意义。可是*永恒的公道*就完全不同,这种公道也是前已提到过的。它不是支配着国家而是支配着世界,它不依赖人为的设施,不在偶然和幻觉的支配之下,不是不稳定的,不是摇摆的和错误百出的;而是不会失误的,坚定而可靠的。——报复这概念本身就包含时间在内,因此*永恒的公道*不能是一种报复性的公道,所以不能和报复性的公道那样可以容许推延和限期而只借时间以恶果抵消恶行那样需要时间来实现。在这里惩罚和过失必须是这样的联系着,以至两者是一个东西。

“难道你们相信,
罪恶振翅轻飞,
飞抵上天诸神?
那儿记录有人,
罪恶无分大小,
宙斯簿内载明?
一经宙斯垂鉴。
皆作无罪判定?
果然簿内载明,
昊天尚恐太小,
何能容尽罪行?
检阅已属不能,
遑论依罪议刑。

不，不，不，
你们如愿看取，
这儿便是处分。”

（欧瑞彼德斯[1]原作。转载于斯多帕乌斯《希腊古文分类选录》第一卷第四章。）

至于在世界的本质中真有这么一种永恒的公道，那可以从我们前此所阐发的整个思想中〔看出来〕，对于理解了这〔整个〕思想的人，453 这也是很快就可以完全明白的。

现象，这一生命意志的客体性，就是这世界，即在其部分和形态的一切复杂性中〔的世界〕。生存本身和生存的类别，无论在整个或在每一部分上，都只是从意志来的。意志，它是自由的，全能的。它在它自身和在时间之外是如何规定自己的，它也恰好就是这样显现于每一事物中的。世界只是反映这一〔意志的〕欲求的镜子。世界所包含的一切有限性，一切痛苦，一切烦恼都属于它所欲求的那东西[2]的表现；其所以是如此这般的痛苦烦恼，也是因为意志，它要这样。依此说来，每一生物根本都是以最严格的公平合理在担负着一般的生存，然后是担负着它那族类的生存和它那特有个体的生存；并且完全要看它的个性是如何的，它所在的环境是如何的，所在的世界是如何的，它就是如何的担负生存，也就是为偶然和错误所支配，是有时间性的，无常的，永远在痛苦中。凡在它身上发生的，凡能够在它身上发生的，对于它都是活该的，公平的。

① Euripides（公元前480—前406），希腊悲剧作家。

② 指生命。

这是因为意志〔本〕是它的意志，而意志是怎样的，这世界也就是怎样的。能够为这世界的存在和本性负责的只有这世界自身，没有别人。别人如何要负起这个责任来呢？——如果要知道人在道德上，整个的一般的有什么价值，那么，只看他整个的一般的命运便得。这命运就是困乏、贫苦、烦恼、折磨和死亡。永恒的公道在运行：如果人从整个说来不是一文不值，那么他的命运从整个说来也就不会如此悲惨。在这种意义上我们可以说：世界本身就是世界法庭。要是人们能够把全世界的一切苦恼放在**一个**秤盘里，又把全世界的一切罪恶放在另一秤盘里，那么，天平上的指针肯定就不再摆动了。

认识是为了给意志服务而从意志发芽孳生的，当它一成为个体本身的认识〔而为个体服务〕时，这世界诚然就不会对这种认识表出它自己，像它对学者那样最后揭露自己为唯一的一个生命意志——这即是意志自己——的客体性；而是模糊着未经训练的个体的视线，好像印度人所说的摩耶之幕一样。对于这样的个体，呈
454 现出来的不是自在之物，而只是在时间空间中，在个体化原理中，在根据律其他形态中的现象。在他有限的认识的这个形式中，他看不到事物的本质，那是唯一无二的；而只看到这本质的现象是特殊的、分立的、数不尽的、极不相同的，甚至是相反的。于是，在他看起来，狂欢是一回事，痛苦又完全是另一回事；这一个人是制造痛苦的，是杀人犯；那一人是承受痛苦的，是〔被害的〕牺牲者；恶行是一回事，恶行所肇的祸又是一回事。他看到这一个人生活在快意、饶富和狂欢之中，而在这人的〔朱漆〕门前同时有另一个人因饥寒而痛苦地死去。于是他就要问：公道到哪儿去了呢？而他自己

则在强烈的意志冲动中，——那就是他的起源和本质——，紧紧抓住生活中那些狂欢和享受不放，却不知道他正是由于他意志的这一活动〔同时也〕在抓住，紧紧拥抱着在生活上他见而生畏的一切痛苦和折磨。他看到祸害，也看到世界上的恶行，但是他还远不能认识到这两者只是一个生命意志的现象的不同方面；他以为两者是极不相同的，甚至是相反的。他也常企图通过恶行，也就是在别人身上制造痛苦，来避免祸害，避免他本人个体上的痛苦；被个体化原理所局限，被摩耶之幕所蒙蔽。——正好像一个水手，在一望无涯的怒海上驾着一只小船，山一般的波涛在起伏咆哮，他却信赖这微小的一叶扁舟；一个个安然在充满痛苦的世界正中坐着的人也就是这样信赖着个体化原理，亦即信赖个体借以认识事物，把事物认为现象的方式。无边的世界到处充满痛苦，在过去无尽，在将来无穷，那是他体会不到的，在他看来甚至只是一个童话。而他那渺小的“厥躬”，他那没有幅度的现在，瞬息的快适，在他看来却是唯一具有真实性的，一天没有更高明的认识替他擦亮眼睛，他一天就想尽办法来保有这些东西。在这一天未到来之前，仅仅只是在他意识的最深处有那十分模糊的冥悟在活跃着，亦即悟到所有那 455
些痛苦究竟并不是那么陌生的而是和他有关联的；在这种关联之前，个体化原理也不能庇护的。一切人（也许还有聪明的动物）所共有的，那么无法消除的一种**恐怖**就是从这种冥悟中产生的。人们如果由于某种偶然发生的事故而在个体化原理上给弄糊涂了，也就是因为根据律在它的某一形态中好像是碰到了例外，譬如有个什么变动好像是无缘无故发生的，或是一个死去的人又来了，或是某种过去或将来的事出现在眼前了，辽远的变近了；这种恐怖就

会突然把人们摄住。对于这类事故的大为骇怪都是基于人们突然在〔掌握〕现象的一些认识方式上给弄糊涂了；而保持着人们自己的个体和其余的世界各自分立的〔东西〕也就只是这些认识形式。但是这种各自分立恰好只存在于现象之中而不存在于自在之物中：永恒的公道就正是基于这一点。——实际上一切暂时的幸福都建立在下面挖空了的基地上，一切聪明都是在这样的基地上〔枉〕费心机。幸福和聪明保护着个人不遭遇意外事故，为他找得享受；但个人只是单纯的现象，他不同于其他个体，他所以免除了其他个体担负着的痛苦，都是基于现象的形式，基于个体化原理。就事物真正的本质说，只要一个人是坚强的生命意志，也就是他如果以一切力量肯定生命，那么，世界上的一切痛苦也就是他的痛苦，甚至一切只是可能的痛苦在他却要看作现实的痛苦。对于看穿个体化原理的认识，幸福生活在时间中，或是“偶然”〔机会〕相送的，或是借聪明从偶然争取来的；而〔这种幸福〕夹在无数别人的痛苦中，究竟只是乞丐的〔黄粱〕一梦，在梦里乞丐是国王，但他必然要从梦中醒过来而体会到使他〔暂时〕和他生活的痛苦隔离的只是一个飘忽的幻象。

对于局限于服从根据律的认识中的眼光，局限于个体化原理中的眼光，永恒的公道是避不露面的；如果不是用什么捏造来装点
456 门面的话，这种眼光里就根本没有什么永恒的公道。这种眼光看到恶人做过各种坏事和暴行之后，却生活在欢乐中，并且未经留难谴责就〔轻轻松松〕弃世而去了。这种眼光看到被压迫的人拖着充满痛苦的一生一直到死，而没有出现一个〔为他〕报仇雪恨的人。但是永恒的公道，也只有一个人使自己超出了那在根据律的线索

上前进的，束缚于个别事物上的认识而认识到理念，看透了个体化原理而体会到自在之物不能加以现象的形式之后，才能理解，才能领悟。也只有这样一个人借助于这同一认识，才能懂得美德的真正本质，而这是在和当前这考察相关的范围内不久就会给我们表述出来的；不过美德的实践却并不要求这种抽象的认识。因此，谁获得了上述这种认识，他也就会明白：意志既然是一切现象的本体，那么，尽管那些现象——其中表出的时而有这，时而有那——都是作为完全不同的个体而存在着的，甚至是被长距离的时间和空间所隔开的，然而加于别人的痛苦和自己经历的痛苦，恶行和所肇的恶果则经常只触及那同一的本质。他将体会到制造痛苦的人和不得不承受这痛苦的人两者间的区别只是现象而不触及自在之物。这自在之物就是活跃在这两人中的意志，这意志在这儿被那注定要为它服务的认识所蒙蔽而错认了它自己，而在它的**一个**现象中寻求激增的安乐，在它的**另一**现象中制造巨大的痛苦；它就是这样在强烈的冲动中以自己的牙咬入自己的肉，而不知它永远只是在伤害着自己，其为伤害则是由于个体化这媒介暴露了原来藏在它内部的矛盾。痛苦的制造人和承受人是一〔而非二〕。前者错在他以为自己于痛苦无份，后者错在他以为自己于罪过无份。如果他俩的眼睛都擦亮了，那么以痛苦加于人的那一个就会认识到他是生活在所有那些在广大世界上承受痛苦的人和物之中，并且，如果他具有理性，还要徒劳地寻思这些人和物既看不到它们对于痛苦应负的责任，为什么却要被召唤到这世上来受这么大的痛苦。而承受痛苦的那一个就会体会到世界上现在或过去造成的一切恶 457
都是从那同时也是构成**他的**本质，在**他身上**显现的意志中流出来

的；就会体会到他，由于这显出的现象和这现象的肯定，就已承担了从这意志中产生的一切痛苦；他一天是这意志，就理应忍受这些痛苦。——从这一认识出发，充满冥悟的诗人迦尔德隆在《人生一梦》中说：

“因为一个人最大的罪过

就是：他已诞生了。”

在永恒的规律之下，“生”的结局既然就是死，怎么能教“生”不是一种罪过呢？迦尔德隆不过是用他那诗句说出基督教中那原罪的信条罢了。

要鲜明地认识永恒的公道，认识那秤杆两端联系着二者不可缺一的罪行之害和惩罚之害，那就得完全超出个性及其所以可能的原理之上；因此，这种认识，就和随即要谈到的，与此相近的，对于一切美德的本质那种纯粹而明确的认识一样，都永远是多数人无法问津的。——因此，印度民族睿智的远祖，虽然在只容转生了的三个种性才可读的《吠陀》中，或在教内的经论中，亦即在概念和语言所能及的范围之内，并且是在他们那种还是形象的，也是片段不联贯的表达方式所能容许的范围之内，直接地说出了这一认识；但在群众的宗教中或教外的说教中却只用神话来传达〔这认识〕。《吠陀》是人类最高的认识和智慧的成果，经义的核心是在《邬波尼煞昙》中作为本世纪最大的礼物终于传给了我们的。在《吠陀》的经文中我们看到那种直接的说法是用好几种方式表达出来的，尤其特别的是这一方式：世界上所有一切存在物，有生命的和无生命的，都依次放到门弟子的面前而一一对各物说一句已成公式而叫

458 做摩诃发古亚（大乘）的大咒语：“达吐姆斯”，更正确些是“塔特·

都阿门·阿西”，即是说“这就是你”。* ——可是对于群众，在他们的局限性中所能理解的范围内，这一伟大的真理却要翻译为服从根据律的认识方式。这种认识方式虽在它本质上根本不能纯粹地，逼真地容纳这一真理，甚至是和这真理正相反；不过在神话的形式中究竟获得了这真理的一种代用品。而这代用品已足够作为行为的调节器了，因为这代用品在和伦理意义本身永不相干的认识方式中按着根据律，毕竟是用形象的表现使行为的伦理意义可以理解了。而这就是一切宗教教义的目的，因为这些教义全都是为那些鲁莽的人心无法问津的真理披上一些神话的外衣。在这种意义上也可用康德的语言把这一印度神话称为实践理性上的一个设准。作为这种设准看，这神话倒有这么个优点，即是说除了现实世界眼前的事物外，神话并不要包含什么别的因素，因而神话的一切概念都可用直观〔的事物〕来印证。这里所指的是轮回这个神话。这种神话倡言人们在这一世中所加于其他人或物的痛苦，都必然要在来世，并且还是在这个世界上恰好以同样的痛苦来抵偿。这种说法竟至于以为谁所杀的虽只是一只动物，他在无尽的未来总有一次也要出生为这样一只动物而遭到同样的死法。神话说：恶行将在事后注定来生在世上变为受苦的被鄙视的人或物；根据这种说法，人就可以转生于较低等的种姓之中，或转生为女身，为禽兽，为巴内亚贱民或长陀罗贱民，为麻风病者，为鳄鱼等等，等等。神话通过不自知犯了什么罪过而受苦的人和物而以痛苦恐吓〔人〕，这些痛苦都是以从

---

* 《邬布涅伽》第一卷，第 60 页。

现实世界得来的直观来印证的，因而神话也就无须再借助于别
459 的什么地狱了。与此相反，作为善报则许以转生于更美好更高贵的人身中，为婆罗门，为智者，为圣者。最好的善报却要留给最高尚的行为和彻底的清心寡欲；此外对于这种善报有份的还有那连续七世自愿死在她丈夫焚尸柴火上的妇人，以及从不打谎语而有着一张纯洁的嘴的人。这种善报，神话用世人的语言只能以消极的意义来表示，也就是常见的许〔人〕以不再入轮回："再不进入现象的存在"；或者是如既不承认《吠陀》又不承认种姓制度的佛教徒所说的："汝当入涅槃，涅槃之为状，其中无四苦：生、老、病与死"。

从来没有一个神话，将来也绝不会有一个神话，还能比这个最优秀、最古老的民族的这一上古教义更能紧密地配合这一如此少数的人所能问津的哲学真理了。尽管这民族现在分裂成许多片段了，然而这上古的教训，作为普遍的民族信仰，在今天仍有支配作用，对于生活仍然有决定性的影响，并不亚于在四千年以前。因此毕达戈拉斯和柏拉图就已惊奇地发觉而理解了，尊敬而应用了这无以复加的超级神话教义，不过他们可能是从印度或埃及接受过来的，并且，他们自己在我们无从知道的某种程度上也曾信仰过这种教义。——可是我们现在却反而把英国的牧师们和赫尔恩胡特〔兄弟会〕的麻织工人派遣给婆罗门，说是由于同情他们而教他们一点比这上述神话更好的东西，给他们指出他们是从"无"中创造出来的，并应为此充满谢忱而欢乐。但是我们所遭遇的就等于是以弹丸击石的那人所碰到的结果一样。我们的宗教现在不能，将来也绝不能在印度生根。人类最古老的智慧不会因伽利列所发生

的事故[1]而被挤掉。相反的是印度的智慧反过来流入欧洲而将在我们的知识和思想中产生一个根本的变化。

§　64

但是我们现在就要从我们对于永恒的公道所作非神话的，而是哲学的表述继续走向与此有关的一些考察，考察行为和良心在 460
伦理上的重要性；而良心就是对于永恒公道单纯“感”到的认识。——不过在这个地方，我还想先指出人类天性的两个特点，这些特点会有助于弄明白每一个人如何在意识上至少是模糊地感到那永恒公道的本质，感到意志在其一切现象中的统一性和同一性；而永恒的公道也就是基于这一点的。

完全和国家用刑的目的，和已论证过的为刑法所本的目的无关，〔人们〕如果在〔看到〕一种恶行既已发生之后，〔又〕看到这给别人制造痛苦的人恰好也受到同等的痛苦，则不仅使那些多半是报仇心切的受害人，而且也使事不关己的旁观者一样的人心大快。我认为此中透露的〔消息〕并不是别的，而正是对于永恒公道的意识；不过这种意识随即为未经纯化的心思所误会，真面目被篡改了；因为这心思局限于个体化原理中，犯了潜移语义的毛病，冀图向现象要求那只有自在之物才有的东西；也看不到在什么地步迫害者和受害人在本质上是一〔而非二〕，看不到那同一的本质就是那在它自己的现象中认不出自己，既承担痛苦又承担罪过的东西，反而要求在承担罪过的这一个体上又看到痛苦。——因此，大多

① Galiläa，耶稣诞生的地方，这里指基督教的诞生。

数人都会要求一个有着高度邪恶心肠而同时又有远胜于人的非凡精力的人，得以说不尽的灾难横加于亿万人的人，譬如那征服世界的人，——邪恶心肠是很多人都有的，不过不如在这种人身上还配搭有其他特性而已——；我说，大多数人会要求这样的人〔总有一天〕在某时某地将受到质量相同的痛苦以抵偿〔他制造的〕所有那些灾难。这是因为多数人认识不到折磨人的和被折磨的如何是一〔而非二〕；认识不到他们〔俩〕所由生存和生活的意志也正就是在前者那人身上显现的同一个意志，并且恰好是通过前者这意志的
461 本质才得到最明确的启示；认识不到这意志在被压迫者和在压迫者是同样的受苦，并且随着压迫者的意识更清晰更明确，意志更激烈，压迫者也相应地更痛苦。——至于更深远的，不再局限于个体化原理的认识，一切美德和高尚情操所从出的认识，那就不再怀着那种要求报复的心情了，这是基督教的伦理已经证实了的。这种伦理干脆就不容许任何以怨报怨，而〔只〕听凭永恒的公道的支配，犹如是在不同于现象的，自在之物的领域中。（“报复是我的事，我会要报复的，上帝说”。《给罗马人的信》第十二封，第十九封。）

在人类天性里还有一种更触目的，不过也是更罕有的特点。这个特点既透露一种要求——要求将永恒的公道纳入经验的范围，也就是纳入个体化的范围——；又暗示着一种感到的意识，即我们前面说过的感到生命意志是拿自己的本钱在演出那宏伟的悲喜剧，感到活在一切现象中的乃是那同一个意志。我说，下面就是这样一个特点：我们间或看到一个人，他对于自己能遭遇到的或只是作为见证人而目击的那些巨大暴行是那么深为愤慨，以至他为了报复这罪行的祸首，从容地，义无反顾地不惜把自己的生命孤注

一掷。我们可能看到这样的人经年累月在窥伺一个有权势的迫害者，最后把他杀掉，然后自己也死于断头台上，——如他所预见的那样；甚至〔这种后果〕每每并不是他企图逃避的，因为他的生命已只是作为报仇的手段才对他保有价值。——特别是在西班牙人那里有着这样的例子*。如果我们再仔细考察一下那种热狂的报复精神，那么我们就会发现这种热狂大不同于普通的报仇。普通的报仇是以看到〔自己〕加于〔仇人〕的痛苦来减轻自己所受到的痛苦。我们认为报复狂的目的所在，与其称为报仇，毋宁称为惩罚更为合宜，因为在这种热狂中本来就含有以榜样来影响后世的用意 462
在；并且在这种场合〔人们〕没有任何自私的目的，既不是为了进行报复的个人，因为他是要在报复中毁灭的；也不是为了一个社会，因为社会是以法律来保障自己的安全的。这种惩罚却是由个别人而不是由国家，也不是为了使一条法律生效而执行的。这反而经常是指国家不愿或不能惩罚的一项罪行，加以惩罚乃是国家并不同意的。这种义愤，它驱使一个人这么远远的超出一切自爱的范围，在我看来，它是从这样一种最深远的意识中产生的，就是意识到他乃是整个的生命意志本身。这意志显现于一切人与物之中，经历了一切时代都是如此；因此，最遥远的将来和眼前的现在一样，都是属于这个人的。他不能对之漠不关心。他既肯定这一意志，就进而要求在演出他的本质的这出戏里不再发生那么骇人听闻的罪行，并且要以没有碉堡可以防御，对于死的恐惧也不能阻拦

* 在最近这次战争中，有一个西班牙的主教把他自己和他宴请的法国将军们在餐桌上一起毒死，这和这次战争中发生的好几件事都是属于这里的例子。在孟坦涅(Montaigne)《论文》第二卷第十二章里也有这种例子。

的报复行为作为榜样来吓住任何未来的暴徒。在这里，生命意志虽然还是肯定着自己，却不再系于个别现象，不系于个体，而是拥抱着人的理念，要保持这理型的现象纯洁而没有那种骇人听闻，使人愤慨的罪行。这是性格上罕有的、意义丰富的，甚至崇高的一个特点。由于这种特点，个别的人在努力使自己成为永恒公道的左右手时牺牲了，可是他还是错认了“永恒公道”的真正本质。

§ 65

有了〔我们〕前此对于人类行为所作过的一切考察，我们就已为最后的这一考察作好了准备，并已使我们〔下述〕的任务容易多了。我们的任务就是要使行为的真正伦理意义获得抽象的和哲学上的明确性，并把它作为我们主题思想的环节来论证。这种伦理意义，人们在〔日常〕生活上就用**善**和**恶**这两字来标志，而这个办法也完全可以使人们互相了解。

463 我们今天哲学界的作者非常奇特地把**善**和**恶**两概念当作简单的，也就是不能再加分析的概念来处理。但是我首先要把这两概念还原为它们本来的意义，以使人们不为一个模糊的什么幻觉所束缚而以为这两概念比实际上所含有的还包括着更多的什么，以为这两概念本身自足地就已把这里应有的一切都说尽了。这是我能做得到的，因为我自己前此既未在**美**或**真**这些字的后面找个藏拙的地方，现在在伦理学里我也同样不打算在**善**这个字后面去找这种藏拙之所以便用一个加在这字后的什么性，——这办法在今天似乎有一种特别的灵验，在好些场合可用以解围——，以便用一副庄严的面孔使人相信我在说出真、美、善这三个字时，我所做的

还不只是用以指三个不着边际的、抽象的，因而内容一点也不丰富的，来源和意义又各不相同的概念而已。谁要是熟知当今的文献，而不得不千百次看到每一个最没有思维能力的人是如何都相信，只要用一张大嘴和一副热情的山羊面孔说出那三个字，就算他是说出了什么伟大的智慧了；那么，在看到这些之后，尽管那三个字原来所指的是那么高贵的东西，可是现在在事实上，谁又不认为已变成了肉麻的东西呢？

真这一概念在论根据律一书的第五章里，从§29起，已有了解释。**美**这概念的内容，由于〔本书〕整个的第三篇才第一次获得了应有的说明。现在我们就要把**善**〔好〕①这一概念还原为它本来的意义，而这是不要费很多事就可以做得到的。这概念基本上是相对的，是指**一客体对意志的某一固定要求的相适性**。因此，一切一切，只要是迎合意志的，就不管意志是在它自己的哪一种表出中，只要满足意志的目的，也不管这些东西在其他方面是如何的不同，就都用**善**〔好〕这一概念来思维。因此我们说好食品、好路、好天气、好武器、好预兆等等；总而言之是把一切恰如我们所愿的都叫做善〔或好〕；所以，对于这一个人是善的〔或好的〕，对于另一个人又可以恰好是相反。善〔或好〕这概念又分为两类，也就是好受 464
的和有益的〔两类〕。——至于和这相反的概念，如果所说的是指没有认识作用的事物，就用**坏**这个字来标志；比较少用而更抽象的是用**弊害**一词，不过都是指不迎合意志每次要求的一切。同其他能够和意志发生关系的一切事物一样，人们也把恰好是对〔自己〕

① 在德语中“善”与“好”是同一个字。

要求的目的有利，有帮助而友好的那些人称为好的，这和称其他事物为好的是同一意义，并且总是保有相对的意味；例如通俗说："这人对我好，但对你不好"就表示着这种相对性。但是有些人，和他们的性格而俱来的是根本就不妨碍，反而促成别人的意志的努力，一贯都喜欢帮助人，心肠好，和蔼可亲，乐善好施，这些人因为他们的行为方式对于别人的意志根本有着这样的关系，所以都被称为好人。至于与此相反的概念，大约在近百年来，德语用以标志有认识作用的生物（动物和人）和无认识作用的事物的，有所不同，法语也是这样，都是用"恶"这一词〔标志前者〕。可是在所有其他语言中几乎都没有这种区别，希腊文、拉丁文、意大利文、英文都用"坏"这一词，既以指人，又以指无生命的物；〔当然〕这些人或物都是和意志的某一特殊目的相反的。所以说这考察完全要从善的消极方面出发，以后才能转到善的积极方面，才能不再要在〔行为〕对别人的关系上而是在对〔行为者〕他自己的关系上来探讨所谓好人的行为方式。〔这时〕尤其要尽力于〔从两方面〕作说明，一方面是这行为显然在别人〔心里〕所唤起的纯客观的敬意，另一方面是这行为显然在他〔自己心里〕唤起的一种特殊的满足，因为这两方面甚至都是他以另一种牺牲为代价换取来的。也还要说明这两者的反
465 面，说明内心的痛苦。尽管坏心肠为那些有此心肠的人带来那么些身外的好处，坏心肠总是和内心痛苦相连的。由此就产生了那些伦理学体系，有哲学上的，也有依傍宗教教义的。这两种伦理学体系总是想用个什么办法把幸福和美德联系起来。前者的做法或是用矛盾律，或是用根据律，也就是或使德行和幸福等同起来，或使幸福成为德行的后果。不过这都是诡辩。后者的做法则主张在

经验可能认识的范围以外另有一个世界*〔,以此来联系幸福和德行〕。根据我们的考察则相反,德行的内在本质就会现为一种指向完全相反方向的努力,而不是指向幸福的努力:而幸福就是安乐和生命。

根据上面的说法,**善**在其概念上就是此对彼〔的善〕,所以任何
“善”在本质上都是相对的。这是因为善只在它对一欲求的意志的
关系中才有它的本质。准此,**绝对善**就是一个矛盾:最高善、至善
都意味着矛盾,也就是意味着意志最后的满足,此后再无新的欲求
出现;意味着一个最后的动机,实现了这一动机就有了一种不再破 466
灭的意志的满足。根据我们在这第四篇里前此所作的考察,这类
事情都是不可想象的。犹如时间不能有起止一样,意志也同样不
能由于任何一种满足而停顿,而不再从新有所欲求。一个持久的,
完全而永远使意志冲动宁静下来的满足是意志所没有的。意志是

* 这里还可附带指出凡是能以巨大力量赋予任何宗教教义的,凡可用以使人心深服的始终都是这教义的伦理方面;不过不是直接当作伦理,而是紧密地和各宗教其余那些特殊的、神话的信条相联系相交织的,好像单是由于这些信条就足以解释那伦理方面似的。伦理和信条交织竟至如此紧密,以至行为的伦理意义虽不是按根据律可以说明的。每种神话却都服从根据律;〔尽管这样矛盾,〕教徒们仍然认为行为的伦理意义和他们的神话是完全不可分的,简直是一个东西。于是他们就把对神话的任何攻击看作是对正义和美德的攻击。在那些一神教的民族中,这种看法竟使无神论或不信奉神成为不具任何道德性的同义语。神父们当然欢迎这种概念的混淆,也只是由于这种混淆才可能产生那可怕的怪物——宗教狂热。这种狂热不仅能支配个别突出错误和凶恶的个人,也能支配好些整个的民族。最后,总算是给人类留了一点面子,宗教狂热在我们这西方世界体现为宗教迫害的法庭,在人类历史上〔幸而〕还只出现过一次。按最近终于证实了的资料,单是在马德里(当时在西班牙还有好多这种宗教的害人坑)于三百年间就有三十万人因宗教案件而残酷地死于火刑的柴堆上。任何一个热衷的教徒,在他每次还要饶舌的时候,就该立即让他回忆这一点。

妲奈伊德的〔穿底〕桶。对于意志并没有什么最高善、绝对善，而是永远只有一时的善。同时听凭人们喜欢，也可把一个“荣誉职位”授予一个使用成习而不想完全丢掉的古老说法，好比是把一个荣誉职位授予退休的官员似的，即是说人们可以譬喻地、比兴地把意志的完全自我取消和否定，真正的无所欲求称为绝对善、至善，看作唯一根治沉疴的良药，而一切其他的“善”都只是些〔治标的〕轻减剂、止痛剂；〔因为〕唯有这才使意志冲动永远静默安宁下来，唯有这才提供那种不可能再破坏的满足，唯有这才有解脱尘世之效；而这就是我们现在在我们整个考察的末尾随即要讨论到的。在这一意义上，希腊文终极目的这个词，以及拉丁文善的终极倒是更合本题。——关于**善恶**这两个字就只谈这么多了，现在且言归正传。

如果一个人在一有机会而没有外力阻拦的时候，总有做出**非义**之行的倾向，我们就称他是**恶**。按我们对于非义的解释，这就叫做这个人不仅是按生命意志在他身上显现〔的程度〕肯定这意志，而是在这肯定中竟至于否定了那显现于别的个体中的意志。而这又表现于他要求别人的各种力量为他服务；如果别人和他的意志的趋向对抗，还表现于他要消灭别人。高度的利己主义是这里的最后根源，而利己主义的本质是前面已分析过了的。这里立即可以看到两件事：**第一**，在这种人心里透露出一种过分强烈的，远远
467 超过肯定他自己身体的生命意志；**第二**，这种人的认识完全忠实于根据律而局限于个体化原理，呆板地守着由此原理在他自己本人和所有别人之间所确定的全部区别；所以他单是求自己的安乐，对于别人的安乐则完全漠然；别人的生存对于他毫不相干，和他的生存之间有着鸿沟为界。是的，真正说起来，他只是把别人看作一些

没有任何真实性的假面具。——所以这两种特性就是坏性格的基本因素。

但是,欲求的那种高度激烈性本身就已直接是痛苦的永久根源。第一,这是因为一切欲求作为欲求说,都是从缺陷,也即是从痛苦中产生的。(所以一切欲求在刹那间的沉寂,就已正是审美的怡悦中的一个主要因素。从第三篇里还可回忆欲求的这种暂时沉寂,是我们作为认识的主体,纯粹而不具意志,〔即理念的对应物〕[①]每次聚精会神于美的观审时就会出现的。)第二,这是因为事物的因果关系使大部分的贪求必然不得满足,而意志被阻挠比意志畅遂的机会要多得多,于是激烈的和大量的欲求也会由此带来激烈的和大量的痛苦。原来一切痛苦始终不是别的什么,而是未曾满足的和被阻挠了的欲求。即令是身体受伤或遭到残害时,肉体的痛苦所以〔也〕能够是痛苦,就单是由于身体不是别的,而是已成为客体的意志本身。——就是这一缘故,就因为大量而激烈的痛苦是和大量而激烈的欲求分不开的,所以在大恶人的眉宇之间都打上了内在痛苦的烙印。尽管这些人已经获得一切表面上的幸福,可是只要不是他们正在欢愉的那一刹那,或是没有伪装的时候,他们经常有一副不幸的可怜相。从这种内在的痛苦中,从完全直接是他们本质上的痛苦中,最后甚至还产生一种不是从单纯的自私出发,而是于自己无利单是基于别人的痛苦的快意,这就是真正的**恶毒**。恶毒又可再进而演变为**残忍**。就恶毒说,别人的痛苦已不再是自己意志达到目的的手段,而就是目的本身。下面是对 468

① 这个地方的方括弧是原文本来有的,与其他地方的方括弧不同。

于这一现象更详细的说明：因为人是被最清晰的认识所照明的意志现象，所以他总是拿现实的，他的意志所感到的满足去和“认识”给他指出的，仅仅只是可能的满足较量长短。由此就产生妒忌：〔自己的〕每一缺陷都会由于别人的享受而显得无限地加强了，〔相反〕由于知道别人也忍受着同样的缺陷，则自己的又将为之减轻。凡是人所共有的，和人生不可分的苦难都不怎么使我们难受，属于气候或整个乡土方面的缺点也是这样。回忆那些比我们自己的痛苦更大的痛苦会有镇静和止痛的作用，看到别人的痛苦景象会使自己的痛苦减轻。现在假如一个人有着过分激烈的意志冲动，他以火热的贪心要攫取一切，以便解除利己主义〔诛求无厌〕的〔饥〕渴，而这时又如势所必至的，他一定要经历到一切满足都只是表面上的假象，所获得的东西从未实现过它在我们追求它时所作的诺言——使强悍固执的意志冲动得到最后的宁静，而是在获得〔满足〕之后只是那愿望改变了自己的形相，又在另一形相之下来折磨人；最后如果这愿望再没其他形相可变了，意志冲动也没有了已认识到的动机而止于自身，而现为可怕的荒凉空虚之感，而带来了无可救药的痛苦；如果从这一切一切之中，那在一般〔激烈〕程度上的欲求只是比较轻微地被感到，也就只产生一般程度的忧郁感；而在另外一人，他已是到了显著恶毒程度的意志现象，则必然产生一种过强的内在痛苦，永远的不安，无可救药的创伤；那么，他就要间接来寻求他无力直接获得的慰藉，也就是要以看到别人的痛苦景象，同时还认为这痛苦是他的势力〔起了作用〕的表现，来缓和自己的痛苦。对于他，别人的痛苦现在已是目的自身了，已是他可以称心饱看的一幅景色了。真正的残忍现象，嗜血现象，就是这样产生的。这是历史上屡见不鲜的，如在涅罗[①]、多密迁[②]这些皇帝，非洲那些觋师，罗伯斯庇尔这类人，都可看到。

报仇心理已类似恶毒，它是以怨报怨而不是为将来着想。为 469
将来想，那是惩罚的性质。报仇只单纯是为了已经发生了的，已经过去了的事情本身，也就不是为了于己有利，不是以之为手段而是以之为目的，以便“欣赏”人们自己加于仇人身上的痛苦。使寻仇报复不同于纯粹恶毒而又可为报仇行为谋求一些原谅的，是报仇在表面上有些正义意味；因为这种行动在这里固然是报仇，但如依法执行，也就是在一个集体中按集体所批准的，事先规定而为众所周知的规则执行，就会是惩罚，也就会是正义。

除开那已描写过的，和恶毒从同一根子，从极强烈的意志中产生的，因而和恶毒分不开的那种痛苦之外，现在还要加上一种与此完全不同的，特殊的痛苦与恶毒相连在一起。这就是干任何恶毒行为时都可感到的痛苦，不管这行为是出于自私的单纯非义或是真正的恶毒；而按这痛苦持续的久暂，就可分别叫做**良心不安**或**良心责备**。——谁要是对于这第四篇前此的内容，尤其是对于篇首已阐明了的那真理，说生命本身作为意志的写照或镜子，永远是生命意志确实保有的；并且对于永恒公道的论述——都还记忆犹新的话，那么他就会发觉，按这些考察说，良心责备除了下述意义外不能有别的意义；即是说良心责备的内容，抽象说来，就是下述这个内容：——在这内容里人们〔又〕区分为两部分，而这两部分又得

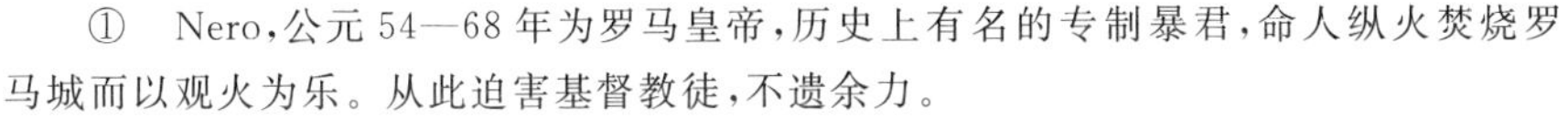

① Nero，公元54—68年为罗马皇帝，历史上有名的专制暴君，命人纵火焚烧罗马城而以观火为乐。从此迫害基督教徒，不遗余力。

② Domitian(公元51—96)罗马帝，专制暴君，以残忍著名。

完全融合一致，必须当作完全统一了的来设想。

尽管摩耶之幕是这么严密地蒙蔽着恶人的心窍，即是说尽管这恶人是这么呆板地局限于个体化原理，以致他根据这一原理把自己本人看作绝对不同于其他任何一人，中间是由一条鸿沟分开来的；而这种认识，因为唯有它符合他的利己主义，是利己主义的支柱，所以〔又〕是他以全力抓住〔不放〕的，犹如“认识”几乎总是被
470 意志所收买的；——尽管这样，可是在他意识的最深处仍然有一种潜伏的冥悟在蠕动着〔。所悟到的是〕：事物这样的一种秩序究竟只是现象，在本体上可完全是另一回事。也就是说时间和空间虽是这样把他和其他个人以及这些人所忍受的无数痛苦，甚至是由于他而忍受的痛苦分开来，把这些显示为和他全不相干的东西；然而在本体上，除开表象及其一些形式不论，显现于所有他们〔那些个体〕中的仍然是同一个生命意志，这生命意志在这里误认了它自己，拿起自己的武器对付自己。并且当这意志在它的某一现象中寻求激增了的安乐时，就正是以此把最大的痛苦加于它的另外一些现象时；而他，这恶人，又恰好是这整个的意志〔自身〕，因而他就不仅是加害者，同时也正是受害人了。把他和受害人的痛苦分开，使他得以幸免〔于痛苦〕的，只是一个以时间和空间为形式的幻梦；如果这幻梦一旦消逝了，那么，按真实情况说，他就必须以痛苦为代价来抵偿欢乐。并且一切痛苦，他认为仅仅只是可能的痛苦，都实际的到了作为生命意志的他身上来了；因为可能性和现实性，时间上和空间上的远和近只是对于个体的认识，只是借个体化原理才是有区别的；在本体上却并不是这样。这个真理就是以神话表达的，也就是使之合于根据律，由此转入现象的形式而以轮回〔之

说〕表达出来的那一真理；不过这真理不带任何副产品的最纯净的表现却在那模糊感到而又无可慰藉的痛苦之中。这痛苦，人们就称为良心不安。——但是，良心不安在此以外又是从**第二个**直接的，和那第一个密切联系着的“认识”中产生的，即是由于认识到生命意志在凶恶的个体中用以肯定它自己的强度，远远超出了它的个体现象之外，以致完全否定了显现于其他个体中的同一个意志。所以，一个恶棍对于自己的行为那种内心的，要向自己隐瞒的厌恶和痛恨，除了是模糊地感到个体化原理和由此树立的人我界限这两者的虚无性，表面性之外，同时包括有对他自己意志的激烈性、暴力的认识；这种激烈性也就是他用以把握生命，将自己紧紧吸住在生命上的。正是这生命，它那可怕的一面就是恶棍在被他压迫 471
的人们的痛苦中所看到的，然而这恶棍又是那么紧密地和这痛苦交织为一体的，以致恰好是由于这一点，然后作为他更充分地肯定他自己的意志的那手段才是由他自己发起的最惨酷的事。他认识到自己是生命意志集中显现的现象，感到自己陷入生命已到什么程度，由此又感到自己陷入那些无数的，生命本质上的痛苦已到什么程度；因为生命有着无尽的时间和无穷的空间以取消可能性和现实性之间的区别，以使现在只是他**认识到的**一切痛苦变为**感觉到的**痛苦。千百万年的生生不已固然只在概念中存在，和整个的过去，未来一样；但具有内容的时间，意志显现的形式，却只是“现在”。时间对于个体是常新的：个体觉得自己永远是新发生的。原来生命是不能从生命意志分开的，而生命的形式又只是“现在”。死好比是太阳的西沉（请原谅我又重复使用这一比喻）。太阳只是看起来好像被黑夜吞噬了，其实它是一切光明的源泉，不停地在燃

烧着，给新的世界带来新的日子；无时不在上升，无时不在下沉。起和止都只涉及个体，是借助于时间，借助于〔个体〕这现象的形式为了表象而有的。在时间以外的就只有意志，亦即康德的自在之物，和意志的恰如其分的客体性，亦即柏拉图的理念。因此自杀并不提供什么解脱：每人在他内心的最深处**欲求**什么，他就必须也**是**这个什么；每人**是**什么，他就正是**欲求**这个什么。——所以说把良心刺痛了的，除开那仅仅是感到的认识，认识到使个体分立的表象之形式的表面性和虚无性之外，还有对于自己意志及其强烈的程度的自我认识。生活过程编织着验知性格的肖像，这肖像的蓝本则是悟知性格。恶棍看到这副肖像必然要吃一惊，不管这肖像是以那么庞大的轮廓织成的，以致这世界得以和他共有一个深恶痛绝之感，或只是以那么纤细的线条织成的，以致单只有他自己看见，因为同这副肖像有关的就是他自己。要是性格在它一天不否

472 定它自己的时候，果然不觉得自己是超然于一切时间之外的，不觉得自己是历尽一切时间而不变的话，那么，过去的往事，作为单纯的现象就也许是不足轻重的了，也许就不能使良心不安了。〔然而这是不可能的，〕因此，过去好久了的事总还是要压在良心上面。譬如这恳祷："求主不要使我受试探"，①就〔等于〕是说："不要让我看到我是什么人"。——恶人在他用以肯定生命的暴力上，在从他加于别人的痛苦中对他显现出来的暴力上，他估计着和他距离有多远的就正是这意志的放弃或否定，〔放弃或否定生命意志〕也就是对于这世界及其疾苦唯一可能的解脱。他看到自己依附于这暴

① 基督教《主祷文》中的一句。

力的程度，看到自己是如何牢固地被束缚在这暴力上。在别人身上**认识到**的痛苦将不能使他有动于中，他只是掉在生命和**感到的**痛苦的手心里。而这一点能否摧毁而克服他意志的激烈性，则尚在未定之天。

关于**恶**的意义及其内在本质的这一分析，如果作为单纯的感受，亦即**不**作为明确的抽象的认识，便是**良心不安**的内容；并且这一分析，由于以同样方式考察作为人类意志的属性的善，和在最后由于考察这属性达到最高程度之后，从这属性中产生彻底的无欲和神圣性，就会获得更大的明确性和完整性，这是因为相反的对立面总是互相阐发的，斯宾诺莎说得非常好："白昼既显示它自己，同时也显示黑夜"。

§　66

一个不具理由的道德训条，也就是单纯的道德说教，是不能起作用的；原因是它不成为动机。但**一个**有动机作用的道德训条，它之所以能起作用，也只是由于它对〔人的〕自爱起了作用。凡是从自爱产生的可就没有什么道德价值。由此可知道德训条和任何抽象的认识根本不能导致什么美德，美德必然是从直观认识中产生的，直观认识〔才〕在别人和自己的个体之中看到了同一的本质。

原来美德虽然是从认识产生的，却不是从抽象的，用言语可以表达的认识产生的。如果是后者，那么美德也就是可以教得会的 473
了；那么，当我们在这儿抽象地说出美德的本质时，说出为美德奠基的"认识"时，我们就会把每一个理解这种说法的人在伦理上改造好了。可是事实并不是这样。事实却是人们不能以伦理学的演讲或传道说教来造就一个有美德的人，正如所有的美学，从亚里士多德起，从来没有造就一个诗人一样。原来概念对于美德的真正内在本质是不生发的，而且对于艺术也是如此。概念完全是次要的，只能作为工具而为实现或保存从别的方面认识到的，已成定论的东西服务。“欲求是教不会的。”事实上，抽象的教条对于美德，也就是对于心意上的善，是没有影响的。错误的教条并无害于美德，正确的也难加以促进。假如人生的首要大事，他伦理上的，永远有意义的价值，果然有赖于教条、宗教教义、哲学理论之类的东西，而获得这些东西又是那么出于偶然，那可真的太糟了。教条对于道德仅仅只有这样的价值，就是说一个由于别方面来的，〔我们〕就要讨论到的认识原已有了美德的人，可以从教条得出一种格式，一种公式，按这公式他可以为自己那无私的行动向自己的理性交出一个多半只是为了过关而虚构的理由；〔其实〕这理性，也就是这个人自己，并不理解这行为的本质，〔不过〕他早已使自己的理性习惯于以这种交代为满足罢了。

教条和习惯，和模范（后者所以如此是因为普通人不相信自己的判断，他已意识到判断的弱点，只追从自己或别人的经验）相同，对于**行为**，对于外在的行动虽然有很大的影响，但有了这影响并不就是改变了〔人的〕居心*。一切抽象的认识都只提供动机，而动机则如上述，只变更意志的方向，绝不变更意志本身。但一切可以
474 传达的认识都只是作为动机才能对意志起作用。所以不管那些教

* 教会可能要说这只是表面功夫，如果不是“天惠”赐以信仰的话，这是作不得用的；信仰才导致再生。详见后文。

条是如何指引意志的，一个人真正欲求的，在根本上欲求的是什么，他也永远仍然是欲求那同一个东西。他只在如何获得这东西的途径上得到了一些别的想法。并且幻想的动机也能和真实的动机一样的引导他。所以说，例如一个人或是以莫大恩德施于穷苦无告的人，而坚信在来世可以回收十倍于所施的总数；或是把同一金额用于田产的改良上，则将来获利虽迟一点，却会更可靠，更可观；这〔两种行为〕从伦理价值上来看就并无高下之分了。——和为了谋财而害命的匪类一样，那信心虔诚而把异教徒让火烧死的人，那在圣地[①]扼死土耳其人的人，如果这前后两人是为了在天国里取得一席之地而分别地是他们那样做，那么他们也是杀人犯。原来这些人只是替自己，替他们的自私自利盘算，和那匪徒一般无二；他们不同于匪徒的只是手段上的荒唐罢了。——如前所说，要从外面来影响意志就只有动机，而动机又只改变意志把自己表出的方式，绝不改变意志本身。“意欲是教不会的。”

有些善良行为〔每〕引教条以为其实施的根据，人们在这儿就必经常区别那教条果真是动机，还只是我们在前面说的，是表面上的托词交代而不是别的。那人为了来自另一来源的一件好事而企图以这种交代来使他自己的理性不要见怪。这件好事是他做的，因为他是好人；但他不懂得如何作恰当的解释，因为他不是哲学家而偏要为这件事想出点什么〔理由〕〔，于是他就引教条为依据了〕。可是这一区别很难找到，因为这是深藏在心情内部的。因此，在道

① 指耶稣出生地，在中世纪长期为土耳其人所占领，欧洲的十字军即为收复圣地而发。

德上我们几乎绝不能正确地判断别人的行动，也很少能正确地判断自己的行为。——个别人的或一个民族的行动和行为方式，很可以受到教条、模范和风俗习惯的影响而改变，但在本身上一切行动（“表面功夫”）都只是空洞的形象，唯有导出行为的居心才以道
475 德意义赋予行为。在很不相同的外在现象之间，道德意义却可以真正完全是相同的。〔两人之间〕恶的程度相等，但可以是一个死于轧轮的酷刑之下，一个安宁的死于亲人的怀抱之中。同一程度的恶，在**一个**民族可以粗线条地表现于凶杀和吃人的野蛮行为，在**另一些**民族又可以静悄悄地、精细地、小型纤巧地表现于宫闱的阴谋、欺压和各种缜密的诡计；但是本质却是一个。可以想象：一个完善的国家，或者甚至只是一个坚信死后有奖惩的信条，都能制止任何一种罪行；这在政治上将是很大的收获，但在道德上则还是一无所得，反而是〔以假乱真〕，徒使意志的写照受到生活的障碍。

因此，居心的纯善，无私的美德和纯洁的慷慨仗义都不是从抽象的认识出发的；但仍然是从认识出发的，是从一种直接的直观的认识出发的。正因为这种认识不是抽象的，所以也是不容转达的，必须由各人自己领悟；在言语中不能求得它真正适当的表现，而是完全只能求之于人的作为、行动和生平事迹之中。我们在这里是找美德的理论，因而就得抽象地表达美德所依据的认识的本质；可是我们并不能在这一论述中提出这认识本身，而是只能提出这认识的概念。这时，我们总是从行为出发，也唯有在行为中才可以看到这认识，并且总是把行为指为这认识唯一恰当的表现，我们只是对这表现加以阐明和解释而已，也就只是抽象地谈出这儿究竟是怎么回事。在我们以已描述过的**恶**为对照而谈到真正的**善**以前，

作为中间阶段现在就要涉及仅止于否定恶〔的问题〕了。这就是公道。什么是义，什么是非义，上面已有充分的分析；因此我们在这里就可以不费事的说：一个人要是自愿承认义与非义之间纯道德的界线，在没有国家或其他权力加以保障时也承认这界线有效；按 476
我们的解释也就是说：一个人在肯定自己的意志时绝不走向否定在另一个体中显现的意志，——那么，这人就是公道的。这也就是说这个人不会为了增加自己的安乐而以痛苦加于别人；亦即他不会犯罪，他会尊重每一个人的权利，每一个人的财产。——这样，我们就看到个体化原理在这样一个守公道的人那里已有所不同于在恶人那里，已不再是绝对的界墙了；看到这守公道的人已不是恶人那样只肯定自己意志的现象，否定一切别人的意志的现象；看到别人对于他已不再只是一些假脸子，——假脸子的本质和他的本质是完全不同的——，而是他已由于自己的行为方式表明了他在别人的，对于他只是表象的现象里认出了他自己的本质，即认出了作为自在之物的生命意志；也就是说他在一定程度上，在不为非义，不损害人的程度上，又在别人的现象里发现了自己。他也正是在这一程度上看穿了个体化原理，看穿了摩耶之幕；在这范围内他把在自己以外的本质和自己的〔本质〕等同起来：他不伤害这个本质。

如果看透这种公道的内在的深处，那么在公道里就已包含一种预定倾向，不要在肯定自己意志的时候走太远了，以免自己意志的肯定在强制别人意志的现象为之服务时又否定了别人的意志的现象。所以人们从别人享受了多少，就要对别人报效多少。存心公道如果到了最高的程度，则往往已可和不再只是消极性质的纯

善相匹敌了。这时人们甚至要怀疑自己对于承继得的财产应有的权利，而只以自己精神的或肉体的力量来维持身体；甚至感到别人对自己的任何服务，自己的任何奢侈都是罪过，感到一种责备，最后只有以自愿的贫苦为出路。我们看到**巴斯伽尔**①就是这样的。在他已转到禁欲〔主义〕的方向时，尽管他有足够的仆从，却不许别人侍候他；尽管他经常多病，却要自己铺床，自己到厨房里取饮食，
477 如此等等。（他妹妹写的《巴斯伽尔传》第十九页）和这完全相仿佛的报道说，有些印度人，甚至王公们，他们拥有巨大财富而只用以维持他们的亲属，他们的宫廷和仆从；他们自己却以严格的拘谨态度奉行着那些最高的行为准则，除了自己亲手种的亲手收的之外，什么也不吃。他们这样做却是基于某种误解而来的：原来个别的人正是由于他们富有而又有权势，他们很可以为人类社会全体作出相当可观的贡献，以使这些贡献和他们所继承的，借社会〔之力〕而得到保障的财产两两相称。真正讲起来，这种印度人的过分公道已经超过了公道，也就已经是真正的清心寡欲，是生命意志的否定，是禁欲了。这些都是我们〔在本篇〕最后将要谈到的。与此相反，干脆一事不做而只借别人之力来生活，凭借继承的财产而一无所贡献，这在道德上就已可视为非义，尽管在现行法律上这必然还是合法的。

我们已看到自觉自愿的公道，它的真正来源是在一定程度上看穿了个体化原理；而不公道的人却是整个儿局限在这个原理中的。看穿个体化原理〔这回事〕，这不仅是在公道所要求的程度上，

① Pascal(1623—1662)，法国神秘主义哲学家，数学家。

而且在更高的程度上，在促成积极的善意、慈惠和博爱的程度上，也可以出现；并且，不管那显现于这一个体内的意志自身是如何强而有力，都可能出现。〔意志虽强，〕认识常能替这个体保持〔知与意的〕平衡，教他抵抗那欲为非义的试探，甚至教他发挥任何程度的善；是的，甚至发挥任何程度的清心寡欲。因此，绝不可把一个好人看作原来就是比恶人更为软弱的意志的现象，〔实际上只〕是认识在好人心里主宰着盲目的意志冲动。不过也有些这样的人，他们只是由于显现于他们身上的意志是薄弱的面貌似心肠好；但他们〔究竟〕是怎样的人，只要看他们没有足够的自制力以完成一件公道的或善良的行动就明白了。

如果我们现在又遇到这样一个人，作为一个罕见的例外，他虽 478
拥有一份相当可观的收入，但是他只以其中一小部分作为自己用，而把所有其余的都赠予贫困的人们，自己却缺这缺那，少了许多享受和舒适，而我们又想要解释这个人的行为；那么，完全别开这人自己也许要用以使他的理性了解他的行为的那些教条不论，我们就会发现**他比常见的情况更加不作人我之分**是他那行为方式最简单而普遍的表现，是他那行为方式最基本的特征。如果在别的一些人眼里看起来，人我之分是那么巨大，〔譬如〕恶人直以别人的痛苦为自己的快乐，非义之人也喜欢以别人的痛苦作为增进自己福利的手段；即令单纯只是公道的人也不过止于不去为别人制造痛苦而已；也就是说根本绝大多数人都知道而且熟悉在自己的附近有着别人的无数痛苦，可是没有决心来减轻这些痛苦；因为他们如果要这样做，自己就必然要减少一些享受。如果说对于所有这些人里面的任何一个，都好像是在自己的我和别人的我之间横亘着

巨大差别似的，那么，对于我们想象中这位崇高的人则相反，对于他，人我之分就不是那么重要了，个体化原理，现象的形式就不再是那么严密地局限他了，而是他在别人身上看到的痛苦几乎和他自己的痛苦一样使他难受。因此他想在人我之间建立平衡的均势，他割舍自己的享受，担待自己缺这缺那以缓和别人的痛苦。他体会到在他和别人之间的区别——对于恶人是一条鸿沟的区别——只是属于无常的、幻变的现象〔的东西〕。他毋庸作逻辑的推论而直接认识到他自己这现象的本体也就是别人那现象的本体，这本体也就是构成一切事物的本质，是存在于一切事物中的那生命意志。不错，他认识的这一点甚至可以推及动物和整个的自然，因此，他也不折磨一个动物*。

479 他现在已不至于在自己有着多余的，可以缺少的〔东西〕时而让别人忍饥挨饿，正如一个人不会今天饿上一天，以便明天有享受不了的多着在那儿。这是因为“摩耶之幕”对于那博爱行善的人已经是透明的了，个体化原理的骗局也收了场了。他在任何生物中，从而也在受苦的生物中所看到的都是他自己，他本身，他的意志。从他那儿撤走了的是这种荒唐的错误：生命意志常以这种错误而

* 人对于动物生命和兽力所以有〔主宰的〕权利，是基于痛苦是随意识的明瞭而相与俱增的〔这一事实〕。动物，或由于死亡或由于服劳役而忍受的痛苦还不及人仅是由于不得享有肉食或使用兽力所受痛苦的巨大，因此人在肯定自己的生存时可以走向否定动物的生存，因为这样，整个的说来，生命意志所受的痛苦就会比反其道而行之要小一些。同时这也规定着如何才算不是过分使用〔兽力〕的限度；不过人们往往超过了这种限度，尤其是在使用驮重兽和猎犬时是这样。因此保护动物协会的活动特别注重这一点。我个人认为上述权利并不能用于活体解剖，至少不能用之于高等动物。在另外一面，一只昆虫由于它的死亡而受的痛苦还不如人由于被它螫伤所受痛苦之甚。——印度人则不理解这一点。

错认了自己，它时而在这里在某一个体中享受着飘忽的虚假的欢乐，时而在那里在**另一个**体中又为此而忍饥挨饿，也就是这样制造着痛苦又忍受着痛苦而不能自已，和杜埃斯特一样贪婪地饕餮着自己的肉；〔时而〕在这里为无过受罪而叫屈，〔时而〕在那儿却当着〔报复之神〕涅米西斯的面肆无忌惮地胡作非为；永远是在别人的现象里认不出自己，因而也觉察不到有永恒的公道，只是被局限于个体化原理之中，根本也就是被局限于根据律所支配的那种认识方法之中。治好这种妄念，摆脱摩耶的骗局，这和行善布施是一回事。不过后者是〔看穿个体化原理的〕那种认识不可少的标志罢了。

良心痛苦的来源和意义，我们在前面已说明过了。和良心痛苦相反的是**心安理得**，是我们在每次无私的行动之后所感到的满 480
足。心安理得的来因是由于无私的行为既是从我们也在别的现象中直接认出自己的本质自身而产生的，又给我们证验了这种认识：即认识到我们真正的自己不仅是在自己本人中，不仅在这一个别现象中，而且也在一切有生之物中。这样，〔人们〕就觉得心胸扩大了，正如〔人〕自私自利就觉得胸怀窄狭一样。这是因为自私〔心〕把我们的关怀都集中在自己个体这一个别现象上，这时，认识就经常给我们指出那些不断威胁这一现象的无数危险，因而惶恐的忧虑就成为我们情绪的基调了。那么〔相反〕，一切有生之物，和我们本人一样，都是我们自己的本质这一认识就把我们这份关怀扩充到一切有情之上，这样就把胸怀扩大了。由于对我们自己本身的关怀缩小了，为了自己本人的那种惶恐的操心盘算也就在根子上被削弱，被限制了：所以就有宁静的自得的喜悦心情，那是善良的存心和无内疚的良心所带来的。所以在〔多〕有一次善行之后，这

种心情的出现就愈为明显，因为这善行给我们证验了这种心情所依据的理由。〔而〕利己主义者〔则〕觉得自己被陌生的敌对现象所包围，他全部的希求都寄托在自己的安乐上。善人却生活在一个现象互相亲善的世界里，每一现象的安乐都是他自己的安乐。所以说，即令由于他认识到人类整个的命运，没有给他的情绪带来愉快的气氛，然而经久不变的认识到在一切有情中的都是他自己的本质，却为他提供了情绪上一定的稳定性，甚至欢悦的气氛。这是因为广被于无数现象上的关怀不能像集中于一个现象上的那么使人诚惶诚恐。个别人遭遇到的偶然事故有幸有不幸，对于个体的总和来说，偶然事故〔的幸灾〕又互相抵消而拉平了。

所以如果说别的人确立了一些道德原则，把这些原则当作实现美德的格言和必须服从的准则，但是我，如已说过的，却不能够
481 这样做；因为我没有什么应该，什么准则要向永远自由的意志提出。和他们相反，在我这考察相关的范围内，从某方面说和他们那种做法相当而又相似的，就是那纯理论上的真理。单是申论这一真理就可看作我这论述的全部〔旨趣〕，这真理是说意志是任何一现象的本体，但作为本体来说却又不在现象的那些形式中，从而也不具杂多性。就这真理对行为的关系说，我不知道还有什么更庄严的表示法，除非是用前述《吠陀》的公式："这就是你！"谁要是能以清晰的认识和内心的坚定信心，指着他所接触到的每一事物而对自己说出这一公式，那么，他就正是由此而确实具有了一切美德和天福，并且已是在通向解脱的大路之上了。

可是在我再往下谈，作为我这论述的最后部分而指出仁爱——仁爱的来源和本质我们认为即看穿个体化原理——如何导致解脱，导致生命意志的放弃，亦即导致一切欲求的放弃之前；并且也是在指出一条有欠温和却是更常被采用的途径如何引导人达到上述境界之前；在这里首先还得说一句似乎矛盾的话并加以解释。其所以要这样做，倒并不是因为它是这么一句话，而是因为这句话是真的，并且也是属于我要阐明的这思想的完整性以内的。这句话就是：“一切仁爱（博爱、仁慈）都是同情”。

§　67

我们已看到如何在较低程度上看穿个体化原理就产生公道，如何在较高程度上看穿这个原理又产生心意上真正的善，看到这种善对于别人如何现为纯粹的，亦即无私的爱。这种爱如果到了完善的程度，就把别人的个体和别人的命运和自己的完全等同起来。过此以上便绝不能再进一步，因为不存在任何理由要把别人的个体放在自己的个体之上。不过其他个体如果是多数，如果他们全部的幸福或生命受到了危险，则在分量上又很可以超过个别人对自己的幸福的考虑。在这种场合，那已达到最高善和〔有了〕 482
完人心境的当事人就会为了多数别人的幸福而整个的牺牲自己的幸福和生命。这样死去的有柯德罗斯[1]，有奈翁尼达斯[2]，有雷古陆斯[3]，有德西乌斯·缪斯[4]，有阿诺尔德·冯·文克尔瑞德[5]。

① Kodros，相传为雅典王，化装入敌营，以自己的死使神话应验而退敌。

② Leonidas，斯巴达国王，率三百人守关抗波斯军，全部牺牲。

③ Regulus，第一次迦泰基战争中的罗马统帅。

④ Decius Mus，父子皆罗马执政，死于战事。

⑤ Arnold von Winkelried，传说中的瑞士英雄，只身扑敌，身为长矛洞穿。

任何人，只要是志愿地、意识地为了他的亲人、乡邻，为了祖国而不避一死，就都是这一类人物。站在〔最高善〕这一级的〔还大有人在，〕每一个为了坚持那些造福全人类的，为全人类所应有的东西，也就是为了〔坚持〕普遍而重大的真理，消灭重大的错误而甘愿承担痛苦和死亡的人〔都是〕。这样死的有苏格拉底，有乔旦诺·普禄诺；还有为真理奋斗的一些英雄也是这样在活焚的柴堆上死于神父祭师们之手。

不过现在就上面说的〔爱即同情〕那句矛盾语来看，我还得回忆我们前已看到痛苦对于生命，整个的说来，是本质的，与生命不可分的〔东西〕；已看到每一愿望如何都是从一种需要，一种缺陷产生的，因而任何满足也只是消除了痛苦，并不是获得了什么积极的幸福；已看到欢乐虽是对愿望撒谎说它是一种积极的好事，实际上它只是消极性质的，只是一件坏事的结束〔，等等〕。因此，好心善意、仁爱和慷慨〔等等〕替别人做的事永远也只是减轻那些人的痛苦而已，从而可知能够推动这些好心善意去行善布施的，永远只是**对于别人的痛苦的认识**。而这种痛苦是从自己的痛苦中直接体会到的，和自己的痛苦等同看待的。可是由此就得出一个结论：纯粹的爱（希腊语的“博爱”，拉丁语的“仁慈”），按其性质说就是〔同病相怜的〕同情，至于由此所减轻的痛苦则可大可小，而任何未曾满足的愿望总不出乎大小痛苦之外。因此，我们也毋庸客气和**康德**正相反，他认为只有从抽象的反有中，并且是从义务和绝对命令这些概念中产生的一切善和美德才是真正的善，真正的美德，而主张〔人们〕感到的同情是脆弱，并不是美德；和他正相反，我们说：单是
483 概念对于真正美德，和对于真正的艺术一样，是不生发的；一切真

纯的爱都是同情；而任何不是同情的爱就都是自顾之私。自顾之私就是希腊文的“自爱”，而同情就是希腊文的“博爱”。这两者的混合〔情绪〕也是常有的。甚至真纯的友谊也常是这种混合。自顾之私表现在乐于和个性相投的朋友晤对，这是〔混合中的〕较大部分；而同情则表现于对朋友的哀乐有真挚的关怀，表现于人们对朋友所作忘我的牺牲。甚至斯宾诺莎也说：“对别人的好意并不是别的什么，而是导源于同情的情意。”（《伦理学》第三卷，前提二十七，副定理三，论说项）作为一个证据，证实我们那句似乎矛盾的话〔“爱即同情”〕，人们还可注意纯爱的言语和抚爱动作中的音调、词汇完全符合于同情的音调。附带的还可注意在意大利语中，同情和纯爱都是用同一个词“慈爱”来表示的。

这里还得谈一谈人类天性最显著的一个特点，谈一谈“哭”。哭和笑一样，都属于所以别人禽的表情。哭并不正就是痛苦的外现，因为在最轻微的痛楚时也哭得出来。据我的看法，人们甚至绝不是直接为了感觉到痛而哭，而经常只是为了重现于反省中的痛而哭。也就是说人们从感觉到的痛，即令是肉体上的痛，过渡到痛的单纯表象，于是觉得他自己的情况是如此的值得同情，即是说他真挚地坚信，如果别人是受这痛苦的人，他将以满腔同情和热爱予以援助。不过在这里却是这个人自己是他真挚同情的对象，他充满帮助人的好意，而自己却是那需要帮助的人，觉得他所忍受的更甚于他可能看到另一个人所忍受的。在这种奇特地错综着的心情里，直接感到的痛苦先要从一条分为两节的绕道才进入知觉，即首先是作为别人的痛苦来想象，作为别人的痛苦而予以同情，然而又突然觉察到这直接是自己的痛苦；——〔这时〕，人的天性自然就以

484 那种奇特的肌肉抽搐来获得痛苦的减轻。这样说来，**哭**就是**对自己的同情**或被回掷到它出发点的同情。因此，哭是以爱的能力、同情的能力和想象力为前提的；所以容易哭的人既不是心肠硬的人，也不是没有想象力的人。哭，甚至于往往被当作性格上一定程度的善看待，可以解人之怒，因为人们觉得谁要是还能哭，就必然还能爱人，还能对别人同情，正因为同情是以上述方式参与那致哭的心情的。——同这里提出的解释完全相符的，有彼特拉克在坦率而真实地说出自己的感情时，对他自己眼泪的发生所作的描写：

> “我充满思虑，在信步而闲游，
> 对我自己深厚的同情袭击了我。
> 如此深厚——我不得不大声而哭，
> 而平时我并不习于这样做。”

证明这里所说的还有一种事实，那就是弄痛了的孩子们多半要在人们加以抚爱的时候才哭，这就并非为着痛而哭，而是为着“痛”的表象而哭。——如果我们不是由于自己的而是由于别人的痛苦所激动，以至于哭，那么，我们哭是因为我们在生动的想象中为痛苦的人设身处地，或是因为我们在这个人的命运中看到全人类的命运，从而首先是看到自己的命运；所以，通过老远的绕道总还是为了自己而哭，总还是对我们自己感到同情。这似乎也就是在丧事中通常无例外的，自然要哭的主要原因。哀悼者所哭的不是他自己的损失。人们应以为可耻的是这种自私自利的眼泪，而不是因为他有时没有哭。哀悼者首先当然是为死者的遭遇而哭，不过即令死者经历了长期沉重的不治之症而巴不得一死以求解

485 脱，哀悼者也还是要哭。控制着他〔感情〕的东西主要的是同情整

个人类的遭遇，人类注定的最后结局；任何那么上进的，往往那么有作为的一生，都必然要随这种结局而消逝，而归于死。可是在人类命运中，〔哀悼者〕首先看到的却是他自己的命运；并且，死者和他的关系愈亲密，就愈是先看到自己的命运；所以死者如果是他父亲，那就更加是先看到自己的命运了。这个父亲，即令是由于年老而多病痛，活着已属苦恼，由于他需要侍候而已成为儿子的重负，可是由于上述理由，儿子还是要为父亲的死而痛哭*。

§　68

在离题而漫谈到纯爱和同情的同一性之后，——同情折回到自己个体则有哭的现象以为表征——，现在我又回到分析行为的伦理意义这条线索上来，以便此后指出我所谓生命意志的否定如何同一切善、仁爱、美德和慷慨〔等〕一样，都是出于同一来源的。

在前面我们已看到了憎恨和恶毒都是以自私自利为条件的，也看到这种利己主义是以局限于个体化原理的认识为基础的。和以前看到这些一样，我们也曾把看透这个体化原理作为公道的来由和本质；并且再进一步，也就是爱和慷慨达到极点的来由和本质；只有看穿这个原理，由于这样而取消了人我个体之间的区别，才使居心的全善直至无私的爱，直至为别人作出最豪侠的自我牺牲成为可能，才解释了〔这一切〕。

可是，如果这样看穿个体化原理，这种直接认识到意志在它一 486

* 第二卷第四十七章是补充这里的。我们几乎毋庸回忆这里在§61到§67提出的，粗具轮廓的伦理学，在我论道德基础那篇获奖论文中已有过更详尽更完备的论述了。

切现象中的同一性，都已达到了高度的明确性，那么，这两者立即就会对意志显示更进一步的影响。就是说如果那摩耶之幕，个体化原理，在一个人的视线之前揭开了这么宽，以致这人不再在人我之间作出自私自利的区别，而是关心其他个体的痛苦，在程度上和关心自己的痛苦一样；因此他就不仅是在最高程度上乐于助人而已，而且是准备着牺牲自己的个体，只要一旦可以由此而拯救其他一些个体的话。于是这样一个人，他在一切事物中都看到自己最内在的，真实的自我，就会自然而然把一切有生之物的无穷痛苦看作自己的痛苦，也必然要把全世界的创痛作为自己所有的〔创痛〕。对于他，已再没有一个痛苦是不相干的了。别人的一切痛苦烦恼，〔尽管〕是他看到而不是常常能使之减轻的；一切痛苦，〔尽管〕是他间接得到消息的，甚至只是他认为可能的，都和他自己的痛苦一样的影响他的精神。在他眼里的已不再是他本人身上交替起伏的苦和乐，那只有局限于利己主义中的人们才是这样；而是他，因为看穿了个体化原理，对待所有的一切都是同等的关切。他认识到整体大全，体会了这整体的本质而发现这本质永在不断的生灭中，在无意义的冲动中，在内在的矛盾和常住的痛苦中；不管他向哪儿看，他都是看到这受苦的人类，受苦的动物界，和一个在消逝中的世界。但是现在他关心这一切，正如利己主义者只关心他自己本人一样。对于世界既有了这样的认识，那么，怎么教他用不停的意志活动来肯定如此这般的生命，由此而更紧密地把自己束缚在这生命上，总是更紧紧地抱住这生命呢？所以说，如果一个人还局限于个体化原理，局限于利己主义，只认识到个别事物和这些事物对他本人的关系，于是这些事物就成为他欲求的一些总是〔花样〕翻

新了的**动机**；那么，相反的是上述对于整体大会的认识，对于自在 487
之物的本质的认识，就会成为一切欲求的，和每一欲求的**清静剂**。意志从此便背弃生命：生命的享受现在使他战栗，他在这些享受中看到了生命的肯定。〔这时〕这个人便达到了自动克制欲求与世无争的状态，达到了真正无所为和完全无意志的状态。——如果我们另外一些人，在沉重地感到自己的痛苦时，或在生动地看到别人的痛苦时，有时候也接触到生命空虚，辛酸的认识，而想以彻底，永远坚决的克制来拔去贪欲的毒刺，来堵塞一切痛苦的来路，想纯化和圣化我们自己；〔可是〕我们依然还是被摩耶之幕所蒙蔽的人们，那么，现象的骗局仍然会要立即缠住我们，现象〔中〕的动机又会重新推动意志：我们〔还是〕不能挣脱。希望〔给人〕的诱惑，眼前〔生活〕的迷人，享受〔中〕的甜蜜，〔以及〕我们在一个痛苦世界的呻吟中，在偶然和错误的支配之下所分享的安乐〔等等〕又把我们拖回到现象的骗局而从新拉紧捆着〔我们的〕绳索。所以耶稣说：“富人进入天国比锚缆穿过针眼还要难些。”

如果我们把人生比作灼热的红炭所构成的圆形轨道，轨道上有着几处阴凉的地方，而我们又必须不停留地跑过这轨道；那么，被拘限于幻觉的人就以他正站在上面的或眼前看得到的阴凉之处安慰自己而继续在轨道上往前跑。但是那看穿个体化原理的人，认识到自在之物的本质从而〔更〕认识到整体大全的人，就不再感到这种安慰了。他看到自己同时在这轨道的一切点上而〔毅然〕跳出这轨道的圈子。——他的意志掉过头来，不再肯定它自己的，反映于现象中的本质；它否定这本质。透露这〔一转变〕的现象就是从美德到**禁欲**的过渡。即是说这个人不再满足于爱人如己，为人

谋有如为己谋〔等等〕，而是在他〔心里〕产生一种强烈的厌恶，厌恶
488 他自己这现象所表现的本质，厌恶生命意志，厌恶被认作充满烦恼的这世界的核心和本质。因此，他正是否认这显现于他身上的，由他的身体便已表现出来的本质，而他的行动现在就来惩罚他这现象哄骗〔人〕，和这现象公开决裂。基本上不是别的而是意志现象的他，已无所求于任何事物，他谨防自己把意志牵挂在任何事物上，对于万〔事万〕物他都要在自己心里巩固一种最高度的漠不关心〔的境界〕。——性冲动是他的身体——〔这身体〕既健康又强壮——通过性器官表示出来的，但是他否定意志而惩罚这身体哄骗〔人〕：在任何情况之下，他也不要性的满足了。自愿的、彻底的不近女色是禁欲或否定生命意志的第一步。戒淫以不近女色而否定了超出个体生命的意志之肯定，且由此预示着意志将随这身体的生命一同终止，而这身体就是这意志的显现。大自然永远是笃实无欺而天真的，它宣称如果这条戒律普及了的话，人种就会绝灭；而按第二篇所说一切意志现象的关联，我认为还可以假定随同最高的意志现象〔，人〕〔的消灭〕，意志那些较弱的反映，动物界也会消逝；犹如半明半暗的光线将随同充分的光线〔的消逝〕一起消逝一样。随着“认识”的彻底取消，其余的世界也自然消灭于无有，因为没有主体就没有什么客体。我甚至要把《吠陀》中的一段也扯到这上面来，那里说：“和这世界上饥饿的孩子们围绕着他们的母亲一样，一切生物也是这样指望神圣的祭品。”(《亚洲研究》卷八。柯勒布鲁克：《论吠陀》摘自《傞马吠陀》。又柯勒布鲁克：《杂论》卷一，第 88 页。)祭品根本是意味着无欲无求，而其余的自然界都得从人类指望它们的解脱，人是祭师同时又是祭品。诚然，这里值得

以最大的注意来指出的，是这一思想已由那可敬佩的，深刻无边的安琪陆斯·西勒治乌斯在题为《人把一切献给上帝》的短诗中说过了，诗里说：

“人啊！一切都爱你，你的周围多么拥挤： 489

一切都向你走来，以便〔随你同〕见上帝。”

但是还有一个更伟大的神秘主义者：迈斯特尔·埃克哈特，他那些绝妙的著作最近（1857年）由弗朗兹·普菲费尔出版了，才终于成为可读的〔作品〕。埃克哈特在书中第459页完全以这里阐述的意义说：“我是跟着基督证实这一点的，因为他说：当我离地飞升时，我要把一切事物随我带去（《约翰福音》第十二章第三十二段）。所以好人也应这样把一切事物，在这些事物最初方生之际〔就〕送呈上帝。大师们为我们证实这一点，说一切造物都是为人而设。验之于一切造物，都是互相为用：如草之于牛，水之于鱼，空气之于鸟，森林之于野兽。而一切造物也是这样有益于这好人：一个好人把一物连一物带给上帝。”〔在这里〕埃克哈特是要说：人，为了在他本身中，又和他本身一起，也把动物解脱；所以他才在这世间利用这些动物。——我甚至认为《圣经》中艰深的一段，《给罗马人的信》第八通第二十一至二十四句，也得以这种意味来解释。

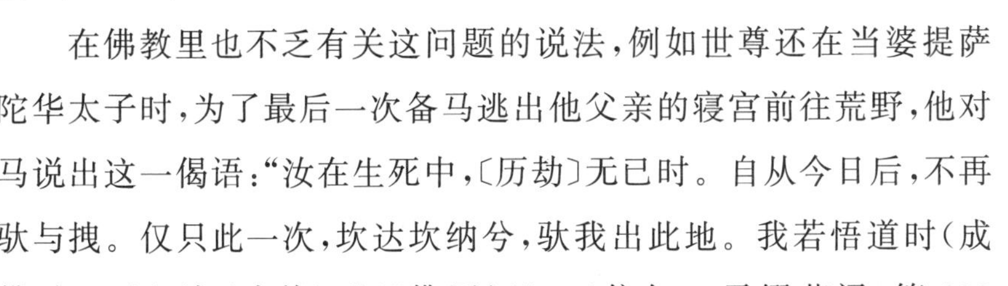

在佛教里也不乏有关这问题的说法，例如世尊还在当婆提萨陀华太子时，为了最后一次备马逃出他父亲的寝宫前往荒野，他对马说出这一偈语：“汝在生死中，〔历劫〕无已时。自从今日后，不再驮与拽。仅只此一次，坎达坎纳兮，驮我出此地。我若悟道时（成佛时），不忘汝〔功德〕。”（《佛国记》，亚倍尔·雷缪莎译，第233页。）

此外禁欲主义还表现于自愿的，故意造成的贫苦；这种贫苦不是偶然产生的，因为〔在这里〕财产是为了减轻别人的痛苦而散尽了的。在这里贫穷自身即目的，是用以经常压制意志，以便不使愿望的满足，生活的甜蜜又来激动意志，〔因为〕自我认识对于这意志已怀着深恶痛绝〔之心〕了。达到了这种地步的人，作为有生命的肉体，作为具体的意志现象，总还是觉得有各种欲求的根子存在；
490 但是他故意地抑制着这种根子，于是，他强制自己不去做他很想要做的一切，反而去做他不愿做的事，即使这些事除了用以抑制意志外并无其他目的存在。他既然自己否定在他本人身上显现的意志，那么他也不会反对别人〔对他自己的意志〕这样做，即是说不反对别人对他加以非义〔之行〕。因此，他会欢迎任何外来的，由于偶然或由于别人的恶意而加于他的痛苦；他将欣然接受任何损失，任何羞辱，任何侮慢，他把这些都当作考验他自己不再肯定意志的机会，来证实他是欣然站到意志现象——即他自己本人——的任何敌对的方面去了。因此，他能以无限的耐心和柔顺来承受这些羞辱和痛苦，他毫无矫情地以德报怨，他既不让愤怒之火，也不让贪欲之火重新再燃烧起来。——和抑制意志本身一样，他也抑制意志的可见性，意志的客体性，也就是抑制他的肉身。他很菲薄地赡养着这躯壳，不使它丰满地成长和发达，以免它重新又使意志活动起来，更强烈的激动起来；〔因为〕身体乃是这意志的单纯表出，是反映意志的镜子。所以他要采取斋戒绝食的措施，甚至采取自鞭自苦的办法，以便用经常的菲薄生活和痛苦来逐步降服和灭绝意志；他把这意志看作自己和这世界在痛苦中生存的根源，是他所深恶痛绝的。——〔在未死以前，〕这意志的本质由于自愿的否定它自己，除了那一点儿微弱的残余现为这躯壳的生机外，是早已死去了的。如果死亡终于到来而解散了意志的这一个现象，那么，死，作为渴望的解脱，就是极受欢迎而被欣然接受的了。在这里和别的人不同，随着死亡而告终的不仅只是现象，而且是那本质自身也取消了。〔在未死前〕本质在这现象中，由于这现象，还有着一种只是微弱的生存*；现在〔在死到来时〕却是这根最后的，已腐朽的纽 491
带也扯断了。对于这样结局的人，这世界也同时告终了。

我在这里既不善于辞令，又只是以一般的表现方式所描写的，倒并不是什么独自杜撰出来的哲学童话，也不是今天才有的。不，这是那么多圣者们和高贵心灵的可羡慕的生活。基督教徒中就有这样的人，在印度教和佛教徒中更多，其他教派中也不是没有。尽管注入他们理性中的教条是如此大不相同，然而一切美德和神圣性唯一能够从而产生的那种内在的，直接的直观认识却都是以同一方式通过〔他们的〕生平事迹表现出来的。原来这里也表出了直观认识和抽象认识之间的巨大区别，这区别在我们整个考察中是如此重要而又是到处贯穿着的，〔只是〕以前注意得太少了。两种认识之间有着一条鸿沟，就认识这世界的本质说，唯有哲学是渡过这鸿沟〔的桥梁〕。从直观方面，也就是从具体方面说，任何人都已意识了一切哲学真理；但是把这些真理纳入抽象的知识，纳入反省

---

* 这一思想已在上古的梵文哲学著作《憎佉颂》里用一个美妙的比喻表示出来了："灵魂暂时还留存在肉体的外壳中，犹如制钵的土坯在已成器之后由于前此所受的力仍然继续转动一样。直到飞升的灵魂脱离肉体，大自然对它不起作用了，灵魂才得彻底的解脱。"柯勒布鲁克：《杂论：关于印度人的哲学》第一卷第 259 页。荷雷斯·威尔逊（Horace Wilson）：《憎佉颂》，§ 67，第 184 页。

的思维，却是哲学家的事；在此以外，哲学家不应再搞什么，也不能再搞什么。

那么，也许这里才是第一次抽象地，不带神话地把神圣性，自我否定，顽强意志的消灭，禁欲等等的本质说成是**生命意志的否定**；而否定生命意志是完全认识了意志的本质，这认识又成为意志的清静剂之后才出现的。与此相反，一切圣者和禁欲主义者都是直接认识到这一点的，并且是通过行动来表出这一点的。在内在的认识上他们都相同，却各按他们原来在理性中所接受的信条而各自说着一种极不相同的语言。他们各按这些信条，印度教的，基
492 督教的，喇嘛教的圣者们必然地各有一套理由来解释他们的行为，但在事情的本身上，这些都完全不相干。一个圣者可以有满脑子最荒唐的迷信，或者相反，也可以是一个哲学家：两者的效果完全一样。唯有他的行动才显示他是圣者，因为他的行动，在道德方面说，不是从抽象的，而是从直观的理解直接认识到世界及其本质而产生的，只是为了满足他的理性才由他用某种教条加以解释。因此，一个圣者不必一定是哲学家，同时一个哲学家也不必一定是圣者；这和一个透顶俊美的人不必是伟大的雕刻家，伟大的雕刻家不必是一个俊美的人，是同一个道理。要求一个道德宣教者除了他自己所有的美德之外就不再推荐别的美德，这根本是一种稀奇的要求。把世界的整个本质抽象地，一般地，明确地用概念来重述，并给理性把这种本质作为反映出来的写照固定在不变的，经常备用的概念中，这就是哲学；也再没有别的什么是哲学。我们可以回忆一下在第一篇里引过培根的那一段话。

但在上面对于生命意志的否定，或是对于一个高贵心灵的事迹，一个慊心无欲，自动忏悔的圣者的事迹，我的描写也恰好只是抽象的，概括的，因而也是冷静的。意志之否定所从出的认识既然是直观的而不是抽象的，那么这种认识也不能在抽象概念中而只能在行为和事迹中有其完整的表现。因此，为了更充分地理解我们在哲学上所说的生命意志之否定，人们还得从经验和实际中熟悉一些范例。人们当然不能在日常的经历中碰到这些例子，斯宾诺莎说得好："因为一切卓越的东西既难能又稀少，"那么，如果没有特殊的幸运作一个亲眼的见证，人们就只得以这类人物的传记满足自己了。如我们在至今还只是由翻译才得知的少数几篇〔经文〕中所看到的，印度的文献有很多圣者们、忏悔者们的生活记述； 493
他们都叫做什么"印度修行的圣者"，"印度忏悔者"等等。在德·波利尔夫人所著有名的，但在任何观点上也不值得称道的《印度神话》中就包含许多这一类卓越的例子(尤其是在第二卷第十三章中)。在基督教徒中也给这里打算要作的说明提供了些例子。人们可以阅读那些时而叫做"圣者之心"，时而叫做"虔教徒"、"清教徒"、"虔诚的宗教幻想家"等人物的传记。〔不过〕这些传记大半都写得不好。这种传记也在不同的时代出过集子，如特尔斯特根[①]的《圣心传》。莱兹的《再生者的轶事》。在我们的时代则有坎尼所搜集的一些传记，其中多数都写得很坏；不过也有一些写得好的，特别是《倍阿达·斯督尔明传》是我认为写得好的〔一篇〕。《圣芳济·冯·阿西西传》完全是属于这儿的，他是禁欲主义真正的人格

① Tersteegen (1697—1765)，德国宗教改革派的神秘主义者，宗教诗歌作者。

化，是一切托钵僧的模范。比他较年轻的同时代人，也是经院学派中的有名人物圣朋纳文杜拉曾为他写过传，这本传记最近又重版了，就叫做《圣芳济传：圣朋纳文杜拉编》(苏埃斯特版，1847 年)。不久以前在法国还出版过沙文·德·马兰精心整理，利用一切有关资料写成的一本详细传记：《圣芳济·冯·阿西西传》。和这些寺院文献平行的还有远东方面的姊妹作，这是斯宾斯·哈代一本极为可读的书：《东方僧侣主义：瞿昙佛创始的托钵僧派述事》(1850 年)。这本书在另外一件外衣下给我们指出了同一件事。人们也可看到在〔圣者禁欲〕这件事的本身上，不论从有神论宗教或无神论宗教出发，都没有什么分别。但是作为最卓越的一本传记，我可以介绍德·顾蓉夫人的自传。对于我所确定的概念，这本书提供了特别适合和最详尽的例证，乃是一个事实的说明。每一缅怀这高贵而伟大的心灵，我心里总是充满敬意。认识这一心灵而公正地对待她心灵上的优点，同时又原谅她理性上的迷信，必然
494 是任何一个善良的人所乐为的。这恰好和思想卑鄙的人，亦即大多数人，看这本书总要认为有问题，是一个道理；因为〔仁者见仁，智者见智，〕任何人无论在哪里一贯都只能赏识那些和他自己相投的东西，至少也得他和这些东西稍微有点天性〔相近〕。〔这个道理〕在知识的领域内可以这样说，在伦理的领域内也可以这样说。在一定程度上人们甚至还可把那在著名的法文斯宾诺莎传看作是属于这里的〔又〕一个例子；如果人们把斯宾诺莎那篇极不够完善的论文《智力的校正》开始那一段卓越的文字作为阅读这本传记的钥匙〔，那就更好了〕。就我所知，我可以介绍这段文字是平伏汹涌的激情最有效的一服清凉剂。最后还有伟大的歌德，尽管他是那

么有希腊气质的人，他却并不认为把人性中最高贵的这一方面，表现在他的使事物明朗的文艺这面镜子里，有什么和他的气质不相称的地方。所以他在《一个优美的心灵之自白》里，以理想化的手法为我们描述了克勒登柏尔格小姐的生平；后来在他的自传里又对这事提出了历史的资料。此外他还给我们讲过两遍有关圣者菲利波·奈瑞的一生。——世界史固然总是要，并且必然要对这些人物保持缄默，而这些人物的事迹对于我们这考察中最重要的这一点却是最好的，唯一充分的说明。这是因为世界史的题材完全是另一套，是相反的一套，亦即不是生命意志的否定和放弃，而是这意志的肯定和这意志在无数个体中的显现。在这显现中，意志和它自己的分裂以充分的明确性出现于意志客体化的最高峰；于是出现于我们眼前的时而是个别人由于他的聪明机智而胜过别人，时而是群众由于他们的数量而具有的暴力，时而是偶然机会人格化为命运之后的权威，而常见的却是这一切挣扎的徒劳和虚空。但是我们，因为我们在这里并不追求现象在时间上的线索，而是作为哲学家在探讨行为的伦理意义，并且是拿这一点作为唯一的绳准来衡量我们认为有意义的和重要的东西，所以我们就不会因畏惧庸俗和平凡总是多数〔人的属性〕而被阻止不去坦白承认世界上所能出现的最伟大、最重要、最有意义的现象不是征服世界的人而 495
是超脱世界的人，——事实上也就不是别的什么而是〔后者〕这样一个人静悄悄的，不为人所注目的生平事迹。这样一个人由于〔上述〕那种认识使他茅塞顿开，他根据这认识放弃了，否定了充塞一切，在一切事物中推动着，挣扎着的生命意志。意志的这一自由直到这里才仅仅在他身上出现了，由此，他这个人的行动才恰好是一

般的行动的反面。所以对于哲学家来说，圣者们，否定自己的人们的那些传记尽管写得那么坏，甚至是混杂着迷信和荒唐而写出的，但因为题材的意义重大，故仍然要比普禄达尔克和利维乌斯[1]重要得多，教育意义丰富得多。

此外，为了更详细和更充分地认识到在我们这论述的抽象性和一般性中叫做生命意志之否定的是什么，再考察一下那些充满这种精神的人们在这种意义上所定出来的伦理训诫〔也〕是有很大帮助的。这些训诫同时也会指出我们的〔这一〕见解，尽管在纯哲学上的表出是这么新颖，〔实际上〕是如何的古老。同我们最接近的是基督教，基督教的伦理就完全在上述精神的范围之内，并且不仅是导向最高度的博爱，而且也导向克制欲求。最后，〔否定意志〕这个方面在耶稣门徒的著作中显然地已有了萌芽，不过直到后来才有充分的发展，才明显的说了出来。我们看到使徒门〔已有这样〕的训诫：爱你邻近的人要和爱自己一样；要行善，要以德报怨，以爱报怨；要忍耐，要柔顺，要忍受各种可能的侮辱而不反抗；饮食要菲薄以抑制佚荡，要抗拒性冲动，如果可能的话就完全戒色〔等等〕。这里我们已看到禁欲或真正否定意志的初阶。否定意志这一词所说的正就是福音书里所讲的否认自己，掮起十字架。（《马
496 太福音》第十六章二十四、二十五两段；《马可福音》第八章三十四、三十五两段；《路迦福音》第九章二三、二四两段，第十四章二六、二七、三三、三段。）这一倾向不久就愈益发展而成为忏悔者、隐士和僧侣的缘起了。这本来是纯洁而神圣的，然而也正是因此所以完

① Livius（公元前59—公元17），罗马历史学家，著有《罗马史》。

全不能适合于大多数人，〔所以，这种倾向既在许多人中间流行起来，〕由此而发展出来的就只能是伪装的虔诚和可怕的丑行了。这是因为"滥用最好的即是最坏的"。在后来建成了的基督教里，我们才在基督教圣者和神秘主义者的著作中看到那种禁欲的萌芽发展成为茂盛的花朵。这些人的布道除了讲求纯洁的仁爱而外，还讲求彻底的清心寡欲，自愿的彻底贫困，真正的宁静无争，彻底漠然于人世的一切；讲求本人意志的逐渐寂灭和在上帝中再生，完全忘记本人而浸沉于对上帝的直观中〔等等〕。关于这一切，人们可在费涅隆[①]著的《圣者们所论内在生活规范解说》中找到完整的记述。但是基督教精神在它这方面的发展，可以说没有哪里比在德国神秘主义者的著作中，也就是在迈斯特尔·埃克哈特理当有名的《德国的神学》一书中，还有更完善，更有力的说明了。路德在他给这本书写的序言中说，除了《圣经》和奥古斯丁外，他从任何一本书也不能像从这本书一样更懂得什么是上帝，什么是基督，什么是人。——我们一直到1851年才从普菲费尔校订的斯督特迦特版本得到了这本未经改篡的原文。这本书里所记载的规范和训诫对于我所论述过的生命意志之否定是一种最完备的，从内心深处的信心中产生的分析。所以人们在以犹太教加新教的自信而对此作出否定的武断之前，应该好好的拿这本书学习一下。在同一卓越的精神中写下来而不能和这本书完全同样评价的是陶勒的《基督贫困生活在后世的模仿》和《生命的神髓》。我认为这些真诚基督教神秘主义者的说教比之于《新约全书》，就好比是酒精对酒的关

① Fene'lon (1651—1715)，法国作家，总主教。

系一样。或者这样说：凡是我们在《新约全书》中像是透过一层轻
497 纱或薄雾看到的东西，在神秘主义者的著作中却是毫无遮拦地，充分清晰明确地摆在我们眼前的，最后人们还可把《新约全书》看作第一次的超凡入圣，把神秘主义看作第二次的超凡入圣——“小神秘和大神秘”。

可是我们在上古的梵文著述里就看到我们所谓生命意志之否定已有了进一步的发展，已有更多方面的说法和更生动的描写，〔这些〕都是基督教和西方世界所不能及的。至于人生的这一重要伦理观点所以能在印度获得更进一步的发展和更坚定的表现，主要原因可能是由于这儿完全没有外来因素的局限，不像犹太教之于基督教。基督教崇高的创始人，或意识地或不意识地不得不迁就犹太教以使新的教义与旧的犹太教相衔接；于是基督教便有了两种性质大不相同的组成部分，我想其中纯伦理的部分首先应该是基督教的因素，而且是基督教专有的因素，并想以此区别基督教和原有的犹太教教义。如果人们在已往就曾多次担心过这一卓越的，造福人类的宗教有一天会要完全濒于崩溃，特别是在现在这个时代更要担心，那么，我认为可以为这种担心找得到的理由，只是这个宗教不是由一个单一的因素所组成的，而是由来源不同，单凭世事变迁牵合到一起去的两种因素组成的。由于这两种组成部分对于逼到头上来的时代精神关系不同，反应不同而产生分化，在这种情况下，基督教的解体可能是势所必然的。不过在解体之后，基督教的纯伦理部分仍可永保不受损害，因为这是不可能毁灭的部分。——尽管我们所知道的文献还很不充分，我们现在就已看到在《吠陀》中、在《普兰纳》中，在诗歌、神话、圣者轶事、语录和生活

戒律*中已从多方面有力地表出了印度教的伦理。在这种伦理 498
中,我们看到有这样一些训诫:要完全否定一切自爱以爱亲邻;慈悲不仅以人类为限,而要包括一切有情;施舍要不惜散尽每日辛勤的所得;对一切侮辱我的人要有无边的容忍;不论对方如何恶劣,要以仁德报冤仇;欣然甘愿忍受一切羞辱;禁各种肉食。追求圣道的人则绝对戒色并禁一切淫逸之乐,要散尽一切财产,抛弃任何住所,亲人,要绝对深密的孤寂,在静默的观照中度此一生;以自愿的忏悔和可怕的,慢性的自苦而求完全压制住意志〔等等等等〕。这种自苦最后可以至于以绝食,葬身鳄鱼之腹,从喜马拉雅山圣峰上坠崖,活埋,以及投身于优伶歌舞欢呼簇拥着的,载着菩萨神像游行的巨型牛车之下〔等等为手段〕而甘愿自就死亡。这些训诫的来源已达四千余年之久,直到现在,尽管这〔印度〕民族已四分五裂了,依然还是他们所遵守的,个别的人还不折不扣地履行到极端**。一面要求最沉重的牺牲,一面又能够在一个拥有几千万人口的民族里这样长期地保有实践的效用,这种东西就不可能是任

* 例如人们可参考昂克敌·杜柏隆的《邬布涅伽研究》第 138、144、145、146 页。——德·波利尔夫人著《印度教神话》第二卷第十三、十四、十五、十六、十七各章。——《亚细亚杂志》第一卷克拉卜洛特(Klaproth)著文《论佛教》;同一出处还有《婆诃华·佶多》或《克利希纳》和《阿容对话录》,在第二卷里有《摩诃牧伽华》。再就是威廉·琼斯的《印度教戒律纂编或摩奴法典,译自梵文》,德译者许特勒(Hüttner)1797 年版,特别是第六章和第十一章。——最后在《亚细亚研究》中还有很多地方〔论及这一点〕(最近四十年来,印度文献译成欧洲语言的不断增多,如果我现在要补充本书第一版〔有关这问题〕的注释,可能会要占去好几页的篇幅)。

** 1840 年在耶格尔恼特(Jaggernaut)地方举行宗教游行时,有十一个印度教教徒投身于车轮之下而立刻被辗毙。(1840 年 12 月 30 日《泰晤士报》刊出东印度一个地方的通讯。)

意想出来的怪癖，而必然是在人性的本质中有其根据的。但是还有这么回事，那就是人们在读一个基督教和一个印度忏悔者或圣
499 者的传记时，对于双方那种互相符合的地方还有不胜惊异之感。在各有着基本不同的信条，习尚和环境的同时，双方的追求和内在生活却完全相同。双方的训诫也是相同的，例如陶勒谈到彻底的贫苦时说：人们应该自求贫苦，而办法就是完全散尽一切可从而获得任何安慰或获得人世间任何满足的东西。显然，这是因为这一切东西总是给意志提供新的营养，而这里的目的原是要这意志完全寂灭。在印度方面，我们在佛的戒律里看到与此相对应的说法，这些戒律禁止忏悔者不得有住所和任何财物，最后还禁止频频在同一棵树下栖息，以免对此树又发生任何亲切或爱好之感。基督教的神秘主义者和吠檀多哲学的布道人还有一点是相同的，他们都认为一切外在的善行和宗教作业对于一个已经功德圆满的人都是多余的。——时代这样不同，民族这样不同，而有这么多的互相一致之处，这就在事实上证明这里所表明的，并不是像乐观的庸俗精神喜欢坚持的那样，只是神智上的一种什么怪癖或疯癫，而是人类天性本质的，由于其卓越故不常见的一个方面。

至此我已指出一些资料，从这些资料中人们可以直接地以生活为来源而认识到那些表出意志之否定的现象。在一定的范围说，这是我们整个考察中最重要的一点。然而我仍然完全只是大致地谈到这一点，因为指出那些以亲身经验现身说法的人〔，请人们自己去〕参考，要比无力地重述他们所说过的而毫无必要地再增大本书的篇幅好得多呢。

我只想还加上几句以便一般地指出这些人的〔心理〕状态。我

们在前面已看到恶人由于他欲求的激烈而受着经常的，自伤其身的内在痛苦；最后在一切可欲的对象都已穷尽之后，又以看到别人 500
痛苦来为顽固的意志的馋吻解渴；那么，与此相反的是那已经领悟生命意志之否定的人；从外表看尽管他是那么贫苦，那么寡欢而总是缺这缺那，然而他的〔心理〕状况却充满内心的愉快和真正天福的宁静。这已不是那个不安的生命冲动，不是那种鼓舞欢乐了。欢乐是以激烈的痛苦为事前，事后的条件的，譬如构成贪生的人们一生的那种欢乐；〔这里不是欢乐〕而是一种不可动摇的安定，是一种深深的宁静和内心的愉快。这种境界如果出现于我们眼前或出现在我们的想象之中，那是我们不能不以最大的向往心情来瞻仰的；因为我们立即认为这是唯一正确的，超过一切一切无限远的东西，因为我们的良知〔常〕以"战胜自己，理性用事"这响亮的口号召唤我们到那儿去。于是我们觉得〔下面这个比方〕很对，即是说我们的愿望从人世间赢得的任何满足都只是和〔人们给乞丐的〕施舍一样，〔只能〕维持他今天不死以使他明天又重新挨饿。而清心寡欲则相反，就好比是继承了的田产，使这田产的主人永远免除了〔生活上的〕一切忧虑。

从第三篇里我们还记得这一点，即是说对于美的美感，那种怡悦，大部分是由于我们进入了纯观赏状态〔而来的〕。在这瞬间，一切欲求，也就是一切愿望和忧虑都消除了；就好像是我们已摆脱了自己，已不是那为了自己的不断欲求而在认识着的个体了，已不是和个别事物相对应的东西了；而客体成为动机就是对这种对应物而言的。〔在这瞬间，〕我们已是不带意志的认识的永恒主体，是理念的对应物了。我们也知道这些瞬间，由于我们这时已摆脱了狠

心的意志冲动，好比是已从沉重的烟雾中冒出来了似的，是我们所能知道的一切幸福的瞬间中最幸福的〔一瞬〕。由此我们就可以想象，要是一个人的意志不只是在一些瞬间，如美感的享受，而是永远平静下来了，甚至完全寂灭，只剩下最后一点闪烁的微光维持着这躯壳并且还要和这躯壳同归于尽，这个人的一生必然是如何的
501 幸福。一个这样的人，在和他自己的本性作过许多艰苦的斗争之后终于完全胜利了，他所剩下的就只是一个纯认识着的东西了，就只是反映这世界的一面镜子了。再没有什么能使他恐惧，能激动他了；因为他已把“欲求”的千百条捆索，亦即将我们紧缚在这人世间的捆索，作为贪心、恐惧、嫉妒、盛怒，在不断的痛苦中来回拨弄我们的捆索，通通都割断了。他现在是宁静地微笑着在回顾这世间的幻影。这些幻影过去也能够激动他的心情，能够使他的心情痛苦，但现在却是毫无所谓地出现在他眼前，好比棋局已终之后的棋子似的；又好像是人们在狂欢节穿戴以捉弄我们，骚扰我们，而在翌晨脱下来了的假面具和古怪服装似的。生活和生活中的形形色色只好像是飘忽的景象在他眼前摇晃着，犹如拂晓的轻梦之于一个半醒的人，这时现实已曦微地从梦中透出而梦也不能再骗人了。正是和这梦一样，生活的形形色色也终于幻灭，并无须越过什么巨大的障碍。从这些考察中我们可以学会理解**顾蓉**夫人在她那部传记的末尾是在什么意味之下要屡屡地说：“我觉得一切都无所谓，不相干，我**不能**再对什么有所欲求；我每每不知道我自己的有无。”——为了说明如何在意志寂灭之后，肉体的死亡（肉体只是意志的显现，故随意志的取消而失去一切意义）已不能再有什么苦的意味，而是很受欢迎的，请再容许我把这位神圣的忏悔者自己的话

引在这里，尽管这些话是没经修饰过的〔，她说〕："光荣的高峰如日中天；是一个再没有黑夜继之而起的白昼，是即令在死亡中也不怕任何死的一生；因这一死已战胜了那一死，又因为谁已经历了第一个死，就不再品味到第二个死了。"（《德·顾蓉夫人传》第二卷第13页）

这时我们可不能以为生命意志的否定，一旦由于那已成为清静剂的认识而出现了就不会再动摇，人们就可在这上面，犹如在经营得来的财产上一样高枕无忧了。应该说，生命意志的否定是必须以不断的斗争时时重新来争取的。这是因为身体既是意志本 502
身，不过是在客体性的形式中，或只是作为表象世界中的现象而已；那么，这身体要是一天还活着，整个的生命意志就其可能性说也必然还存在，并且还在不断挣扎着要再进入现实性而以其全部的炽热又重新燃烧起来。因此，我们认为在那些神圣人物的传记中描写过的宁静和极乐只是从不断克服意志〔这种努力〕产生出来的花朵，而同生命意志作不断的斗争则是这些花朵所由孳生的土壤：因为世界上本没有一个人能够有持久的宁静。因此，我们看到圣者们的内心生活史都充满心灵的斗争，充满从天惠方面来的责难和遗弃；而天惠就是使一切动机失去作用的认识方式，作为总的清静剂而镇住一切欲求，给人最深的安宁敞开那条自由之门的认识方式。所以我们看到那些一度达成了意志之否定的人们，还是以一切的努力把自己维持在这条路上，拿从自己身上逼出来的各种克制，拿忏悔的严酷生活方式和故意找些使自己不快的事，拿这一切来抑制不断再要抬头的意志。最后，因为他们已认识到解脱的可贵，所以他们为了已争取到手的福田还有那种戒

慎恐惧的心情，在任何无伤大雅的享受时或他们的虚荣心有任何微弱的激动时还有那种良心上的顾虑。〔再说〕虚荣心在这里也是最后才死去的，在人的一切嗜欲中，也是最活跃，最难消灭，最愚蠢的一种。——在我已多次用过的禁欲这一词里，从狭义说，我所理解的就是这种**故意的**摧毁意志，以摒弃好受的和寻找不好受的来摧毁意志；是自己选定的，用以经常压制意志的那种忏悔生活和自苦。

我们如果看到那些已达成意志之否定的人们实行〔上述〕这些办法以保持自己在这种状态〔不退步〕，那么，忍受痛苦，有如命运
503 所加于人的痛苦，根本就是达到这种状态的第二条道路(第二条最好的途径[①])。是的，我们可以认定大多数人都是在这一条道路上达到意志之否定的；还可认定把彻底的清心寡欲带给人的，最常见的是本人感到的痛苦而不是单纯被认识了的痛苦，〔并且〕往往是临近将死的时候。这是因为只能在少数人那里，单纯的认识，——因看穿个体化原理而后产生心意上的至善和普泛的博爱，最后让这些人认识到人间一切痛苦即是他们自己的痛苦——，就足以导致意志的否定。即令是在那些接近着这一点的人们。他本人的舒适情况，刹那间的诱惑，希望的招引，和经常是一再要自荐的意志之满足，亦即快乐，几乎都是否定意志的经常障碍，都是重新肯定意志的经常诱惑。因此，人们在这方面的意义上〔特地〕把所有这些诱惑都当作魔鬼人格化了。所以大多数人都必须先由本人的最

① 关于“第二条最好的途径”请参看斯多帕阿斯的《箴言集锦》，第二卷，第374页。

大痛苦把意志压服了，然后才能出现意志的自我否定。这样，所以我们看到人们在激烈的挣扎抗拒中经过了苦难继续增长的一切阶段，而陷于绝望的边缘之后，才突然转向自己的内心，认识了自己和这世界；他这整个的人都变了样，他已超乎自己和一切痛苦之上，并且好像是由于这些痛苦而纯洁化，圣化了似的。他在不可剥夺的宁静，极乐和超然物外〔的心境〕中甘愿抛弃他前此极激烈地追求过的一切而欣然接受死亡。这是在痛苦起着纯化作用的炉火中突然出现了否定生命意志的纹银，亦即出现了解脱。即令是过去很坏的人，间或我们也看到他们通过最深刻的创痛也纯化到这种程度：他们成为另一个人了，完全转变了。因此，以往的恶行现在也不再使他的良心不安了；不过他们还是情愿以死来赎这些恶行；并且〔也〕乐于看到〔自己〕那意志现象消灭，现在 504
这意志对于他们已是陌生的和可厌恶的了。关于这种由于大不幸，由于一切解救都已绝望所带来的意志之否定，伟大的歌德在他不朽的杰作《浮士德》里格勒特小姑娘的痛苦史中，给我们作了明确的形象化了的描写，这样的描写是我平日在文艺里还没看到过的。这是从第二条道路达到意志之否定的标准范例；它和第一条道路不一样，不单是由于认识到全世界的痛苦，自愿承担这痛苦，而是由于自己感到本人过度的痛苦。很多悲剧在最后虽然也是把剧中有着强烈欲愿的主人公引到完全清心寡欲的这一点；〔但〕到了这一点之后，一般就是生命意志及其现象的同归于尽。就我所知道的说，像上述《浮士德》中的描写使我们这样明确而不带任何杂质地看到这种转变中最本质的东西，那是没有的。

在实际生活中，我们〔还〕看到一些不幸的人们，因为他们在一切希望都被剥夺之后，还要神智完全清醒地走向断头台上不光荣，不自然，经常充满痛苦的暴死，所以他们是必须尝尽最大限痛苦的人们，他们也常是在这〔第二条〕道路上转变的。我们虽然不能认为在这些人的性格和大多数人的性格之间有着很大的区别，犹如他们的命运所显示的区别那么大，命运上的区别绝大部分要归之于环境〔的不同〕；但是他们仍然是有罪的，在相当大的程度上也是恶人。不过我们现在看到他们之中的好多人，在完全绝望已成事实之后，还是在上述方式之下转变了。他们现在表现着心意上真正的善良和纯洁，表现真正痛恨做出了任何有些微恶意或不仁的行为；他们宽恕了自己的仇敌，即令是使他们无辜而受罪的仇敌。他们不只是在口头上这样做，不是害怕阴间的判官而假意这样做，而是在实际行动上，出于内心的严肃这样做，并且绝对不想报仇。是的。他们终于欢迎自己的痛苦和死亡，因为生命意志的否定已经出现了。他们每每拒绝人家提供的救援而欣然地、宁静地、无上幸福地死去。在过分的痛苦中，生命的最后秘密自行向他们透露出来了，即是说受害与为恶、忍痛和仇恨、折磨人的人和被折磨的
505 人，在服从根据律的认识里尽管是那么不同，在本体上却是一回事，是同一个生命意志的显现。生命意志〔只是〕借个体化原理而使它的自相矛盾客体化：他们已充分认识到为恶与受害的双方，而当他们终于体会了双方的同一性时，他们现在就把双方拒绝于自身之外，就否定了生命意志。至于他们用那种神话或信条来对他们的理性说明这种直观的、直接的认识和他们的转变，如已说过，那是完全无关宏旨的。

当马迪亚斯·克劳第乌斯[①]写下那篇大可注意的文章时，无疑的他是这种心灵变化的见证人。那篇文章刊在《范德斯白克的使者》(第一卷第115页)中，题目是《××的皈依史》。文章有着如下的结束语：“一个人的想法可以从圆周上的这一点转移到正对面的一点，又可再回到原先的那一点，如果情况给这人指出〔来〕去的那段弧线的话。在人，这些变化并不一定就是些什么大事或有趣的事。但是那大可注意的、罗马正教的、超绝的转变，〔由于〕这时那整个的圆周已无可挽回的被扯断以至心理学的一切规律都空洞无用了，〔由于〕这时已发生了脱胎换骨的变化，至少也是发生了洗心革面的变化，以致人们好像眼睛里去掉了翳障似的，却是这种〔人生〕的大事；即是说任何人只要他一息尚存，如果他能对于这种事情听到一点什么确实可靠的东西或有所经历，他就离父别母〔而去〕了。”

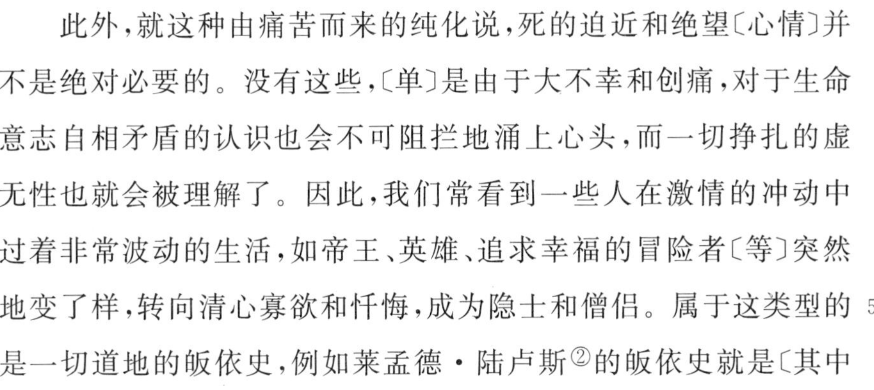

此外，就这种由痛苦而来的纯化说，死的追近和绝望〔心情〕并不是绝对必要的。没有这些，〔单〕是由于大不幸和创痛，对于生命意志自相矛盾的认识也会不可阻拦地涌上心头，而一切挣扎的虚无性也就会被理解了。因此，我们常看到一些人在激情的冲动中过着非常波动的生活，如帝王、英雄、追求幸福的冒险者〔等〕突然地变了样，转向清心寡欲和忏悔，成为隐士和僧侣。属于这类型的 506
是一切道地的皈依史，例如莱孟德·陆卢斯[②]的皈依史就是〔其中之一〕。他追求已久的一个美妇人终于允许他到闺房去幽会，这时

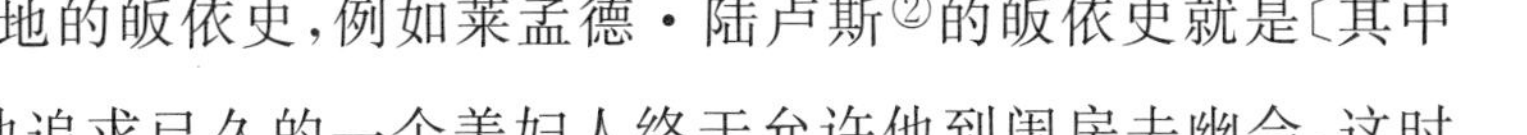

① Mathias Claudius(1740—1815)，德国诗人。

② Raymund Lullius(1234—1315)，意大利哲学家。

他眼看自己的愿望就要得到满足了；可是正在这时，那妇人解脱了自己的护胸带，露出她那惨遭癌毒糜烂的乳房给他看了。从这一瞬间起，他好像是看过了地狱似的，纠正了自己，悔改了；他离开了麻约迦国王的朝廷而到沙漠里忏悔去了*。与此很相似的是朗赛①神父的皈依史，这是我在〔本书〕第二卷第四八章中简述过了的。如果我们详察这两人〔悔改〕的契机都是从人生的欢乐过渡到人生的惨痛，这就给我们解释了一个很突出的事实，解释了何以欧洲一个最富于生命之欢，最开朗愉快，最肉感最轻浮的民族，——法国民族——，反而产生了一个宗教组织，比一切宣誓守戒的僧侣组织还要严格得多的组织，即特拉披斯会。这个组织一度崩坏之后，又由朗赛恢复旧规，并且尽管有过那些革命，那些教会的改革和风行一时的不信神道，这个组织直到今天还保持着它的纯洁性和可怕的严格〔戒律〕。

上述这种关于人生性质的认识仍然又可随同〔获得这认识的〕契机一同消逝，而生命意志和以前的性格又相偕卷土重来。我们看到激情的彭维吕多·捷林尼②一次在监狱里，又一次在重病中，本已由于痛苦而改邪归正了；但在痛苦消逝之后，他仍然故态复萌。从痛苦中产生意志之否定根本没有从因生果那种必然性，意志仍然是自由的。原来这唯一的一点就正是意志的自由直接出现于现象中的地方，这也就是阿斯穆斯所以要对"超绝的转变"强烈

---

* Bruckeri 著《哲学史》第四卷第一篇第 10 页。

① Rancé(1626—1700)，法国僧侣，天主教特拉披斯会创始人。

② Benvenuto Cellini(1500—1571)，意大利文艺复兴晚期的雕刻家和金银器制造家。

地表示惊异〔的原因〕。随着每一痛苦都可设想还有一种在激烈程度上超过痛苦,因而更不受拘束的意志。这就是柏拉图所以在《费桐》中讲述那种人,直到行刑之前的顷刻还在大吃大喝,还在享受 507
性的快感,至死还在肯定生命。莎士比亚在波福主教*〔的形象〕中给我们看到一个肆无忌惮的坏蛋的可怕结局,看到他因为任何痛苦和死亡都未能压服那凶顽到了极度的意志而死于无可奈何的绝望之中。

意志愈是激烈,则意志自相矛盾的现象愈是明显触目,而痛苦也愈大。如果有一个世界和现有的这世界相比,是激烈得无法相比的生命意志之显现,那么这一世界就会相应地产出更多的痛苦,就会是一个〔人间〕**地狱**。

因为一切痛苦,〔对于意志〕既是压服作用,又是导致清心寡欲的促进作用,从可能性上说〔还〕有着一种圣化的力量;所以由此就可说明何以大不幸,深创剧痛本身就可引起别人的某种敬重之心。但是这个忍受痛苦的人若要真正是我们所敬重的,那就必须是这样:即是说在他把他的生平当作一连串的痛苦来回顾时,或是在为一个巨大的治不好的创痛而哀伤时,他所看到的并不只是这恰好陷他一生于悲苦的一系列情况,并不止于他所遭遇到的个别的大不幸;——因为若还只是这样看时,则他的认识还是服从根据律的,还是胶着在个别现象上的,他还是一贯的要活命,不过是不想在轮到他的这些条件下活命而已——;而是他的眼光已从个别上升到一般,他已把自己的痛苦看作整个痛苦的一个特例;而是当他

* 《亨利第四》第二部第三幕第三场。

在伦理方面成为天才时已把自己的痛苦只算作千百种痛苦中的一个情况，因而这人生的全部既被理解为本质上的痛苦，已使他达到无欲无求〔的境界〕；这样，他在我们面前才真正是值得敬重的。因此，歌德所著《妥尔瓜脱·塔索》一剧中的公主，在她诉说自己和亲人们的一生是如何伤感寡欢时，她自己却完全只朝普遍一般看，也就值得敬重。

我们想，一种极高超的人物性格总带有几份沉默伤感的色彩，
508 而这种伤感绝不是什么对于日常不如意的事常有的厌恶之心（这会是一种不高尚的气质，甚至还令人担心是否存心不良），而是从认识中产生的一种意识，意识着一切身外之物的空虚，意识着一切生命的痛苦，不只是意识着自己的痛苦。但是，必须由于自己本人经历的痛苦，尤其是一次巨大的痛苦，才能唤起这种认识，例如彼得拉克就是那么一次没有满足的愿望竟使他对于整个一生抱着那种无欲无求的伤感〔态度〕。他的著作透露这种哀伤，非常动人；原来他所追求的达芙妮[①]不得不摆脱他的追求以便为他留下诗人不朽的月桂冠来代替她自己。如果意志由于这样重大不可挽回的损失而被命运斲伤到一定的程度，那么，在别的方面几乎就不会再有什么欲求了；而这人物的性格也就现为柔和、哀怨、高尚、清心寡欲了。最后如果那股怨愤之气再没有固定的对象了，而是泛及于生命的全部，那么，这怨气在一定范围内就可说是一种“反转向内”，是一种回缩，是意志的逐渐消逝；还甚至于是不声不响地，却是在最内在的深处伤害着意志的可见性，亦即伤害着身体。人在这时

① Daphne，希腊神话中人物，为了庇护艺术神阿颇罗而化为月桂树。

就觉得绑着自己的捆索松了一些，轻微地预觉到宣告身体和意志同时解体的死亡；于是这股怨愤之气又是有一种隐蔽的喜悦之情随伴着的。这种喜悦，我相信，即一切民族中最忧郁的那民族〔英国民族〕叫做“哀怨之乐”的东西。然而也正是在这里横亘着**感伤性**这一暗礁，在生活本身中有之，在文艺的生活描述中亦有之；即是说人们老是哀伤，老是怨诉，却不自振作，不上进于清心寡欲；这就把天上人间一同都丧失了，而剩留下来的就只是淡而无味的多愁善感。痛苦，唯有在进入了纯粹认识的形式，而这认识作为意志的清静剂又带来真正的清心寡欲时，才是〔达到〕解脱的途径，才因而是值得敬重的。就这一点说，我们在看到任何一个大不幸的人物时，可总要感到几分敬意，和美德高风令人起敬相仿佛；同时，我们对于自己的幸福状态也觉得有点儿惭愧似的。我们不免要把每 509
一痛苦，不管是自己感受的或别人的，至少是当做可能接近美德和神圣性〔的阶梯〕看；相反，对于享受和人间的满足则要看作与此相去愈远。甚至还可以进一步这样看，即是说每一个在肉体上或精神上担负着巨大沉重痛苦的人，乃至任何一个人，在完成一项最费劲的体力劳动之后，汗流满面，显然已精疲力竭，却耐心地忍受着这一切而无怨言；我说，每一个这样的人，如果我们仔细观察他，我们就觉得他活像一个病人在接受一种痛苦的治疗似的，他甘愿甚至是满心欢喜地忍受着由治疗引起的痛苦，因为他知道所忍受的痛苦愈大，则致病的因素被消灭的也愈多，因此眼前痛苦〔的大小〕就是衡量他病愈的尺度。

根据前此〔所说〕的一切，生命意志之否定，亦即人们称为彻底的清心寡欲或神圣性的东西，经常总是从意志的清静剂中产生的；

而这清静剂就是对于意志的内在矛盾及其本质上的虚无性的认识。〔至于〕这种矛盾和虚无，则是在一切有生之物的痛苦中表现出来的。我们论述过的两条道路的区别就在于唤起这种认识的〔原因〕究竟只是纯粹**被认识到的**痛苦，借看穿个体化原理而自愿以之为自己的痛苦，还是自己本人直接**感受到的**痛苦。没有彻底的意志之否定，真正的得救，解脱生命和痛苦，都是不能想象的。在真正解脱之前，任何人都不是别的，而是这意志自身。这意志的现象却是一种在幻灭中的存在，是一种永远空无所有，永不遂意的挣扎努力，是上述充满痛苦的世界；而所有一切人都无可挽回地以同一方式属于这一世界。这是因为我们在上面已看到，生命总是生命意志所保有的，而生命仅有的，真正的形式则是“现在”。这一形式，〔因〕现象中既然还有生和死起支配作用，〔所以〕是上述一切人永远摆脱不了的。印度神话是用这么一句话来表示这一点的，神话说：“众生皆〔入轮回〕转生”。性格在伦理上的巨大区别有着这样的意义，即是说：坏人要达到意志之否定所由产生的那种认
510 识，还有无限远的距离；所以在生活中有**可能**出现的一切痛苦，他却在事实上**真正的**面临这些痛苦了；因为他本人眼前的什么幸福状况也只是一个借助于个体化原理而有的现象，只是摩耶的幻术，只是那乞丐的黄粱梦。他在他意志冲动激烈而凶猛时所加于别人的痛苦就是衡量〔他自己〕那些痛苦的尺度，而这些痛苦的经验并不能压服他的意志，也不能导致最后的否定〔意志〕。一切真正的、纯洁的仁爱，甚至于一切自发的公道则相反，都是从看穿个体化原理而产生的。个体化原理的看穿如果发挥充分的力量就会导致完整的神圣性和解脱；而神圣和解脱的现象就是上述清心寡欲无企

无求的境界，是和清心寡欲相随伴而不可动摇的安宁，是寂灭中的极乐*。

§　69

在我们的考察方式的范围内现已充分阐述过的生命意志之否定，是意志自由出现于现象中唯一的活动；因而也就是阿斯穆斯所谓超绝的转变。再没有什么还比真正取消意志的个别现象——**自杀**——更有别于这生命意志之否定的了。自杀离意志的否定还远着，它是强烈肯定意志的一种现象。原来〔意志之〕否定的本质不在于人们对痛苦深恶痛绝，而是在于对生活的享乐深恶痛绝。自杀者要生命，他只是对那些轮到他头上的〔生活〕条件不满而已。所以他并没有放弃生命意志，而只是在他毁灭个别现象时放弃了生命。他要生命，他要这身体畅遂无阻的生存，要肯定这身体；但是错综复杂的环境不容许这样，这就给他产生了巨大的痛苦。生命意志本身觉得自己在这一个别现象中被阻拦到这种程度，以致 511 它不能开展它的追求了。于是意志就按它自己的本质自身来做出决定，即是说这本质自身是在根据律的那些形态之外的，所以它并不在乎任何个别现象；因为本质自身不与一切生灭相涉，而是一切事物的生命中内在的东西。原来前述牢固的，内在的，使我们一切人甭经常在死的恐怖中生活的那种确定不移之理，亦即意志绝不会少了它的现象这一确定不移之理，在自杀这事上也支持这一行动。所以说，生命意志既显现于这自表其生(倡华)中，也显现于

* 第二卷四八章是补充这里的。

"自我保存"(毗湿拿)的舒泰状态中和生殖(婆罗摩)的淫欲中。这就是**连环三神祇三位一体**的内在意义,而任何一个人都完全的是这统一性,尽管这统一性在时间上忽而抬举三位一体中的这一神,忽而又抬举那一神。——和个别事物对理念的关系一样,自杀对意志之否定也是这样一个关系:自杀者所否定的只是那个体而不是物种。我们在上面已看到,由于生命意志是确实不怕没有生命的,而痛苦之于生命又是本质的〔东西〕,那么,自杀,亦即一个个别现象的自甘毁灭,也就是一个完全徒劳的、愚蠢的行为;〔因为现象毁灭时,〕自在之物却依然无恙,犹如不管彩虹所依存的雨点是如何迅速地在替换更易,彩虹自身仍坚持不收一样。此外,这种行为,作为生命意志自相矛盾最嚣张的表现,也是摩耶的杰作。这种矛盾,我们既在最低的那些意志现象上,在各种自然力以及一切有机个体为了物质、时间和空间而争求外现的不断斗争中看到它,又在意志客体化上升的各级别上看到它愈来愈显著,愈明显可怕;那么,在最高级别上,亦即在人的这理念上,这个矛盾终于达到了这样的程度,即是说不仅是表出这同一理念的个体间在互相残杀,而且是同一个体对自己本身宣战。〔而这时〕个体用以追求生命和抗
512 击生命的障碍与痛苦的激情竟至于使个体来毁灭自己;也就是那个体的意志在痛苦尚未摧毁意志之前,先自以一次意志活动来取消这身体,而身体就只是意志自己的成为可见罢了。正是因为自杀者不能中止欲求,所以他停止活下去;而意志在这里就正是以取消它的现象来肯定自己,因为它〔此外〕已再无别法来肯定自己了。但是正因为它所逃避的痛苦,作为压制意志的作用,可能导致它自己的否定,可能导致解脱,所以自杀者在这方面就等于一个病人,

在一个痛苦的、可能使他痊愈的手术已开始之后，又不让做完这手术，而宁愿保留病痛。痛苦已来到面前，并且作为痛苦也就开辟了到达意志之否定的可能性，但是他，由于毁灭意志的这现象，身体，以保留意志不被扼杀，他把痛苦撵走了。——这就是几乎一切伦理学，不管是哲学上的或宗教上的，何以要谴责自杀行为的理由，虽然它们自己对于这一点除了古怪的、诡辩的理由之外，并不能提出别的理由。可是如果有那么一个人，他是由于纯道德的冲动而制止了自杀行为的，那么这种自我克制的最深意义（不管他的理性用些什么概念把这意义装扮起来）就是这样："我不逃避痛苦，以便痛苦能有助于取消生命意志，——这意志的现象是如此悲惨——，因为痛苦正在这方面加强我现在对于世界的真正本质所获得的认识，即是说这认识将成为我意志最后的清静剂而使我得到永久的解脱。"

大家也知道时常一再发生自杀行为株连儿女的情况：做父亲的先弄死他疼爱的孩子们，然后自杀。我们想想，良心、宗教，以及所有那些流传下来的观念都教他知道杀人是最严重的罪行，然而他在自己死的时候还要干出这杀人的事，并且是虽然不可能有任何自私的动机，还是干出来了；那么，这种行为就只能这样解释，即 513
是说个体的意志在这里是直接在孩子们身上认出它自己的，不过还是拘限在把现象当本质的错觉中；同时因认识到一切生命的痛苦而深受感动，于是就误认本质自身也可以随同现象来取消；所以，他既直接看到自己又在孩子们身上活下去，就想把自己和孩子们从生存和生存的痛苦中拯救出来。——还有一个与此完全类似

的错误，那就是人们妄想以在射精时使大自然的目的落空的办法[①]来达到自愿的戒色所成就的事；或是着眼于生命不可避免的痛苦，甚至于不尽一切力量来为每一个闯进生命里来的〔小宝贝〕保障它生命的安全，反而要助长新生婴儿的死亡。这是因为如果已经有了生命意志，那么，生命意志作为形而上唯一的东西，作为自在之物，就没有一种暴力能够打破它，暴力只能消灭生命意志在此时此地的现象。至于它自身，除了通过**认识**以外，什么也不能取消它。因此得救的唯一途径就是意志无阻碍地显现出来，以便它在这显现出来的现象中能够**认识**它自己的本质。唯有借助于这认识，意志才能取消它自己；同时也能随之而结束和它的现象不可分的痛苦：却不可能借助于物质的暴力，如杀死精子，如毙婴，如自杀。大自然正是把意志引向光明，因为意志只有在光明中才能得到解脱。因此，一旦生命意志——那是大自然的内在本质——已经作出了决定，就该以一切方式来促进大自然的那些目的。

另有一种特殊的自杀行为似乎完全不同于普通一般的自杀，可是人们也许还未充分注意到。这就是由最高度的禁欲自愿选择的绝食而死，不过这种现象在过去总是混杂着好多宗教的妄想甚至迷信，因而真相反而不明了。然而彻底否定意志似乎仍能达到这样的程度，即是说借吸收营养以维持肉体的生机所必要的意志
514 也消失了。这一类型的自杀绝不是从生命意志中产生的，与生命意志风马牛不相及；这样一个彻底清心寡欲的禁欲主义者只是因为他已完完全全中断了欲求，才中断了生命。这里除了绝食而死

① 指避孕方法。

之外，别的什么死法大概是想不出来的(如其有可能，则是从一种特殊迷信中产生的)；因为〔任何〕缩短痛苦的企图确已是一定程度的肯定意志了。在绝食时，充满这样一个忏悔者的理性的那些信条则反映着他的幻想，好像有一种什么更高超的东西曾命令他绝食似的，而〔其实只〕是内心的倾向驱使他这样做。这方面较早的例子可以在下列书刊中找到：《布累斯劳〔地区〕自然史、医学史汇编》1799 年 9 月份，第 363 页起；贝耳：《文哲园地消息》1685 年 2 月份，第 189 页起；齐默曼：《论孤寂》卷一，第 182 页；在 1764 年的《科学院史》中呼杜英的一篇报告重印于《开业医师用病例选集》卷一，第 69 页。较晚近的报道也可在下列书刊中找到：胡非南编的《实用医学杂志》卷一第 181 页，卷四八第 95 页；纳塞编的《精神病医生专用杂志》1819 年度第三期第 460 页；《爱丁堡地区医学和外科手术杂志》1809 年度第五卷第 319 页。在 1833 年各报都登载了英国历史家林廓德博士在元月间自行饿死于〔英国〕多维尔地方的消息，根据后来的报道又说死者并不是他本人而是他的一个亲属。不过这些消息大部分都是把那些当事人当作精神病患者来描写的，现已无法查明这种说法究竟真实到什么程度。虽然只是为了更妥善的给人性这一触目的，不同寻常的，前已提过的现象保存一个少有的例子，我还是想在这里记下这类报道新近的一条消息。这一现象至少在表面上属于我想把它纳入的这范围之内，此外，这也将是一个难于解释的现象。我所说的新近消息刊登在 1813 年 7 月 29 日的《纽伦堡通讯》中，原文如下：

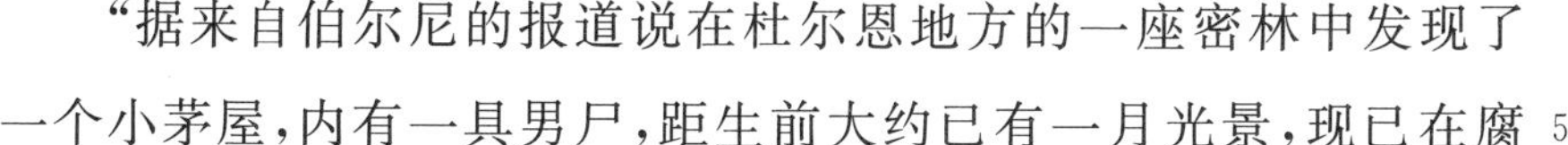

“据来自伯尔尼的报道说在杜尔恩地方的一座密林中发现了一个小茅屋，内有一具男尸，距生前大约已有一月光景，现已在腐 515

臭中。所着衣履，不能据以判断死者生前的身份。尸旁放着两件很精美的衬衣。最重要的遗物是一本《圣经》，书中夹着白色纸页，其中一部分是死者涂写过的。在这些纸页上他记下了离家的日期（但未注明籍贯），此后他说：上帝之灵驱使他到荒野去祷告和绝食斋戒。他在到此的旅程中已绝食七日，然后他又进了饮食。从此在他新居之地他又开始绝食若干日。每绝食一日都划上一笔作记号，共有五划，五划之后这个朝山的香客可能就死去了。此外还有一封写给某牧师的信，信的内容是关于死者听到这牧师所讲过的一篇宣道辞；可是也没写上收信人的住址。”——在这种由于极端禁欲和一般由于绝望产生的两种故意死亡之间，还可能有些中间阶段和两者相混杂的情形，这些固然是难于解释的，不过人类心灵本有一些深邃、阴暗，和错综复杂的地方，要揭露和展出这些地方是极度困难的。

§ 70

我们现已结束了我所谓意志之否定的全部论述，人们也许可能以为这一论述和以前有关必然性的分析不相符。〔那儿说〕动机之有必然性正和根据律其他每一形态相同，从而动机和一切原因一样，都只是些偶然原因。在这些偶然原因上人的性格展出它〔自己〕的本质，并且是以自然规律的必然性透露着这本质，所以我们在那儿曾干脆否认过自由作为“不受制于内外动机的绝对自由”。这里根本不是要取消这一点，我反而是要人们回忆这一点。事实上，意志只是作为自在之物才能有真正的自由，而自由亦即独立于
516 根据律之外。〔至于〕意志的现象，它的基本的形式无论在什么地

方都是根据律，都是必然性手心里的东西，那是没有这种自由的。可是还有这么唯一的一个情况，直接在现象中也能看出这种自由，那就是这样一个情况：这自由在给那显现着的东西办最后结束时，因为这时那单纯的现象，就它是原因锁链中的一环说，亦即就它是被赋予生命的身体说，仍然还在只充满现象的时间中继续存在着，所以那以这现象自显的意志，由于它否定这现象透露出来的东西，就和这现象处于矛盾的地位了。譬如性器官，作为性冲动具体可见的表现，尽管还是在那里并且还是健全的，可是已没有，在内心里已没有性的满足的要求了，这就是刚才讲的那种〔矛盾〕情况。〔同样，〕整个的身体也只是生命意志的具体表现，然而迎合这一意志的那些动机已不再起作用了；是的，现在却要欢迎并渴望这躯壳的解体，个体的了结，因而对于自然的意志的最大障碍也是受欢迎的了。这一**现实的**矛盾是由于不知有任何必然性的意志自身，自由地直接侵入意志现象的必然性而产生的。我们一面主张意志有按性格所容许的程度而被动机决定的必然性，一面主张有彻底取消意志的可能性，从而一切动机都失去了作用；那么，这两种主张的矛盾就只是这一**现实的**矛盾在哲学的反省思维中的重复罢了。但是这里却有统一这些矛盾的钥匙在，即是说性格得以摆脱动机的支配力的那种情况不是直接从意志，而是从一个改变过了的认识方式出发的。也就是说，如果〔人的〕“认识”还是局限于个体化原理，干脆服从根据律的认识，而不是其他的认识，那么动机的巨大力量就还是不可抗的；但是，假使个体化原理被看穿了，那些理念，亦即自在之物的本质作为一切事物中的同一意志，又直接被认识了，而从这认识又产生了欲求的普遍〔可用〕的清静剂，那么个别

动机就失去效力了，因为和动机相呼应的认识方式已被完全不同
517 的又一认识方式所遮没而引退了。因此，性格固然永远不能有局部的变更，而必须以一种自然规律的守恒性个别地执行意志〔的所欲〕，而性格整个地又是这意志的显现。然而正是这个“整个”，这性格自身，又可以由于上述认识的改变而完全被取消。这种性格的取消，如前已引证过的，就是阿斯穆斯对之惊异而称之为罗马正教的，超绝的转变的东西。这也正是在基督教教会里很恰当的被称为**再生**的东西，而这所由产生的认识也就是那被称为“**天惠之功**”的东西。——正是由于这里所谈的不是性格的一种改变，而是整个儿的被取消，所以尽管那些性格在被取消之前——〔现在，〕取消性格已生效——是那么不同，但在既被取消之后就在行为方式上表现出很大的相似性，虽然各按其概念和信条不同，各自**说**的话还是很不相同的。

在这种意义上说，关于意志自由即这一古老的，常被反驳又常被坚持的哲理也就并不是没有根据的了，而教会里关于天惠之功和再生的信条也不是没有意思和意义的了。我们现在不过是出乎意料的看到〔这种哲理和教义〕两者的符合一致，并且此后我们也就能理解那卓越的马勒布朗希是在什么意义上〔才〕能够说“自由是一个神秘”了，〔其实〕他也说得对。原来基督教的神秘主义者所谓的**天惠之功**和**再生**在我们看来只是**意志自由**唯一直接的表现。只有意志获得它本质自身的认识，又由这认识获得一种清静剂而恰是由此摆脱了**动机**的效力，才会出现意志的自由。〔至于〕动机则在另一种认识方式的领域内，这认识方式的客体就只是些现象而已。——所以自行表出自由的可能性是人类最大的优点，动物

永远不可能有这种优点；因为理性的思考力不为眼前印象所局限而能通观生活的全盘乃是这一可能性的条件。动物不自由，没有自由的一切可能性，甚至也不可能有一个真正的，经过考察的选择 518 作用；〔因为〕真正的选择要在事前结束动机之间的冲突，而动机在这里又必须是抽象的表象。因此，那饥饿的狼就会以石子要落到地面上来的那种必然性一口咬入山鸡野兔的肉，而不可能认识到它既是被扑杀的〔对象〕，又是正在扑杀的〔主体〕。**必然性是大自然的王国；自由是天惠的王国**。

因为**意志的自我取消**，如我们已看到的，是从认识出发的；而一切认识和理解按其原意都是不随人意为转移的，所以欲求的否定，亦即进入自由，也不能按预定意图强求而得，而是从人〔心〕中的认识对欲求的最内在关系产生的，所以是突然地犹如从外飞来的。正是因此，所以教会称之为**天惠之功**。可是教会认为这仍有赖于天惠的接受，那么清静剂起作用仍然还是意志的一种自由活动。因为随这种天惠之功之后，人的全部本质压根儿变了，反过来了，以致他不再要前此那么激烈追求过的一切了，也就是犹如真有一个新人替换了那个旧人似的；而天惠之功的这一后果，教会就称之为再生。原来教会所谓**自然人**，是他们认为没有任何为善的能力的，这就正是生命意志。如果要解脱我们这样的人生，就必须否定这生命意志。也就是说在我们的生存后面还隐藏着别的什么，只有摆脱了这世界才能接触到〔这个什么〕。

不是依根据律看，不是朝个体看，而是朝人的理念，在理念的统一性中看，基督教的教义在**亚当身上**找到了**大自然**的象征，即**生命意志之肯定**的象征。亚当传给我们的〔原〕罪使我们一切人都得

分受痛苦和永久的死亡。原罪也就是我们和亚当在理念中的统
519 一,这理念又是由生生不已这根链带而在时间上表出的。在另一面,教义又在人化的上帝[①]身上找到了天惠的,意志之否定的,解脱的象征。这人化的上帝不带任何罪尤,也就是没有任何生命意志,也不能像我们一样是从坚决肯定意志而产生的,不能像我们一样有一个身体,——身体彻底只是具体的意志,只是意志的显现——,而是由纯洁的童贞女所生,并且也只有一个幻体。最后这一说本是以掌教〔神父〕,亦即坚持此说的教会长老为根据的。阿伯勒斯是特别主张这一说的,德尔杜良[②]又起而反对阿伯勒斯及其追随者。但是奥古斯丁也是这样注解《给罗马人的信》第八通第三段的,他说:“上帝派遣他的儿子在有罪的肉体形相中”,也就是说:“原来这不是一个有罪的肉体,因为它不是从肉欲中诞生的;然而有罪的肉体形相仍然在他身上,因为那究竟是要死的肉体”(第八三篇问题部分第六六题)。在他另一部叫做《未完稿》[③]的著作中(第一篇第四七节)他又教导说原罪既是罪,同时又是罚。在新生的婴儿身上已带着原罪,不过要在他成长时才显出来。然而这种罪的来源还是要溯之于犯罪者的意志。这个犯罪者据说就是亚当;而我们所有的人又都在亚当中生存。亚当不幸,我们所有的人也在亚当中不幸。——实际上原罪(意志的肯定)和解脱(意志的否定)之说就是构成基督教的内核的巨大真理,而其他的一切大半

① 指耶稣。

② Tertullian(公元200年前后),基督教的哲学辩护人之一,拉丁基督文学的奠基人。

③ 指奥古斯丁的主要著作《上帝之国》。

只是〔这内核的〕包皮和外壳或附件。据此，人们就该永远在普遍性中理解耶稣基督，就该作为生命意志之否定的象征或人格化来理解〔他〕；而不是按福音书里有关他的神秘故事或按这些故事所本的，臆想中号称的真史把他作为个体来理解。因为从故事或史实来理解，无论是哪一种都不容易完全使人满足。这都只是为一般群众〔过渡到〕上述这种理解的宝筏，因为群众他们总要要求一些可捉摸的东西。——至于基督教在近代已忘记了它的真正意义而蜕化为庸俗的乐观主义，在这里不与我们相干〔，也就毋庸赘述了〕。

此外基督教还有一个原始的，福音的学说。奥古斯丁在教会 520
首脑的同意之下曾为捍卫这个学说而反对伯拉奇乌斯[1]的庸俗〔理论〕[2]，〔马丁·〕**路德**曾在他所著《关于遵守最高决议》一书中特别声明他以剔除错误，保护这个学说的纯洁性为努力的主要目标。——这个学说就是：**意志不是自由的**，最初原来是臣服于为恶的倾向之下的；因此意志所作的事迹总有些罪过，总是有缺陷的，绝不能上跻于公道；所以最后使人享天福的不是〔人们〕所做的事绩，而只是信仰。这信仰本身又不是从预定的企图和自由的意志中产生的，而是由于**天惠之功**，无须我们的参与，好像是从外面降临到我们身上来的。——不仅是上面提过的那些信条，就是最后这一道地福音的教义也在现代那种粗犷庸俗的看法所认为荒谬而加以拒绝或讳言的范围之内；因为这种看法，虽有奥古斯丁和路德

① Pelagius，公元 400 年前后的英国僧侣。

② 指否认原罪，主张人能自救的理论。

在前，仍然信服伯拉奇乌斯派那种家常的理智——这正是今日的理性主义——，恰好废止了那些意味深长的，狭义的基督教所特有的本质上的教义，反而单是保留了渊源于犹太教而遗留下来的，只是在历史的过程中和基督教纠缠在一起*的那些信条，并把这些
521 信条当作主要事项。——但是我们却在上述的教义中看到和我们的考察结果完全相符合的真理，也就是说我们看到心意中真正的

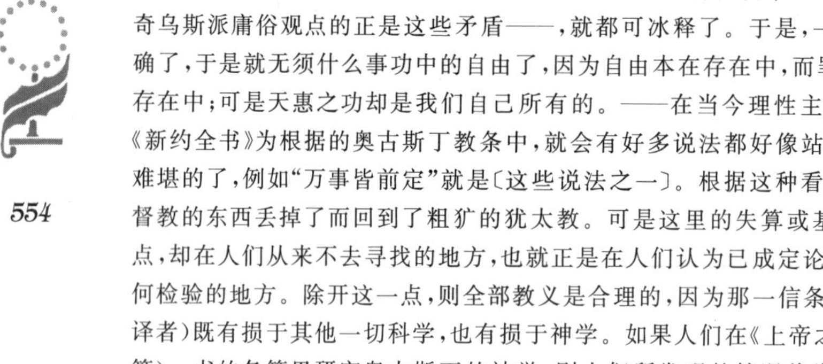

* 这一情况真实到什么程度，可以从下面这一点看出来，即是说人们如果剥落了犹太教的基本信条而认识到人不是别人的产物，而是自己意志的产物，则包含在奥古斯丁前后一贯地由他系统化了的基督教教义中的矛盾和疑难——引起反对面的伯拉奇乌斯派庸俗观点的正是这些矛盾——，就都可冰释了。于是，一切就立即清楚而正确了，于是就无须什么事功中的自由了，因为自由本在存在中，而罪恶作为原罪也是在存在中；可是天惠之功却是我们自己所有的。——在当今理性主义的看法则相反，以《新约全书》为根据的奥古斯丁教条中，就会有好多说法都好像站不住脚了，甚至像是难堪的了，例如"万事皆前定"就是〔这些说法之一〕。根据这种看法，人们就把真正基督教的东西丢掉了而回到了粗犷的犹太教。可是这里的失算或基督教教义的原始缺点，却在人们从来不去寻找的地方，也就正是在人们认为已成定论，确实无疑而不加任何检验的地方。除开这一点，则全部教义是合理的，因为那一信条（指上帝创造人——译者）既有损于其他一切科学，也有损于神学。如果人们在《上帝之国》（尤其是第一四篇）一书的各篇里研究奥古斯丁的神学，则人们所发现的情况将类似于〔人们〕想放稳一个重心落在外面的物体，随你怎么颠来倒去，随你怎么放，这个物体还是要摔倒。那么在这里，尽管有奥古斯丁的那些努力，那些诡辩，这世间的罪恶和痛苦还是永远要回落到上帝身上去的；上帝不是创造了一切和一切中的一切，并且早就知道了事情会如何发展的吗？至于奥古斯丁自己也觉察到这个困难，〔而且是〕在这困难之前愕然无所措手足；这一点我已在我的获奖论文《论意志自由》（第四章，第一版和第二版第66—68页）一书中指出来了。——同样，上帝至善和世间痛苦的矛盾，意志自由和上帝预知〔一切〕的矛盾，曾是笛卡尔派、马勒布朗希、莱布尼兹、贝耳、克拉克、阿诺尔德等人之间将近百年来争论不休的论题。在争论中只有上帝的存在及其属性是各造认为唯一固定不移的信条，在他们企图使这些东西调和一致的时候，总是不停地在绕圈子，等于是分解一个算式而总是得不出结果，那余数在一个地方除尽了，仍然不是在这里，就要在那里又要冒出来。但是没有一个人想到要在基本前提中去找困难的根源，虽然这是了如指掌的事。唯有贝耳让人看到他是看到了这一点的。

美德和神圣性，其最初来源不在考虑后的意愿（事功）而在认识（信
仰）；这恰好和我们从我们的主题思想中所阐明的〔道理〕相同。如
果导致天福的是从动机和考虑过的意图中产生的事功，那么，不管
人们怎么辩来辩去，美德永远就只是一种机智的、有方法的、有远
见的利己主义了。——但是基督教教会许以天福的信仰却是这样
一个信仰：我们一切人既是由于人的第一祖先已陷于罪，都分有其
罪，都逃不掉死亡和灾害；那么，我们一切人也只能由于天惠和神
性的居间人[①]承担了我们的无量罪恶才得解救；这并且完全不需 522
要我们的（本人的）功德，因为凡是人有意（由动机决定）的作为所
能得出的东西，人的事功，就绝不能，在人的天性上断然不能，使我
们有理由获得解救，正因为这是**有意**的、由动机产生的行为，是表
面工夫。所以在这种信仰中，首先是〔说〕我们人的处境原来是，在
本质上是不幸的，于是我们需要**解脱**这种处境；其次是〔说〕我们自
己在本质上是属于恶〔这一面〕的，是和恶如此紧密地缠在一起的，
以致我们按规律和定则，亦即按动机所做的事情绝不能满足公道
所要求的。也不能解救我们。解救只能由于信仰，也就是由于改
换过的认识方式才能获得，而这个信仰又只能来自天惠，所以好像
是从外来的。这就是说：得救对于我们本人是一件陌生的事而暗
示着要获得解救恰好就必须否定和取消我们这个人格的人。〔人
的〕事迹，即服从规律之为规律的行事，因为总是随动机而有的行
为，所以绝不能为人开脱〔罪恶〕而成为获救的根据。**路德**要求（在
《关于基督教的自由》一书中）在信仰既已获得之后，则嘉言懿行

---

① 指耶稣。

〔应该〕完全是自然而然从信仰中产生的，是这信仰的表征和果实，但绝不是邀功的根据，不是应得之数或要求报酬的根据，而完全是自动甘愿的，不望报的。——所以我们也认为在愈益清楚地看穿个体化原理的时候，首先出现的只是自愿的公道，然后是仁爱，再进为利己主义的完全取消，最后是清心寡欲或意志的否定。

基督教的教义本身和哲学并无关系，我所以要把这些教义扯到这里来，只是为了指出从我们整个考察中产生的，和这考察所有各部分既完全一致又相联贯的这种伦理学，虽在措辞上是崭新的，闻所未闻的；但在本质上却并不是这样，而是和真正基督教的信条完全一致的；在主要的方面甚至已涵蕴在这些教义中，是教义中已经有了的东西，正同这种伦理学和印度的神圣经典在完全另一形
523 式下提出的教义和伦理规范也完全相符合一样。同时回忆基督教教会的信条还有助于解释和阐明一种表面上的矛盾，这矛盾一面是性格的各种表出在眼前动机之前的必然性（大自然的王国），另一面是意志本身否定自己的自由，取消性格以及取消一切基于性格的“动机的必然性”的自由（天惠的王国）。

§　71

当我在这里结束〔我的〕伦理学基本论点，与此同时也结束我的目的所要传达的这一思想的全部论述时，我不想隐瞒还有一个责难是对这最后一部分论述而发的，反而要指出这个责难是在事情的本质中根本免不掉的。这个责难说：在我们的考察终于达到了这一步之后，即是说我们完善的神圣性中所看到的就是一切欲求的否定和取消，也就是由此而解脱一个世界，其整个存在对我们现为痛苦的世界；那么，在我们看起来，这似乎就是走向空洞的无了。

关于这一点我首先要说明的是：无这个概念基本上是相对的，总是对它所否定的，所取消的一个一定的什么而言的。人们（亦即康德）把这种属性只赋予空乏的无。这是用〔负号〕－来标志的，和以〔正号〕＋来标志的相反，而这〔负号〕－在观点倒换时又可变为〔正号〕＋。和空乏的无相对称人们又提出否定的无，而这在任何方面都应该是无，人们用逻辑上自相抵消的矛盾作为这种无的例子。过细考察起来，可并没有〔什么〕绝对的无，没有真正否定的无，就是想象这种无也不可能。任何这一类的无，从更高的立足点看，或是总括在一个较广泛的概念之下来看，永远又只是一个空乏的无。任何无之为"无"都是只在对别的什么的关系中来设想的， 524
都是以这一关系从而也是以那别的什么为前提的。即令是一个逻辑的矛盾，也只是一个相对的"无"。逻辑的矛盾〔固然〕不是理性〔所能有〕的一个思想，但它并不因此就是一个绝对的无。原来这矛盾〔只〕是一些词的组合，是不可思议〔之事〕的一个例子；这是人们在逻辑上为了论证思维的规律必不可少的东西。因此，当人们为了这一目的而属意于这样的例子时，人们就会坚持〔自相矛盾的〕无意义为他们正在寻求的正，而〔顺理成章的〕有意义作为负，则将跳过〔不问〕。所以每一否定的无或绝对的无如果置之于一个更高的概念之下，就会显为一个单纯的空乏的无或相对的无；而这相对的无又永远可以和它所打消的互换正负号，以致那被打消的又被认作负而相对的无却又被认作正。柏拉图在《诡辩派》（蚩槐布禄报〔双桥〕版第 277—287 页）中对于无曾作过艰深的、辩证的研究。这个研究的结果也和这里说的相符合，他说："我们既已指

出有**另一种存在**的性质，而且是分散和分布于在其**相互**关系之间的一切存在物之上的，那么，我们就可以肯定说：和个别存在物对立的存在，在事实上就是那**不存在**着的。”

一般作为正而被肯定的东西，也就是我们叫做**存在物**的东西；**无**这概念，就其最普遍的意义说，就是表示这存在物的否定。作为正的就正是这表象的世界，我已指出这是意志的客体性，是反映意志的镜子。这意志和这世界也正就是我们自己。整个的表象都是属于这世界的，是这世界的一面。这表象的形式便是空间和时间，因此，在这立场上看的一切存在物都必然要存在于某时和某地。意志的否定、取消、转向，也就是这世界——意志的镜子——的取消和消逝。如果我们在这面镜子中再看不到意志了，那么我们要问意志转移到哪里去了也是徒然；于是我们就埋怨说意志既再没
525 有它所在的时间和地点，那么它一定是消失于无之中了。

一个倒转过来的立足点，如果在我们也有这种可能的话，就会使正负号互换，使我们认为存在的变为“无”，而这“无”则变为存在的。不过我们如果一天还是生命意志本身，那个无就只能在否定的方面被我们所认识，只能从否定的方面加以称呼；因为恩披陀克勒斯说的那句老话：“同类只能被同类所认识”恰好把我们在无这方面的认识剥夺了。相反，我们一切真实的认识的可能性，亦即世界作为表象，或者是意志的客体性，最后也正是基于这句老话的。因为这世界就是意志的自我认识。

如果断然还要坚持用个什么方法从正面来认识那哲学只能从反面作为意志的否定来表示的东西，那么我们没有别的办法，只有指出所有那些已达到了彻底否定意志的人们所经历的境界，也就

是人们称为吾丧我，超然物外，普照，与上帝合一等等境界。不过这种境界本不能称为认识，因为这里已没有主体和客体的形式了，并且也只是他们本人自己的，不能传达的经验所能了知的。

可是我们，完全站在哲学观点上的我们，在这问题上就不能不以反面的消极的认识自足，达到了正面的积极的认识门前一口界碑就算满足了。我们既然认为世界的本质自身是意志，既然在世界的一切现象中只看到意志的客体性，又从各种无知的自然力不带认识的冲动起直到人类最富于意识的行为止，追溯了这客体性，那么我们也绝不规避这样一些后果，即是说：随着自愿的否定，意志的放弃，则所有那些现象，在客体性一切级别上无目标无休止的，这世界由之而存在并存在于其中的那种不停的熙熙攘攘和蝇营狗苟都取消了；一级又一级的形式多样性都取消了，随意志的取 526
消，意志的整个现象也取消了；末了，这些现象的普遍形式时间和空间，最后的基本形式主体和客体也都取消了。没有意志，没有表象，没有世界。

于是留在我们之前的，怎么说也只是那个无了。不过反对消逝于无的也只是我们的本性，是的，正就是这生命意志：它既是我们自己又是这个世界。我们所以这样痛恶这个无，这无非又是另一表现，表现着我们是这么贪生，表现着我们就是这贪生的意志而不是别的，只认识这意志而不认识别的。——如果我们把眼光从自己的贫乏和局限性转向那些超脱这世界的人们，〔看〕他们的意志在达到了充分的自我认识之后又在一切事物中认识到这意志自己，然后〔又看到〕它自由地否定自己以待它赋予肉体以生命的那最后一点余烬也与此肉体同归寂灭；那么，我们所看到的就不是无

休止的冲动和营求，不是不断地从愿望过渡到恐惧，从欢愉过渡到痛苦，不是永未满足永不死心的希望，那构成贪得无厌的人生平大梦的希望；而是那高于一切理性的心境和平，那古井无波的情绪，而是那深深的宁静，不可动摇的自得和怡悦。单是这种怡悦在〔人类〕面部的反映。如拉菲尔和戈内琪奥所描画的〔人相〕，已经就是一个完整的可靠的福音。〔在超脱世界的人们，〕意志已是消失了，剩下来的只是那认识。但是我们则以深沉而痛苦的倾慕心情来看这种境界，而我们自己那种充满烦恼而不幸的状况与此并列。由于两相对照，就昭然若揭了。然而这一考察，当我们一面已把不可救药的痛苦和无尽的烦恼认作是意志的现象，这世界，在本质上所有的，另一面在意志取消之后又看到世界消逝而只剩下那空洞的无在我们面前的时候，究竟还是唯一能经常安慰我们的一个考察。于是，在这种方式上，也就是由于考察圣者们的生平及其行事——要在自己的经历中碰到一个圣者诚然是罕有的事，不过他们那些写记下来的史事和具有内在真实性这一图记为之保证的艺术[①]却
527 能使他们历历如在目前——，〔我们就应知道〕无是悬在一切美德和神圣性后面的最后鹄的，我们〔不应该〕怕它如同孩子怕黑暗一样；我们应该驱除我们对于无所有的那种阴森森的印象，而不是回避它，如印度人那样用神话和意义空洞的字句，例如**归于梵天**，或佛教徒那样以进入**涅槃**来回避它。我们却是坦率地承认：在彻底取消意志之后所剩下来的，对于那些通身还是意志的人们当然就是无。不过反过来看，对于那些意志已倒戈而否定了它自己的人

① 指圣者们的画像。

们，则我们这个如此非常真实的世界，包括所有的恒星和银河系在内，也就是——无*。

* 这正是佛教徒们的禅波罗蜜 pradschna-paramita，是“一切知的彼岸”，亦即主体和客体不再存在的那一点。（见 J. J. 斯密特〔J. J. Schmidt〕《关于大智〔摩诃闪那〕Mahajana 和禅波罗蜜》。）

附录[*] 康德哲学批判

真正的天才，尤其是开辟新途径的天才，他们可以铸成大错而不受责难，这是他们的特权。

——伏尔泰

531 在一个精神伟大的人物的作品里指出一些缺点和错误，这比明确而完备地阐发这作品的价值要容易得多。这是因为这些错误总是个别的，有限的，所以是可以一览无余的。与此相反，天才打在他作品上的烙印却正是这些作品的优越性，既不可究诘，又取之不尽。这些作品因此才成为连续好些世纪不衰的导师。一个精神上真正伟大的人物，他的完美的杰作对于整个人类每每有着深入而直指人心的作用；这作用如此广远，以致无法计算它那启迪人心的影响能够及于此后的多少世纪和多少遥远的国家。这是经常有的情况：因为这种杰作产生的时代尽管是那么有教养而丰富多彩，然而天才好像一棵棕树一样，总是高高地矗立在它生根的土地上面。

不过这种深入而广泛的影响，由于天才和普通人之间有着很大的距离，是不能够突然出现的。天才在**一个**世代里直接从生活

---

* 本附录的节与节之间没有数字，只以一空行隔开前后两节。

和这世界中汲取而获得的认识，为别人采掘而处理妥帖的认识，只因为人类的接受能力远赶不上天才的授予能力，所以不能立刻成为人类的财产。而是相反，这种认识，在和不相称的，卑鄙的敌手，和那些在不朽的事物刚诞生时就想剥夺这些事物的生命，就想扼杀人类福音的嫩苗的人们（可以比拟于〔大力神〕赫库勒斯摇篮上的毒蛇）交锋而取得胜利之前，必须先经历无数次被人曲解和误用的曲折途径，必须战胜自己附和陈旧的谬论而与之合流的试探而在斗争中生活，直到有了一个新的，不受拘束的世代为这〔新〕的认识成长起来。这新的一代逐渐逐渐地，经由千百个疏通了的水道，
在青年时代就已局部地接受了从那精神伟大的人物流向人类的那 532
股泉水的内容，逐步逐步吸收了消化了这内容，然后得以分享〔天才的〕这一善举。人类这一世代，天才的这一既幼稚又倔强的学童，它的教育就是这么缓慢地渐进的。——那么，康德学说的全部力量和重要性，也只有通过时间，在时代精神自己有朝一日逐渐被这学说所改造，在最重要的和最内在的方面都已转变而为那精神伟大的巨人的威力提出了活生生的证据时，才会显著起来。可是我在这里并不想不自量力地跑到时代精神之前，而扮演加尔哈斯①和卡山德拉②那种不讨好的角色。我只但愿容许我根据上面所说的，将康德的作品看作还是很新颖的；在今天却已有好多人将这些作品看作是陈旧了，是已作罢论而放在一边了；或如他们所

① Kalchas 荷马史诗中土劳埃的祭师，预言太子巴黎斯将亡国，反忤国王。

② Kassandra 土劳埃公主预言海伦将引来亡国之祸，而人皆不信反以为疯癫。（海神为公主所惑，授以预知未来之术；公主背约，神不能收回其术，但能使公主所言不为人信。）

说，是已过时而在他们背后了。由于后面这种看法另外一些人就狂妄起来，竟完全无视〔康德〕这些作品而厚颜地以旧的实在主义的独断论及其烦琐哲学为前提继续谈着上帝和灵魂的“哲理”；——这就好比人们要使炼丹术士的学说还在近代化学中起作用一样。——此外，康德的作品也不需要我人微言轻的颂赞，这些作品自会永远赞扬它们杰出的作者；它们即令不在作者的文字中，但在作者的精神中是永垂不朽的。

可是我们如果在康德之后已过去的这一段时间里回顾他那学说最切近的后效，那么诚然，歌德那句令人沮丧的话，在我们看来就被证实了。歌德说：“谬误和水一样，船分开水，水又在船后立即合拢；精神卓越的人物驱散谬误而为他们自己空出了地位，谬误在这些人物之后也很快地自然地又合拢了。”（《诗意与真情》第三部第521页）然而这一段时间究竟只是一个插曲，要算是上述每一新出的、伟大的认识的命运。不过现在这插曲显然已临近结束的时候了，因为这样持续不断吹大了

533 的肥皂泡是终于要破灭的。人们普遍地开始觉得真正的、严肃的哲学还停留在康德把它放下的地方。不管怎样，我不承认在他和我之间，在哲学上已发生过什么新事情，所以我是直接上接着他的。

我在本附录中的意图只是要就我在拙著中所阐述的学说在许多论点上和康德哲学不一致，甚至相反的这方面来证明我的学说有它的理由，为之辩解。在这问题上可就少不了一番讨论，因为我的思想路线尽管在内容上是如此不同于康德的，却显然是彻底在康德思想路线的影响之下，是必然以之为前提，由此而出发的；并

且我还坦白承认在我自己论述中最好的东西，仅次于这直观世界
的印象，我就要感谢康德的作品所给的印象，也要感谢印度教神圣
典籍所给的印象，要感谢柏拉图。——可是虽然如此，还是有我那
些反对康德的异议在；并且为了使这些异议具足理由，站得住，我
根本只能通过一个办法，即是说我得就那些和我相反的谬误论点
指责康德，揭露他所造成的错误。因此，在这个附录中我必须对康
德采取彻底反驳的态度，并且是严肃地，不遗余力地进行反驳；因
为只有这样才能做到这一点，即是说黏附在康德学说上的谬误得
以剔除而这学说的真理得以更加彰明，更巩固地发扬光大。因此，
人们就不得指望我对康德确然在内心中感到的敬仰也会包含他的
弱点和错误，不得指望我除了以小心翼翼的回护态度之外不以其
他态度揭露这些弱点和错误；并且这样小心翼翼做也必然会由于
绕圈子说话而使我的论述陷于软弱和黯淡。对于一个在世的人，
那确实需要这种照顾；因为在纠正〔人的〕一个错误时，尽管是理所
应当的，然而人〔心〕的弱点却只能在温情和阿谀之下才受得住〔批
评〕，何况即使是这样也还是难受；那么一个几百年一出的大师，人
类的恩人，人们至少也应该对他的这种心灵上的弱点照顾一下，以
便不给他制造痛苦。但是一个死者却已丢掉了这种弱点。他的功 534
绩已屹立不可动摇。时间会逐步清洗掉一切过高的评价或贬低。
必须使他的错误脱离他的功绩，不再有损于功绩，然后把错误付之
淡忘。因此在我将要发声对康德进行反驳的时候，在我心目中简
直就只有他的错误和缺点；我对这些东西采取敌对的态度而将进
行一场毫不容情的毁灭战；并且总是想到不要姑息地掩饰这些东
西，反而是要把这些东西置之于光天化日之下，以便更妥当地加以

消灭。由于上面列举的理由，我在这样做时既不觉得我对他不起，不公平，也不觉得我是忘恩负义。为了在未进行讨论之前，也在别人眼里去掉〔我有〕任何一点恶意的形迹，我将通过简单表述康德的主要功绩，在我眼中看来的主要功绩，而首先把我对于康德深深感到的崇敬和谢忱公布于世；并且在我简述他的功绩时，我将从这么一般的观点出发，使我不致被迫去触及此后我要反驳康德的那些论点。

康德的最大功绩是划清现象和自在之物〔两者之〕**间的区别**，——〔他的〕根据是这样一个论证：在事物和我们之间总有〔居间的〕智力在，所以这些事物就不能按它们自身在本体上原是什么而被认识。康德是由**洛克**引到这条路上来的（见《每一形而上学的序论》§13，注二）。洛克曾指出事物的第二级属性如音响、香臭、颜色、软硬、光滑等，因为都是基于官能感受的，〔所以〕并不是属于客观物体的，不是属于自在之物本身的；至于自在之物本身洛克却只赋予第一级的属性，亦即那些仅仅只以空间和不可透入性为前提的属性，如广延、形状、固体性、数量、运动等。但是这种容易发现的洛克式的区别还是在事物的表面上说话，对于康德式的区别只等于是一个幼稚的前奏。原来康德作的区别，从一个高到不能比的立足点出发，却宣称**洛克**曾认为可以成立的一切，他所谓的第
535 一级属性，亦即自在之物本身的属性，同样也只在我们的理解力之内而是属于自在之物的现象的；并且其所以如此，正是因为理解力的条件，空间、时间和因果性是被我们先验地认识了的。这就是说，**洛克**把感觉器官在自在之物的现象上所有的那一份从自在之

物身上剥落了，可是康德现在却又把脑力功能（虽然不是用这样的字眼）所有的那一份也〔从自在之物身上〕剥落了。从此现象和自在之物间的区别就获得了一种绝大的意义和更深远得多的旨趣。为了这一目的，他必须在我们的先验认识和后验认识之间作出明显的区分，而这是在他以前还从没以适当的严格性和彻底性，也没有在明确的意识中做过的。于是这就成为他那意义深远的探讨的主要题材了。——在这里我们立即就要指明康德哲学对于他的前辈的三重关系：第一，对于洛克的哲学是一种肯定和扩充的关系，这是我们刚才已看到的；第二，对于休谟的哲学是一种纠正和利用的关系，人们可以看到将这一点说得最明确的是那篇《每一形而上学的序论》（在康德的主要著作中这是最优美最易理解的，只是研读它的人太少了，其实它可以大大减轻研究康德的困难）的前言；第三，对于莱布尼兹—沃尔夫哲学是一种坚定的驳斥和破坏的关系。在着手研究康德哲学之前，所有这三种学说都是人们应该通晓的。——如果根据上面所述，现象和自在之物，亦即关于观念的东西和实在的东西两者完全不同这一学说，乃是康德哲学的基本特色，那么，此后随即出现的，关于这两者绝对同一的主张①就给了前面引述歌德的那一句话一个糟透了的证明；尤其更糟的是这一主张除了乱吹什么"智力的直观"外并无其他依据，从而只是在以典雅的仪态，以夸夸其谈和夹七夹八的杂烩使人慑服的假面具之下回到庸俗见解的粗陋罢了。这个主张对于笨拙而无性灵的黑格尔那种更鲁莽的胡说倒很相称，已经成为这胡说的出发点

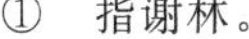

① 指谢林。

536 了。——于是可以说，就**康德**以上述方式对现象和自在之物所作出的区别，从论据的意义深刻和思虑周详来说既远远超过了以往曾经有过的一切，那么，在这区别所产生的那些后果上，也是无限丰富的。因为既已完全从自己出发，自然而然地，在一个完全新的方式之下，从一个新的方面，在一条新的途径上发现了〔真理〕，康德于此就已表出了这同一个真理，亦即柏拉图就已不厌重复说过的真理。在柏拉图的语言中多半是这样表示这一真理的：对官能显现着的这个世界并无任何真正的存在，而只有一个不息的变易，它存在，也不存在，对于它的了解与其说是一种认识，毋宁说是一种幻象。这也就是柏拉图在本书第三篇就已引过的一段中，在他所有作品中最重要的一段中，也就是在《共和国》第七篇篇首所说过的东西；他在那里说：在黑洞里绑紧了的人们既看不到道地的原本的〔阳〕光，也看不到真实的事物，而只看到洞里面黯淡的火光和真实事物的阴影。这些〔真实〕事物在他们背后靠近火光移动，而他们却以为阴影就是实物，〔能作出〕阴影前后相继的规定就〔算〕是真正的智慧了。——这同一真理，完全不同地表达出来，也就是《吠陀》和《布兰纳》的一个主要教义，即关于摩耶的教义。人们在这里所理解的也不是别的而是康德叫做现象，与自在之物相反的东西；因为摩耶的制作正是指我们所在的这个可见世界；这是变出来的魔术，是一个没有实体的，本身没有存在的假象，可比拟于光学上的幻觉，也可比拟于梦寐；是蒙住人类意识的幕幔；是那么一种东西，说它存在和说它不存在，是同样的错误，也是同样的真实。——可是康德现在却不仅只是在一个完全新的独创的方式之下表出了这同一学说，而是借最冷静最清醒的实事求是的论述使这学说成为被证明了的，无可争辩的真理；而柏拉图和那些印度人却只是把他们的主张建立在一个一般的世界观上，只是把这主张当作他的意识的直接宣泄而托出来的，并且与其说是在哲学上明 537
确地，不如说更是神话式的，诗意地表出了他们的主张。就这方面说，他们对于康德的关系等于是早就主张地球围绕静止的太阳运动的毕达戈拉斯派希给塔斯，费罗恼斯和阿利斯塔克对哥白尼的关系。对于整个世界的梦境般的这种本性有如此明确的认识和冷静的，思虑周详的论述，这本是康德全部哲学的基础，是康德哲学的灵魂和最大最大的贡献。康德所以能达成这一点，是由于他以可敬佩的清醒头脑和技巧拆散了，逐一指陈了我们认识能力的全部机括，而客观世界的幻象就是凭借这些机括而成立的。前此所有的西方哲学和康德哲学相比，都显得难以形容的粗笨，都没认识到这一真理；也正是因此，所以总好像是在梦境中说话似的。直到康德才突然把他们从梦中唤醒，所以那些最后还在睡大觉的人（门德尔逊）也曾称康德为粉碎一切的人。康德指出了不能用那些在〔一切事物的〕实际存在中，也就根本是在经验中以不可破的必然性在支配着的法则来引申和说明这实际存在本身；指出了这些法则的效用还只是一种相对的效用，也就是说在这实际存在或整个经验世界已经确立，已经是现成的之后，这种效用才开始；结果是这些法则，在我们着手说明这世界的，和我们自己的实际存在时，不可能是引导我们的线索。这些法则，现象倒是按之而互相连接起来的，我已将它们全部时间和空间以及因果性和推论都总括在根据律这一词中。所有较早期的西方哲学家都误以为这些法则是绝对的，是不以任

何东西为条件的，是永恒真理。〔他们认为〕世界本身就只是由于这些法则，按这些法则〔而成立〕的，因此整个宇宙之谜也必然可以遵循这些法则的线索而得揭穿。为此而作出的那些假定，亦即康德在理性的观念这个名字之下批判过的假定，实际上只有助于将单纯的现象，摩耶的产品，柏拉图的阴影世界，提升为
538 唯一的、最高的真实性，置之于事物最内在的、真正的本质的地位，由此而使真正认识这本质成为不可能，也就是一言以蔽之：使做梦的人睡得更酣些。康德曾指出这些法则，从而也指出了世界本身都是由于主体的认识方式所决定的；由此得出的结论乃是人们遵循这些法则的线索尽管再探讨，再推论，尽管已走了这么远，然而人们在主要的事情上，亦即在世界自身的，表象以外的本质的认识上，并未前进一步，而只是像小松鼠在圈轮中一样地运动着。因此人们也可把一切独断论者比作那些以为只要一直向前走得相当远了就能达到世界尽头的人们，而康德却可说是已航行世界一周并指出了：因为地球是圆的，所以不能由于和地面平行的运动走出地球，然而由于垂直运动也许不是不可能走出地球。人们也可说康德的学说给〔了我们〕这一见解，即是说世界的尽头和起点不是要到我们以外而是要在我们里面去找的。

不过这一切都是基于独断哲学和**批判**哲学或超绝哲学之间的根本区别的。谁要弄明白这一区别，在一个例子上生动地看到这一区别，他只要把**莱布尼兹**的一篇文章当作独断哲学的标本读一遍，就可极简便的做到这一点。这篇文章的标题叫做《事物的根本起源》，第一次发表于厄尔德曼出版的《莱布尼兹哲学

著作集》第一卷第 147 页。在这里就正式是以实在论—独断论的方式，利用着本体论和宇宙论的论证，以那些永恒真理为根据，先验地描绘了世界的起源及其优异的属性。——〔文章〕附带地也有一次承认过经验提示的恰好和这里指证的世界的优异性正相反，可是这就得对经验示意说：经验对于这一点一无所知，哲学既已先验地说过了，经验就应该住嘴。——作为整个这一方法的敌对方面，现在就有批判哲学随康德而出现于世了。这个哲学恰好是把那些为这一切种类的独断论奠基的永恒真理 539
变成了它的问题，恰好要探讨这些真理的起源，于是就发现了这起源是在人的头脑中；即是说在这里这些永恒真理是从专属于人的头脑的，为了了解一个客观世界而装在头脑中的那些形式中产生的。所以说这里，在脑髓中，〔才〕是为那堂皇的独断论建筑物提供材料的石矿。而这批判哲学，由于要达到这一结果就必须超出前此所有独断论所根据的那些永恒真理之上，而使这些永恒真理自身成为探讨的对象，就也成为超绝哲学了。从这一点出发就可进一步得出结论说这个客观世界，如我们所认识的那样，不是属于自在之物自身的本质的，而是这自在之物的单纯现象，〔同时这客观世界又〕正是为先验地即在人类智力（亦即脑髓）中的那些形式所决定的，所以客观世界除了现象之外也不能包涵什么。

康德虽然没有达到现象即作为表象的世界，而自在之物即意志这样的认识，但是他已指出这显现着的世界既是以主体也同样是以客体为条件的。当他把这世界的现象的，也就是表象的最普遍的形式孤立起来时，他指出了人们不仅可以从客体出发，而且同

样也可从主体出发认识到这些形式，并得按其全部的规律性概览这些形式。又因为这些形式本是主体客体之间的共同界线，他作出结论说人们由于追究这个界线，既不能透入客体的内部，也不能透入主体的内部，随之而是〔人们〕绝不能认识到世界的本质，绝不能认识自在之物。

如我即将指出的那样，康德并不是从正确的方式而是借〔论点的〕前后不一贯导出自在之物的，为此他不得不多次的，不能自禁的侵犯他学说的这一主要部分而自食其果。他没有直接在意志中认识到自在之物，但是他已向这认识走了开辟〔新途径〕的一大步，因为他论述了人类引为不可否认的道德意义是完全不同于，不依

540 赖于现象的那些法则的，也不是按这些法则可以说明的，而是一种直接触及自在之物的东西。这就是用以看他的功绩的第二个主要观点。

我们可以把彻底摧毁经院哲学看作第三个主要观点。这里我想以经院哲学这个名词一般地称呼从教会长老奥古斯丁起直至紧接康德之前而结束的那一整个时期，因为经院哲学的主要特征究竟是邓勒曼很正确的提出的特征，也就是各地占势力的宗教对哲学的统制监护作用。〔在这种监护之下，〕给哲学剩余下来的〔工作〕除了证明和粉饰宗教规定的那些主要信条之外，实在什么也没有了。那些正式的经院哲学家，直至苏阿内兹，毫不隐讳的坦然承认这一点。后继的那些哲学家比较是无意识地做着这种事情，或者总不是自认是在这样做。人们认为经院哲学〔的时期〕只可算到笛卡尔约一百年前，然后随笛卡尔就开始了一个自由研究，不依傍一切现行宗教教义的崭新的时代；可是在事实上，这〔种自由研究〕

却不得归之于笛卡尔及其继起的后辈*，可以归功于他们的只是
自由研究的外表以及多少有些向往自由研究的努力。笛卡尔是一 541
个精神非常卓越的人物，如果人们念及他的时代，他所成就的也就很大了。但是如果人们把这种为他曲谅的考虑放在一边，而从人们后来追誉他的〔一些角度，如从〕解脱了一切束缚的思想自由和不受拘束的个人探讨那种新时代的开始〔等〕来衡量他，那么，人们就必然会发现他虽然是以他那种还缺乏真正严肃〔意味〕的，因而是那么快那么坏地表达出来的怀疑来装出一副面孔，好像他想一

* 在这里普禄诺和斯宾诺莎是完全要除外的。他们每人都是各自独立的，既不属于他们所在的那一世纪，也不属于他们所在的〔这一〕大陆。为此他们一个得到了死刑，一个得到迫害和辱骂作报酬。他们在西方世界的那种困苦生涯和死亡等于热带植物〔移植〕到欧洲的生涯。神圣的恒河两岸才是他们真正的故乡，在那儿他们可能度过平静的、受人尊敬的一生，在心志相同的人们之中。——普禄诺在所著《论主因和“一”》的篇首写了几行诗，而这首诗就给他准备了活焚的柴堆。在诗里他明确而优美地说出了他在他那个世纪中是如何的感到孤独，同时还透露了他已预感到自己的命运。这种预感使他迟疑不去发表他所从事的〔学说〕，直到那种在高贵心灵中要传播他所认为真〔理〕的东西的强烈冲动〔终于〕战胜了的时候。〔下面就是这首诗〕：

“是什么在阻止你，我这有病的心灵，不赶快去生育；
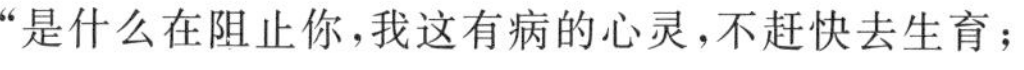
对这个无价值的世纪，你是不是给它这份礼物呢？
即令是阴影已在那些下沉的大地上和水一样的汹涌，
我们的奥林普斯山〔啊〕，
把你的顶峰向着宙斯，高耸入清泰的光明罢。”

谁要是阅读普禄诺的这一主要作品以及他的其他著作，阅读〔他那些〕从前只是那么少数几个人，现在由于一个德国版本却已是任何人所能接触的意大利文著作，他就会和我一起看到在所有的哲学家中，就哲学的力量之外还有强烈的诗情的力量和倾向那种副产物，并且还是特别加以戏剧性的表出这一方面说，唯有普禄诺在有些地方是和柏拉图相近的。在他的这一著作中，我们迎面看到的是一个娇嫩的、通灵的、有思想的人物，试想这样一个人落到那些粗暴发狂的秃驴们手里，这些家伙还是他的审判员和刽子手呢！要感谢时间，时间带来了一个较光明较温和的世纪，遂使这后代，其诅咒应该是对准那些魔鬼宗教狂热者的后代，现在已经就是〔我们的〕当代了。

下子就把早年注入的，属于时代和民族的那些成见的一切束缚丢个一干二净似的；但是他只是一时在表面上这样做，以便随即又把这些东西拾起来，并且越是牢固地握住不放了。笛卡尔所有的后辈也正是这样作的，一直到康德。因此歌德的一首诗倒很可以用到这类独立自由思想家身上来，〔歌德写道〕：

“我看他，请你阁下允许我这样说，

就活像腿儿细长的一只鸣蝉，

它总是飞，边飞着边跳，

于是立即又在〔丛〕草中唱起了它的老调。”

康德有他的理由〔故意〕装出那副面孔，好像他也只有这么个意思①。但是从这次伪装的一跃——这是被允许的，因为人们原已知道这一跃是要回到草里来的——，却变成了一飞〔冲天〕，站在下面的那些人现在只有赶着看的份儿了，再也不能将他捕回来了。

所以康德是敢于从他的学说出发，指出所有那些据说已是多次被证明了的信条是不可证明的。思辨的神学以及与之相联的唯
542 理主义心理学都从康德手里受到了致命的打击。自此以后，这些东西在德国的哲学里就绝迹了。可是人们不得因为人们在放弃了原来的精神之后，有时在这儿，有时在那儿还保留着那些字眼，或因为某一个可怜的哲学教授心目中有他对于主子的畏惧而让真理自为真理〔不敢去管它，〕就被弄糊涂了。康德这一功绩的伟大，只有在一切作家中，甚至在十七和十八世纪最卓越的作家中注意过〔经院哲学的〕那些概念在自然科学以及哲学上的不良影响的人们

① 指高飞之后又回到丛草中，也就是指脱离传统仍回到传统。

才能衡量。自康德以来德国自然科学的著作在语调和形而上学的背景上所发生的变化是显著的；在康德以前的情况正和现在在英国的情况一样。——康德的这一功绩和这种情况有关，即是说在上古、中古以及近代过去的一切哲学中，一贯占统治地位的是毫不思索地遵循现象的规律，把这些规律提升为永久的真理，又由此而提升飘忽的现象为世界的真正本质；一句话，就是在他那幻想中不为任何思考所扰乱的**实在主义**。**贝克莱**和他以前已有**马勒布朗希**一样，曾经认识到实在主义的片面性，甚至错误，却无力推翻实在主义；因为他的进攻只局限于**一**点。那么这就要留待**康德**来促使唯心主义的根本观点——这在整个未曾回教化的亚洲，在本质上甚至是宗教的根本观点——在欧洲至少是在哲学上取得统治地位。所以说在康德之前是我们**在**时间**中**，现在却是时间在我们之中，如此等等。

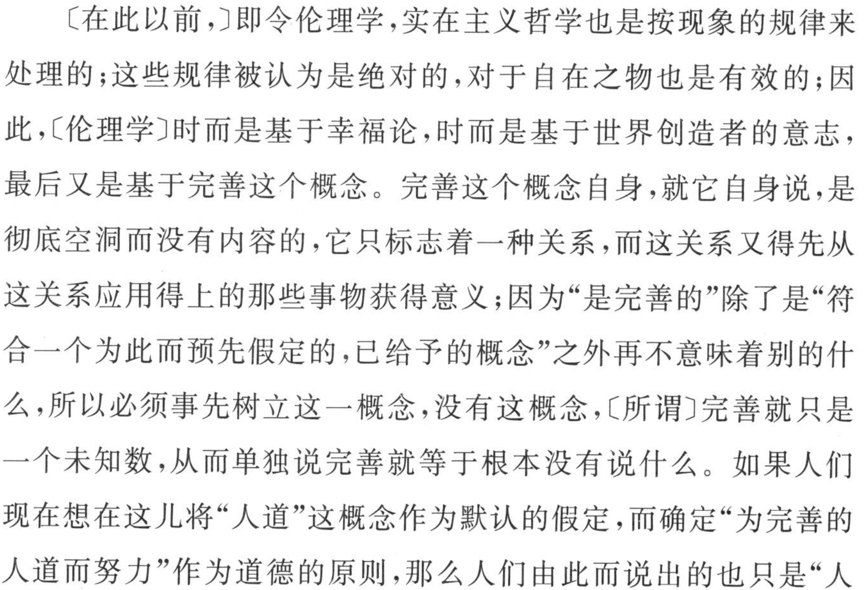

〔在此以前，〕即令伦理学，实在主义哲学也是按现象的规律来处理的；这些规律被认为是绝对的，对于自在之物也是有效的；因此，〔伦理学〕时而是基于幸福论，时而是基于世界创造者的意志，最后又是基于完善这个概念。完善这个概念自身，就它自身说，是彻底空洞而没有内容的，它只标志着一种关系，而这关系又得先从这关系应用得上的那些事物获得意义；因为“是完善的”除了是“符合一个为此而预先假定的，已给予的概念”之外再不意味着别的什 543
么，所以必须事先树立这一概念，没有这概念，〔所谓〕完善就只是一个未知数，从而单独说完善就等于根本没有说什么。如果人们现在想在这儿将“人道”这概念作为默认的假定，而确定“为完善的人道而努力”作为道德的原则，那么人们由此而说出的也只是“人

们应该是他们应是的那样”——还是和前此一样糊涂。“完善”本来就几乎只是“全数十足”的同义语，因为“完善”是说在一个特定的场合或个体中，所有那些在他那种族概念中的谓语都具备了，也就是真正凑齐了。因此，“完善”这一概念如果是这么绝对地抽象地使用，就只是一个思想空洞的字眼儿；还有闲扯什么“至高最完善的存在”等等也正是这样〔的货色〕。这一切都是废话。虽然如此，这却并无碍于完善和不完善的概念在上一世纪里成为一时的风尚；是的，这概念几乎是一切说道论德，甚至谈神讲道围绕着旋转的枢纽。任何人的口里都不离这概念，以致最后将这概念弄得乌烟瘴气，干出了真正莫名其妙的勾当。即令是当时最好的作家，譬如勒辛，我们就看到他纠缠于完善和不完善之中，左冲右突不能脱身，真是可怜到极点。其实说起来，任何一个在思维着的头脑至少也应该模糊地感到这一概念并无任何积极内容，因为这概念和一个代数符号一样，只意味着抽象中的一个关系而已。——康德，如已说过的，曾将各种行为不可否认的巨大伦理意义和重要性完全从现象和现象的规律分开来，并指出前者直接涉及自在之物，涉及世界的最内在本质；与此相反，后者，亦即时间和空间以及一切充塞时间空间，在时间空间中按因果律而把自己排列起来的东西，都要看作无实体，无实质的梦幻。

但愿上述这一点点〔意见〕，怎么也没有穷尽这个题材的一点点〔意见〕，已足以证明我尊重康德的功绩；这里提出这点证明既是为了安慰我自己，同时也是因为公道要求那些要随我而不客气地
544 揭露康德的错误的人们回忆一下这些功绩。现在我就开始揭露康德的错误。

至于康德的伟大成就必然也有巨大的错误与之相伴，这一点单在历史上从下述事实就已可观测到，即是说康德虽然促成了哲学上最伟大的革命，结束了延续一十四个世纪的经院哲学——广义的经院哲学——而在哲学上发起一个真正全新的，世界性的第三纪元；但是康德问世的直接后果却几乎只是消极的，不是积极的，因为他并未树立一个完全新的体系可使他的信徒多少能够经历一段时期而有所遵循；人人都明白已发生了一个巨大的变化，但是没有一个真正知道发生了什么变化。他们固然看透了所有以往的哲学都是没有结果的在做梦，现在新时代却是从这梦中醒过来，但是他们现在究竟何所适从，他们却不知道。这就产生了一个巨大的空隙，一个巨大的需要；激起了一般的注意力，甚至较为广泛的群众的注意力。由于这一原因所促使，但不是为内在的冲动和力量〔充沛〕之感（这种力量在不利的时代也有表现，如在斯宾诺莎）所驱迫，一些没有卓越才学的人们作了各种各样的、软弱无力的、不入调儿的尝试，其中甚至有颠三倒四的尝试。这时广泛的群众，一旦已被激动了，还是注意到了这些东西；他们以巨大的耐性——只有在德国找得到的这种耐性——长期的倾听这些东西。

和这里一样，在大自然中必然也曾经过像大革命一样的过程，地球的整个表面都变了，沧海桑田互相易位而为新创一个世界的计划铺平了道路。在大自然能够产生一个新的系列的，各自相互而又和其余〔一切〕相谐和的新形式之前，〔中间〕有一段漫长的时期；这时，各种奇奇怪怪的有机体都出现了。这些东西自己和自己以及相互之间都不谐和，是不能久存的；但是这些东西至今还留存
的残余却正是给我们留下的纪念品，由此可以看到重新构成自己 545

的大自然，它那些举棋不定的情况以及〔各种的〕尝试。——那么，在哲学上完全类似自然界发生的危机，由康德所引起的怪物丛生的时代，如我们大家都知道的，就已够让我们推论他的功绩不是十全十美的了，而是附有巨大缺点的，必然是消极的、片面的。现在我们就要追溯这些缺点。

我们首先要检查一下全部纯粹理性批判旨趣所在的根本思想，把它弄明白。——康德站在他前辈，独断哲学家的立场上，又根据这个立场和他们一起从下列前提出发：（一）形而上学是关于一切经验的可能性之彼岸的事物的科学。——（二）一个这样的事物绝不能按一些自身先要从经验汲取而来的基本定律来获得（《每一形而上学序论》§1）；而只有我们在经验之前，不依赖于经验而知道的东西才能超出可能的经验之外。——（三）在我们理性中真有几个这样的基本定律可以碰到：人们在来自纯粹理性的认识这一名义之下了解这些定律。——和他的前辈一起，康德就只走到这儿为止，在这里他就和他们分道扬镳了。他们说："这些基本定律或来自纯粹理性的认识是事物绝对的可能性的表现，是永恒真理，是本体论的源泉。它们站在世界秩序之上，如同命运站在古代神祇之上一样。"康德说："这不过是我们智力所有的形式，是规律，但不是事物实存的规律，而我们从这些事物得来的表象的规律只在我们对事物的理解上有效，所以不能超出经验的可能性以外，而按〔上面〕第一点，这原是为超出经验的可能性而设的。"原来正是这些认识形式的先验性，由于这先验性只能基于认识形式的主观来源，才给我们永远断绝了对事物的本质自身的认识，将我们局限

于一个只是现象的世界，以致我们不能后验地，更不要说先验地去 546
认识一下事物在它本身自己究竟是怎样的了。这样说来，形而上学就不可能了，于是对纯粹理性的批判就起而代之。和陈旧的独断主义对峙，康德在这里是完全胜利了；于是此后出现的一切独断论的尝试就不得不采取完全不同于从前的途径了。现在我就要按〔我〕当前这批判所说出的意图而引向我的独断论所根据的理由了。原来在仔细检验上面的立论时，人们不得不承认这一立论第一个首要的基本假定就是一个丐词；这假定包括在这一（尤其是在《每一形而上学序论》§1明白提出的）命题里："形而上学的来源绝不可是经验的，它的基本命题和基本概念既不能取自内在经验，也不能取自外在经验。"然而除了来自形而上学这个词的词源学上的论据以外，再没提出什么来证明这一首要的断定了。可是实际上却是这么回事：世界和我们自己的生存对于我们必然是一个谜。于是就毫不犹豫的认定这一谜底的揭穿不能从彻底了解世界自身而来，而必须求之于一个完全不同于这世界的什么（因为这就叫做"超乎一切经验的可能性之外"）；并且从这〔哑谜的〕解答中必须除掉一切我们在任何方式上能够有直接认识（因为这就叫做可能的经验，或是内在的，或是外在的）的东西；〔哑谜的〕解答必须求之于我们只能间接地，也就是借来自先验的一般命题的推论而获得的东西。在人们以这种方式将一切认识的主要来源除开而遮断了达到真理的那条大路之后，人们就毋庸惊奇独断论那些尝试的失败，而康德却能指出这种失败的必然性。原来人们事先就已认定形而上学和先验的认识是同一的了。可是为了〔肯定〕这一点，人们必须事先证明解决世界之谜的材料简直不可能包含在世界之内，而 547

只能求之于世界之外，求之于人们只能按那些我们已先验地意识着的形式那根线索而达到的什么。在这一点还未被证明的时候，我们没有任何理由，在〔解决〕一切任务中最重要最困难的课题时，来堵塞一切认识来源中最丰富的来源，堵塞内在和外在的经验，而单是以内容空洞的形式来进行操作。所以我说世界之谜的解答必须来自〔我们〕对这世界本身的理解。〔既然如此，〕那么形而上学的任务就不是〔跳过，〕飞越经验——这世界即在其中的经验——，而是彻底理解这些经验；因为经验，外在的和内在的，无不是一切认识的主要来源。因此，只有将外在经验联结到内在经验上，由于在适当的那一点上作成的这种应有的联结以及由此而达成的，两种这么不同的认识来源的结合，世界之谜的解答才有可能。不过这还是在一定的，和我们天性不可分的局限之内，随后是我们对于世界虽有了正确的认识，然而对于世界的实际存在却并未获得一个结案的，取消了一切其他问题的解释。由此就可以说“走多远算多远罢”，而我的途径则位于以前独断论的一切皆已知之说和康德批判〔主义〕的绝望之间。但是康德所发现的重要真理，亦即以前形而上学各种体系由之而被推翻的真理，却给我的形而上学体系提供了论据和材料。人们请比较一下我在〔本书〕第二卷第十七章关于我的方法所说的〔部分〕。——关于康德的基本思想就只说到这里为止，现在我们就来考察一下这基本思想的阐发和个别论点。

康德的文体一贯带有一种精神卓越的标志，带有道地的、稳定的固有特性和极不平常的思想力的标志。这种文体的特征也许可
548 以恰当地称之为**辉煌的枯燥性**，康德借此乃善于以极大的稳妥性

拈出而牢固地掌握那些概念，然后又极自由地将这些概念抛来掷去，使读者惊奇不置。在亚里士多德的文体中我也看到这种辉煌的枯燥，可是要简单得多。——然而康德的论述每每还是不清晰、不确定、不充分的，有时是晦涩的。当然，这一点，一部分由于题材的艰难和思想的深刻是应加以原谅的；不过谁要是自己彻底明白而十分清楚地知道了他所想的，所要的是什么，他也就绝不会写出模糊的东西，绝不会提出恍惚不定的概念，绝不会为了给这些概念一个名称又从古代语言中搜寻一些极艰深极复杂的措词以便此后经常加以使用，绝不会像康德那样从较古老的哲学，甚至从经院哲学采取一些词汇和公式，又把这些东西按他的目的相互联结起来。譬如单是统一一词已尽够用的地方，他每次却要说什么"了知的超绝综合统一性"，或根本就用"综合之统一性"。一个彻底知道自己想什么，要什么的人就不会在事后又一再重新解释已经解释过一次的东西，不会像康德那样做，一再去解释理性、范畴、经验以及其他主要概念。一个这样的人根本就不会禁不住一再重复他自己，并且不会在每次重新表达这已有过百多次的思想时，在新表达中恰好还是给这一思想留下了原来的那些晦涩之处；他会一次就明确地、彻底地、尽其所有地说出他的见解而以此为已足。笛卡尔在他第五封信里说："原来我们对于一件事物的了解愈透彻，我们就愈有决心以一种唯一的方式来表示它。"而康德间或有些晦涩的论述曾经有过的最大坏处却在于这种晦涩之处偏是起着一种以缺点引人模仿的示范作用，更有害的是甚至还被曲解为有权威的根据。〔读者〕群众被迫于势而不得不体会到晦涩的东西本不一定是无意义的，不过无意义的东西却马上就以晦涩的讲法为逋逃薮了。费

希特是第一个攫得这种特权的人，他也尽量利用了这特权；谢林在这方面至少是可以和费希特并驾齐驱的，而一群饥饿的作家，既无灵性又不诚实，在这一点上一会儿就超过了他们两人。提出赤裸
549 裸的胡说，拼凑空无意义的、疯狂的词组，如人们前此只在疯人院里听到过的最大的狂妄，最后却出现在黑格尔身上。这种狂妄已成为历来最粗笨的普遍的神秘化的工具，曾有过后世看来难以相信的成功而将成为德国人狂妄变态心理的一个纪念碑。在此期间香·保罗[①]无益于事的写了他那些优美的篇章《更高地推崇讲坛上的哲学疯狂和舞台上的文学疯狂》(《美学补授》)；原来歌德也徒劳无功的说过：

“人们就这样不被干扰地瞎聊着、讲授着，
谁想认真管那些傻子的闲事呢？
人们在习惯上相信，只要听到人说话，
那么话里总也有令人想想的什么。”

我们还是回到康德罢。人们免不了要承认康德完全缺乏那种古代的、壮阔的简洁，完全缺乏质朴、率真、坦率〔的气质〕。他的哲学和希腊建筑术毫无相似之处。希腊建筑现出伟大的、简洁的、一眼可以看到的比例关系。康德哲学却很使人想到哥特式的建筑术。原来康德的精神有一种极为个别的特性，他特别喜欢整齐匀称的格局；而匀整性又喜欢五花八门的杂多性以便使匀称成为井井有条的秩序而又在低一级的分布中再重复这秩序，如此类推，恰好像在哥特式教堂上的秩序一样。是的，他有时候搞这一套已近乎儿戏，

① Jean Paul(1763—1825)，德国文学家。

这时由于屈从他那种嗜好，竟至于显明地强奸了真理，对待真理就和古佛兰克式的园艺家对待大自然一样；这些园艺家的作品就是些匀整的林荫道，四方形和三角形，金字塔式和球形的树木，弯曲有规律的树篱等。这一点我要以事实来证明。

在他单另论述了空间和时间，然后以“直观的经验内容就被给予我们了”这句并未说出什么的话来了结充塞时间和空间的，我们既存在于其中又生活于其中的整个直观世界之后，——他立刻一跃而到了他整个哲学的逻辑基础，到了各种判断的表式。从这一 550
表式他演绎出整整一打的范畴，匀整的分属于四个标题之下。这些范畴后来成为可怕的“普洛克禄斯特胡床”①，他把世界上的一切事物，在一个人心里面发生的一切都强塞到这张胡床里去，不忌讳任何蛮不讲理，不鄙弃任何诡辩，只是为了能够到处重复那张表式的匀整格局。可以从这张表式匀整地引申出来的，首先第一项就是自然科学一般原理的纯生理学上的表式，也就是直观的一些定理、觉知的预期、经验的类比和整个经验思维的必要假定。其中前两个是简单的，但后两个又匀整地各自带出三个分支。单是范畴则是康德称之为概念的东西，但这些自然科学的基本命题却是判断。按他那一套达到一切智慧的最高超的引线，也就是〔他的〕匀整性，现在就轮到推理来表现它自己是丰富多产的了，并且推论又是匀整地、合拍地做着这一点。这是因为和经验以及其全部先验的基本命题都是由于应用范畴于感性之上而是为悟性而产生的

① 普洛克禄斯特(Prokrustes)，希腊神话中的强盗，置宾客于特制的长凳而折磨之至死。

一样，“理性的**观念**”也是由于应用**推理**于范畴之上而产生的；而应用推理于范畴之上这一业务却是由理性按它〔用以〕寻求所谓绝对的那原理来完成的。这过程是这样的：关系这一〔类〕的三个范畴提供从〔大小〕前提到结论仅有的三种可能类型，结论又随之而也为三种，其中每一种都要看作理性从而孵出一个观念的蛋，即是说：从定言推理孵出**灵魂**的观念，从假定推理孵出**宇宙**的观念，从选言推理孵出**上帝**的观念。在这三者之间居中的那个宇宙的观念中又重复着一次范畴表的匀整性，因为范畴的四个柱头又产生四个论题，每一论题又各有其反对面以为匀称的对仗。

我们对于这一精致的建筑所导出的，真正极度机智的排比组
551 合固然要表示我们的惊奇赞叹，但是我们也将继续在这建筑的基础上及其各个部分上做彻底的检查。——不过事先还必须有下列一段考察。

令人感到奇怪的是康德如何不再作任何其他考虑就循着自己的道路而进，如何遵循他那匀整性，按那匀整性而铺摆一切，却从不为这样处理了的任何一个对象自身加以考虑。我就要进一步说明这个意思。在他单只在数学中考察了直观的认识之后，他完全忽略了其他的直观认识，而只抱住抽象的思维。〔其实，〕世界是在这些直观认识中展开于我们之前的，抽象思维要从直观的世界才获得一切意义和价值，直观的世界比我们的认识的抽象部分更为无限的重要，普遍，内容丰富。是的，康德从没在哪儿——而这就是主要的一点——从没明确地区分过直观的和抽象的认识；并且，如我们此后就将看到的，他正是由此而被裹入不可解决的自相矛盾之中去了。——在他用并不说明什么的“她被给予了”〔的字样草草〕了结全部官能世界之后，他就如已说过的，把判断的逻辑表式作为他那建筑的奠基石了。但是他在这里也是一刹那都不想想在他面前进行的是怎么回事。判断的这些形式原只是一些**词**和**词组**。究竟也得先问问这些东西直接标志着什么。〔这么一问，〕也可能发现这些都是**概念**。那么接着再一问就是问这些**概念**的本质。从这问题的答案中就会得出这些概念对直观的表象，世界即在其中的表象，有着怎样的关系。这样，直观和反省思维就会分道扬镳了。不仅是在纯粹的，只是形式的，先验的直观进入意识时，而且是在这一直观的内容，经验的直观，进入意识的时候就必须加以检查。那可就会指出**悟性**在这事上有着怎样的一份〔功能〕，也会根本指出**悟性**和与之相对称的**理性**究竟是什么，而〔康德〕在这儿写的就是对于这理性的批判。最为触目的是康德对于理性也从 552
没作过一次正式的充分的规定，而只是相机的看每次〔上下〕关联的需要而作出一些不完备的、不正确的说明，完全和前面引述过的笛卡尔的准则相反。例如在《纯粹理性批判》* 第 11 页，亦即第五版第 24 页，理性是〔认识〕先验原理的能力；在第 299 页，亦即第五版第 356 页却又这样说：理性是〔认识〕**原理**的能力，并且把理性置于和悟性相对的地位，因为他已把悟性看作〔认识〕**规律**的能力了！于是人们就得想想，在原理和规律之间就必然有天渊之别，因为正

* 这里要说明一下，我引《纯粹理性批判》一书，任何地方都是指**第一版**的页码，原来在罗森克朗兹的〔康德〕全集版本中自始至终都注明了这种页码的。此外，在页码前加上 V，这就是第五版的页码。从第二版起，所有其余的版本都与此相同，所以在页码上一定也相同。

是这一区别才〔使人〕有理由为原理和规律分别采用一种特殊的认识能力。可是〔他又说〕这个巨大的区别只在于这一点，即是说凡从纯粹的直观或由于悟性的形式而先验地认识到的就是一个**规律**，而只有先验地单从概念产生的东西才是原理。这种任意的，不能容许的区分法，我们将在以后〔考察〕辩证法时再回头来谈。在第 330 页，亦即第五版第 386 页，〔他又说〕理性是推理的能力；而单是判断，他就更常常(第 69 页，第五版第 94 页)称之为悟性的事务了。可是这样一来，他实际上就是以此说：只要判断的根据是经验的、超绝的或超逻辑的(《论根据律》§ 31，32，33)，则判断是悟性的事务；但如果这根据是逻辑的，——三段论法本在逻辑中——，那么这儿起作用的就是一个完全不同的、优越得多的认识能力，亦即理性。是的，还有更甚于此的，在 303 页，亦即第五版第 360 页，〔他〕剖析说从一个命题直接得出结论还是悟性的事，而只有使用一个间接概念的地方，那儿的推理才是由理性来完成的。他还举例说：从命题“一切人都会死”得出推论“有些会要死的是人”，这还只是由悟性作出的推论；而相反的是这一推论：“一切学者都会死”

553 却要求一个完全不同的，优越得多的〔认识〕能力，亦即理性。一个伟大的思想家居然能够拿出这样的东西来，这怎么可能呢！在第 553 页，亦即第五版第 581 页，理性忽然一下子又是一切有意行动的经常条件。在第 614 页，亦即第五版第 642 页，理性〔之为物又〕在于我们能够为我们的主张提出理由，而在第 643—644 页，亦即第五版的第 671—672 页，却又在于理性将悟性的概念统一为观念，犹如悟性统一客体的杂多性为概念一样。在第 646 页，亦即第五版的第 674 页，理性又不是别的，而是从一般引申特殊的能力。

悟性也是同样一再重新加以解释的；在《纯粹理性批判》就有七处〔不同的解释〕：在第 51 页，亦即第五版第 75 页，悟性是产生表象的能力；在第 69 页，亦即第五版第 94 页，是判断的能力，亦即思维的能力，亦即以概念来认识的能力。在第五版第 137 页悟性一般的又是各种认识的能力，而在第 132 页，亦即第五版第 171 页，则是〔认识〕规律的能力。但在第 158 页，亦即第五版第 197 页，却又说："悟性不仅是〔认识〕规律的能力，而且是基本定理的源泉，一切都按这些基本定理而在规律之下"；然而，如上所说，悟性却仍然被置于和理性相对立的地位，因为〔他说〕后者是唯一〔认识〕原理的能力。在第 160 页，亦即第五版第 199 页，悟性是〔构成〕概念的能力；在第 302 页，亦即第五版第 359 页，却〔又〕是凭借着规律而统一现象的能力。

对于这两种认识能力我曾提出过固定不移的，界限分明的，确定的，简洁的，和一切民族一切时代的语言习惯经常相符的解释。对于〔上述〕这种（尽管来自康德的）确实混乱而无根据的说法我没有必要为我的解释进行辩护。我引证这些不过是当作我责备康德在追求他那匀整的、逻辑的体系时，没有充分考虑由他如此这般处理了的对象〔这一事〕的证据罢了。

如我在前面已说过的，假如康德认真地检查了两种如此不同的认识能力——其中之一又是人类的特异之处——究竟在什么程度能让人认识，按一切民族和所有哲学家的语言习惯，理性和悟性 554
又作何解释；那么，他也绝不至于除了经院派在完全另一意义之下使用过的理论智力和实践智力之外并无其他所本，就把理性歧分为理论的和实践的两种，并以后者为德行的源泉。与此相同，康德在周详地区分悟性的概念（按他的说法，一部分是他的范畴，一部分是所有的共同概念）和理性的概念（即他所谓〔理性的〕观念）而使两者成为他那哲学的材料之前——他的哲学绝大部分也只是讨论所有这些概念的有效、应用和起源而已——；我说他在此以前真也应该检讨一下一个概念根本是什么。可是这么必要的检讨也可惜全未实现过，这就大有助于混淆直观的和抽象的认识，〔使这种混淆〕无法挽救。这一点我不久就要加以证明。——同样，他以缺乏充分的思考而忽略了：什么是直观？什么是反省的思维？什么是概念？什么是理性？什么是悟性？这些问题；而这又使他忽略了下列同等必要而不可回避的检讨，亦即我认为与**表象**有别的那**对象**应该如何称呼？什么是实际存在？什么是客体？什么是主体？什么是真理、假象、谬误？——但是他并不思考，也不瞻前顾后，就追求他那逻辑的格式和他的匀整性了。〔依他说来，〕那份判断〔分类〕表应该就是，必然就是达到一切智慧的钥匙了。

前面我已罗列了那么几点作为康德的主要功绩，即是说他曾将现象从自在之物区别开来，曾宣称这整个可见的世界为现象，因而也否认了现象的规律在现象之外还有任何效力。然而总有些奇怪，他不从“无一客体无主体”这个简单的，就在手边的，不可否认的真理去引申现象的那种只是相对的存在；其实这样引申，就已可压根儿指出客体由于它始终总只是存在于对主体的相关中，是有赖于主体的，是以主体为前提的，从而只是现象，而现象不是自在地，
555 不是无条件地存在着的。康德对于贝克莱的功绩是不公平的。贝克莱就已把这一重要的命题当作他的哲学的奠基石并于是而为

自己创立了一个不朽的纪念，虽然他自己并未从这一命题得出应有的结论，以致一面没有被人了解，一面没有得到充分的注意。在我这〔书〕第一版里，我曾解释康德回避贝克莱的这一命题是由于对坚定的唯心主义有着显然的羞怯；同时另一方面我又在《纯粹理性批判》中好多地方发现康德鲜明说出了这种坚定的唯心主义；因此我曾责备过康德的自相矛盾。如果人们和我那时的情况一样，只是在第二版或以后连续出过的五版中看到《纯粹理性批判》，那么，我这个责备也是有根据的。可是后来当我在现在已变得稀少了的第一版中读到康德的主要作品时，我很愉快地看到所有那些矛盾都消失了，并发现了康德虽没有用“无一客体无主体”的公式，仍然如**贝克莱**和我一样，以坚定的态度宣称在空间和时间中陈列着的外在世界只是认识着的主体的表象；因此，例如在第 383 页，他就无保留地说：“如果我将思维着的主体拿走，那么整个形体世界也必然要垮，因为它不是什么而是在我们主体的感性中的现象，是主体的一种表象。”但是从第 348 到 392 页整个的那一段，也就是康德极为优美而明确表出他坚定的唯心主义的那一段，却被他在第二版里压缩了，反而插入了一堆矛盾的说法。由于这一删改，从 1787 年到 1838 年流行的《纯粹理性批判》在文字上已走了样，已被损坏了，已经是一本自相矛盾的书了。正是因为这一点，没有一个人能完全弄明白和懂得这部书。关于这一点的详情以及我所猜想的那些足以推动康德这样来损坏他那不朽杰作的理由和弱点，我在写给罗森克朗兹教授先生的一封信里都交代过了。他已 556
将信内主要的一段收录在他所经手的康德全集第二卷的序文中，这里我特指出以便参阅。原来罗森克朗兹教授先生在 1838 年根

据我的一些看法，决心要恢复《纯粹理性批判》的本来面貌，这时他就在上述第二卷中将1781年的第一版重印了。这样他就在哲学上树立了不可估计的功绩，甚至可说他挽救了德国文献中最重要的作品免于沉沦，而人们也不应忘记他这一点。但是谁也不要在他只读了《纯粹理性批判》的第二版或后续的任何一个版本的时候，就妄自以为他已看到了《纯粹理性批判》，对康德的学说已有了明确的概念；这简直是不可能的，因为他只是读了一种在文字内容上被削减了的，被糟蹋了的，在一定程度上不真实的版本。在这儿斩钉截铁道破这一点而对任何人提出这一警告，这是我的义务。

可是康德用以提出自在之物的方式对于《纯粹理性批判》第一版里明确表示过的坚定的唯心主义基本观点仍然立于不可否认的矛盾地位。无疑的这就是他为什么要在第二版里压缩上述那段唯心的主要文字而宣称自己正是反对贝克莱唯心主义的根由；不过由此他只是使他的著作前后不一贯罢了，却并不能有补于这著作的主要缺点。大家知道这个主要缺点就是他所选择而用以提出自在之物的方式，这个方式的不恰当，不可容许，已由舒尔则在《厄耐齐德穆斯》中作了广泛的论述，不久也就被公认为康德学说体系中站不住的一点了。这一点可用很少几句话说明白。康德把自在之物的假定，尽管隐蔽在一些迂回曲折的说法之下，建立在一个遵守因果律的推论之上，即是说建立在经验的直观，更正确地说亦即在我们官能中的感觉——此即假定所从出发者——必须有一个外因之上。可是就按他自己正确的发现，因果律是我们先验知道的，那
557 么也就是我们智力的一个机能，所以是从主观发源的。再说官能感觉本身，亦即我们在这里应用因果律的地方，也不可否认地是主

观的。最后甚至空间，我们借因果律的应用将感觉的原因作为客体而置之于其中的空间，也是先验就已有的，那么也是我们智力的**主观**形式。随后所有经验的直观始终都停留在**主观**的基地上，只是我们内部的一种过程，而没有什么与此完全不同的，独立于此外的东西可以当作一个**自在之物**而输入进来或说成是必要的假定。实际上经验的直观现在只是，也将继续只是我们的表象：这就是“作为表象的世界”。要达到表象世界的本质自身，我们只有采取完全不同的，由我开辟的那条途径才有可能；而采取这一途径是以请出自我意识来为手段的，自我意识晓谕〔我们〕意志就是我们自己的现象的本体。只有这样，然后自在之物才是和表象及其元素在所有一切属性上不同的东西，如我已论述过的那样。

如已说过的，康德的体系在这一点上早被指出的大缺点是“没有无梗的莲花”这句优美的印度谚语的佐证。错误地引证自在之物在这里就是梗，不过是“梗”的也只是引证的方式，而不是对已有的现象承认它有一个自在之物。可是费希特就在最后这一点上误解了康德的体系。〔其实〕费希特也只能这样，因为他的问题本不在真理而在耸人听闻以促进他个人的目的；所以他有足够的狂妄和轻率以完全否认自在之物而〔另〕树一个体系。在这体系中，不像在康德那里只有表象的形式方面，而是如费希特所说的连同表象的质地方面，表象的全部内容都是先验地从主观引申出来的。在这里他完全正确地估计到读者群众的缺少判断力和颟顸心情。群众把恶劣的诡辩，变戏法和毫无意义的胡扯当作证明，以致使他成功地把群众的注意力从康德引到他自己身上来而为德国哲学造成了一个流派；在这一流派中后来有谢林继续发展德国哲学，直至 558

最后在黑格尔无意义的冒牌智慧中达到了它的终点。

前面提到过康德的大错，现在我就回到这一点来。他错在没有适当地分清直观的和抽象的认识，由此便产生了不可挽救的混乱。我们现在就得进一步来考察这种混乱〔情况〕。如果他鲜明地分开了直观的表象和只是在抽象中被思维的概念，那么他就会把这两者各自放在一边而每次都会知道他在两者之中是和哪一边在打交道。然而事实上可惜并不是这么一个情况，尽管这一责备还不曾露面，因而也许是未曾意料到的。他那经常说到的“经验的客体”，亦即范畴的真正对象，并不是直观的表象，也不是抽象的概念，而是既不同于两者，又同时是两者，是一种完全不知所云的怪东西。这是因为他，尽管似乎不可信，要么是缺乏思考，要么就是缺乏善意在这一点上来和自己把账算清而对自己和别人说明白他所谓“经验的对象，亦即由于应用范畴而成立的认识的对象”究竟是空间和时间（我的第一类表象）中的直观表象还只是抽象的概念。在他面前，尽管如此奇特，经常是浮现着一种两者之间的中介物。而那糟糕的混乱也就是由此而来的，现在我就必须揭露这种混乱了。为此目的我还得一般地研讨一下〔康德〕学说的整个元素论部分。

超绝的感性学[①]是这样突出地富于功绩的作品，以至单是这一作品就足以使康德名垂不朽了。这感性学的证明有如此充分的

① 这是康德《纯粹理性批判》的第一部分，而感性学一词在欧洲文字中和美学是同一词。

说服力，以致使我把其中表示他的主张的一些命题算作不可推翻的真理；无疑的这也是属于最富于后果的那类真理，随而也要看作世界上最稀有的东西，也就是要看作形而上学一个真正的伟大的发现。由他严密证明了的这一事实，亦即我们有一部分认识是我 559
们先验意识的〔这事实〕，除了说这一部分认识构成我们智力的一些形式之外，根本不容有其他说明。并且与其说这是一种说明，毋宁说这恰好只是这事实本身的一个明确的说法。原来先验并不意味着别的，而是意味着“不是从经验的途径获得，亦即不是从外面来到我们心里的”。然则那不从外面而来就已在智力之中的也正就是智力自己所原有的，是智力自己的本质。如果这个如此这般在智力自身中现有的东西是存在于一般方式，样态中的，而智力的一切对象又必须把自己对智力呈现出来；那么，这就是说智力中原有的东西乃是智力的认识之形式，亦即智力如何执行它这一功能时，一次确定便再不改易的方式和样态。准此，“先验知识”和“智力自有的形式”基本上就只是一件事的两种说法，在一定范围内也就是同义语。

因此我不知道有什么是要从超绝感性学的学说中删去的东西，只晓得有几点是要增补的。原来康德特别是在这一点上没有把他的思想引申到尽头，也就是说他既已说过(第 87 页，第五版第 120 页)，一切几何学的知识都在直观中有其直接的证明，却又不摒弃欧几里得的整个证明方法。极可注意的是他的反对者之一，并且是最尖锐的一个，舒尔则(《理论哲学批判》卷二，第 241 页)就作出了结论说从康德的学说将会产生一种完全不同的治几何学〔的方法〕，和实际上通行的有别。舒尔则以为他是用此反证在反

对康德，事实上却是发动了反对欧几里得〔治学〕方法的斗争而不
560 自知。我这是以本书第一卷第十五节为据而言的。

在超绝感性学对于直观的普遍形式提出了详细的论述之后，人们必然有这样的期待，以为可以得到关于直观的内容的解说了，可以得到关于经验的直观如何进入我们意识的方式，对于在我们〔看来〕如此真实如此重要的整个这一世界的认识如何在我们心里产生的方式的一些解说了。可是在这一点上，康德的全部学说除了屡次重复过的，并不说明什么的“直观的经验是从外面给予的”一句话外，实在再没包含别的什么了。——所以康德在这里也是一跃而从直观的纯粹形式就达到了思维，达到了超绝的逻辑。①就在超绝逻辑开始的地方(《纯粹理性批判》第50页，第五版第74页)，亦即康德无法避免不提到经验直观的物质内含时，他就走错了第一步，犯了基本错误。他说：“我们的认识有两个来源，亦即印象的接受力和概念的自发性。前者是接受表象的能力，后者是以这些表象来认识一个对象的能力。由于前者就给了我们一个对象，由于后者这对象才被思维。”——这是错误的：因为我们只是对印象才有接受力，所以印象是从外来的，是唯一“被给予的”。而按康德的说法，印象就已经是一个表象了，甚至已是一个对象了。可是印象并不是别的，而只是官能上的感觉，在运用悟性(亦即因果律)和空间时间的直观形式之后，我们的智力才将这单纯的感觉变为一个表象。从此这表象就作为对象而存在于空间和时间之中，并且和后者(对象)没有别的办法加以区别了；除了是在人们追问

① 《纯粹理性批判》的第二部分。

自在之物的时候，表象和对象乃是同一的。我在论根据律那篇论文第二十一节里已详细论述了这一过程。悟性和直观认识的职责至此即已完成，并无需加上任何概念和任何思维；因此动物也有这种表象。概念和思维当然可以说有自发性，如果加上概念和思维，那么直观的认识就完全被抛弃了，而另外一种完全不同的表象，即非直观的，抽象的概念就会出现于意识中：这就是理性的作为，不 561
过理性思维的全部内容仍然只是从前此有过的直观和以思维与其他直观，其他概念作比较而来的。可是这样康德就已将思维带进直观里来了，这样就给无可挽救地混淆直观的和抽象的认识打好了基础。这里我正在从事于谴责这种混淆。单就直观本身看，他以为直观是没有悟性的，完全是感性的，所以完全是被动的；而只有由于思维（悟性的范畴）才得把握一个对象。这样他就把思维带进了直观。然后他却又说思维的对象是一个个别的，实在的客体，由此思维〔又〕损失了它那种普遍性和抽象性的基本特征，所获得的已不是一般概念而是以个别事物为客体。由此他又把直观带入了思维。上述不可挽救的混淆就是从这里产生的，而这错误的第一步的后果又遍及于他的整个认识论。直观表象和抽象表象的完全混淆贯穿着他的认识论的全部而抵于两者之间的一种中介物。他将这种中介物叫做由于悟性及其范畴而认识的对象，而这种认识则称为经验。很难相信康德自己在这种悟性的对象中曾想过什么完全确定的东西，真正明确的东西。这一点我就要以贯穿整个超绝逻辑的绝大矛盾来加以证明。这个矛盾也就是将超绝逻辑笼罩起来的黑暗的真正来源。

原来在《纯粹理性批判》的第67—69页，第五版第92—94页；

第 89 页、第 90 页，第五版第 122 页，123 页；再就是第五版第 135 页，139 页，153 页，他一再重复并叮嘱说：悟性不是一个直观的能力，悟性的认识不是直观的而是推证的；理性是作出判断的能力（第 69 页，第五版第 94 页），而判断却是间接的认识，是一个表象的表象（第 68 页，第五版第 93 页）；悟性是思维的能力，而思维则是通过概念的认识（第 69 页，第五版第 94 页）；悟性的诸范畴并不是对象在直观中被给予的条件（第 89 页，第五版第 122 页），而直观在任何情况下也不需要思维的职能（第 91 页，第五版第 123
562 页）；我们的悟性只能思维，不能够直观（第五版第 135、139 页）。再就是在《每一形而上学的序论》第二〇节：直观、感知、知觉都只是属于感官的，唯有悟性有判断；又第二二节：感官的职司是直观，悟性的职司是思维，亦即作出判断。——最后还在《实践理性批判》第四版第 247 页，罗森克朗兹版第 281 页：悟性是推证的，它的表象是思想不是直观。——所有这些都是康德自己的话。

由此得出的结论就是这个直观的世界，即令我们并无任何悟性，对我们也还是存在的，就是这直观的世界是在一种完全不可解的方式之下进入我们头脑的。这一点正是他经常用他那古怪的说法“直观是被给予的”来标志的，而再也不进一步来解释这一不确定的、象征的说法。

可是他对于悟性，悟性的范畴和经验的可能性还有其他的说法，这是他在超绝逻辑中所讲述的。这些说法却彰明昭著地和上面所引的一切相矛盾。原来〔他〕在《纯粹理性批判》第 79 页，亦即第五版第 105 页〔说〕悟性由于它的范畴而在直观的杂多中找出统一性，〔说〕纯粹的悟性概念先验地就是指向直观对象的。在第 94

页，第五版第126页，〔又说〕范畴是经验的条件，不管在经验中碰到的是直观的或思维的条件。在第五版第127页说悟性又是经验的发起人。在第五版第128页说范畴规定对象的直观。在第五版第130页说我们在客体中（客体总该是直观的东西而不是一个抽象）作为联系着意象的一切都是先由悟性的一个行动联系起来的。在第五版第135页又重新解释了悟性，〔说〕它是先验的联系能力，是把现有表象的杂多纳入统觉的单一性的能力，但是按所有的语言习惯，统觉并不是对一个概念〔而有〕的思维而是直观。在第五版第136页就直观对悟性的关系说，我们甚至发现一个一切直观所以可能的最高定则。在第五版第143页，一切官能的直观都是 563
被范畴决定的〔这句话〕甚至是作为标题写的。在同一个地方〔又说〕判断的逻辑职能也把现有直观的杂多纳于一个根本的统觉之下，而一个现存的直观的杂多又必然的在诸范畴之下。在第五版第144页，〔又说〕统一性是由于悟性借助于诸范畴而来到直观中的。在第五版第145页，悟性的思维又有很奇特的解说，即是说悟性综合、联系直观的杂多而使之井井有条。第五版第161页〔说〕经验只是由于范畴才可能并且存在于觉知之联系中，而这些觉知总还得是些直观。第五版第159页〔说〕范畴是对于一切直观对象的先验知识。——再就是在这里和第五版第163页和165页还讲述了康德的一个主要学说，也就是这样一个学说：由于悟性给自然制定一些先验的规律，而自然又遵循悟性的规律性等等，〔所以〕最初使自然成为可能的是悟性。可是这自然究竟是一个直观的东西而不是一个抽象物，按此，悟性也就必然是一种直观的能力。在第五版第186页又说悟性的概念是经验的可能性的原则，而经验的可能性根本就是现象在空间时间中的规定，而这些现象究竟也是在直观中的。最后在第189—211页，第五版第232页到256页还有着那一冗长的证明（在我论根据律一书第二三节已详尽地指出这个证明的错误），说客观〔事物〕的前后相续以及经验对象的同时存在都不是由感官觉知的，而只是由悟性带进自然中来的，自然本身又是由此才可能的。可是确定不移的是：自然、事态的相续和情况的同时存在都是许多直观的东西而不是单纯抽象地被思维的东西。

我邀请每一个和我一样敬仰康德的人来统一这些矛盾，并指出康德在〔谈〕他那关于经验的客体的学说以及这客体如何被悟性的〔作用〕，被它十二个职能的作用所规定的方式时，曾经想到过一

564 些完全明晰而确定的东西。我深信这已被证明的，贯穿着全部超绝逻辑的矛盾是这部分论述所以极为晦涩的真正根由。原来康德自己也模糊地意识到这一矛盾，内心里在和这种矛盾作斗争，但还是不想或不能使这矛盾达到明确的认识，因而对自己和别人都把这矛盾掩饰起来，躲躲藏藏地走着羊肠小径去回避这矛盾。由此也许可以推论他〔何以要〕从认识能力中搞出一套如此奇特、如此复杂的机器，带着这么多轮子，既有十二范畴，想象力的和内在官能的超绝综合，统觉的超绝统一性的超绝综合，又有纯粹悟性概念的表格公式等等。外在世界究竟是我们认识中的主要事项，〔可是〕尽管有那么一套庞大的机器，康德竟未曾做过一次尝试来说明外在世界的直观；而是相当贫乏地总是用那句并不说明什么的，象征性的老话："经验的直观是被给予我们的"来搪塞这一迫切的要求。在第五版第145页我们还看到经验的直观是由客体给予的，

随而这客体就必然是一种不同于直观的什么东西了。

如果我们致力于探讨康德内心的,他自己没有明白说出的见解,那么我们就发现在康德〔心目中〕真有这么一种不同于直观,却又绝不是概念的客体是悟性的真正对象,并且正是要有这个奇特的假设,假设一个这样不可想象的对象,直观才成为经验。我相信在康德〔心目〕中的那一陈旧的,根深蒂固的,一切探讨已不关心的成见乃是假定这样一个绝对客体,假定一个没有主体自身便是客体的客体的最后理由。这绝不是直观看到的客体,而是由概念把它作为和直观相符合的什么东西而被想到直观上去的;于是直观就是经验并具有价值和真实性。从而直观就是由于〔它〕对一概念 565
的关系而获得价值和真实性的了(和我们的论述成直径的相反,按我们的论述概念只是从直观获得价值和真实性的)。那么把这不可直接加以意象的客体想成为直观就是诸范畴的真正职能了。"唯有由于直观、对象才被给予,然后又按范畴而被思维。"(《纯粹理性批判》第一版第 399 页)这在另外一处,在第五版第 125 页尤为显著:"现在就要问是否概念也先验地作为条件而先行,唯有在这些条件之下,即令不是直观地看到,然而根本仍是作为对象而被思维。"他肯定了这个问题,这里就鲜明现出了错误的来源,笼罩着他的〔思想〕混乱的来源。原来对象作为对象说,任何时候都只是对于直观,在直观中存在的,而直观可以是由官能,或者在官能有缺陷时也可以是由想象力完成的。与此相反,被思维的东西在任何时候都是一个一般的、非直观的概念,不过在任何情况之下这概念根本只能是某一个对象的概念。但思维只是间接地,借助于概念才关涉到对象,而对象自身任何时候都是,也将继续是直观的。

这是因为我们的思维的功用不在于以现实性赋予直观。直观是有现实性的，如果直观由于它自己还能具有现实性（经验的现实性）的话。思维的功用在于概括共同的东西和诸直观的结果，以便能够保留和更容易操纵这些结果。但康德却把对象自身都写在**思维**的账上，以便由此而使经验和客观世界不依靠**悟性**，却又不让悟性是一个**直观的**能力。就这方面说，他固然是把直观和思维分开了，但又使个别的事物一部分成为直观的对象，一部分成为思维的对象。但实际上个别事物只是直观的对象：我们经验的直观当下便是**客观的**，正因为经验的直观是从因果联系出发的。直观的对象直接就是诸事物，不是和事物不同的表象。个别事物是在悟性中
566 被感官作为个别事物直观看到的，这时落在感官上的**片面**印象立即从想象力得到了补足。与此相反，当我们一转到**思维**时，我们就离开个别事物而只和不具直观性的一般概念打交道，尽管我们事后又把我们思维的结果应用到个别事物上来。如果我们坚持这一点，那么对于事物的直观，先要通过应用十二范畴的思维，也正就是对该事物的思维，才获得现实性而成为经验的这一假定是理所不容的，也就昭然若揭了。其实应该说在直观本身中已有经验的现实性，随后也有了经验。不过直观也只能由于应用因果联系的认识于官能的感觉之上才能成立，而应用这种认识于感觉之上也就是悟性的唯一职能。据此，直观确是理智的，康德则恰好否认这一点。

除了上面引述过的各处之外，人们还可在别的地方看到康德在这里被批判过的假定，而特别说得清楚的地方是在《判断力批判》第三六节刚开始的地方，此外就是在《自然科学的形而上学初

阶》和初步解释《现象学》的注解中。不过人们在康德派的一本书中，也就是在基塞维特的《普通逻辑学纲要》第三版，论述的第一部分第434页和第二部分第五二、五三两节中，还可看到这一假定以一种康德〔自己〕在这一棘手的问题上还不敢自信的坦率态度说得一清二楚，淋漓尽致；此外在迪夫特隆克的《在纯德国装束中的思维理论》(1825年)中也有同样的东西。这就正是表现了一个思想家的自己不思想的弟子们如何成为他〔老师〕的缺点的放大镜〔这回事〕。康德在论述他那一经决定〔便不再改〕的范畴学说时，始终还是轻手轻脚的，他的弟子们则相反，是大胆放肆的，这就暴露了问题中的错误了。

据上所说，在康德〔看来〕范畴的对象虽不是自在之物，然而已是自在之物的近亲：那是**自在的客体**，是一个客体，〔但〕不需要主体；是一个别之物，却又不在时间和空间中，因为它不是直观的；是 567
思维的对象，却又不是抽象的概念。准此，康德原是作了三种区分：(一)表象；(二)表象的对象；(三)自在之物。第一项是感性之事，而感性在康德除感觉外，还包括纯粹的直观形式空间和时间。第二项是悟性之事，是悟性通过它的十二范畴加**想**〔到表象〕上去的。第三项则在一切认识的可能性的彼岸。(作为这里的依据人们请参看《纯粹理性批判》第一版第108页和109页。)可是表象和“表象的对象”两者间的区分是没有根据的。贝克莱已经证明了这一点，从我这本书第一篇的整个论述里，尤其是从补充篇的第一章里，甚至是从康德自己在第一版里十足的唯心主义观点都可以看得出来。如果人们不想把表象的对象算作表象，不和表象同一，那么就必然要把它拉到自在之物〔那边去〕；这在最后还是要以人们

赋予对象这个词的意义为转移。不过有一点总是确定不移的，即是说在清晰的思考上除了表象和自在之物外，再没有什么东西了。并无理由地插入那么一个中介物，插入“表象的对象”，乃是康德的错误的来源。可是如果除去这个中介物，则作为先验概念的范畴学说也就随之而化为乌有了；因为这些范畴本来既无补于直观，又不能在自在之物上有效用，我们只是借以思维那些“表象的对象”，并由此而化表象为经验罢了。原来每一经验的直观就已是经验，并且凡从官能感觉出发的直观都是经验的。悟性又借它唯一的职能（对因果律的先验认识）而将这感觉联系到感觉的原因上，这原因也就由此而在空间和时间中（纯粹直观的形式）自呈为经验的对象，如空间中历时不变的物质客体；不过即令是作为这样的客体仍然总还是表象，正和空间与时间自身一样。如果我们要超出这个
568 表象以外，那么我们就到了自在之物的问题，而回答这一问题就是我的全部著述以及一切形而上学的根本论题。和这里叙述了的康德的错误有联带关系的是他前已被〔我们〕指责过的缺点。他没有提出一个关于经验的直观〔如何〕产生的理论，而是毫不费事地说经验的直观是“**被给予**的”就完了，把它和单纯的官能感觉等同起来；而他又只以直观的形式空间和时间赋予后者，将空间时间两者包括在感性这个名称之下。可是从这些材料中还是不能产生一个客观的表象。更当说的是这客观的表象根本要求将感觉关联到感觉的原因上去，也就是要求因果律的应用，要求悟性；因为没有因果律，则感觉总还是主观的，并且即令感觉也被赋予空间，要是没有因果律也还是没有把一个客体置于空间中。可是在康德那儿就不得应用悟性来进行直观。〔在他那儿〕悟性只能**思维**，以便〔使

它〕留在超绝逻辑的范围之内。康德还有一个错误是与此相联的，就是说他把这个证明，从客观经验的直观之可能性来证明〔他所〕正确认识到的因果律的先验性这唯一有效的证明，留给了我。他不这样做，反而提出一个显然错误的证明，这是我在论根据律那篇论文第二三节中已指出过的。——由上所述可以清楚地看到康德的"表象的对象"（上述三项区分中的第二项）之组成，一部分是他从表象（上述三项区分之一），一部分是他从自在之物（上述三项区分之三）所剽窃来的。经验如果真只是这样才成立的，即是说只有我们的悟性应用十二个不同的功能来以同样多的先验的概念去思维那前此只是被直观看到的诸对象〔才成立的〕，那么每一真正的物之为物，就必然有一〔大〕堆规定；而这些规定作为先验具有的，正如空间和时间，根本就不得想象是一物所没有的，而是本质上属于该物的实际存在的，然而却又不是可以从空间和时间的属性引申出来的。但事实上只有一个这样的规定是〔真正〕可以碰得到的：这就是因果性的规定。物质性就是基于这因果性的，因为物质的本质就在于〔有〕作用，所以物质彻始彻终是因果性（见第二卷第四章）。可是唯有物质性才是实物和幻象之间的区别，而这幻象原来本只是表象而已。这是因为作为恒存的物质才赋予〔实〕物以经 569
历一切时间的恒存性；〔不过〕这是就一物的物质〔内容〕说，至于一物的形式则是按因果性而变换的。此外，在一物之上所有其他的东西，要么是空间的规定，要么是时间的规定，要么是〔人对〕该物的经验的属性，而所有这些属性又都来自该物的作用，这种作用也就是因果性的较细密的一些规定。可是因果性是已作为条件而进入经验的直观了的，故直观是悟性之事。悟性就已使直观可能了，

不过在因果律之外〔悟性〕并无助于经验和经验的可能性。充满陈旧的本体论的，除这里所指出的以外，无非是诸物的相互关系，或诸物对我们反省思维的关系以及拼凑起来的杂烩，此外再没什么了。

范畴论的讲述〔方式〕本身已经就是这部分学说并无根据的一个标志了。就这方面说，超绝**感性学**和超绝**分析学**之间有着多大的距离啊！**前者**是多么明晰，多么确定，多么妥当啊！他毫不隐讳而准确无误地给人们传达的信念又是如何坚定啊！在那儿一切都是通明透亮的，没有留下一个黑暗的角落。〔在那儿〕康德知道他要的是什么，并且知道他是正确的。**后者**则相反，一切都是晦涩的、混乱的、不确定的、摇摆的、不妥当的；他的论述小心翼翼唯恐有失，到处在请求谅解，甚至以留下并未吐露的东西为依据。第二版里关于纯粹悟性概念的引申那两节，即整个第二和第三节①都是完全改动过了的，因为康德自己对此也不满意；并且〔虽〕已完全不同于第一版，然而也并没比第一版清楚明晰些。人们真是看到了康德为了贯彻他在学说上的既定主张，〔反而是〕在和真理作斗争。在超绝**感性学**中，他那学说的一切命题都真正是意识上不可否认的事实所证明了的；在超绝的**分析学**里则相反，如果置之于光线充分的地方来看，我们就只看到一些断语说某事是这样并且必然是这样。所以说这里和任何地方一样，论述〔的形式〕总带有它
570 所从出的那一思想的烙印，因为笔调和文体本来就是精神的脸谱。——还可指出康德在他屡次为了详细的论证而要举一个例子

① 指超绝分析学第一篇第一章第二、三两节。

的时候，他几乎每次都是举因果性这一范畴为例，这时他所说的也就是正确的，——因为因果律是悟性真正的形式，不过也是悟性唯一的形式，而其余的十一个范畴都只是些死胡同。在第一版中范畴的引申也比在第二版中简明些，少一些转弯抹角。他在努力想说明他自己的意思，想说明悟性如何在由感性得到直观之后又借范畴的思想而使经验成立。在这样做时，他把再认识、复制、联想、了知、统觉的超绝统一性等词重复到使人疲倦的程度，然而还是没有〔从而〕获得什么明确性。但最可注意的是他在这样分析时，从没有一次触及过任何人都必然要首先想到的事情，也就是说他从不把感觉关涉到外在原因上去。如果他想不承认这一点，那么他就该明白否认这一点，但是他又不这样做。所以他在这件事上是绕着圈子在溜，而所有的康德派也正是这样跟着他溜。这里有一个隐蔽的动机在，那就是他在现象的根由这一名称下把因果联系留作他错误地引申自在之物〔之用〕；其次就是由于关涉到〔外在〕 605 原因上去，直观就会是理智的，而这是他不可承认的。此外他好像是担心过，如果人们承认官能感觉和客体之间的因果联系，则后者立即就会成为自在之物并且也就输入了洛克的经验主义。其实这一困难是可以由于这样一种思考来克服的，即是说这种思考使我们看到因果律和官能感觉自身一样，两者的来源都是主观的，并且我们自己的身体，只要是在空间中显现的，也就已经属于表象了。可是康德害怕贝克莱式的唯心论，这却阻止了他承认这一点。

直观的杂多事物之联系一再被指为是悟性凭借它十二个范畴〔而有〕的基本功能，可是这也从未有过适当的解说，也从未指出过直观的这种杂多事物在未经悟性加以联系以前究竟是什么。可是 571

时间和空间，空间在它所有的三进向中，既然是连续〔体〕，也就是说时间和空间的一切部分本来都不是分离的而是连续的，而时间和空间既是我们直观一贯的形式，那么一切自陈于(被给予)时间空间中的也原来就已是连续了；也就是说这一切〔东西〕的部分已经是作为连续的而出现的，而无须再加上什么杂多事物的联系了。可是如果人们要这样解释直观的杂多事物的这种联系，说我不过是将从一个客体得来的各种感官印象归之于这一客体而已，例如说直观地认识一口钟，那使我眼睛感受到黄，使我手感受到滑和硬，使我耳感受到有声的究竟只是同一个物体；那么，就更应该说这是先验地认识了因果联系(悟性这一真正的唯一的功能)的后果，借助于这种先验认识，我的各种官能所得到的那些不同感受还是只将我引向所有这些感受的一个共同原因，亦即引向我眼前这物体的样态，以致我的悟性，尽管那些感受是不同的多种多样，还是将这原因的统一性当作一个单一的，正是由此而直观地自陈的客体来了知。——康德在《纯粹理性批判》第 719 页至 726 页或第五版第 747 页至 754 页复述他的学说时曾作过一个优美的摘要，他在这里解释范畴〔的意义〕也许要比他在任何地方所作的解释更明确，也就是解释为综合一些从感知后验地得来的东西的单纯规则。当他这样说时，似乎是在他心目中浮现着这样一种东西，好像是在绘制三角形时，这些角度就提供了组合边线的规则一样；至少人们可以从这一比喻弄清楚康德所说的范畴的功能是怎么回事。在《自然科学的形而上学初阶》的序言里有一段冗长的注解，也同样提出了范畴的解释，说除了在判断中主语谓语经常可以互易其
572 位而外，范畴“毫无别于悟性在判断中的那种形式的活动”；然后在

同一个地方根本就给判断下了这么个定义说：判断是“由于已知的表象才成为认识一客体的活动”。如此说来，动物既不判断〔什么〕，也就根本不认识任何客体了。依康德的说法，对于客体根本就只有概念，没有直观。我则相反，我说：客体最初只是对直观而存在，而概念在任何时候都是从这个直观得来的抽象。因此抽象的思维必须准确地按照直观中现有的世界进行而与之一致，因为只有对这世界的指及才使概念具有内容，并且除了去作反省思维的能力之外，我们根本不能为概念假定任何其他先验规定的形式。而反省的思维能力，它的本质就是概念的构成，亦即构成抽象的、非直观的表象，如我在第一篇里已指出的，这便是理性唯一的职能。准此我就要求我们把范畴中的十一个都抛出窗户外而单是留下因果性这一范畴，不过同时要体会这一范畴的作用已经就是经验的直观之条件，从而经验的直观就不只是感性的而是理智的了；要体会这样直观看到的对象就是经验的客体，和表象是一〔个东西〕，而与此有别的就仅仅只有自在之物了。

当我在不同的年龄一再研究过《纯粹理性批判》之后，我对于超绝逻辑学的产生不期然而获得一种坚定的见解，并认为这一见解大有助于理解这一部分学说，今特述之于此。以客观的理解和人的最高深思为基础的发现仅仅只有这一顿悟，即悟到时间和空间是先验地为我们所认识的。被这一幸运的发现所鼓舞，康德还想再探索这新矿的矿脉，而他对于结构匀整的嗜好又给了他〔探求的〕线索。这就是说如同他既发现了经验的直观有先验的纯粹直观作为条件而为之奠基一样，同样，他就认为从经验获得的概念一定也有在我们认识能力中作为前提的某种纯粹概念为之奠基，认

573 为经验的实际思维必须先有一种先验的纯粹思维才有可能——其实这种思维没有任何对象，而必须从直观取得对象——，这样，就和超绝感性学成为数学的先验根据一样，逻辑学也必然有这么一种根据；由是超绝感性学因为有了超绝逻辑学就获得了一个匀称的对仗。自此以后康德就不再是没有成见，不受拘束的了，对于意识中现有的东西已不再是在纯真的探讨和观察的状态中了，而是被一个假定引导着，在追求一个企图，也就是要找到他所假定的〔东西〕以便在他那么幸运地发现了的超绝感性学之上作为第二层楼而搭上与之相似的，也就是与之匀整对称的超绝逻辑学。为此目的他就想到判断的〔分类〕表上去了，在情况容许之下他又尽可能地从这一〔分类〕表制出了范畴〔分类〕表。〔范畴〕作为十二个先验的纯粹概念的学说，是说这些纯粹概念正就是我们对于事物进行思维的条件，而直观地看这些事物又是由感性的两种形式所决定的。于是现在就有了一个纯粹悟性匀整地和纯粹感性相对称了。此后他又看中了另一种考察，借纯粹悟性概念的雏形格式论，这个假定、这一考察就给他提供了一个办法可以提高事情的合理性；可是由于假定这种雏形格式却恰好暴露了他自己所不意识的论证过程。原来在他着意要为认识能力的每一经验的功能找到一个与之相配的先验的功能时，他觉察到在一面是我们经验的直观和一面是我们经验的，在抽象的非直观的概念中完成的思维之间，还有虽不是经常的却是很常见的一种中介作用。也就是说这种中介作用的出现正是因为我们不时要试图从抽象的思维回到直观——不过也只是试图而已——，实际上这是为了使我们深信我们的抽象思维没有远离直观这个可靠的基地，不是凭空的，也不是

已成为空洞的字眼了;大约和我们在黑暗中行进随时要摸一摸给我们指示方向的墙壁那种情况差不多。那么,我们也正只是随时试着回到直观罢了,因为这时我们是在想象中唤起一种直观与我们正在从事的一些概念相符合而已,而这种直观对于概念又永远不是恰如其分的,却只是概念的临时**代表**罢了。至于说明这一点 574
所必要的〔论证〕我已在《论根据律》那篇论文第二八节中列举出来了。康德认为这种类型的飘忽幻象和想象中完整的形象相反而称之为一个雏形格式,说这好像是想象力的一种简缩了的徽记,并主张在一面是我们对于经验地获得的概念所作的抽象思维和一面是我们明晰通过感官达成的直观之间既有这种飘忽的幻象,那么与此相同,在纯粹感性的先验直观能力和纯粹悟性的先验思维能力(亦即诸范畴)之间也有这样的**先验的纯粹悟性概念的**雏形格式。他在那篇古怪的《关于纯粹悟性概念之雏形格式的要点》里却把这些雏形格式当作先验的纯粹想象力之徽记逐一加以描写而又将其中的每一个分属于一个与之相应的范畴。这个《要点篇》是以最晦涩著名的,因为从来没有一个人能够弄清楚这是怎么回事。可是如果人们从这里指出的立足点来看,这种晦涩却又可豁然开朗;不过在这立足点上也会比在任何地方更能显露康德论证的企图和他事先下定决心要找到那和排比相似,有助于结构匀整的东西,而这在某种程度上就已把事情弄到滑稽可笑的地步了。原来当他给经验的雏形格式(或我们真实概念通过想象得来的代表)又假定相应的、纯粹的(没有内容的)、先验悟性概念(范畴)的雏形格式时,却忽略了这种雏形格式在这里已完全没有什么用处可言了。这是因为〔我们〕在〔作〕经验的(真实的)思维时,这种雏形格式的用处完

全只是对这样一些概念的**物质内容**而言：即是说这些概念既是从经验的直观抽出来的，我们就这样来帮助自己，使自己不致迷失，也就是当我们在进行抽象的思维时，间或要飘忽地回顾一下这些
575 概念所自来的直观以保证我们的思维还具有实际的含义。可是这〔样作〕就必须有个前提，即是说我们心目中的概念是从直观中产生的，并且这〔样作〕也只是回顾概念的物质内容而已；是的，只是〔补救〕我们弱点的一个辅助工具而已。可是就先验的概念说，它们既还没有什么内容，那么，一望而知像内容这样的东西必然是不存在的：因为这些概念并不是从直观产生的，而是从人心内前来和直观遇合以便从直观获得内容的，所以这些概念还并没有可以回顾的东西在。我所以在这里不厌其烦地谈到这一点，是因为这恰好照明了康德哲学思维的隐秘过程。准此，这一过程就在于康德既幸运地发现了两个先验的直观形式之后，于是就以类比法为前进的线索，努力要为我们的经验的认识之每一规定指出一个先验的对等物，而这对等物，在那些雏形格式中，最后甚至扩展到一个只是心理的事实上去了；而在这样做时，那种貌似深刻的意义和论述的艰深恰好有助于瞒过读者这论述的内容依然完全是一个不可证明的，任意的假定。然而谁要是终于深入到这一论述的意义，又容易被诱致把这艰难获得的理解当作是事实真相的信念。假如与此相反，康德在这里也和发现先验的直观一样，采取不受拘束和纯粹观察的态度，那么他就必然已发现了附加到空间和时间的纯粹直观之上来的——如果从这纯粹直观得出了经验的直观——一面是感觉，另一面是因果性的认识，而因果性的认识又将单纯的感觉变为客观经验的直观。并且正是由于这一点，所以因果性的认识

不是从经验的直观假借来的，学来的，而是先验地既存的。这也正是纯粹悟性的形式和功能，不过也是它唯一的然而又是有如此重大后果的一个功能，以致我们所有一切经验的认识都要以这一功能为基础。——倘若如经常所说的，要驳斥一个谬误只有从心理学上指出谬误的发生过程才算彻底，那么就〔反驳〕康德的范畴学说和范畴的雏形格式学说而论，我相信我在上面的论述中已经满 576
足了这一要求。

康德既已在一个关于表象能力的学说的初步简单基本论点中纳入了这样重大的错误之后，他就想到了一些多种多样的，极为复杂的假设。属于这类假设的首先就是统觉的综合统一性。这是一个很古怪的东西，说法也很古怪，〔他说〕："这'**我思**'必须能够随伴我所有的一切表象。"〔既说〕"必须"——〔又说〕"能够"：这既是一种问题式的，又是一种不容反驳的申论方式。用德语〔说得明白些〕，这就是一个把一只手拿出来的东西又用另一只手拿回去的命题。然则这一在尖顶上保持着平衡的命题究竟是什么意思呢？是说一切表而出之的意象作用都是思维吗？——那又不是。如果是这样，那就更不可救药了，那就会是除了抽象的概念之外什么也没有了；尤其是更不会有那种纯粹的，不带反省思维和意志的直观了，而这种直观中就有美的观审，美的观审也就是对于事物真正的本质——亦即柏拉图的理念——最深刻的体会。并且如果真是这样，那么那些动物要么也在思维，要么连表象都没有，二者必居其一。——或者这一命题是要说：没有无主体的客体？如果是这个意思，那么这种表示的方式就太不好了，并且也说得太迟了点儿。

如果我们把康德的一些说法概括起来，我们就会看到他所了解的统觉的综合统一性就好比是我们所有一切表象这个球体里的无广延的中心，球体的半径都汇集于这一中心。这就是我叫做认识的主体的东西，亦即我叫做一切表象的对应物的东西。同时这也就是我在第二卷第二二章叫做大脑活动的辐射线汇集的焦点而详加描写和论述过的东西。我在这里提出该处作为参考，就不必再重复了。

我所以摒弃整个的范畴学说而把它算作康德装入认识论而使之更繁重的那些无根据的假定之一，是从上面对于这个学说所提
577 出的批判而来的；与此相同，又是由于指出超绝逻辑学中的矛盾而来的，〔因为〕这种逻辑学是以混淆直观的和抽象的认识而有其根据的。此外，我所以这样做还有一个来由，那就是〔我〕指出了康德对悟性和理性的本质缺少一个明确而固定的概念，我们反而在他的著作中只看到一些关于这两种精神能力的不联贯，前后不符，简陋而不正确的说法。最后，〔我所以这样做〕也是由于我自己在第一篇及其补充中，更详尽地是在《论根据律》一文的二一、二六和三四各节中关于这两种精神能力所作过的那些说明。这些说明都是很固定的明确的，是考察我们认识的本质显而易见的结果，并且和一切时代一切民族的语言习惯与著述中关于这两种认识能力已露端倪只是尚未臻于明确的各概念完全符合一致。针对康德与此极不相同的论述而捍卫我这些说明，在揭露他那论述的错误时就已大部分做到了。——康德以判断〔分类〕表作为他的思维理论的，甚至作为他全部哲学的基石，不过就判断〔分类〕表自身说，总的说

来还是有它的正确性。既然如此，我就还有责任要指出一切判断的这些普遍形式是如何在我们的认识能力中产生的，并使之和我对于认识能力的论述调和一致。——在阐述这一点时，我将一贯地把我的说明所赋予悟性和理性两概念的意义和这两概念联系起来，因此我假定读者们已熟悉我的那一说明了。

在康德的方法和我所遵循的方法之间有一个本质的区别，这区别在于他从间接的，反省思维的认识出发，我则相反，从直接的，直观的认识出发。他可以比作那丈量塔影以测知塔高的人，我则可以比作那直接用皮尺测量实物的人。因此，哲学对于他是〔一种〕**由**概念〔构成〕的科学，对于我却是〔一种〕**在**概念**中**的科学，是从直观的认识，一切证明的这唯一来源上汲取得来而纳之于，固定 578
于普遍概念中〔的科学〕。他跳过了这整个的，围绕着我们的，直观可见的，形态万千的，意义丰富的世界而把自己胶着在抽象思维的形式之上。同时，尽管他从未说出来，却是以这样一个前提为基础的，即是说反省思维是一切直观的原始基型，因而直观所有一切本质的东西就必然已在反省思维中表现出来了，并且是表现于极紧凑的，从而易于概览的形式和基本轮廓之中的。准此，抽象认识所有本质的和规律性的东西就已将所有一切的线都放在一只手里了，〔可以〕在我们眼前使直观世界丰富多彩的木偶戏活动起来。——只要康德明确地说出了他那方法的这一最高基本原则并且前后一贯地遵守这一原则，那么他至少也得把直观的和抽象的东西分清楚，而我们也就无须和一些不能解决的矛盾与混淆状况作斗争了。可是从他那种解决问题的方式看，人们看到他那方法的基本原则对于他〔自己〕也还只是极不明确的，恍恍惚惚的，以致

人们在彻底研究了他的哲学之后，还得又来猜测这个原则。

至于就〔康德〕所提出的方法和基本定律本身说，那倒是不可厚非的，并且是一个辉煌的思想。一切科学的本质原就在于我们将直观可见的，无穷无尽的森罗万象概括于比较少的一些抽象概念中并从这些概念中整理出一个系统来，以此系统便能完全掌握所有那些现象于我们“认识”的权力之下，便能说明过去和预测将来。不过各种科学乃是按现象的特殊的、复杂的种类而各自分担现象的广泛领域〔的一部分〕的。于是，别开概念的内容，将如此这般的概念上绝对本质的东西孤立起来，以便从如此发现的一切“思维”的形式来看出什么东西对于一切直观的认识，从而根本是对于作为现象的世界，也是本质的，就是一个大胆而幸运的思想了。并且因为这是先验的，由于思维那些形式的必然性而被发现的，所以

579 是来自主观的，所以正是导向康德的目的。——可是现在在这儿，

在人们还没再向前进之先就必须探讨一下反省思维和直观认识是一种什么关系（这当然要以康德对两者所忽略的区分为前提），前者究竟是怎样反映而代表后者的，是完全干净纯粹地反映，还是已经由于纳入它自己的（反省思维的）形式而〔使后者〕改了样并使之部分地认不清了呢？究竟是这抽象的，反省思维的认识的形式更加被决定于直观认识的形式，还是〔直观认识〕由于被一直不变而附着在它自己，这反省思维的认识上的本性所决定，以致在直观认识中极不相同的东西一进入反省思维的认识之后就再不能加以区别了呢？或是反过来，我们在反省思维的认识方式中觉知到的有些区别也就是从这认识自身产生的，而绝不是指直观认识中和这些区别相应的区别呢？但是这一探讨的结果就会得出这样的结

论：直观认识在被纳入反省思维时所遭受到的变更几乎和食品在被纳入动物有机体时一样。〔食品的〕形状和混合〔情况〕都被有机体所决定，以至从这些混合的组成中根本再看不出食品的本性了；——或者（因为刚才说的有些过甚其词）至少会有这样的结论：反省思维，对直观认识的关系绝不等于水中的倒影对于被反映的对象的关系，而几乎只能等于这些对象的影子对于这些对象本身的关系；而这影子却只反映一些外表的轮廓，但影子是把极复杂的东西都合到同一个形态中去了，是以同一轮廓表出极不相同的东西，以致绝不能从这轮廓再完整地、可靠地重构事物的〔原来〕形态了。

整个反省思维的认识或理性，只有一个主要形式。而这个主要形式就是抽象概念。这个形式是理性自身本有的，直接和直观
可见的世界并无必然的联系，所以动物完全不具理性而直观的世 580
界对于动物还是存在着，并且还可能是完全另一个直观世界，不过反省思维的那一形式仍可同样恰当的适合于这另一世界。但是联合概念以成判断却有某种确定的合于规律的形式，这些形式既是由归纳获得，便构成了判断〔分类〕表。这些形式大部分是要从反省思维的认识方式本身，也就是直接从理性来引申的，这是就这些形式是由于四个思维规律（我称之为超逻辑的真理）和由于全部和全不的〔全称〕命题所发生而说的。这些形式中的另外一些〔形式〕却在直观的方式中，也就是在悟性中有它们的根据，但另外这些形式并不因此就是指出悟性有同样多的特殊形式，而是完全只能从悟性所有的唯一功能，从因和果的直接认识来引申的。最后，上述那些形式中又还有一些则是从反省思维的认识方式和直观的认识

方式两者的会合和联系中产生的，或者本是从容摄后者于前者之中而产生的。此后我将逐一讨论判断的各关键并从已说过的来源指出每一判断的发生。由此自会得出结果，即是说从这些判断来引申各范畴是落空了的，并且范畴的假定之无根据和范畴的论述之被认定为混乱而自相矛盾的正不相上下。

1)所谓判断的**量**是从概念之为概念的本质中产生的，所以只在理性中有其根据，和悟性与直观的认识根本没有直接的联系。如在〔本书〕第一篇里已评论过的，下列情况对于概念之为概念原是〔最〕基本的，即是说概念都有一个范围，有一个意义圈，而较广泛的、较不确定的概念则包含着较窄狭的、较确定的概念，所以后者又可以被单独提出来；并且可以这样来做，亦即将后者根本称为只是那较广泛的概念之不确定的部分；或者也可以这样做，亦即由于赋予后者一个特殊的名称就把它规定了而且使之完全分立了。完成这一程序的判断，在第一种情况就叫做特称判断，在第二种情

581 况就叫做全称判断；例如“树”这概念的意义圈中的同一个部分就可以用一个特称判断，也可用一个全称判断使之〔和其余部分〕隔离，这两种判断先后是：“有些树结苦栗子”；“一切橡树都结苦栗子”。——可见两种方式的区别是很微小的，是的，这区别的可能性就有赖于语言词汇的丰富。康德却不顾这一点而宣称这个区别透露了纯粹悟性两种基本不同的行动、功能、范畴，而纯粹悟性又正是以这些〔东西〕先验地规定着经验。

最后，人们也可以为了获得一个确定的、个别的、直观可见的表象而使用一个概念，而这概念自身〔又〕是从这一表象，同时也是从许多其他表象剥落下来的：这就是由个别判断来完成的。一个

这样的判断仅仅只是标志着抽象认识转向直观认识的界线,〔这里〕概念是直接过渡到直观认识的,〔例如说〕:“这里的这一棵树是结苦栗子的。”——〔可是〕康德从这种判断也造成了一个特殊的范畴。

根据上面所说过的一切,这里就没有再加以反驳的必要了。

2)同样,判断的质也完全在理性的范围之内,而不是使直观有可能的悟性的任何一规律之阴影,就是说并不在悟性的规律上说话。抽象概念的本性,也就正是客观地被理解了的理性自身之本质,如在第一篇已阐述过的,它自身就带有概念的意义圈分合的可能性,并且同一律和矛盾律的一般思维规律即基于这可能性作为概念的前提。这些思维规律,因为它们纯粹是从理性产生而不能再加以说明,我曾赋予以超逻辑的真实性。它们规定着凡合在一起的必然仍旧合着,凡分开了的必然仍旧分着,也就是既确立的不得同时又加以取消,所以是以意义圈分合的可能性——也就正是以判断——为前提的。可是在形式上这判断〔作用〕仅仅只在理性 582
中,而这形式又不像判断的内容那样是从悟性的直观认识连同带过来的,所以也不能在直观认识中给判断的形式找到一个对应物或类似物。直观既一旦由于悟性,为着悟性而产生,这就完结了,谈不上什么怀疑和错误,因而既不知有什么肯定也不知有什么否定。这是因为直观是自己表出自己,和理性的抽象认识不一样,不是按认识的根据律而在对直观之外的什么的关系中有其价值与内涵的。所以直观全都是一些现实,任何否定对于直观的本质都谈不上;否定只能通过反省思维才被加到直观上去,可是也正因此否定总是留在抽象思维的领域之内的。

康德利用着旧经院学派的一个怪癖想法，还在肯定的和否定的判断之外加上无尽的判断。这是挖空心思想出来填空的东西，根本不值得加以分析，是一个不透气的死窗户，正如康德为了促成他那匀整的结构已安装过好多这样的死窗户一样。

3)在关系这个极广泛的概念之下，康德搜集了判断的三种全不相同的本性。为了认识这些本性的来源，我们不得不逐一加以阐明。

(甲)假言判断根本就是我们一切认识的那一普遍形式的抽象表示，亦即根据律的抽象表示。而根据律有着四种完全不同的意义，在每种意义中又是从各不相同的认识能力发源的，并且各自关涉到另一种类的表象，〔这些都是〕我1813年在我那篇论根据律的论文里已论述过的了。从这篇论文已足够看出假言判断这一普遍思维形式的来源并不只是如康德所主张的那样，只能是悟性及其因果范畴，而是说因果律——按我的说法是纯粹悟性唯一的认识形式——只是包括一切纯粹或先验认识的根据律的形态之一；另一面这根据律在其任何一意义中却都以判断的这一假言形式为其
583 表现。——可是在这里我们就看得相当清楚，在来源和意义上完全不同的一些认识当理性在抽象中加以思维时，如何在联系概念与概念，判断与判断的同一形式中出现而根本不能再加以辨别，并且如果要加以辨别就必得完全放弃抽象认识而回到直观认识。因此康德所采取的途径，从抽象认识的立足点出发也要找直观认识的因素及其最内在的动态，那是完全错了的。此外我那整个的导论篇《论根据律》在一定的意义上可以看作是对于假言的判断形式之意义的一个彻底的讨论；因此我在这里就不再在这问题上逗

留了。

（乙）**定言判断**的形式不是别的什么，而是任何判断本义上的形式。这是因为严格讲起来，判断就只是思维着诸概念意义圈的联系或不可合一的不一致性。因此假设的联系和二者不可得而兼的选择联系实在本不是判断的特殊形式，因为它们都只应用于已经现成的判断之上，而这些判断中的概念联系仍是定言的并无所改易；但它们却把这些现成判断连接起来，并且如果是假言的形式则表示着两判断的相互依赖性，如果是二中选一的形式则表示着两判断的不可合一〔，不可同时皆真〕。但单是概念就只有**一种**相互的关系，也就是定言判断中所表示的那种关系。这一关系更细致的规定或再分类就是概念意义圈的相互交叉和完全分立，也就是肯定和否定。康德则从这种再分类中又在完全不同的标题下，在**质**这标题下制造出特殊的范畴。〔概念的〕相互交叉和完全分立又有再低一级的分类，亦即意义圈的完全或部分交叉，这种规定就构成判断的**量**；康德从这个规定也制出了一个完全独特的范畴类。他就是这样拆散着极为相近的东西，甚至同一的东西，拆散单纯概 584
念相互之间唯一可能的一些关系的容易全面看到的变化，另一方面，与此相反，他又把极不相同的东西都集合到“关系”这一标题之下来了。

定言判断有同一律和矛盾律的思维规律以作超逻辑的原则。但是联系概念意义圈的**根据**——这根据以**真实性**赋予判断，而判断也就只是这种联系——却可以有极不相同的种类，从而判断的真实性就可以或是逻辑的，或是经验的，或是形而上的，或是超逻辑的；而这些东西既已在导论篇的三十节到三十三节里论列过了，

这里就毋庸再重复了。不过由此自可看出直接的认识可以是如何的极不相同，而所有这些认识却在抽象中由于两概念的意义圈的联系而表出为主语和谓语；也可看出人们不能举出悟性的任何一功能是和这联系相符而产生这联系的。例如这些判断：“水沸腾了”；“正弦可以测定角的度数”；“意志作了决定”；“做事可以使人有所寄托”；“作区别是困难的”；都是以同一个逻辑的形式表示一些最不相同的情况。我们从这里又一次获得证实：站在抽象认识的立足点上来分析直接的、直观的认识如何一开始就是错了的。——此外，从一个真正的悟性认识中，我所谓的定言判断只在一个地方，也就是在这判断表示一个因果性的时候，才能产生；不过在所有那些指出一个物理属性的判断中也同是悟性认识。原来当我说“这一物体是重的、硬的、流动的、绿的、酸性的、碱性的、有机的等等，等等”时，这永远是指这物体的作用。那么这也就是通过纯粹悟性才可能的一种认识。在这一认识以及许多与之不同的认识（例如极抽象的概念居于从属地位）在抽象中由主语和谓语表示出来之后，人们就已把这种单纯的概念关系又回头转移到直观认识上去了，人们并认为这判断的主语和谓语都必然在直观中有着一个固有的，特殊的对应物，亦即实体和偶然属性。不过在更后
585 面一些我将弄清楚实体这个概念除了物质这个概念以外并无其他真正内容，而偶然属性则完全和作用的方式同一意义；所以所谓实体和偶然属性的认识仍然还是纯粹悟性对原因和后果的认识。至于物质这个表象是如何产生的〔这个问题〕，则一部分是已在我们的第一篇第四节，更精辟的是在《论根据律》第二十一节末尾第77页阐明过了，一部分我们将在探讨实体恒存这个基本命题时更详

细地看到。

(丙)**选言判断**是从排除第三者的思维规律中产生的,而这思维规律又是一个超逻辑的真理,所以选言判断完全是纯粹理性的所有物,在悟性中没有选言判断的来源。从它们引申出共同性或**相互作用**的范畴可正就是一个显著的例子,〔足以〕说明康德为了满足他自己对于结构匀整的嗜好,不时容许自己侵犯真理的那些暴行。这种引申法所以不可容许已屡被指责,也指责得对,并且是从好几种理由来阐明的;尤其是 G. E. **舒尔则**在他的《理论哲学批判》中和**柏尔格**在他的《哲学的后批判》中曾对此加以指责并阐明了理由。——在一个概念尚待相互排斥的谓语来作出的规定和相互作用这个思想之间究竟有什么真正的类似性呢?这两者甚至是完全处于对立地位的,因为在选言判断中两分支之一的真正确立必然同时是其另一支的取消;与此相反,当人们想着两个事物在相互作用的关系中时,则一物的确立正是另一物必然的确立,反之亦然。因此相互作用在逻辑上的真正类似物无可争辩地就是以"待证"为前提的错误推论了,因为在这种循环推论中,正如上述相互作用中错误的循环推论一样,被证明的也就又是根据,反之亦然。那么正和逻辑斥责这种循环推论一样,从形而上学中也得驱除相互作用这个概念。这是因为我现在要十分严肃地有意来阐明在真正的意义上根本就没有什么相互作用,阐明这个概念尽管恰是由 586
于思想的不明确而为人们最乐于使用,然而仔细考察起来却是空洞的、错误的、毫无意义的。首先人们得思考一下因果性根本是什么,作为辅助〔资料〕请参看我在导论篇第二〇节和我的获奖论文《论意志自由》第三章第 27 页起(第二版第 26 页起),以及最后在

我们的第二卷第四章对这问题所作的论述。因果性是这样一个规律，按这规律凡发生了的物质状态〔得以〕自己规定它们在时间上的位置。因果性所谈的只是状态，实际上也只是谈变化；而既不是说物质之为物质，也无关于无变化的恒存。物质作为物质说并不在因果律的支配之下。因为物质既不生也不灭：所以〔因果律〕并不如人们一般所说的是〔支配着〕那整个的物，而是〔只支配〕物质的各种状态。并且因果律和恒存也不发生关系，因为在什么也不变的地方也就没有作用可言，也没有因果性，而只是一个常住的静态。现在假如这样一个状态变了，那么这新生的状态要么是恒存的，要么不是，而是立即又引出第三个状态来；那么这些状态所以发生的必然性也就正是因果律。因果律是根据律的一个形态，所以不得再加以说明；因为根据律就是一切说明和一切必然性的准则。由此就看得清清楚楚，原因后果这回事是在准确的衔接和必然的关联中而建立在时间秩序之上的。只有甲状态在时间上先于乙状态，而它们的相续是一个必然的而不是一个偶然的〔联系〕，亦即不仅是后续而是随之而有的结局；——只有这样，甲状态才是原因，乙状态才是后果。可是相互作用这概念却含有这个意思：两个〔状态〕都互为因又互为果。但这就正是等于说两者中的每一〔状态〕都是在前的一个，可是又都是在后的一个，也就是胡思乱想。

587 原来两个状态同时并存，并且是必然地同时，那是不可承认的：因为两个状态作为必然联系着而又同时并存就只构成一个状态。这状态的常住不变固然要求它所有一切的规定恒常与之俱存，可是这就根本不是在谈变化和因果而是在谈经久不变和静止不动了。并且这也再没有说到其他的什么，而是说如果整个状态的一个规

定变动了，那么由此而产生的新状态就不能是固定〔不生发的〕，而是成为第一状态所有其他的规定也变动的原因，由此就恰好又出现了一个新的第三状态；而这一切都只是按单纯的因果律而发生的，却并没有为一个新的规律，相互作用的规律，提出了什么根据。

我还干脆地断言**相互作用**这概念没有一个实例可以为佐证。人们要想认为是相互作用的一切一切，要么是一个静止状态，这就根本用不上因果性这概念，因果性的概念是只对变化有意义的；要么就是名同实异而互为条件的一些状态在交替相续，〔如果是这样，那么〕说明这种交替相续简单的因果性已足足够用了。两秤盘由于相等的重量而进入静止状态，这是第一种情况的一个例子。这里根本没有发起什么作用，因为这里并没有什么变动，这是静止状态。〔两边的〕重力平均分配了，和在任何一个支持在重点上的物体中一样，〔两边〕都在下沉，但不能由一种作用把它们的力表现出来。至于拿掉**一边**的重量就产生一个第二状态，这一状态又立刻成为第三状态的原因，亦即成为另一秤盘下沉的原因；这都是按单纯的因和果的规律而发生的，并不需要悟性的一个什么特殊范畴，连一个特殊的称谓都不需要。另外一个情况〔第二种情况〕的例子就是火的继续燃烧。氧和燃烧着的物体相结合是热的原因，而热又是这种化合再发生的原因。但这并不是别的而是一根因和果的锁链，这锁链上的环节都是交替着**同名的**：燃烧甲发起热〔量〕乙的发射，热〔量〕乙又发起一个新的燃烧丙（也就是说一个新的作用和原因甲同名，但不就是个体上的同一物），燃烧丙又发起新的 588
热〔量〕丁（这和作用乙不是实际的同一而只是在概念上同一物，也就是与之**同名**），如此递推，继续不已。人们在一般生活中叫做相

互作用的还有一个恰当的例子，这是从冯·洪堡[①]关于沙漠〔问题〕所提出的一个理论(《大自然的面面观》第二版第二卷第79页)引来的。原来在沙漠中是不下雨的，可是在环绕着沙漠的树山上却下雨。这原因不是树山对云的吸引，而是从沙地上升的热空气柱阻碍了蒸气小泡的分解而将云气冲到上空去了。在树山上垂直上升的气流要弱些，云雾下降而在冷空气中凝聚为雨。这样，缺雨和沙漠中无植物就成为相互作用了：所以不下雨是因为灼热的沙漠地发散着更多的热；沙漠所以不成为草原或牧场又是因为不下雨。但是这里和上面的例子一样，显然又只是同名的原因和后果的前后相续而根本不是什么和单纯的因果性本质上有别的东西。钟摆的摆动也是同样的情况，是的，有机物体的自我保存也是这种情况。在后一情况也正是每一状态都引发一个新状态，这新状态和引发它的那一状态是同一种类的，但在个体上却是新的；不过这里的情况更为复杂，因为这里的锁链不是由两种而是由好多种的环节所构成的，以致一个同名的环节要间隔好几个中间环节才又重现。但是我们在自己眼前总是看到〔那〕唯一的一个简单的因果律的应用，——这因果律给状态的继起立下了规则——，而不是看到什么别的必须由悟性的一个新〔出〕的、特殊的功能来理解的东西。

或者是人们甚至要提出作用与反作用相等作为相互作用这概念的佐证吗？但是这〔作用与反作用相等〕却正在于我如此极力主
589 张过而在论根据律那篇论文里详细阐明过了的〔那一点〕，也就是

① Alexander Humboldt(1769—1859)，德国自然科学家。

说原因和后果并不是两个物体，而是一些物体的两个相续的状态，从而两状态中的每一个都包涵着一切参与〔该状态〕的物体；所以后果，亦即新出现的状态，例如在撞击这回事上，就是以同一情况分属于两物体的；因此被撞击的物体变到什么程度，那来撞击的物体也就恰好变到这个程度（各按其质量和速度的关系）。如果乐意将这也叫做相互作用的话，那么任何一个作用也就一概是相互作用了，因此也就无需一个新的概念，悟性更无需为此而有一个新的功能了，而只是因果性有了一个多余的同义语罢了。可是康德在《自然科学的形而上学初阶》里毫不留意地公然说出了这一见解，在开始证明力学第四定律时他说："世界上一切外来的作用都是相互作用。"那么在悟性中怎么又要先验地有着不同的功能以〔分别〕应付简单的因果性和相互作用呢？怎么甚至说事物的真正前后相续就只是由于前者，而事物的同时并存就只是由于后者才可能，才可认识呢？据他说来，如果一切作用都是相互作用的话，那么前后相续和同时并存也就是同一回事了，从而世界上的一切一切也都是同时的了。——如果真有相互作用，那么永动机也就可能了，并且甚至是先验的必然了。其实断言永动机的不可能倒是以先验地深信没有真正的相互作用，以没有一个悟性的形式是为此而设的为根据的。

亚里士多德也否认本来意义上的相互作用，因为他曾指出两物虽然可以彼此互为原因，但只是在人们对每一物的了解各有另一种意义的时候才可能，譬如说一物对另一物是作为动机而起作用的，但后者对于前者则是作为前者运动的原因而起作用的。原来我们在两处地方，一处是〔他的〕《物理学》第二卷第三章，一处是

〔他的〕《形而上学》第五卷第二章，看到同样的一句话：“固然也有些事物是互为原因的，例如〔搞好〕体操是体力旺盛的原因，体力旺盛又是〔搞好〕体操的原因，然而这并不是在同一方式上互为原因，
590 而是一个是作为目的，一个则是作为运动过程的发起作用。”如果他在此外还承认有一个真正的相互作用，那么他就会在这里把它提出来，因为他在这两处都是从事于列举所有一切可能的各种原因。在《后分析》第二卷第一一章内他曾谈到因果的循环，却没有谈到相互作用。

4)〔属于〕样态〔这一类〕的各范畴却有一个优点，那是所有其他的范畴没有的；就是说由每一种〔样态范畴〕所表示出来的东西究竟还真正符合这东西所由引申，所来自的判断形式；而在所有其他的范畴则几乎全不是这种情况，因为它们大多是以任意的蛮干从诸判断的形式中演绎出来的。

所以，导致疑问的、直陈的、断言的各种判断形式的东西诚然就是可能、真实、必然这些概念，这一点也不假。但是说这些概念是悟性的一些特殊的、原始的，不能再从什么地方引申而得的认识形式，那就并非真是如此。其实更应该说这些概念是从一切认识唯一原始的形式，因而也是我们先验意识着的形式中产生的，是从根据律中产生的；并且必然性的认识还直接是从根据律产生的；与此相反，应用反省思维于这必然性之上才产生偶然性、可能性、不可能性、真实性等概念。因此所有这一切〔概念〕都不是从一种精神力，从悟性产生的，而是从抽象认识和直观认识的冲突产生的，这是人们立刻就会看到的。

我断言必然是和从已知的原由得出结果根本就是交替概念并

且完全是等同的。除了作为一个已知原由的结果，我们再也不能
把什么认为必然的，甚至连想象也不可能；而必然性这概念，除了
这一依存性，除了这由于另一事物的确立和从这事物少不了要产
生的结果之外，干脆就不再包含什么了。所以这个概念仅仅是，唯
一的是由于应用根据律而产生而存在的。因此按根据律的不同形
态就有一个物理的必然（由原因得后果），一个逻辑的必然（由于认 591
识根据，在分析的判断中，在三段论法中等等），一个数学的必然
（按空间和时间中的存在根据），最后还有一个实践的必然。说实
践的必然，我们不是想拿它来指被决定于一个所谓绝对命令，而是
指有了一个固定的经验性格之后按现有动机必然发生的行为而
言。——但一切必然的之为必然也只是相对的，也就是说只是在
这必然所由产生的原由这个前提之下的；因而绝对的必然性也就
是矛盾了。——此外我还指出《论根据律》那篇论文的第四九节作
为参考。

〔与此〕相对的反面，亦即必然性的否定，则是**偶然性**。因此这概念的内容是消极的，也就是除了说缺少根据律所表示的联系之外，再也没有什么了。所以偶然之事也总只是相对的，也就是对一个**不是**它的原由的什么而言，它才是偶然之事。任何客体，不管它是哪一种客体，譬如现实世界的每一事项，在任何时候都同时是必然的又是偶然的。**必然**是就对于是该事项的原因这一事的关系而言；**偶然**是就对其他一切的关系而言。这是因为该事项在时间和空间中和其他一切的接触仅只是一个遇合，没有必然的联系；所以德语、希腊文、拉丁文的“偶然”〔分别有“碰上”（Zufall）、“遇合”（συμπτωμα）、“遭遇”（contingens）的意思〕。因此一个绝对的偶然

之事正和一个绝对的必然之事一样，都是不可想象的。因为如果要这样想，则前者就正是这样一个客体：它对任何一个其他客体都没有后果对原由的关系。这种客体的不可想象却恰好是根据律所表示的消极内容，所以要使绝对的偶然之事可以想象就非得先推翻根据律不可。但是这样一来，这偶然之事自身也就失去一切意义，因为偶然这概念只是在根据律上说而有其意义的，并且是意味着两客体不在原由到后果的相互关系中。

在大自然中，就自然是直观的表象说，凡所发生的一切都是必然的，因为这所发生的都是由其原因发生的。但是我们〔一旦〕就592 一个单一事物对其他不是其原因的事物的关系来考察，那么我们就认它为偶然的，不过这已经是一个抽象的反省思维了。如果我们现在再进一步把自然中的一客体完全从它对其他客体的因果关系剥离开来，也就是从必然性和偶然性剥离开来：那么包揽这一类认识的就是真实这个概念。就这个概念说，人们是只看后果这一面而不去追寻其原因；否则就对这原因的关系说，人们就必须称这后果〔或作用〕为必然的，而就对其他一切的关系说，人们又必须称之为偶然的了。这一切最后都基于判断的样态所指的〔是什么〕，这与其说是事物的客观本性，不如说是我们的认识对这种本性的关系。可是在大自然中，任何一事都是从一个原因发生的，所以每一真实〔事物〕也是必然的；不过这也只是就此时此地说，因果律的规定仅仅只对此时此地有效。但如果我们离开直观可见的自然而过渡到抽象思维，那么我们就能在反省思维中想象我们所有那些一部分先验就知道的，一部分要后验才知道的自然规律，而这一抽象的表象就包括自然中在任何一个时间，任何一个地点的一切，同

时也是从任何一个固定的地点和时间剥离开了的，而我们则正是这样通过这种反省思维而跨进了**可能性**的广阔领域了。然而甚至在这广阔领域里也有找不到它的地位的东西，那就是**不可能的事物**。显然的是，可能性和不可能性都只是对于反省思维，对于理性的抽象认识，而不是对于直观的认识而有其存在的，尽管把可能性或不可能性的规定交到理性的手里的还是这直观认识的那些纯粹形式。按我们在想到可能之事或不可能之事时所从出发的自然规律或是先验被认识的，或是后验被认识的，这可能性或不可能性也就分别是形而上的或仅仅只是〔形而下的，〕物理的。

〔上面〕这个论证并不需要任何证明，因为这论证既是直接基于根据律的认识，又是直接基于“必然”、“真实”、“可能”这些概念的发展的。从这个论证已足够看出康德为这三个概念而假定悟性 593
有三种特殊功能是如何完全没有根据；也可看出他在这里又一次不让任何考虑来干扰他那匀整结构的发展。

可是在此以外还有一个很大的错误，那就是他把必然和偶然的概念彼此互混了；诚然，他是在追随以往哲学的先例。原来以往的哲学把抽象作用误用到下面这种用途上去了：显然的是凡一事，如果它的根由已经确立了，它就会不可避免地随此根由而发生，也就是说它不能不有，那也就是说它是必然的。但是人们却单是守住最后这一规定说：必然就是那不能是另一个样儿的〔东西〕，或〔这东西〕的反面是不可能的。可是人们把这种必然性的来由和根子忽略了，忽视了一切必然性由此而有的相对性，又由于这种忽视而制造了**绝对必然之事**这么一个完全不可想象的神话，也就是关于这样一个东西的神话：它不可避免地一定会有，犹如后果来自原

因一样，但又不是一个原由的后果，因而也不依赖于什么。后面这一附加语正是一个荒谬的丐词，因为这丐词是违反根据律的。人们从这种神话出发，和真理相反，恰好把由于一个根由所确立的一切都宣称为偶然的，因为人们这时原来只看到这一切的必然性的相对面，并且又拿这种必然性来和那完全凭空虚构的，在其概念中
594 自相矛盾的**绝对**必然性*作比较。对于偶然之事这是一个根本错误的规定，然而康德却还是保留着这种规定，而且在《纯粹理性批判》第五版第289页至291页；第一版第243页；第五版第301页；第一版第419页；第五版第447、486、488页〔等处〕仍以之为说明。于是他甚至陷入了最触目的自相矛盾，他在第一版第301页就这样说："一切偶然之事都有一个原因"，又补上一句："偶然的，就是其不存在是可能的。"可是实际上凡有一个原因的，其不存在就是绝不可能的，也就是必然的。——再者，对于必然之事和偶然之事这种完全错误的解说，在亚里士多德那儿，并且是在《生长和衰化》第二篇第九、第一一章就已能找到它的来源。原来在那儿必然之事被解释为其"不存在不可能"之物，与之相对峙的是其"存在不可能"；两者之间则有可存在也可不存在之物，——也就是有生有灭

* 人们请参看克立斯颠·沃尔佛的《关于上帝、宇宙和灵魂的合理思想》五七七至五七九节。——奇怪的是他只把那按变易根据律而有的必然之事，亦即从原因发生之事，说成是偶然的；与此相反，按根据律的其他诸形态而有的必然之事，他还是承认其为必然，例如由本质(定义)产生的判断，也就是那些分析判断，此外还有数学的真理。他说他的理由是只有因果律有无穷的系列，其他各种根据却只有有限的系列。可是就根据律在纯粹空间和时间中的诸形态说，并不是这么一回事；只在逻辑的认识根据才是这样的情况。可是他又把数理的必然性当作这种认识根据。——比较：《论根据律》第五〇节。

之物，并说这就是偶然之事。按前面所说过的可以看清楚这种解释和亚里士多德的好多解释一样，都是由于停留在抽象概念，不回溯到具体之物，直观之物而产生的；其实直观乃是一切抽象概念的来源之所在，抽象概念必须经常以此来检验。说“有个什么，其不存在是不可能的”，在抽象中固然可以这么想；但我们如果以此来看具体事物、现实事物、直观的事物，那么除了只有上述一个已知原因的后果外，我们找不到任何东西可以证实这个思想，即令证实这思想有可能性也不能够；——然而这后果的必然性仍是一个相对的、有条件的必然性。

在这当儿关于样态〔类〕这几个概念我还补充几点。——一切必然性既然都基于根据律并且正是以此而为相对的，那么一切**定言**判断就原来是，在其最后意义上，是**假言**的了。定言判断只是由于再来一个肯定的小前提，也就是在结论命题中，才成为**无条件的**〔，不许还价的〕。如果这小前提还是未定的，并且表示了这种未定，那么这〔定言判断〕就成为**疑问**判断。

凡普遍（作为规律）确然的（一个自然律）东西就个别情况说总 595
只是未定的，因为要有定就还必须真正具备了使这情况符合规律的条件才行。相反，凡作为个别事物而是必然（确然）的东西（每一个别的，由于其原因而必然的变化）如果是笼统地、一般地表达出来也只是〔存疑〕未定的，因为这已出现的原因只和这个别情况有关而定言的，经常亦即假言的判断却一贯只是表出普遍规律而不直接表出个别情况。——这一切的理由都在于可能性只在反省思维的领域中有之，只是对于理性而有的；而真实〔事物〕则在直观的领域内有之，是对于悟性而有的；必然则是对于两者而有的。真正

说起来，必然、真实、可能〔三者〕间的区别甚至也只在抽象中并且是在概念上而有的；在现实世界则相反，所有三者都合而为一了。这是因为一切一切的发生，都是**必然**发生的，因为都是从原因发生的；而这原因自身又有原因，以致这世界所有的一切过程，无论巨细，都是严格的一串必然发生之事。准此，一切真实的同时也就是必然的，在现实中真实和必然之间并没有区别。同样，在真实性和可能性之间也没有区别，因为凡未曾发生的，亦即没有成为真实的，也就是不可能的。这〔又〕因为这未曾发生之事必然赖以出现的原因——无此原因则绝不能出现——自身并未曾出现，在原因的大锁链中也不能出现，故未曾发生的也就是不可能的。据此说来，则任何一过程要么就是必然的，要么就是不可能的。这一切都只是对经验的现实世界说的，而经验的现实世界也就是个别事物驳杂的复合体，所以也就是完全对个别事物作为个别事物说的。与此相反，如果我们凭理性而在一般性中考察事物，抽象地理解这些事物，那么，必然性、真实性、可能性又各自分立了。于是我们就把一切先验地合乎我们智力所有的规律的认为根本是可能的，把符合经验的自然律的认为是在这个世界上可能的，尽管它从未成
596 为真实的〔，还是可能的〕；也就是说我们明确地把可能的和真实的区别开来。而真实的虽然就其本身说永远也是一必然之物，却是只被那认识其原因的人理解为必然的，如果别开这原因说就叫做偶然的。这一考察也给了我们〔理解〕麦珈利派蒂奥多罗斯和斯多噶派克利西波斯〔两人〕之间关于可能性的那一争辩。西塞罗在《论命运》一书中叙述了这一争论；蒂奥多罗斯说："只有成为真实的〔东西〕才是可能的；而一切真实的也是必然的。"——克利西波

斯则相反："有好多可能的〔东西〕从不成为真实的，因为只有必然的才成为可能的。"——这一点我们可以这样解释：真实性是一个推论的结论，可能性则为推论提供前提。不过这里不仅需要大前提而且也需要小前提，大小两前提才产生充分的可能性。原来大前提只在抽象中提供理论的，一般的可能性，这本身还根本没有使什么有可能，而有可能也就是能成为真实的。要成为真实的，还需要小前提，因为小前提在它将个别事物纳入规律之中时才给个别事物提供可能性。个别事物恰是由此而立即成为真实性。例如：

大前提：所有的屋子(也包括我的屋子)都可能烧光。

小前提：我的屋子着火了。

结论：我的屋子烧光了。

这是因为每一普遍命题，也就是每一大前提，就真实性说，总只是在一个前提之下才规定事物，随而也就是假言的：例如"可以烧光"就以"着火"为前提。这一前提是由小前提带出来的。每次都是大前提给大炮装上火药，可是必须小前提来点火才能发射，也就是才有结论。从可能性到真实性的关系一概都是这样的。结论乃是真实性的表出，但结论既永是**必然**产生的，那么就由此可见凡是真实的，也就是必然的。这还可以从是必然的也就只是是一个已给予的根据的后果〔这事实〕看出来，而就真实事物说这根据就是一个原因。所以说一切真实的都是必然的。准此，我们在这里就看到可能、真实和必然这些概念都合一了，还看到不仅是后一概念以前 597
一概念为前提，而且相反亦然。把这〔三者〕各自拆开来的是我们智力的有限性通过时间的形式才拆开的，因为时间是从可能性过渡到真实性的媒介。个别事态的必然性可以由于该事态的全部原

因充分看出来，但是所有这些不同的、互不依赖的原因凑到一起在我们看来却是偶然的；是的，这些原因的各自独立就正是偶然性的概念。可是这些原因中的每一原因既然又还是它们的原因的必然后果，而原因又有原因，原因的锁链是没有一个起点的；这就指出偶然性只是一个主观的现象，是从我们悟性有限的地平线产生的，和视线的地平线上天与地相接是同样的主观。

必然性和由已知根据得后果既是同一回事，那么在根据律中的每一形态也就必须现为一个特殊的必然性，而在可能性与不可能性上也有其反面。这个反面总是由于应用理性的抽象考察于对象之上才产生的。因此和上述四种必然性对立的也有同样多种类的不可能性，也就是：物理的、逻辑的、数学的、实践的〔四种〕。此外还可指出，如果人们完全留在抽象概念的范围之内，则可能性总是附属于较普遍的概念的，而必然性总是附属于较窄狭的概念的，例如："一个动物可以是一只鸟，一尾鱼，一个两栖类等等。"——"一只夜莺必然是一只鸟，鸟必然是一个动物，动物必然是有机体，有机体必然是一个物体。"——原来这是因为逻辑的必然性是从一般走向特殊而绝不是反过来的；这种必然性的表出就是三段论法。——与此相反，在直观可见的大自然中（在第一种表象中）一切本是必然的，由于因果律而是必然的。只是由于后加的反省思维才能同时把它们理解为偶然的，是拿它们和那些不是它们的原
598 因的东西相比较，也是由于撇开一切因果联系而单是作为纯粹的真实〔看〕的。本来只在这一类别的表象才真有真实这个概念，有如这个词儿的语源来自因果性概念就已指出了的。——在第三类表象中，在纯粹数学的直观中，如果人们完全留在这种直观以内，

那就全是必然性；可能性在这里也只是由于关涉到反省思维的概念而产生的，例如："一个三角形可以是直角的、钝角的、等角的；必然有三个角，加起来等于两直角。"所以人们在这里只是由于从直观的〔东西〕过渡到抽象的〔东西〕才达到可能的〔东西〕。

〔上面〕这一论述既以回忆到论根据律那篇论文，又以回忆到本书第一篇内所说过的为前提，在这一论述之后，〔我们〕希望判断的那些形式——在表式中看到的——真正而极不相同的来源已不再有疑义；假定悟性有十二种特殊功能并用以说明判断诸形式，这是不可容许的，是全无根据的；对于这一点同样也不应再有疑问了。一些个别的，很容易作出的评语就已指出了最后这一点，譬如这样说就是一个例子：如果要假定肯定的，绝对的和断言的〔三种〕判断是三个这样根本不同的东西，以致它们使人有权假定悟性对于三者中任何一种判断都各有一种完全独特的功能，那就必须对于匀整性有很大的嗜好，对于按此嗜好而采取的途径有很大的信心才行。

康德自己是这样泄露了他〔也〕意识到他那范畴学说是站不住脚的：他在分析基本命题（现象和本体）的第三章里把第一版中冗长的几段（即第一版第 241、242、244、246、248、253 页）都在第二版中删去了，那几段〔本也〕太无遮饰地暴露了范畴学说的弱点。譬如在第一版第 241 页他说所以没有给个别的范畴下定义，是因为范畴是不容有定义的，即令他想要给范畴下定义，他也不能够这样做。——他在这样说时却忘记了他在第一版 82 页曾说过："我有意地免除了自己给范畴下定义〔之劳〕，尽管我想获得这些定义。"——所以，请容许我这样说，这就是〔康德的〕胡说。但是最后 599

这一段他却没删掉。所有后来精明地删掉了的各节都是这样泄漏了〔一点，即〕人们对于范畴没有什么明确的东西可以想象而整个这一学说都站不太稳。

〔康德〕现在却说这个范畴〔分类〕表乃是研究任何形而上学、任何科学的指导线索。(《每一形而上学的序论》第三九节)事实上这个表不仅是整个康德哲学的基础和该哲学到处完成其匀整性所遵照的模式，如我在上面已经指出的，而且还不折不扣的成了普洛克禄斯特的胡床。康德一味蛮干将任何可能的考察都塞入这个胡床，我现在还要详细一点来考察他这种蛮干的做法。可是那些模仿者们，那些奴性的家伙既有这样一个机会，还有什么干不出来的！这是人们已看到了的，所以那种蛮干是这样做出来的：人们把那些表示〔分类〕表，表示判断形式和范畴的词儿的意义完全撇开了，忘记了，而仅仅只株守着这些词儿本身。这些词儿一部分的来源是从亚里士多德的《前分析》Ⅰ，23(关于三段论法的质和量的术语)取得的，然而却是任意选来的；因为除了用量这个词以外，人们还很可以用其他方式来标志概念的范围，尽管正是这〔一词〕还比范畴的其他标题究竟更适合它的对象些。质这个词已显然只是人们由于质量对称的习惯任意选来的，因为拈出质这个名称来管肯定和否定毕竟是够任意的了。可是康德在他所着手的每一考察中就把时间、空间上的任何数量，事物任何可能的属性，物理的、道德的等等属性，一概纳入这两个范畴的标题之下，而不管除了这偶然的任意的名称之外，在这些事物和判断形式与思维形式的那些名称之间并无丝毫共同之处。人们必须把自己在别的方面对康德应
600 有的一切敬意放在心上，以便不把自己对于〔他〕这种搞法的反感

用苛刻的字句表示出来。——又一个例子是自然科学一般基本定理的纯生理学上的图表给我们提出来的。请问判断的量和每一直观都有一个广延上的大小〔这事〕到底有什么关系？请问判断的质和每一感觉都有一个程度〔这事〕到底有什么关系？——其实前者倒是基于空间是我们外在直观的形式〔这事实的〕；后者也不是别的，而只是一个经验的，并且是完全主观的觉知，只是从考察我们官能的本性得来的。——再就是在给纯理论心理学奠基的那张表上（《纯粹理性批判》第 344 页，第五版第 402 页），心的单一性又被列在质的下面，可是这恰好是一种量的属性，和判断的肯定或否定根本没有什么关系。然而他又说量是要由心的统一性来填满的，而心的统一性本是包含在单一性里面的。然后〔他〕又以可笑的方式将样态强塞进去，说心是处在它对于可能的对象的相关中；但相关已属于关系；可是这〔关系〕又早已为实体所据有了。再然后就是宇宙论的四种观念，亦即二律背反的材料，〔也〕被还原为范畴的〔四类〕标题。关于这一点在后面检查这些二律背反时再评论。还有几个可能更为刺目的例子是《实践理性批判》中自由的各范畴（!）那张表；——再就是在《判断力批判》中按范畴的四〔类〕标题来论证趣味判断的第一篇；最后〔一个例子〕是〔《〕自然科学的形而上学初阶〔》〕。这本书的体制完全是依据范畴表裁定的，也许主要的正是由此造成了书中的错误部分，这些错误部分又在这儿那儿一再掺杂在这本重要著作的正确和卓越的部分中。人们只要在第一篇末尾看一看线的方向的单一性、杂多性、全整性要如何符合那些按判断的量而命名的各范畴〔就够了〕。

在康德实体恒存这个基本定理是从潜存和内涵两范畴引申出 601

来的。可是这〔些范畴〕只是我们从定言判断的形式中,也就是从两个概念〔分别〕作为主语和谓语的联系中认识到的。因此,〔他〕使这重大的形而上学基本定理〔反而〕有赖于这简单的、纯逻辑的形式,这是多么勉强啊!不过这也只是在形式上和为了匀整性而这样做的。在这里给这个基本定理提出来的证明,将该定理来自悟性和来自范畴这种误认了的来源完全丢在一边,乃是从时间的纯粹直观引出来的。可是这一证明也完全不正确。说单是在时间中就有同时存在和持续,那是错误的。这两个表象是从空间和时间的统一中才真正出现的,如我在《论根据律》第一八节已指出的,如我在本书第四节进一步详论过的,我〔也〕不得不以这两处分析作为理解下列〔各点〕的前提。说在一切变更中时间自身是常住的,这〔也〕是错误的。时间自身反而正是流动不居的,一个常住不动的时间〔实〕是一个矛盾。康德的证明是站不住脚的,尽管他以那么多的诡辩作支柱〔也是枉然〕;是的,他在这样做时已陷入了最显著的矛盾。原来他在(第一版第 177 页,第五版第 219 页)错误地将同时存在确定为时间的一个样态之后,他又完全正确地说:"同时存在不是时间的一样态,因为时间中全没有同时的部分,而全是前后相继的。"——实际上在同时存在中既会有空间又会有时间,程度恰相等。这因为两物既同时然而又不是一物,那么它们就是在空间上不同了;如果是一物的两个状态同时(例如铁的发光和热),那么这两状态就是一物同时的两个作用,因而两状态是以物质为前提的,而物质又以空间为前提。严格说起来,这同时是一个消极的规定,这个规定含有的意思只是说两个东西或两个状态不是由于时间而不同,所以它们的区别是要到别的方面去找的。——

可是不管怎样，我们对于实体恒存或物质不灭的认识必须基于一 602
个先验的见解，因为这认识是超乎一切怀疑之上的，因而是不可能从经验汲取来的。我是这样来引申这一认识的：我们先验地意识着的万物生灭的原理〔或〕因果律在本质上完全只是对**变化**，也就只是对前后相继的物质状态而言的，所以是只限于形式的，〔作为内容的〕物质[①]却不受影响，因而物质在我们意识中就是不为生灭所波及的，随之是一切事物永远既存，永远常在的基底。人们在本书第一篇第四节可以看到实体恒存〔还有〕一个更深远的，从分析我们整个经验世界的直观表象而取得的根据，那儿曾指出**物质**的本质即在于**空间和时间**完全的**合一**。这种合一唯有借因果性的表象才有可能，从而也只是对悟性〔而有〕的。悟性不是别的，而只是因果性在主观方面的对应物，因而物质，除非是作为“作用”，也就是彻底作为因果性也绝不能在别的方式下被认识；就物质说，存在和作用是一回事，**实在性**这一词已经有这一点的寓意了[②]。那么空间和时间紧密的合一——因果性、物质、实在性——就是一个东西，而这一个东西的主观对应物就是悟性。物质必须以一身而承担它所从出的两个因素[③]互相刺谬的属性，而消除两者的矛盾，使两者的共存为悟性所了解的就是因果性这个表象。物质只是由于悟性，只是对于悟性而存在的，而悟性的全部功能就在于认识原因和后果。那么为悟性而自行结合于物质中的就是不居的时间之流和空间的僵硬不动，前者是作为偶然属性的变更而出现的，后者则

① 在欧洲语言中“物质”如和“形式”对称即是“内容”。

② 请参照本书第一篇第四节第一段。

③ 指时间和空间。

表现为实体的恒存。这是因为如果和偶然属性一样，实体也消逝的话，那么现象就和空间拆开了而仅仅只属于单另的时间了，经验的世界就会由于物质的消灭而整个的毁灭解体。——因此，作为每人先验地既已认定的实体恒存这一基本定理就必须从空间在物质中，也就是在现实世界的一切现象中所占有的那一份——空间
603 原是时间的反面和对手方，因而单是在空间自身而不和时间结合就不知有变易——引申出来和加以说明，而不是从单纯的时间来引申。康德为了要从时间引申出这个定理却十分荒谬地单凭幻想将**常住**〔这一属性〕赋予了时间。

〔康德〕于是接着又单从事态在时间上的先后次序来证明因果律的先验性和必然性，这种证明的错误我在《论根据律》第二三节已详细论证过，所以我在这里只要点明一下就够了*。关于相互作用的证明，情况也完全相同，我在前面甚至不得不指出这一概念的无稽。——〔康德〕接着就谈到样态的一些基本命题，关于样态，必要说的也就已说完了。——

在往下追述超绝分析学时还有些地方是我要驳斥的，可是我怕读者耐不住疲劳，因而就把这些地方留给读者自己去思考了。不过我们在《纯粹理性批判》中总是一再遇到康德全不区分抽象推理的认识和直观的认识这一主要的，基本的错误，〔也就是〕我在前面已详为驳斥过的错误。使康德的整个认识论蒙上一层不散的阴霾的就是这种全没分晓。这并且会使读者绝无法知道他每次所谈

---

* 人们可以随意比较一下我对康德这一证明的反驳和前此费德尔(Feder)在《论时间、空间和因果性》第二八节以及**舒尔则**在《理论哲学批判》第二卷第 422—442 页对同一证明的攻击。

的究竟是指什么，以致读者由于每次都要试着先后从思维和直观方面来体会那所说的而常在摇摆不定中，也就不是真理解了〔他〕所说的，而总是只在猜测而已。〔康德〕对于直观表象和抽象表象的本质，这样令人难以相信地缺乏思考使他在《关于一切对象区分为现象和本体的区划》一章里，如我就要详论的，竟提出那极为荒 604
诞的主张，说没有思维，也就是没有抽象概念，根本就不会认识一个对象；还说直观因为不是思维也就完全不是一种认识，直观除了是感性的激动，是单纯的感觉外，就什么也不是！〔他〕还说直观如没有概念则会是空洞的，但概念没有直观总还有点儿意思(第一版第 253 页，第五版第 309 页)。这恰好和事实相反，因为概念所以获得任何意义，任何内容，只是从概念对直观表象的关联来的，概念是从直观表象抽出，剥落下来的，也就是由于去掉一切非本质的东西而构成的；因此如果抽去直观这基底，概念就空了，什么也不是了。直观则与此相反，自身便有着直接的，很重大的意义(自在之物在直观中客体化了)：直观自己代表自己，表出自己，不像概念那样只有假借来的内容。原来根据律只是作为因果律而支配直观的，并且作为因果律也只规定直观在空间和时间中的位置，但并不决定直观的内容和意义；这就和根据律对概念有决定内容和意义的作用不同，在这儿根据律是从认识根据而有其效力的。并且康德在这里好像正是要真正着手来区分直观表象和抽象表象似的，他责备莱布尼兹和洛克，说前者将一切变为抽象表象，后者又将一切变为直观表象。可是他也毕竟并没有作出什么区分。并且即令洛克和莱布尼兹真的犯了那样的错误，那么康德自己也就背上了一个第三种错误，包括前两种错误的包袱，也就是将直观的〔东西〕

和抽象的〔东西〕混淆到这种地步，以致产生了一个荒唐怪异的，两不像的杂种，产生了一个怪物，〔人们〕不可能对这怪物有一个明确的想象；这就必然只有使后辈学者混乱昏聩而陷入争吵了。

在《关于一切对象分为现象和本体的区划》这一章里，思维和直观分道扬镳固然要比在任何地方还要显著；可是这样的区分在这里却是根本错误的。在第一版第 253 页，第五版第 309 页原来
605 是这样说的："如果我从一个经验的认识里去掉任何思维（通过范畴〔的思维〕），那就根本没有留下什么对于对象的认识了；这是因为单是由于直观就什么也没有被思维，而官能的感受又是在我身上的，〔所以〕并未构成这样的表象对任何一客体的关系。"——在一定程度上这一句话，这一命题，就把康德所有的错误概括于这一点之内了，因为由这一句话就揭露了康德把感觉、直观和思维之间的关系都搞错了，并据此而把直观和单纯的主观的感觉，在官能上的感觉等同起来了，——其实直观的形式毕竟应该是空间，并且是三进向的空间——，他认为一个对象的认识是由于和直观不同的思维才加〔到直观〕上来的。与此相反，我说：客体首先就是直观的对象而不是思维的对象；并且对于**对象**的任何认识本身原始都是直观。直观却绝不是单纯的感觉，在直观中已现出悟性的活动。唯有在人而不是在动物，后起的**思维**才是直观的抽象化，思维根本不重新提出什么新的认识，并不是思维确立了前所未有的对象，只不过是改变了已由直观获得的认识的形式罢了，也就是使直观认识成为概念中的抽象认识罢了。〔在思维中〕直观的形象性虽由此丧失，但概念的联系却可能了，这就无限地扩大了概念的应用〔范围〕。和概念相反，我们思维的**素材**却不是别的而是我们的直观自

身，不是没有包含在直观中，要由思维才带来的什么〔东西〕。因此凡是出现于我的思维中的东西也一定可以在我们的直观中得到证验，否则那就是一个空洞的思维。尽管这素材是如何多方被思维所加工，变形，这素材还要可以再被恢复过来，而思维也要可以还原到这素材才行；——好比人们将一块黄金经过各种溶解、氧化、升华和化合之后终于还原为不含杂质、不减成色的纯金一样。如 606
果说思维本身在对象上增益了什么，甚至是增益了主要的东西，那是做不到的。

继此之后〔康德〕论双关语义的整个一章①只是对莱布尼兹哲学的批判。作为批判说，这大体上是正确的，不过全部的体裁只是按结构匀整的嗜好而确定的，这种匀整性在这里也成了指导线索。于是为了向亚里士多德的《思维工具论》看齐而取得一种类似性，他就提出了一个超绝的论点，说任何一个概念都要从四个方面加以考虑，然后才能弄明白这概念应放在哪一种认识能力之下。可是那应考虑的四个方面完全是任意假定的，人们以同样的权利加上另外的十个方面亦无不可。〔不过〕方面有四个可就符合范畴〔分类〕的标题了，因此他就把莱布尼兹的主要学说尽可能的分配到各类范畴下。由于〔康德的〕这一批判，原来不过是**莱布尼兹**的错误抽象现在在某种意义上都打上了理性的自然错误这一烙印了。莱布尼兹不向哲学上和他同时代的伟大人物斯宾诺莎和洛克学习，却宁愿把他自己那些奇特的发明和盘托出。〔康德〕在〔论〕反省思维的双关意义那一章里最后〔还〕说，可能有一种和我们的

① 超绝分析学第二篇第三章附录："反省思维概念的双关意义……"。

直观完全不同的另一种直观，然而我们的这些范畴仍然可以应用到这种直观上去；因此这种假设的直观的客体就是**本体之物**，是只容我们**思维**的一些东西。可是我们既缺少〔能〕赋予这思维以意义的那种直观，何况这种直观根本就成问题，那么这种思维的对象也就只是完全未定的一种可能性了。通过已经引述的各段，我在前面已指出了康德在最大的矛盾中，时而以范畴为直观表象的条件，时而又以之为只是抽象思维的功能。在这里范畴就单单是在后一种意义中出现的，并且完全好像是他只将一种推理的思维归之于范畴似的。如果这真正是他的意思，那么他就必得在超绝逻辑学开始的时候，在他那么不厌其烦地区分思维的各种功能之前，根本
607 就要指出思维的特征，从而使思维和直观区别开来，就得指出单是直观产生哪种认识，在思维中又新加上了哪种认识。这样人们就会知道他在说什么，或者更可能的是他也就会有另一种说法了；也就是说直观就说直观，说思维就说思维，而不是像他那样总是和两者之间的一个什么东西在打交道，而这个东西〔其实〕却是一个怪物。这样，在超绝感性学和超绝逻辑学之间也就不会有那么巨大的空隙了。在超绝逻辑学里，他论述了直观的单纯形式之后，就只以“它们是**被给予的**”〔几个字〕便将直观的内容，整个的经验的觉知都对付完了，而不问这些是如何来的，不问**是否有悟性在场**，却纵身一跳就到了抽象思维，并且还不是只到思维本身，而是立刻就到了某些思维形式；并且又一字不提什么是思维，什么是概念，不提抽象和推理对具体和直观是哪种关系，人的认识和动物的认识区别在哪里，也不提理性是什么。

抽象认识和直观认识之间的区别，为康德所忽略的这一区别，

就是古代哲学家以现象和本体来称呼的区别[*]，并且两者的对立和不能互通曾使他们大伤脑筋。可是在厄利亚派哲学理论中，在柏拉图理念学说中，在麦伽瑞派辩证法中，和后来在经院学派唯名论和实在论互争中的就正是这一区别。至于唯名论和实在论之争，〔其实〕柏拉图和亚里士多德两人相反的精神倾向已含有这种争论的萌芽了，不过后来才发展出来罢了。但康德却以不负责任的方式，忽略了〔前人〕已用现象和本体两词所标志的事物，就强用这些字样来指他的自在之物和他的现象，好像这些字样还不曾有过主人翁似的。

康德既曾拒绝亚里士多德的范畴学说，我同样也不得不拒绝 608
康德的范畴学说。在既拒绝范畴学说之后，我在这里仍想以建议的方式指出达到〔该学说的〕意图的第三条道路。原来他们两人在范畴这个名称之下所寻求的无非是一些最普遍的概念，人们必然要在这些概念下来总括所有一切尽管是那么不同的事物，因此一切已有的事物都得经由这些概念来思维。正是这一缘故，所以康德将范畴体会为一切思维的**形式**。

语法对逻辑的关系犹如衣服对身体的关系一样。那么，难道这些最高无上的概念，理性的这一通奏低音——它是一切更特殊的思维的基石，不采用它根本就不能发为思想——最后不是〔仍〕在那些由于其过分饱和的普遍性（超绝性）而不在个别的词上，却是在许许多多的词的一些整个类别上而有其表示的概念中吗？而

---

* 参看塞克斯都斯·思披瑞古斯的《毕隆的活现》第一篇第十三章："阿纳克煞戈拉斯将所思维的和所觉知的对立起来。"

这又是因为每提到一词，不管是哪一个词，总是同时就想到了这些词类之一了，所以人们就不得在字典中，而只能在语法书中去找这些词类的称呼了。难道概念的那些区别最后不是表示概念的那词借以〔分别〕为名词、形容词、动词，或副词、介词、代词或其他小品词，一句话，借以〔分为〕各词类的区别吗？这是因为这些〔词类〕无可争辩地标志着一切思维首先采取的那些形式，而思维直接就在这些形式中活动。因此，词类正是语言的基本形式，是任何一种语言的根本因素；我们也不能设想一种语言不是至少由名词、形容词、动词所构成的。那么，要放在这些基本形式之下作为次一级〔形式〕的就是由基本形式的变化，亦即变格和变位所表示出来的那些思想形式了；至于人们在指及这些思想形式时是否用冠词和代词来帮助则无关宏旨。然而我们还得更详细一点来检查一下并重新提出哪些是思维的形式这一问题。

609 （一）思维始终一贯是由判断构成的。凡判断都是整个思想网中的线。原来不用一个动词，我们的思维就无法动步，而只要我们是在使用一个动词，那么，我们就是在作判断了。

（二）任何判断都是由于认识到主语谓语之间的关系构成的，判断或是将主语谓语拆开，或是将它们合一而加以某些限制。将它们合一是从认识到两者间真正的同一性开始，——这也只在两个交替概念之间有可能——；然后是认识到在想到甲时便已同时想到了乙，但反之则不然，——这是一般的肯定命题——；最后是认识到在想到甲时有时候也想到了乙，这就是特称肯定命题。各种否定的命题则反其道而行之。准此，在任何判断中都必然有主语、谓语和系词可寻，而系词可以是肯定的，也可以是否定的。主语、谓语、系词三者中的每一项大多数都是由一个特有的词指出的，但并不一定是这样。一个词往往既指谓语又指系词，如“卡郁斯老了”；有时候一个词又指所有三者，如“展开肉搏”，意思是说“两军进入肉搏战”。由此就可见人们并不得直截了当地在字面上，甚至不能在句子成分上去寻求思维的诸形式；因为同一个判断可以用不同的字面，甚至在同一种语言中也可用不同的词汇，甚至用不同的句子成分来表示，而那个思想则仍然未变，同时思想的形式也随之而未变。这是因为思维本身的形式要是不同的话，则思想就不能是同一个思想了。可是在思想相同，思维形式相同的时候，字面上的结构却很可以不同，因为字面结构只是思想的表面装束，而思想则与此相反是和它的形式分不开的。所以说语法只是阐明思维形式的装束而已。因此各词类是可以从原始的，不依赖于任何语言的思维形式本身引申而得的，将这些思维形式及其一切变化表达出来就是词类的使命。词类是思维形式的工具，是这些形式的衣服；衣服必须准确地和思维形式的体形相适合以便在衣服中看得出这种体形。

（三）这些真正的、不变的、原始的思维形式当然就是康德那逻辑判断表中的诸形式；只是多了些对此开着的，有利于匀整性和范 610
畴表的死窗户罢了，所有这些〔死窗户〕都必须去掉；并且〔表中的〕秩序也排错了。大体上应是：

（甲）质：肯定或否定，也就是概念的或合或分两个形式。质是附在系词上的。

（乙）量：提出的是主语概念的全部或部分：全整性或杂多性。个体性主语也属于前者：苏格拉底意味着“一切苏格拉底”。所以也只是两个形式。量是附在主语上的。

（丙）**样态**：确有三个形式。样态决定质为必然的，实有的，或偶然的。从而样态也是附在系词上的。

这三种思维形式是从矛盾律和同一律的思维规律产生的。但从根据律和排中律产生的则是：

（丁）**关系**：只在对已有的判断作出判断时才有关系出现，并且只在于指出一个判断有赖于另一个判断（两者都是复数也可以），随即也是在**假定**命题中将两判断联合起来；或者是指出判断互相排斥，随后也即是在**选言**命题中将两判断拆开。关系是附在系词上的，在这里系词〔的作用〕是拆开或联合已有的判断。

句子成分和语法形式是判断的三因素主语、谓语和系词的表现方式，也是这三者可能具有的关系，亦即方才列举各思维形式的表现形式，又是后者更细致的规定和变化的表现方式。因此名词、形容词和动词是任何语言最重要的基本成分，所以是一切语言所必具的。不过也可以想象一种语言，其中形容词和动词永远是互相融合为一的，犹如在一切语言中也间或有这种情况一样。初步可以这样说：名词、冠词和代词是规定表示**主语**的；形容词、副词、
611 介词是表示**谓语**的；不过动词除“是”是例外，却已包括着谓语在内。表现思维形式的那种准确机械作用须由语法哲学来说明，犹如思维形式本身的操作须由逻辑来说明一样。

注意：既是用以警告不走到一条岔路上去，又是借以阐明上面所说的，我提出斯特尔恩的《语言哲学初基》1835 年版，作为一个从语法形式来构成范畴的尝试，一个完全失败了的尝试。原来他整个儿将思维和直观搞颠倒了，因此他要从语法形式而不从思维

的范畴来引申所谓直观的范畴，随而干脆将语法形式联系到**直观**上去了。他陷在这个大错之中，以为语言是直接关联到**直观**上的，而不知语言直接只是关联到**思维**这种东西上的，也就只是关联到**抽象概念**上，然后才由此关联到直观上的；这时语言对直观〔虽〕有一种关系，〔但〕与这关系而俱来的是形式完全变更了。凡是在直观中的，包括从时间、空间中产生的各关系当然要成为思维的一对象；所以也必然有语言形式以资表达，然而总是只在抽象中表达，只是作为概念来表达。思维第一步的材料总是概念，逻辑的形式只是对概念而不是**直接**对直观而言的。直观永远只确定命题在内容上的真实性，绝不确定命题在形式上的真实性，因为形式上的真实性仅仅只遵循逻辑的规则。

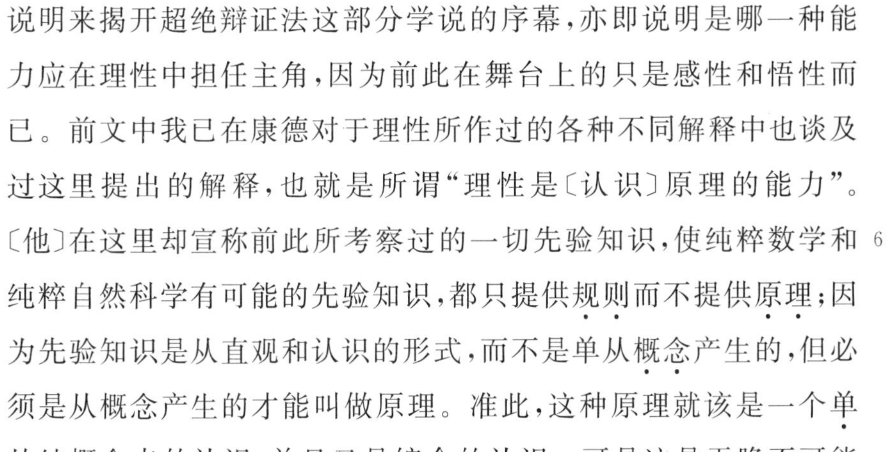

我再回到康德哲学而谈谈**超绝辩证法**。康德以他对于**理性**的说明来揭开超绝辩证法这部分学说的序幕，亦即说明是哪一种能力应在理性中担任主角，因为前此在舞台上的只是感性和悟性而已。前文中我已在康德对于理性所作过的各种不同解释中也谈及过这里提出的解释，也就是所谓“理性是〔认识〕原理的能力”。
〔他〕在这里却宣称前此所考察过的一切先验知识，使纯粹数学和 612
纯粹自然科学有可能的先验知识，都只提供**规则**而不提供**原理**；因为先验知识是从直观和认识的形式，而不是单从**概念**产生的，但必须是从概念产生的才能叫做原理。准此，这种原理就该是一个**单从纯概念**来的认识，并且又是**综合**的认识。可是这是干脆不可能的。单是从概念产生的除了**分析**命题之外，绝不能有其他命题。概念如果要综合而又是先验地联在一起，这种联系就必须借助于第三者的中介才行，即借助于一种在形式上有经验可能的纯粹直观；如同后验的综合判断以经验的直观为中介一样。从而一个先验的综合命题绝不能单从概念产生。根本除了在不同形态中的根据律之外，再没有什么是我们先验意识着的东西了，因此除了那些从赋予根据律以内容的东西[①]中产生的判断外，不可能还有其他的先验综合判断。

在这当儿康德终于带着一个和他的要求相符的所谓理性之原理而上场来了，不过也只此一个〔原理〕，亦即后来其他推论命题所从派生的一个〔原理〕。原来这就是沃尔佛在他的《宇宙论》第一篇第二章第九三节和他的《本体论》第一七八节里所确立和阐明了的那一命题。现在也和前面在双关语义的标题之下，将莱布尼兹的哲学观点当作理性自然而又必然有的错误途径曾加以批判一样，这里对沃尔佛的哲学观点也正是这样如法炮制的。〔不过〕康德还是不鲜明，不确定，支离破碎地，朦朦胧胧地提出这个理性之原理的（第一版第 307 页，第五版第 361 页和第一版第 322 页，第五版第 379 页）。唯有下面这一点倒是说得明明白白的，〔他说〕："如果那被条件所决定的是已知的〔或被给予的〕，那么它的〔一切〕条件的总和也必须是已知的〔或被给予的〕，随后那不受条件限制的〔绝对〕也得同时是已知的〔或被给予的〕；唯有这样，条件的总和才是充量具足的。"如果将那些条件和那些被条件决定的〔东西〕设想为一根悬着的链条上的环节，那么人们就会最鲜明地感到〔康德〕这命题表面上的真实性。然而这根链条上面的顶端是看不见的，因

① 指直观。

此这链条可以〔往上〕延伸至于无穷无尽。可是这根链条既不掉下 613 来而是悬挂着的，那么上面必须有一个环节是第一环节，并且是以某种方式挂稳了的。或者简单些说：理性要为上溯至于无穷的因果链找到一个出发点。对于理性这倒是很方便的。可是我们想不〔再〕在比喻上而要就这命题自身加以检查。这命题当然是综合的，因为分析地从“被条件决定的”这概念所得到的〔东西〕除了条件这概念之外，再没有别的了。但这命题并无先验的真实性，也没有后验的真实性，而是以一种很巧妙的方式剽窃了表面上的真实性。现在我不得不揭穿这种巧妙的方式。我们直接地、先验地具有的认识都是根据律在其四种形态中所表示出来的。根据律所有一切抽象的说法，尤其是这些说法的推论命题都已经是从这些直接认识假借来的，所以都是间接的。我在前面已阐述过抽象的认识如何每每将复杂的直观认识统括于一个形式或一个概念之中，以致无法再去辨别这些直观认识了。因此抽象认识对直观认识的关系就好比影子对实物的关系一样，实物有极丰富的多样性，这影子却只以一个包括所有这些多样性的轮廓来反映。所谓理性之原理就是利用这个影子。不受条件限制的〔绝对〕和根据律是正相矛盾的，为了仍然要从根据律推论这绝对理性之原理，就狡黠地抛弃了那对于根据律在其个别形态中的内容的直接、直观的认识，而仅仅只利用从后者剥落下来的，由于后者而有其价值和意义的抽象概念，以便在这些概念的广泛范围中将这理性原理的绝对用个什么方式偷运进来。加上辩证的外衣，这一手法就清楚到了极点，譬如这样：“如果有了被条件决定的〔东西〕，那么它的条件必然也是已知的〔或被给予的〕，并且是整个的，也就是完全无缺的，也就是

它所有的条件的总和;那么,如果这总和构成一个系列,也就是这整个系列;则〔这总和〕也包括这系列最初的起点,也就是包括了不受条件限制的〔绝对〕。”——这里说一个被条件决定的〔什么〕之上的诸条件,作为条件就能够构成一个系列,这就已经错了。其实倒
614 是对于每一被条件决定的〔什么〕,它所有的一切条件的总和必须包含在它最近的根据中,它是直接由这最近的根据产生的,最近的根据也以此才是充足根据。譬如说一个状态是原因,那么这状态所有一切不同的规定就必须都齐备了,然后才会有后果出现。但这系列,例如一个原因锁链,却只是这样产生的,即是说刚才还是条件的东西,我们现在又把它看作是一个被条件决定的东西,于是整个〔由果溯因〕的操作过程立即又从头开始,而根据律〔也〕带着它的要求重新出现了。可是在一个被条件决定的〔东西〕之上绝不能真正有一系列连续〔不断〕的条件,〔说〕这些条件单是作为这种系列并且是为了这末尾最后被决定的〔东西〕而有的;其实这永远是被条件决定的〔东西〕和条件相互交替的系列,并且每次越过了一个环节,这锁链也就中断了,而根据律的要求也〔因〕完全〔满足而〕消灭了。当条件又变为被条件决定的〔东西〕时,根据律的要求才又重新开始。所以充足根据律永远只要求最近一个条件的完整而绝不是要求一个系列的完整。但正是条件的完整性这个概念没被确定下来究竟是同时的完整性还是前后相续的完整性;那么在后者被选定的时候,就要求一个条件前后相续的完整系列了。只是由于任意的抽象,一系列的因和果才被看成全是一系列的原因,〔说〕这一系列的原因只是为了这最后的结果而有的,因此也是作为这结果的充足根据而被要求的。过细而清醒地看起来,从抽象

〔设想〕的、不确定的一般性下降，降到个别确定的实物，则相反地
可以看到一个**充足**根据的要求只及于最近原因的各种规定的完整
性而止，而不在于一个系列的完整。根据律的要求在每一个现有
的充足根据中已完全〔满足了，〕消灭了。不过这种要求在这根据
一旦又被看成后果时，就随即又重新开始，但〔仍〕绝不是直接要求
一系列的根据。如果人们与此相反，不管事物的本身而自囿于抽 615
象的概念之内，那么上述这些区别就消失了。于是因果交替的锁
链，或交替的逻辑根据和后果的锁链就被当作全是达到最后效果
的一串原因或根据了；而**条件的完整性**——由此完整性，一个根据
才成为**充足的**——也就好像是那假定的，全是由根据组成的**系列**
的完整性了，这完整性又似乎只是为了最后后果而有的了。于是
这抽象的理性之原理就在这儿带着它对于“绝对”的要求毫不客气
地登场了。不过为了认识到这个要求的无效，倒并不需要借助于
那些二律背反及其解决来批判理性，而只需要以我所了解的批判
来批判理性，也就是只要探讨一下抽象认识对直接的直观认识的
关系，而探讨的途径是从前者不确定的一般性下降到后者坚定不
移的确定性。那么来自这一探讨的后果，在这里就是〔：〕理性的本
质并不在于要求一个不受条件限制的〔绝对〕，因为理性只要是完
全清醒地履行任务，它自己就必然要发现一个不受条件限制的〔绝
对〕简直是不存在的怪物。理性作为一种认识能力永远只能和客
体〔事物〕打交道，但对于主体〔而存在〕的一切客体都必然地，无可
挽回地要服从根据律，是落在根据律掌心中的，无论是从事前的或
事后的方面看〔都是如此〕。根据律的妥当性在意识的形式中是如
此根深蒂固，以致人们根本就不能想象一个客观的东西，说它再没

有一个为什么可问，也就是不能想象一个无条件的绝对，犹如盲人面墙，眼前漆黑。至于这个人或那个人的好逸恶劳要他们在什么地方停下来而任意假定这么一个绝对，这〔办法〕和那不可推翻的先验真理相对抗是无能为力的，尽管人们同时装出一副尊严的面孔也无济于事。事实上所有这些关于绝对的说法——康德以后〔人们〕所尝试过的哲学几乎以此为唯一的题材——并不是别的而是隐匿身份的宇宙论上的证明①。原来这个证明，由于康德和它打了一场〔笔墨〕官司的结果，已被褫夺了一切权利而被置于法外了，故已不得再以它的真面目出现，因而就〔只得〕以各种伪装登
616 场，时而以有理智的直观或纯粹的思维为高贵的外衣，时而在比较谦逊的哲学理论中又像一个可疑的流浪儿，而他所得到的则一半是乞求来的，一半是强要来的。如果这些先生们绝对地想要一个绝对，那么我就要把一个绝对交到他们手里，这个绝对比他们瞎聊的那些云不云雾不雾的东西更能满足这种绝对的一切要求：这就是物质。物质是不生也不灭的，也就是真正独立而无所依的，是"由自身而存在，是自生自育的"；一切都是从它的怀中产生的，一切又回到它那里去；人们对于一个绝对还有什么可要求的呢？——其实是应该对那些还没有开始对理性作任何批判的人们大声疾呼：

"不要像那些妇人家，
人们讨论理性已大半天，
她们总是回头说她们的第一句话！"

---

① 是神学里证明有上帝的各种推证法之一。

至于上溯一个不受条件限制的原因，一个最初的肇端，这并不是基于理性的本质的。这一点并且已有了事实的证明，即是说我们人类的一些原始宗教，在世界上现在还拥有最大数字信徒的宗教，也就是婆罗门教和佛教，就并不知道有这种假定，也不容许有这种假定，而是〔认为〕现象互相决定的系列〔可以〕上溯至于无穷。关于这一点我指出后面在批判第一个二律背反时所作的注解作参考；此外人们还可看看欧卜罕姆的《佛教的教义》（第 9 页），关于亚洲宗教的任何第一手报道也都可一读。〔可是〕人们不要将犹太教和理性等同起来。——

康德也绝不主张他所谓“理性原理”是客观有效的，他认为这只是主观上必然的。〔可是〕即令是作为主观必然的，他也只是借一种肤浅的诡辩（第一版第 307 页，第五版第 364 页）来引申这原理的，即是说，因为我们企图将我们所知的每一真理尽可能概括于一个更普遍的真理之下，所以这就不会是别的而已经就是在追求绝对了，而这绝对却是我们所假定的。但是事实上由于这种追求，我们所做的并不是别的而是应用和有目的地使用理性以概括来简 617
化我们的认识；而理性也就是那抽象的、一般的认识能力，区别着意识明了，有着语言而思维着的人和动物——这些眼前当下的奴隶。原来理性的使用正是在于借一般以认识特殊，借规律以认识个别情况，借更普遍的规律以认识这些规律，所以我们是在寻求最普遍的观点。正是由于这种概括，才能使我们的认识这样简易和完美，以至于由此在生活过程上产生了动物和人之间，有教养和无教养的人之间的巨大区别。认识根据只存在于“抽象”的领域内，也就是只存在于理性的领域内；在认识根据的系列到了无法再证

明的地方，亦即到了一个按根据律的这一形态不再被条件决定的表象时，当然总有一个尽头；也就是不管先验或后验，在推论锁链的最高前提的直接可以直观的根据上有一个尽头。我在《论根据律》第五〇节已指出认识根据的系列在这里实已转为变易根据或存在根据了。可是要使这种情况能够成立，以便证明一个因果律上的绝对，即令只是当作要求，人们也只有在根本尚未区别根据律的各形态，而是株守着抽象意味〔的根据律〕，混淆了所有这些形态时才做得到。但康德居然企图以普遍和全体这种文字上的游戏来为这种混淆找根据(第一版第 322 页，第五版第 379 页)。——因此说我们寻求更高远的认识根据，更普遍的真理，是从假定一个在其实际存在上不受条件限制的客体或仅是与此有共同之处的什么东西所产生的，那是根本错误的。怎么能说假定这样一个理性只要加以考虑就必然要认为是荒唐的怪物，对于理性是本质的呢？

618 其实倒是除了在个体的懒惰中绝不能在别的什么里面找到绝对这概念的来源，个体尽管没有任何理由，却想以此摆脱别人和自己再进一步的一切追问。

康德自己虽然剥夺了这所谓“理性原理”的客观有效性，却仍把它当作一种必然的主观的前提，并于是而给我们的认识带来了一个不可解决的矛盾，他也随即让这个矛盾更鲜明地显露出来了。为此目的他〔又〕按他所偏爱的结构匀整继续阐述了理性原理(第一版第 322 页，第五版第 379 页)。从关系〔类〕的三个范畴中产生三种推论，每一种推论又各自为寻求一特殊的绝对提供了线索，因此绝对亦复有三：即灵魂，宇宙(作为客体自身和封锁了的大全)，上帝。这里立即就要注意一个重大的自相矛盾，可是康德因为这个矛盾对于匀整性非常不利，竟全没觉察到。这些绝对中的〔前〕二者又复是以第三者为条件而被决定的，即是说灵魂和宇宙都是以上帝为条件而被决定的，上帝是产生前二者的原因。所以前二者和后者并不共有绝对性这一谓语，——然而这却正是这里的问题所在——而是前二者只是按经验的一些原则，〔又〕超出经验可能性的范围以外已被推求得的这一个谓语。

〔上面〕这一点且置而不论，我们在这三个绝对中——康德认为任何理性服从自己的基本法则就必然要达到这三个绝对——又看到了基督教影响之下的哲学，从经院学派到克立斯颠·沃尔佛围绕着转的三个主要对象。尽管这些概念经过所有这些哲学，对于单纯的理性已成为这样的家常便饭了，但这并不是说这些概念即令没有启示也必然会从任何理性的发展中产生出来，而且是理性本质上固有的产物这种说法就已经是定论了。要作出这样的定论还得借助于历史的研究而探讨古代的和欧洲以外的民族，尤其是信奉印度教的民族和最早的希腊哲学家，是否也真正达到了这些概念，或者只是我们心肠太好了要把这些概念归之于他们，犹如我们将印度教的"梵"和中国人的"天"完全误译为"上帝"，说希腊人则到处遇到他们的那些神祇一样。是不是更应该说只有在犹太教和从此发生的两种宗教中才能找到真正的有神论，〔是否〕这些 619
宗教正是因此而将世界上所有其他宗教的信奉者都包括在不信神的异教徒这名称中呢？——附带说一句，这是一个极为愚笨和粗陋的措词，至少在学者们的著述中不要再用这种字样，因为这个名称把婆罗门教徒、佛教徒、埃及人、希腊人、罗马人、日耳曼人、高卢人、北美印第安族依洛克斯人、南美印第安族巴达拱人、加莱卜人、

奥达海特人、澳大利亚土著等等都等同起来做一锅熬了。就僧侣秃驴们说，这种措辞是适合的；但在学者界，这种措词就应立即逐出门外，这种措辞可以到英国去旅行而在牛津地方落户。——至于佛教，这在世界上拥有最多数信奉者的宗教，根本不包含什么有神论，甚至引以为戒而排斥之，这是早已成为定论了的。就柏拉图说，我却认为他之所以有时纠缠在有神论中，那是要归咎于犹太人的。奴门尼乌斯因此称他（根据克里门斯·亚历山大的《希腊诗文杂钞》第一篇第二二章；倭依塞柏乌斯的《福音前导》XIII，12 以及奴门尼乌斯之下的苏依达斯）为希腊人的摩西："因为柏拉图除了是说着亚迪克方言的摩西之外，还是什么呢"？还责备柏拉图从有关摩西的文献中剽窃了（"偷窃了"）上帝和上帝创造世界之说。克里门斯还屡次复述柏拉图读过并且利用过摩西篇，例如《诗文杂钞》第一卷第二五章和第五卷第十四章第九〇节等处，《教育学》第二篇第一〇和第三篇一一章；还有《告诫同胞书》第六章。在最后一书的第五章里克里门斯以僧侣的头巾气痛责而讥刺了所有的希腊哲人不是犹太人，在第六章里他独颂扬柏拉图并且喜不自禁滔滔地说柏拉图既从埃及人学得了几何学，从巴比伦人学得了天文学，从特拉奇人学得了神术，还从亚述人学了很多东西；同样，柏拉图的有神论也是从犹太人那里学来的："你的师傅我都知道，尽管你想隐瞒他们……你所以有上帝的信仰是直接得力于希伯来人
620 的。"这是〔人在〕心有所悟时动人的一幕。——不过在下列事实中我还发现了一个奇特的证据足以说明这件事。根据普禄达尔克（在《马瑞乌斯》中），更好是根据拉克坦兹（第一篇第三章第一九节）所说，柏拉图曾感谢上苍他已成为人而不是禽兽，他已成为男

人而不是女身，他已成为一个希腊人而不是外邦人。而在伊沙克·倭依歇尔用希伯来文写的犹太人的祈祷文中——一七九九年第二版第7页——也有一篇晨祷文，在该文中犹太人感谢并赞美上帝说：致感谢人已成为犹太人而不是异教徒，已成为自由人而不是奴隶，已成为男人而不是女身。——这样几段历史的探讨应该可以使康德免于他所陷入的一种糟糕的必然性了，因为他原是说那三个概念①是从理性的本性中必然产生的，然而却又说明这些概念是站不住的，理性也不能为它们找到根据，从而康德就把理性本身变成一个诡辩家了，因为他在第一版第339页亦即第五版第397页是这样说的："这不是人的诡辩而是纯粹理性自身的一些诡辩，这些诡辩，即令是聪明绝顶的人也摆脱不了；在莫大的努力之后他虽然也许可以防止谬误，但绝不能摆脱经常烦扰而嘲弄他的假相。"准此，康德这些"理性的观念"就可比拟于这样一个焦点，在这焦点之中，从凹镜集于一点而投射过来的光线都聚向镜面前几英寸的地方，结果是由于一种不可避免的悟性过程，这儿就对我们现出一个对象，而这对象却是一种没有真实性的东西。

然而很不幸的是康德为这纯粹理论的理性的所谓三个必然产物恰好选中了观念②这个名称。并且这个名称是从柏拉图那里断章取义来的，柏拉图是以此称呼那些常住不灭的完型的，这些完型由于时间和空间所复制，在无数的、个别的、有生灭的事物中是看得出的，〔但〕不完美了。准此柏拉图的观念〔"理念"〕完全是可以

① 即灵魂、宇宙、上帝。

② 本书正文第三篇中的"理念"和这里的"观念"在西方文字中同为Idee。

直观的，正如他所选择的这个词儿是这样明确地标志着的一样，人们也只能以直观可能性或可见性来恰当地翻译这一词。而康德采用这一词却是用以指一种如此远离直观的任何可能性的东西，以
621 致即令是抽象思维也只能到半途而止。观念〔理念〕这个词最早是柏拉图使用过的，此后二十二个世纪以来一贯仍保有柏拉图所使用过的意义；原来不仅是古代的哲学家，而且所有的经院学派，甚至中古时代的教会长老和神学家们都只是以柏拉图所赋予的意义在使用这一词，也就是以拉丁字“模式”这个意义使用这一词，如苏阿瑞兹特意在他那第二十五辩[①]第一节中所列举的。——至于后来英国人和法国人由于他们语言的贫乏而导致这一词的误用本是够糟的了，不过这还没有什么重要。所以康德以添入新意而滥用观念这个词，是根本不能言之成理的。这种新意只是从非经验的客体这根纤细的线索上来的，这虽和柏拉图的观念有其共同之处，可是这和一切可能的幻象也有着共同之处。短短几十年的误用和多少世纪的权威相比是微不足道的，所以我一贯总是以这一词旧有的，原始的，柏拉图的意义来使用这一词的。

〔康德〕对于唯理主义心理学的驳斥，在《纯粹理性批判》第一版比在第二版以及此后各版都要详细彻底得多，因此人们在这里干脆就用第一版好了。这一驳斥总的说来有很大的贡献和很多真实的东西。然而我的意见却一贯认为康德只是为了偏爱他的匀整性才借助于应用〔人们〕对绝对的要求于实体这概念——亦即“关

① 指《辩论集》中记载的第25个辩论。

系”类的第一个范畴——之上，将灵魂这概念作为必然的从〔下述〕那错误推论中引申出来，并从而主张凡灵魂的概念在任何思辨的理性中都是以这种方式产生的。如果假设一物所有的谓语〔必有〕一个最后的主语，而灵魂这概念果真来自这一假设的话，那么人们 622
就不会只是认为人而且也会认为一切无生物也同样必然地有灵魂了，因为一个无生物也要求它所有的谓语有一个最后的主语〔呀!〕。可是当康德说有个什么东西只能作为主语而不能作为谓语存在的时候(例如《纯粹理性批判》第一版第 323 页，第五版第 412 页；《每一形而上学的序论》第四节和第四七节)，虽在亚里士多德的《形而上学》第四篇第八章已有先例可寻，康德根本〔还〕是使用了一个完全不容许的说法。原来根本就没有什么作为主语或谓语而存在的东西，因为这些说法只单是属于逻辑的，标志着抽象概念相互的关系。那么在直观的世界里这些说法的对应物或代替物就该分别是实体和偶然属性了。然则我们就无须再远求那永远只是作为实体而绝不是作为偶然属性的东西了，我们可以直接得之于物质。物质对于事物的一切性质说就是这实体，而这些性质就是实体的偶然属性。如果人们要保留刚才驳斥过的，康德的那种说法，物质倒真是任何经验上已知之物的一切谓语的最后主语，也就是在剥落一切任何种类的一切性质之后还剩下来的东西。对于人可以这样说，对于动物，植物，或对于一颗石子也可以这样说。这是如此显然自明的，是除非坚决不想看见就没有看不到的〔道理〕。至于物质真是实体概念的原始基型，那是我随即就要指出的。——更应该说的是主语和谓语对实体和偶然属性的关系就等于充足根据律之在逻辑对因果律之在自然的关系；和后二者不容

许彼此互混或等同起来一样，前二者也是如此。可是康德在《每一形而上学的序论》第四六节竟把前二者的互混和互相等同推到十足加一的地步以便使灵魂的概念能够从一切谓语的最后主语这概念中，从定言推论的形式中产生出来。要揭露这一节的诡辩，人们只要想到主语和谓语都纯粹是逻辑的规定，仅仅只涉及抽象概念，并且只是按这些概念在判断中的关系而涉及的；与此相反，实体和偶然属性则属于直观世界，属于〔人们〕在悟性中对两者的体会；在
623 这儿实体和属性只分别等同于物质和形式或性质。关于这一点现在立即再说几句。

〔使人们〕认定肉体和灵魂为两种根本不同的实体的起因实际上便是客观之物和主观之物这一对立。人们如果是在向外看的直观中客观地理解自己，那么他就会看到一个在空间延伸的，根本具有形体的东西；与此相反，如果他只是在自我意识中，也就是纯粹主观地理解自己，那么他就会发现一个只是意欲着和表出意象的东西，不带直观的任何形式，也就是不带形体所具的任何一种属性。于是，如同所有超绝的，康德称为观念的那些概念一样，他现在就这样来构成灵魂的概念，即是由于他将根据律这一切客体的形式转用于不是客体的东西上面，在这里并且是用于认识和意欲的主体之上。原来他是将认识、思维和意欲当作一些效果看的，他寻求这些效果的原因却不能认肉体为原因，于是他就给那些效果另立一个与肉体完全不同的原因了。〔在哲学上〕一个是第一个，一个是最后一个独断论者，也就是一个是柏拉图在《费陀罗斯》①

① 《费陀罗斯》(*Phaidros*)，柏拉图的一篇对话录。

中，一个是沃尔佛，他们都是这样来证明灵魂的实有的，亦即从思维和意欲作为效果，这些效果又导致那一原因〔——灵魂〕，来证明的。既在这种方式下，由于假设一个与效果相应的原因而产生了一个非物质的、单一的、不灭的东西这样一个概念之后，这一学派才从**实体**的概念来发展和证明〔灵魂〕这个概念。不过这个实体概念本身又是这学派事先以下述值得注意的手法专为这一目的之用而构成的。

和第一类表象，也就是和直观的，真实的世界〔一同〕被给予的还有物质这一表象，因为在真实世界中起作用的因果律决定着状态的变化，而这些状态又以一个恒存不变的东西为前提，状态即这东西的变。前面在〔谈到〕实体恒存律时，我曾根据早先〔有关这问题〕的几段而指出了物质这概念的产生是由于在悟性中——〔物质〕这表象也只为悟性而存在——时间和空间被因果律（悟性唯一
的“认识形式”）紧密地结合起来了，而空间在这一产物上的那一份 624
就现为物质的不灭，时间的那一份则现为**状态**的变化。物质单就本身说，也只能在抽象中被思维而不能直观地被看到，因为物质显现于直观总已经是在形式和物性中了。于是**实体**又是从物质这概念抽象而得的，从而也是更高的一个种属；它的产生是由于人们在物质概念上仅仅只保留恒存性这一谓语而将物质的其他基本属性，如广延、不可透入性、可分性等等都剥落了。和任何较高种属一样，**实体**概念**所含有的**也**少于**物质概念，但实体概念并不因此就和其他较高种属一样同时又**在它下面**包罗**更广泛**，因为实体概念并不在物质以外还包罗有若干较低的种属，物质就是实体概念下面唯一真正的种属，唯一可以加以证明的东西。实体概念的内容

是由物质而得现实化，而获得一个佐证的。所以理性在平日通过抽象而产生一个较高概念的目的是为了在此概念中同时想到若干由于次要规定而不同的低一级分类，但在这里却根本没有这么回事。从而〔实体〕这一抽象要么是全无目的的，是无所为而来这么一着，要么就是另有一种隐蔽的附带意图。这种意图，在人们在实体概念之下给这概念真正的亚种——物质——再拼凑第二亚种，亦即使非物质的、单一的、不灭的实体——灵魂——与物质并列的时候，就暴露出来了。可是〔灵魂〕这概念却是由于在构成**实体**这一较高概念时就已采用了非法的，有悖于逻辑的手法窃取而得的。理性在其合法的操作中总是这样来构成一个较高的属概念的，即是说理性将若干类概念并列起来，然后采取比较推理的方法存同去异而获得那包罗这一切类概念含义却更少的属概念。由此可见这些类概念必然总是先于这一属概念的。在〔构成实体概念的〕这场合却相反。仅仅只有物质的概念是先于**实体**这属概念而有的，
625 而这实体概念又是无因无由的，从而也是无所依据多余地从物质概念构成的，并且是由于任意去掉后者的一切属性而只留下〔恒存〕这一规定而构成的。此后才在物质概念的旁边又凑上一个非纯种的第二亚种，这第二亚种就这样偷偷地被运进来了。但是要构成这第二亚种，除了特意否定人们事先在较高的属概念中就已不声不响地去掉了的东西——亦即广延、不可透入性、可分性——之外，并不再需要什么。所以说**实体**概念的构成只为了它是偷立非物质的实体这概念的宝筏罢了。从而实体概念还远不能算作一个范畴或悟性的必然功能，其实反而是一个很可略去的概念，因为它唯一真实的内容在物质概念中就已具备了，而在这物质概念之

外,实体概念就只还包括一个巨大的真空,除了偷立起来的**非物质实体**这一亚种之外再没有什么可以填满这种真空了。实体概念也就只是为了吸收这一亚种而构成的,因此,严格地说,实体概念是应完全加以拒绝的,任何地方都应以物质的概念来代替它。

范畴对于任何可能的事物都是一张普洛克禄斯特的胡床,不过推论的三个类型只对三种所谓观念提供这种胡床。灵魂的观念,就被迫要在定言的推论形式中去寻求它的来源。现在就轮到关于宇宙大全的那些独断的表象了,只要这宇宙大全作为客体自身,是在最小(原子)和最大(时间和空间上的宇宙边际)两界之间来设想的。这些界限就必须从假言推论的形式产生。这里就其本身说并不需要什么特别的勉强。这是因为假言判断的形式是从根据律来的,并且所有这些所谓观念,不仅是宇宙论的观念而已,都是由于毫不思索,毫无条件地应用根据律,然后又任意置之不顾而产生的,也就是由于按这条定律总只是寻求一客体的有赖于另一客体,直到最后想象力疲劳了而制造了这行程的终点。这时被忽 626
视了的是任何客体,乃至客体的整个系列和根据律自身都〔比这里所假定的〕更是密切,更是严重地有赖于认识着的主体;根据律也就只是对主体的客体,亦即对表象有效,因为客体或表象在空间和时间中的单纯位置就是由根据律来决定的。所以说这里单是一些宇宙论的观念所从引出的这认识形式,也就是根据律,既然是巧为推论的三位一体①每一体的源泉;那么,就这一点说这一次倒并不

① 指灵魂、宇宙、上帝三位一体。

需要什么诡辩；可是要将这些观念按范畴的四大标题来分类那就反而更需要诡辩了。

1)这些宇宙论的观念，从时间和空间方面来看，也就是从宇宙在时间空间中的边际来看，被大胆地看作是由**量**这一范畴所决定的。〔其实，〕除了逻辑上偶然用量这个词来指判断中主语概念的范围外，这些观念和量这一范畴显然没有任何共同之处；而这里量这一词〔只〕是一个比喻的说法，随便另选一个别的说法同样也行。然而这对于康德的嗜好匀整性，要利用这命名上幸运的偶合而将有关宇宙的广袤的超绝教条扣到量这范畴上去，却已足够了。

2)更大胆的是康德将关于物质的超绝观念扣到**质**上面去，也就是扣到判断中的肯定或否定上去；而在这里甚至要一个字面上偶然的巧合作根据都没有，因为物质在物理(不是化学)上的可分性原只和物质的量而不是和物质的质有关。但是更有甚于此者是关于可分性的整个观念根本不属于那些服从根据律的推论，从根据律——作为假言形式的内容——发源的倒应该是一切宇宙论的观念。原来康德在这里立足于其上的主张是说部分对全体的关系即是条件对被条件决定之物的关系，所以也是遵循根据律的一种关系。这一主张虽然是巧妙的诡辩，但毕竟是没有根据的诡辩。反而应该说前一种关系是以矛盾律为支点的，因为全体不是由于
627 部分，部分也不是由于全体〔而来的〕；而是两者必然地在一起，两者是一〔而不是二〕，把两者拆开只是一个任意的行动。按矛盾律，问题就在于如果设想去掉了部分，那么全体也去掉了，并且相反亦然；但绝不在于以作为**根据**的分来决定作为**后果**的全，不在于我们从而按根据律又必然被迫去寻求最后的部分，以便以此为全部的

根据,从而理解全部。——对于匀整性的偏爱在这里竟要克服一些这么大的困难。

3)现在是世界第一因这观念本应隶属于**关系**这大标题之下,可是康德却必须将这个观念留给第四大标题,留给样态,否则第四大标题之下就空无所有了。〔既保留了这一观念,〕他就以偶然(也就是按他那种和真理恰相反的解释,〔以〕任何后果来自它的根由〔为偶然〕)由于第一因而成为必然〔的说明〕将这个观念强塞在第四大标题之下。——因此,为了匀整性起见,**自由**这概念就作为第三个观念而登场了,但实际上却是以此指唯一适合于这里的世界因那一观念的,有如第三个二律背反正面论点的注释明明说过的。基本上第三和第四个二律背反只是同语反复。

但在所有这些之外,我还觉得而且肯定整个这一二律背反只是一种花招,一种佯战。唯有**反面论点**的主张是真正基于我们认识能力的那些形式的,如果客观地说,也就是基于必然的、先验真确的、最普遍的自然规律的。因此唯有反面论点的证明是从客观根据引出来的。与此相反,那些**正面论点**的主张和证明除了主观的根据外并无其他根据,完全只是基于个体理性活动的弱点的;〔即是说〕个体的想象力在递进无尽的上溯过程上疲劳了,因而就以一个任意的,尽可能加以美化的假定〔在这过程上〕制造了一个终点;并且在此以外,个体的判断力由于早先根深蒂固的成见在这〔终点的〕地方〔也〕被麻痹了。由于这个缘故,所有四个二律背反正面论点的证明处处都只是一种诡辩,而不是像反面论点的证明 628
那样,是理性从我们先验已意识到的表象世界之规律不可避免地一定要推论出来的结论。康德也只有费尽心机和技巧才能使正面

论点站稳，才能让正面论点在表面上攻击具有原始气力的对方。他在这儿用的第一个手法，也是一贯的手法，就是他不和别人一样，在意识到他那命题的真理时突出地指出那论证的脉络而尽可能单独地、赤裸裸地、明确地敷陈出来，反而是掩盖和混杂于一堆多余的、散漫的命题之下，在〔正反〕双方提出论证的脉络来。

这里在争论中出现的正面论点和反面论点令人想到苏格拉底使在阿力士多芬[①]的《云》中争吵着登场的正义之事和非正义之事。然而这种比附只能就形式方面说，可不能就内容方面说；不过也很有些人喜欢这样说，他们说理论哲学中这些最富于思辨性的问题对于道德有影响，因而认真起来以正面论点为正义之事，又以反面论点为非正义之事。至于要照顾这些头脑有限的，本末倒置的渺小人物，我在这里并不想作这样的迁就；不是尊重他们而是尊重真理我才揭露康德对各个正面论点所作的证明是诡辩，同时那些反面论点的证明却完全是诚意的、正确的，并且是从客观的根据引申出来的。——我假定人们在〔我们作〕这一检讨时自己总还记得康德的二律背反。

人们如果要认为在第一个争论中，正面论点的证明是可以成立的，那么所证明的就太多了；因为这个证明既可用于时间本身，又可用于时间中的变动，因而就会要证明时间本身必然有个起点，而这却是悖理的。并且这个诡辩还在于起初谈的是情况的系列的无始，突然又偷天换日将情况的系列的无终（无穷性）来代替其无始，于是又来证明无人怀疑的东西，也就是证明完成了在逻辑上和

① Aristophanes（公元前450—前385），雅典喜剧作家。

没有终结相刺谬，可是任何现在却又是过去的终结。但一个无始的系列总可以想象它有一个终结，这和该系列的无始并不抵触；反之亦然，要**想象**一个无穷的系列有一个开端也是可能的。可是这对于反面论点的真正正确的论证，对于世界上的变化，〔如果〕**向上** 629
逆溯，绝对必然要假定一个无尽系列的变化为前提〔的说法〕并没提出什么可以加以反对的东西。因果系列在一个绝对静止状态中，中断而告结束，这种可能性我们可以想象，但〔因果系列〕有一个绝对开端的可能性却是不可想象的*。

就宇宙在空间方面的际限说，则所证明的是：如果宇宙可以说是一个**已知的大全**，那么宇宙也必然有际限。这里结论是对的，只是这结论的前一环节却是要加以证明而并未得证明的。全整性假定边际为前提，边际假定全整性为前提，但是这里却是任意地将两者一起作为前提了。——可是反面论点毕竟也没有为这第二点，如同为第一点②那样提出令人满意的证明；这是因为因果律只在

* 至于宇宙在时间上有一际限的立论并不是理性上必然的一种思想，这甚至还可以从历史上加以证明。如印度人，不要说是在《吠陀》中，就是在民间宗教中也从不讲论这样的际限，而是企图神话式地以巨大周期的记时法来表示这现象世界——摩耶的这无实体、无实质的编织物——的无穷无尽，并且他们在下列神话（博利哀〔夫人〕：《印度神话》第二卷第585页）中同时还很有意义地强调了一切时间久暂的相对意味。〔神话说〕四劫共包括四百三十二万年，而我们则在最后一劫运中。造物的梵每一昼一夜则各有一千个这样的四劫，而梵的一年又有三百六十五日和同样多的夜数。梵总是在造物化育，活上它的一百年；它死之后，立即又诞生一个新的梵，如此永劫无穷。在傅利哀的著作第二卷第594页复述着《普兰那》还有一个独立的神话，也表示着时间的这同一相对性，那儿〔说〕一个王公朝觐毗湿奴，在毗湿奴的天宫里只耽搁了几刹那，而在他回到地上来时已过了几百万年，已是一个新的劫运开始了；原来毗湿奴的一天就等于四劫一百次的循环。

② 指时间的有无终始，第二点即空间的有无际限。

630 时间方面而不在空间方面提供必要的规定，并且因果律虽然先验地赋予我们以确然性，〔说〕从来没有一个充满〔事态〕的时间和前此空洞的时间接界，没有一个变化能够是第一个变化；但并不提供这样的确然性，〔说〕一个充满〔事物〕的空间不能在其以外更有空洞的空间。关于最后这一点一直到这里还不可能先验地作出一个决定。不过将宇宙作为在空间上有边际的来设想，困难还是在于空间本身必然是无尽的；因而一个有边际的、有尽的宇宙，不管有多么大，在这空间中还是一个无限小的体积；在这种误会上想象力碰到了一个不可克服的阻碍；因为这样说来，要么是将宇宙设想为无穷大，要么就是设想为无穷小，想象力就只有〔在二者中〕作选择了。古代哲学家就已看到了这一点，“厄壁鸠鲁的老师墨特罗陀罗斯教导说：不对头的是说在一大片田地里只长一根麦穗，在无穷的空间里只产生了一个宇宙”（斯多帕乌斯：《希腊古文分类选录》第一卷第二十三章）。——所以他们很多人（紧接着墨特罗陀罗斯之说）都以“无穷的空间中有无穷多的宇宙”为说。这也是康德给反面论点所作论据的意思，只是由于一种经验学派的矫揉造作的论述，他将这〔个意思〕弄得面目全非了。人们用同一论据也可以反驳宇宙在时间上有际限，要是人们不是在因果性的线索上已经有了一个更好的论据的话。并且既假定一个在空间上有边际的宇宙，就会产生一个不可回答问题：空间充满事物的这部分和那无穷的，还是空空洞洞的那部分相比究竟又有什么优先权呢？约旦诺·普禄诺在他所著《论宇宙与世界的无限》一书第五篇的对话中对于赞成和反对宇宙有限的论据都有详尽和值得一读的论述。此外康德自己在他的《自然史和天体学说》第二部第七章也曾严肃地，并且是从客观的根据主张宇宙在空间中的无穷。亚里士多德也承认这一点，见《物理学》第三篇第四章；就这个二律背反说，这一章和后续的几章都很值得一读。

在第二个二律背反中由于正面论点开头说：“**任何合成的**实体 631
都是由个别的部分构成的”，立即就犯了一个很不巧妙〔地使用〕**丐词**〔的错误〕，从这里任意认定的“合成”当然随后就很容易证明个别的部分。但是问题所在的“一切物质是合成的”这一命题恰好是还未被证明的，这命题原就是一个无根据的假定。和个别对立的原不是那合成的，而是那延伸的，那有部分的，那可分的〔东西〕。但这里却本是不声不响地假定了部分是先于全体而有的，并且是凑到一起来〔之后〕，全体才由此产生的；因为合成的这个词就是这个意思。可是这一点和其反面一样，都是不容这样说的。可分性是说整体分为部分的可能性，但绝不是说整体是由部分合成的，是由于合成而产生的。可分性讲的部分只是部分在后，合成〔之说〕讲的部分是部分在前。在部分和全体之间基本上并无什么时间关系，部分和全体倒反而是互为条件的，并且在这种意义上永远是同时的；因为只有部分和全体同时存在才有空间上的广延。因此康德在这正面论点的注释中所说的“本来人们不得将空间称为复合体，而应称为整体等等”这句话对于物质也完全可以这样说，物质原不过是已成为了可觉知的空间罢了。——与此相反，反面论点主张物质有无尽的可分性却是先验地、不可反驳地从空间有无尽的可分性推论出来的，〔因〕空间是物质所充满的。这个命题毫无自相矛盾之处，所以康德在第一版第 513 页（第五版第 541 页）也是将这命题作为客观真理表出的，他在这个地方并且是认真地以

他本人的身份而不再是作为非义之事的代言人在说话。与此类似，在《自然科学的形而上学初阶》中力学第一定律的证明的开头处又有一个作为既定真理的命题说：“物质是可以分至无穷的”，这是康德在这一命题在动力学中已作为第四定律出现过并经证明过之后说的。可是在这里由于康德有着一个狡猾的意图，不使反面
632 论点的证据确凿遮没了正面论点的诡辩，以致论述的极端混乱和赘词堆砌〔反而〕将反面论点的证明搞糟了。——〔不可分的〕原子并不是理性所必有的一个思想，而只是用以说明物体比重不同的一个假设而已。至于除了原子论之外还可以用其他方法来说明比重不同，并且说明得更完善更简洁，那是康德自己在他那部《自然科学的形而上学初阶》的动力学中就已指出了的；〔不过〕在他之前卜瑞斯特列在《论物质和精神》第一节中也已指出了这一点。是的，在亚里士多德的《物理学》第四篇第九章已可看到这一点的基本思想了。

为第三个正面论点辩护的论证是一种很巧妙的诡辩，并且本来也就是康德所谓纯粹理性的原理本身，一点不掺杂，完全未经篡改。这个论证要从一个原因，为了〔能够〕是一个**充足的**原因，就必须包括继起的那状态，那后果，所由产生的诸条件之总和〔这事实〕来证明原因系列的有尽头。于是这个论证就偷换了在本是原因的那状态中**同时**齐备的规定的完整性而代之以该状态从而成为现实的那些原因**系列**的完整性；而完整性又以封锁性为前提，封锁性又以有限性为前提，那么，这个论证就由此推论出一个最初的，结束该系列的，因而不受条件限制的原因了。可是这种戏法是瞒不住人的。为了将甲状态理解为乙状态的充足原因，我就假定甲状态

包含着成为乙状态所必要的诸规定之总数，由于这些规定的齐备，乙状态才不可避免地随之而出现。这样，我对于甲状态作为充足原因的要求就已完全满足了；〔乙状态的〕充足原因和甲状态本身又是如何成为现实性的这问题〔也〕并不直接相关，而应该说这已属于完全另一考察，在这考察中我已不仍是将原来的甲状态看作原因，而是又将它看作后果了；同时又有另一状态对它必然也有着它对乙状态那一样的关系。可是在这样考察时，并没有什么地方 633
看得出有必要要以原因系列和后果系列的有尽为前提，正如当前瞬间的现在无须以时间本身有一个起点为前提一样；这种前提反而是由于思辨的个体的懒惰才追加上去的。所以，说这种前提是由于假定一个原因作为**充足根据**而来的，那是窃取论点，并且也是错误的。这是我在上面，在考察康德的，和这一正面论点同一旨趣的理性原理时就已详细指出过的。为了阐明这一错误论证的主张，康德在该论点的附注中竟不自惭地举“离座起立”作为一个绝对起点的例子，好像说他没有动机而起立不是那么不可能似的，好像〔人的〕起立有如圆球的无因自滚一样。〔康德〕由于感到〔论证的〕无力而援引古代哲学家，不过这些引证的毫无根据，我大概已无须从奥克洛斯·陆干诺斯，从厄利亚派等等来证明了，更不必从印度教徒〔那里〕来证明了。〔我〕对于〔这里的〕反面论点，也和在前一反面论点一样，都没有什么要指责的地方。

第四个正反之争，如我已指出的，和第三个本是同语反复。这里正面论点的证明在本质上也就是第三争论中正面论点的那一证明。这证明的主张是任何被条件所决定的东西都是以一个完整的，从而是以一个以“绝对”结尾的条件**系列**为前提的，这种主张是

一个丐词，人们必须直截了当予以否认。任何被条件决定的东西除了它的条件之外并不要什么为前提。至于这条件又是为条件所决定的，这是发起一个新的考察，而并不是直接包含在当前这一考察之中的。

二律背反有一定的似真性乃是不可否认的，然而值得注意的是康德哲学中没有哪一部分能像这个极度矛盾而难明的学说那样遭到那么少的反对，获得那么多的赞同。几乎所有的哲学派别和教科书都保留了并且重复了这一学说，当然也加过工；而康德所有其他学说几乎都有人反对，甚至超绝感性学也为人所指责。这种个别歪头歪脑的〔学者〕从来就不乏其人。与此相反，二律背反却获得众口一词全无异议的赞许。这种赞许所从来，最后可能是由

634 于某些人以内心的快慰看到了悟性碰到一个同时具有是非两面的东西，因而真正说起来就到了应该停住不动的那一点，这样，他们在自己面前就真的看到了利希顿伯格广告招贴中的费城第六绝技①了。

随后就是康德对宇宙论上的争端所作的**批判的断案**。这个断案，如果人们查究一下它真正的意义，则并不是康德自己所认为的那种意思，亦即以揭露〔正反〕双方同出于错误的前提，在第一和第二个争论中双方都不对，但在第三和第四个争论中双方都对〔这说法〕来解决争论；而是由于阐明了那些反面论点所陈述的，在事实上证实了那些反面论点。

在〔争论的〕解决中康德首先就显然错误地宣称〔正反〕双方都

① 大约是指当时轰动欧洲的杂技表演。

是从一个作为大前提的假定出发的，说和被条件决定的东西一起，还有这东西的诸条件的完整（所以也是封闭的）系列也〔同时〕是已知的〔或被给予的〕。唯有正面论点是以这一命题，亦即康德的纯粹理性原理，作为该论点的那些主张的根据的；反面论点则相反，到处都在明显地否认这一命题而主张这命题的反面。此外康德还以宇宙自身自在的存在着，也就是无待于其被认识，独立于被认识的诸形式以外存在着的这样一个假设作为双方的包袱，但这一假设又只是正面论点又一次制造出来的，而并不是反面论点那些主张的所本，甚至是和反面这些主张根本无法调和的。和一个无尽系列的概念正面相抵触的就是这系列的完全被知，所以对于这系列说，基本重要的是这系列的存在总只是就通过这一系列而说的，而不是无待于通过这个系列。与此相反，在假定有固定边际时也就假定了一个全整体，这全整体自为地存在着而无待于〔人们〕对它的幅度进行测量。所以说只有正面论点才造成了一个自身存在的，亦即在一切认识之前即已有了的宇宙大全，而认识只是后来加 635
上去的这样一个错误的假定。反面论点自始就一贯否认这种假定。原来这个假定只是按根据律的指导而认定的无尽系列，在逆溯〔这系列〕完毕之后才能有其存在，不是无待于逆溯。即是说和客体根本以主体为前提一样，这一由于作为条件的无尽锁链所决定的客体，也必然要以主体中与之相应的认识方式，亦即逐一追溯锁链中的各环节为前提。但这正就是康德作为争论的解决而提出，那么屡次重复过的东西：“宇宙的无穷大只是由于逆溯过程而不是在逆溯过程之前”。所以他解决这一争论本来只有利于反面论点的断案，〔其实〕在反面论点的主张中已有着这一真理，并且这

真理和正面论点的那些主张也是完全不能调和的。如果反面论点主张这宇宙是由原因和后果的无尽系列所构成，而同时又独立于表象和表象的逆溯系列之外，也就是自存自在因而构成一个已知的全整体；那么反面论点就不仅是和正面论点而且也是和自己相刺谬了，因为一个无穷的东西绝不能是**完全**已知的，如果要无尽的去通过的话，也不能有一个**无尽的**系列；同时一个没有边际的东西也不能成为一个全整的东西。因此康德所认为的，导致双方于错误的那一前提〔其实〕只能是单独对正面论点而言。

亚里士多德的学说已经就说一个无穷尽的东西绝不是现实的——现实的等于可以是真已有的——，而只是可能的。“无穷的东西不能于现实性中有之——而不可能的是存在于现实中的那无穷”（《形而上学》第十章）。——还有：“原来在实际上说并没有什么无穷，但在可能性上就可分的作用说则确有无穷。”（《论生长和衰化》第一篇第三章）——亚里士多德对这一点作了漫长的论述，〔如〕在《物理学》第三篇五、六两章。就在这里他已在一定程度上给所有一切二律背反的矛盾作出了完全正确的解决。他以他简短的办法叙述了各个二律背反，然后说：“这需要一个中介（居间人），”他就按此提出了〔二律背反的〕解决说：无穷的东西，不管是

636 宇宙在空间上的无穷或是在时间上和可分性上的无穷，绝不在逆溯过程**之前**，或绝不是前进过程，而是**在**逆溯过程之**中**。——所以说这一真理已存在于正确理解了的无穷这概念中。那么，如果人们以为可将无穷，不管是哪种无穷，作为一种客观现存已具有的东西，无待于逆溯过程来设想，那就是自己误会了自己。

是的，如果人们从相反的方向着手，以康德作为争论的解决而

提出的东西为出发点，那么由此而来的就正是反面论点的主张。这主张是：如果宇宙不是一个无条件的全整体，而且不是自存自在而只是在表象中存在；如果宇宙的根据系列和后果系列不在这些表象的逆溯过程**之前**，而是由于**通过**这逆溯过程才有的；那么，宇宙就不是包含一些固定的有限的系列，——因为〔要是这样的话〕宇宙的固定性和有限性就必然无待于在这情况下只是后加上去的表象作用了——，而是世界所有的系列都必然是无尽的，就是说不能是表象作用所能穷尽的。

在第一版第 506 页，亦即第五版第 534 页，康德想从〔正反〕双方都不对来证明现象的超绝观念性，开头就说“宇宙如果是一个自存自在的全整体，那么它要么是有限的要么是无限的。”——可是这句话就错了，一个自存自在的全整体根本就不能是无限的。——其实上述观念性倒可以按下列方式从宇宙中无尽的系列推论出来：如果宇宙中根据系列和后果系列彻底是无尽头的，那么这宇宙也不能是一个无待于表象作用而有的全整体；因为这样一个全整体总要以固定的边际为前提，正如与此相反，无尽系列要以无尽的逆溯过程为前提一样。因此这被假定的无尽系列就必然是被根据和后果这一形式所决定的，而这个形式又必然是被主体的认识方式所决定的；那么这宇宙，如人们所认识的，也必然只存在于主体的表象中。

至于康德自己是否已知道他对争论的批判性断案实际上是一种有利于反面论点的宣判，我无法断定。因为这决定于：是谢林在 637
有一个地方很中肯地称之为康德的适应办法的东西在这里起作用呢，还是康德的精神在这里已经是拘限在一种对时代和环境不自

觉的适应状态中了呢〔究竟怎样，我们无从知道〕。

第三个二律背反的主题是自由这观念。我们看来很可注意的是康德恰好在这里，在自由这观念上，被迫详细地来谈一谈前此只是在背景中看到的自在之物，在这一点上，第三个二律背反的解决值得单另加以考察。而康德这样做，在我们既已将自在之物认为即是意志之后，对于我们就很可理解了。这里根本就是康德的哲学导向我的哲学那一点的所在，也可说这就是我的哲学以康德的哲学为宗所从出的那一点。人们如果细心地在《纯粹理性批判》中研读第一版第 536 和 537 页，亦即第五版第 564 和 565 页，就会对此深信不疑。和这一段相比较人们还可读《判断力批判》的导论，第三版第 XVIII 面和 XIX 面或罗森克朗兹版第 13 页。在这里甚至有这样的话："自由这概念能在其客体(这究竟就是意志)中，但不是在直观中使一个自在之物成为表象；与此相反，自由这概念固然能使其对象在直观中成为表象，却不是作为自在之物而成为表象的。"关于这些二律背反的解决人们尤其要读《每一形而上学的序论》的第五三节，然后请公正地回答这一问题，看那里所说的一切是否都像一个谜似的，而我的学说是否就是谜底。康德并没有走到他思想的尽头处，而我不过是把他的事业贯彻到底罢了。准此，我是把康德只就人类现象说的〔道理〕根本转用于一切现象之上，因为后者只是在程度上不同于前者，即是说一切现象的本质自身是一个绝对自由之物，也就是说是一个意志。而这一见解和康德关于空间、时间和因果的观念性的学说一起，是如何富有后果，自可由我的著作中看出。

康德从来没有把自在之物作为一个单独分析或明确申论的主 638 题。而是这样：每当他需要的时候他随即以这样一个推论来召唤自在之物，这推论说现象，也就是可见的世界毕竟需要一个根据，一个可以悟知的原因，而这原因却不是现象，所以也不属于可经验的范围之内。在他这样做之前，他先已不断教人铭刻于心说，那些范畴，也包括因果范畴绝对只有着眼于可能的经验的用途，只是悟性的一些形式，其功用是连缀官能世界的现象如同将字母拼成一个词一样，除此以外别无任何意义，如此等等；所以他严格地禁止使用范畴于经验彼岸的事物，也正确地以这一规律的违反解释了，同时也推翻了所有以前的独断论。康德在这里面所犯的难以相信的前后不符的毛病随即被那些最早反对他的人们所发觉并用以攻击〔康德〕，康德的哲学对此则毫无招架的能力。这是因为我们固然是完全先验地并在一切经验之前应用因果律于我们感觉器官中所感到的变化之上，可是正是因此因果律的来源同样是主观的，无异于这些感觉本身，所以并不导致自在之物。事实是人们在表象这条途径上绝不能超出表象之外。表象是一个封锁的全整体，在表象自己的那些办法中没有一条线索是导向种类完全不同的，自在之物的本质的。如果我们仅仅只是一个做成表象的生物，那么对于我们说，达到自在之物的道路就完全切断了。唯有我们自己的本质的另外那一面才能给我们揭露事物本质自身的另外那一面。我采取的就是这条道路。不过由于下述各点康德自己所非议的，关于自在之物的推论也还可获得几许的美化。他不是像真理所要求的那样，简单而干脆地规定客体要以主体为条件，主体要以客体为条件；而只是规定客体显现的方式为主体的认识形式所决

定，所以这些形式也是先验地来到意识中的。可是，与此相反，凡
639 只是后验地认识到的东西在他〔看来〕就已是自在之物的直接后果，而这自在之物只是在通过那些先验已有的形式这一过道中才成为现象的。从这一见解出发可以少许解释康德怎么会没看到〔客体〕之为客体根本就已属于现象的形式，并且根本就是被〔主体〕之为主体所决定的，一如客体显现的方式之被主体的认识形式所决定；没看到由于这一缘故，如果要认定一种自在之物，这自在之物也绝不能是客体，——然而康德总是假定自在之物为客体——；而是〔应该说〕这样的自在之物必须处于一个在种类上完全不同于表象（不同于认识和被认识）的领域内，因此也没有可能按客体相互联系的规律来推求自在之物。

康德论证自在之物，结果恰好和他论证因果律的先验性一样，两说的立论都是对的，但两说的求证方法都错了，因此两说都属于从错误前提得出正确结论〔这一类推论形式〕。我把这两说都保留下来了，不过我是用完全不同的方式而妥当地予以证明的。

这自在之物，我既不是按那些将自在之物除外的规律偷偷摸摸窃取来的，也不是按这些规律推论来的，因为规律已经是属于自在之物的现象的了；我也根本不是绕圈子得来的，其实倒是我直接证明了的，证明了它直接就是意志，而意志对任何人都直接显示为他自己的现象的自在本体。

而对于自己的意志这一直接的认识也就是人的意识中自由这概念之所从出，因为意志作为创造世界的东西，作为自在之物诚然是不属根据律所管辖的，因而谈不上任何必然性，所以完全是无所待的，自由的，并且是全能的。不过在事实上这又只是对意志的自

存自在说，而不是对意志的现象，对个体说的；正是由于意志自己〔的显现〕，这些个体作为意志的现象已是无可移易地被决定了的。可是在一般的，未经哲学淳化的〔思想〕意识中，也就随即将意志和它的现象混淆了而将只属于意志的〔东西〕归之于意志的现象了，640
个体绝对自由的假象就是由此产生的。正是这个缘故所以斯宾诺莎说得对，〔假如个体是自由的，〕那么被掷出的石子，如果它有意识的话，也会相信它是自愿地在飞着。这是因为石子的本体固然也是那唯一自由的意志，但是和在意志的一切现象中一样，在这里当它作为石子而显现的时候，却已完全是被决定的了。不过关于这一切在本书的正文部分里早已充分谈过了。

康德由于他不曾认识到而忽视了自由这概念是在任何人意识中直接产生的，就将这概念的来源置于一个极深奥而难于捉摸的思辨中了(第一版第 533 页，亦即第五版第 561 页)，说理性应常以绝对为归宿，而这绝对则促成自由概念成为一种个别属于人的东西，并说实践上的自由概念这才也要基于这一超绝的自由观念。然而在《实践理性批判》第六节和该书第四版第 185 页，罗森克朗兹版第 235 页，他却又从别的方面来引申实践上的自由概念，说绝对命令是以这概念为前提的：为了保证这一前提所以上述那思辨的观念[①]只是自由概念的第一个来源，可是在这里这概念却真正获得了意义和应用。然而这两种说法都不符合事实。这是因为个体在他个别的行动中有着完全的自由这一幻想，在最粗鲁的人的信念中最为显著，这种人从来就没思索过，所以这幻想也并不是基

① 指绝对原因。

于什么思辨的，却每每被拿到思辨那边去〔滥竽充数〕。〔能〕免于这种幻想的只有哲学家，并且是些最能深思的哲学家；再就是教会里最〔有〕思想而最开明的那些作家们。

根据上述种种，自由这概念的真正来源基本上既绝不是从绝对因这一思辨的观念也绝不是从绝对命令要以这概念为前提而推求出来的结论，而是直接从意识中产生的，在意识中每人都无待他求就将自己认作意志，也就是作为自在之物而不以根据律为形式的东西，自身无所待而倒是其他一切所依存的东西；但并没有同时
641 以哲学的批判〔眼光〕和周到的思虑把人自己，作为这意志已进入时间而被决定了的现象——〔这里〕人们也可说意志的活动——和那生命意志本身区别开来；因而不是将人的整个生存看作他的自由之活动，反而是到人〔自己〕个别的行动中去寻求自由。关于这一点我要指出我那篇关于意志自由的得奖论文作参考。

如果康德有如他在这里所扬言的，并且似乎也是他在以前有机会时所做过的那样，仅仅只是从推理求得了自在之物，并且还是用他自己也绝对不容许的一种推论上的极不彻底求得的；——那么，当他在这里第一次着手详论自在之物而加以阐明的时候，立即就在自在之物中看到了意志，自由的，在世界上只是由于时间上的现象而宣示它自己的意志，这会是怎样奇特的一种偶然之事啊！——因此，尽管〔我这里说的〕是不可证明的，我却真是认定每当康德谈到自在之物时，在他精神最阴暗的深处总是朦胧地想到了意志。在《纯粹理性批判》第二版序言中的 XXVII 面和 XXVIII 面，在罗森克朗兹版补遗的第 677 页给我这里所说的提供了一个佐证。

此外使康德有机会极为优美地谈出他全部哲学最深刻的那些思想的，也正是对于这所谓第三个〔正反的〕争论预定要作的解决。譬如在《纯粹理性的二律背反》的整个第六节中就是这样一个情况，尤其是验知性格和悟知性格这一对立的分析讨论（第一版第534—550页，亦即第五版第562—571页），我将这分析算作人类自来所说过的最卓越的东西（在《实践理性批判》第四版第169—179页或罗森克朗兹版第224—231页的一个与此平行的说明应视为上述一段的补充说明）。因此更值得惋惜的是这里并非说这些话的地方，也就是在下述这样一个范围内不是说这些话的地方：一方面这一点并不是在〔康德该书的〕论述所规定的路线上找得的，所以除了在这里所作的引申外也可用别的方式来引申；一方面也不能达到所以有这一点的目的，亦即所谓二律背反的解决。〔这里〕自在之物是由于已经倍加指责，前后矛盾的使用因果性范畴于
一切现象之外，从现象推论其可悟的根据而求得的。这一次以一 642
个无条件的应然，亦即以不假思索就被假定的绝对命令为依据而被确立为这个自在之物的〔东西〕却是人的意志了（康德名之为理性，这是极不可容许的；这样破坏语言的一切习惯也是不可原谅的）。

那么，就不必用上述这些办法而应该代之以那更老实更坦率的办法，亦即直接从意志出发来证明意志乃是我们自己的现象的，无需任何中介即被认识到的自在本体，然后再来提出验知性格和悟知性格那一论述以阐明一切行为如何虽是由于动机而不得不然，然而不管是从行为的发起人〔看〕还是从旁观者〔看〕，仍必然地、干脆地要算在行为发起人的账上，也只能算在他的账上；因为

行为仅仅是以他为转移的，所以功过也都只能按行为〔的后果〕而归之于他。——这是达到认识那不是现象的东西唯一的一条直路。这东西既然不是现象，所以也不是按现象所有的一切规律找到的，而是由现象展露出来得以认识的，把自己客体化了的东西——生命意志。那么，单是按类比法就必须将这生命意志作为任何一现象的自在本体看。不过既然是这样，那就自然不能说（〔在〕第一版第546页，亦即第五版第574页〔却是这样说的〕）在无生命的自然界，甚至在动物界，除了被感性决定的〔认识〕能力之外，就没有其他的〔认识〕能力可以想象了。在康德的语言中，这样说原是意味着遵循因果律的说明就已将〔无机自然界和动物界〕那些现象的最内在本质说尽了。这样一来，也是前后极为矛盾的，就这些现象来说，自在之物就落空了。——由于康德〔在书中〕论述自在之物的部位不适当，由于迂就这部位而绕着圈子的引申，连自在之物的整个概念也搞错了。这是因为由于探讨一个绝对因而获得的意志或自在之物，在这里〔竟〕是在原因对后果这一关系中进入现象的。可是这种关系只在现象的领域内有之，所以〔有这关系〕先就已假定了现象；并且这关系也不能将现象本身和现象之外
643 与现象完全不同类的东西联系起来。

再进一步说，由于肯定〔正反〕双方各在另一意义上都有理由，这个断案根本没有达到原来预定要解决第三个二律背反的这一目的。这是因为无论正面论点或是反面论点所谈的都完全不是自在之物，而彻底是谈现象，谈客观世界，谈作为表象的世界。就正是这〔表象世界〕而绝不是别的什么，乃是正面论点要以前已指出的诡辩从而阐明表象世界包括绝对因〔这一点〕的〔东西〕，也就是反

面论点正确地从而否认这一点的东西。因此，这里替正面论点辩护而指出的，关于超绝的意志自由的整个论述，就意志即自在之物说，不管这种论述自身是如何完善，在这里却实在完全是一种张冠李戴〔的勾当〕。原来这里讲的超绝的意志自由绝不是一个原因的绝对因果性，如正面论点所主张的那样，因为一个原因在本质上必然是现象，而不是一个在一切现象的彼岸〔和现象〕完全不同类的什么。

如果所谈的是原因和后果，那就绝不可像〔康德〕在这里所作的，扯到意志对它的对象（或悟知性格对验知性格）的关系上去，因为这种关系和因果关系是完全不同的。夹在这里，在这二律背反的解决之中也〔曾〕符合事实地说到人的验知性格，和自然界中任何其他原因的验知性格一样，是不可更改地被决定了的；准此，行为也就是按外来影响的尺度必然地从人的“验知性格”中产生的了。因此还可说，尽管有那些超绝的自由（亦即意志自身不以它现象的关联的法则为转移的独立性），却并无一人有自发地发起一系列行为的能力。然而与此相反，正面论点正是主张人有这种能力。所以自由也没有因果性，因为唯有意志是自由的，而意志〔又〕是在自然或现象之外的。自然或现象正就只是意志的客体化，但自然或现象对于意志却并不是因果性的关系，因为这种关系只是在现象的领域之内碰得着的，也就是说已预定了以现象为前提；〔现象〕644
不能把它自己封闭起来，也不能和显然不是现象的东西联系起来。世界本身只能是由意志（因为就意志显现说，世界正就是意志本身）而不是由因果性来解释的。但**在世界上**因果性却是说明一切的唯一原则而一切一切都只是按自然规律而发生的。于是理由就

全在反面论点这一边了。这反面论点抓住了问题所在，又使用了对此作说明的有效原则，因此也就不需要〔为自己作〕什么辩解了。与此相反，正面论点却需要一种辩解才能脱掉干系；这种辩解先是跳到一个完全不是问题所在的别的什么上面，然后又〔从这边〕拿去一种就在这边也不能用以作说明的原则。

第四个争论如已说过的，按其最内在的含义说〔本〕是第三个争论的同语反复。在这一争论的解决中康德更加发展了正面论点的无稽〔之谈〕，并且是没有给这论点的真实性和所谓与反面论点并存〔之说〕提出任何根据；犹如他反过来也未能提出任何抵制反面论点的根据一样。他完全只是以请求的方式来导致〔人们〕采纳正面论点；可是他自己（第一版第562页，亦即第五版第590页）也称之为一个任意的假设，而这假设的主题自身大概也是不可能的，只是表现一种完全无力的挣扎，要在反面论点〔说理〕透辟的威力之前为这主题找一席安全的地方，而这又只是为了不揭露出来他曾爱好的，关于人类理性中必有二律背反的全部假说原是无稽的罢了。

接下去便是论超绝理想的那一章。这一章忽然一下子就把我们送回到中世纪僵硬的经院哲学中去了。人们以为是听到坎特伯雷的安塞姆[①]本人在讲话。那最实在的存在物，一切现实性的总括，一切肯定命题的内容又出现了，并且还附有这样一个要求说这

① Anselmus von Kanterbury（1033—1109），英国大主教，神学家和哲学家，被称为“经院哲学”之父。

是理性的一个必然的思想！——在我本人我不能不坦白地说，对
于我的理性，这样的思想是不可能的；并且我也不能想象那些标志 645
着这思想的字句究竟是指的什么。

我并且不怀疑康德之所以写下这奇怪的，和他〔的令名〕不相称的一章，是由于他对结构匀整的癖好所促成的。经院哲学（如已说过的，从广义的理解说，经院哲学可以一直算到康德为止）的三个主题：灵魂、宇宙和上帝，尽管昭然若揭都是唯一无二地由于无条件的应用根据律而产生的，才能产生的，却被康德说成是从推论的三种可能的前提引申出来的。于是在灵魂既被强塞入定言判断而假言判断又已用于宇宙之后，给第三个观念留下的就除了选言的大前提之外再无其他了。就这一意义说幸而已有了一种预备工夫，亦即经院学派的“最实在的存在物”以及初步由坎特伯雷的安塞姆所树立然后由笛卡尔所完成的，在本体论上的上帝存在的证明。康德乐得抓住这一点而加以利用，同时，他对于自己青年时代的一篇拉丁文作品大概也有些回忆。这时，为了他对于结构匀整的爱好，康德由这一章造成的牺牲可太大了。和一切真理相抵触，〔他竟〕使包括一切可能的现实的总念这样一个表象，人们不得不称为怪异的表象，成为理性上一个本质的和必然的思想！为了引申这一思想，康德抓住了一个错误的立论，说我们对于个别事物的认识是由于继续不断地次第缩小一些普遍的概念，从而也是由于缩小一个最普遍的，包含一切实在**于其中**的概念而产生的。在这说法中他既和他自己的学说，又和真理相抵触，并且抵触的程度也正相同；因为我们的认识恰好是倒过来从个别出发而扩展至于一般的，而所有一切一般性的概念又都是由于抽去实在的、个别的、

直观地认识到的事物而产生的。这样抽去又抽去，可以继续到最普遍的概念为止，于是这最普遍的概念就包括了一切于其下，但几
646 乎是不包括任何东西**于其中**。所以康德在这里恰好是将我们认识能力的做法颠倒过来了，因此甚至还很可以归咎于他，是他促成了我们今天哲学上一种有名的江湖腔。这种哲学上的江湖腔不但不将概念认作从事物抽象来的思想，反而使概念成为原始的东西而在事物中则只看到具体的概念；〔并〕以在这种方式颠倒了的世界作为哲学上的一出丑剧搬到墟场上上演，那自然是一定要获得人们大为叫好的。

如果我们也假定任何理性都必须，至少是能够没有〔宗教的〕启示也能达到上帝的概念，那么这显然只是沿着因果性的线索而做到的。这是一目了然，无须什么证明的。所以沃尔佛也说（《一般宇宙论》序言第一页）："我们在自然神学中是结论正确地从宇宙论的基本原理来证明最实在之物的存在的。宇宙的偶然性和自然秩序中又没有发生偶然事件的可能性是人们从这可见的世界上升到上帝的阶梯。"在沃尔佛之前，莱布尼兹在谈到因果律时就已说过："没有这一重大的原则我们就绝不能证明上帝的存在"（《原神》第四四节）。在莱布尼兹和克拉克的争论中（第一二六节）他也这样说："我敢说人们没有这一重大的原则就不能获得上帝存在的证明。"与此相反，在〔康德〕这一章里推演出来的思想远不是一个理性上本质的和必要的思想，距离如此之远，以致应将这一章里的思想看作怪异产物中的真正杰作，而这却是一个由于离奇的情况而陷于极罕见的歧途和错误的时代所产生的。譬如经院哲学的时代就是这样的时代，是世界历史上独一无二的，并且一去不复返的时

代。这种经院哲学在发展到顶点时，固然曾从最实在的存在物这概念为上帝的存在提出了主要的证明，并且只是附带地在主要证明之外利用着其他的证明，然而这只是教学方法，对于人类精神中神学的来源并没证明什么。康德在这里把经院哲学处理问题的办 647
法当作理性〔自己〕的办法，康德根本就经常碰到过这种办法。至于说上帝的观念是按理性的基本规律而在最实在的存在物这一观念的形态之下从选言推论产生的，如果这是真的，那么在古代哲学家们那里一定已有过这一观念，可是任何地方都找不到最实在的存在物的踪迹，没有一个古代哲学家那里有这踪迹，虽然其中有几位诚然有世界创造者这种说法，然而这是作为以形式赋予没有这创造者既已有了的物质说的，所指的是建成世界的造物，是他们仅仅只是按因果律推论出来的。塞克斯都斯·恩披利古斯(《反对数学家论》第九篇 §88)固然也引过**克勒安特斯**一段论证，有些人以为这就是那本体论上的证明。可是这论证并不是本体论上的证明而只是由类比法得来的推论，即是说因为经验告诉我们在世界上的存在物总是一个比一个优越，而人作为最优越的一个固然结束了这一〔切存在物的〕系列，然而人还是有许多缺点，所以必然还有更优越的东西，最后是一个最优越最优越的东西(至尊，至高无上)，而这就该是上帝了。

此后〔康德〕接着就详细地驳斥了思辨的神学。关于这一驳斥我要说的只有简短的几句话。这一驳斥，根本和对于所谓理性三“观念”的整个批判一样，也是和纯粹理性的全部辩证思维一样，在一定意义上固然是全书的宗旨和目的，然而这一驳议部分实际上

并不和前此的论断部分，亦即感性学和分析学一样，有着一种十分普遍的，经久不衰的，纯哲学的意味；却更可说是只有着一时一地的意味，因为这驳议部分和直到康德还在欧洲占统治地位的哲学的一些主要关键〔还〕有着特殊的关系，不过这种哲学是由于这一驳斥而全部崩溃的，这却仍要算作康德不朽的功绩。他将有神论从哲学里删去了，因为哲学作为一种科学而不是作为〔宗教〕信仰的教义，在哲学里就只能有在经验上已知的或由可靠的证明已确
648 立了的东西。当然，这里所讲的哲学只是指真正的，以严肃态度理解的，唯真理是务而无心于任何其他事物的哲学而言，却绝不是指各大学的儿戏哲学而言；因为在后面这种哲学里至今仍和以往一样，还是思辨哲学在担任着主角；也正如灵魂之在这种哲学里至今和以往一样，仍是作为一个熟悉的人物可以不等通报而登堂入室。原来这种哲学是以工资俸禄，甚至是以宫廷顾问的头衔配备起来的哲学。这种哲学从它高耸的琼楼俯瞰着，四十年来根本就不把我这样的小人物放在眼里，也衷心唯愿摆脱康德这老头儿以及他的一些批判，〔因为〕这就可以神气十足地为莱布尼兹干杯了。——此外这里还得指出康德关于因果概念的先验性的学说是如何由休谟在这一概念上的怀疑所促成的，康德自己也承认是休谟促成的；康德对于一切思辨神学的批判可能也是以休谟对于一切通俗神学的批判为契机的。休谟在他的《自然宗教史》和《关于宗教的对话》中论证了通俗神学，这两本书都很值得一读，以致康德在某种意义上曾发心要为这两本书作补充。原来上述休谟的第一篇著作本是对通俗神学的一个批判，是要指出通俗神学的粗陋，另一面又要虔敬的指出理论的亦即思辨的神学为真纯的神学。但

康德却揭露了思辨神学的无根据，在另一面反而没有触动通俗神学，甚至在淳化了的形态中，作为以道德感为支柱的信仰还肯定了通俗神学。这种信仰后来却被搞哲学的先生们歪曲为理性的领悟，为上帝意识，或为悟性对于超感性之物，对于上帝的直观等等；而康德在他破除陈旧的，为人所尊重的谬误却又看到这事的危险性时，反而只是以道德观点的神学临时支起几根无力的撑柱，以便赢得走避的时间，不为〔危房的〕倒塌所伤。

至于说到论证的内容，则驳斥**本体论上**的上帝存在的证明根本就不还要什么理性的批判，因为没有感性学和分析学这样的前提，也很容易弄明白那种本体论上的证明除了是一种没有任何说 649
服力的，狡黠的概念游戏之外，什么也不是。在亚里士多德的《工具论》中已经有过完全足以驳倒本体论神学的证明那么一章，好像是有意为了这个目的而写的，这就是《后分析》第二篇的第七章。夹在别的东西之中那里明白写着：“‘实有’绝不属于事物的本质。”

在驳斥**宇宙论上**〔的上帝存在〕的证明时，这驳斥就是将讲述到那儿的批判学说应用到一个一定的场合之上，并且也没有什么〔可以〕反对的要回忆。——**物理神学的**证明只是宇宙论上的证明的扩大，是以后者为前提的，并且要到《判断力批判》里才有它详尽的驳斥。关于这一点我请读者们参阅拙著《自然界中的意志》里在《比较解剖学》这标题之下的项目。

康德在批判这些证明时，如已说过的，他只是和思辨的神学打交道，并且只限于学术的范围之内。如果与此相反，他在心目中还注意到生活和通俗神学，那么他就必须在三个证明之外再加上第四个证明。这第四证明在广大群众中本是最有力的证明，如用康德的术语则称之为**敬畏心理**的证明该是最恰当的了。这是基于下述论点的一个证明：人在比自己强大无限倍的，不可究诘的，常以灾害相威胁的自然力之前感到自己需要救助，力穷〔智竭〕，感到自己的依赖性；加以人的天性又有将一切拟人化的倾向，最后还希望以祈祷、谄媚和祭祀牺牲来达到一些什么目的。在人所从事的一切事务中原来总有点什么是超出我们的权力之外而不能由我们计算的东西，为自己获得这些东西的愿望就是神祇的来源。“唯有畏惧是信奉神的来源”是彼得罗尼乌斯①一句古老的真言。休谟所批判的主要的就是这一证明，在〔他〕上述的著作中根本可以将他
650 看作康德的先行者。——然则由于康德对思辨神学的批判而经常陷于窘境的人们〔自然〕就是那些哲学教授们了。他们是从信奉基督教的政府那里领取薪水的，〔当然〕不能置这首要的信条于绝境而不顾*。那么，这些先生们怎样替自己解围呢？——他们就正是肯定上帝的存在是自明之理。——原来如此！为了证明上帝的存在，在旧的世界既以良心上的损失为代价而作出过奇迹，新的世界〔又〕以悟性上的损失为代价而将本体论的、宇宙论的、物理神学

① Petronius，公元一世纪罗马尼罗帝的宠臣。

* 康德曾说过：“既要期待理性的启发和澄清，却又事先规定理性必须倒向哪一边，很不对头的就是这种事情。”（《纯粹理性批判》第一版第747页，亦即第五版第775页）与此相反又有我们当代一个哲学教授下面一段话天真地说：“如果一种哲学否认基督教一些基本观念的真实性，那么，这种哲学要么是错误的，要么，**即令是真的，毕竟还是作不得用的**——”对于哲学教授们这是可理解的。说这话的就是已故的巴赫曼教授，他在1840年7月份的《延纳文艺杂志》126期上这样不留神地泄露了他所有的同行〔奉为金科玉律〕的格言。同时就大学〔讲坛〕哲学的特点说，可注意的是真理在不迁就不屈从的时候如何〔被人们〕毫不客气的撵出了大门。人们说：“走罢，真理！我们不能拿你**作用**。我们该欠你什么吗？你给我们薪水吗？——那么，开步走罢！”

的证明送到战场上之后，——在这些先生们看来，上帝的存在就是自明之理了。于是他们又从这个自明之理的上帝来说明世界，这就是他们的哲学。

直到**康德**，在唯物论和有神论之间，也就是在或以为世界是由盲目的偶然〔性〕促成的，或以为世界是由一个在世界外按目的和概念而部署着，整饬着的心智促成的两种看法之间，确曾有过真正的两难之处；〔两难之外，〕"第三种〔可能〕是没有的"。因此无神论和唯物论就是一个东西了。因此又有这么一个疑问：是不是真能有无神论者呢？无神论者也就居然能够将大自然的，尤其是有机自然界的这么富于目的性的局面都算在盲目偶然的账上；作为例子大家请看培根的《论文集》(《虔诚的说教》)第一六篇《无神论》。在广大群众和英国人的意见里仍然存在着这种情况，在这些事情上英国人完全是属于群众一伙的。甚至英国的有名学者也有这种 651
情况，大家只要看看理查·涡文[①]的《比较骨骼学》1855 年版，序言第 11—12 页；他在这里依然还是处于两难之间，这两难一面是德谟克利特和厄壁鸠鲁，一面是这样一种**心智**，在这心智中"在人尚未进入他的现象之前就已存在着对一个像人这样的生物的认识了"。一切目的性必然是从一个心智出发的，在这一点上加以怀疑，他做梦也还没有想到。1853 年 9 月 5 日他以这里的序言为蓝本略加修改在〔法国〕科学院作了一次演讲，在演讲中他天真幼稚地说："目的论，亦即科学的神学"(1853 年 9 月科学院编辑)，在他看来两者干脆就是一个东西！如果说在大自然中有什么是合乎目

① R. Owen(1804—1892)，英国生物学家。

的的，就〔得说〕这是意图、思考、心智的产物，那当然，纯粹理性的批判〔也好〕，或者甚至是我论自然中的意志那本书〔也好〕，和这样一个英国人或这种科学院又有什么相干呢？这些先生们〔才〕不〔屑于〕降尊将就呢！这些显赫的同道们还看不起形而上学和日耳曼哲学：——他们还是抱住长褂子哲学〔不放〕。但那选言判断的大前提，亦即唯物论和有神论之间那种两难状态，所以有成立的可能却是基于现前世界即自在之物的世界，从而在经验的事物秩序之外更无其他的事物秩序这一假定的。可是在世界及其秩序已由于康德而成为仅仅是现象之后，而现象的规律主要的又基于我们悟性的形式，那么事物和世界的实际存在与本质就无须再按我们在世界中所觉知的或引起的变化而类比地加以说明了，而我们理解为手段和目的的东西也不必是从这样的认识的后果中产生的了。所以说在康德由于他在现象和自在之物两者间作了重要的区别而挖掉了有神论的墙脚时，他在别的方面却开辟了一条道路可以用完全不同的方式，意义深刻地说明〔宇宙人生的〕实际存在。

652 在谈到理性的自然辩证法那些最后宗旨的一章里，〔康德〕声称三个超绝观念作为校正的准则，校正〔人们〕对自然的知识之进步是有价值的。可是康德在这样说时未必就是严肃认真的。至少可说任何一个对于自然有研究的人不会怀疑这种说法的反面，也就是不怀疑这些假设①对于一切探讨自然的工作都有阻碍和窒息的作用。为了在一个例子上检验这一点，请大家考虑一下，看认定

① 指三个超绝“观念”。

一种灵魂作为非物质的、单一的、思维着的实体对于卡本尼斯[①]叙述得那么优美的真理，对于佛洛伦斯[②]、马歇耳·霍尔、查理·倍耳[③]的发现究竟是有促进作用的呢，还是必然极为有害的呢？是的，康德自己〔也〕说（《每一形而上学的导论》第四四节）："这些理性的观念和以理性来认识自然的那些准则是相反的，并且也是有害的。"——

康德能够在腓特烈大王治下发展起来又可以发表《纯粹理性批判》，这肯定是这位君主非同小可的一个功绩。在任何其他一个政府之下，一个拿薪俸的教授都很难有此胆量。到了这位伟大人君的继承人，康德就已经不得不提出不再著书的保证了。

在这里对康德哲学的伦理部分进行批判，就我于本批判后二十二年在《伦理学的两个基本问题》中已提出过更详尽更彻底的批判说，我本可以认为是多余的了。不过这里从第一版中保留下来的，单是为了完整性起见就已不可略去的〔这部分〕还可以作符合目的地预习后出的更彻底的那一批判之用。因此，主要的我还是请读者参看后出的那一批判。

以偏爱结构匀整的嗜好为准则，理论的理性也必须有一个对仗。经院哲学的实践理智就已是这个对仗的名称跃然纸上了，而实践理智又是从亚里士多德的实践理性（《精神论》第三篇第十章，又《政治学》第七篇第一四章："原来理性一面是实践的，又一面是理论的"）来的。然而在〔康德〕这里却完全是以此指另外一回事，

① Cabanis(1757—1808)，法国医学家和哲学家。

② Flourens(1794—1867)，法国生物学家。

③ Ch. Bell(1774—1842)，苏格兰解剖学家。

653 和〔亚里士多德〕那儿理性〔只〕是指技术而言的不同。在〔康德〕这里实践理性却是作为人类行为不可否认的伦理意义的源泉，作为一切美德，一切高尚胸怀的源泉，也是作为可以达到的任何一程度上的神圣性的源泉和来历而出现的。准此则所有这些美德和神圣性都是从**理性**来的，除理性外再不需要什么了。这样，合理的行为和道德的、高尚的、神圣的行为就会是同一个东西了，而自私的、恶毒的、罪恶的行为〔也〕就会只是不合理的行为罢了。不过任何时代，任何民族，任何语言总认为这两两之间很有区别，完全是两种东西。所有那些直到今天对于〔康德〕这新学派的语言还无所知的人们都是这样看，也就是除了一小撮德国学者之外的人们全世界都是这样看：他们将美德的生平行事和一个合理的生涯彻底理解为两种全不相同的东西。至于基督教崇高的发起人，他的生平可以确立为我们一切美德的模范，〔但〕如果说他曾是一个**最有理性的**人，人们就会说这是一种很不敬的，甚至是亵渎神圣的说法了。如果说耶稣的箴言仅仅只包含一些最好的指示使人有完全**合理的生活**，那么人们也会有同样的看法，几乎也要认为是亵渎神圣。再说，谁要是遵循这些箴言，不带任何其他目的，总是只解除别人当前的更大困难而不想到自己，不去预计自己将来的需要；是的，把他全部的所有都赠予贫苦无告，以便从此摆脱一切可以资用的东西而前去布道，以自己遵行的美德劝导别人；那么，这种事情受到任何人的崇敬都是对的，但是谁敢将这种事情作为**合乎理性**的最高峰来称道呢？最后还有阿诺德·冯·文克尔瑞德[①]，洋溢着豪

① 见本书正文第六七节第一段。

情侠意把敌人的梭镖抱作一捆戳入自己的胸膛，为他的同胞们获致胜利而〔使他们〕得免于危亡，谁〔又〕把这种事情当作一种突出合理的行动来赞扬呢？——与此相反，如果我们看到一个人，他从青年时代起就以罕有的谋虑致力于为无虞匮乏的家计，为妻儿子女的赡养，为在邻里中有一个好名声，为表面上的尊荣和显耀〔等 654
等〕获致各种凭藉；而同时他〔又〕不为眼前快乐的刺激，不为打击权贵气焰的技痒，不为因受辱或无辜丢脸而想报复的愿望，不为在精神上从事并无实用的艺术或哲学工作的吸引力，不为到值得观光的国家去旅行的吸引力——不为这一切以及类似的东西所惑，也不让这些东西把自己导入迷途以致一时失去〔他〕心目中的目标，而是坚决始终一贯地专心致志于这一目标；〔那么，〕谁又敢否认这样一个市侩真是非常有理性的呢？甚至于在他容许自己采取一些不光彩，但并无危险的措施时，人们也还是不敢〔否认他有理性〕。是的，还有：如果一个恶棍以考虑过的狡诈，按一个思想精密的计划为他自己获取了财富、荣誉，甚至坐上了龙椅，戴上了王冠，然后又以最细致的诡计使邻国都陷入他的罗网，一个一个压服了它们而自己却成了世界的征服者；同时他也不因为任何正义或人道的顾虑而有所动摇；而是以酷辣的一贯性践踏，捣毁着一切阻碍他计划实现的东西，毫无同情心地陷千百万人于各种的不幸，使千百万人死伤流血，却以南面之尊的气概酬谢他的随从和帮手，时时包庇着他们，从来不遗忘什么，这样终于达到了他的目的；〔那么，〕谁又看不到这样一个〔恶棍〕必然是特别合乎理性地在从事他的勾当呢？看不到如在拟订计划时需要强有力的理智一样，在计划的实施时也要求理性有完全的支配力呢？是的，还正式要求实践的

理性呢？——或者，那聪明多智、思虑周到、眼光远大的马基雅维利①给予人君的指示难道还不合乎理性吗？*

655 和恶毒很可以好好地同理性站到一起一样，并且也是在这一结合中恶毒才真可怕；反过来，高贵的情操有时也和非理性结合在一起。柯利奥兰奴斯②的事迹就可算作这种情况之一。为了向罗马人报仇，多年以来他把全部精力都花在这上面，可是后来在时机终于到来的时候，他又让自己给元老院的恳求，他母亲和妻子的哭泣软化了，放弃了那么长久，那么艰难准备起来的复仇〔计划〕；是的，甚至于因为他做过这样的准备反而将浮尔斯克人③不为无因的愤怒引到自己头上来了，他曾领教过这些罗马人的忘恩负义，也曾作过那么大的努力想要惩罚他们，可是现在他却〔要〕死在他们手里了。——最后，〔也是〕为了论述周遍，面面俱到而谈的是理性还很可以同“非理智”结合起来。譬如在人们选定了一个愚蠢的宗旨但又以〔坚定的〕一贯性来实行的时候，就是这种情况。腓力普二世的女儿伊萨白娜公主就为这种情况提供了一个例子。她曾发誓〔她的丈夫〕一天没有攻克奥斯特恩德〔城〕就一天不穿干净内

① Machiavelli(1469—1527)，意大利政治家，历史学家，著有《君王篇》。

* 这里顺便说几句：马基雅维利的任务是解决人君不怕内外有敌人，如何能够无条件的保有王位的问题。所以他所从事的绝不是一个人君在伦理上作为人应否这样做的问题，而纯是政治上假令人君要保有王位的话，如何措施的问题。他在这个问题上提出方案犹如人们写棋谱指示棋术似的，如果认为这些指示里缺少了道德上根本宜否博弈这问题的答案，那就傻了。责备马基雅维利说他的著作不道德，正等于向一个剑术教师提出质问，说他不合在传授剑术之前未曾先作道德的训词斥责谋杀和打死人的行为。

② Coriolanus，罗马传说中的贵族，反对平民。

③ Volsker，意大利土著，公元前538年为罗马人征服，这里用以指罗马人。

衣，她居然遵守了誓言，三年如一日。根本一切誓约都属于这一套，其来源是缺乏符合因果律的见解，也就是"非理智"；但人们既以这样有限的理智来宣誓，〔那么，〕遵守誓约倒并不因此就降低了合乎理性的程度。

和上述〔论点〕一致，我们还看到紧接康德之前出现的作家们把良心作为道德冲动的所在，放在和理性相对立的地位。在《爱弥儿》第四篇中卢梭就是这样做的〔，他说〕："理性可以骗我们，但良心绝不骗我们"；在该书稍后一点又说："从我们天性的后果来说明独立于理性之外的良心的直接原则，那是不可能的。"再后一点〔又说〕："我的自然情感是为公共利益说话的，但我的理性却把一切都联系到我自身〔的利益〕上来。——人们固然很想将美德单是建立在理性之上，人们究能为美德提供哪种坚固的基础呢？"——他在《散步中的梦想》第四次散步中说："在一切困难的道德问题上，我每次都是按良心的判断来解决的，〔并且〕解决得很好，比按理性的照明来解决要好得多。"——是的，亚里士多德就已明说（《大伦理学》第一篇第五章）各种美德都坐落于"精神的非理性部分"中而不是在"理性的部分"中。与此相符，斯多伯乌斯（《希腊古文分类选》第二卷第七章）在谈到亚里士多德学派时说："对于伦理上的美德，他们相信这是和精神的非理性部分有关的，因为在这方面他们认为精神是由两个部分，一个理性的部分和一个非理性的部分所组成的；又认为属于理性的部分则有：慷慨仗义，思虑周详，眼光敏锐，聪明智慧，学问渊博，记忆力强以及如此之类；另一面属于非理性部分的则有：节约寡欲，正直勇敢以及其他所谓伦理上的美德。"而西塞罗也作了广泛的分析，（《论神的本性》第三篇二六到三一

656

章)〔认为〕理性是搞一切罪恶活动必要的手段和工具。

我曾宣称**理性**即**概念的能力**。区别人和动物而以地球上的统治权授予人的就是这些完全构成另一类别的,一般性的而不是直观的,只以语言文字来象征,来固定的表象。如果说动物是眼前事物的奴隶,除了直接感到的动机之外不知有其他的动机,因而在这些动机出现在它面前时,就必然的或是被这些动机所吸引或是被这些动机所推开,一如铁之如磁石;那么在人则相反,人由于理性的禀赋发起了智虑。智虑使人在前瞻后顾时很容易全面地概览他的一生和世事的变迁,使人脱离眼前事物的羁绊,考虑周到而有计划地,审慎地着手干起来,不管是干坏事还是干好事。不过无论他做什么,他都是以充分的自我意识做的。他清楚地知道他的意志

657 是如何裁决的,知道他每次选择的是什么,按情况还可能有哪些其他的选择。并且是由于这种自意识的欲求他也认识了自己,在他的行动上反映了他自己。理性在所有这些与人的行为有关的方面,都可以称之为**实践的**,只在理性所从事的那些对象,对于思维着的人的行为不发生关系而仅有一种理论上的兴趣时,理性才是理论的,而这〔又只〕是极少数人所能做到的。在这种意义上叫做**实践理性**的东西,用拉丁文的 prudentia① 来表示颇为相近;据西塞罗说(《论神的本性》Ⅱ.22)这个字就是〔拉丁文〕providentia② 的缩写。与此相反的是〔拉丁文〕ration③,这若为一种精神的心力所使用,大概就意味着真正"理论的理性";不过古人并不严格地遵

① 即从思想出发的谨言慎行,行为妥当等。

② 即"先见之明",亦有"精明"、"中庸"之意。

③ 即思维上的理性或不加价值规定的理性。

守这种区别。——几乎所有一切的人，理性差不多单是只有一个实践的方面，不过如果实践理性也不要了，思想对于行为就失去了控制力；到了这种场合那就叫做“比较好的，我知道，我也赞美；但比较坏的，我就跟着走”，或是“在早晨我确定了自己的计划，到了晚上我还是做些蠢事”。那就是一个人不让他的行为由他的思想来指导，而是由眼前印象来指导，几乎是按动物的方式来指导行为；这样人们就说他是非理性的（并没有以此责备他在道德上不对的意思），而他也不是真正缺乏理性，不过是没有把理性用到他的行为上来罢了，所以人们可以在一定意义上说他的理性仅仅只是理论的而不是实践的。这时他很可以不失为一个好人，譬如有些人看不得不幸的人们，看见就要帮助他们，甚至不惜有所牺牲，但另一面却把自己的债务拖着不清偿。这种非理性的人物根本没有能力去做大坏事犯大罪，因为做这些事总少不了计划性，伪装和自我控制，但这些东西对于他来说，都是不可能的。不过要达到极高度的美德，他也难办得到；这是因为即令他在天性上再有向善的倾 658
向，然而任何人所不能免的，个别的，罪恶的和恶毒的冲动还是存在的，并且，如果理性不自陈为实践的，不以不变的准则和坚定的决心对抗这些冲动，这些冲动也必然要变为行动。

最后，理性之表现为实践的〔性质〕是在真正有理性的一些人物，因此人们在日常生活中就把这些人物叫做实践的哲学家。这些人特有的标志是一种不同于寻常的恬静心情，不管所发生的事情是令人不快还是令人欣慰〔，他们都不放在心上〕；是稳定的情绪和作出决定之后便坚持贯彻〔的精神〕。事实上这就是理性在他们这些人心中起着压倒的作用，也就是说他们偏于抽象而不近于直

观的认识；由此，他们对于生活便有了借助于概念的，一般在全盘和大体上的概览。理性一劳永逸地将生活的盖子揭开了，连同眼前一时印象的虚伪性，连同一切事物的变化无常，生命的短促，享受的空虚，幸运的消长以及偶然事故对人大大小小的恶作剧都揭穿了。因此在他们看来没有什么是意外的，凡是在抽象中已知道的，如果一旦个别地成为事实而出现于他们之前，都不能出其不意地使他们感到惊异，不能使他们丧失自制的能力，不像不如此有理性的人〔常〕有这种情况那样。眼前的、直观的、现实的东西对于后面这种人〔可以〕发挥这么大的力量，以致那些冷静的、暗淡无色的概念都退入意识的后台，而忘记了既定原则和规范的他们〔自然〕就要陷入各色各样的感触和激情中去了。我在本书第一篇结尾处已经讨论过斯多噶派的伦理学，依我看来这本来并不是别的什么，而〔只〕是指示一种在上述意义上真正合乎理性的生活。这样的生活也是霍雷兹在许多地方一再称颂过的。他的心不逐物也是属于这种生活的，还有德尔费〔神庙〕上的标语“勿感情用事”同样也是
659 属于这种生活的。“心不逐物”译作“什么也不惊奇叹服”是完全错误的。这一霍雷兹式的格言用意所在既不是理论的也不是实践的，实际上要说的是：“不要无条件的珍爱任何东西，不要看见什么就忘掉了自己，不要以为占有任何一物能够带来圆满的幸福：对于一件事物任何难以形容的欲望都只是作弄人的幻象，要摆脱这种幻象；与其靠挣来的占有〔权〕，毋宁靠弄明白了的认识，效果是一样，但更容易得多”。西塞罗也是在这种意义上来使用 admirari〔“羡物之情”这一词〕的（〔见〕《论预言》II. 2.）。所以说霍雷兹的意思是“〔大〕无畏”，是“不倾心”，也是“无动于衷”，而这些东西德

谟克利特早就已称之为最高的善了(见克利门斯·亚力山大的《古希腊罗马诗文集锦》II. 21,并比较斯特拉博 I. 第 98 页和第 105 页)。——〔总之〕在谈行动上的这种合理性时,是毫不涉及善恶问题的,不过也是由于这样在实践上应用理性才使人对动物而有的真正优越性树立起来了,并且也只有在这方面看才有意义,才容许说人有他的尊严。

在所有已论述过的和所有可以想得到的场合,合乎理性与不合乎理性的两种行为之间的区别归根结蒂仍在于动机是抽象的概念还是直观的表象。所以我对于理性所作的解释完全和一切时代一切民族的语言习惯相符,而人们也大不可将语言习惯当作什么偶然的或随便的东西看,而是要看清语言习惯是从每人对于不同的精神能力所意识到的那种区别中产生的;任何人说话都是符合这种意识的;不过,〔人们〕当然也没有把这种意识提升到抽象定义的明晰性罢了。我们的祖先造字,并不是没有赋予一定的意义,以便若干世纪之后才出现的哲学家们拿到现成的字,又由他们来决定每一字应作何解释。〔不,〕我们的祖先乃是以每一字标志完全有定规的概念的。所以这些词就不再是无主的了,而在这些词前此原有的意义之外另塞入一个完全不同的意义;那就叫做误用这些词,叫做发起一种特有用法〔——文学上滥用词汇的自由——〕,按这种用字法每人都可以任意的以一种意义来使用任何一个字,这就必然要引起无限的混乱。**洛克**就已详细地论述过哲学上的分
歧大多数都是由于误用词汇来的。为了解释清楚〔这一点〕,大家 660
只要看一看当今思想贫乏的自命哲学家的人们在实质、意识、真理以及其他等等字眼上搞出来的那种可耻的误用乱用〔情况〕。除了

最近代之外，一切时代的一切哲学家对于理性的说法与解释，和我对于理性的解释都是一致的，这种一致并不减于在一切民族中对于人的这一特权流行着的概念和我对此所作解释的一致。人们且看柏拉图在《共和国》第四篇和无数散见的地方叫做“合理思维能力”或“心灵合理思维部分”的东西，西塞罗所讲的东西(《论神的本性》III. 26—31)，以及本书第一篇在几处已引述过莱布尼兹、洛克关于这一点所讲过的东西。如果人们要指出康德以前所有的哲学家，总的讲来，是如何在我所讲的意义中来谈理性的，那就不胜枚举了；虽然他们还并不知道把理性的本质还原到一点而以充分的明确性和固定性来加以解释。苏尔则在他《哲学杂文》第一卷的两篇文章中，总起来指出了紧接康德出现之前人们在理性〔这概念〕之下所理解的是什么，其中一篇是《理性这概念的分析》，另一篇是《论理性和语言的相互关系》。在另一面，人们如果读到最近的时代，由于康德的错误所影响——这种错误后来像火山喷出熔岩似的扩散起来——〔有些人〕是如何谈到理性的，那么人们就会被迫去假定所有古代一切睿哲，以及康德以前的一切哲学家根本就不曾有过一点理性：因为现在〔为人们〕所发现的〔所谓〕理性的觉知、直观、了觉、冥悟〔等等〕对于他们都是陌生无法理解的，犹如蝙蝠的第六种官能之于我们一样。至于就我来说，我不得不承认在我的局限性中，我对于这种理性——直接觉知着，或也是了解着，或
661 以智力直观着超感性的东西，绝对的东西，以及与此相投的一些冗长故事中的那种理性——，我除了把它当作蝙蝠的第六官能之外，也和古人一样不能以别的方式来理解和想象。不过这一点却不能不归功于这种理性的发明或发现，即是说这种理性对于凡是它中

意的东西就立即加以直接觉知，也就是说这种理性是一个再好不过的权宜办法，借此就可以置任何**康德**及其“理性的批判”于不顾而以世界上最简便的方式使这办法本身及所偏爱的，已成定型的那些“观念”安然脱去〔理论的〕纠缠。〔我也要恭维，〕这种发明及其获得〔人们的〕承认给这时代带来了光荣！

所以**理性**的本质上的东西整个地，一般地固然是一切时代的一切哲学家已正确认识了的，不过还没加以严格的规定，也没有归结到一个解释罢了；与此相反的是他们并没弄明白什么是**悟性**，因此他们常把悟性和理性混淆了；也正是由于这样所以他们又未能十分完美地、简洁地说明理性的本质。由于理性和启示的对立，在基督教哲学家的手里理性这概念又获得一种十分生疏的副意义，于是许多人又从这种对立出发正确地主张单从理性，亦即没有启示也能认识到为善的义务。在这方面的考虑甚至对于康德的论述和用词遣字都肯定的有过影响。可是上述这种对立本是事实的、历史意义的〔东西〕，因而是与哲学不相干的一种因素，哲学也必须摆脱这种因素。

人们本可指望康德在他的纯粹理性和实践理性的批判中会从根本论述理性的本质出发，然后在既规定了“属”之后才进而解释〔这“属”之下的〕两个“种”，指出同是一个理性如何在两种那么不同的方式下表出它自己，可是由于保有主要的〔共同〕特征又仍得证明为同一个理性。然而关于这一切的〔论述〕〔他那儿〕一点也没
有。他在纯粹理性批判中对于他在批判着的这一〔精神〕能力屡次 662
随手拈来的那些解释是如何的不充分，如何摇摆不定和互不协调，那是我已经指出了的。在《纯粹理性批判》中，未经介绍就大谈其

实践理性，后来到了专为实践理性而设的批判中这就已经是既成事实了，〔康德〕没有再作交代，也没有让被蹂躏了的一切时代和一切民族的语言习惯，或前此最伟大的哲学家们〔对于〕这概念的规定发挥它们的作用。总的说来人们可以从个别〔散见〕的地方看出康德的意见之所在〔，他的意见是〕：对于先验原则的认识既被说成是理性的本质的特征，而对于行为的伦理意义的认识也不是以经验为来源的，那么这种认识也就是一个先验的原则，因而也是从理性发生的，于是在这种意义上理性也就是实践的了。——这样解释理性是不正确的，关于这一点我已充分地谈过了。不过即令把这一点置而不论，在这里单是利用“无待于经验”这唯一的标志来统一互不为谋到极点的东西，同时忽视它们之间其他方面的，基本重要的，无法测量的距离，那又是多么肤浅而无根据呢！这是因为即令假定——可不是承认——〔人们〕对于行为的伦理意义的认识是从一种位于我们〔心〕中的命令，从一个无条件的**应然**产生的，然而这样的应然和**认识的那些**普遍**形式**又是如何根本的不同啊！在《纯粹理性批判》里康德指出这些认识形式是我们先验意识着的，借此意识我们能够事先说出一个对于我们可能有的一切经验都起作用的绝对**必然**。可是在这个**必然**，一切客体在主体中既被决定的这一必有的形式和那道德上的**应然**之间还是有天渊之别；并且这区别是如此显著，以致人们虽然可以把两者在非经验的认识方式这一标志上的相同当作一个俏皮的对比，但不能把这一点确立为哲学上肯定两者同源的一个理由。

并且实践理性这个“婴儿”，这**无条件的应然**或绝对命令，他的
663 出生地却不是《实践理性批判》而是《纯粹理性批判》，见第一版第

802页，第五版第830页。〔这婴儿的〕诞生是很吃力的，只有用“因此”这把产钳才生了下来。这个“因此”冒失而大胆地，人们甚至要说不知羞耻地夹在绝不相干而没有任何联系的两个命题中间，把它们作为原因和后果接连起来。原来决定我们〔行为〕的不仅是直观的动机而且还有抽象的动机〔这句话〕乃是康德所从出发的那一命题；他是这样表示这个命题的：“决定人的意欲的不仅是引起刺激的东西，亦即不仅是直接使官能有所感受的东西，而是我们有一种能力，能以距离较远间接的有利或有害之物的表象来战胜我们官能欲求能力上的那些印象。这种考虑，就我们的整个情况考虑值得欲求的，亦即良好和有益的东西，乃是基于理性的。”（完全正确，但愿他经常是这样合乎理性地来谈“理性”！）“因此（！）这理性也产生了一些准则，这些准则就是〔道德〕命令，亦即自由在客观方面的规律，并且说出了什么是应该发生的，尽管这也许是绝不发生的。”——！就是这样，再没有其他证明文件，这绝对命令就闯进世界里来用它那无条件的应然——一根由“木的铁”制成的王笏——在世界上发号施令了。原来在应然这概念中一贯地，本质地就寓有以预定的惩罚或约定的报酬为必然条件的意味，这是不能和这概念分开的，分开就会取消这概念并剥夺其一切意义；所以无条件的应然是定语〔和名词〕的矛盾。尽管这个错误是和康德在伦理学上的伟大功绩紧密相连的，但仍必须加以驳斥。〔至于〕这个功绩却正是在于他把伦理学从经验世界的一切原则，也就是从一切直接间接的幸福论解放出来了，在于他十分别致地指出了美德的王国不是从这个世界来的。这一功绩，因为古代所有的哲学家——柏拉图是唯一的例外——，也就是亚里士多德派，斯多噶

派，厄壁鸠鲁派，都曾以极不相同的手法时而要按根据律使美德和幸福互相倚赖，时而要按矛盾律把美德和幸福等同起来，所以就更
664 加重大了。直到康德以前所有一切的近代哲学家也要受到同样的驳斥，不减于古人。所以康德在这一点上的功绩就很重大了，不过公道〔地说话〕也应在这里想到一方面有康德的申述与论证和他的伦理学的倾向与精神常不相符，这是我们随即就要看到的；另一方面却是他即令有功，但并不是使美德摆脱一切幸福原理的第一人。原来柏拉图，尤其是在他以此为主要倾向的《共和国》一书中，就已明白地教导说美德的选择只是为了美德自身，即令灾难和屈辱是不可避免地和这美德连在一起〔，亦在所不惜〕。不过基督教的传道更是着重一种完全不自私的美德，这种美德不是为了死后某种生活中的报酬，而是完全无偿的，是由于对上帝的爱而履行的；因为可以起作用的不是事功而只是信仰，美德有如只是信仰的朕兆而陪同着信仰的，所以美德的履行是全不要求报酬的，自发的。请参阅路德的《论基督教的自由》。〔关于这一点〕我还不想把印度人牵涉在内，〔尽管〕在他们那些神圣典籍中到处都已将为自己的事功而望报，描写为绝不能达到极乐世界的黑暗道路。我们觉得康德的道德学说还没有这么纯洁，或者更应说他的论证远远落在他的精神之后，甚至陷于前后不一贯。在他后来讨论**最高**善时，我们又看到美德和幸福搭配在一起了。原来被说成那么无条件的**应然**后来还是给自己订立了一个条件，这实际上是为了摆脱上述那一内在矛盾的，然而背着这个包袱，这种“应然”就不能成立了。于是他就说最高善之中的幸福固然不应该是〔履行〕美德的动机，然而还是有幸福在，好比是一项秘密条款，有此则一切其余的条款都成

为具文，都只是表面上的东西了。幸福并不是美德的正式报酬，然而总仍是一种自愿的赠品，对于这个赠品，美德在忍受过劳苦而完成功德之后是偷偷地伸着两手的。人们阅读《实践理性批判》（第四版的第223—226页，或罗森克朗兹版的第264—295页）就可使自己信服这一点。康德的整个道德上的神学也有着同样的倾向。665
正是由于这种倾向，可以说道德就消灭了它自己。原来，我再说一遍，一切美德如果是为了任何一种报酬而履行的，则都是基于一种机智的、有方法的、有远见的利己主义。

这绝对应然的内容，亦即实践理性的基本准则，就是为人们所称道的〔这句话〕：“你当如是行动，以便你那意志的行为规范在任何时候又都可当作一种普遍立法的原则。”——〔康德〕这一原则竟给那为他自己的意志要求一个准绳的人，分配了一个为一切人的意志寻找一个准绳的任务。——于是就得问如何去找这样一个准绳。显然，为了寻获我〔自己〕为人处世的规则，我应该不只是考虑我自己，而应考虑所有一切个人的全体总数。那么，不是我自己的福利而是一切人的福利，无分轩轾，就会是我的目的了。然而这一目的总还是福利。于是我就发现唯有每人都以别人的利己主义作为自己的利己主义的界限，一切人才能这样同等的过好日子。由此自然就会得出结论说：我不应该侵犯任何人，因为，在认定这是一个普遍原则时，我自己也不得被侵犯，而这就是我在尚未具有而正待寻找一个道德原则时，为什么能够情愿以此为普遍准则的唯一理由。可是显然的，在这种情况下，追求幸福的愿望，亦即利己主义，依旧是这一伦理原则的源泉。以此作为政治学的基础那是好极了的，以此为伦理学的基础那就不中用了。这是因为在这个

道德原则中除了责成〔一个人〕为一切人的意志确定一个准则之外，寻求这个准则的人自己必然也需要一个准则，否则他对于一切就会冷淡而无可无不可了。可是只有自己的利己主义才能是这个准则，因为别人的举动只是对准这利己主义而发的，并且因此也只有凭借这利己主义和朝这利己主义看，这个别人，就他对于自己的行为说，才能有一个意志，才不会对之漠然无所可否。在《实践理性批判》第一版的第 123 页（罗森克朗兹版第 192 页）康德自己很直率的使人看出这一点，他在这儿是这样申论为意志寻找规范的：
666 “在每人都是完全漠不关心地看着别人的困难时，如果你也同样在这样的世态中，你会在这一点上予以同意吗？”——“我们是如何轻率地批准了对我们自己有害的东西呵！”这就会是这里所问的同意与否的准则。在《道德的形而上学基础》第三版第 56 页，罗森克朗兹版的第 50 页，也有同样的申论：“一个决心不对任何一个在困难中的人假以援手的意志，由于可能发生一些情况，它又需要别人的情谊和关怀，这意志就会自相矛盾”如此等等。因此如果把这一伦理的原则看清楚了，这原则就不是别的而只是“己所不欲，勿施于人”这古老而简明的基本原则的一个间接的，加过修饰的说法罢了；所以这原则首先直接地也是指被动的，忍耐的方面说，然后以这些方面为手段才涉及行为。因此，如已说过的，作为建立国家的指南这原则倒是完全可用的；国家乃是为防止忍受不义而设的，并且也想为一切人，每一个人获致最大量的幸福。可是在伦理学中，研究的对象既然是作为行为论的行为，是在行为对于行为者的直接意义上说话，而不是行为的后果——对于这行为的忍受——，也不是行为对别人的关系，那么上面那种考虑就是绝不可容许的了，因为这种考虑在基本上仍然又归结到幸福原则上，也就是归结到利己主义上去了。

因此，尽管康德由于他的伦理原则不是具有内容的，亦即不是确立一对象以为动机的，而只是形式的，因而这伦理原则就和纯粹理性批判教给我们的那些形式上的法则匀整地对称起来了而感到快慰，但我们却不能和他共享这种快慰。这个原则当然不是一种行为准则而只是获致行为准则的公式。不过一方面我们已在“己所不欲，勿施于人”〔这句话〕中已有了这种公式，并且还要简明些；一方面这一公式的分析已指出赋予这公式以内容的仅仅只是对自己幸福的考虑，因此这公式也就只能为合乎理性的利己主义服务而已。而一切立法的来由也是归之于这种利己主义的。

另外还有一个错误，因为它同任何一个人的感情都相抵触，所以是常被驳斥的；席勒在一篇箴言诗里就曾加以讥刺。这就是那迂腐的规定，硬说一个行为，如果真要是善的，值得称颂的，那么这行为就仅仅只能是由于尊重已认识到的准则和义务概念，只能按 667
理性在抽象中意识到的规范来完成，而不是由于志趣，不是由于对别人怀有好意，不是由于好心肠的关怀，同情或一时的情绪高昂来完成的；说这些东西(《实践理性批判》第一版第 213 页，罗森克朗兹版第 257 页)对于善于思想的人们反而要干扰他们经过考虑的规范，甚至是很累赘的东西，行为则必须是勉强地在自我强制之下来完成的。请记住在〔这样完成一个行为的时候〕仍然要求不掺杂任何希望报酬之心，再请估量一下这种要求〔是如何〕太不合理。可是，更甚于此的是这种要求和美德的真正精神恰好相反。使一行为成为功德的不是行为〔自身〕，而是甘于这样做的心愿，而是这

行为所由产生的爱；无此〔心愿，无此爱〕则行为只是一种死板的机械操作。所以基督教也正确地教导说，如果不是从那种以真正甘于从事的心愿和纯爱为内容的纯正心志中产生的，则一切外在的事迹都是没有价值的；而使人获得天福和解脱的也不是“做过了的事迹”，而是信仰，而是单由圣灵所赋予，却不是那自由的，考虑周详的，心目中只有规律准则的意志所产生的纯正的心意。——康德要求任何有德行的行为都应该是从纯洁的，考虑过的尊重准则的心情中发生的；并且是按照这些准则的抽象规范，冷静地，没有情趣甚至和情趣相反而发生的。这种要求恰好等于人们主张任何真正的艺术品都必须是由于熟虑，妥当地应用美学规则而产生的。〔以上〕这两种说法彼此都是同样的错误。柏拉图和辛乃迦所讨论过的美德是否可以教得会的问题是应加以否定的。人们必须最后下定决心来体会基督教的“恩选”之说是从何而来的，体会美德在主要的方向，从内在〔精神〕上看，在一定意义上和天才一样都是天生的。犹如所有的美学教授以统一起来的力量也不能使任何一个
668 人具有〔创造〕天才作品——亦即纯真的艺术品——的能力一样，所有的伦理学教授和传道劝善的人也不能把一个不高尚的人物改造成一个有德的、高尚的人物。这种事情的不可能比炼白铅为黄金的不可能更明显得多；而要找到一种伦理学和伦理学的一个最高原则，可以影响实践而真正变化人类〔的气质〕，把人类改善，那就完全等于去找既可点石成金又能医治百病的仙丹。——然而人有不借助于抽象认识（伦理学）而借助于直观认识（“天惠作用”）来完全改变心境的可能性（再生），关于这种可能性我已在本书第四篇末尾详细谈过了；而第四篇的内容根本就使我没有必要在这里

浪费更多的时间。

至于康德并未钻进行为的伦理含蕴之本义，最后这也是他以他自己关于至善的学说指出来的。他以最高善为美德与幸福的必然结合，并且是以美德为幸福的尊严的外貌而结合的。这儿单是下面这一逻辑的责难就已击中了他〔的要害〕，就是说构成这里的标准的“尊严”这个概念是〔又〕已假定了一种伦理学为其标准的，因此也就不得从这一概念出发。在本书第四篇里曾得出结果说一切真正的美德在达到了最高的程度之后，最后则导致完全的绝欲，此时一切意欲都告结束了；幸福则与此相反，是满足了的意欲，所以〔美德和幸福〕两者是根本合不拢来的。对于已经洞悉我的论述的人，已无须再来分析康德关于至善这一见解的整个错误了。而独立于我的正面论证之外，我在这里再没有要提出来的反面论证了。

我们在《实践理性批判》中也看到了康德对于结构匀整的偏爱。原来他完全是拿《纯粹理性批判》的体制来处理《实践理性批判》的，并且还套用了原来的那些标题和形式。这显然都是任意的，在自由的范畴表中更可明晰地看到这一点。

《法学》是康德最晚期的著作之一，并且是如此无力的一本著 669
作，以致我虽然完全否定它，却认为对它进行辩驳是多余的；因为它，好像不是这个伟人的著作，倒像是一个普通凡夫俗子的作品似的，是必然会由于它自己的衰竭无疾而终的。因此，我是以反面论证的法学为旨趣而联系到正面论证的，也就是联系到本书第四篇所确立的简单法学纲要上面去。关于康德的法学这里只提出几点一般的评论就算了。在考察《纯粹理性批判》时我已驳斥过的，到处纠缠着康德的那些错误，在〔他的〕法学里竟如此泛滥起来，以致人们以为是在读着模仿康德口气的讽刺文，或至少也要以为是在听康德派〔的鹦鹉学舌〕。这里有两个主要的错误。〔第一，〕他要（此后还有许多人这样要）把法学和伦理学严格的加以划分，然而又不令法学依从于实际的立法，也就是不依从于任意的强制，而要保持法理概念的纯洁性、先验性和独立性。可是这是不可能的，因为〔人的〕行为，除了它的伦理上的重要性以外，除了对别人的物理关系以及由此而有的，对外在强制的关系而外，即令只是在可能范围内也绝不容有第三种看法。从而当他说“法理上的义务是可以加以强制的义务”时，那么这个“可以”要么就是作物理的来理解，则一切法理都是现行法的和任意的，也就是说一切可以见诸实行的任性就是法理了。要么这个“可以”就是作伦理的来理解，则我们又到了伦理学的领域里来了。所以康德的法理概念是徜徉于天渊之间而无一个立足之地的。在我这里，法理这概念是属于伦理

670 学的。第二，他对于法理概念的规定完全是消极的，因而也是不够的*；他说：“凡是按一个普遍的准则而和在人群中并存的个人的自由协调一致的，那就是合法的。”——自由（这里是指经验的自由，也就是物理性质的自由，不是指意志在道德上的自由）的意思就是不受阻碍，所以只是一种否定。而“并存”也完全是不受阻碍这个意义，于是我们就停留在许许多多的否定之上而得不到一个

* 虽然合法〔或“义”〕这概念和非法〔不义〕这概念对立，前者本是消极的，后者才是积极面的出发点，但这些概念的说明不可因此就始终都是消极的。

肯定的正面的概念了；是的，要不是我们已从别的方面知道了的话，根本还摸不着这里到底是在谈什么呢！——后来在细述中〔康德〕还展开了这样一些最荒谬的看法，如说在自然状态中，也就是在国家以外，根本无所谓所有权；这实际上就是说一切法权都是现行实际性质的，于是自然法倒要以现行法为根据而不是应该反过来的那种场合了；还有以占有为合法获致的根据，为制订公民权利法规的伦理义务和刑法的根据等等说法。所有这一切，如已说过的，我认为根本不值得加以反驳。后来康德这些错误也发生了一种极不利的影响。长期以来公认的，已成定论的真理又给弄糊涂混乱了，导致了奇奇怪怪的学说，许许多多的文章和争吵。这当然是不能持久的，而我们已经看到了真理和健全的理性如何在为自己扫清道路了。尤其是 J. C. F. 迈斯特尔的《自然法》和某些怪僻的理论相反，证实了这一点，虽然我并不因此就认为这〔本书〕是已够完美的模范。

在有了前此所说过的一切之后，我在**判断力批判**〔这问题〕上也就很可以从简了。人们不得不惊叹康德，〔这样一个康德，〕他对于艺术大概始终是很生疏的，从各种迹象看他对于“美”也像是很少接受力似的，加之他也许从没有机会看到一件有分量的艺术品，最后无论是从〔他〕那个世纪或是从〔我们〕这个民族来说，对于应该和他雁行的巨人兄弟歌德他也好像一无所知似的，——我说这就值得惊叹康德在这一切情况之下是怎么能够在关于艺术和美的哲学考察上获得一个重大而永久的功绩的。这一功绩在于〔以往〕 671
尽管对美和艺术作过那么多的考察，然而实际上人们总是只从经

验的立足点出发来看事物，以事实为根据来研究把叫做美的任何一类客体和同一类的其他客体区别开来的究竟是哪种特性。在这条途径上人们在开始时曾获得了一些极为特殊的命题，然后是更一般的命题。人们企图区别纯正的和非纯正的艺术美，企图找到这种纯正性的标志，于是这些标志也就又可当作规则使用了。什么是，什么不是作为美而使人愉快的；从而什么是应模仿的、应争取的，什么是应避免的；哪些规则，至少是在消极方面应该遵守的；一句话，什么是激起美学上的快感的手段，也就是说达到这一目的的是存于客体中的哪些条件；在过去这些〔问题〕几乎就包括了对艺术作任何考察时的〔全部〕题材了。亚里士多德曾采取过这条途径，最近代在同一条途径上〔走〕的我们还看到霍姆[①]，伯尔克[②]，文克尔曼，勒辛，赫德尔等等。已经获致的这些美学原理的普遍性最后固然也归结到主体上来，并且人们〔也〕看到如果在主体中的感应相当明白了，那么也就能够先验地决定这感应在客体中〔有什么样〕的原因了，也唯有如此这一考察才能获得一种科学的妥当性。这又不时一再引起心理学上的讨论，在这方面尤其是亚历山大·鲍姆迦登[③]确立了所有各种美的一般美学。他是从感性认识到的，也就是从直观认识到的完美性这概念出发的，可是在树立了这个概念之后，他随即也就把主观的一面丢开了，此后就走向客观方面和关系到客观方面的实践方面去了。——不过在这里也给康德保留了认真而深入地研究我们所以称客体为美而在我们心中引起

① Home(1696—1782)，英格兰哲学家。

② Burke(1729—1797)，英国政论家。

③ Baumgarten(1714—1762)，德国美学家。

的欣赏冲动本身，以便在有可能的时候在我们心性中找到这种冲动的组成部分和条件的功劳。因此康德的探讨完全采取了主观的 672
路线。这显然就是那条正确的路，因为要解释一个从后果中看出的现象，要彻底规定其原因的性质，就必须首先正确地认识这后果本身。然而康德的功绩，除指出了这条正确的道路，并以一种临时的尝试提出了人们大约应怎样走这条路的例子外，也并未超出〔这个范围〕太远。这是因为他所提出的东西并不能就看作客观的真理和实际的收获。他提出了研究〔美学〕的这个方法，开辟了道路，可是同时也迷失了目的地。

就美感的判断力批判说，首先迫使我们注意的事项就是康德保留了他全部哲学特有的，我在前面已详细考察过的方法；我的意思是指从抽象认识出发来探究直观的认识，从而好像是拿前者当作一间黑屋子用，以便把后者都收押在里面而加以忽视似的。和在《纯粹理性批判》中一样，他说判断的那些形式可以给他打开认识我们整个直观世界的大门，在这美感判断力批判里他也不从美自身，从直观的直接的美出发，而是从美的判断，从名称极为丑陋的所谓趣味判断出发的。他认为这就是他的总题。特别引起他注意的是这一情况，即是说这样一种判断显然是主体中的一个过程的陈述，然而同时却又是那么普遍妥当，就像是对客体中一种特性而言似的。使他惊绝的是这一点而不是美自身。他总是从别人的陈述，从〔人们〕对于美的判断，而不是从美自身出发的。因此，这就好像他完全只是从道听途说，而不是直接认识到美似的。一个冰雪聪明的盲人几乎也能同样地从他所听到的，关于色彩的一些精当的陈述构成一个色彩学说。而事实上我们也几乎只能用这种

比喻来看康德关于美的一些哲学理论。那么我们就会看到他的学说也很有意思，甚至一再作出了中肯的，正确的，一般的论述；但是
673 他对问题的正式解决却是这样不能容许的，是这么远远够不上这题材的尊严，以致我们想也不会想到把他得到的解决当作客观真理看。因此我甚至以为我可以省掉驳斥这一点〔的麻烦〕而在这里也指出本书的正文部分作参证〔就够了〕。

就他整个这一部书的形式方面说，应指出这形式是从这样一个念头产生的，亦即在目的性这概念中来找解决美的问题的钥匙。把这个念头加以引申，这倒并没有什么困难，我们从康德的追随者们那里已看到了这一点。这样，对于美的认识和对于自然物体符合目的的认识这个离奇的结合就产生在叫做**判断力**的这一个**认识**能力之中了，而性质不同的两个题材也合并到一本书里来论述了。在这以后，他又拿理性、判断力和悟性这三种认识能力玩了一些结构匀整的玩意儿取乐；他对于这些东西的嗜好根本就在这部书里有着多次的表现，在全书勉强按《纯粹理性批判》来配置的体裁中就已有了这种表现；但尤其是在辞不胜义，罗掘俱穷的美感判断力的二律背反中更为显著。而在《纯粹理性批判》中既已不断地重复着说悟性是用以判断的能力，既已把悟性的判断的诸形式作为所有一切哲学的奠基石之后，现在又跑出一个与此完全不同的，完全又是单独一种的判断力，人们也可拿这一点来责备他的前后不一贯。此外，至于我所谓判断力，也就是将直观认识翻译为抽象认识并正确地再把后者应用到前者上的能力，那是在本书正文部分里已论述过了的。

在《美感判断力批判》中远过于〔其他部分〕的最卓越的东西就

是关于壮美的学说，这和关于优美的学说相比，有着不可伦比的良好成绩；并且不仅是指出了这个研究的一般方法，而且也指出了一段正确的途径；已有了这样可观的成绩，即是说虽没有提出问题的真正解决，然而毕竟是很近乎问题的解决了。

因为题材的简单，人们在《目的性判断力批判》中也许要比在 674
任何其他地方更能认识到康德把一个思想翻来覆去的搬弄，以多种的方式来表达，直到由此而构成一部书的那种罕有的天才。全书所要〔说〕的仅仅只是这一点：尽管那些有机体在我们看起来必然都像是按一个在它们之先便早已有了的目的概念组成的，然而这并不使我们就有理由认为在客观上也是这样的。原来我们的智力，〔因为〕只是从外界间接地知道事物，所以绝认识不到事物所由发生和存在的内部，而只认识到事物的外表，〔所以〕不能以别的方式理解有机自然产物专有的某种本性，除非是用类比法来比较这些有机物和人有意制作的器物，而这些器物的性能就是由一个目的和这目的的概念所规定的。这一类比已足以使我们理解有机物体的部分对全体的协调，由此甚至还足以得出研究它们的线索；可是绝不可因此就把这一类比当作说明这些物体的来源和实际存在的根据。这是因为不得不这样来理解这些体物的必然性是从主观方面来的。——我大约就是这样来总述康德在这方面的学说的。〔其实〕就主要的方面说，他在《纯粹理性批判》第一版第 692 至 702 页，第五版第 720 至 730 页就已阐述过这一学说。但是就这一真理的认识说，我们也看到休谟是康德的值得称誉的先行者。休谟在他的《关于自然宗教的对话》的第二部分中也尖锐地驳斥了上述那个假定。在休谟和康德两人对于那假定的批判之间的区别

主要是休谟把那假定当作基于经验的，康德则相反，是把它当作先验的来批判的。两个人都有道理，他们的论述也互相补充。我们在辛普利栖乌斯①对亚里士多德的《物理学》所作的注释中便看到康德这一部分学说的实质已经给说出来了："可是就他们〔德谟克利特和厄壁鸠鲁〕说，错误的发生是由于他们认为一切为了一个目的而发生的事物只能是基于预定意图和〔事先〕考虑的，然而他们
675 又理解到自然界的产物并不是在这种情况下产生的。"（《亚里士多德学说论》，摘自《亚里士多德全集》柏林版第 354 页）康德在下面这一点上完全是正确的，并且也有必要在既已指出原因和后果的概念，按大自然的实际存在根本不能用之于大自然全体之后，就还得指出大自然，按其本性说亦不得设想为一个从动机（目的概念）引出的原因之后果。人们如果考虑到物理学上的神的证明有巨大的近似性，甚至**伏尔泰**也认为是驳不倒的证明，那么极其重要的是指出我们理解中的主观的东西——康德曾以空间、时间和因果性属之于这些主观的东西——对于我们判断自然物体也是起作用的，从而要把这些物体设想为预定的，按目的概念而为我们所产生的必然性，也就是在**先有这些物体的表象而后有这些物体的存在**这条道路上产生的这种必然性——我们所感到的必然性——和〔人们〕对于那么客观地自呈着的空间的直观一样同是发源于主观的，因而都不可当作客观的真理。康德对于这一点的分析，除了令人困倦的散漫和重复〔之处〕以外，却是很卓越的。他正确地主张我们绝办不到只从单纯的机械原因来解释有机物体的本性，而在

① Simplicius，公元六世纪人，新柏拉图派哲学家。

机械原因之中，他所理解的也就是所有一般自然力的无意图而有
规律的作用。不过我觉得这里还有一个漏洞。原来他所以否定这
种解释的可能性，只是从**有机体**的目的性和看得出的意图着眼的。
可是我们却看到即令在没有目的和意图的地方，也不能把说明大
自然**这一领域**的根据扯到另一领域去，而是我们一旦又走入一个
新的领域时，这些用以说明的根据就不顶事了；代之而起的是一些
新的基本原理，而要从原来的原理来解释这些新原理，那是根本无
望的。譬如在真正机械性的领域内起作用的就是重力的、吸引力
的、固体性的、液体性的、弹性的规律；而这些规律（姑不论我把一 676
切自然力说成是意志较低级别的客体化）就其自身说又是作为不
能再加以解释的那些力的表现而有的，其本身则构成所有其他一
切专以还原到这些规律为事的，进一步的说明的原理。如果我们
离开这一领域而转向化学作用的现象，电、磁、结晶〔等〕现象，那么
原先那些原理就完全不能再作用了，是的，原先那些规律也再无效
了；原先的那些力又被别的一些力所排挤，〔新〕现象又按新的基本
原理出现，和原先那些力正相反；而这些新的基本原理也正和原先
的那些基本原理一样，是原始的，不能说明的，也就是不能还原到
更普遍的基本原理。譬如说如果按原来的力学规律来说明，即令
只是说明一种盐类在水中的溶解也办不到，更不用说〔用以说明〕
其他更复杂的化学现象了。所有这一切都是在本书第二篇里详细
论列过了的。我认为这种讨论对于目的性判断力的批判曾有过很
大的好处并有助于弄明白那儿说过的东西。这样的讨论对于康德
那一卓越的提示尤其有利。那提示意味着本体自身的显现即自然
界的事物，在大自然的机械（规律的）作用中如此，在貌似有意的作

用中也是如此；而对于这本体自身的一种更深刻的认识就会发现同一个最后原理可以作为说明（机械作用与目的作用）双方共同的根据之用。希望我由于确立意志为真正的自在之物就已提出了这样一个最后原理。准此，根本说起来，在我们的第二篇及其补充中，特别是在拙著《论自然中的意志》里，对于整个自然界那种看得到的目的说，谐和、协调〔等等〕的内在本质的理解也许是已经很透彻，更深刻的了，因此，对于这一点我在这儿也就再没什么要说的了。——

对于康德哲学的这一批判感到兴趣的读者不妨再读一读拙著《附录和增补》第二卷第二篇中以《对康德哲学还有的几点解释》为

677 题而对这一批判所作的补充。这是因为人们必须考虑到我的著作在数量上虽很少，却不是同时，而是在漫长的一辈子中以巨大的间歇先后写成的；因此人们就不得期待凡是我在同一个题材上说过的东西都会在同一个地方。

叔本华生平及大事年表

1788 年 2 月 22 日:阿瑟・叔本华生在但泽(今波兰格坦斯克)一个大商人家里,父亲叫海因里希・弗洛里斯・叔本华,母亲叫约翰娜・亨利埃特,娘家姓特罗西纳。

3 月 3 日:受洗礼于圣玛利亚教堂。

阿瑟和他母亲一起迁居奥里瓦庄园,他在那儿度过了童年。

康德:《实践理性批判》。

1789 年 阿瑟的外祖父克里斯蒂安・海因里希・特罗西纳租进斯图特庄园。

3 月 4 日:美国宪法公布。

5 月 5 日:法国在凡尔赛召开三级会议,这是自 1614 年来举行的第一次三级会议。

6 月 17 日:法国第三等级组成国民议会(即 1789—1791 年的制宪议会)。

6 月 20 日:国王封闭国民议会会场,代表们在网球场集会,宣誓“非俟宪法制成,议会绝不解散”。史称“网球场宣誓”。

7 月 14 日:攻占巴士底狱。

1790 年 2 月 20 日:奥地利皇帝约瑟夫二世去世,利奥波特二世继位。

1791 年 1 月 15 日:奥地利诗人弗朗茨・格里尔帕尔泽诞生。

4 月 2 日:法国第三等级代表米拉波伯爵去世。

6 月 20—25 日:法国王阴谋逃跑,但在发棱被发现,押回巴黎。

8 月 27 日:庇尔尼茨宣言。普鲁士国王弗里德里希・威廉二世和奥地利皇帝利奥波特二世决定支持法国君主专制。

12 月 5 日:莫扎特逝世。

1792—1797 年 第一次联盟战争。

1792 年 3 月 1 日:利奥波特二世去世。其子弗朗茨一世成为罗马—德意志帝国皇帝。

8 月 10 日:法国“无套裤汉”革命群众攻进巴黎土伊勒里宫。

9 月 20 日:法国革命军在瓦尔密力挫普鲁士军,普军撤退。

法军占领中莱因区。攻进比利时。

1793 年 1 月 21 日:法国国王路易十六被处决。普鲁士,奥地利,英国,荷兰,西班牙,葡萄牙,撒丁和那不勒斯组成第一次反法联盟。

波兰被第二次瓜分。但泽,波森(即波茨南)等被划归普鲁士。国王弗里德里希·威廉二世决定封锁但泽。

在但泽被占领前不久,叔本华一家离开了该市,迁往汉堡,住旧城新街 76 号。

6 月:汉堡开办了第一个德国公共浴室——“浮船浴场”。

7 月 13 日:让·保尔·马拉被杀。

9 月:法国恐怖统治。

10 月 16 日:法国王后被处死。

12 月 23 日:阿瑟的祖父安德烈亚斯·叔本华去世。

歌德:《莱纳克狐》。

1794 年 3—4 月:阿瑟的叔叔约翰·弗里德里希·叔本华在但泽去世。

4 月 5 日:丹敦和德穆兰被处死。

7 月 28 日:圣·鞠斯特和罗伯斯庇尔被送上断头台。

1795—1799 年 法国督政府统治。

1795 年 4 月 5 日:法国和普鲁士签订巴塞尔和约。波兰被第三次瓜分。

12 月 21 日:德国历史学家利奥波特·冯·朗克诞生。

1796 年 叔本华家搬到汉堡新万德拉姆街 92 号。拿破仑进军意大利。

11 月 17 日:俄国女沙皇卡塔琳娜去世。保尔一世继位。

歌德:《赫尔曼与多罗特娅》。

1797 年 阿瑟的外祖父克里斯蒂安·H. 特罗西纳去世。

1 月 10 日:德国女诗人安内特·冯·德罗斯特—许尔霍夫诞生。

1 月 31 日:法朗茨·舒伯特诞生。

6 月 12 日:叔本华的妹妹路易丝·阿德莱特·拉维尼亚(阿德勒)诞生。

7 月:阿瑟和父亲一起去巴黎和勒阿弗尔。他在那儿在格雷戈勒·德布雷西曼家住了二年,和德布雷西曼的儿子安提姆交上了朋友。学习法语和法国文学。

9 月 4 日:拿破仑政变。

10 月 4 日:瑞士现实主义作家耶雷米亚斯·戈特黑尔夫诞生。

10 月 17 日:法国和奥地利签订坎波—佛米奥和约。

12 月 13 日:海因里希·海涅诞生。

1798—1799 年 拿彼仑出征埃及。

1798 年 1 月 19 日:法国哲学家奥古斯特·科姆特诞生。

2 月 13 日:浪漫派作家威廉·海因里希·瓦肯罗特去世。

2 月:波拿巴计划在勒阿弗尔造船厂制造大炮和舰船。

1799—1802 年 第二次反法联盟战争。

1799 年 马蒂亚斯·克劳迪乌斯匿名发表《致我的儿子 H.》。

春季:阿瑟·叔本华的朋友戈德弗里特·雅尼施死于汉堡。

5 月 20 日:巴尔扎克诞生。

8 月:叔本华因法国的政治形势经海路回到汉堡。进龙格博士办的私立学校学习,直至 1813 年。和商人的儿子沙里士·戈特弗劳伊,酒商的儿子格奥尔格·克里斯蒂安·洛伦茨·迈尔交上朋友。

11 月 9 日:拿破仑政变。

1800 年 叔本华家去布拉格和卡尔斯巴德旅行。在魏玛会见席勒,在柏林会见伊夫兰德。

10 月 17 日:返回汉堡。

1801 年 2 月 9 日:法国和奥地利签订吕内微尔和约。

丹麦对汉堡的占领结束。

约翰·海因里希·威廉·蒂施拜因迁往汉堡。

3 月 22 日:克洛普施托克在汉堡诞生。

3 月 23 日:沙皇保尔一世被刺。亚历山大继位。

3 月 25 日:浪漫派诗人诺瓦利斯去世。

12 月 11 日:德国戏剧家克里斯蒂安·迪特里希·格拉贝在德特莫尔特

诞生。

1802 年 叔本华阅读让·巴底斯特·罗范·德·高乌雷的《福布拉骑士的爱情冒险》。

2 月 26 日:维克多·雨果诞生。

3 月 26—27 日:法国和英国签订阿眠和约。

7 月 24 日:大仲马诞生。

8 月:拿破仑规定自己终身任第一执政。

8 月 13 日:奥地利诗人尼古拉斯·雷瑙诞生。

1803 年 2 月 25 日:雷根斯堡《全帝国专使会总决议》。

3 月 14 日:德国诗人弗里德里希·戈特利布·克洛普斯托克去世。

叔本华根据父亲的意愿决定不上文科学校学习,决定将来不当学者。他开始了一次长达数年的旅行,周游了荷兰,英国,法国和奥地利,并开始学习经商。

5 月 3 日:踏上旅途。

5 月 18 日:英国对法宣战。

5 月 26 日:法国进军汉诺威。

6 月 30 日—9 月 20 日:叔本华在温布尔登的住宿学校学英语。

9 月 28 日:梅里美诞生。

12 月 18 日:约翰·戈特弗里德·冯·赫尔德去世。

1804 年 2 月 12 日:伊曼努尔·康德去世。

6 月 19 日:叔本华家在奥地利布劳瑙。

8 月 25 日:结束在国外的旅行。

9 月:叔本华在但泽住了三个月。在巨商雅各布·卡布隆处学习,卡布隆后来创办了商业学院。

9 月 8 日:德国诗人爱德华·默里克诞生。

12 月 23 日:法国文学批评家,作家圣佩韦诞生。

1805 年 第三次反法联盟战争。

年初:叔本华在汉堡大商人马丁·约翰·耶尼施那儿学习。他还听龙格博士的神学讲演。

4 月 20 日:叔本华的父亲自杀(?)。

5 月 9 日:席勒去世。

8 月:约翰娜·叔本华将新万德拉姆街的房子出卖。全家迁往科尔霍夫街 87 号。

10 月 21 日:奈尔逊在特拉发加海角战胜法国和西班牙的联合舰队。

10 月 23 日:奥地利诗人阿达贝特·施蒂夫塔诞生。

12 月 2 日:奥斯特里支战役。拿破仑获胜。

12 月 15 日:申布龙条约。

12 月 26 日:普勒斯堡和约。奥地利割让属地,承认拿破仑为意大利国王。

1806 年 第四次反法联盟战争。

5 月:约翰娜·叔本华在魏玛。

阿瑟青年时代的朋友安迪墨来汉堡学习经商。

7 月 12 日:在法国领导下的莱茵同盟成立。

8 月:罗马—德意志帝国皇帝弗朗茨二世逊位。

9 月 21 日:阿德勒和约翰娜·叔本华最终迁居魏玛。

约翰娜·叔本华和歌德交好。

10 月 14 日:耶拿和奥尔斯塔特之战。法军获胜。

菲希特:《论天国的生活》。

1807 年 5 月底:叔本华离汉堡经魏玛去戈塔。和卡尔·路德维希·费尔瑙交上朋友。

6 月:开始在戈塔文科中学跟弗里德里希·雅各布兄弟学习。叔本华住在卡尔·戈特霍德·棱茨教授家里。

7 月 7 日—9 日:法、俄、普提尔西特和谈。威斯特法伦王国和华沙大公国建立。

12 月:一首嘲笑克里斯蒂安·费迪南德·舒尔策的讽刺诗使叔本华极为不满。他离开文科中学,迁居魏玛。和作家约翰内斯·丹尼尔·法尔克,剧作家扎哈里亚斯·维尔纳相识。

菲希特:《告德意志公民书》。

1808—1814 年 拿破仑对西班牙和葡萄牙的战争。

1808 年 9 月:叔本华和丹尼尔·法尔克亲见了沙皇亚历山大和拿破仑在爱

尔富特的会见。

12 月 4 日:卡尔·路德维希·费尔瑙去世。

法国浪漫派诗人德·尼瓦尔诞生。

德国诗人海因里希·克莱斯特主办的杂志《菲比斯》(太阳神阿波罗的别名)出版。

1809 年　2 月 3 日:叔本华和卡罗琳·耶格曼同时在魏玛参加一次假面舞会。

2 月 22 日:叔本华成年。

5 月 31 日:约瑟夫·海顿去世。

奥地利反法战争。

5 月:拿破仑在阿斯本战败。

7 月 5 日—6 日:瓦格拉姆战役。拿破仑打败奥军。

10 月:申布龙和约。

10 月 7 日:叔本华去哥丁根,并于 10 月 9 日开始在那儿学医。和后来任普鲁士驻梵蒂冈、驻伦敦大使克里斯蒂安·卡尔·约西亚斯·冯·邦森,以及威廉亚姆·巴克豪泽·阿斯泰尔结识。叔本华的哲学老师是弗里德里希·博特韦克和戈特洛布·恩斯特·舒尔策,在舒尔策的指导下,他研读了柏拉图和康德的著作。柏林大学开办。

歌德:《亲和力》。

1810 年　3 月 1 日:波兰音乐家肖邦诞生。

6 月 8 日:德国音乐家罗伯特·舒曼诞生。

6 月 17 日:德国诗人费迪南德·弗赖里格拉特诞生。

约翰娜·叔本华著的《C. L. 费瑙传》出版。

1811 年　复活节:叔本华和克里斯蒂安·邦森在魏玛。

9 月:叔本华开始在柏林大学学习两年,约翰·戈特里布·菲希特在大学执教。叔本华研究菲希特哲学。

和动物学教授马丁·海因里希·利希腾施泰因结下友谊。

10 月 22 日:匈牙利音乐家弗朗茨·李斯特诞生。

11 月 21 日:海因里希·冯·克莱斯特去世。

1812 年　3 月 28 日:法军进驻柏林。

夏季学期，叔本华和德国哲学家、神学家弗里德里希・恩斯特・丹尼尔・施莱马赫尔发生争论。

6 月 24 日：法军开始进兵俄国。

夏季：叔本华经魏玛和德累斯顿去坦普立兹旅行。

9 月 17 日：莫斯科大火。

10 月 17 日：阿达贝特・冯・沙米索(后来成为诗人和自然科学家)被柏林大学录取。

10 月—11 月：拿破仑军队从俄国撤回。

1813—1814 年 德国解放战争。

1813 年 1 月 20 日：德国诗人克里斯多夫・马丁・维兰去世。

3 月 18 日：诗人弗里德里希・黑贝尔诞生。

5 月 2 日：吕策和格罗斯戈森战役时，叔本华逃出柏林。

5 月 5 日：丹麦神学家和哲学家泽伦・克尔凯郭尔诞生。

5 月 11 日：拿破仑在德累斯顿。

5 月 22 日：叔本华在德累斯顿。

5 月 22 日：德国音乐家里夏德・瓦格纳诞生。

6 月：叔本华在魏玛撰写博士论文。

10 月 16 日—19 日：莱比锡大会战，拿破仑失败。

10 月 17 日：德国诗人、戏剧家格奥尔格・毕希纳诞生。

10 月 31 日：莱茵同盟解体。

11 月 5 日：叔本华回到魏玛他母亲家里。

11 月底：歌德赞赏叔本华的成就。他们进行了长谈，专门讨论了歌德的颜色理论。

1814 年 1 月 19 日：约翰・戈特利希・菲希特去世。

3 月 31 日：联军攻入巴黎。

4 月 6 日：拿破仑退位，被囚在地中海厄尔巴岛。

4 月 10 日：路易十八即位，波旁王朝复辟。

4 月：叔本华和他母亲的争吵达到顶点。

4 月 30 日：《哥丁根学报》发表了对叔本华哲学著作的第一篇评论。

5 月：叔本华和他母亲彻底决裂。叔本华离开魏玛，后在德累斯顿住了

四年。和泛神论者卡尔·克里斯蒂安·弗里德里希·克劳泽，画家路德维希·西吉斯蒙德·鲁尔，作家赫尔曼·冯·皮克勒—穆斯卡乌，费迪南德·弗赫尔·冯·比登费尔特认识。

5 月 30 日：联军和法国签订第一次巴黎条约。

11 月：维也纳会议开幕。

1815 年　撰写《论视觉和颜色》(1816 年印刷)。

1 月 21 日：德国诗人马蒂亚斯·克劳提乌斯去世。

3 月 1 日：拿破仑在法国登陆。"百日政变"开始。

4 月 1 日：奥托·冯·俾斯麦诞生。

6 月 8 日：维也纳会议和"德意志同盟"组成。

6 月 18 日：滑铁卢之役。

6 月 22 日：拿破仑第二次退位。

9 月 26 日："神圣同盟"建立。

11 月 20 日：第二次巴黎和约。

1816 年　叔本华住在德累斯顿郊区的奥斯特拉大街。

1818 年　3 月：完成《作为意志和表象的世界》的初稿。

5 月 5 日：卡尔·马克思诞生。

5 月 31 日：德国诗人格奥尔格·赫尔韦格诞生。

8 月：叔本华为他的主要著作《作为意志和表象的世界》撰写前言。亚琛会议。占领军提前从法国撤出。

9 月 14 日：德国作家特奥多尔·斯托姆诞生。

10 月 22 日：德国教育家，作家约阿希姆·海因里希·卡姆佩去世。

秋季：叔本华去意大利旅行。

10 月—11 月：在威尼斯。

12 月：在佛罗伦萨。

1819 年　年初：《作为意志和表象的世界》由 F. A. 勃洛克豪斯出版。

1 月—2 月：叔本华在罗马。

2 月—4 月：叔本华去庞培等地旅行。

3 月 23 日：德国戏剧家奥古斯特·冯·柯采布埃被大学生 K. L. 赞特谋杀。

叔本华从罗马经意大利北部(佛罗伦萨,威尼斯和维罗那)回到瑞士。

7 月 19 日:瑞士诗人戈特弗里德·克勒尔诞生。

8 月 25 日:叔本华重返德累斯顿。

但泽亚伯拉罕·路德维希·穆尔商号倒闭,叔本华家因而发生财政危机。

10 月:维也纳《文学年鉴》和魏玛《文学周刊》发表了第一批对《作为意志和表象的世界》的否定性评论。

12 月 30 日:德国诗人和戏剧评论家特奥多尔·冯塔纳诞生。

12 月 31 日:叔本华申请在柏林大学当哲学讲师。

1820 年　1 月 29 日:英王乔治三世去世。其子乔治四世继位。

叔本华和黑格尔发生争执。叔本华第一个,也是唯一的一个讲座《整个哲学就是关于世界的本质和人的精神的学说》失败。

5 月 15 日:维也纳会议决议。德意志邦联建立。

11 月 28 日:弗里德里希·恩格斯诞生。

柏林新剧院开幕。

西班牙、葡萄牙革命爆发。

1821—1829 年　希腊独立战争。

1821 年　韦伯的《魔弹射手》在柏林首演。

1 月:神圣同盟莱巴赫会议。

4 月 7 日:法国诗人卡勒斯·波德莱尔诞生。

5 月 5 日:拿破仑死于圣海伦拿岛。

12 月 12 日:法国作家古斯塔夫·福楼拜诞生。

黑格尔发表《法哲学原理或自然法和国家学纲要》。

1822 年　1 月 6 日:德国考古学家海里利希·谢里曼诞生。

5 月 27 日:叔本华经瑞士去米兰和佛罗伦萨旅行。

6 月 26 日:德国诗人、音乐家 E. T. A. 霍夫曼去世。

1823 年　1 月 17 日:德国戏剧家扎哈里亚斯·维尔纳去世。

5 月 3 日:叔本华在特里恩特。后经慕尼黑返回。

7 月 5 日:约翰娜·叔本华剥夺叔本华的继承权。

12 月 2 日:美国发表《门罗宣言》。不准欧洲国家干涉美洲事务。

1824 年　5 月 26 日—6 月 19 日:叔本华在加施泰因浴场治病。

9 月:叔本华在德累斯顿。

9 月 4 日:奥地利作曲家安东·布鲁克纳诞生。

9 月 16 日:路易十八去世。查理十世继位。

1825 年　4 月 11 日:费迪南德·拉萨尔诞生。

5 月 19 日:圣西门去世。

11 月 14 日:德国诗人让·保尔去世。

12 月 1 日:沙皇亚历山大一世去世,由其弟尼古拉继位。

1826 年　2 月 14 日:德国作家约翰内斯·丹尼尔·法尔克诞生。

3 月 29 日:威廉·李卜克内西诞生。

夏季学期:叔本华最后尝试举行讲座。

1827 年　2 月 17 日:瑞士教育学家约翰·海因里希·裴斯泰洛齐去世。

3 月 26 日:贝多芬去世。

1828 年　9 月 9 日:列夫·托尔斯泰诞生。

11 月 19 日:舒伯特去世。

1829 年　叔本华翻译西班牙哲学家巴尔塔扎尔·格拉西恩的《处世预言》。出版商勃洛克豪斯拒绝接受出版。

1 月 12 日:德国浪漫派作家弗里德利希·冯·施莱格尔去世。

7 月 26 日:名画《歌德在加姆班格》的作者约翰·海因里希·威廉·蒂施本去世。

歌德完成《威廉·迈斯特的漫游年代》。

1830—1831 年　波兰革命。

1830 年　6 月 25 日:英王乔治四世去世,其弟威廉四世继位。

7 月 26 日:法国七月革命。查理十世退位,并逃往英国,路易·菲力普继位,建立“七月王朝”。

1831 年　1 月 21 日:德国浪漫派诗人阿兴姆·冯·阿尼姆去世。

8 月 25 日:叔本华因惧怕霍乱病而离开柏林。

9 月 8 日:德国诗人威廉·拉贝诞生。

11 月 14 日:格奥尔格·W. Fr. 黑格尔因霍乱死于柏林。

年底:叔本华在法兰克福。

1832 年　3 月 22 日:约翰·沃尔夫冈·歌德去世。

5 月 27 日:汉巴哈大会,号召为建立统一的德意志共和国而斗争。

从 7 月起,叔本华在曼海姆。

9 月 21 日:苏格兰诗人瓦尔特·司各特爵士去世。

1833 年　5 月 7 日:约翰内斯·勃拉姆斯诞生。

7 月 6 日:叔本华定居在美因河畔法兰克福,在那儿度过了他余生的二十八年。

1834—1839 年　西班牙卡罗斯党人战争。

1834 年　"德意志关税同盟"建立。

2 月 12 日:德国哲学家和神学家弗里德里希·施莱马赫尔去世。

1835 年　叔本华撰写《自然界中的意志》。

3 月 2 日:奥地利皇帝弗朗茨一世去世,费迪南德一世继位。

4 月 8 日:威廉·冯·洪堡去世。

1836 年　9 月 12 日:德国戏剧家克里斯蒂安·迪特里希·格拉贝去世。

1837 年　撰写《致建立歌德纪念碑委员会》一文。

2 月 10 日:亚历克赛·普希金在决斗中丧生。

2 月 12 日:德国作家路德维希·别尔内去世。

2 月 16 日:德国戏剧家格奥尔格·毕希纳去世。

4 月 3 日:德国神学家弗里德里希·海因里希·克里斯蒂安·施瓦茨去世。

6 月 20 日:威廉四世去世。维多利亚女皇继位。

1838 年　2 月:德国戏剧家格斯滕贝格诞生。

4 月 17 日:约翰娜·叔本华去世。

8 月 21 日:德国诗人和自然科学家阿德尔贝特·冯·沙米索去世。

12 月:费尔巴哈的《实证哲学的批判》出版。

1839 年　叔本华撰写征文《论人的意志的自由》。

3 月 21 日:俄国作曲家莫德斯特·莫索尔斯基诞生。

1840 年　叔本华撰写征文《论德行的基础》。

1 月 7 日:奥地利国王弗里德利希·威廉三世去世,其子威廉四世继位。

2 月 22 日:奥古斯特·倍倍尔诞生。

4 月 2 日:爱米尔·左拉诞生。

5 月 7 日:柴可夫斯基诞生。

8 月 25 日:德国诗人卡尔·伊默曼去世。

1841 年 博士尤利乌斯·弗劳恩施塔特成为阿瑟·叔本华的学生。

1842 年 阿德勒·叔本华看望她的哥哥。

3 月 18 日:法国诗人斯丹枫·马拉美诞生。

3 月 23 日:法国作家司汤达(斯丹达尔)去世。

7 月 28 日:德国诗人克莱门斯·勃伦塔诺去世。

1843 年 3 月 1 日:叔本华迁往法兰克福好希望街 17 号。

6 月 7 日:德国诗人弗里德利希·荷尔德林去世。

弗里德里希·多尔古特发表《唯心主义的错误根源》一书,叔本华的学说在这部著作中得到了承认。

1844 年 F. A. 勃洛克豪斯出版《作为意志和表象的世界》的第二版。

3 月 30 日:法国诗人保尔·魏尔伦诞生。

4 月 16 日:法朗士诞生。

10 月 15 日:尼采诞生。

西里西亚织工起义。

海涅:《德国,一个冬天的童话》。

1845 年 3 月 12 日:德国诗人,文艺理论家奥古斯特·威廉·冯·施莱格尔去世。

多尔古特:《叔本华及其真理》。

1847 年 叔本华的博士论文再版。

1848 年 2 月:卡尔·马克思和弗里德里希·恩格斯发表《共产党宣言》。

2 月 22—24 日:法国二月革命。法兰西第二共和国成立。

3 月—5 月:柏林、维也纳、慕尼黑起义。

5 月 18 日:全德国民议会在美因河畔法兰克福保尔教堂开幕。

5 月 24 日:德国女诗人安内特·冯·德罗斯特·许尔霍夫去世。

6 月 23—26 日:巴黎工人六月起义。

12 月 2 日:奥皇弗迪南德一世退位,弗朗茨·约瑟夫一世继位。

1849 年 3 月 28 日:德意志帝国宪法在法兰克福被通过。

普鲁士弗里德里希·威廉四世被选为德国皇帝。

4 月 28 日:威廉四世拒绝登位。

5 月:德累斯登和巴登起义。

8 月 25 日:阿德勒·叔本华去世。

10 月 17 日:肖邦去世。

1850 年 1 月 31 日:普鲁士国王强令宪法生效。

3 月—4 月:爱尔福特议会。

7 月 2 日:普鲁士和丹麦签订柏林和约。

8 月 5 日:莫泊桑诞生。

8 月 18 日:巴尔扎克去世。

8 月 22 日:奥地利诗人尼古拉斯·莱瑙去世。

11 月 30 日:重建德意志联盟。

普鲁士和奥地利签订奥尔谬茨条约。

1851 年 11 月:《附录和补遗》在柏林由 A. W. 海因出版。此书获得好评。

第一届世界博览会在伦敦举行。

1852 年 3 月 4 日:果戈理去世。

12 月 2 日:路易·波拿巴即帝位,称拿破仑三世。

1853 年 4 月 28 日:德国浪漫派诗人路德维希·蒂克去世。

1854 年 《自然界中的意志》第二版出版。

8 月 20 日:弗里德里希·冯·谢林去世。

10 月 20 日:法国诗人让-阿瑟·兰波诞生。

10 月 22 日:瑞士作家耶雷米亚斯·高特黑尔夫去世。

弗劳恩斯丹特:《论叔本华哲学的书信》。

1855 年 11 月 11 日:丹麦神学家、哲学家克尔恺郭尔去世。

世界博览会在巴黎举行。

1856 年 2 月 17 日:海因里希·海涅在巴黎去世。

5 月 6 日:精神分析学家西格蒙特·弗洛伊德诞生。

7 月 9 日:鲁伯特·舒曼去世。

1857 年 5 月 2 日:法国诗人阿尔弗雷德·德·缪塞去世。

5 月 4 日:弗里德里希·黑贝尔和威廉·约尔丹到法兰克福访问。

波恩大学讲授叔本华的哲学。

10月初:克里斯蒂安·卡尔·约西亚斯·冯·本森访问叔本华。

法国哲学家和社会学家奥古斯特·孔德去世。

1858年 2月22日:叔本华七十寿辰。

叔本华拒绝担任柏林皇家科学院院士。

德·桑克蒂斯:《叔本华和利奥波特》。

1859年 《作为意志和表象的世界》第三版出版。

7月:叔本华迁进好希望街16号。

10月:伊丽莎白·奈完成叔本华的雕像。

1860年 1月29日:契诃夫诞生。

8月:叔本华突然窒息。

9月9日:叔本华得肺炎。

9月21日:叔本华去世。

9月26日:葬于法兰克福市公墓。

图书在版编目(CIP)数据

作为意志和表象的世界/(德)叔本华著;石冲白译.—北京:商务印书馆,2017
(汉译世界学术名著丛书:120年纪念版:珍藏本)
ISBN 978-7-100-14903-7

Ⅰ. ①作… Ⅱ. ①叔… ②石… Ⅲ. ①哲学理论—德国—近代 Ⅳ. ①B516.41

中国版本图书馆CIP数据核字(2017)第158754号

汉译世界学术名著丛书
(120年纪念版·珍藏本)
作为意志和表象的世界
〔德〕叔本华 著
石冲白 译
杨一之 校

商 务 印 书 馆 出 版
(北京王府井大街36号 邮政编码100710)
商 务 印 书 馆 发 行
北京市松源印刷有限公司印刷
ISBN 978-7-100-14903-7

2017年12月第1版 开本 710×1000 1/16
2017年12月北京第1次印刷 印张 46½
定价:230.00元